本书获二〇二二年贵州省出版传媒事业发展专项资金资助
本书获贵州省孔学堂发展基金会资助

【阳明文库】

学术专著系列

泰州王门思想研究

【朱义禄 著】

孔學堂書局

本书获2022年贵州省出版传媒事业发展专项资金资助
本书获贵州省孔学堂发展基金会资助

图书在版编目（CIP）数据

泰州王门思想研究 / 朱义禄著. — 贵阳：孔学堂书局, 2022.10
（阳明文库. 学术专著系列）
ISBN 978-7-80770-366-2

Ⅰ. ①泰… Ⅱ. ①朱… Ⅲ. ①泰州学派－研究 Ⅳ. ①B248.35

中国版本图书馆CIP数据核字(2022)第155188号

阳明文库（学术专著系列）
泰州王门思想研究　朱义禄　著
TAIZHOU WANGMEN SIXIANG YANJIU

项目执行：苏　桦
责任编辑：张基强　黄文华
责任校对：陈　倩
书籍设计：曹琼德
责任印制：张　莹

出　　品：贵州日报当代融媒体集团
出版发行：孔学堂书局
地　　址：贵阳市乌当区大坡路26号
印　　刷：雅昌文化（集团）有限公司
开　　本：889mm × 1194mm　1/24
字　　数：490千字
印　　张：20.75
版　　次：2022年10月第1版
印　　次：2022年10月第1次
书　　号：ISBN 978-7-80770-366-2
定　　价：128.00元

阳明文库·学术专著系列

序一

杨国荣

20 世纪末以来，朱义禄教授长期从事晚明思想研究，《泰州王门思想研究》是他在这一领域的又一力作。本书以泰州学派为对象，同时又聚焦于其中王学传承的内在脉络，无疑是近年在明清思想和王门后学研究方面的重要成果。

宽泛而言，泰州学派或泰州王门可以看作是以王学为内核的思想流派，在中国思想史中，它展现了独特的个性。作为明中叶后形成的思想流派，泰州学派首先表现为由儒学发展而来的支脉，不过，它又趋向于使儒学走向民间、走向大众，从而在儒学的演化中表现其自身特点。儒学本来有注重日用常行、肯定日用即道的传统，在泰州学派中，这一传统得到了比较突出的发展。泰州学派的成员每每来自社会下层，包括农夫、樵夫、盐丁、陶匠等，这些构成主体主要是一些普通的老百姓。由此，泰州学派强调"穿衣吃饭、接人待物"这样一些与社会生活比较贴近的内容。

根据王阳明《传习录》的记载，泰州学派的奠基者王艮曾有如下名言："满街人都是圣人。"圣人是完美的人格，所谓"满街都是圣人"，当然并不是说街上遇到的所有人都已达到了圣人的境界，而是肯定一般的普通民众，包括街上的路人，都有其自身的内在价值，并应当成为被尊重、关切的对象。在泰州学派之前，王阳明已提出了类似的看法，在他看来，与人讲学，不能摆出圣人架子，"你们拿一个圣人去与人讲学，人见圣人来，都怕走了，如何讲得行。"（《传习录下》）所谓"拿一个圣人去与人讲学"，也就是以一种居高临下的架势对待他人，其中缺乏对他人的尊重，否定这种态度，则意味着肯定他人的内在价值。"满街都是圣人"可以视为以上看法的进一步发挥。当然，后者同时体现了广义上的平民观念，在引申的意义上，其中多少包含着人人平等的意识，它从一个方面具体展现了泰州学派走向民间、走向大众的思想品格。

就学术渊源而言，如上述思想所表明的，泰州学派乃是从王学（王阳明的心学）发展而来。王阳明心学以心立说，又推重良知，作为心学的主要观念之一，良知表现为理和心的融合。在“理”与“心”两者中，“理”侧重于普遍性的原则，“心”则更多地与个体存在相关联。在王阳明的心学中，以上两个方面彼此柜涉。比较而言，泰州学派较多地突出了王阳明心学中重视个体性的这一面。从历史的角度来看，这一立场有其独特的意义。除了与儒学走向民间的趋向一致之外，以上观念同时构成了中国传统思想走向近代的中介：它既为中国传统思想与近代思想的沟通提供了历史前提，又为中国近代接受启蒙思想提供了传统的根据。

具体地看，泰州学派首先比较重视个体之“身”，并提出了“保身”的观念：“知保身者，则必爱身如宝。”（《王心斋先生遗集》卷一）这里的“身”不同于抽象的本质，而是感性的、有血有肉的个体，对“身”的注重，包含着对个体生命的重视。个体的生命存在，涉及饮食男女等感性需要，包含自然之性等规定，与之相联系，肯定个体之“身”或个体的感性生命，同时包含着对自然人性的注重。相对于传统思想对人的理性本质的强调，近代的启蒙思想常常突出人的感性存在，并相应地肯定自然之欲的正当性，泰州学派对身的注重，无疑为接受近代思想提供了重要的传统源头。

与注重个体的感性存在相联系，泰州学派十分重视行为的自愿原则。王艮曾作《乐学歌》，其中表达了如下看法：“乐是乐此学，学是学此乐。不乐不是学，不学不是乐。”学和乐之间的关系在传统思想中较早已受到重视，孔子在《论语》中开宗明义便指出：“学而时习之，不亦说乎”，其中已将“学”以及对“学”的习行与“悦”联系起来，王艮所说的“不学不是乐”，大致上承了这一传统。不过，由此，王艮进一步强调“不乐不是学”，把“乐”作为“学”的前提性条件揭示出来，这与仅仅肯定“学”中有“乐”显然包含不同的意味。

由此，泰州学派进而将肯定“乐”引向人的行为规范和普遍意愿之间的沟通。对泰州学派而言，个体的行为不应当只是机械地服从外在的规范，而是需要同时注重行为者内在的意愿。泰州学派反对仅仅强调“规矩戒严”：“将议论讲说之间，规矩戒严之际工焉，而心劳勤也，而动日拙。忍欲饰名而夸好善，持念藏机而谓改过，正是颜子所谓已而必克之者，而学者据此为学，何其汗漫也哉。必率性而后心安，心安而后气顺。”（《王东崖先生遗集》卷一）“规矩戒严”所注重的是普遍规范对人的强制，在泰州学派看来，仅仅强调这一方面，常常导致行为的虚伪化，所谓“忍欲饰名而夸好善”，便涉及这一点。与之相对，泰州学派肯定规范对人的引导不应只是强制性要求，而是需要尊重个体内在的意愿，所谓“心安气顺”便体现了行为与人的内在意愿之间的一致。

注重自我的内在意愿，以肯定个体的价值为前提。事实上，泰州学派确实把个体提升到非常重要的地位，王艮一再肯定：“是故身也者，天地万物之本也，天地万物，末也。”（《王心斋先生遗集》卷一）在此，个人不仅表现为自身的主宰，而且构成了天地万物所以存在的根据。基于以上看法，泰州学派进一步提出了以天地万物依于己的结论：“知修身是天下国家之本，则以天地万物依于己，不以己依于天地万物。”（《王心斋先生遗集》卷一）“以天地万物依于己”，意味着在本体论的层面，将个体放在本源性的位置。儒家的传统中本来包含着注重个体、自我的一面，从孔子的“为己之学”，到《大学》的修身、齐家、治国、平天下，自我在不同意义上受到了关注：为己，以自我本身的完成、实现为价值目标；修齐治平，则将自我作为社会领域的主导力量。泰州学派的以上思想，可以视为儒学相关传统的进一步引申和展开。在个体与天下的关系中，泰州学派更为强调个体的主导作用，在著名的淮南格物说中，王艮便指出：“吾身是个矩，天下国家是个方，絜矩则知方之不正，由矩之不正也。是以只去正矩，却不在方上求，矩正则方正矣，方正则成格矣。……修身，立本也，立本，安身也，安身以安家而家齐，安身以安国而国治，安身以安天下而天下平也。”（《王心斋先生遗集》卷一）“矩”相对于“方”而言，具有主动性和引导性：在作用于对象的实践过程中，人们总是以作为准则的“矩”衡量作为对象的“方”，而非相反。同样，在泰州学派看来，天下是否得到治理，根源在于个体。这一观念既上承传统儒学，又下启而后的思想：明清之际的思想家所提出的“天下兴亡，匹夫有责”，在某种意义上便可以看作是以上观念的进一步引申。

肯定个体的主导型，蕴含着对自我力量的确认。就自我与天命的关系而言，泰州学派提出了“我命虽在天，造命却由我”（《王心斋先生遗集》卷二）的观念，强调个体具有“造命”的能力。“命”在传统哲学的理解中表现为具有一种必然性的力量，当然，在“命”

状态下，这种必然性又被赋予某种神秘的色彩，成为个体无法左右的外在力量。对泰州学派而言，个体固然受到命的制约，但同时又可以通过自身的努力，形成新的发展趋向：所谓“造命”，意味着个体的命运并不是既定而不可改变，其中包含着以个体内在力量抗衡外在天命的趋向。沿着以上思想方向发展，泰州学派把个体意志提高到突出的位置，以“意”为“心”的主宰，并肯定自我之意可以“自做主张，自裁自化”（《王一庵先生遗集》卷一），这里所侧重的，乃是个体意志的自我决定。

“造命由我”与“自做主张，自裁自化”的观念相互结合，构成了对传统天命观念的一种反叛。历史地看，从先秦开始，儒家思想便表现出某种宿命论倾向。孔子把天命视为不可抗拒的力量，要求“畏天命”；孟子也认为天命非人力所能驾驭。荀子虽然提出了“制天命而用之”的命题，但这一思想并没有能在儒学的主流思想中占主导地位。汉代以降，与尊天命、畏天命相联系的宿命论倾向以不同的形式绵绵相续。至两宋，以程朱为代表的正统理学进一步将天理规定为主宰万物的超验力量，并要求把个体的一切行为均置于天理的绝对支配之下，从而在某些方面使宿命论倾向得到了进一步的发展。相对于此，泰州学派强调主体并非消极地顺从天命，而是突出“造命”“自做主张，自裁自化”的能力，这无疑是对传统的宿命论的一种挑战，它不仅对天命至上、天理至尊的正统观念作了直接的冲击，而且为近代思想的发展提供了重要的先导。

泰州学派趋向于平民化，重视个体以及个体的自愿，突出自我的力量，反叛外在天命，等等。这些思想不同于主流的儒学，而与近代的启蒙思想呈现某种相通之处，可以说，它在相当程度上为中国思想的近代走向提供了重要的理论资源。梁启超是中国近代很有影响的启蒙思想家，他曾撰《新民说》，其中特别提到，该书“专述王子与其门下之言”，之所以如此，是因为“所愿学在是，他虽有精论，未尝能受也”[①]。这里的“王子”即王阳明，“门下”包括王门后学，泰州学派则是其中重要的代表。在此，作为启蒙思想家的梁启超已把王阳明以及泰州学派作为其重要的思想资源，后者同时影响着他对近代思想的吸纳和阐发。事实上，如前所述，泰州学

① 梁启超：《新民说》，《饮冰室合集·专集》（第3册），中华书局1936年版，第143页。

派的思想在历史上确实构成了传统与近代之间沟通的思想中介。在今天看来，它的思想，包括对个体意愿的重视和关切以及其中展现的对人的自由的向往，对人的创造性的肯定，更广义上对平民化的追求以及其中蕴含的平等意识，等等，依然呈现多方面的意义。

朱义禄教授的《泰州王门思想研究》以其中王门的演化为主要脉络，对泰州学派的以上思想作了深入的考察。本书既侧重泰州学派代表性人物的个案研究，又关注不同人物之间的相互影响和前后传承，由此展现了一幅具有内在思想关联的思想画卷。同时，本书对泰州王门在明清之际以及中国近代的思想影响作了具体的分疏，由此展现了开阔的视域，在很多方面发前人所未发。全书资料翔实，考论详备，脉络清晰，它与作者前此出版的《明清之际启蒙学者的文化心态》《黄宗羲与中国文化》以及《颜元李塨评传》前后呼应，体现了作者在明清思想研究方面的新进展。作为冯契先生的学生，朱义禄是我的学兄，这不仅缘于他在序齿的意义上年长于我，而且比我早入师门。作为同门，我对朱义禄教授在明清思想研究上所获成果甚为高兴，也相信这一成果将有助于推进相关领域的研究。

2020 年 12 月

序二

钱明

一年多前，朱义禄先生将四十余万字的《泰州王门思想研究》书稿发给我，并托小序。我和朱义禄先生结识四十余年，此书也是近耄耋之年的朱义禄先生应我请求，作为国家重大招标课题的子课题之一而撰写的。期间，我们还一起参加了许多相关的学术活动，每次相会，总是相谈甚欢，我常为他老骥伏枥的精气神所感动。我对他几十年来在中国传统思想文化诸领域所取得的研究成果可谓耳熟能详，有关泰州学派的研究更是其中的最大亮点之一。因此，为朱师这本新著作序，乃义不容辞的责任，更是一份荣幸。

一般来说，按照黄宗羲在《明儒学案》中的定位，由“泰州学案”延伸出来的泰州学派，理应属于地域阳明学派中的一个重要分支。但这个本应包括在南中王门内，唯因其主要缔造者王艮思想的相对独创性①，而被单列的王学分支，不仅有别于浙中、江右、南中、闽粤、楚中、北方等跨省域的“王门学案”，而且有别于以创始人之思想或党派为识的“止修学案”“东林学案”，以创始人之尊号为识的“甘泉学案”“蕺山学案”，与以创始人出生地之河流为识的“姚江学案”“河东学案”等，而是比较特别的以创始人之出生地名为识而称为“泰州学案”，一如“崇仁学案”和“三原学案”，基本上属于《明儒学案》中的“最小”地域单位。黄宗羲的真实用意，似乎是想把泰州学派与其它地域王门学派作适当区分，以凸显其较为独立的传承系统和时空网域。但这样一来，却又使得“泰州学案”从“最小”的地域单位变为一个跨越数省（包括苏、浙、赣、粤、川等地）的较大的思想流派，从而使之在“地域性”上被大大降格，远非“泰州”一地所能涵括，成为一个真正“跨学区”“超思域”的地域性思想学派。

我曾经说过：阳明学的核心区域有五处，即浙江绍兴地区、江

---

① 对于王艮的相对独立性，罗汝芳的一段评论颇具代表性，他说：“为学者有为学之道。若论为学，则有从觉悟者，有从实践者。阳明先生与心斋先生，虽的亲师徒，然阳明多得之觉悟，心斋多得之践履。要之，觉悟透，则所行自纯；践履熟，则所知自妙。故二先生俱称贤圣。但以孔子之言仁，必先以智；孟子之言力，必先以巧，则觉悟、践履，功固不缺，而序实不容紊。”（罗汝芳：《罗汝芳集》，方祖猷、梁一群等编校整理，凤凰出版社 2007 年版，第 219 页）

西赣州地区和吉安地区、江苏泰州地区、广东潮州地区。[①] 绍兴地区是阳明学的发祥地和阳明学说的成熟地，赣州、吉安地区是阳明学的展开地和极盛地，泰州地区是阳明学的创新地和变异地，潮州地区则是阳明学的跨文化互动的融合地。

绍兴地区因靠近政治中心[②]和经济繁荣地，受到的禁学术、毁书院的压力最大、迫害最深，衰微也最快。潮州地区是粤中心学、江西理学、楚中理学、浙中心学等几大学术力量的交汇处，[③] 故而也有勇气超越不同地域文化，融合各路思想流派，尤其是阳明心学，使之与乡土学术资源相交汇，把阳明学与白沙学、甘泉学有机地结合在一起，开拓出颇有特色的粤中王门乃至岭南心学。而包括赣州、吉安在内的整个江右王门，因在朝的阳明弟子最多，官也做得最大，拥有层层保护伞，故而传承最久、辐射最广、影响最大，与宗族社会和文化的结合也最紧密，在晚明还与东林党人有重合互动的趋势，成为阳明学传播、发展的重中之重。

惟有泰州地区，尽管也靠近南京这个政治中心，而且地处非常重要的淮南盐区，但却偏离江南的商品经济繁华区域，致使该分支呈现出较为混杂的学术样态：师承关系交错、学术宗旨各异，是南北思想交汇、平民学术崛起的反映，故而思想系统也别具一格，大有与绍兴等地区分庭抗礼之势。

尤为重要的是，与其它地域王门相比，泰州学派还有一个最为显著的特点，即其“外延”（包括域内与域外）要远大于“内生”（仅以泰州为限）。

就“内生”而言，泰州学派在泰州一地由内到外的辐射圈为：安丰—淮南中十场—里下河平原。而受到该学派影响较大的地方有：A. 安丰（今盐城东台市安丰镇，如王艮、王襞、朱恕、周士弘、周瑞、王之垣等皆为盐城东台人）；B.“淮南中十场”中除去安丰场的其它九个盐场，即东台（东台市东台镇）、何垛（东台市何垛镇）、梁

---

① 牟宗三说：“当时王学遍天下，然重要者不过三支：一曰浙中派，二曰泰州派，三曰江右派。此所谓分派不是以义理系统有何不同而分，乃是以地区而分。”（牟宗三：《从陆象山到刘蕺山》，台湾学生书局 2005 年版，第 266 页）似有其片面之处。

② 明代在政治上有一特殊形象，即始终存在着以北京（时称京师）为主、以南京（时称留都）为次的两大政治中心。

③ 这种“交汇”或“交融”在毗邻潮州的赣南地区亦有所展露，赣南留下了大量白沙、甘泉等岭南大儒的踪迹即为明证之一。

垛（东台市梁垛镇）、富安（东台市富安镇）、角斜（南通市角斜镇）、栟茶（南通市栟茶镇）、丁溪（盐城市丁溪镇）、小海（盐城市小海镇）、草堰（盐城市草堰镇）；C.兴化（今泰州兴化市，如林春、韩贞是兴化人）、姜堰（泰州姜堰区，如王栋是姜堰人）、如皋（今南通如皋市）、高邮（今扬州高邮市）、仪真（今扬州仪征市）。上述各地，皆在长江以北、淮河以南，地理上处于苏中地区（里下河平原），语言上具有大致相近的方言系统，可谓泰州学派的核心辐射区域，或谓“内圈”。

然而，如果把学术视野放大到全国范围，则泰州学派的外延又波及到浙江、湖北、四川、福建、广东以及南、北直隶等广大区域，其规模堪比宋明时期的各大思想学派。从这一意义上说，称泰州王门为独立于阳明学派的思想学派亦未尝不可。

众所周知，王阳明一生以讲学为首务，足迹遍布十余省份。然而比较来看，浙中、江右、南中可以说是他的苦心经营之地，其一生大部分的讲学时间集中于此，其较为成熟的学术思想亦发源于此，故而是阳明学传播的重点区域。黔中、粤中、桂中可以说是由王阳明播撒种子而由其门人精心耕耘之地，王阳明早年的个人“悟道”发生在黔中，而晚年的两广之行则使其最后心迹留在了粤中和桂中，故而此三地亦可谓是阳明学传播的主要区域。楚中、闽中和鲁中，均属于阳明过路讲学、临时传道之地，故而是阳明学传播的边缘地区。

只有泰州是个特例，王阳明并未在泰州讲过学，然泰州王学的热烈程度却丝毫不亚于其它地区，这无疑应首先归功于阳明高足王艮，但王阳明的人格魅力及其学说在该地区的巨大感染力，也是不可忽视的重要前提。正因为此，才使得泰州王门带有了其他地域王门所少有的鲜明个性，其中像颜钧、罗汝芳、何心隐、周汝登、陶望龄、管志道、耿定向、赵贞吉、杨起元等人的思想学说，既与泰州王门有紧密的学脉连接，同时又分别与江右王门、浙中王门、南中王门、楚中王门、蜀中王门、粤中王门有割舍不掉的地缘联系，所以他们的思想个性既有别于泰州王门，又有别于江右、浙中、南中、楚中、蜀中、粤中等王门，或者说是泰州王门与江右、浙中、南中、楚中、蜀中、粤中等王门的复合形态，属于阳明学系统中非常有个性的思想家群体。

王艮以后，以罗汝芳、耿定向为首的泰州学人在以南京为中心的苏、浙、皖地区所开展的讲学、讲会活动，是推动泰州学派思想传播和发展的重要途径。其中具有较大影响力的至少有以下几次。1562 至 1565 年，罗汝芳任宁国府知府期间，为传播包括泰州学派思想在内的阳明学说，新建宣城志学书院和宛陵精舍，[①]扩建泾县水西书院，[②]不仅自己在宣城主讲阳明学，而且还邀请王畿、王襞来志学书院讲学，“一时士多蒸蒸向学焉”[③]；同时还用《太祖圣谕演训》《宁国府乡约训语》对民众进行广泛教化。1564 年 5 月，南畿督学耿定向“巡驻宁国，校其属庠，取校徽属并广德属”[④]，焦竑则前往太平，“尝游黄山，住巴州司马谭天赐家最久，手书‘紫薇馆’三字赠之”。[⑤]1565 年，与王艮并称“二王”的王畿在留都即南京大会上，尝对良知信仰作了进一步强调，以补王艮“百姓日用之学”的不足，他说：“良知便是做人柁柄，境界虽未免有顺有逆、有得有失，若信得良知过时，纵横操纵，无不由我。如舟之有柁，一提便醒，纵至极忙迫纷错时，意思自然安闲，不至手忙脚乱。此便是吾人定命安身所在。古人造次颠沛必于是，亦只是信得此件事过，非意气所能及也。”[⑥]1568 年，何心隐“以刚直获罪，幽系留都”，罗汝芳往南京营救，“赖同志并力设处”，心隐得免，戍福建邵武。[⑦]1571 年，李贽官南京刑部员外郎，由于政务较少，加之南京的学术氛围比北京更浓厚、更自由，于是日与诸友讲学；在南京期间，李贽还得以与王畿、罗汝芳见面，并拜王艮的儿子王襞为师，与焦竑也建立起深厚的友谊，二人“朝夕促膝，穷诣彼此实际”[⑧]，据顾宪成弟子史孟麟说，李贽在南京讲学，“全以当下自然指点后学”[⑨]。1573 年，罗汝芳起复赴京，赴京途中，次南京、扬州等地，与曹胤儒、焦竑、李贽等缙绅士友聚会讲学，讨论佛学以及“当下”等问题。1586 年，焦竑与南中王门的姚凤麓在南京一起拜见罗汝芳，

---

① 李应泰等纂修：《宣城县志》，黄山书社 2008 年版，第 147 页。
② 洪亮吉总纂：《泾县志》，黄山书社 2008 年版，第 362 页。
③ 洪亮吉总纂：《宁国府志》，黄山书社 2007 年版，第 2166 页。
④ 耿定向：《耿定向集》，傅秋涛点校，华东师大出版社 2015 年版，第 607 页。
⑤ 曹梦鹤主修：《太平县志》，黄山书社 2008 年版，第 529 页。
⑥ 王畿：《王畿集》，吴震编校整理，凤凰出版社 2007 年版，第 96 页。
⑦ 罗汝芳：《盱坛直诠》卷下，台北中国子学名著集成本，明万历三十一年序刻本，第 311 页。
⑧ 李贽：《寿焦太史尊翁后渠公》，《续焚书》卷二，中华书局 1975 年版，第 55 页。
⑨ 黄宗羲：《明儒学案》，沈芝盈点校，中华书局 1985 年版，第 1457 页。

汝芳阐释了明明德之学，后又随周柳塘游南京，举“兴善会”，并应兰溪人赵志皋之请，复举“鸡鸣寺凭虚阁大会”。赵志皋主持了“鸡鸣寺凭虚阁大会，诸生、乡绅、僧侣乃至仆从，均侧其间，与会者几万人”。罗汝芳此次南京之游，管志道亦尝与会，然管氏主张“密会”，对汝芳动辄“以大会为快”有所批判。[①]1588年，由刑部左侍郎转南京右都御史的耿定向在南京，耿定理弟子瞿文炳以及李士龙等来访，杨起元则在耿定向处拜周柳塘为师。1592年，周汝登与邹元标讲学于南京，元标出示“直指”一语；同年，周汝登与许孚远等在南京论学，许作《九谛》以难“无善无恶”说，周作《九解》予以逐条反驳。1593年，周汝登与著名禅师紫栢达观在南京相识。1596年，杨起元、曹鲁川等在南京，为其师罗汝芳建祠堂，复举讲会，并与南京诸庠生游龙兴寺。1597年，杨起元与许孚远在南京举大会于神乐道院。起元还在南京与曹鲁川相会，鲁川将新安人佘永宁引荐给杨，永宁遂入起元门下。1598年仲夏，佘永宁、吴世征游南京，访杨起元。1599年，李贽、焦竑等一批泰州王门学者与意大利耶稣会传教士利玛窦（Matteo Ricci， 1552—1610）讨论学问，李贽对利玛窦深厚的儒学素养深表认可，但对他为何来中国传教表示了极大的不理解，后随着利玛窦儒学化取向的日趋显著，才予以了理解和肯定。

与此同时，泰州学人还与各地王门有着广泛而密切的互动关系。比如1566年，邹守益之孙邹德涵从学耿定向，又与耿定理、杨希淳、焦竑等交游，学问遂有大成。后曾主持青原山讲会，吉安学风、民风为之一变。居京城，与周思敬、耿定力等倡率为讲会。他在耿定向、焦竑等的影响、启发下，参究、证悟良知本体，“自信不假凑泊，不烦矫揉，即显即微，即夷即玄”[②]。由此开启了自己的学问、工夫之路，总体上由邹氏家学走向了泰州学派，正如黄宗羲所说：“于家学又一转手矣。”[③]成为明后期江右王门与泰州学派两种学风融合的重要标志。与此同时，泰州学派的重要代表王栋于1558年应岁贡，即任南城县训导，1566年又出任南丰县教谕。在其《年谱纪略》里有记：“迁江西南丰教谕，丰与南城接壤，丰士庆天缘，而先生亦

---

① 参见吴震：《明代知识界讲学活动系年：1522—1602》，学林出版社2003年版，第377页。
② 耿定向：《河南按察司佥事邹伯子墓志铭》，《耿定向集》，傅秋涛点校，第733页。
③ 黄宗羲：《明儒学案》，沈芝盈点校，第333页。

深庆会合不偶，于是复联旧同志为会，四方信从益众。”[①]他在南丰县“创水东大会，建义仓，遗《会学十规》，著《一庵会语》行于世。其间诚意之旨，尤发前圣年未发”[②]。还建了南台书院，并在那儿讲学。万历年间的《续修建昌府志》里介绍说：“公（王栋）坦易真切，每五日一会，诸生讲课，训以身心之学。尝曰：‘不责人真工夫，不动气真涵养。’又捐俸创南台书院以肆诸生。”[③]王栋逝世时，南城有人前往泰州吊唁，《年谱纪略》里说：“江西南城吴屋等来谒，已长逝矣，吊泣之，心丧，居庐三月而归。”[④]王栋把泰州学派的思想种子撒播在抚州，是故抚州尤其是南城人对他一直深存感恩之情。这也是泰州学派与江右王门互动交流的生动案例。

除了在“域内”广泛传播，泰州学派还是阳明学向“域外”传播过程中表现最突出、影响最显著的思想流派。

比如日本明治维新的精神领袖和折衷朱王的典型代表吉田松阴，尽管曾申明“吾非专修阳明学”[⑤]，并在临刑前写给某弟子的书信中自称：“拘泥于朱子学抑或阳明学之一端毫无益处，宜以尊王攘夷四字为眼目，取一切书目、一切学说之精华。”[⑥]表现出日式实用主义的鲜明立场。但晚年的松阴已开始服膺泰州学派李贽的学说。他于1859年正月二十三日在友人土屋萧海那里借到李贽的《李氏焚书》，读后赞叹道：“卓吾居士，一世奇男子，其言往往当仆心，反覆甚喜。”[⑦]在狱中，他又反复阅读《焚书》《藏书》《续藏书》等书，从中获得强烈共鸣，强调说：“但其学真，往往与吾真会耳”[⑧]“读《李氏焚书》三遍，此论未必是，然唯符合吾心，故读此书，可晓吾志”。[⑨]在阅读《焚书》《续藏书》时，松阴还将与其思想共识处抄写下来，并添加按语，于1859年的五月二十三日和四月二十八日分别完成了

---

① 王艮：《王心斋全集》，陈祝生等校点，江苏教育出版社2001年版，第143页。
② 王艮：《王心斋全集》，陈祝生等校点，第142页
③ 邬鸣雷、赵元吉、李长水纂：《续修建昌府志》卷十一《名宦》，明万历四十一年序刊本。
④ 王艮：《王心斋全集》，陈祝生等校点，第144页。
⑤ 吉田松阴：《己未文稿》，山口县教育会编：《吉田松阴全集》（第4卷），（日本）岩波书店1986年版，第293页。
⑥ 吉田松阴：《入江杉藏に與ふ》，山口县教育会编：《吉田松阴全集》（第6卷），第412页。
⑦ 吉田松阴：《己未文稿》，山口县教育会编：《吉田松阴全集》（第4卷），第282页。
⑧ 吉田松阴：《己未文稿》，山口县教育会编：《吉田松阴全集》（第4卷），第293页。
⑨ 吉田松阴：《作間忠三郎・增野徳民・品川彌二郎に與ふ》，山口县教育会编：《吉田松阴全集》（第6卷），第242页。

《李氏焚书抄》[①]与《李氏续藏书抄》[②]。据荒木见悟说，松阴所抄录的内容集中于生死问题、交友问题、伟人豪杰烈士、佛教等问题。[③]足见，身陷囹圄且面临死亡的吉田松阴，无疑从李贽的思想性格及其精神诉求中获得了莫大的慰藉和灵感。

吉田松阴对泰州学派尤其是李贽的推崇，对中国近代维新志士梁启超也产生了很大影响。梁在1906年出版的《松阴文钞》中，就从《幽室文稿》中抄录了三处松阴表明倾心李贽的文章：A.《书李卓吾别刘肖川书后诀子大》称："偶读李氏焚书。遇此文。说大字极透。故录寄之足下。"[④]B.《语子远》称："吾曾读王阳明传习录，颇觉有味。顷得李氏焚书，亦阳明派。言言当心。……诚得如李卓吾而师之，一世高人物矣。"[⑤]C.《与士毅》称："因把李卓吾书读之。得逆则相反。顺则相成八字。反覆益喜。"[⑥]并且认为，泰州学派具有"以非常之自信力，而当下即行其所信""真有关系于社会于国家"等特征，而吉田松阴、西乡南洲、江藤新平等幕末志士的"心得及其行事，与泰州学派盖甚相近"[⑦]。

近年，日本九州大学的中野三敏教授在《近世李卓吾受容之概论》一文中，又从诸多未以活字刊行的原始文献及用例内容出发，分析了日本自近世德川初期即开始接受李卓吾的学说，推论日本近世思想的支柱非朱子学而是阳明学，并述及阳明学与文学史有深厚的关联性。中野教授的论点极具挑战性，引起日本思想史学界广泛的回响，值得我们关注与探讨。

以上，我只是就泰州学派的地域分布、泰州学派与各地域王门的关系及其在域外传播的一些片段做了简要介绍，并就我熟悉的问

---

① 原本为京都大学尊攘堂所藏，其封面纸里侧写有："《李氏焚书》，余在狱中极不平时抄，意欲治之畅夫，々々今未归，姑托于实甫也。己未五月廿三夜，二十一回生志。"［山口县教育会编：《吉田松阴全集》（第9卷），第5页］

② 原本为萩市神社所藏，卷末记载："安政己未四月廿八夜，二十一回猛生抄了。"［山口县教育会编：《吉田松阴全集》（第9卷），第27页］

③ 参见荒木见悟编：《日本の陽明学》，安冈正笃监修：《陽明学大系》（第9卷），（日本）明德出版社1972年版，第390页。

④ 吉田寅次郎：《松阴文钞》，梁启超节抄，上海广智书局1906年版，第55页。

⑤ 吉田寅次郎：《松阴文钞》，梁启超节抄，第62、65页。

⑥ 吉田寅次郎：《松阴文钞》，梁启超节抄，第69页。

⑦ 梁启超：《节本明儒学案》，商务印书馆1925年版，第350—351页。按：以上有关吉田松阴、梁启超与泰州学派的关系，参考了李亚的《梁启超与近代中日阳明学》（北京外国语大学2015年中国硕士学位论文）。

题做了些发挥，谈不上系统梳理和研究。然朱义禄先生这本书，则是在“创造的诠释学”（傅伟勋语）方面做得比较好的。傅伟勋先生认为，研究某位思想家或某一学派，大致可分为以下5个步骤或层面：A.“实谓”——原作者实际上说了什么；B.“意谓”——原作者真正意谓什么；C.“蕴谓”——原作者可能说什么；D.“当谓”——原作者本来应该说什么；E.“创谓”——作为创造的诠释家。朱义禄先生此书，在我看来，至少前4项都做得比较到位，第5项虽未完全做到，但也有所涉及和收获。借用陈波教授分析傅伟勋主张时的观点，即此书是在做严肃的思想史研究的前提下，首先聚焦于老老实实阅读、原原本本理解上，接着再加以梳理和诠释，力求向公众忠实地介绍和传播研究对象的实际和真正之意谓，然后是把所研究的对象当作对话伙伴，有时候甚至换位思考，替他们着想，以揭示研究对象的可能和本来之意谓。[①] 后者无疑是一条极富挑战性的、更具原创意义的研究路径。而依我之见，像泰州学派这样的似乎已被炒得烂熟的研究对象，更应该具有这样的视界跨越和探索勇气。这是我的期待，也是自勉。适值《泰州王门思想研究》付梓之际，匆忙草写数言，聊表心迹，是为序。

2021年10月

① 参见陈波：《序：面向经典，与大师一起思考》，《与大师一起思考》，北京大学出版社2012年版。

前言

名取《泰州王门思想研究》，不用习称的泰州学派，不是独出心裁，实因泰州学派的概念过于宽泛而无法确定。黄宗羲在《明儒学案》中立了五个“泰州学案”，共28人。黄宗羲是把王艮单独作为一个学派开创者来对待的，这个定位是正确的。但另外27人，不免给人以鱼龙混杂之感。自《明儒学案》问世后，还没有一本把28人拢在一起作为泰州学派研究对象的学术专著面世。① 已出版的冠名“泰州学派”的著作，通常是从28人中挑出一些来研究，如杨天石《泰州学派》一书，为王艮、王襞、韩贞、颜钧、何心隐、罗汝芳、耿定向、李贽8人；② 林子秋、马伯良与胡维定合著的《王艮与泰州学派》，选出王艮、王襞、王栋、颜钧、何心隐、李贽6人，罗汝芳不在其内，又以焦竑、汤显祖、袁宏道与徐光启，为泰州学派晚期的重要代表；③ 吴震的《泰州学派研究》，以王艮、王襞、王栋、颜钧、何心隐、罗汝芳6人为研究对象，李贽被排除在外；④ 卢佩民主编的《泰州学派文化》一书，把泰州学派的传人扩大了，计有袁宏道、徐光启、汤显祖、耿定向、焦竑、黄体仁等；⑤ 贾乾初《明代泰州学派平民化儒学之政治文化研究》一书，除淮南三王、何心隐、颜钧外，加上了韩贞，附录中则有关于林春的论文。⑥ 如何框定泰州学派的成员，人们总是见仁见智，想得到一致的认同是不可能的，比较可行的是从不同视野去研究。

既以《泰州王门思想研究》命名，就不得不思索“门”的含义。说“门”就意味着有师徒传承关系，本书把泰州王门定为七人：王艮、王栋、王襞、何心隐、颜钧、罗汝芳与李贽。各人的思想很有特色，但还有共同的地方——都与王艮相关。王栋、王襞师事王艮，颜钧先师事王艮门人徐樾，后来遇到一个机会让他又得以亲炙王艮。何

---

① 其中，江苏8人，江西5人，四川3人，湖北4人，广东1人，浙江3人，安徽3人，福建1人。28人中，有原著摘录的为13人，篇幅最大的是罗汝芳。

② 杨天石：《泰州学派》，中华书局1980年版。

③ 林子秋、马伯良、胡维定：《王艮与泰州学派》，四川辞书出版社2000年版。

④ 吴震：《泰州学派研究》，中国人民大学出版社2009年版。

⑤ 卢佩民主编：《泰州学派文化》，南京大学出版社2015年版。

⑥ 贾乾初：《主动的臣民：明代泰州学派平民儒学之政治文化研究》，知识产权出版社2018年版。

心隐与罗汝芳是颜钧的学生，李贽师事过王襞。用“泰州王门”一词，是为了比较精准地把握这些学者的本真面貌。以往的研究在每个学者上化力颇多，于他们之间思想上的联系很少涉及，本书力图在这方面作些突破。“泰州王门”一词，本人只是在本书特定范围内使用，但目前广泛使用泰州学派这一术语，本人并不反对，望读者善会吾意。

学术流派是指基于同一的宗旨而形成的、有着自身特色和传统的学术群体。他们之间有着相类的理念、观点与范畴，后学继承了创始人的基本精神，在不同角度按照自身的情况作了新的发挥，呈现出藕断丝不断的情状。学术流派的出现，通常是宗旨相近而又与师承、地域与问题这三个因素相关的，后三个方面往往是交混一起、相互渗透的。[①]地域因素对泰州王门形成与传播的影响有一些，但不是太大。王艮与其子王襞及族弟王栋是泰州人，何心隐、颜钧、罗汝芳是江西人，李贽为福建人。师承关系在泰州王门的形成、发展的历程中起到了相当重要的作用，如王艮之于王阳明、王栋与王襞及颜钧之于王艮，最为突出的是罗汝芳对颜钧的尊重，达到了常人难以企及的高度：“山农以事系留京狱，先生尽鬻田产脱之，待养于狱六年，不赴廷试。先生归田后，身已老。山农至，先生不离左右，一茗一果，必亲进之。”[②]泰州王门诸贤的尊师，在明代学林中极有特色。

泰州王门各人的情况，相差是很大的。就文化程度而言，王艮与颜钧最低，大约小学三年级水平；王襞遵守父训不入仕途，也高不到哪里。就仕途来说，王栋、何心隐、罗汝芳与李贽，都参加过科举考试，王栋的官位最低，教谕类似于县里的教育局长；何心隐中举后，被人们视为神童，但闻知王艮学说后，便弃科举而从颜钧学；李贽高了些，做到了知府；官位最高的是罗汝芳，他在云南所任的副布政使，与副省长的地位相当。尽管有这些差别，他们都是泰州王门中人，那是毋庸置疑的。

以往许多著作，对泰州王门的研究，大多是采取列传的方式，较少注意他们之间思想相互影响、传承与革新的关联。作为创始人

---

① 李伏明教授对此有较详尽的阐述，参见《江右王门学派研究——以吉安地区为中心》，江西人民出版社 2017 年版，第 6—8 页。

② 黄宗羲：《泰州学案三》，《明儒学案》卷三十四，沈善洪主编、吴光执行主编：《黄宗羲全集》（第 8 册），浙江古籍出版社 2005 年版，第 2 页。

的王艮，对其它六位的影响又少见论述。黄宗羲说，王阳明的学说因王艮与王畿而“风行天下”，也因此而“渐失其传”，[①]却点出了王阳明心学与泰州王门诸贤之间的学术传播关系，明代书画名家董其昌对书法演进的规律有个精辟的论述：

> 盖书家妙在能合，神在能离。所欲离者，非欧虞褚薛诸名家伎俩，直欲脱去右军老子习气，所以难耳。[②]

按照董其昌之意，临摹前人法帖既要合其意，更要显露出独特的本我来。不同于前人的本我，不只是要超越欧阳询、虞世南、褚遂良等名家，而且要离却书圣王羲之的影响。董其昌主张学古而变古、妙合后神离的观点，勾勒出了书法艺术发展中的继承与创新之间的客观规律。“妙合神离”，同样恰如其分地说明了中国哲学史的血脉所在，以及师法前人又脱去前人蹊径的新陈代谢的客观规律。“妙合”是指后学对前人成果的继承，是同一性的连续；“神离”是讲后学在继承基础上的发展，是差异性的新见。一味求“合”，就会面目雷同，让后学束缚于既定框架中；只想求“离”，又让人感到功力不足，缺乏学术积累。在“妙合”前提下求“神离”，是说把前人之见化为己意，着重把握前人学说的精神实质，显露出不可替代的本我来，引领新学说、新学派的创立。董燧为老师王艮撰写了年谱，他以为王艮学说的宗旨是“发明自得”：“先生讲说经书，多发明自得，不泥传注。”[③]王艮的自得精神是源自王阳明的，而这种精神是王阳明创立心学的原委所在。阳明后学之所以流派纷呈，给人以眼花缭乱的感受，正是自得精神起作用的结果。[④]

王艮开创的泰州王门与其后学之间的关联，从规律上说是“妙合神离”；落实到具体内容中，可从自得、悟道、狂者、嗜欲与讲学这五个关键词来解析。

---

① 黄宗羲：《泰州学案三》，《明儒学案》卷三十四，沈善洪主编、吴光执行主编：《黄宗羲全集》（第7册），浙江古籍出版社2005年版，第820页。

② 董其昌：《画禅室随笔》卷一，上海远东出版社1999年版，第42页。

③ 董燧：《年谱》，王艮：《王心斋全集》，陈祝生等校点，江苏教育出版社2001年版，第68页。

④ 参见朱义禄：《论王阳明自得精神及其对后世的影响》，《宁波大学学报（人文科学版）》2018年第5期。

王艮的一生，是以“发明自得”作为创立泰州王门的指导原则的。王艮对“身本”论的揭橥，是他自得精神的集中体现，这在中国哲学史上是一件了不起的大事。“身本”论突破了以往中国哲学史上原来的格局，这一格局在常见的三种形态打转：气本论、理本论与心本论。这三种本体论，宋明理学家已经喋喋不休地讲论了三百多年。王阳明有“身心”之辨，虽有心与身相互依赖的话，但结论是“主宰者谓之心”。[①]王艮在“身心”之辨上突破王阳明的框架，他抹去了“心”的“主宰”义，反复申言“身”为“天下国家”“天地万物”的根本。[②]深知王艮思想的门人徐樾说：“夫子道师万世，立本尊身。”[③]王艮去世后不久，到泰州巡视的耿定向说得很清楚：“先生尝谓立其身以为天下国家之本。”[④]年轻时有过煮盐的经历，又目睹灶丁深受天灾人祸的苦楚，加上知晓士人踏上仕途后的艰难……于是“仕禄害身”说与“明哲保身”论就成了“身本”论的两翼。王襞是他的儿子，被王艮视为学术上可靠的接班人；王栋是他的族侄，跟随王艮多年。二人讲及“格物”时，从来不提“淮南格物”这一概念，而是大讲特讲“身”是“本”，“天地万物”“家国天下”是“末”的道理。两人以为，“身本”论才是王艮的本意所在。王艮钟意“身本”论，是“身尊道尊”“保身”“爱身”“敬身”等字眼屡屡出现在王艮著作中的原委所在。王艮没有否定王阳明的“良知”说，却在原先轨道上渐渐偏离了去。王艮51岁时与欧阳德论学，把“致良知”易为“良知致”，强调“日用见在指点良知”。黄洛村忠实地依据王阳明心学去讲论，王艮以为得“通变而宜，此岂为欺乎？”[⑤]“通变而宜”强调的是，不能亦步亦趋地跟着前人的足迹走，而应当有所变化，这对每个人来说才是最适宜的。他以“身本”论作为自己学说的宗旨，是“发明自得”的必然结果。

---

① 王守仁：《传习录中》，《王阳明全集》卷二，吴光等编校，上海古籍出版社1992年版，第90—91页。

② 王艮《语录》：“立吾身以为天下国家之本。”王艮《答问补遗》：“身也者，天地万物之本也，天地万物，末也。”分见于王艮：《王心斋全集》，陈祝生等校点，第4页、第33页。

③ 徐樾：《门人私谥议》，袁承业编：《明儒王心斋先生遗集》卷四，清宣统二年（1910）东台袁氏铅印本。

④ 耿定向：《王心斋先生传樵朱陶韩二子附》，《耿定向集》卷十四，傅秋涛点校，华东师范大学出版社2015年版，第549页。

⑤ 董燧：《年谱》，王艮：《王心斋全集》，陈祝生等校点，第73页。

王栋没有全盘仿效王阳明。他的“良知具足”论既说是源于王阳明的，但又作了重大修正。王栋以为，去掉“致良知”前的“致”，才是“良知”说的真谛。他提出“心为意之主宰”的新论，更是冲破了朱熹与王阳明“意”从属于“心”的旧说，走向了唯意志论。颜钧是一位颇有自得精神的学者，尽管他的文字相当拗口，但他把王艮晚年精心探索而未成的“大成学”展开并丰富为“大成仁道”说。罗汝芳是认真读过王艮著作的，他对王阳明与王艮有不同的评价，认为一个侧重理论，一个着眼实践。他汲取王艮的“身本”论，结合自己的人生经历，得出了“贵身”论。受颜钧“赤子之心”论述的影响，又把王阳明的“良知”说同王艮“身本”论整合在一起，构筑了以“赤子之心”为宗旨的理论体系。这是他经过深思熟虑而又充满了自身体会的一家之言。李贽编辑过王阳明年谱，他以怀疑为“学道者之宝”的思维方式继承了王艮的“发明自得”，其“好货好色为真迩言”“有私必力”“穿衣吃饭即人伦物理”等观点，与王阳明“存理灭欲”的禁欲主义是南辕北辙的。李贽与罗汝芳无师承关系，但李贽自称对罗汝芳学说的了解没有超过他的，甚至说愿做罗汝芳的守墓人。他把“赤子之心”中天真纯洁的内容吸取了，掐掉了孝、弟（通悌，下同）、慈等先天道德属性，演化为“童心说”。王阳明的“良知”，经过王艮“身本”论的中介，发展为罗汝芳的“赤子之心”与李贽的“童心”。李贽以“童心”论来评点《水浒传》《西厢记》的著作风行于世，以至出现了众多冒牌货。王阳明心学既因泰州王门得以“风行天下”，又因此“渐失其传”，这种看似矛盾的现象，从“妙合神离”这一继承与创新的辩证关系中，可以找到较为满意的解释。从“良知”说到“童心”说的流变，让泰州王门的学术逐渐偏离了王阳明心学，最后成为别成一派的学说。

“悟道”，是指不经过感性经验或理性思维的途径，而直接把握对象本质的思维方式。这个对象可以是客观世界的林林总总的事物，也可以是主观精神中丰富多变的意念。这个把握是以人的内心刹那间的觉悟来实现的，它能让人们马上能够洞察事物的奥秘所在。“发明自得”是要诉诸于自家体会的，这就与“悟道”有着内在联系了，或者说“悟道”是自得精神逻辑的必然延伸。王阳明的两次“悟道”，为后学们起了垂范引领的作用。在经历了廷杖、追杀与贬谪后，王阳明在“龙场悟道”了，让他悟出了知行合一说；“宸濠忠泰之变”，让他悟出了“致良知”说。这二次出生入死的经历是他“悟道”的关键，是他成为一代宗师的根由。他反复强调，“悟道”只能从内心体认，绝对不能借助于外在的力量，这开启了泰州王门诸贤的“悟道”之路。官至大学士的的赵贞吉对王艮有个评议：“以经证悟，以悟证经，行即悟处，悟即行处。”①

泰州王门诸贤的“悟道”，无论从形式上说，还是内容上论，均各有特点。王艮做了个“天坠压身”之梦，颜钧搞了个“七日闭关”，罗汝芳强调圣凡转换就在“但能一觉”上，李贽另辟路径以“破疑为悟”，形式各异，内容有别。王艮梦后“顿觉心体洞彻”，把坍下来“天”托了上去，拯救了万民的生命。颜钧说自己“闭关”后与前恍若二人，先前是身处百丈深坑，尔后就升入天堂中，神智顿现。与颜钧有过从的士人曾守约说：“先生学由自悟，学天启也。”②罗汝芳与王阳明一样强调静坐，但引入了禅宗“顿悟成佛”的观点，说凡夫到圣人，关键在于人们心中是否觉悟到凡圣同一：“但能一觉，则日用间，可以转凡夫而为圣人。”③这是是儒佛合一的“悟”。李贽把“悟道”和他独特的思维方式相联系：“学人不怀疑，是谓大病。唯其疑而屡破，故破疑即是悟。”④王栋没有王艮与颜钧那样的奇行，但以为“良知本体”是“悟得入，则亦明得尽矣”⑤。总之，自王艮起至李贽止，泰州王门诸贤都注重“悟道”，是为同一性；不论从形式上来说，还是从思想内容来看的，“悟道”呈现出五花八门的面貌，是为差异性。

“嗜欲”就是满足人们的欲望，泰州王门诸贤以自然人性论与自私自利人性论，否定王阳明的禁欲主义。王艮“身本”论是生存论哲学，认为不能解决百姓的衣食问题，就不是学问，就不是大事，就不是正道。“百姓日用是道”，是为了保障民众的生存而提出来的。“日用”包括穿衣、吃饭等人对物质的欲求。王艮是身体力行践履了王阳明“知行合一”的，他数次以实际行动去救济灾民，跃出了“存

---

① 赵贞吉：《王心斋墓铭》，袁承业编：《明儒王心斋先生遗集》卷四。
② 曾守约：《心迹辨》，颜钧：《颜钧集》，黄宣民点校，中国社会科学出版社 1996 年版，第 79 页。
③ 罗汝芳：《近溪子集》，《罗汝芳集》，方祖猷、梁一群等编校整理，凤凰出版社 2007 年版，第 105 页。
④ 李贽：《观音问》，《焚书》卷四，张建业主编：《李贽文集》（第 1 卷），社会科学文献出版社 2000 年版，第 158 页。
⑤ 王栋：《会语正集》，王艮：《王心斋全集》，陈祝生等校点，第 155—156 页。

理灭欲”的轨道。王栋进了一步，矛头直指朱熹的禁欲主义，认为“圣门”没有用“去人欲，遏人欲”的观点去教育学生的传统，论证了人们从耳目、口鼻、四肢而产生的欲望，是每个人必定具有而无法泯灭的。这是以自然人性论来对抗理学的禁欲主义。王世贞说，颜钧说：“每言人之好贪财色，皆自性生，其一时之所为，实天机之发，不可壅瘀之。”[①]既然“好财色”是发根于“性生”的，为“天机之发”，任何以人为的力量去阻断欲望的主张必定是无效的。颜钧“制欲非体仁”之说，是从这一路径而来的。在他看来，对人的欲望的刻意抑制，与孔子所说“体仁”是完全相反的。在颜钧期望的“天下归仁”理想社会里，最紧要的是“大聚以遂民欲”。年轻时身体力行过“存理灭欲”的罗汝芳，不仅没有达到理学所希冀的那种境界，反而生了一场大病。得知颜钧“制欲非体仁”之说后，罗汝芳刹那间醒悟了：“万物皆是吾身，则嗜欲岂出天机外耶？”[②]受颜钧的影响，罗汝芳在十七年的官宦生涯中，把“向民所欲”的主张在安徽、云南等地在施政中践行了。

何心隐批评理学开山祖周敦颐的“无欲”说，提出“育欲”说，强调在欲望的满足上，百姓有着与君主同样的权利，这样的平等观念在古代等级森严的社会里，是惊世骇俗之论。李贽是泰州王门中彻底否决了“存理灭欲”禁欲主义的一位。他从“百姓日用处提撕一番”后，提出了“好货好色是真迩言”的观点。如果说王艮的“百姓日用是道”还讲得比较抽象的话，那么，李贽则具体落实于“多积金宝”“多买田宅”等“世间一切治生产业”上。[③]如果说王栋、颜钧、罗汝芳等人，以为人对感性欲求追求是无法避免和不可阻塞和尚属于自然人性论的话；那么，李贽的“知势利之心，亦吾禀赋之自然”之见则提升到了自私自利人性论。[④]自私自利人性论不再把欲望局囿于人的自然属性，而扩展到由社会因素引起的欲望，如出务农、治家、举业所激起的对收获、积财与做官的追求。“人必有

---

① 王世贞：《嘉隆江湖大侠》，《弇州史料后集》卷三十五。

② 黄宗羲：《泰州学案三》，《明儒学案》卷三十四，沈善洪主编、吴光执行主编：《黄宗羲全集》（第8册），第49页。

③ 李贽：《答邓明府》，《焚书》卷一，张建业主编：《李贽文集》（第1卷），第36页。

④ 李贽：《道古录》，张建业主编：《李贽文集》（第7卷），第358页。

私而后其心乃见”[①]，强调了自私牟利是人“心”的本质所在。

王阳明与朱熹在学术思想上有重大分歧，但在禁欲主义上无甚差别。仅《传习录上》中，讲述“存理灭欲”就达22处之多。王阳明要求他的学生“静时念念去人欲、存天理，动时念念去人欲、存天理”[②]。从理论上说，“存理灭欲”是属于禁欲主义的。禁欲主义，是要求人在一定程度和范围内克制身自对欲望的追求，以至于放弃物质享受以达到宗教信仰、道德理想的学说。基督教、婆罗门教、耆那教、佛教等宗教都对禁欲主义有所提倡，虽说实现的手段与达到的目的各不相同，但均属宗教禁欲主义的范围。程朱理学与陆王心学的“存理灭欲”，则可归入道德禁欲主义的范围。他们对道德自我完善的要求，达到了漠视人的生存欲望的地步。不过，道德禁欲主义在泰州王门诸贤那里是无立足之地的了。何心隐住在耿定向家教家僮们发财致富的事实，让顾宪成惊叹“何心隐辈坐在利欲胶漆盆中”[③]。李贽“各得其千万人之心，千万其心者，各遂千万人之欲”的主张，强调了民众的欲望要得到充分的满足，[④]让天下千万民众的“嗜欲”得到符合其要求的充分满足，奏响了道德禁欲主义的丧歌。泰州王门相对于官方哲学宋明理学来说是对立的。理学家精心构筑“天理”论与“良知”说，讲到根子上，无非是等级制度与三纲五常的哲理化形态。理学家宣扬禁欲主义的意图很明确，就是要百姓们安于目前的状态，不要在经济上与政治上有过多的追求。欲望一旦滋生并膨胀起来的话，社会秩序就必定遭到严重的冲击。历史上多次农民起义，就是因为生存极度困难而为改善生活所作的拼死一搏。黑格尔说：“个别兴趣和自私欲望的满足的目的却是一切行动的最有势力的泉源。”[⑤]准此而言，如果说在“心中悟道”上，泰州王门的见解与王阳明“妙合”还较多的话，那么，在欲望观上的观点上与王阳明已经分道扬镳了。

“狂者”出自《论语·子罕》，作为人格气象来说，是为进取之意。

---

① 李贽：《德业儒臣后论》，《藏书》卷三十二，张建业主编，《李贽文集》（第3卷），第626页。

② 王守仁：《传习录上》，《王阳明全集》卷一，吴光等编校，第13页。

③ 黄宗羲：《东林学案》，《明儒学案》卷五十八，沈善洪主编、吴光执行主编：《黄宗羲全集》（第8册），第743页。

④ 李贽：《道古录》，张建业主编：《李贽文集》（第7卷），第365页。

⑤ 黑格尔：《历史哲学》，王造时译，上海书店出版社2001年版，第20页。

晚明文人、学者中出现了一批“狂士”，但以王阳明及阳明后学最为突出。王阳明晚年对学生说，自己以往还有些乡愿的意思，“我今才做得个狂者胸次”，让天下的人都知道我王阳明是“行不掩言”的。①“狂者胸次”对后世的影响至为深远。就泰州王门诸贤而言，他们都对“狂者”灌注了积极的含义，但具体内涵却各具特色。

《明史·王艮传》说“艮本狂士”。王阳明的“狂者胸次”为光明磊落、富于进取之意；王艮、颜钧的“狂”，为出位之思及出格之行。王艮穿着奇装异服，驾车北上讲学，是出格之行。一介布衣的王艮，数次拒绝了保荐做官的机会，却做着当皇帝老师的美梦。这是出位之思。据耿定向的记载，王艮对“狂者”是笃信的：“或者疑先生‘出则为帝王师，处则为天下万世师’语，惧为狂诞者口实，然乎？曰：否。先生实自笃信其道如此。”②王襞奉父命一生不事举业，常年隐于山中，以“山狂”自居，70岁时自号“天志逸叟”，说此刻“正是山狂潇洒日”。③虽说父子在“狂”的形式上有所不同，但心灵深处的想法是一样的。颜钧以救世主自居，打出“急救心火”的旗号，欲治士人心中的通病。在对古代经典的诠释上，颜钧不循常规，在“大”“中”“学”“庸”这四个字上构建出一套“大成仁道”的哲学理论来，可谓前无古人，后无来者。无论思想上的出位，还是行动上的出格，都让他的学生程学颜感到他是个非常奇怪的人。何心隐之狂，较王艮与颜钧有过之而无不及。于传统五伦中，只撷取“朋友”一伦，且把交友中的平等关系贯彻到君臣关系里。他提出的“师友—君臣”的平等说，对维护封建社会的等级制度是个颠覆性的命题。他耗尽自家财产，建立聚和堂，俨然是对抗地方政府的一个行政组织。“危言危行，独往独来”（明人张轩语）、“妖人”、“奸人”（官府的看法），是对何心隐之“狂”恰如其分的描绘。李贽以“疏狂一老身”自居，他的人生就是“疏狂”的体现，“有家弃家”“有官弃官”“有发弃发”。他不想取悦于世人，自甘寂寞。他有诸多突破传统藩篱的观点，向世人挑明了对言论自由追求与独立人格的崇尚。泰州王门诸贤以高尚人格得到后世的好评论，他们

① 王守仁：《传习录下》，《王阳明全集》卷三，吴光等编校，第116页。
② 耿定向：《王心斋先生传樵朱陶韩二子附》，《耿定向集》卷十四，傅秋涛点校，第549页。
③ 王襞：《逸叟诗以识喜》，王艮：《王心斋全集》，陈祝生等校点，第241页。

不变更自我的志向以攀附权贵，这是晚明时代士人追求理想与个性解放思潮的真实反映，也是研究泰州王门的重要方面。

以平民为讲学的主要对象，一直是被学术界誉为泰州王门重要特色的。讲学的风气在明代是很流行的，不只是规模大，而且成为流行的时代思潮。正德六年（1511），王艮榜其门曰："不以老幼贵贱贤愚，有志愿学者传之。"① 明确主张，学术传授的对象不能以等级与天资来决定，只要有志于学习的人都可以成为传授的对象。就主流意义上说，古代中国是一个士人的社会，作为"四民"的士人是儒学的主要承载者。王艮以实际行动突破了这一传统格局。王栋进了一步，他从理论上论证"以职业相妨"的传统来限制平民接受儒学是不合孔子开创而为历代儒家所遵循的传统的。"良知具足"这一来自王阳明的主张，成为他论证"耕稼渔陶之人"都可以接受教育的理论基础。邓豁渠对王艮的讲学风格、对象作了实录，既有"乡之耆旧，率弟子雅观云集"，更多的是衙门中抄写文牍的小吏、卖酒的小贩与卖苦力脚夫，"四众俱集，皆与席听讲"，"王心斋之风，犹存如此"。② 何心隐一生以讲学为己任，他是重视平民教育的："下思民之所以善其俗者，以有乡学之教也。"③ 据李贽的记载，罗汝芳的讲学对象中，有牧童、樵夫、渔夫、农民、名儒、生员、士人、商人、胥吏、缙绅、高官，以及僧道、盗贼、隐士，贵贱不分，三教九流都有。④ 被时人称为"舌胜笔"的他，讲学多以《圣谕六条》与《吕氏乡约》为主要内容，通俗易懂。大体上说，泰州王门的平民化教育的特点主要在二个方面：一是变更了原先士人为主要传授对象的格局，农夫、陶工、脚子、樵夫以及下层吏员，成为传授的主体；二是做到了儒学理论的简易化与通俗化，充满儒家情怀的语录、乡约、太祖圣谕等，均可作为讲学的主要内容，而不再局限传统儒家经典。

本书又以较多的篇幅，对泰州王门在历史上的影响作了详细的论述，原因有三个：一是以往的著作对泰州王门在历史上的影响，着墨不多；二是自己先前在这方面有些基础，我在《学术论坛》1991 年第 4 期上，就发表了《论泰州学派对梁漱溟的影响》一文；

---

① 徐樾：《王心斋别传》，《明儒王心斋先生遗集》卷四。
② 邓豁渠：《〈南询录〉校注》，邓红校注，武汉理工大学出版社 2008 年版，第 29—30 页。
③ 何心隐：《聚和率教谕族俚语》，《何心隐集》，容肇祖点校，中华书局 1960 年版，第 68 页。
④ 李贽：《罗近溪先生告文》，《焚书》卷三，张建业主编：《李贽文集》（第 1 卷），第 116 页。

三是泰州王门对明清两代与近代思想界的深远影响，是客观地存在的。本人仅是做了个初步的探索，其间还有进一步发掘的可能性。仅以李贽为例，其在明代的影响，就涉及整个明代中后期的哲学、史学与文学等方面。如果全面论述，则是越出了本书范围的，故本书只能是粗线条地论述。

这种影响于明清两代，我是以点与面相结合的方式来进行的。在近现代，以梁启超、吴虞与梁漱溟三人为代表，而这方面的研究是比较薄弱的。面上是着重于王艮与李贽。对王艮的影响，以往着眼于平民化教育上，忽略了他在官僚层面的影响。王艮的学说所以能“绵绵数百年”，与中央高官与地方官吏们的大力提倡有密不可分的关系。上行下效，地方上缙绅与士人们亦如法炮制，他们撰文表彰王艮的学术与人格，是精神上的支撑；他们造祠堂、捐钱财、置学田，是物质上的支持。对李贽的影响，学术界是讲得比较多的，但没有系统的论述。就明清士人对李贽的看法，我划分出了三个阵营：“坐圣门第二席”（赞扬者）、“名教罪人”（“否定者”）与折衷者。点上的论述，有罗汝芳对汤显祖的影响、李贽对汤显祖与袁宏道的影响。这也是点到为止的。梁启超在《节本明儒学案》中对泰州王门中何心隐、颜钧着重地表彰了一番。他以为，明治维新中一些思想家受泰州王门启迪甚多。被胡适称为“只手打孔家店”的老英雄吴虞，写了篇一生最长的文章《明李卓吾别传》，他借重新评价李贽为引子，表面上看成是想摘掉“名教罪人”的帽子，实质是为新文化运动鸣道开路，着力鞭挞了作为帝王护身符“儒教”。王艮、王襞父子的言行，影响了梁漱溟一生，让他变更了自己的学说宗旨、人生哲学与行动轨迹，这将泰州王门的历史影响推向了高峰。

本书是通论性的研究，且偏重于哲学方面，对泰州王门诸贤许多内容没有作详细地剖解，如王艮的“王道论”、罗汝芳与李贽的佛教思想、李贽在史学与文学领域中的观点等。一方面已有一些论著有了专门性的论述，另一方面陈陈相因不符合自己的写作思路。本书也没有为泰州王门的历史地位说上几句，意图是让读者看了本书自己去作判断，以避免主观上的设定。

目录

第五章 以“赤子之心”为学说宗旨的罗汝芳

第六章 自称“异端者流”的李贽

第七章 泰州王门在明清期间的影响

第一章

力倡『身本』论的王艮

以平民出身而开创一个学派，且对后世有深邃影响的思想家，在中国哲学史上有三个人。一是唐代的樵夫慧能，他是禅宗南宗的创始人。以“自心是佛” “顿悟成佛”为宗旨的禅宗南宗，及其门下的五家七宗，成为晚唐以后佛教中占据主流地位的宗派。一是被胡适称为“农夫哲学家”的农夫颜元，在清初创立了以“习行”为核心的颜李学派。加上“李”字，因其学生李塨一生以光大师说为己任。这一学派的影响一直延续到近代。一是泰州王门的缔造者，明代的灶丁王艮。从周海门称王艮为“东海圣人”始，到梁漱溟在抗日战争爆发时无法从事乡村建设运动结束止，王艮开创的泰州王门影响前后持续了近四个世纪。这三个人的共同特点是，一是文化水平低，惠能是个文盲，王艮只有初小水准，颜元高一些，相当于今天的初中。二是没有受过系统的教育，受传统观念框架的影响亦少，所以他们的学说能不囿陈说而富有开拓性。一如邹元标所言：“惟不事《诗》《书》一布衣，此所以得闻斯道也。盖《诗》《书》者，理义见闻缠缚胸中，有人大告之以心性之学，彼曰：‘予既已知矣。’以泰州天灵皎皎，既无闻见之桎梏，又以新建明师证之，宜为天下师也。”[①]意思是说，王艮没有正规学习过《诗经》与《尚书》，又没有“理义见闻”等框架的束缚，更无“大人”对他传授理学家那套“心性之学”，加上王艮的天资聪慧，这些条件让王艮成为自成体系的大思想家。邹元标的话是有道理的。从古往今来的情况言，一个领悟能力较强的人，其文化水平愈是低下，其所受系统教育愈少或者没有，其受传统的观念影响就愈少，就愈能得出超越前人的睿智卓识来。王艮有这样的造诣，原因是有多重的，但邹元标所说的因子，是有重要作用的。

第一节 王艮的生平与著作

王艮(1483—1541)，原名银，字汝止，泰州安丰场（今江苏省东台县）人。据王艮的长孙王之垣说，他们的始祖王伯寿是在洪武年间依据诏令，从姑苏（今苏州）迁到安丰场，由此开始了世代的煮盐生涯。王之垣讲了原因却虚与委蛇，令后人猜疑不已。据王艮

① 邹元标：《赞语》，袁承业：《明儒王心斋先生遗集》卷四。

一族的后代王佩玲女士对我讲，王艮的六世祖王伯寿是一个儒生，在张士诚军中充当过幕僚，为张士诚出谋划策过。朱元璋在与元末群雄争斗中，同张士诚争斗最为激烈。朱元璋动用了几十万军兵，花了八个月时间才把苏州攻下。朱元璋对此事很是恼火，迁怒于当地居民，把大量苏州居民，从富饶的江南迁移到贫穷的江北，这是一种惩罚手段。先祖情况的剧烈变动，是由皇帝的命令所致。在皇权至上的古代社会里，王之垣纵使知道了真相也是不敢明言的。儒生与灶户的社会地位相差是很悬殊的。灶户在明代与囚徒相似，明代规定灶丁缺人时，就用囚徒来替代。一旦成为灶丁后，就不能变更为其它户籍。安丰场靠近淮河入海处，是两淮地区最大的产盐地之一。两淮指淮北与淮南，淮南指泰州，淮北指淮安和通州。两淮都设有转运盐使司，其中一个分司设在泰州，治所在泰州东台。王艮的始祖王伯寿、二世祖王国祥、三世祖王仲仁，都是盐场的百夫长。四世祖王文贵、五世祖王美僖，均以煮盐为生。六世祖王守庵为王艮的父亲，煮盐是他父子的职业。煮盐的经历对王艮“身本”论思想的形成，有着关键性的意义。其子王襞把他的一生分为三个时期：“其始也，不由师承”（从孩提至37岁）、“其中也，见阳明翁”（38至46岁）、“其晚也，明大圣人出处之义”（47岁至58岁）。[①]

（一）“贩盐为务”与“天坠压身”

“不由师承”的期间，王艮是以贩卖私盐与无师自学度过的。他受过四年的童蒙教育，因家境贫困无法继续学习。大约11岁以后，就参与煮盐的事务了。19岁至25岁，随父王守庵从水路、陆路三次贩盐到山东出售：“客山东，奉守庵公命，商游四方。先生以山东阙里所在，径趋山东。”[②]由于他善于经营、懂得管理、擅长理财，自是家道日裕，成为海滨地区颇有财力的富户，这为他专心致志地从事学习和传道打下了经济基础。25岁时，“客山东，过阙里谒孔圣及颜、曾、思、孟诸庙，瞻拜感激，奋然有任道之志。归

① 王襞：《上昭阳太师李石翁书》，王艮：《王心斋全集》，陈祝生等校点，第217页。
② 董燧：《年谱》，王艮：《王心斋全集》，陈祝生等校点，第67页。

则日诵《孝经》《论语》《大学》，置其书袖中，逢人质义”。[①] 低微的身份与学养的缺乏，让他对儒家经典中的义理难以知晓，遇人就请教是一个可行的办法。经商的行踪不定，使他无法在某地选择一个固定的老师，“逢人质义”是契合王艮实际情况的。经过了六七年的刻苦自学，王艮开始讲解儒家经典，他的讲解别具一格：“先生逮粗识《论语》《孝经》章句，即邈焉希如古圣贤人，信口谈解，如或启之，塾师无敢难者。”[②]“信口谈解”是王艮讲学风格的真实写照，连饱读经书的“塾师”都不敢对王艮责难。这是对传统观念的大胆突破：“吾为诸君发六经大旨。六经者，吾心之注脚也。道具于心，道明则经不必用，经明则传注不必穷。”[③] 既然六经是人心的注脚，那么程朱对儒家经典所作的诠释（“传注”），也就没有探讨的必要。

这样的突破又与王艮经历的神秘体验相关。一个粗识文字的灶丁，身处海滨地区且无名师指点，以“默坐体道”“闭关静思”的方式，踽踽独行地刻苦学习，对他来说是最为可行的。29岁时王艮做了一个“天坠压身”的梦：“先生一夕梦天坠压身，万人奔号求救，先生独奋臂托天而起，见日月列宿失序，又手自整布如故，万人欢舞拜谢。醒则汗溢如雨，顿觉心体洞彻，万物一体，宇宙在我之念益真切不容已。自此行往语默，皆在觉中。”[④]王艮见天压在万人身上后奔跑呼号求救的情状，便独臂托天而起，把零乱了的日月星宿重新恢复原状。对梦怀有天真般的迷信与对梦进行科学上的探索，始终是人们头脑里经常思索的内容，至今没有停止。对梦做了科学与哲理上深入研究的，当属弗洛伊德了。他把梦作为人类的一种精神过程，划分为显象与隐意。他把梦的隐意与人类的潜意识活动起来进行分析。在他看来，精神分析的主要任务，是把梦的显象还原为它的隐意，从隐意中去分析梦者潜意识中的动机和欲望。弗洛伊德把这种动机与欲望归结为“里比多”，“里比多”的核心是寻求快感的性的原始冲动，这有着极大的片面性。不过弗洛伊德关于梦的理论，有着无可辩驳的合理因素。王艮心中有这样的潜意

---

① 董燧：《年谱》，王艮：《王心斋全集》，陈祝生等校点，第68页。
② 赵贞吉：《王心斋墓志铭》，《明儒王心斋先生遗集》卷四。
③ 王士纬：《心斋先生学谱》，王艮：《王心斋全集》，陈祝生等校点，第83页。
④ 董燧：《年谱》，王艮：《王心斋全集》，陈祝生等校点，第68页。

识，即“有必为圣贤之志”。[①]“任道之志”是此种潜意识的外在显现。从“万人奔号求救”到“万人欢舞拜谢”，是王艮察觉到自己以救世主的身份出现在世人面前。“天坠压身”的梦，带有神秘心理体验的因素。不可否认的是，做梦会给人们带来创造性思维成果。德国化学家凯库勒因梦中见蛇而弄清了苯的结构，而门捷列夫发现元素周期表，是因梦中见过原子按原子量排列成周期的幻象。清人李钟伦在《周礼纂训·春官·占梦》中说：“梦中创见之思者，精专所极，积思而梦。”“精思”是指人的意识对某一问题精心贯注，“积思”是指对某一问题经久不息地反复思索。王艮的后人以为，“实则先生僻处海隅，感民智浅陋，觉世之愿，根诸心而遂形诸梦”[②]。梦境是显象，“必为圣贤之志”为隐意。尽管梦中有痛苦、紧张或恐怖，但也蕴含着追求、愿望与希冀。甚至可以这样说，梦是活着的人们顽强地追求理想的某种动力。对王艮来说，“天坠压身”不可能如同春梦那样了无痕迹，而是让梦后的王艮觉得，“自此行往语默，皆在觉中”。“觉”是“精专积思”所来的“创见”这样的感受，让王艮处于亢奋的状态中。“天坠压身”之梦前，是王艮的经历坎坷；只是梦后的王艮，才显示出自己的“创见之思”。

（二）“执弟子礼”于王阳明

“见阳明翁”，是讲拜王阳明为师之事。38岁时，他听到塾师黄文刚（江西吉安人）说，他的一些观点，与江西巡抚王阳明的主张相类。好学心切、求知若渴的王艮，不远千里到江西，执弟子礼拜见王守仁。正德十五年（1520）九月抵达南昌。先是王艮在舟中，梦见王阳明于拜亭下。及见王阳明，王艮告之以梦事。王阳明对他说：“真人无梦。”王艮回答说：“孔子何由梦见周公？”王阳明说：“此是他真处。”[③]孔子梦见周公，见于《论语·述而》：“甚矣，吾衰矣！久矣，吾不复梦见周公。”孔子想梦见周公，但晚年的孔子自觉精力衰竭，再也无法梦见周公，为此他哀叹

---

① 董燧：《年谱》，王艮：《王心斋全集》，陈祝生等校点，第68页。

② 王士纬：《心斋先生学谱》，王艮：《王心斋全集》，陈祝生等校点，第82页。

③ 董燧：《年谱》，王艮：《王心斋全集》，陈祝生等校点，第70页。

了一番。孔子梦周公，而孔子去世后，文人、学者以梦见孔子为幸，蕴藏其间是圣人崇拜情结。王艮与王阳明一见面，交谈的话题是梦见圣人的事，正题是环绕着尧、舜这两位圣人的事迹发表议论，这说明了圣人崇拜是如何沦肌浃髓渗透到两人的内心了。[①]弟子徐樾为王艮所作的传记中说："既冠，商于山东，特谒孔庙，即叹曰：'夫子亦人也，我亦人也。'"[②]王艮以为，孔夫子与我均为"人"，不应当有差别。这表明王艮拜师前，已经萌生圣凡平等的主张。王阳明有个著名论断："你看满街人都是圣人，满街人到看你圣人在。"[③]两人之见相类，正是"心有灵犀一点通"。交谈后王艮就师事王阳明，但回到馆舍后就后悔了，觉得自己的举动太轻率了。王艮向王阳明说了悔意后，两人反复论辩，王阳明的见解让王艮"心大服，竟下拜执弟子礼"。[④]让王艮折服是这王阳明的一段话："有疑便疑，可信便信，不为苟从，予所甚乐也。"王艮听了后说："此真学圣人者，疑即疑，信即信，一毫不苟，诸君莫及也。"[⑤]对前人的学说与他人的观点应当怀疑就要去怀疑，应当信仰就坚定不移，不要听从世俗的庸见而随波逐流。王艮以为，在学习圣人方面王阳明是个榜样，有着别的学者没有的独立见解，不是媚世苟合的学者。

王艮在王阳明门下共八年，担任过亦友亦师的角色。嘉靖元年（1522），王阳明父亲去世。因向王阳明求学的人太多，当地的寺院道观容纳不下。王艮便代师张罗具体事项，构筑书院，准备食宿，且代王阳明授徒："时阳明公以外艰家居，四方学者日聚其门，道院僧房至不能容。于是先生为构书院，调度馆谷以居，而鼓舞开导多委曲其间，然犹以未能遍及天下。"[⑥]王艮感到像阳明心学这样的"千载绝学"没有遍及神州大地，便萌生到京师去讲学的想法。王艮"制一蒲轮"（又名轻车），上面写着煽动性的辞句："天下一个，万物一体。入山林求会隐逸，过市井启发愚蒙。遵圣

---

① 泰州王门的大多数人，都有圣人崇拜情结，详尽的分析在后面。
② 徐樾：《别传》，《明儒王心斋先生遗集》卷四。
③ 王守仁：《传习录下》，《王阳明全集》卷三，吴光等编校，第 116 页。
④ 董燧：《年谱》，王艮：《王心斋全集》，陈祝生等校点，第 70 页。
⑤ 董燧：《年谱》，王艮：《王心斋全集》，陈祝生等校点，第 70 页。
⑥ 董燧：《年谱》，王艮：《王心斋全集》，陈祝生等校点，第 70 页。

道天地弗违，致良知鬼神莫测，欲同天下人为善，无此招摇做不通，知我者其惟此行乎？罪我者其惟此行？于是作《鳅鳝赋》，文列前卷。沿途聚讲，直抵京师。”[①]《鳅鳝赋》是表明王艮志向的，后面再论。王艮是刻意作出惊世骇俗之举的。“招摇”是说他按照《礼记》上的样式，制作了五常冠、深衣、涤绖与笏板，大大超出了当时人们的接受程度。王艮祭出了两面大旗，一是“遵圣道”，这是打着圣人崇拜的旗号；二是“致良知”，这是掮出其师王阳明的旗帜。沿途“入山林”会晤高士，“过市井”启蒙平民，最后的目的是至京师去教化士人。狂妄的举动引起了王阳明的不满，在“意气太高，行事太奇”的批评与“三日不得见”的惩罚下，王艮才有所收敛。但狂者的人格意识，没有从王艮身上消失。

（三）传道授业

“明大圣人出处之义”，是他晚年讲学与授徒的时期，为时十三年左右。在54岁以前，外出去江、浙间游学较多。交游的对象，是王门同学和官府缙绅。48岁时，在南京与邹守益、欧阳德等人，聚讲于鸡鸣寺。49岁时，“四方从游日众，相与发挥百姓日用之学，甚悉。冬十一月，徐樾复来学”。[②]51岁时，道州周良相、泾县吴标、王汝贞、南昌程伊、程俸先后来学。54岁时，御史洪桓访王艮，“为构东淘精舍数十楹，以居来学。婺源董高、丹徒朱锡、南昌喻人俊、喻人杰、罗楫，先后来学。时先生因在学诸友气未相下，乃作《勉仁方》”。[③]王艮先后讲学于南京、广德、孝丰、会稽等地，讲学的地点是有点名声的复初书院、安定书院与东淘精舍。这都是官绅出钱构筑的。王艮传授的对象，主要为下层社会中的平民。正德六年（1511），即王艮“天坠压身”那一年榜其门曰：“不以老幼贵贱贤愚，有志愿学者传之。”[④]大学士李春芳请教过王艮：“后偕太守袁君株、大尹朱君軏、审理宗君造先生房山庐，请益数月余，见乡中人若农，若贾，暮必群来论学。时闻逊

---

① 董燧：《年谱》，王艮：《王心斋全集》，陈祝生等校点，第71页。
② 董燧：《年谱》，王艮：《王心斋全集》，陈祝生等校点，第73页。
③ 董燧：《年谱》，王艮：《王心斋全集》，陈祝生等校点，第74页。
④ 徐樾：《王心斋别传》，《明儒王心斋先生遗集》卷四。

坐者，先生曰：‘坐！坐！勿过逊废时。’”[①]王艮乡中的平民，每天黄昏必定集合成群体去“论学”。看见大家让坐时，王艮叫大家马上坐下，以免浪费时间。王艮去世后不久，在泰州当过督学并作过实地考察的耿定向，对王艮讲学情况作了记载：“非独缨緌诗书士，虽荛竖工役，一闻謦咳，咸若澡雪其匈臆而牖发其天机者。”[②]王艮讲学的对象多为樵夫、陶工之类的平民，讲学时不是像士人那样，而是用简易快速的方式，以启迪平民的头脑为目的。这种异乎传统的讲学方式，收到了良好的效果，听众心满意足，归去时有“怀宝而去”那样的感受：“予闻心斋父子盛时，升堂谭道，万众咸集。既退，虽皂隶臧获，人人意满，若怀宝而去者。”[③]这是阳明后学的重要代表之一的陶望龄（1562—1609），于王艮去世后半个多世纪时的记载。

当时的人们，已经感觉到55岁的王艮的学问是自成一派了：“时有不谅先生者，谓先生自立门户，先生闻而叹曰：‘某于先师，受罔极恩，学术所系，敢不究心以报。’”[④]“不谅”，是指不了解王艮的思想，但发觉王艮的思想与王阳明有很大的差距，“自立门户”。王艮说，自己深受老师的教诲，而王阳明一生都是强调自得精神的。[⑤]继承老师的自得精神，“自立门户”才是报答师恩的最佳办法。57岁时，“时先生多病，四方就学日益众。先生据榻讲论，不少厌倦”。冬十一月，罗念庵造访王艮，“念庵就榻旁，述近时悔恨处，且求教益，先生不答”。当罗念庵告别时，“先生留之”，“遂作《大成歌》以赠念庵”。[⑥]罗念庵是明代思想家罗洪先（1504—1564）的号，江西吉水人。嘉靖八年（1529）赴会试，中进士第一，任翰林院编修。嘉靖十八年（1539），为经筵院讲官。后因忤旨，以黜为民。此后直至去世，未再出仕。作为阳明后学，并未受业于阳明之门，而是一个名副其实的私淑者。王艮代师授徒，在王门中地位很高，故记载说罗念庵“求教益”，是

---

① 李春芳：《崇儒祠碑记》，《李文定公贻安堂集》卷九，凤凰出版社2015年版，第401页。
② 耿定向：《王心斋先生传樵朱陶韩二子附》，《耿定向集》卷十四，傅秋涛点校，第546页。
③ 陶望龄：《近溪先生语要序》，罗汝芳：《罗汝芳集》，方祖猷、梁一群等编校整理，第959页。
④ 董燧：《年谱》，王艮：《王心斋全集》，陈祝生等校点，第75页。
⑤ 参见朱义禄：《论王阳明自得精神及其对后世的影响》，《宁波大学学报（人文科学版）》2018年第5期。
⑥ 董燧：《年谱》，王艮：《王心斋全集》，陈祝生等校点，第76页。

符合实际的。大凡学术上自成一派的创始人，在其弥留之际，往往会产生总结其一生学术思想的念头。王艮在病榻前赠罗洪先以《大成歌》，是自知不久于人世间而又惧怕学术思想失传的缘故。58岁，王艮离却人间。代老师徐樾前往探视王艮的颜钧，在病榻前聆受了“大成学”。颜钧以为得了真谛，以弘扬“大成学”为己任，这放在后面说。

今存的王艮著作，除其后裔及门人辑录整理的王艮语录外，尚有王艮本人撰写的《鳅鳝赋》《复初说》《明哲保身论》《乐学歌》《天理良知说》《孝悌箴》以及《安定书院讲学别言》《格物要旨》《勉仁方》《与南都诸友》《大成学歌》《均分草荡议》《王道论》等名篇。王艮著作的刊印本较多，比较完备的是东台人袁承业在1910年编成《明儒王心斋先生遗集》一书。是书于1912年出版，共五卷，附录六卷。内中包括王一庵、王东崖的著作，各二卷，王艮子孙的著作一卷。另有《弟子师承表》一卷。在纪念王艮逝世460周年之际，其家乡泰州举办了学术讨论会，并于2001年整理出版了《王心斋全集》一书，是为王艮著作的首部点校本，附有王一庵、王东崖的著作。新点校本的出版对王艮思想的研究，无疑是有着推动作用的。不足的是没有把《明儒王心斋先生遗集》中卷四、卷五收录进去。这两卷中有徐樾、耿定向、赵贞吉等人的悼念文章，对理解王艮思想是极有价值的。

第二节 “身本”论的揭橥

关于王艮在“格物”方面的主张，学术界习称为“淮南格物”。这一说法是不符合王艮本意的。王艮的意图很明确，讲“格物”就是让大家知道“身为本，天下家国为末”的道理。“淮南格物”最早见于赵贞吉的《王心斋墓铭》中，“越中良知，淮南格物，如车两轮，实贯一毂”。①赵贞吉是王艮弟子徐樾的学生。墓铭写于王艮去世后不久，赵贞吉之意是说，王艮与王阳明是平起平坐的，遂以地望冠之。“淮南格物”的提法因有特色而流传开来，但却把王艮的本意淹没了。

（一）“身”为“天地万物之本”

王艮的族弟，他的门人王栋以为，老师讲“格物”的目的，是为了让人们明白“身本”论的道理：“且先师说‘物有本末’，言吾身是本，天下国家为末，可见平居未与物接，只自安正其身，便是格其物之本。……况先师原初主张格物宗旨，只是要人知得吾身是本，专务修身立本而不责人之意，非欲其零零碎碎于事物上作商量也。夫何疑哉？”②王栋追随王艮多年，对其师学说领会不可能有错。王艮告诉他的门人林春说：“吾身为天地万物之本也。能立天下之本，然后能知天地之化育，夫焉有所倚？吾东城默而识之。”③其实局外人也是这么认为的。以王艮私淑弟子自居的耿定向知道得很清晰：“姚江始阐述良知指，眼开矣，而未有身也；泰州阐立本旨，知尊身矣，而未有家矣。……天台病叟曰：泰州立本说，繄岂非孔氏指哉？”④耿定向的意思是，王阳明以“良知”为宗旨，开拓了人们的眼界；王艮以“立本”为宗旨，只关注于“尊身”。王艮以“尊身”为“立本”的观点，不正是孔子所指向的吗？王艮多次宣称“身本”的重要：

---

① 赵贞吉：《王心斋墓志铭》，《明儒王心斋先生遗集》卷四。
② 王栋：《会语续集》，王艮：《王心斋全集》，陈祝生等校点，第 172—173 页。
③ 王艮：《答林子仁》，《王心斋全集》，陈祝生等校点，第 44 页。
④ 耿定向：《耿定向集》卷十六《里中三异人传》，傅秋涛点校，第 631—632 页。

立吾身以为天下国家之本。[①]

是故身也者，天地万物之本也，天地万物，末也，是以“明明德”而“亲民”也。身未安，本不立也。[②]

身与天下国家一物也，惟一物，而有“本末”之谓。“格”，挈度也，度于本末之间，而知“本乱而末治者否矣”，此“格物”也。“物格”，知本也。[③]

首先，从“身”为“天下国家之本”“天地万物之本”的断论来看，王艮主张“身本”论，是很明确的。他以为，“知本”后方能进行“格物”。“格物”之解历来众说纷纭，王艮之前最具影响力的是朱熹与王阳明。朱熹以“天理”为根本，故“格物”就是穷理。王阳明创立良知说，提出“格物”就是格心，因王阳明以“心”（良知）为本。王艮的“身本”论与朱熹、王阳明截然有别。他别出心裁地从本末关系入手。他反复申明，只有弄清本末关系后，才能对“格物”的真实内容有切实的了解，这是他不同于前人的独创处。他对本末的比较，用意是要突出“身”的形而上意义。

第二，“淮南格物”是“身本”论的展开。王艮以为，有了“矩”作标准，才能去衡量“天下国家”这个“方”，这就是“淮南格物”的内涵。“吾身是个‘矩’，天下国家是个‘方’，矩则知方之不正，由矩之不正也，是以只去正矩，由矩之不正也，却不在方上求。矩正则方正矣。方正则成格矣。故曰‘物格’。”[④]王艮把“身”比喻为“矩”，为衡量天下所有事物的标准与法则。这同王阳明有较大的区别。王阳明是以“良知”为“规矩尺度”：“良知之于节目时变，犹规矩尺度之于方圆长短也。节目时变之不可预定，犹方圆长短之不可胜穷也。”[⑤]“节目时变”，是指现实生活中纷繁复杂的变化，它们是“不可预定”的，但只要能够“致良知”，作为主宰的“良知”能够自然而作出准确的判断（也适用

---

① 王艮：《语录》，《王心斋全集》，陈祝生等校点，第 4 页。
② 王艮：《答问补遗》，《王心斋全集》，陈祝生等校点，第 33 页。
③ 王艮：《答问补遗》，《王心斋全集》，陈祝生等校点，第 34 页。
④ 王艮：《答问补遗》，《王心斋全集》，陈祝生等校点，第 34 页。
⑤ 王守仁：《传习录中》，《王阳明全集》卷二，吴光等编校，第 50 页。

于“不可胜穷”的“方圆长短”）。王艮把“规矩尺度”的“良知”易为“吾身”，实现了由心本论向“身本”论的华丽转向。

第三，王艮的“身本”论与王阳明的“心身”论有明显的不同。王阳明说：“耳目口鼻四肢，身也，非心安能视听言动？心欲视听言动，无耳目口鼻四肢亦不能，故无心则无身，无身则无心。但指其充塞之处谓之身，指其主宰言之谓之心。”[①]这是说，“心”对“身”来说是主宰，虽说“身”为“心”运作提供了基础。但两者之中，“心”是根本，“身”是受驱使的。王阳明以为，一个人如果从“身”上考虑，就会走错路：“看善恶，躯壳上起念，便会错。”[②]王艮把“身”置于“心”之上：“安其身而安其心者，上也；不安其身而安其心者，次之。”[③]王阳明的心本论，到王艮那里转向了“身本”论。这是一个石破天惊的新理论，是中国哲学史上本体论的一种新形态。惜乎人们为“淮南格物”四字所蒙蔽，而不去深究内中的真相。黑格尔对“熟知不是真知”的现象有过精辟的分析。黑格尔剖解其原因时说：“就是在认识的时候先假定某种东西是已经熟知了的，因而就这样地不去管它了。这样的知识，既不知道它是怎么来的，因而无论怎样说来说去，都不能离开原地前进一步。……被不加考察地认为是熟悉的和有效率的东西，既构成固定的出发点又构成固定的归宿点。”[④]黑格尔以为，“哲学的特点，就在于研究一般人平时自以为很熟悉的东西”，而其实这“恰好就是他所不真知的”[⑤]。“熟知但不是真知”的现象，是在现实生活中经常发生的。历史上的许多科学发现，就是科学家从人们熟知的对象发现出新内容来。王艮本人没有“淮南格物”的表述，他的学生与私淑弟子都是从“身本”论去理解王艮的格物新解的。要使对象从“熟知”变为“真知”，唯一的办法是认真、踏实的考察与研究。

中国古代哲学经历了数千年的独立发展，到了宋明时期积累了非常丰硕的思想资料。哲学论争的中心，由先秦时期的“天

---

① 王守仁：《传习录下》，《王阳明全集》卷三，吴光等编校，第 90—91 页。
② 王守仁：《传习录上》，《王阳明全集》卷一，吴光等编校，第 29 页。
③ 王艮：《语录》，《王心斋全集》，陈祝生等校点，第 17 页。
④ 黑格尔：《精神现象学》上卷，贺麟、王玖兴译，商务印书馆 1979 年版，第 20 页。
⑤ 黑格尔：《哲学史讲演录》（第 1 卷），贺麟、王太庆译，商务印书馆 1959 年版，第 25 页。

人”“名实”之辩，演变为宋明时期的“理气”“道器”之争与“心物”“知行”之争。各个时代的哲学家围绕着论辩的中心，作了多方面的理论建构。宋明时期，因着对“理气”“道器”与“心物”“知行”的不同见解，形成了三个主要哲学派别，即气本论、理本论、心本论，他们有代表人物分别是张载、二程与朱熹、陆象山与王阳明。这些派别难以囊括当时所有的哲学理论，但不可否认后者都与这三个派别有千丝万缕的关系。王艮向世人展现了一个崭新的“身本”论，这正是时人“谓先生自立门户”议论出现的缘由。这种新形态的本体论，是从王阳明“心身”之辩中脱胎出来的。王艮把“心身”之辩易为“身物”之辩，独辟蹊径地得出了“身本”论：“既知吾身是个本，只是‘毋自欺’，真真实实在自己身上用功夫，‘如恶恶臭，如好好色’，略无纤毫假借、自是自满之心。”[①]阳明心学在当时，是一个比较成熟且广泛流行的思想体系。要想从中摆脱出来，生发出自己的新意，那是何等艰难的事啊！历史上无数次重复的是学生的观点围着老师打转而无法自拔的情况。“身本”论的揭橥，是与王艮“多发明自得”的思维方式相关的。“身本”论经过颜钧后，在罗汝芳身上得到了延伸：“惟独而自，则聚天地民物之精神而归之一身矣，已安得而不复耶？”[②]“身”是独一无二的，它聚集了“天地民物之精神”。罗汝芳从王艮处接受了“身本”论，发展成为“赤子之心”论，如此的演变放在罗汝芳一章中详论。

“身”的含义，是指血肉之躯以及由此而来的有感性需求的生命主体。王艮有一名言：

> 即事是学，即事是道。人有困于贫而冻馁其身者，则亦失其本而非学也。[③]

话很短内涵却很丰富。首先，王艮的“事”与“学”“道”为三位一体的论断。其次，王艮说的“道”的内涵是什么，时下论著

① 王艮：《答问补遗》，《王心斋全集》，陈祝生等校点，第 37 页。
② 罗汝芳：《近溪子集》，《罗汝芳集》，方祖猷、梁一群等编校整理，第 26 页。
③ 王艮：《语录》，《王心斋全集》，陈祝生等校点，第 13 页。

于“道”的内涵都是语焉不详的，这恰恰是理解王艮思想的关键。“道”是什么历来是有歧义的，如果用“道一分殊”的术语来概括是比较妥当的。我初步归纳了一下，至少有十种较为流行的说法。老子心目中的“道”，是宇宙的本体与客观规律。秦汉时期，以为“道”是一种原始混沌状态，但不太流行。至魏晋时，玄学创始人王弼以“道”为“无”，指没有具体形象、寂静的本体。朱熹以“道”为“理”，张载把“道”当作“气”，大体上是承继了老子与王弼的路数。“道”的第五种含义是治国的根本，如汉初“黄老之道”。孔子有“朝闻道，夕死可矣”（《论语·里仁》）的名言，其具体内涵是治国安民之术，但混杂了个人的道德修养方法。六为宗教的最高境界或根本信仰。七指用兵的战略与方法，即人们常说的“用兵之道”。八为全面性的学问或真理性的认识。黄宗羲说：“学术之不同，正以见道体之无尽。”[①]九指人道主义，这是近代中国的思想家如康有为、梁启超等人，以西学中的自由、平等与天赋人权论，对传统的“道”进行改铸，赋予“道”以人道主义的内涵。十为最高原则或极致境界。[②]“道”由最初的意义道路，引申为本源、本体、规律、原理、方法、原则、境界与终极信仰等，对中华民族的哲学、政治、军事、宗教、治国理念与日常生活产生的影响是巨大而深入的。人们对“道”的理解，常常是依据行文的前后，并联系作者有相关言论来加以确定的。王艮的“道”是偏重于满足人们感性需求的，强调能够解决百姓饥寒问题的，才算得上是大“道”所在。再次，“人有困于贫而冻馁其身”为“失其本”的论断，足以证实“身本”论是一种生存论哲学，强调每个人的生存权利是毋庸置疑的。王艮以为，能解决百姓日常生计问题的事情与学问，才是大“道”所在。这是根本，也是一个人的最高境界所在。王艮几次殚精竭虑地为解决当地饥民所作的努力，是他履行“身本”论的实际行动。

“身本”论的面世，同他参与煮盐，深知灶民生存的艰难有着密切关联。嘉庆《东台县志》卷十八《盐法》中记载，灶民有

---

① 黄宗羲:《明儒学案序改本》，沈善洪主编、吴光执行主编:《黄宗羲全集》(第10册)，第79页。
② 本人撰有《“道”的众生相》一文，未曾发表。文章认为，“道”也有负面的，如人们常说的“歪门邪道”。

"七苦"：

> 海滨灶丁，缚草堤坎，数尺容膝，寒风砭骨，烈日铄肤，藜藿粗粝，不得一饱，此居食之苦也。海沙渺漫，人畜窃践，欲守无人，不守无薪，此积薪之苦也。晓霜未晞，忍饥登场，刮泥汲海，伛偻如豕，此淋卤之苦也。暑日流金，海水百沸，煎煮烧灼，垢面变形，此煎办之苦也。寒暑阴晴，日有程课，煎办缩额，鞭挞随之，此征盐之苦也。春贷秋偿，盐不低息，权及子母，束手忧悸，此赔盐之苦也。秋潮忽来，飓风并作，田薪立槁，庐舍蓬飞，露处啼号，不识斯土，此遇潮之苦也。[①]

灶民住的是仅能容膝的草屋，草屋筑于靠近海边的堤岸上。冬天寒风刺骨，热天烈日灼烤，这是灶民们面临的自然环境。他们吃的是糙米，菜肴为藜与藿。藜为一年生的草本植物（嫩叶可食），藿是豆叶，这是"居食之苦"。海边人烟稀少，煮盐得靠柴火，就得花功夫去"积薪"，然海风刮起时会尘土飞扬，这是"积薪之苦"。把含盐的海水拢集起来，灶民在天未破晓时，就得忍饥挨饿去劳作了。汲取海水时弓背弯腰，人的形状与猪差不多，这是"淋卤之苦"。煎盐时，脸上堆满了垢污，这是"煎办之苦"。差役来征盐时，鞭子随时打在灶丁身上，这是"征盐之苦"。春天借的钱到秋天归还时，还抵不上高利贷的利息，这是"赔盐之苦"。人祸之外又有天灾，秋天遇到海潮，柴火与庐舍被刮飞。潮水过后，煎盐的地方面貌全非，达到"不识斯土"的地步，这是"遇潮之苦"。这些是灶丁生活的实录。为何要"晓霜未稀，忍饥登场"，去"刮泥汲海"呢？因为露水会把地层表面所含的盐分溶解成卤水。 为何灶民在官府征盐时会"鞭挞随之"呢？两淮盐场的产量居全国之半，而王艮家乡所在的安丰场是两淮地区最大的产盐地之一。盐税为明代政府的主要收入来源，占全国税收总额的一半。两

---

① 周右总纂，单壮图、许士模协纂，蔡夏午等修：嘉庆《东台县志》卷十八，《中国地方志集成江苏府县志辑》（第60册），凤凰出版社2008年版，第503页。

淮盐场的产量是不能“缩额”的，否则国家的税收会大受影响。[1]安丰盐场地处海滨，属盐碱性不毛之地，海边煮盐的劳作是异常辛苦的，再加上有天灾与人祸，对灶民来说，能够生存下来是头等大事。世代以煮盐为生涯的家世，是“身本”论萌生的现实背景之一。只有个体生育后代与自然死亡的交替，人类才能以一定的生命形式存在下来，这是从生物意义上来说的。“身本”论从社会意义上来说，是人文精神的映照。人文精神是一种普遍意义上的自我关怀，表现为对人的生命、尊严、才能、命运、价值的维护与追求。王艮提出了一个新的“身本”为宗旨的本体论框架，站在平民的角度去保护自我。“身本”论是珍生爱身的学说，它突出了个体生命的价值。由争取生存自由的主旨出发，他提出了“身尊道尊”合一论、“明哲保身”论与“仕禄害身”论，以及“安身”“爱身”“敬身”等主张，这些围绕“身本”论而展开的命题，以超越前人的思辨与睿智而光耀史册。

（二）“身尊道尊”合一论

王艮以“身本”为前提，得出了“身尊道尊”合一论：

> 身与道原是一件，至尊者此道，至尊者此身。尊身不尊道不谓之尊身，尊道不尊身不谓之尊道。须道尊身尊，才是“至善”。[2]

王艮把“身尊”与“道尊”合而为一，把个体自我的价值提高到“道”这样至高无上的地位。这与孔子的主张差别很大。孔子有“尊道轻身”的倾向，“朝闻道，夕死可矣”。这里的“道”主要是指道德修养之方与道德理想之则。孔子强调，当个体生命与道德理想发生冲突而不能两全时，要舍弃生命以保障道德理想的实现。

---

① 明末的宋应星是一位有见识的思想家，一位以工匠精神为指导对中国古代农业与手工业作了图文并茂记载的科学家。在五次参加科举不第后，到各地实地考察了各种手工业生产过程。宋应星：“国家盐课，淮居其半，而长芦、解池、两浙、川井、广池、福海共居其半。长芦以下虽增课，犹可支吾，而淮则窘坏实甚。”参见《野议·盐政议》。转引自杨维增编著：《天工开物新注研究·作咸》，江西科学技术出版社 1987 年版，第 120 页。

② 王艮：《答问补遗》，《王心斋全集》，陈祝生等校点，第 37 页。

孟子以“舍身取义”的主张，发展了孔子“杀身成仁”说。孔孟的殉道观，对后世的影响延续了二千多年。历史上的民族英雄与革命志士，把“成仁”“取义”看作是维护民族和国家利益的正义行为，为培育中华民族的浩然正气起了积极的作用。古代有“正气未亡人未息”“留取丹心照汗青”的文天祥，近代有“苟利国家生死以”的林则徐与“养天地正气，法古今完人”的谢晋元。历史上的一些士人，把它演衍为愚忠的也大有人在，如明末数以百计的官员因李自成攻陷北京而自尽，而理由当以明左都御史施邦曜讲得最透彻：“愧无半策匡时难，但有微躯报主恩”。[①]孔孟的殉道观，在历史长河中是顺着两个路径发展的，王艮的理解则不拘传统而独辟蹊径。

学生对老师不同于圣人的见解产生疑问是很正常的：“然则孔孟何以言‘成仁’‘取义’？”王艮回答说：“应变之权法固有之，非教人家法也。”[②]在王艮心目中，孔孟的殉道观是“应变之权法”，不一定非得效法不可，不能为了理想中的道德而牺牲宝贵的生命。王阳明在正德二年（1507）著《田横论》。大意是遭廷杖后被贬到蛮荒之地，自己面临生死的抉择，与历史上的田横，命运是差不多的。但王阳明没有像田横那样杀身取义，而是委曲求全，以顽强地保存生命为重。强调是否“成仁取义”，得权衡“义”之所在：“知死之为义，而不权衡乎义，勇有余而智不足也。”[③]王艮之主张，与王阳明之间有什么关联，不得而知。倒是章太炎善会王艮之意：“心斋解‘在止于至善’，谓身名俱泰，乃为至善；杀身成仁，便非至善。”[④]

王艮强调，因“尊道”而“杀身”的行为是不足取的。王艮37岁时，不惧太监与武官的淫威，让民众避免了一场灾难，是“身尊道尊”论应用于实践的成功例子。依据记载，“时武宗南巡，驻跸维扬，所过骚动。遣嬖幸佛太监、神总兵沿海视猎场，至富安场。校尉及先生门，索鹰犬急”[⑤]。这急坏了王艮的父亲王守庵。次

① 参见朱义禄：《论中华民族的浩然正气》，《文汇报》1993年2月13日。
② 王艮：《语录》，《王心斋全集》，陈祝生等校点，第14页。
③ 参见束景南：《王阳明年谱长编》，上海古籍出版社2017年版，第443—446页。
④ 章太炎：《国学讲演录》，华东师范大学出版社1995年版，第186页。
⑤ 董燧：《年谱》，王艮：《王心斋全集》，陈祝生等校点，第69页。

日，王艮带了一份礼物去见佛太监、神总兵。他与佛太监有一段对话，现录如下：

佛曰："鹰犬安在？"

先生曰："里中失猎久矣，何问鹰犬？"

佛曰："今朝廷取鹰犬，能禁弗与耶？"

先生曰："鹰犬，禽兽也，天地间至贱者。而至尊至贵，孰与吾人？君子不以养人者害人，今以其至贱者而贻害于至尊至贵者，岂人情乎？"①

明武宗是明代最喜纵乐的皇帝。他不顾明太祖定下的天子、亲王不许狎近娼妓的祖训，经常微服出行到烟花小巷游荡。②只要他外出巡行，就会引起社会的动荡（"所过骚动"）。上行下效，佛太监、神总兵以朝廷之名到向王艮家乡索要鹰犬。③王艮知道后便据理力争，突出了人的"至尊至贵"，强调鹰犬的"至贱"，说不能以"至贱"来贻害"至尊"，打消了佛太监、神总兵的念头。王艮知道，不提供鹰犬来满足佛太监、神总兵的需求，民众就得通过其它途径来抵补，这是官吏勒索的惯例，其后果是民众家破人亡。王艮以人与禽兽孰尊孰贱的严正词义的辩解，为当地民众解决了一道难题。在险恶的环境下如何安身立命而保持生命的存在，是"身尊道尊"论的实质内容。

"身尊道尊"论需面对一个现实问题，即士人出仕时经常会遇到的"道"与"势"矛盾时如何取舍的问题，为确保士人的生命安全，王艮提出了"仕禄害身"说：

仕以为禄也，或至于害身，仕而害身，于禄也何有？仕以行道也，或至于害身，仕而害身，于道也何有？④

① 董燧：《年谱》，王艮：《王心斋全集》，陈祝生等校点，第 69 页。

② 京剧有《刘倩倩》，演明武宗与江彬游太原，遇名妓刘倩倩事。更为流行的是京剧《游龙戏凤》，讲明武宗私游大同，住李龙店中，乘李龙外出，调戏李龙妹李凤姐事。而汉剧、豫剧、秦腔、河北梆子等剧种，均有此剧目。

③《明史・刘瑾传》："瑾尤狡狠。尝慕王振之为人，日进鹰犬、歌舞、角抵之戏，导帝微行。帝大欢乐之，渐信用瑾。"

④ 王艮：《语录》，《王心斋全集》，陈祝生等校点，第 8 页。

“仕禄害身”论，是王艮对踏上仕途的士人与君主关系的一种独特见解。王艮以为，“出仕”是为了“行道”，不能为俸禄而“害身”。帝王有权势，士人有道理，两者之间常有矛盾而难以吻合。其实质是士人为实现自己的抱负与专制主义皇权之间发生冲突时的真实写照，但在古代二千多年社会里士人“害身”的结局居多。做官的士人不是最高权力的执掌者，他们只能通过直接或间接的方式，向君主施加影响去实现自己的理想（“道”）。但两者关系能保持正常状态的是不多的，多数是别扭的，这是“伴君如伴虎”谚语产生的缘由。在少数较为成功的君臣交往中，如魏徵之于唐太宗，仍然可以看到，士人和君主的关系在言听计从时也常常蕴含着危机。①有过二十三年仕宦生涯，历任知县、按察使、巡抚再至都察院都御史的吕坤（1536—1618），他关于“理”与“势”冲突的议论，说出了内中的真谛：

> 故天地间，惟理与势为最尊，虽然理又尊之尊也。庙堂之上言理，则天子不得以势相夺，即相夺焉，而理则常伸于天下万世。故势者，帝王之权也。理者，圣人之权也。帝王无圣人之理，则其权有时而屈。然则理也者，又势之所持以为存亡者也。以莫大之权，无僭窃之禁，此儒者之所不辞，而敢于任斯道之南面也。②

吕坤一生，刚直不阿。万历二十五年（1597），上《忧危疏》纵论时局，触犯了万历帝，结束了仕宦生涯。他所说的“理”就是“道”，是指孟子提出的“乐道忘势”那套儒家传统理想及与此相关的一套价值观念。③“势”是指皇权及与此相关的政治制度，“理”在吕坤看来，是圣人所提倡的万古不易的真理，是正义的象征。当“理”与“势”偏离太大时，士人就得据“理”力争，甚至不惜抛头颅洒热血地去纠偏。这种以真理在手不畏权势的精神，闪

① 参见《贞观政要鉴赏辞典》之“君臣相遇，自古为难”条。朱义禄主编：《贞观政要鉴赏辞典》，上海辞书出版社 2013 年版，第 343—345 页。

② 吕坤：《谈道》，《呻吟语》卷一，时代文艺出版社 2001 年版，第 56—57 页。

③《孟子·尽心上》：“古之贤王好善而忘势，古之贤士何独而不然？乐其道而忘人之势，故王公不致敬尽礼，则不得亟见之。见且由不得亟，而况得而臣之乎？”

耀着理想主义的光芒，它要求士人能超越个体和群体的利害得失，发展为对整个社会政治秩序的终极关怀。在“道”与“势”极不一致时，发出“儒者所不辞，而敢于任斯道之南面”的呼声来。在君主专制格局不能改变的情况下，“理”（“道”）屈于“势”是长久存在着的客观现实，吕坤强调“理”（“斯道”）为“圣人之权”，当属“尊之尊”之列，“天子不得以势相夺”。吕坤的主张过于理想化了，但却真实地道出了士人们的憧憬与希望。

如果说吕坤是个完美的理想主义者的话，那么王艮是个坚定的现实主义者，“身本”论是他“仕禄害身”说提出的基石。依着“身本”而“天下国家”为末的关系，就会走向以自我作为衡量一切事物准则的路子。王艮强调，士人出仕不能以危害自我为代价，“害身”就是不知“身尊道尊”的做法。王艮指明，那些历史上被奉为贤人的申生、介子推、伯夷与叔齐、子路等人，均属“失本”之行列：“不知安身便去干天下国家事，是之谓‘失本’也。就此失脚，将或烹身、割股、饿死、结缨，且执以为是矣。不知身不能保，又何以保天下国家哉？”[①]（“烹身”见于《史记·晋世家》）晋献公笼信骊姬，骊姬为达到立自己的儿子奚齐为太子的目的，派人在祭肉里放了毒药并中伤太子申生。有人问申生为何不辩明？申生以为，父亲老了，生活上不能没有骊姬的料理，于是便自杀了。“割股”说的是介子推割股为重耳充君饥事。晋献公改立骊姬之子奚齐为太子，引发国内变乱。公子重耳畏惧逃亡，随行贤士多人，其中有介子推。有一年逃到卫国，被一个随从偷光了资粮。重耳饥饿难忍，向田夫乞讨，反被农夫们戏谑了一番。介子推见情便到山沟里，把腿上的肉割了一块，与采摘来的野菜同煮成汤给重耳充饥。知道事情真相后，重耳大受感动，声称有朝一日做了君王，要好好报答介子推。“饿死”一事载于《史记·伯夷叔齐列传》，讲伯夷、叔齐二人不食周粟而饿死首阳山事。“结缨”一事出自《史记·仲尼弟子列传》，说子路在卫国贵族内讧中致死。他被击断冠缨时，不忘君子死而冠不免的教条，在重结缨带时被杀。申生重孝道、子路守礼仪，尽管有些过头，但尚不至于为后人所贬损。介子推、伯夷与叔齐均为后世人们津津乐道的，对他们的事

① 王艮：《答问补遗》，《王心斋全集》，陈祝生等校点，第 34 页。

迹颂扬有加，“且执以为是”[①]。王艮一反通常之论，认为这些贤人、忠臣都是“失本”的典范。自己的躯体尚且不能存活，还侈谈什么“天下国家的大事”。王艮以为，任何外在的权威都要服从于自我：“知修身是天下国家之本，则以天地万物依于己，不以己依于天地万物。”[②]“依于己”就是“身本”，当是尊重人格独立、伸张个性的主张，这是王艮判断一切行为的价值标准。

（三）明哲保身论

与“仕禄害身”论相匹配的，是王艮的“明哲保身”论。“明哲保身”出自《诗经·大雅·烝民》：“既明且哲，以保其身。”明哲为明智、通达事理，指明达、洞见时势的人，善于择安避危，保全自身。后亦指为了个人安危与得失，而丧失原则的庸俗处世态度。王艮所论为前一意义。据《年谱》记载：“冬十月，作《明哲保身论》，文列后卷。时同志在宦途，或以谏死，或谴逐远方，先生以为身且不保，何能为天地万物主，因瑶湖北上，作此赠之。”[③]嘉靖五年（1526）十月，王瑶湖因升任刑部员外郎而北上，王艮写了《明哲保身论》一文，嘱咐他要“爱身如宝”。[④]王瑶湖是嘉靖二年（1523）进士，官泰州太守时，聘王艮主讲于安定书院，一时里巷皆弦歌之声，宣传“百姓日用即道”。

“或以谏死”“或逐远方”的“同志”是谁，是理解“明哲保身”论的关键所在。有的学者举了明初的方孝孺与王门中的钱德洪、聂豹与罗洪先三人的例子，来说明“明哲保身”论的背景。他的努力方向是对的，但论证给人留下了王艮是先知者的印象。[⑤]以明初方孝孺作为“同志”之列是不妥的，他因不愿事永乐帝而死

---

① 王艮所言甚是，到了今日也未曾变更。京剧有《焚绵山》，剧情为重耳流亡十九年后复国，是为晋文公。他大封功臣，介子推不愿受封赏，偕母隐居绵山。对坚辞不出介子推，晋文公下令火烧绵山，母子同被烧死山中。后世为纪念介子推，以焚死之日为寒食食。京剧《二堂舍子》中，主角刘彦昌有大段唱词，内有“首阳山前齐饿死，留得美名万古存”这二句，足见伯夷、叔齐二人是历来是颂扬的对象。

② 王艮：《语录》，《王心斋全集》，陈祝生等校点，第 6 页。

③ 董燧：《年谱》，王艮：《王心斋全集》，陈祝生等校点，第 72 页。

④ 王瑶湖（1493—1552），名臣，字公弼，号瑶湖，南昌县人。早年从王阳明学，晚年与王阳明有多篇书信往来。王阳明对王瑶湖在泰州之政，多表欣赏之意，并建议他与王艮、欧阳南野等同门之间，保持良好的关系。

⑤ 龚杰：《王艮评传》，南京大学出版社 2011 年版，第 97—98 页。

的。钱德洪、聂豹与罗洪先三人在朝中被劾以至于下狱、被贬的事，均在嘉靖五年（1526）王艮作《明哲保身论》之后。钱德洪被劾下狱，贬斥为民，是嘉靖十七年（1538）。罗洪先因谏皇帝不临朝事，被落职故里，在嘉靖十八年（1539）。聂豹晚年忤旨，则于嘉靖二十六年（1547）被逮捕下狱，二年后（1549）始获归故里。王艮何以能事先得知钱德洪、聂豹与罗洪先的人生轨迹呢？聂豹之事，是在王艮去世以后。王艮所说的，只能以面对的历史事实为前提。重要的是找到嘉靖五年之前"同志"的坎坷遭遇，因为这是"明哲保身"论提出的直接契机。

依我之见，"同志"为二人，一是其师王阳明，二是其友人兼同门的邹守益。王阳明被谪为贵州龙场驿（今修文县）驿丞，时在正德元年（1506）。年轻气盛的王阳明，不知在政治旋涡中保存自己。同年十一月，他的自责之心在夜深人静时油然而生："夜展转而九起兮，沾予襟之如泗……宁保身之弗知兮，膺斧锁之谓何。"[①]王艮对其师"谴逐远方"的悲惨经历，是一清二楚的。邹守益（1491—1562），字谦之，号东廓。先宗程朱，后师从王阳明，弘治九年（1496）进士，正德六年（1511）会试第一，授翰林院编修。嘉靖三年（1524），"帝欲去兴献帝本生之称。守益疏谏，忤旨，被责。逾月，复上疏"，"帝大怒，下诏狱拷掠，谪广德州判官"（《明史·邹守益传》）。这是明代的大议礼事件中的一桩。[②]邹守益的"复上疏"，以"据礼正言""历观前史""援经证古"为由，要世宗"不吝改过，察群臣之忠爱"。（《明史·邹守益传》）明世宗顿时大动肝火，先是下旨入狱拷打，接着贬为安徽广德的七品地方小官。嘉靖四年（1525），"时邹东廓守益以内翰谪判广德，建复初书院，大会同志，聘先生与讲席。作《复初说》，文列后卷。东廓子书院落成，因名曰'复初'，刻先生说于其中"[③]。可知王艮与邹守益的关系非同一般。按照常理，王艮会问及朝中之事，受了委屈的邹守益，自然会对王艮一吐苦

---

① 王守仁：《咎言》，《王阳明全集》卷十九，吴光等编校，第662页。

② 明武宗死时未有子嗣，由堂弟朱厚熜继位，是为明世宗。朝中大臣在如何礼待朱厚熜之父兴献王的问题上发生了分歧。以张璁为首的一派迎合世宗意，议尊为皇考；以杨廷和为首的一派认为不合礼法，主张称明孝宗（武宗父）为皇考，追尊兴献王为皇叔父。

③ 董燧：《年谱》，王艮：《王心斋全集》，陈祝生等校点，第72页。

衷。一师（王阳明）一友（邹守益）在官场中的悲惨下场，让王艮领教了宦途的险恶。他告诫北上的王瑶湖，务必要知道“明哲保身”的真谛，不能因“仕禄”而“害身”。“明哲保身”论是与“身尊道尊”论相匹配的，也是“身且不保，何能为天地万物主”的“身本”论逻辑的自然延伸。

大礼议的实质是“理”与“势”之争。邹守益上疏的理由，是前朝历史、儒家经典与传统礼制等，以为是“常伸于天下万世”“天子不得以势相夺”的“理”。明世宗握有的“势”，是能定夺大臣命运与生死的“帝王之权”。争论三年，以“势”胜于“理”的结局告终。①对刚登上皇位的明世宗来说，总是希望能够掌控局面而不为大臣所左右。位居九五之尊的皇上，居然连认自己亲爹的权利也没有。大臣们要他舍去对亲生父亲的尊重，无疑是对皇权的挑战。明世宗大动肝火，打击这些抗争的大臣，做到乾纲独断。对敢于抗争的大臣们，“谴谪之，鞭笞之，流窜之，必一网尽焉而后已”，就是必然的了。“明哲保身”论看似消极，却是非常明智的、以退自保的办法。“明哲保身”论，是王艮力图在“理”与“势”矛盾中，让士人避免悲剧产生的一种人生策略。王艮耳闻目睹了，明王朝对官吏动辄杀头、廷杖、充军等种种专制手段，是他提出“明哲保身”论的动因。

有了以上的理解，就可以剖解王艮“明哲保身”论的具体内容了。王艮说：

> 明哲者，良知也。“明哲保身”者，“良知”“良能”也。所谓“不虑而知”“不学而能”者也，人皆有之，圣人与我同也。知保身者，则必爱身如宝。能爱身，则不敢不爱人。能爱人，则人必爱我。人爱我，则吾身保矣。能爱人，则不敢恶人。不恶人，则人不恶我，人不恶我，则吾身保矣。能爱身，则必敬身如宝。能敬身，则不敢不敬人。能敬人，则人必敬我。人敬我，则吾身保矣。能敬身，则不敢慢人。不慢人，

---

① 大礼议结束，明世宗以大臣下狱者达 134 人，廷杖五品以下 180 余人，其中致死者为 17 人。嘉靖四年（1525）二月，四川兵备副使余珊在奏疏中说：“乃自大议礼起，凡偶失圣意者，谴谪之，鞭笞之，流窜之，必一网尽焉而后已。由是小人窥伺，巧发奇中，以投主好，以弋功名。陛下既用先入为主，顺之无不合，逆之无不怒。”（《明史·余珊传》）

则人不慢我。人不慢我，则吾身保矣。此“仁”也，“万物一体之道”也。[①]

这段话有三层意思。一是王艮以为，“明哲”就是“良知”，也就是“心”。“不虑而知”“不学而能”出处《孟子·尽心下》：“人之所不学而能者，其良能也；所虑而知者，其良知也。”“不虑而知”与“不学而良”，是王阳明及其门人用来说明“良知”是天赋本能的术语。“明哲保身”，是每个人天赋的本能，是从王阳明“良知”说中胎息出来的。二是着重强调“保身”与“爱身”，把“心身”并重移到了“身本”论。通过什么样的途径达到“保身”呢？王艮以为，必须树立“爱身如宝”的信念。王艮相信，在“爱身”与“爱人”、“爱人”与“不恶人”、“敬身”与“敬人”、“敬人”与“敬我”之间，存在着双向的关系。前提是要从自己做起，然后才能得到别人的爱。“能爱人，则人必爱我”的主张，是源自墨子“兼爱”思想。墨子说：“夫爱人者，人必从而爱之。”[②]墨子想通过“兼爱”来消弥当时频仍的战争以及由此带来的杀戮，王艮则落实到“保身”与“爱身”上。墨子属于小私有阶层，他当过制造器具的工匠。相比于其他工匠，灶丁是手工业中地位比较低下的。手工业者在相处中，是有着相互帮助的品性的。嘉靖十四年（1535），王艮家族里的人，在除夕夜无法生火煮食。王艮知道后，动员家中人把自己的粮食去赈济。他又游说富豪，让东台县卢氏捐出豆子与小麦一千石。这活脱是墨子“有力助人，有财分人”主张的践行，王艮是否读过墨子著作不得而知，但王艮与墨子的主张如此趋同，当是研究王艮时不得不考虑的事项。以为“爱人”与“爱我”是互为因果的观点，是与墨子“兼爱”思同调的。三是落实于孔子之“仁”与王阳明的“万物一体论”。王艮视“保身为仁”，是与孔子“仁学”相关的。孔子的“仁”，是指个人所具有的美德，“仁者”是具有“爱人”美德的，“爱人”是孔子对“仁”的根本性规定，即“仁者爱人”（《论语·颜渊》）。“万物一体论”是王阳明提出的。王阳明认

① 王艮：《明哲保身论》，《王心斋全集》，陈祝生等校点，第29页。
② 《墨子·天志上》：“有力者疾以助人，有财者以勉分人。”

为，不但有血气的禽兽、有生意的草木，就是风雨、雷电、日月、山川、木石以至于鬼神，都是“与人原是一体”的，因为它们与人“同此一气”的。相通的“同此一气”，是由于“人心一点灵明”。[①]而“人者，天地万物之心也；心者，天地万物之主也”[②]，言“其心之仁本若是，其与天地万物而为一也”[③]。此即“保身”为“万物一体之道”的根源所自。“明哲保身”论，是王艮以“身本”为基石，揉合了孔子的“仁学”与墨家“兼爱”，加上王阳明的“良知”说与“万物一体论”的产物。

如果说，吕坤在朝为官尚有勇气去以“理”抗“势”；那么，王艮压根儿没有想到出仕的念头。他不愿为人臣的观念，是贯串其一生的。嘉靖八年（1529），巡抚刘节以隐逸荐举王艮入朝做官；嘉靖十六年（1537）湛甘泉的门人、巡抚吴悌又以逸民向朝廷推荐，都被王艮婉言谢绝。扬州太守两次征召王艮，他表明自己的心态：“使仆父子安乐于治下，仍与二三子讲明此学，所谓师道立，则善人多，善人多，则朝廷正，而天下治矣。”[④]他不仅终身不仕，而且还教五个儿子皆令志学，不事举子业。这些都是践履“明哲保身”论的结果。倘若条件许可的话，王艮是愿意出仕的，目标是当皇帝的师尊：“故‘出必为帝者师’，言必尊信吾‘修身立本’之学，足以起人君之‘敬信’，‘来王者之取法’，夫然后‘道可传’，亦‘可行’矣。”[⑤]一介布衣为“帝者师”，是王艮狂者人格的写照，但联系上下文来看，更多的是乌托邦色彩。让皇帝相信他“修身立本”的主张，“然后道可传”，在他那个时代是根本无法实现的。坚持“身本”论的王艮，对此有天真般的信赖，不断地向学生灌输这一观点。至于“处必为天下万世师”，王艮倒是实践了并形成对后世有深刻影响的平民化教育活动。

---

① 王守仁：《传习录下》，《王阳明全集》卷三，吴光等编校，第 107 页。
② 王守仁：《答季明德》，《王阳明全集》卷六，吴光等编校，第 214 页。
③ 王守仁：《大学问》，《王阳明全集》卷二十六，吴光等编校，第 968 页。
④ 王艮：《答太守任公》，《王心斋全集》，陈祝生等校点，第 47 页。
⑤ 王艮：《答问补遗》，《王心斋全集》，陈祝生等校点，第 39—40 页。

第三节 “百姓日用是道”与崇圣情结

（一）“百姓日用是道”的意蕴

“身本”论为王艮“百姓日用是道”的理论依据。董燧为师尊编了年谱，他对王艮学说是了如指掌的。他给王艮儿子的信中说：“师尊立本之学，通天下传万世，自愚夫愚妇以至于圣人，可措之日用常行，不费气力，凡夫可造神妙者此也。”[①]“师尊立本之学”，就是“身本”论。董燧以为，“身本”论“可措之日用常行”，有着难以想像的神妙功用。从中可知“立本之学”，是王艮“百姓日用是道”的依据所在。“百姓日用是道”是王艮46岁时在会稽提出的：“集同门讲于书院，先生言百姓日用是道。初闻多不信，先生指童仆之往来，视听持行，泛应动作处，不假安排，俱自顺帝之则，至无而有，至近而神，惟其不悟，所以愈求愈远，愈作愈难。谓之有志于学则可，谓之闻道则未也。贤智之过与仁智之见俱是妄，一时学者有省”。[②]更为简明的表述为：“圣人之道，无异于‘百姓日用’。凡有异者，皆谓之‘异端’。”[③]“百姓日用是道”，是理解王艮学说的关键所在。

“百姓日用”出自《易·系辞》：“一阴一阳之谓道，继之者，善也，成之者，性也。仁者见之谓之仁，智者见之谓之智，百姓日用而不知，故君子之道鲜矣。”[④]一阴一阳对立面相互转化，这叫“道”。人承受“道”而生，无不善良。人秉受“道”，就各有其本性。仁者见了“道”就认为仁，智者见了“道”就以为智。百姓天天在用“道”，但却不知“道”是什么，君子中能够认识“道”的人也很稀少。王艮一反传统，匠心独具地认为“百姓日用是道”，即“道”是存在于“百姓”衣食住行的日常欲求中的，把“百姓日用”当作“道”的基础。这与宋明理学家的诠解截然

---

① 董燧：《董燧寄王衣、王襞书》，《明儒王心斋先生遗集》卷五。
② 董燧：《年谱》，王艮：《王心斋全集》，陈祝生等校点，第72页。早一些，王艮42岁时就在酝酿了：“是年春，四方学者聚会稽日众，请阳明公筑书院城中以居同志，多指百姓日用用以发明良知之学，大意谓百姓日用条理处，即是圣人条理处，圣人知便不失，百姓不知便会失，同志惕然有省。”（见董燧：《年谱》，王艮：《王心斋全集》，陈祝生等校点，第71—72页）
③ 王艮：《语录》，《王心斋全集》，陈祝生等校点，第10页。
④ 再往上推则见于《诗经·小雅·天保》：“民之质矣，日用饮食。群黎百姓，遍为尔德。”

有别。

次说理学家对“日用工夫”的诠释。朱熹在对学生讲解时说：“圣门日用工夫，甚觉浅近。然推之理，无有不包，无有不贯，及其充广，可与天地同其广大。故为圣，为贤，位天地，育万物，只此一理而已。”[①]这是说，“圣门日用工夫”往上推过去，就是能够包容天地万物的“理”，即“天理”。朱熹说：“惟是私欲既去，天理流行，动静语默日用之间无非天理，胸中廓然，岂不可乐！”[②]学生请教朱熹，如何理解颜回在穷困处境中“不改其乐”的心情。朱熹的答复是“存理灭欲”的禁欲主义，强调人们的日常生活中的一切言行，得以“私欲既去，天理流行”为前提。王阳明的意思与朱熹相类：“日用间何莫非天理流行，但此心常存而不放，则义理自熟。”[③]在王阳明心目中，“日用间”，泛指人的一切活动，尤其是日常生活中的见闻（感性认识）与应酬（人际交往）。

第三，王艮的“百姓日用是道”，是对王阳明作了脱胎换骨式的变更后的产物。王阳明说：“道一而已，仁者见之谓之仁，知者见之谓之知。释氏之所以为释，老氏之所以为老，百姓日用而不知，皆是道也，宁有二乎？”[④]“德”不是道德之意，而是对学问有所自得，强调佛、道之不同，是见仁见智不同罢了。佛教与道家是有独特见解的，但“百姓日用而不知”。王阳明觉得，“皆是道也，宁有二乎？”王阳明的反问，是说佛、道在学问上都是有自家独特感受的，都是全面的学问（“道”）的体现。到了王艮那里，反问句易为肯定性的断言：“百姓日用是道也。”这一变易不只是口气上的变更，更重要的是实质内容的区别。王阳明早年讲“天理流行”居多，后来就专提“致良知”，但目标是一个，那就是“存理灭欲”的禁欲主义。王艮明言，民众物质生活的事情不能解决，就是“失其本”；能够解决百姓“贫而冻馁其身”问题，就是“道”。王艮重视百姓的物质生活欲求，他说的“日用”是指的是包括穿衣、吃饭在内的人的物质需求，这是他不同于朱熹与王阳明的地方。尽管王艮自己声称，“多指百姓日用以发明良知

① 黎靖德编：《朱子语类》卷八，王星贤点校，中华书局1986年版，第130页。
② 黎靖德编：《朱子语类》卷三十一，王星贤点校，第796页。
③ 王守仁：《答徐成之》，《王阳明全集》卷四，吴光等编校，第145页。
④ 王守仁：《寄邹谦之》，《王阳明全集》卷六，吴光等编校，第205页。

之学”[①]。王艮已跳出了宋明理学家的禁欲主义的窠臼，与师尊王阳明的思想有着本质上的区别。王艮强调百姓们的生活与生存为人生的头等大事，视为是合乎孔、孟的“圣人之道”的，是天经地义的大道所在。“存理灭欲”是王阳明的人生目标所在，这是一个无法抹杀的事实。王艮对人的感性欲望的重视，同王阳明的“良知之学”是截然有别的。概言之，王艮在“百姓日用”上的观点，是前人所未曾明确提及的。

第四，有三个问题是需要弄清的。一是“百姓”的确切内容？二是“道”的真实含义是什么？三是“百姓日用是道”，王艮是在什么样的情况提出的？

王艮的“百姓”，主要是指“愚夫愚妇”与前面提及的“童仆”。王艮认为，“童仆之往来，视听持行”，不是出于人为的安排，而是“顺帝之则”。“顺帝之则”，出自《诗经·大雅·皇矣》：“不识不知，顺帝之则。”是说不知不觉，顺从天意的法则，也就是“不假安排”。觉悟不到这一点，对“道”的追求就困难了。那些“见仁见智”的理解，还有“贤智之过”，俱属“妄”的范围。初先听过的人都不信，后经王艮的诠释，令“一时学者有省”。所谓“省”，就是从传统对“道”的理解中觉悟过来。

至于“道”的内涵，前面已经讲过了。

“百姓日用是道”的新论，是王艮依据他对当时社会的现实剖析而得出的：“所谓一人耕之，十人从而食之；一人蚕之，百人从而衣之。欲民之无饥寒不可得也。”[②]王艮敏锐地觉察到，当时的现实是，十人的口粮与百人的穿衣，而承担生产任务的只有一个人。要百姓离却“饥寒”的状况，是不可能的事情。王艮“百姓日用是道”思想是在这样的社会情况下萌生的。嘉靖二年（1523），淮扬大饥。王艮在力所能及的范围里去解决民众饥寒交迫的问题：“先生故所游真州王商人，居积富雅，敬重先生。于是从真州先生贷其米二千石归，请官家出丁册给赈，时有饥甚不能移者，则作粥糜食之”。王艮从富商处弄到粮食后，想借助官府的力量发放给民众，以便精准地解决饥民的困难。哪里知道反而引起官府的疑心：

---

① 董燧：《年谱》，王艮：《王心斋全集》，陈祝生等校点，第 71 页。
② 王艮：《王道论》，《王心斋全集》，陈祝生等校点，第 64 页。

“既谒巡抚抚公请赈，因以其所赈饥民状对，抚公疑其言。”“抚公”先将王艮关到自己的办公场所，又派人侦探王艮的出入，“并与往来言者”。“侦者以实告抚公”，之后“取赈册至抚公，览之，大悔”。在实地调查与对赈册核实后，官府才知道王艮是在做解决百姓“冻馁其身”大实事。[①]“百姓日用是道”从提出到完成，是在嘉靖三年（1524）至嘉靖七年（1528）之间（王艮42岁到46岁）。这恰恰是在淮扬发生饥灾之后，说明“百姓日用是道”是在赈济灾民的实践中产生的。

之后王艮身体力行地去践履自己的主张而不缀。嘉靖十七年（1538），他出谋划策解决安丰盐场“贫者多失业”的事：“时安丰场灶产不均，贫者多失业，奏请摊平，几十年不决。会运佐王公、州守陈公理其事，乃造先生谋。先生竭心经划，二公喜得策，一均之而事定，民至今乐业。”[②]依据王艮《均分草荡议》残稿，“灶产”包括草荡、灰场、住基（宅基地）、灶基、粮田、坟墓等。草荡是沿海在水中生长蒿草的洼地，就是今天所说的湿地。蒿草是煮盐不可缺少的，为灶户的生计所系。以往的解决方案也是“摊平”，但在如何“摊平”上缺乏良策，故而几十年议而不决。王艮搬出了孟子“定经界”的办法。“是故均分草荡，必先定经界，经界有定，则坐落分明。上有册，下给票，上有图，下守业，后虽日久再无紊乱矣。”[③]“定经界”源于孟子，孟子以为“仁政，必自经界始”（《孟子·滕文公上》）。“经界”，经就是界，指井田中纵横交错的界限。王艮的意图是，平均分配草荡，先要划定草荡的界限，让灶民一看就明白。官府制册子，民众持票子；官府绘图以示每个灶民草荡的位置，民众据实际位置守护好自己的草荡。“上”与“下”均知自身的界限，以后再也不会发生“紊乱”了。王艮对民众“冻馁”问题的解决，表明他的“百姓日用是道”，是具有鲜明的功效性的。耿定向在王艮去不久到过他家乡，“尝闻先生两策救海滨饥，所活人几万计。夫以荜门儒生，功侔富相”。[④]“几万计”或许有点夸大，但在古代即使能救活几千

① 董燧：《年谱》，王艮：《王心斋全集》，陈祝生等校点，第71页。
② 董燧：《年谱》，王艮：《王心斋全集》，陈祝生等校点，第75页。
③ 王艮：《均分草荡议》，《王心斋全集》，陈祝生等校点，第66页。
④ 耿定向：《王心斋先生传樵朱陶韩二子附》，《耿定向集》卷十四，傅秋涛点校，第546页。

人，也是民众津津乐道的事情啊！

王艮有一首名为《咏下》的诗，很清晰地表达了他对下层民众有着浓厚的感情：“世人不肯居斯下，谁知下里乾坤大。万派俱从海下来，天大还包在地下。”①人们不肯自居于下层，其实下层才是最广大的世界。海处低下，而万物是从海里派生的；“天”虽说大，但也被包在“地下”。从标题“觉友人”来看，他要告诉“友人”的，就是“下”的意义不是传统所说的卑贱，而是包含了“天”与“万物”的。王艮这首诗所包含的哲理，说明了王艮是充分认识到下层民众的重要性，也是他“百姓日用是道”提出的缘由之一吧！

（二）“以圣人自任”

“以圣人自任”，要联系王艮谒孔庙后的心态来考察：“归取奋然，怀尚友之心，旦夕寤寐，耿耿不能自已。”②这是徐樾对王艮自曲阜归家后心理活动的描述。通常人们在参观完历史上伟人的故居后，因着内中有激动人心的内容，往往会油然而生心理上的冲动，萌生效法之念头。不过常人的冲动往往是刹那间的，过后就烟消云散了，更不要说化为实际行动了。可贵的是，王艮摆脱了常人短暂冲动后而淡然忘却的心态，无论是醒还是睡，更不论早或晚，时刻在思索如何成圣的问题，并立下了“圣人自任”宏伟之志。

其子王襞对父亲“以圣人自任”的情结是一清二楚：

> 愚窃以先君之学有三变焉，其始也，不由师承，天挺独复，会有悟处，直以圣人自任，律身极峻。其中也，见阳明翁而学犹纯粹，觉往持循之过力也，契良知之传，工夫易简，不犯做手，而乐夫天然率性之妙，当处受用，通古今于一息，著《乐学歌》。其晚也，明大圣人出处之义，本良知一体之怀，而妙运世之则。……是之谓大成之圣，著《大成学歌》。③

① 王艮：《天下江山一览诗六首觉友人之二》，《王心斋全集》，陈祝生等校点，第 57 页。

② 徐樾：《别传》，《明儒王心斋先生遗集》卷四。

③ 王襞：《上昭阳太师李石翁书》，王艮：《王心斋全集》，陈祝生等校点，第 217—218 页。

《鳅鳝赋》为“以圣人自任”的最佳注脚。在《鳅鳝赋》中，王艮把对自身悲惨状况视而不见、麻木不仁的人喻为鳝，“覆压缠绕，奄奄然若死之状”；将活力四溢的先觉者喻为像神龙一样的鳅，“周流不息，变动不居，若神龙然”。当他见到天下百姓似缸中的鳝，覆压缠绕而难以透气时，便想化身为鳅而上下左右去松动之，“于是缠绕覆压者，皆欣欣然而有生意”。鳅转化为龙，把众多的鳝救出牢笼，表达了王艮救民众于水深火热中的宏大志向：“吾闻大丈夫以天地为一体，为天地立心，为生民立命。”[①]这来自张载的“为天地立心，为生民立道，为去圣继绝学，为万世开太平”[②]的四句教。张载（1020—1077），陕西眉县人，世称横渠先生，是宋代理学中关学一派的创始人，他的学说与程朱有明显的区别，是气一元论而非理一元论。他最为后世广为引用的就是四句教，并一直沿续至今。[③]后人习称为“横渠四句教”，人们对它有各种不同的诠解。居住在山河大地的人们，创造出灿烂的历史与文化，此即“为天地立心”。“立命”两字见于《孟子·尽心上》。[④]这里的“命”指人的命运。为民众选择正确的命运方向，确立生命的价值，是“为生民立道”的意思所在。“为去圣继绝学”，是要把以往的圣人所开创的学术传统继承下来。张载觉得，这是一个不容辞却的义务。“为万世开太平”，是希望出现一个理想的社会。儒家传统里有三世说。东汉何休作《公羊解诂》，以“所传闻世”为“衰乱”，“所闻世”为“升平”，以“所见之世”为“太平”。“三世”说是由衰乱而升平，再进到太平。“太平”相当于《礼记·礼运》所说的大同社会。“横渠四句教”，体现了张载无与伦比的宽广胸襟。王艮引用张载的话来表明自己的心志，是一个儒者对社会关怀的担当意识的真实映照。《鳅鳝赋》以一首诗来总结：“一旦春来不自由，遍行天下壮皇州。有朝物化天人和，麟凤归来尧舜秋。”[⑤]王艮的意思很明白，就是自己要做尧

① 王艮：《鳅鳝赋》，《王心斋全集》，陈祝生等校点，第 55 页。

② 张载：《张子语录》，《张载集》，章锡琛点校，中华书局 1978 年版，第 320 页。

③2005 年，时任台湾国民党主席的连战访问大陆，以此语寄北京大学学生。温家宝同志出访演讲或接受记者采访时，也曾多次引用“横渠四句教”。

④《孟子·尽心上》：“夭寿不二，修身以俟之，所以立命也。”意为是说，短命也好，长寿也罢，都不三心二意，只是培养身心，等待天命，这就是安身立命的方法。

⑤ 王艮：《鳅鳝赋》，《王心斋全集》，陈祝生等校点，第 55 页。

舜那样的圣人，来拯救“不自由”状态下的生灵，达到“天人和”的理想境界。这是王艮为学“其始”阶段，即“天挺独复，会有悟处”的期间。

王艮以为，“百姓”与“圣人”是处于同等地位的：“百姓日用条理处，即是圣人之条理处。”“圣人之道，无异于‘百姓日用’。凡有异者，皆谓之‘异端’。”[①]王艮强调，成为圣人的前提，是要满足百姓日常生活的需求。是否满足百姓的日常欲求，就是检验“道”的标准，是划分“圣道”与“异端”的准则。时下论著的论述角度，绝大多数偏向于“百姓”一端，却忘了对“圣人”一端的分析，这是对王艮学说的片面理解。全面的分析应当是叩其两端，为此有必要对王艮崇圣情结作些论述。

圣人是王艮一生憧憬的对象。儒家有一个传统观念，以为圣人是集仁德、才智与事功于一身，这是自孔、孟大力提倡后，为历代儒家学者所信奉不替的目标。赋予圣人身上的诸多光环，拉大了圣人与凡夫之间的差距。王艮明言：“学者有求为圣人之志，始可与言学。”[②]断定做学问的前提，是立志为圣。“以圣人自任”的情结，像一条红线一样贯串王艮的一生。王艮“其始”是“以圣人自任”，这是“不由师承”时。“其中”为师从王阳明期间，而两人甫一会晤，议论的话题就围绕尧、舜、孔子而展开。“其晚”是王艮自成一派之际，但不忘“明大圣人出处之义”。“以圣人自任”，是王艮一生挥之不去的情结。

晚年是王艮思想的成熟之时。他的“出”不是简单到朝廷担任官职，而是要成为皇帝的师尊；而“处”也不是归隐于乡村，而是要成为天下人的老师。一如李颙所说：“有王者作，必来取法，是为王者师也……出不为帝者师，是漫然苟出，反累其身，则失其本矣；处不为天下万世师，是独善其身。而不讲明此学，则遗其未矣，皆小成也。”[③]不明白“大圣人”的“出处”的真实意义，盲目的“出”，只能是“反累其身”，造成的“失本”的后果；盲目的“处”，只能是“独善其身”，而不能有兼济天下的功效。所谓

① 王艮：《语录》，《王心斋全集》，陈祝生等校点，第10页。
② 王艮：《语录》，《王心斋全集》，陈祝生等校点，第7页。
③ 李颙：《观感录》，《二曲集》卷二十二，陈俊民点校，中华书局1996年版，第276页。

“此学”，就是他晚年构想而未成的“大成学”。不讲清楚“此学”，仅是“小成”而已。王艮在《大成学歌》中说：“我将大成学印证，随言随悟随时跻。只此心中便是圣，说此与人便是师。”意思是说，“大成学”是经过自己印证过的学说，对它的体悟可以随时进行的。体悟了就能跻身于圣人的行列中，胸怀“大成学”的人就是“圣人”。

（三）“以圣人自任”的动因：权威主义

缘何王艮“以圣人自任”的念头会如此强烈，答案只有一个，给自己的思想披上权威主义的外衣。三十多年前我就提出，圣人崇拜与天命崇拜、祖先崇拜，是儒家文化也是中国传统文化的三大崇拜：“儒家作为中国封建社会里正统文化的代表，在思想上有三大崇拜：天命崇拜、祖先崇拜、圣人崇拜。当儒家的圣人被视为‘与天地合其德’的典范，当尧、舜、禹、汤、文、武、周公等人物被儒家作为道统人物崇拜而形成源流长久的先王崇拜时，前两个崇拜可归入圣人崇拜之中。”[①]《菜根谭》的作者洪应明，生活在嘉靖、万历期间，期望在读书时天天与圣贤对话：“蓬茅下诵书读书，日日与圣贤晤语。”[②]照洪应明的意思，读书只是在看懂文字上下功夫，而不去探究古圣先贤的思想，那是书本的奴隶。洪应明生活的年代，是在王艮去世以后。可知在王艮在世时，崇圣情结延续了近二千年，想成为圣人的氛围是何等浓重！

孔子把尧、舜当为圣人，但他的工作还粗糙了些。孟子进了一步，他把古代先帝的名称，顺着朝代的次序，连成一个系列：尧、舜、禹、商汤、文王、武王、周公。唐代韩愈的“道统”说，就是对孔、孟古帝理想化设想的理论总结。他在《原道》中，把道的观念与尧、舜、禹、文、武、周公的治统结合起来：“斯道也，何道也？曰：斯吾所谓道也，非向所谓老与佛之道也。尧以是传之舜，舜以是传之禹，禹以是传之汤，汤以是传之文、武、周公，文、

---

① 参见朱义禄：《儒家理想人格与中国文化》，复旦大学出版社 2006 年版，第 144 页。此书初版于 1991 年，由辽宁教育出版社出版。

② 朱义禄：《菜根谭鉴赏辞典》，上海辞书出版社 2017 年版，第 131 页。

武、周公传之孔子，孔子传之孟轲，轲之死，不得其传焉。”[①]模仿佛、道两教做法的韩愈，又声称自己道统说与佛、道两教毫不相干。韩愈的目的是为儒学指明悠久的传授关系，对抗佛、道两教。道统说里有着传授关系中的诸人，韩愈以为都是天生的“圣人”，一切思虑和行为均符合准则，无往而不当，具有“至德”而“不善之心”难以侵入的特点：“夫圣人抱诚明之正性，根中庸之至德，苟发诸中形诸外者，不由思虑，莫匪规矩；不善之心，无自入焉。”[②]道统说中的人物去掉了孔、孟，其余全是帝王贤相，是掌握了权力的治统中的人物。韩愈开创了道统与治统合一的先河，一方面是对孔、孟的古帝理想化工作的踵事增华，另一方面又成为宋以后的儒生共同认可的传统，这就是圣人崇拜。帝王是圣人，这一传统从秦始皇那里就有了。把“圣”与帝王直接联系起来，其始作俑者是秦始皇。会稽刻石中“秦圣临国，始定刑石”（《史记·秦始皇本纪》）的字句，是有力的证据。此后历代帝王及王朝的事物无不冠以“圣”的字眼，皇帝的容颜称为圣颜，皇帝的命令称为圣旨，皇帝诰敕诏令称为圣谕广训……这些常用的套语给帝王笼罩了圣人的光环。帝王不一定都是圣明的，只有为数不多的帝王才称得上“有道明君”，而昏庸无能、沉湎迷信的帝王在历史上是较多见的。如吴孙皓、蜀刘禅、宋仁宗赵祯、清宣统帝溥仪等，可谓昏庸型；如梁武帝萧衍，宋真宗赵恒、明世宗朱厚聪等，可谓迷狂型，佞佛信道，乃至弃朝政而只想炼丹求仙。也有难归入这两种类型的，如贪财好货成瘾的明神宗朱翊钧。更为奇特的，是喜爱木工手艺的明熹宗朱由校，当然还有白痴一样的晋惠帝，根本难以掌管朝政。汉成帝好游，好酒色，常喜便服出入市里郊野，斗鸡、好马，无所不为。唐庄宗李存勖称帝后，嗜好演戏，常面涂粉墨与优伶同登舞台。实际情况是，帝王无论从外在行为上，还是内在精神素质上，符合士人们所向往的德纯智明的“有道明君”实在太少了。皇位的继承不是取决于个人的能力与智慧，而是按照血统关系中的出生顺序为准则的。嫡长子作为第一顺序接位者，哪怕是白痴也是一

---

① 韩愈：《原道》，《韩昌黎文集校注》卷一，马其昶校注，马茂元整理，上海古籍出版社 1986 年版，第 18 页。

② 韩愈：《省试颜子不贰过论》，《韩昌黎文集校注》卷二，马其昶校注，马茂元整理，第 124 页。

定要扶上皇位的。把帝王与圣人直接挂起钩来，是为专制主义涂上一层无与伦比的光圈，让人们顺顺当当地服从现存的统治秩序。

但在二千多年的历史上，雄踞首位的圣人却是生前未曾走运的孔子，死后被奉为仪范百世、师表万世的至圣先师。自汉代儒学定于一尊后，圣人又特指孔子。此后历代思想家、文人，脑海中根深蒂固地存在着对孔子的崇拜，并以水银泻地的方式深入到民间中。在孔庙布全国各地的中国古代，孔子成了一棵庙食天下的参天大树；与数以千计相比，更多的是读书人家中所供奉的难以计数的木牌。有明一代，继承了元代的套路，尊孔子为大成至圣先师。

这样的“大圣人”不单是权威，而是权威主义的化身了。权威原则和权威主义不是一回事。在任何社会活动中，权威总是需要的。以服从为条件的权威原则，是有其客观现实基础的。比如说，出外乘长途汽车去旅游，到达目的地前司机对旅客来说就是权威。再如，当设计图纸定下来后，设计师对施工者来说是权威。权威是在社会的实际生产活动与社会分工的基石上形成的，有其客观的必然性。权威主义则不同，它强调人需要一个权威。这个权威对人的行为有着强烈的感召力，有着非凡的精神上的统治力，有着令人敬畏而使 人产生自觉依附的特质。否则人的行为与精神就没有寄托，人的理想和信念就失去光彩，人的行为就会处于失范的状态。权威主义强调，必须要有一个顶礼膜拜的偶像，这个偶像应当有着无与伦比的箝制力，能够抑制不同观点的反驳。如果对偶像有怀疑的话，那就要安上“非圣无法”的罪名：“自汉武帝表章六艺，罢黜百家以来，国人之对于六经，只许征引，只许解释，不许批评研究。韩愈所谓‘曾经圣人手，议论安敢到？’若对于经文一字一句稍涉疑议，便自觉陷于‘非圣无法’’，蹙然不自安于其良心，非特畏法网、惮清议而已。”[①] 这个偶像就是孔子。

王艮的颂扬孔子的言论，是为自己的观点增加权威性，是权威主义的体现。王艮说：

> 开辟以来惟仲尼。[②]

---

① 朱维铮校注：《梁启超论清学史二种》，复旦大学出版社 1985 年版，第 11 页。

② 王艮：《大成学歌寄罗念庵》，《王心斋全集》，陈祝生等校点，55 页。

予以为孔子是灵丹，可以点石成金，无尽藏者。①

孔子虽天生圣人，亦必当学《诗》，学《礼》，学《易》。②

启手启足，曾子之全。敬身为大，孔圣之言。孔曾期道，吾辈当传。③

此学是愚夫愚妇能知能行者，圣人之道不过欲人皆知皆行。④

这些礼赞的言论有点落俗套，但却是王艮内心的真实流露。他断言，开天辟地以来，学问上第一人当推孔子。“无尽藏”是佛家术语，“无尽”就是源源不断，没有穷尽。佛性广大无穷、妙用无边，谓之“无尽藏”。孔子的学问无边无际，教育学生有点石成金的功效，可以说是灵丹妙药。后世学者当以孔子为榜样，学习儒家经典。“启手启足，曾子之全”出自《论语·泰伯》：“曾子有疾，召门弟子曰：‘启予足！启予手！’诗云：‘战战兢兢，如临深渊，如履薄冰。’从今而后，吾知免夫！小子！”这段话难以直译而只能意会，且必须结合有关曾子的材料加以综合思索。曾子在孔子弟子中，是以孝行著称的。《吕氏春秋·孝行》记载有曾子的言论：“身者，父母之遗体也。行父母之遗体，敢不敬乎？”“父母全之，子弗敢阙。故舟而不游，道而不径，能全肢体，以守宗庙，可谓孝矣。”曾子以为，身体是父母给的，不能有丝毫毁坏。曾子在临终前告诫学生，要有“如临深渊，如履薄冰”那样的心情，好好保全自己的肢体。这是曾子让学生摆正自己手足的道理所在。王艮用“启手启足”的典故，阐明“曾子全之”道理后，再笔锋一转，转到“敬身为大，孔圣之言”了。“敬身为大”，就是前面说的“身本”论，这一次移到孔圣人的口中了。他用“孔圣之言”的大旗，为自己的“身尊道尊”“明哲保身”“敬身”等主张

① 王艮：《语录》，《王心斋全集》，陈祝生等校点，第 17 页。

② 王艮：《语录》，《王心斋全集》，陈祝生等校点，第 8 页。

③ 王艮：《孝箴》，《王心斋全集》，陈祝生等校点，第 54 页。言行合一的王艮，是个大大的孝子：“守庵公患痔，痛剧，先生傍徨侍恻，见血肿以口吮之。”（王士纬：《心斋先生学谱》，王艮：《王心斋全集》，陈祝生等校点，第 82 页）

④ 董燧：《年谱》，王艮：《王心斋全集》，陈祝生等校点，第 76 页。

张目，权威主义在这里昭然若揭了。

权威主义有个特点，即自身应该全方位依傍一个权威。这个权威在王艮看来，就是孔圣人，差一点弟子曾参也可以。这样的权威对人们的行为有着神圣的感召力，有着非凡的精神统治力，有着令人敬畏从而使唤人产生自觉依附的特性。“孔曾期道，吾辈当传”的含义，是王艮依傍“圣人”身上，让自己的主张有权威性的根据，这样就能流传于后世了。这让我想到了康有为。康有为著《新学伪经考》《孔子改制考》等书，他重新塑造的孔子，实际上是资产阶级化了的孔子。康有为认为，孔子创造了一套理想的新制度，即从据乱世走向升平世再进入到太平世。这样的“三世说”，指明历史是进化发展的，这为变法维新作了舆论准备。近代著名经学史学者皮锡瑞说：“中国重君权，尊国制，犹言变革，人必骇怪，故必先言孔子改制，以为大圣人有此微言大义，然后能持其说。”[①]王艮“孔曾期道，吾辈当传”之言，与清代经学家皮锡瑞所言的实有异曲同工之妙。圣人的言行是尽善尽美的。在中国哲学史上，文人与学者要阐发自身见解的，一定得以圣人之言行为依据，不如此做就无法令人信服。王艮去世后不久，也被人们奉为“东海圣人”了：“海门周氏曰：先生其东海之圣人矣乎。先生自信与伏羲、神农、黄帝、尧、舜、汤、文、武、周公、孔子同此心，同此理，断断其不惑也，岂不既圣矣乎！”[②]周海门（1547—1629），师从王畿，为王阳明再传弟子。[③]他视王艮为“东海圣人”，这是王艮在后世学者中权威主义的表征。如此后圣接结续前圣的现象，是文人学者中充塞着权威主义心结的体现。

“圣人之道，无异于百姓日用”，是给“百姓日用是道”增添上权威主义的光环罢了。王艮圣凡同一的主张，是忠实继承了王阳明的，时贤对之阐甚多，不再赘言了。

---

① 皮锡瑞：《师伏堂日记》，《湖南历史资料》1959年第1期。详见朱义禄：《康有为评传——时代的弄潮儿》，广西教育出版社1996年版，第51—69页。

② 李颙：《观感录》，《二曲集》卷二十二，陈俊民点校，第278页。

③ 周海门有着强烈成圣情结：“此心一刻自得，便是一刻圣贤；一日自得，便是一日圣贤；常常如此，便是终身圣贤。”参见黄宗羲：《泰州学案五》，《明儒学案》卷三十六，沈善洪主编、吴光执行主编：《黄宗羲全集》（第8册），第114页。

第四节 “乐学一体”论辨析

自孔子开始中经王阳明再到王艮，对“乐”的理解，有着一个从具体到抽象、自理论到通俗的过程。在这一过程中，“乐”的内涵，发生了由具体情感进到人生境界，再提升到本体论的行进。王阳明“乐是心之本体”说是行进中的核心。王艮对之作了通俗化的理解并贯串到平民化教育中，主要体现在《乐学歌》这一颇具特色的哲理诗中。这首诗渲染的是，快乐是人心中天然自有的，而学习不是一件痛苦的事情。“乐”与“学”是一体而两面的事情，是互为依据的。王艮远承孔子，近继王阳明，将孔子的乐感思想与王阳明的“良知”说相整合，形成了“乐学一体”论。王艮在这方面的践履不多，其弟子韩贞以毕生精力了实践王艮的主张，并取得了良好的效果，为时人所赞扬。

（一）历史回眸：自孔子到王阳明

孔子在《论语》开章明义就突出了“乐”：“学而时习之，不亦说乎？有朋自远方来，不亦说乎？”（《论语·学而》）人们在学习过程中与人际交往中，所产生的“乐”，是属于正常的情感范畴的。中国哲学史有着个规律，凡是孔子提出的命题、观点与主张却无深入论述的，后世必定会锲而不舍地去进行探索，作出各自颇有特点的诠释。南宋儒生罗大经，对自孔孟以来一直到南宋，儒家学者对“乐”的诠释有个小结：

> 吾辈学道，须是打叠教心下快活。古曰无闷，曰不愠，曰乐则生矣，曰乐莫大焉。夫子有曲肱饮水之乐，颜子有陋巷箪瓢之乐，曾点有浴沂泳归之乐，曾参有履穿肘见、歌若金石之乐。周程有爱莲观草、弄月吟风、望花随柳之乐。学道而至于乐，方是真有所得。大概于世间一切声色嗜好洗得净，一切荣辱得丧看得破，然后快活意思方自此生。①

罗大经，字景纶，庐陵（今江西吉水县）人。生于宋宁宗庆元

① 罗大经：《忧乐》，《鹤林玉露·丙编》卷二，王瑞来点校，中华书局1983年版，第273页。

初年，卒于宋理宗淳祐末年以后。少年时就读于太学，宝庆二年（1226）登进士第，后做过几任相当于县令的从八品小官。官于抚州时，受当时朝廷中一起矛盾纷争的牵连，被劾罢官。从此乡居直到去世。写了一部颇有名气的笔记，即《鹤林玉露》。这是一部带有宋代理学鲜明特征的笔记。罗大经以为，儒家有着探求乐感的历史传统。“曲肱饮水之乐”见于《论语·述而》，说求富贵、去贫贱，是人对自身利益的正当欲求，“不以其道得之”（《论语·里仁》），则“不处”“不去”。强调求富去贫的实现，以是否符合正道（义）为前提。“不义而富且贵，于我如浮云”；如符合正道，吃粗粮、喝冷水，弯着胳膊当枕头，“乐亦在其中矣”（《论语·述而》）。孔子用这个标准去衡量学生，赞“颜子有陋巷箪瓢之乐”。这见于《论语·雍也》：“贤哉，回也！一箪食，一瓢饮，在陋巷，人不堪其忧，回也不改其乐”。孔子惟独对颜回有过不违仁德的颂扬。至于其他弟子，孔子以为只是偶尔想及仁德罢了。孔子对颜回的颂扬，开启了后儒寻求“孔颜乐处”的漫长历史。“曾点有浴沂咏归之乐”见于《论语·先进》。从“吾与点也”的话来看，曾点是颇能体会孔子之“乐”的。“曾参有履穿肘见、歌若金石之乐”见于《庄子·让王》，以曾参为一避世的隐士，生活非常艰苦，“提拎而肘见，纳履而踵决”，但不放弃自己的主张。孔子对“乐”的论述，主要是情感层面的。

理学家自开山祖周敦颐开始，中经二程、朱熹，一直到明代的王阳明，都以寻求“孔颜乐处”作为自身趋向理想人格的楷模。“周程有爱莲观草、弄月吟风、望花随柳之乐”，是准此而言的。“爱莲观草”是说周敦颐，他有《爱莲说》一文，他以为学做“圣人”要旨在于“无欲”。[①]这方面楷模是颜子，他不为物欲所诱惑，在陋巷人们感到很忧愁，颜子泰然处之。这是因为，“心泰则无不足，无不足则富贵贫贱处之一也。处之一则能化而齐，故颜子亚圣”。[②]周敦颐的“乐”，是指“安贫乐道”的“乐”。“弄月吟风、望花随柳之乐”是指二程追求的“乐”。二程自述：“昔受

---

① 周敦颐：《通书·圣学第二十》，《周敦颐集》，陈克明点校，中华书局1990年版，第31页。
② 周敦颐：《通书·颜子第二十三》，《周敦颐集》，陈克明点校，第33页。

学于周茂叔，每令寻颜子、仲尼乐处，所乐何事。”[①]二程认为，孔、颜等圣贤没有见过，但可以从他们留下来的语言文字中，把握住他们的“气象”。只是“讲论文字”“理会语言”，那是皮相之谈，重要的是通过“语言”“文字”去“熟玩味圣人之气象”。[②]这被二程称之为“体认”。由体认而得到的感觉是“乐”，即前面所说的“孔颜乐处”的“乐”。

“乐”从何而来是一个大问题。程颢在解释颜回陋巷箪瓢之“乐”时说：“箪瓢陋巷非可乐，盖自有其乐耳。‘其’字当玩味，自有深意。”不是穷困有什么可“乐”的，而是内心精神世界“自有其乐”：

> 闲来无事不从容，睡觉东窗日已红。万物静观皆自得，四时佳兴与人同。道通天地有形外，思入风云变态中。富贵不淫贫贱乐，男儿到此是豪雄。[③]
>
> 云淡风轻近午天，望花随柳过前川。旁人不识予心乐，将谓偷闲学少年。[④]

两首诗都提到“乐”。其所以能“乐”，一是“安贫乐道”的“乐”，即“富贵不淫贫贱乐”，此与周敦颐同。一是天人合一的“乐”。“乐”在于“与人同”（“四时佳兴与人同”）、“与物同”（“万物静观皆自得”），甚至与无限的宇宙同（“道通天地有形外，思入风云变态中”）。二程是在自然世界的生意中，去比拟人世的伦常法规。理学家的“孔颜乐处”，作为人生的最高境界，就是指这种充满生意、属伦理又超伦理的“天人合一”的精神境界。[⑤]这是发自内心的主观意识所感受到的快乐，与外界的事物没有任何关联。南宋的罗大经，接过理学家的话头，“世间一切声色嗜好洗得净，一切荣辱得丧看得破，然后快活意思方自此生”，禁欲主义倾向是一目了然。

---

① 程颢、程颐：《河南程氏遗书》卷二上，《二程集》，王孝鱼点校，中华书局 1981 年版，第 16 页。
② 程颢、程颐：《河南程氏遗书》卷十五，《二程集》，王孝鱼点校，第 158 页。
③ 程颢、程颐：《秋日偶成》，《河南程氏文集》卷三，《二程集》，王孝鱼点校，第 482 页。
④ 程颢、程颐：《秋日偶成》，《河南程氏文集》卷三，《二程集》，王孝鱼点校，第 476 页。
⑤ 李泽厚：《中国古代思想史论》，人民出版社 1986 年版，第 237—238 页

到了王阳明那里，“乐”在认同具体情感上，又被提高到本体论的高度。王阳明说：“‘乐’是心之本体，虽不同于七情之乐，而亦不外于七情之乐。”[①]学生问王阳明：“乐是心之本体，不知遇大故于哀哭时，此乐还在否？”王阳明回答道：“须是大哭一番方乐，不哭便不乐矣。虽哭，此心安处，即是乐也，本体未尝有动。”[②]悲恸与快乐是两种对立的情感，但王阳明以为两者是可以统一的。在王阳明看来，“七情之乐”是具体的，“本体之乐”是超越的，但二者可以兼容的，因为“本体未尝有动”。王阳明提出了“良知即是乐之本体”的主张：“乐是心之本体。……时习者，求复此心之本体也。悦则本体渐复矣。朋来则本体之䜣合和畅，充周无间。……时习之要，只是谨独。谨独即是致良知。良知即是乐之本体。”[③]王阳明把“乐”在提升为本体论的同时，又容纳了情感层面的“乐”。王阳明“乐是心之本体”说，使“乐”成为本体论范畴了。这一理论上的升华，是超越了孔子与二程的。

（二）“乐学一体”论

当王阳明对“乐”作了形而上抽象后，再做进一步的阐发就有难度了。灶丁出身的王艮，依据自身的经历以及受到周围的环境的影响，在继承了并发扬了孔子与王阳明的思想后，对“乐”的诠释是沿着通俗化的路子做了新的充实，《乐学歌》就是明证。王艮对《论语》首章有个发挥：

> 故朋之来也，予日乐之，其未来也，予日望之，此予之心也。今朋友自远方来者，岂徒然哉？必有以也。观其离别父母妻子，置家业，不远千里而来者，其志则大矣，其必有深望于予者也。予敢不尽心以孤其所望乎？是在我者必有所与责任矣。朋友之来也，而必欲其成就，是亦予之本心也。而欲其速成，则不达焉。必也使之明此良知之学，简易快乐。[④]

---

①王守仁：《传习录中》，《王阳明全集》卷二，吴光等编校，第70页。
②王守仁：《传习录下》，《王阳明全集》卷三，吴光等编校，第112页。
③王守仁：《与黄勉之》，《王阳明全集》卷五，吴光等编校，第194页。
④王艮：《勉仁方》，《王心斋全集》，陈祝生等校点，第30—31页。

这一发挥有心理情感上的内容，说自己盼望友朋前来相聚前的真实感受。遥远地方的友人离别家人，暂时置家业于不顾，那是一定有“深望于予”的地方。我王艮有责任满足友人这一要求，具体来说，就是“明此良知之学，简易快乐”。这样就从孔子直接过渡到王阳明了，从心理情感上的跳跃到本体论上了。故王艮有个论断：“‘不亦说乎’，‘说’是心之本体。”①王艮的进一步的开展是在《乐学歌》中：

> 人心本自乐，自将私欲缚。私欲一萌时，良知还自觉。一觉便消除，人心依旧乐。乐是乐此学，学是学此乐。不乐不是学，不学不是乐。乐便然后学，乐是学，学便然后乐。乐是学，学是乐。於乎，天下之乐何如此学，天下之学何如此乐！②

此诗的语言质朴无华，节奏则一咏三叹，深入浅出地表达了的乐学合一思想，为泰州王门学派平民化儒学的时代象征。《乐学歌》有二个要点：一是以为“人心”本来就处于天然快乐的状态，它会把膨胀的私欲束缚起来。只要“良知”自觉，就能把萌生的私欲消除掉，“人心”依旧快乐无比。“乐”与“学”是统一的，为学在于识得“人心”之“乐”，“乐”又构成了为学的前提。“学”的目的是要达到“乐”的境界，以“乐”的心态去“学”就能消除精神上的压力。二是说，“乐学一体”对平民百姓来说，是至关重要的。“天下之学，惟有圣人之学好学，不费些子气力，有无边快乐。若费些子气力，便不是圣人之学，便不乐。”③有着浓郁颂圣情结的王艮，不会忘却把“乐学一体”的主张与“圣人之学”挂起钩来：“学者不见真乐，则安能超脱而闻圣人之道？”④“不费些子气力”，是说学得轻松愉快。“一友持功太严，先生觉之曰：‘是学为子累矣。’因指旁斫木之匠，示之曰：‘彼却不曾用功，然亦何尝废事？’”⑤对“学累”的现象，他要

---

① 王艮：《语录》，《王心斋全集》，陈祝生等校点，第 8 页。
② 王艮：《乐学歌》，《王心斋全集》，陈祝生等校点，第 54 页。
③ 王艮：《语录》，《王心斋全集》，陈祝生等校点，第 5 页。
④ 王艮：《语录》，《王心斋全集》，陈祝生等校点，第 19 页。
⑤ 王艮：《语录》，《王心斋全集》，陈祝生等校点，第 9 页。

求学生仿效匠人斫木时那样，以自然简练而又符合木头条理的方法去对待学习。从此条看，“学乐一体”又与“百姓日用是道”有机地联系起来了。不过王艮没有忘却王阳明论“乐”时的本体论主张：“须见得自家一个真乐，直与天地万物为一体，然后能宰万物而主经纶，所谓‘乐则天，天则神。’”①能够主宰万物而与“万物一体”的“真乐”，为“乐是心之本体”的翻版。

任何一个哲学观点被通俗化以后，就会显现出跨越时空的巨大能量来。万历二十三年（1595），王艮去世后半个世纪，一个叫彭梅的四川人来到江苏担任泰州学训一职。他写了篇祭文：“梅，西蜀人。童稚时诵《乐学歌》，竟莫知所自。及分教泰州，春丁祭先生，即览碑志，知先生本末。”②这说明，《乐学歌》在王艮去世后不久就传到了四川。童年时的彭梅觉得朗朗上口，就诵读了《乐学歌》，但不知作者是谁，到泰州祭祀王艮后才知晓。平民受到经济条件、文化因素与世俗习惯的局限与影响，以及自身知识水平的低下，他们往往把“学”视为比劳作更为艰苦的事情。一旦在“学”中遇到困难，他们会倾向于回复到此前熟悉的体力活中。王艮“乐学一体”论，是从主观意识上要求平民树立起学即乐、乐即学的观念。《乐学歌》之作，是想把平民从思想压力中解脱出来，为他平民教育的推广扫平障碍。

“乐学一体”的含义是什么呢？一是以学习为快乐的所在，有效地遏制厌学情绪。二是乐于学习，使学习变成一种自娱自乐的自觉行为。“学乐一体”的意义，是让学生理解，在学习实践中感受体验到快乐的真谛。《乐学歌》要告诉人们的是，快乐与学习是合二为一的，是人天生具有的本能，是自然而然的心态，是“良知”自觉时的状况：“此乐多言远处寻，原来还在自家心。圣师专以良知教，贤友当为切已箴。”③在给友人的诗歌中，王艮敞开心扉地诉说着源于“自家心”的“乐”：“数年心事一朝融，着实担当乐无穷。上赖圣师陶治力，下承贤友切磋功。”④“胡子远来学，一

① 王艮：《语录》，《王心斋全集》，陈祝生等校点，第19页。
② 彭梅：《奠文》，《明儒王心斋先生遗集》卷四。
③ 王艮：《和王寻乐韵》，《王心斋全集》，陈祝生等校点，第59页。
④ 王艮：《送友人》，《王心斋全集》，陈祝生等校点，第59页。

见心中乐。乐得远朋来，以此知多觉。”①他有一首论读书的诗：“千书万卷茫茫览，不如只在一处见。灵根才动彩霞尽，太阳一出天地览。”②王艮以为，读书求学，不能没有头绪地在茫茫书海中游荡，必须掌握要领。要领就是“只在一处览”，在“灵根”上用功。“一处”“灵根”犹如太阳一样，阳光普照之下一切皆洞见无遗。“一处”与“灵根”与“良知”“自家心”是同义的。在王艮看来是，“学”作为至上的快乐，是植根于“心中”的，“还在自家心”。这与周敦颐以“无欲”为“乐”、二程以“安贫乐道”“天人合一”为“乐”的观点，是大相径庭的。

“乐学一体”论也有片面的地方。诸多时贤论述《乐学歌》时，忽略了“学”会给人们带来苦楚的客观现实。这种痛苦可以是旋生旋灭的，也可能存在相当长时间的。一般地说，与人的物质追求与精神需要相符而引起的主观情感就是乐，反之则为苦。苦与乐，是在人与自然、人与自身、人与他人及社会关系中体验到的，人在肉体感受与精神层面上苦闷和愉悦的感受。与乐相对应的是苦，没有苦楚就很难觉察到快乐。“乐”与“苦”如同共生矿一样，你中有我，我中有你。否则苦尽甘来、乐极生悲这样的成语也就不会产生了。

“苦”与“乐”的难分难解，是人们求得知识、研究学问之时的客观规律。有人以旅游为乐，沉浸于自然美景与人文景观的欣赏；但因种种原因无法外出时，会感到很痛苦。有人以舌尖上的感受为乐，以品尝各种美食为人生真谛；然而一旦品尝美食的途径被阻时，苦楚也就油然而生。有人以收藏书籍与书海生涯为乐，当着青睐的书籍弄不到手时，就会陷入痛苦中。有人以大权在握为乐，讲有权的快乐与失权的痛苦，是权力意志至上论者的论调。“乐学一体”论自有其易被人们乐于接受的地方，即使过了好多时光，人们依然还记得。与学习相伴的苦楚是永远消弥不了的。“学”有知识性学习与研究性学习两种。前者是接受知识，后者是研究学问。每每见到，学生解不出数学题时的痛苦；也常常见到，学生看古文不懂时的迷茫。在自然科学的研究中，实验时或计算时或论证时，

---

① 王艮：《书荷轩卷》，《王心斋全集》，陈祝生等校点，第 59 页。

② 王艮：《天下江山一览诗觉友人之六》，《王心斋全集》，陈祝生等校点，第 57 页。

关键性的难题没有解决时，科学家内心有多么苦楚啊！在社会科学的研究中，课题核心部分难以突破时，专家的脑海中是不会萌生快乐之感受的。快乐是人们议论的永恒的话题，王艮提出的“乐学一体”论，就是诸多议论中的一个。尽管有着不够全面之处，但他提出这一观点是有针对性的，那就是想把人人心中所具有的天然之“乐”发掘出来，以期开展对平民的儒学教育。

（三）“下上歌声洋洋”

“乐学一体”论如何贯彻到讲学中去，王艮或许做得不少，但在这方面留下来的记载太少了。忠实地践行这一主张，是他的学生韩贞。韩贞（1509—1584）字以贞，号乐吾，兴化人。世代业陶，贫不能学。十二岁时，束茅为笔，沾水在砖上练字。后替人牧牛为生。二十五岁时，朱恕引他到安丰场王艮门下，打扫场地，为王艮门人嘲笑。韩贞题诗壁间，王艮见后知韩贞所作，遂为他制儒巾深衣并作诗相赠。二十七岁时，辞别王艮归。三十五岁时，因族人欠官租而入狱，韩贞先是外出教童馆，后到海边替人煮盐，以所得之工钱分给族人。十年后，兴化大旱，韩贞把三间讲堂拆卖，得米数十斛，救济亲族乡里免受饥饿之苦。多次乐善好施的事发生在韩贞身上，不仅要从他是一位同情平民、有德行的儒者着眼，更应从忠实地践行王艮解决百姓“冻馁其身”的问题才是“学”与“道”的观点来认识。同邑士人杨南金见韩贞笃学不辍，“劝以攻举子业”，但韩贞以王艮“大丈夫出则为帝王师，处则为百世师”①的训条婉言拒绝了，依然去从事制陶的工作。从这件事来看，韩贞对王艮学说的践行，达到了亦步亦趋的程度。

《明儒学案》卷三十二《泰州学案一》有一条为学者经常引用的材料，说韩贞“秋成农隙，则聚徒讲学，一村既毕，又之一村，前歌后答，弦诵之声洋洋然。”好一幅描述农民乐于学习的素描

① 许子桂、李长敷等：《乐吾韩先生遗事》，颜钧：《颜钧集》后附《韩贞集》，黄宣民点校，第191页。

图。作原始记载的是耿定向，黄宗羲只是作了适当裁剪与加工。[①] 耿定向的记载如下：

> 后聆先生学有得，毅然以倡道化俗为任，无问工贾佣隶，咸从之游，随机因质诱诲之，顾化而善良者以千数。每秋获毕，群弟子班荆趺坐，论学数日。兴尽则挐舟偕之，赓歌互咏。如别村聚，所讲常与如前。逾数日，又移舟如所欲往。盖遍所知交居村乃还。翱翔清江，扁舟泛泛，下上歌声洋洋，与棹音欸乃相应和，睹闻者欣赏若群仙子嬉游于瀛阆间也。[②]

耿定向对韩贞讲学描绘是可信的。耿定向自嘉靖四十一年（1562）至隆庆元年（1567）督学南京，期间到过泰州实地考察，与韩贞有过直接的交往："后，予巡校泰州，谒先生祠，渠来谢。"[③]"先生"指王艮，"渠"即韩贞。耿定向说："尝与诸名公卿会论学问，间有谭及别务者，辄大噪曰：'光阴有几？乃为此闲泛语！'或称引经书相辩论，则又大恚曰：'舍却当下不理会，乃搬弄此陈言，此岂学究讲肆耶！'诸名公咸为悚息。"[④]耿定向与名人谈论学问，扯到了别的地方时，韩贞大呼，光阴可贵，不能浪费时间。当引经据典相互辩论时，韩贞又愤怒地说，不从当下"良知"着眼，搬弄陈词滥调，哪里是在讲学！从"诸名公咸为悚息"的表情看，韩贞的当头棒喝是起到了效果的。在韩贞心目中，讲学要简易明了。他扎根于乡村以教习平民为生，说明他是王艮学说最有力的执行者。

耿定向的这段材料，是很说明韩贞讲学特点的。一是教育对象以平民为主，"无问工贾佣隶"。主要是农民，故学习的时间选择

---

① 黄宗羲有一个特点，就是对前人的材料作剪裁与润色后，提炼出简要而又不失原文精粹的观点，常为后世研究者所习用。如形容明清之际的社会现实，人们往往是用黄宗羲的"天崩地解"。在他前或同时，很多人说过相似的话。早一点有松江名宿何良俊的"土崩瓦解"、他的老师刘宗周的"天崩地拆"，与他同时代的同乡人朱舜水则说过"土崩瓦解"。遍阅了明人文集的黄宗羲，"天崩地解"是综合了众人的意思而得出更为确切的概括。人们常因黄宗羲的名望，往往把他提炼过的观点，当作他首创的。这实在有点抹杀了始作俑者的功劳。

② 耿定向：《王心斋先生传樵朱陶韩二子附》，《耿定向集》卷十四，傅秋涛点校，第 547 页。

③ 耿定向：《王心斋先生传樵朱陶韩二子附》，《耿定向集》卷十四，傅秋涛点校，第 548 页。

④ 耿定向：《王心斋先生传樵朱陶韩二子附》，《耿定向集》卷十四，傅秋涛点校，第 548 页。

在在秋收农忙结束后的。“嘉靖二十四年，先生名大振，门外屦常满，惓惓以明道化人为己责，虽田夫、樵子，未尝不提命之，厌其意而去。”[①]这是韩贞在居家教育时的情况，所收学生与外出教育时“无问工贾佣隶”是一致的。二是根据对象的不同特点，因材施教，“随机因质诱之”。三是韩贞充分利用当地水网，划船到各村，“遍所知交居村乃还”。讲学地点机动灵活。有陆地上的，有船上的。四是讲学目的明确，以“倡道化俗为任”。“倡道”的“道”，即王艮“百姓日用是道”的“道”：“一条直路与天通，只在寻常日用中。”[②]讲学内容是贴近百姓的日常生活问题：“养生活计细商量，切莫粗心错主张。”[③]“化俗”是要告诉平民，人人都有作圣的道理，此理在心中不必向外寻觅：“人人天地性，个个圣贤心。原不少些子，何须向外寻。”[④]在韩贞心目中，“愚夫”与“尧舜”是平等的，乡村“野老”也能成为圣人：“固知野老能成圣，谁道江鱼不化龙？自是不修修便得，愚夫尧舜本来同。”[⑤]。成圣的途径就是在“寻常日用”中。这是王艮“百姓日用是道”与圣凡平等主张的延续。[⑥]五是韩贞讲学的效果良好，“化而善良者以千数”。师生间相处的气氛是和洽的，扁舟行在清澈的河流中，“下上歌声洋洋”，与木浆划水声“相应和”。“睹闻者若群仙子嬉游于瀛阆间”，是说目睹者见到师生在教与学的过程中乐陶陶的景象，有令人如入仙境的感受。“瀛阆”指瀛洲与阆苑，相传为神仙的住处。唐代陆龟蒙诗云：“何由振玉衣，一举栖瀛阆。”[⑦]“下上歌声洋洋”，是“工贾佣隶”在学习中感受到快乐的真实描绘。在成名后韩贞依然保持了他的平民化教育的风格：“嘉靖二十四年，先生名大振，远近来学者，门外屦常满，惓惓以明道化人为自己责，虽田夫、樵子，未尝不提命之，厌其意而

---

① 许子桂、李长敷等：《乐吾韩先生遗事》，颜钧：《颜钧集》后附《韩贞集》，黄宣民点校，第 191 页。

② 韩贞：《勉朱平夫》，颜钧：《颜钧集》后附《韩贞集》，黄宣民点校，第 180 页。

③ 韩贞：《喻灾民》，颜钧：《颜钧集》后附《韩贞集》，黄宣民点校，第 185 页。

④ 韩贞：《自在吟》，颜钧：《颜钧集》后附《韩贞集》，黄宣民点校，第 169 页。

⑤ 韩贞：《勉朱平夫》，颜钧：《颜钧集》后附《韩贞集》，黄宣民点校，第 180 页。

⑥ 韩贞的家乡戴窑镇有一条路，是以他号乐吾命名，为乐吾路。现今在其墓址兴建了乐吾公园，成为一个旅游景点。参见卢佩民主编：《泰州学派文化》，第 68 页。

⑦ 唐龟蒙：《奉和袭美公斋四咏次韵》。

去。”[①]在中国古代文献中，记载多的是士人们在书院钻研经书的情况，或士人们勤奋苦读景象的记录。至于在田野里、水乡中，平民们学习的情况是中极少记载的。人遇到快乐的事情后，往往会以怀高歌的方式来表达。韩贞在平民化教育活动中，贯彻“乐学一体”论后所取到的良好效果，在耿定向的记载中得到了淋漓尽致的反映。

① 许子桂、李长敷等：《乐吾韩先生遗事》，颜钧：《颜钧集》后附《韩贞集》，黄宣民点校，第191页。

第五节 “大成学”发微

（一）谁承继了“大成学”

大凡一个人到了晚年，总会萌生总结自己一生言论与行事的想法。对于一个有独特见解且被世人公认为新学派创始人的王艮来说，这种念头显得更为急促些。总结的方式是因人而异的。57岁时，病榻前的王艮写了一首诗，赠给前来探视他的好友罗念庵，作为了却总结其晚年思想的方式。这首诗对王艮思想的研究至为重要，对泰州王门另一成员颜钧思想的研究同样是至关重要的。现先录全诗如下：

> 十年之前君病时，扶危相见为相知。十年以后我亦病，君期枉顾亦如之。始终感应如一日，与人为善谁同之？尧舜之为乃如此，刍荛询及复奚疑。我将大成学印证，随言随悟随时跻。只此心中便是圣，说与此人便是师。至易至简至快乐，至尊至贵至清奇。随大随小随我学，随时随处随人师。掌握乾坤大主宰，包罗天地真良知。自古英雄谁能此？开辟以来惟仲尼。仲尼以后惟孟子，孟子以后又谁知？广居正路致知学，随语斯人随知觉。自此以往又如何？吾侪同乐同高歌。随得斯人继斯道，太平万世还多多。我说道，心中和，原来个个都中和。我说道，心中正，个个心自中正。常将中正觉斯人，便成当时大成圣。自此以往又何如？清风明月同高歌。同得斯人说斯道，大明万世还多多。①

诗的大意是说，“大成学”是经过自己悉心研究过的学说。它简易快乐，尊贵新奇。心中体悟到“大成学”的人，就是圣人了，“大成学”是可以随时随地教授给别人，别人也就成为他人的老师了。王艮强调，“大成学”是由孔子创立的而为孟子所继承，以后鲜为人知。现在我把“大成学”整理出来，就能随时随地都能与他人同乐。这时的人们，就明白心中本来就有的“良知”，是能够主

---

① 王艮：《大成学歌寄罗念庵》，《王心斋全集》，陈祝生等校点，第54—55页。

宰乾坤的。这样大明江山就能万世传承下去了。在送别湘籍弟子胡尚宾的诗中，语重心长的提到“大成学”的重要：“之子家衡阳，远来路六千。专心求我学，一住即三年。……诚能止至善，大成圣学全。至易而至简，至近至神焉。”[①]“至易而至简”，同给罗念庵之诗意全同；“至近而至神”，是说“大成学”贴近人心而有神妙的功用。后面的说法与“掌握乾坤真良知。自古英雄谁能此”，意思亦是相近的。“大成圣学全”，能够把圣人的学问全部囊括在内的“大成学”，对弥漫着浓郁的成圣情结的王艮来说，其重要性是不言而喻的。

“大成”最早见于《诗经·小雅·车攻》中的“展也大成”，为周宣王打猎大有成绩之意。王艮所说的“大成”则源于孟子：“伯夷，圣之清者也；伊尹，圣之任者也；惠，圣之和者也；孔子，圣之时者也。孔子之谓集大成。集大成也者，金声而玉振之也。”（《孟子·万章下》）孟子把圣人分成几种类型：伯夷是清高型的，伊尹是负责型的人，柳下惠是随和型的人，孔子是识时务型的。只有识时务的圣人，才算得上是“集大成”。王艮以为，“孔子‘大成学’”是他体悟出来的：

> 子谓诸生曰：惟《大学》乃孔门经理万世的一部完书，吃紧处惟在“止至善”及“格物致知”四字本旨，二千年来未有定论矣。某近理会得，却不用增一字解释，本义自足，验之《中庸》《论》《孟》《周易》，洞然吻合，孔子精神命脉具此矣。诸贤就中会得，便知孔子“大成学”。[②]

在王艮心目中，《大学》是“孔门”中有着永恒价值的“完书”，而《大学》的宗旨在“止至善”与“格物致知”。他最近发觉，如果把“止至善”与“格物致知”，与《中庸》《论语》《孟子》《周易》中“洞然吻合”处相验证，便可把握“孔子精神命脉”。这就是“二千年来未有定论”的“孔子的‘大成学’。”然而如何“吻合”，在何处“吻合”，王艮没有说明。“信口谈解”

---

① 王艮：《送胡尚宾归省》，《王心斋全集》，陈祝生等校点，第 58 页。
② 王艮：《答问补遗》，《王心斋全集》，陈祝生等校点，第 33 页。

的王艮不擅长理论论证的，故以简易明了的诗歌形式来表达。

王艮为什么要把"大成学"的要旨，以诗歌的形式告诉罗念庵呢？因为王艮惧怕"大成学"湮没无闻。这对行将就木的他，是一桩未了的心愿。据《年谱》记载，57岁时的王艮，"先生以病不能出"。罗念庵在病榻旁向王艮求教，"先生不答"。不久王艮的想法旋即改变，"是夕，（罗念庵）欲别去，先生留之"，"遂作《大成歌》以赠念庵"。①罗念庵不是王阳明的学生，却是阳明后学中有头有脸的人物。他担任过经筵院讲官。嘉靖十八年（1539），因忤旨而被黜为民，未再出仕。次年（1540），他去探视老友王艮。大约病情加重之故，王艮觉得时不待我，马上改变了"不答"的态度，转而将"大成学"的梗要如盘托出。对任何一个沉疴缠身的病人，都会产生如此心态的剧变是很正常的，更何况罗念庵是自己的"相知"。"十年之前君病时，扶危相见为相知。十年以后我亦病，君期枉顾亦如之"，开头的四句交代得很清楚。

王艮是否把"大成学"传授给了徐樾？答案是否定的。龚杰的《王艮评传》一书，第九章第二节标题为：徐樾与"大成之学"。龚杰断定，"王艮在逝世的前一年，对其一生的学术思想作了总结，写成《大成学歌》，并以之传授给徐樾"②。这一结论是不精确的，琢磨一下他给徐樾的信就可知晓了：

> 屡年得书，必欲吾慈悯教诲，于此可见子直不自满足，非特谦辞已也。殊不知我心久欲授吾子直大成之学，更切切也。但此学将绝二千年，不得吾子直面会口传心授，未可以笔舌谆谆也。幸得旧冬一会，子直闻我至尊者道，至尊者在身，然后与道合一，随时即欲解官，善道于此可见。吾子直果能信道之笃，乃天下古今有志之士，非凡近所能及也。又闻别后沿途欣欣，自叹自庆，但出处进退未及细细讲论，吾心犹以为忧也。我今得此沉疴之疾，我命虽在天，造命却由我。子直闻此，当有不容已者，余俟面讲不备。③

① 董燧：《年谱》，王艮：《王心斋全集》，陈祝生等校点，第76页。
② 龚杰：《王艮评传》，第205页。
③ 王艮：《又与徐子直》，《王心斋全集》，陈祝生等校点，第53页。

想把“大成学”传给徐樾，是王艮的心愿，但这一想法并没有兑现。“子直”是徐樾的字，徐樾是江西贵溪人。先从学王阳明，后转而拜王艮为师。嘉靖三十一年（1552）年，任云南左布政史，在征战少数民族的战争中阵亡。信中有“我今得此沉疴之疾”语句，说明王艮已病入膏肓，与《年谱》所记“以病不能出”相对照，信写于57岁时。“旧冬一会”，是指徐樾与王艮在嘉靖十七年（1538）相晤。在见面时，王艮对徐樾讲了“尊道尊身”的思想，故有“子直闻我”云云。分别之后，徐樾自以为得到王艮思想的真谛，欣欣然形于色。王艮告诉他，于“出处进退未及细细讲论”，是说自己的思想还有好多未对他讲清，心里还很是担忧。王艮说，把“大成学”传授给徐樾的念头是酝酿很久了，现今身染重病的我，心情更加迫切了（“更切切”）。王艮在信中明言，传授“大成学”有个前提，即面对面的“口传心授”，而不能采取文字形式函告之：“但此学，不得吾子直面会口传心授，未可以笔舌谆谆也。”[①]《王艮评传》中却说：“大概在这次写信以后，王艮即以‘大成学’授徐樾，并把若干要点函告罗洪先。”[②]函告罗念庵是对的，但说把“大成学”授给徐樾是错的。作者没有十分的把握，故用了“大概”一词。“余俟面讲不备”，王艮之意是，等下一次与徐樾见面再讲论“大成学”，“不备”是说不准备信中告知要点。然而次年王艮就去世了，“面讲”自然无法兑现了。

王艮的“大成学”传给了谁呢？我以为，是徐樾的学生颜钧。颜钧在自传中说：“我朝天道中兴，阳明唤醒良知，开人心目，功同东日之启明；继承心斋，洞发乐学，丕振大成，几将聚斐为显丽。不期二老相继不寿，不克显比天下。樵当际会，有缘先立徐师波石之门，随任住京畿三年，叨获造就三教活几，继入淘东师祖王心斋坛上，规受三月，乐学大成正造，快遂自心。”[③]“二老”指王阳明与王艮，他们的学说有着很大的启蒙意义。但他们的相继去世，让他们的学说难以“显比天下”。“樵”是颜钧的号耕樵的简

---

① 王聚洲说：“先生生平不喜著述，酬应诸作皆令门人、儿子把笔口点授之，所欲言而止。”《明儒王心斋先生遗集》卷四。

② 龚杰：《王艮评传》，第208页。

③ 颜钧：《履历》，《颜钧集》，黄宣民点校，第35页。

称。颜钧说自己于嘉靖十五年（1536）遇徐樾，遂拜师，跟着徐樾在京师学习三年，得知儒、道、释三教 的入门处。“东淘”（颜钧误作“淘东”）是御史洪桓为王艮构筑的东淘精舍。“洞发乐学，丕振大成”，是说王艮的《乐学歌》与“大成学”。“规受三月”，是说自己在王艮身边学习了三个月，心情非常愉快。“乐学大成正造”，是讲自己得到了“大成学”的正宗。颜钧又说：“如（无）何以别心斋，心斋在床，鼓跃曰：‘今日斯道得人如此，天下庆幸，万世庆幸。’”①颜钧告别王艮时，王艮在病床边一跃而起，觉得觅到颜钧这样一位传人，是“天下庆幸，万世庆幸”的事情。颜钧能赶到王艮身边，当为徐樾告知无疑。颜钧回忆起“规受三月”中细节时说：“心斋，讳艮，字汝止，安丰盐厂人。铎历历呈叩，心师申申振铎曰：‘孔子学止从心所欲不逾矩也。矩范《大学》《中庸》作心印，时运六龙变化为覆载持帱遯世。子既有志有为，急宜钻研此个心印，为时运遯世之造，会通夫子大成之道。’”② “历历呈叩”，指颜钧不断地提出问题；“申申振铎”，指王艮反复地说明问题。因避万历帝讳，颜钧更名为铎。王艮觉得，颜钧是个有志向的人，就应该“会通夫子大成之道”。颜钧把“东淘”说成是“淘东”，是回忆有误。有这么多的具体细节，是很难伪造出来的。颜钧铭记了王艮“矩范《大学》《中庸》作心印”的话，没有全搬“大成学”，而是别出心裁地发展成为“大成仁学”说。这在颜钧一章中详论。王艮确实没有在晚年病重之际把“大成学”传授给徐樾，而是以当面“口传心授”的方式传给了颜钧。

（二）“大成学”辨析

王艮《大成学歌》的内容相当丰富，他以为自己学说的精华与社会理想皆囊括其中。“大成学”的内容，有六点要关注的。一是洋溢着圣人崇拜情结，以为只要在“心中”随时体悟“大成学”，就可成为圣人了。二是“大成学”包含了“乐学”观念与“道尊身尊”合一论，“至易至简至快乐，至尊至贵至清奇”，就是这个意

---

① 颜钧：《履历》，《颜钧集》，黄宣民点校，第 35 页。
② 颜钧：《履历》，《颜钧集》，黄宣民点校，第 25 页。

思。三是认为“大成学”在历史上是孔子创立后，由孟子继承的，而与王阳明的“良知”说是一致的：“掌握乾坤大主宰，包罗天地真良知。自古英雄谁能此？仲尼以后惟孟子，孟子以后又谁知？”四是以为有“中和”“中正”的心态，“便成当时大成圣”。在《大成学歌》中，成圣情结是贯穿于头尾的。五是说传承了“大成学”的人，就能成为“出则必为帝者师，处则必为天下万世师”的“师”。此即“说与此人便是师”“随时随处随人师”的意蕴所在。这是说“大成学”的经世之用。六是以“太平万世”为其社会理想，而这一理想实现是以“同得斯人说斯道”为前提的，这个“道”就是“大成学”。关心现实的王艮，是始终把学术思想与现实理想联系在一起的。前四条是理论，后两条是应用。

王艮一生对孔子是极为推崇的：“我而今只说志孔子之志，学孔子之学。”① 以“圣人自任”的王艮，对孔子的仕隐观是了如指掌的：“‘隐居以求其志’，求‘万物一体’之志也。”② “万物一体”是来自王阳明的，“隐居以求其志”出于《论语·季氏》。先秦诸子，奔走于列国诸侯之间，目的是“各以其说以干世主”（《史记·孟子荀卿列传》）。孔子是其中的翘楚，积极出仕，干预世事，以自己的学说作为拯救乱世的药方，是孔子处世的基本态度，子路甚至以为“不仕无义”（《论语·微子》）。仕与隐，进与退，在孔子那里说得很明白，《论语》中“天下有道则见，无道则隐”（《论语·泰伯》）“用之则行，舍之则藏”（《论语·述而》）“邦有道则仕，邦无道则可卷而怀”（《论语·公冶长》）……这些话，虽很简略，但把孔子关于个人与社会、出仕与蜗居的关系勾勒了出来。孔子把出仕视为实现其政治抱负的必由之路，但他所主张的在当时是那么不合时宜，不得不退而讲“隐居”“卷而怀”“舍藏”了。王艮出（仕）处（隐）观，在解释《大学》“止于善”时表达得很清晰：“大丈夫存不忍人之心，而以天地万物依于己，故出则必为帝师，处则必为天下万世师。出不为帝者师，失其本也；处不为天下万世师，遗其末矣。进不失本，

① 王艮：《语录》，《王心斋全集》，陈祝生等校点，第4页。
② 王艮：《语录》，《王心斋全集》，陈祝生等校点，第15页。

退不遗末，‘止于善’之道。”[①]“大夫丈存不忍人之心”是源于孟子的，孟子有“不忍人之心”为推行“不忍人之政”（仁政）前提的主张。“天地万物依于己”，就是王阳明以“良知”为基石的“万物一体论”。孟子的“仁政”、王阳明的“良知”，是他出处观的理论依据，但最终落实的是“身本”论。有着狂者精神的王艮，口气上比孔子还要来得大。王艮以为，当帝王相信他的学说，他才能出仕去实现自己的理想。“出为帝者师”是“本”，“处为天下万世师”是“末”。“进不失本，退不遗末”才是人生处世哲学的最佳方案，即“‘止于善’之道”，出处观为“大成学”中的重要内容之一。“出”既指得势做官，更指其学说、主张、见解为人君所采纳。故而他告诫门生说：“学也者，所以学为师也，学为长也，学为君也。帝者尊信吾道，而吾道传于帝，是为帝者师也；吾道传于公卿大夫，是为公卿大夫师也。不待其尊信，而衔玉以求售，则为人役，是在我者不能自为之主宰矣，其道何由得而得行哉？道既不行，虽出，徒出也。”[②]帝王如果能遵从与信服自己的学说（“道”），我就把“道”传帝王，再层递而下，传给“公卿大夫”。如果“道”不能得到王的“尊信”，那么踏入仕途就是“徒出”。在“帝者尊信吾道”的前提下，“我能自为主宰”；相反的话，“则为人役”。“处”是说处于逆境时洁身自好，保持高尚的道德情操。王艮没有遁世归隐之想，而是以讲学见于世。有人向朝廷作了推荐，但王艮始终不仕。因为他早已知晓仕途之险恶，弄不好得把自己的性命赔上。这在“身本论”一节已讲到了。

王艮“出本处末”的人生进退方略，是同一个人在不同环境下所体现的两种相辅相成的人格。这种双重人格是在个人的社会抱负、志向宏愿与社会环境所许可的限度发生耦合或背离时所形成的。它表现在时空上的移位转嬗，一旦仕途失意，往往退而隐居，过恬静的田园生活，如果环境变化，也会东山复出而有所作为，即“有道则见，无道则隐”。“仕”与“隐”是孔子考察了社会与自我的关系后而提出的人生进退方略，经过历史的积淀，已成为士

① 王艮：《语录》，《王心斋全集》，陈祝生等校点，第 13 页。
② 王艮：《语录》，《王心斋全集》，陈祝生等校点，第 20 页。

人们的定式化人生信条了。[①]其目标是实现自我的社会价值。从理论上说，自我价值与社会价值是应该统一的，但在现实中，二者常常无法统一，因为事实比理想来得残酷。王艮没有出来做官，但他“为公卿大夫师”是实现了的。担任过益王府审理、南京兵马司指挥等职的王艮的宗部；做过户部主事、吏部文选郎中的林春，官至云南左布政使的徐樾等人，都是他的学生。故而袁承业在检点其传人时，写了“上自师保公卿，中及疆吏司道牧令”等语。[②]王艮如此热衷于好为“人师”，目的是让他的“大成学”在社会中广为传播，以期达到“太平万世还多多”“大明万世还多多”的社会理想。

王艮未能把“大成学”传授给徐樾，而是传给了前来探视病情的颜钧。王艮在生命垂危之际，思索了“大成学”失传的可能性，所以作了两手准备。把要诀以诗歌的形式写成，赠给了老友罗念庵；同时在病榻前，对颜钧作了“口传心授”式的讲解。《大成学歌》以成圣情结为主线，以良知学说为依据，形成了囊括了“乐学”思想与“身本”论的“大成学”。这是王艮晚年精心构筑的学说，以期概括其一生的学术精华。门人王栋以“大成学”为理解王艮学说的四大支柱之一：“先师《乐学歌》，诚意正心之功也；《勉仁方》，格物致行之要也；《明哲保身论》，修身止至善之则也；《大成学歌》，孔子贤于尧舜之旨也。学者理会此四篇文字，然后知先师之学，而孔孟之统灿然以明。”[③]其子王襞称“大成学”为“家法”，是儒学得到发展途径所在：“大成家法睿圣道破，而儒宗矩范已示的途。”[④]对王艮思想的研究，一定要重视“大成学”。

作为泰州王门第二代传人，两人沿着王艮“多发明自得”的路

---

① 王艮:《语录》,《王心斋全集》,陈祝生等校点,第20页。孔子的仕隐精神,已蕴含了孟子的“达则兼善天下，穷则独善其身”的思想；但孟子的这一概括显得更为洗炼，更易为人们所接受。“通则一天下，穷则独立贵名”（《荀子·儒效》），在人性论上指责孟子不懂人性的荀子，在这一点上却是认同了孟子。从深受儒学影响的南朝文论家刘勰的“穷则独善以垂文,达则奉时以骋节”(陆侃如、牟世金：《文心雕龙译注》，齐鲁书社1981年版，第407页），中经白居易的“穷则独善其身，达则兼济天下”（白居易：《与元九书》，《白居易集》卷四十五，顾学颉校点，中华书局1979年版，第964页），再到胡宏的“穷则独善其身，达则兼济天下者，大贤之分也。达则兼善天下，穷则兼善万世者，圣人之分也”（胡宏：《胡宏集》，吴仁华点校，中华书局1987年版，第26页），足见孔孟人生哲学影响之深远。

② 袁承业：《明儒王心斋先生遗集》附录《明儒王心斋先生弟子师承表序》。

③ 王栋：《会语正集》，王艮：《王心斋全集》，陈祝生等校点，第156页。

④ 王襞：《复泾上同志吴竹山王乐庵二兄书》，王艮：《王心斋全集》，陈祝生等校点，第228页。

数，提出了各具特色的见解。就理论创新而言，王栋要比王襞来得强，王襞受佛、道影响多一些。王栋提出了“良知具足”论，认为王阳明“致良知”之教，“致”字可以取消，“良知”可以用通过体认的方式直接“悟得而入”。这基本上否定了王阳明心学的工夫论，而突出了“良知”本体论。这是对王阳明心学的一个重大修正。王栋在理论上创新令人侧目的，是树出“意为心之所发”的新论，在“心意”之辩上，否定了朱熹与王阳明“心为意之主宰”的旧说。王栋对王阳明心学是抱着“且合且离”态度的，把王阳明心学导向了唯意志论。这是另一个重大修正。之后刘宗周在不知王襞观点的情况下，也走向了唯意志论。[①]自王艮开创泰州王门后，传人中王襞与李贽的思想中，较多地有着道家与佛教的因素，其它诸人很少论及。这与师承关系是相关的。王襞因师事王畿多年，身上的佛教禅宗的烙印与道家思想的痕迹是很显明的。王襞“良知本色”论与“乐学一体”论，其理论基石是道家的自然原则与玄学的“言不尽意”说。[②]王襞是李贽的老师，李贽思想有儒道释三教混同的特点，王襞是起了重要影响的。

① 参见朱义禄：《论刘宗周的唯意志论》，《东方论坛》2000 年第 3 期。
② 关于王襞与佛教的关系，龚杰在《王艮评传》一书中相当透彻，参见该书第 175 页与第 181—185 页。

第二章

第二代传人王栋与王襞

第一节 王栋

（一）王栋的生平与著作

王栋（1503—1581），字隆吉，号一庵，泰州市姜堰镇人。洪武七年（1374），王家先祖王伯寿携王国祥、王国瑞、王国祯三子，自姑苏迁到苏北。王国瑞一支分居于姜堰，其五世孙王洗是王栋的父亲，以行医出名。王栋是王艮的族弟。十一岁时，父亲命他备好药材，去施救受瘟疫流行的村民，途中为马噬伤。于是父亲让他习儒。王栋24岁习《易经》，补泰州庠生（秀才）。恰逢王瑶湖出为泰州太守，遂师事之。王瑶湖为王阳明的学生，在泰州任上，王瑶湖令士人师事王艮。翌年王栋与林春一起，师事族兄王艮之门。王栋不同于王襞，他是应举出仕的，但所任皆为知县以下的小官。56岁，“是年除江西建昌南城县训导。两奉柱史聘主白鹿洞、南昌府正学书院会”“初训江西建昌府南城县，台使聘请他主持白鹿洞会”，他谦虚地说：“闻学未堪称洞主，窃官犹自愧山灵。”[①]台使聘他主持南昌正学书院会。61岁时，因母亲去世，回家丁忧三年。64岁，补山东泰安州训导。泰安民众舍不得他走，“咸颂其复亲东鲁之圣”[②]。不久，任江西南丰县教谕。69岁，调任深州学正。在深州任上，有一件事值得关注。隆庆五年（1571），朝廷下了一道圣旨给王栋夫妇，称王栋“学问深纯，持躬端正”，不愧为“卓尔经师”，为后世立下了榜样（“永端模楷”）。封王栋为“修职郎”，妻因夫贵封为“孺人”。对圣旨的解读，放在后面讲。70岁，他致仕归故里。专心收徒讲学，远近的信徒日众。1576年，已74岁高龄的王栋，应泰州知州萧景训之邀，主持泰州安定书院，“朝夕与士民讲学”[③]。他把学子与讲会的关系比喻为鱼与水、鸟与林的关系：“学者之于会，如鱼之于水，鸟之于林。鱼失水则死，鸟失林则危。学无师友之会，则便精神散

---

① 王裒：《年谱纪略》，王艮：《王心斋全集》附《明儒王一庵先生遗集》，陈祝生等校点，第142—143页。

② 王裒：《年谱纪略》，王艮：《王心斋全集》附《明儒王一庵先生遗集》，陈祝生等校点，第143页。

③ 王裒：《年谱纪略》，王艮：《王心斋全集》附《明儒王一庵先生遗集》，陈祝生等校点，第142页。

漫，生意枯槁，于何取益？于何日新？”[①]一个人没有多年的教学经历，是不可能有如此深刻体会的。老师向学生讲课，是一个师生相互取益的过程，也是师生见识日新的过程。王栋考虑到讲学不能没有群体，不能没有固定的场所。为此他举办了“水东大会”，想通过建立义仓的办法，以储粮的办法，给听课的人提供餐饮，让讲会持续地存在下去有一个较为牢靠的经济基石。王栋以讲学为重，在宣传王艮学说与力行平民教育上作出了重要的贡献。王栋的著述除《会语》正续集外，还有《会学十规》《一庵会语》《易说》《祠堂祀事》等书（均已散佚）。另有《诚意问答》收录于《明儒学案》卷三十二。王栋去世当年即配享于吴陵精舍（崇儒祠），是年秋即改建为祠堂。祠堂内有“三贤祠”，祀王阳明、王艮、王襞。王氏宗祠建于清嘉庆十九年（1814）。到了清末民初，王氏宗祠每逢春秋进行大祭。祭祀仪式隆重，至今不衰。

（二）平民教育的功臣

王栋对王艮平民化教育的路向，是高度赞扬的。他说：

> 自古士农工商，业虽不同，然人人共皆此学。孔门犹然。考其弟子三千，而身通六艺者，才七十二。其余则皆无知鄙夫耳。至秦灭学，汉兴，惟记诵古人遗经者，起为经师更相授受，于是指此学独为经生文士之业，而千古圣人原与人人共明共成之学，遂泯没而不传矣。天生我先师，崛起海滨，慨然独悟，真超孔子，直指人心，然后愚夫俗子不识一字之人皆知自性、自灵、自完、自足，不假闻见，不烦口耳，而二千年不传之消息一朝复明。先师之功可谓天高而地厚矣。[②]

在王栋看来，“学”在历史上有着两种不同的传统。孔圣人在传授弟子过程中，形成了教育平民化的格局。孔子的三千学生中，大多数是“无知鄙夫”。王栋以为，这一平民化特征到秦汉以后消失了。秦汉两代的儒生，尤其是两汉时代看重的是经学，只知道背

---

① 王栋：《会语续集》，王艮：《王心斋全集》，陈祝生等校点，第 184 页。
② 王栋：《会语正集》，王艮：《王心斋全集》，陈祝生等校点，第 161—162 页。

诵古人留下来的经书，形成“经生文士之业”的传统。现今王艮以其独特的悟性，让“不识一字”的平民“皆知自性、自灵、自完、自足”，让“二千年不传之消息一朝复明”。王艮恢复了“孔门”的平民化传统，功劳可以说是“天高地厚”。王艮积极地把学术下移到“愚夫俗子”那里，以通俗简易的语言向农民、樵夫、商贾、窑匠讲解儒学。王栋以为，这才是“孔门”的真谛所在。王栋承继了王艮的宗旨，在56岁到69岁这十四年间担任县级教育官员时，“集布衣为会，人多兴起”，“致仕归（70岁），清贫如洗，悦乐自如。大开门受徒，风动远近”[①]。布衣是有所指实的，如“乡里庸众之人”“耕稼陶渔之人”“鄙夫”等。袁承业《明儒王心斋先生弟子师承表》在王栋名下，只收录了三名弟子。其实，王栋在平民教育上是功劳卓著的。这从朝廷颂发给王栋的圣旨中得以佐实。

2017年5月，我到泰州姜堰参观王氏宗祠，展品中有一道圣旨。全文如下：

直隶深州学正王栋夫妇

敕命奉天承运皇帝制曰：设官分职，胶庠重秉铎之司，锡瓒厘圭堂陛大酬庸之典。尔深州学正王栋，学问深纯，持躬端正，早列成均之选。卓尔经师，继修乡校之仪，永端模楷。兹以覃恩，封尔为修职郎，锡之给敕命。於戏！寸衷矢淡泊之怀，用嘉政绩，五色贲丝之宠，盖懋躬修。

制曰：家之将兴，端由内助。尔陈氏乃现任深州学正王栋之妻。性秉静专，綦缟襄素，采之美德成贤淑，蘋蘩流碧沼之芬。兹以覃恩，封尔为孺人。於戏！教成多士，泰山之景仰，攸崇礼重如宾，冀野之流风未坠。

隆庆五年十一月十六日

深州在今河北，是衡水市下面一个县级市。学正相当于今天的县教育局长，九品官。《年谱纪略》69岁条载：“先生名动当道，抚院交荐，擢有司之选。”[②]“当道”就掌权的高官，“抚院”为

①王裒：《年谱纪略》，王艮：《王心斋全集》附《明儒王一庵先生遗集》，陈祝生等校点，第142页。
②王裒：《年谱纪略》，王艮：《王心斋全集》附《明儒王一庵先生遗集》，陈祝生等校点，第141页。

王栋的上级，他们向朝廷推荐了王栋。王栋的修职郎为正八品，实为一虚头衔。孺人为古代对士大夫之妻的称呼，明清时为七品、八品官的母亲或妻子的封号。“於戏”为赞美之意，“於”字不能简写为于。圣旨多用《礼记》《诗经》等书中的典故，亦为惯例。圣旨大意是说，王栋在经学造诣上称得上为卓越（“卓尔经师”），在当地乡村教育上成绩突出，学生众多（“教成多士”）。对所有的人们来说，王栋是“永端模楷”，当如“泰山之景仰”。綦缟，青黑色。襄素，指点平民妇女之服饰。象征妇德。覃，延及。夫贵妻荣，圣旨里有一些表扬陈氏妇德的话。[①]“教成多士”，是说王栋培养了许多学生，惜乎史料匮乏，无以得知详情。

“教成多士”的前提，是与王栋“良体具足”说与破除“以职业相妨”传统观念相关的。王栋是个现成良知论者：“良知本体，人人具足，不论资质高下，亦不论知识深浅，信得及，悟得入，则亦明得尽矣”[②]“吾心灵体，本有良知，千古不磨。”[③]他认为王阳明在“良知”上加个“致”字，是累赘之举。虽说取消了王阳明的工夫论，与阳明心学有了一定的距离，却从理论上奠定了平民教育的理论前提。对“良知具足”说放在后面详论。

他期望“无日不学”，打破“以职业相妨”的习俗：“定期会学，古未有之，无日不学，无是不会也。后人者学术太轻，往往以职业相妨，不遑暇及，不得已，姑与约立会，期以救离群索居之失。”[④]从先秦开始一直到明代，“士农工商”四民中，士人是排在首位的，读书、问学乃至于讲学，是他们的职业所在。这是社会中各个阶层的共识，是占据主流地位的社会心理。至于“农工商”想跻身于学林，那是不被人们所认可的。从当时实际情况来看，阳明后学的活动的圈子，大多局限在士大夫的范围内。这就是王栋“以职业相妨”的所指，实际上就是排斥社会低下的成员参与“会学”的借口。

---

①《诗经·郑风·出其东门》：“缟衣綦巾，聊乐我员。”蘋：大萍。蘩：白蒿。蘋与蘩都为水草，供祭祀之用，这里象征妇德。感谢王栋二十世孙王爱东先生，他从百忙中，把《三水王氏族谱》中的原文拍成照片发给我。

② 王栋：《会语正集》，王艮：《王心斋全集》，陈祝生等校点，第155—156页。

③ 王栋：《会语正集》，王艮：《王心斋全集》，陈祝生等校点，第147页。

④ 王栋：《会语续集》，王艮：《王心斋全集》，陈祝生等校点，第184页。

要破除千年相沿“以职业相妨”的观念，王栋通过“大小”之辨，来打破传统习俗对人们思想的束缚。他对“小”下了个界说：“吾人为学而老不屑与乡里庸众之人共为之，终是自小”。[①]这是说不肯与平民一起学习的人，当在“小”的行列中。什么是“大”呢？这方面的典型是圣人“大舜”：“大舜之所以大，谓其善与人同也。善与人同也者，天下同为善，而不独自为善也。虽耕稼陶渔之人，凡有向上之志可接引者，皆可取也。”[②]王栋以为，舜之所以伟大，被尊称为“大舜”，因为他不是追求一个人的“善”，而是期望与“天下同为善”。农民、陶匠与渔夫，都是大舜可以接纳为教育的对象。王栋借助于历史上的圣人，来证实鄙视平民的传统观点“终是自小”的道理。

王栋另一个理由是，以文化事业兴盛为目标的“有道君子”，想收到切实的良好效果，一定得具备宽容的品性：“有道君子欲以兴起斯文为已任，则必有包容荒秽之量，然后可以收熏陶长育之功。”[③]王栋以为只要有志学习的人，都应纳入被教育者的行列之中。第三个理由，从“良知”人人平等的角度来证实。王栋断言，“鄙夫”与“贤者”都有“人人自明”的“良知”，是绝对平等的：“鄙夫虽气质凡庸，而良知本性未尝不与贤知者等，故圣人必竭两端而告之。非但良知人人自明，抑道本愚夫愚妇可以与知。”[④]像“大舜”那样的圣人，是要照顾“两端”的。王栋运用“大小”之辨与包容性及“良知”平等这三个理由，来说明接引“耕稼陶渔之人”到学术殿堂里，是天经地义的事情。

泰州王门自王艮确立平民化学风后，经过王栋的努力，终于得到了一些学者的认可。被全祖望称为清初“三大儒”之一的李颙，于康熙九年（1670）赴江南讲学三个多月讲学。期间他专门搜集有明一代“迹本凡鄙卑贱”而“卒自勉励为大豪杰、大贤人之品者”，成《观感叙录》一书。主要内容是泰州王门学者的传记与言行的集粹，也有少数关中地区的。李颙到江南的时间，距王栋去世约七十年。时间是最好的试金石，历史上任何一个学派，其价值的

① 王栋：《会语正集》，王艮：《王心斋全集》，陈祝生等校点，第161页。
② 王栋：《会语正集》，王艮：《王心斋全集》，陈祝生等校点，第161页。
③ 王栋：《会语续集》，王艮：《王心斋全集》，陈祝生等校点，第176页。
④ 王栋：《会语正集》，王艮：《王心斋全集》，陈祝生等校点，第155页。

呈现、特色的彰显，往往是在时光的流徜中才能得到证实。

（三）“良知具足”论

从“良知本体，人人具足”的前提出发，王栋断言，要对“良知”抱有绝对信任的态度，不容有一丝一毫的怀疑，在“良知”上再加一个“致”，完全是多余的：

> 良知本体，人人具足，不论资源高下，亦不论知识深浅，信得及，悟得入，则亦明得尽矣。①
>
> 《大学》所谓“在明明德”，只是要人明识此体，非括去其昏，如后人磨镜之喻。夫镜，物也；心，神也。物滞于有迹，神妙于无方，何可伦比？故学者之于良知，亦只要识认此端的便了，不消更着‘致’字。先师云：“明翁初讲致良知，后来只说良知，传之者自不罕耳。”②

王栋以为，“良知”对每个人来说，都是“具足”的。与人的天资高下无关，与人的知识深浅无关。对“良知本体”的把握，只能采取充分的信赖与内心体悟的办法，“明识此体”。想通过“磨镜”的渐修功夫，来去除人们心目中的昏蔽，那是不行的。王栋的结论是，王阳明的“致良知”之教，不必加“致”字。虽说相差一字，但与王阳明的意思大不同了，王栋抹杀了王阳明心学“省察克治”的修养工夫。王栋又借王艮的话来为自己观点张本，认为王阳明是“讲致良知”在先，“只说良知”在后。王栋所引王艮的话，目前难以确认。不管怎样，王栋的意图只有一个，即为“致良知”上去“致”的主张提供证据而已。王阳明的“良知”与“致良知”，既说有一定的联系但内涵相差很大。“良知”是本体，为天地万物之源和万物变化之主宰；“致良知”是工夫，是道德修养方法。“致”有恢复、推极的意思，认识和恢复内心固有的“良知”，要通过内省和外在的工夫来实现的，觉悟到自身固有的“良知”本体。内省为道德修养，外在为学习儒家经典。二者有机结

① 王栋：《会语正集》，王艮：《王心斋全集》，陈祝生等校点，第155—156页。
② 王栋：《会语正集》，王艮：《王心斋全集》，陈祝生等校点，第146页。

合，就能去人心中的昏蔽，把个人的一切行为纳入儒家规定的道德准则与规范里。王栋以“良知具足”来取消“致”的工夫，是王栋对阳明心学的大幅度修正。浙中王学的中坚张元忭以为，这种主张不合乎王阳明学说的本来面目：“谓言良知而不言致，非阳明子所以教也。”①

第三，王栋对“良知”规定了“洁净”的内涵，为排除“致”的工夫作了的论证：

> 良知虽人人自有，多为见闻情识所混，识认不真。且如古今从事于学者，往往有拘执道理而昧于变易之宜，或因袭故常而安于流俗之套，皆良知混于闻见而误以为闻见之知为良知也……皆良知混于情识，而误以情识之知为良知也。②
>
> 问：“欲致良知，必须精察此心，本无色货名利之私杂，方是源头洁净。”曰：“此是以良知为未足，而以察私补之也。良知自洁净无私，不必加察，认得良知真耳。”③

既说“良知”人人都有，但常为“见闻”与“情识”所蒙蔽。要保持“良知洁净”，就得要“不混于”“闻见”与“情识”。④要达到“良知洁净”，就要排除“见闻”与“情识”。“闻见”是见到与耳闻而来的感性知识，“情识”是指与自身的情感相关而得的认识。二者对“良知”是有干扰的：“真乐得来非色象，良知悟破自灵明。见闻情识休相混，势和纷华岂足撄？”⑤因而王栋强调要取消“致良知”之“致”。有人问王栋，要达到“致良知”，就要做一番“精察”的工夫，把心中“色货名利之私”一齐去掉。“精察”就是王阳明所说“省察克治”工夫。王阳明与学生“论为学工夫”时说，“人欲”为“好色好货好名”之属，得“搜寻出来，定要拔去病根”。要像“去盗贼”一样，“如猫之捕鼠”，

① 周汝登：《张阳和先生文选序》，《周汝登先生文录》卷七，《周汝登集》，张梦新、张卫中点校，浙江古籍出版社 2015 年版，第 180 页。
② 王栋：《会语正集》，王艮：《王心斋全集》，陈祝生等校点，第 152 页。
③ 王栋：《会语正集》，王艮：《王心斋全集》，陈祝生等校点，第 151 页。
④ 王栋：《会语正集》，王艮：《王心斋全集》，陈祝生等校点，第 152 页。
⑤ 王栋：《论学杂吟》，王艮：《王心斋全集》，陈祝生等校点，第 198 页。

“不可放他出路”。这个“工夫”，叫作“省察克治”。[①]王栋以为，问者不懂得“良知具足”的道理，“以良知为未足”。其实“良知”本来就是“洁净”的，没有做“磨镜”功夫的必要，也不会夹杂有王阳明所说的“色货名利之私”。没有必要对“洁净”的“良知”做一番“加察”的工夫。王栋“明识此体，非括去其昏”的主张，与王阳明是大相径庭的。王阳明以为，“良知”既为人人先天所具有的，但因受着物欲的影响会产生昏蔽的毛病。克服这一弊端的办法，就是把“致良知”推极于事事物物，去掉人欲。“存天理，去人欲”，这在王阳明心中就是头等大事，因为“良知”就是“天理”：“良知即是天理”“只要去人欲，存天理，方是功夫。静时念念去人欲、存天理，动时念念去人欲、存天理。”[②]在王阳明眼里，“人欲”与“良知”是对立的。王栋来个兜底翻，断言根本不存在着“良知”因“人欲”而引起的昏蔽情况，“良知”不只是“具足”的，而且有着“洁净”的属性。对“良知”作一番“致”的工夫，就是多余的了。

（四）自然人性论：“欲为人必不能无”

顺此逻辑而下，王栋从自然人性论的角度，得出了“人欲”的合理与必要的结论来：

> 孟子言养心莫善于寡欲，荀子却言养心莫善于诚，非但不识诚，亦不识养字之意。人心一觉，便是真体。不善养之，则有牿亡之害。故于耳目口鼻四肢之欲，人所必不能无者。[③]

“耳目口鼻四肢之欲，人必不能无”，这是自然人性论。王栋以为，是符合人的实际情况的。与孟子在人性论上争议的告子，以“食色，性也”四个字而千古流传，成为后世引用极多的语汇，缘由就在于此。喜好“食色”是人性中固有的，故子有“口之于味，有同耆焉”“目之于美，有同美焉”等语，与告子意思相类。[④]首

① 王守仁：《传习录上》，《王阳明全集》卷一，吴光等编校，第 16 页。
② 王守仁：《传习录上》，《王阳明全集》卷一，吴光等编校，第 13 页。
③ 王栋：《会语正集》，王艮：《王心斋全集》，陈祝生等校点，第 165 页。
④《孟子·告子》：“目之于色也，有同美焉”。

先，从动物进化而来的人，有着与生俱来的本能。保存自身、繁衍后代的欲望，这是支撑着人们跋涉生命之途的原动力，生理上的欲望满足是不容抹杀的。念念不忘禁欲主义的朱熹，也认同人的生理自然需求是无法禁止的。[①]超越“欲”的界限而想进一步改善生存状态的“人欲”，在朱熹那里，是属于绝灭之列的：“人之一心，天理存，则人欲亡；人欲胜，则天理灭，未有天理人欲夹杂者。”[②]王阳明与朱熹，在许多问题上有争议，但在“存理灭欲”上并无二致。王阳明说：“必欲此心纯乎天理，而无一毫人欲之私，此作圣之功也。”[③]与王阳明有着强烈禁欲主义色彩的“存理灭欲”论相较，王栋坚持了人欲是合理的、对人的“善养”是必不可少因素的主张，他与王阳明的差异是显见的。

王栋的主张与王艮“身本”论是有一定关联的。[④]按照王艮“身本”论的逻辑，重视血肉之躯的感性欲望的观点是题中应有之义。王艮在诠解“良知”时，就带有“身本”论的烙印：“明此良知之学，简易快乐，优游餍饫。”[⑤]“良知之学”不只是简单快乐的，而且要满足人们出行与饱食这样的人欲。王栋有相类的主张：“盖吾心灵体，本有良知，千古不磨，一时不息，而气禀物欲，不能拘之、蔽之。”[⑥]“吾心灵体”就是“良知”，是不能排斥“物欲”的。这说明了王艮与王栋与王阳明，在欲望观上有着很大的差距。

明人谢肇淛对书法的传承与发展有个精辟的论述：

> 临古人书者，须先得其大意，自首至尾从容玩味，看其用笔之法，从何起钩，作何结煞，体势法度，一一身处其地而仿佛如见之，如此既久，方可下笔。下笔之时，亦便勿求酷似，

① 朱熹对“欲”与“人欲”有个区别：“饮食者，天理也；要求美味，人欲也。”肚子饿了吃大饼，嘴巴渴了喝白开水，那是不能否定的。至于想吃丰盛的宴席，要喝龙井茶，那就不是“欲”，而是“人欲”了。这从一个侧面证实了这一点，先天性的欲望是无法遏制的。参见黎靖德编：《朱子语类》卷十三，黎靖德编，王星贤点校，第224页。

② 黎靖德编：《朱子语类》卷十三，王星贤点校，第224页。

③ 王守仁：《传习录中》，《王阳明全集》卷三，吴光等编校，第66页。

④ 王艮：《语录》，《王心斋全集》，陈祝生等校点，第13页。

⑤ 王艮：《语录》，《王心斋全集》，陈祝生等校点，第31页。

⑥ 王栋：《会语正集》，王艮：《王心斋全集》，陈祝生等校点，第147页。

且须泛澜容与，且合且离，神游意会。①

虽说是讲书法艺术的传承，但也适用于学术思想的继承与创新关系的。“且合”是说，对前人法帖的临摹，但不能只求形似，应当“从容玩味”，即彻底弄清法帖作者的旨意。“且离”是说，经过长时期思索考量后，抛弃“求酷似”而进入“神游意会”的境界，也就是有自得之处了。著者以为，对前人的学术思想应该采取“且合且离”的态度。使用前人的术语，是对传统的接受，是为“且合”；但决不应被前人的思想捆住，而应该以自家体会出来的新观点，形成有着独特见解的新文本，是为“且离”。对“且合且离”要辩证地看待，只有“且合”，学术思想就会固步自封，难以发展；只有“且离”，就是使人感觉到思想浮浅，如同无源之水，无本之末一样。既要“且合”，也要“且离”，只有两者的有机的辩证结合，才会不断地涌现出新见解来，才会出现与前人学说的相反之论。这是学术思想创新的前提，也是哲学史得以发展的客观规律所在。王艮与王栋嘴上是不离王阳明“良知”的。王艮说：“读书时也，依此良知学；作文时也，依此良知学；学文学武，事亲事君，有事无事，无不依此良知学。”②王栋有诗，所表明的心迹与王艮是一样的：“真乐得来非色象，良知悟破自灵明。”③王艮与王栋，对阳明心学是了如指掌的，但他们不求“酷似”，而采取了“且合且离”的态度。他们没有放弃王阳明的“良知”，但在欲望观上与王阳明的主张已游离开来了。

出于对师道的尊重，王栋把批判禁欲主义的矛头直接指向了朱熹：

察私防欲，圣门从来无此教法，而先儒莫不从此进修，只缘解克己为克去己私，遂漫衍分疏而有去人欲、遏邪念、绝私意、审恶几以及省、防、察、检纷纷之说，而学者用功，始不

① 谢肇淛：《五杂组》卷七，《明代笔记小说大观》（第二册），上海古籍出版社 2005 年版，第 1622 页。

② 王艮：《和万鹿园诗》，《王心斋全集》，陈祝生等校点，第 56 页。

③ 王栋：《论学杂吟》，王艮：《王心斋全集》，陈祝生等校点，第 198 页。

胜其繁且难矣。[1]

王栋以为，“圣门”在历史上没有用“去人欲、遏邪念”观点去教育学生的主张，“先儒”也不以此作为修养工夫的要诀。在以成圣为目标的古代学者心目中，“圣门”的做法是判断人们行为与学说的标准。“先儒”的观点，是后世学者的楷模。王栋列举“圣门”与“先儒”的主张，为他“耳目口鼻四肢之欲，人所必不能无者”的主张，找到了权威性的依据。

王栋断言，问题出在朱熹对“克己”的诠解上，漫衍出类目繁多“去人欲”的方法来。《论语·颜渊》有“克己复礼为仁”之说。朱熹的解释是：“己，谓身之私欲也。复，反也。礼者，天理之节文也。为仁者，所以全其心之德也。盖心之全德，莫非天理，而亦不能不坏于人欲。……日日克之，不以为难，则私欲净尽，天理流行，而仁不可胜用矣。”[2]朱熹把“仁”“心之全德”归结为“天理”，把“己”指为“私欲”。经过这样的解释，“克己复礼为仁”就纳入了禁欲主义轨道了。为此朱熹要求学生们，一定要不厌其繁地“日日克之”，以期达到“私欲净尽，天理流行”的目标。王栋对“克己”作出了别具一格的诠释：

> 夫子所谓克己，本即为仁由己之己，即谓身也，而非身之私欲也。克者力胜之辞，谓自胜也。有敬慎修治而不懈怠之义。《易》所谓“自强不息”是也。一息有懈，则欿然而馁矣。夫天阳也，刚也。《易》之乾卦著阳刚之德也，故乾以自强之示天下，以法天之学也。告颜子而以克己言之，示颜子以体乾坤之道也。[3]

他以为，不能将“克己”的“己”，理解释为“身之私欲”，因为“己”是指“身”而言。这是两种不能等同的观念。王栋指出，“克”是“自胜”之意，有“不懈怠”之义；“克己”就是

---

① 王栋：《会语正集》，王艮：《王心斋全集》，陈祝生等校点，第150页。
② 朱熹：《四书章句集注》，中华书局1988年版，第131—132页。
③ 王栋：《会语正集》，王艮：《王心斋全集》，陈祝生等校点，第150页。

《周易》中“自强不息”之意，有阳刚之义。《易经·乾卦·象传》中有“天行健，君子以自强不息”，这是“君子”所需要的“法天之学”。“健”即运行不止、刚健有为之意；“自强不息”即努力向上，永不懈怠。“天行健，君子以自强不息”，要求“君子”具有勤奋地、不懈地从事某一事业的精神，具有“阳刚之德”。《易传》在历史上是被视为孔子撰写的著作，“自强不息”的“阳刚之德”，是以孔子的名义在历史上对士人发生影响的。王栋指责，朱熹对“克己”的解释是不合孔子原意的。因为孔子的“克已”，是要人们“自强不息”。孔子告知颜回意思是，要颜回体认到“乾坤之道”的本真面目就在“自强不息”之中，与“私欲净尽，天理流行”是毫不相干的。

（五）“意为心之主宰”

王栋思想最突出之处，是“意为心之主宰”说的提出。这是他的独创。这与流传已久的程朱、陆王“心之所发为意”的主张，是截然不同的。这一主张与王艮的“身本”论一样，是泰州王门对明代哲学史的发展所贡献的重要理论成果之一。程朱、陆王的观点在当时已深入人们脑海之中，王栋的新见解不为时人所认同。不只是周围的人们持怀疑态度，连王栋的学生李梴也觉得难以理解：“岂特他人怀疑之，虽以梴之久于门下者，亦不能以释然。”①周海门对王栋评价甚高，讲明王栋的新见解不为人们认同的原委：“王一庵为心斋先生门人，见地抑何超卓，真称其为心斋门人也。顾以名位不显，世无闻者。余游宦心斋故里，始得见其遗言而读之，因为表著于编后。”②名声不显与地位不高，让王栋新观点被埋没了。周海门在泰州读了王栋著作后，作出了“见地超卓”的结论，以为王栋才是得到王艮真谛的传人。“见地超卓”是指王栋对以往“意为心之所发”的旧论作了冲击：

> 旧谓意者，心之所发，教人审几于念动之初。窃疑念既动矣，诚之奚及？盖自身之主宰而言，谓之心。自心之主宰而

① 李梴：《诚意问答》，王艮：《王心斋全集》附《明儒王一庵先生遗集》，陈祝生等校点，第200页。
② 周汝登：《东越证学录》卷一《武林会语》，《周汝登集》，张梦新、张卫中点校，第430页。

言，谓之意。心则虚灵而善应，意有定向而中涵。非谓心无主宰，赖意主之。自心虚灵之中，确然有主者，而名之曰意耳。大抵心之精神，无时不动，故其生机不息，妙应无方。然必有所以主宰乎其中，而寂然不动者，所谓意也，犹俗言主意之意。盖意字从心从立，中间象形太极，圈中一点，以主宰乎其间，不著四边，不赖依靠。人心所以能应万变而不失者，只缘立得这主宰于心上，自能不虑而知。不然，孰主张是，孰纲维是？圣狂之所以分，只争这主宰诚不诚耳。若以意为心之发动，情念一念便属流行。①

不以意为心之所发，虽自家体验见得如此，然颇自信心同理同，可以质诸千古而不惑。②

王栋的"意"有三重含义：主宰、定向与独一无二。先说主宰之义。"旧谓意者"中的"旧"是指朱熹与王阳明。他们强调"意"是从属于"心"的。王阳明说："指心之发动处谓之意""指意之所涉者处谓之物"。③王阳明把"意"看作是"良知"向外发动后形成的意念，因意念与外界相接触就有相应的物。王阳明常说的"心外无物"，就是准此而言的。朱熹说："心者，一身之主宰；意者，心之所发也。"④故王阳明说："吾之心与晦庵之心未尝异也。"⑤没有差异的原因是，两人均以"心"为"意"之主宰。"意"为"心"之所发。王栋突出了"意"为"心"的主宰，"心无主宰，赖意主之"。这是与王阳明、朱熹迥然不同的主张。

再说定向之义。王栋对"意"作了界说："意有定向而中涵。""定向"是说"意"有着坚定的方向，"中涵"是说有着特定的内涵。这个内涵是："'志有定向'，亦是说主宰定也。志与意岂相远哉！"⑥"志"与"意"是同义的，相当于今人所说的

---

① 王栋：《会语正集》，王艮：《王心斋全集》，陈祝生等校点，第143—149页。
② 黄宗羲：《泰州学案一》，《明儒学案》卷三十二，沈善洪主编、吴光执行主编：《黄宗羲全集》（第7册），第855页。
③ 王守仁：《传习录下》，《王阳明全集》卷三，吴光等编校，第91页。
④ 黎靖德编：《朱子语类》卷五，王星贤点校，第96页。
⑤ 王守仁：《传习录上》，《王阳明全集》卷一，吴光等编校，第27页。
⑥ 王栋：《会语正集》，王艮：《王心斋全集》，陈祝生等校点，第149页。

意志。王栋的“意”与《大学》中所说“诚意”有别，接近于荀子的主张。荀子说：“心者，形之君也而神明之主也，出令而无所受令。自禁也，自使也，自夺也，自取也，自行也，自止也。故口可劫而使墨（默）云，形可劫而使诎（屈）申，心不可劫而使易意，是之则受，非之则辞。”（《荀子·解弊》）相对于“形”而言，“心”作为“神明之主”，就是意志。意志具有自制、自信、自夺等品性，外力可以强迫形体或屈或伸，迫使嘴巴或开或合，意志却不会由外力迫使而变更。它以为正确就接受，以为不对的便拒绝，这涉及了意志的双重定向品性，即自主与专一。王栋宣称，“自心虚灵中，确然有主者，而名之曰意耳”，是说“意”的自主性。因为“意”作为“心”的主宰，能应付万物的种种变化而不失方向，“妙应无方”“能应万变而不失者”。这正是意志的专一性。

“意”的第三重含义是“独”。王栋说：“诚意工夫在慎独。独即意之别名，慎则诚之用力者耳。意是心之主宰，以其寂然不动之处，单单有个不虑而知之灵体，自做主张，自裁生化，故举而名之曰独。”[①]对“诚意”的理解，王栋别出心裁，断言“诚字虚，意字实”。《礼记·大学》中“诚意”，是指意必真诚而不自欺，认为只要意真诚、心纯正，自我道德完善，就能实现齐家、治国、平天下的理想。这为后世所推重。朱熹循此理路说，“诚意者，自修之首也”，视之为“无恶有善”的心态：“意诚则真无恶而实有善矣。”[②]王阳明的观点大体上相类，“初时若不着实用意于去好善恶恶，如何能为善去恶？这着实用意便是诚意”[③]。“诚意”二字是连在一起讲的，而且指向道德修养上。王栋分开来说，并以一“虚”一“实”来区别，是不同于朱、王的。王栋说：“真志一定，则良知自不能欺。”[④]从后一句话看，“意”的地位在“良知”之上，此为“意为实”最好注脚。王栋将“意”称为“独”，有“自做主张，自裁生化”的功能。从本体论意义上来说，王栋以“意”是产生天地万物的宇宙主宰，这是阳明心学阵营中前所未见的唯意志论。意志是人在实践活动中产生的一种心理现象，它以人

---

① 王栋：《会语正集》，王艮：《王心斋全集》，陈祝生等校点，第 149 页。
② 朱熹：《四书章句集注》，第 7—8 页。
③ 王守仁：《传习录上》，《王阳明全集》卷一，吴光等编校，第 34 页。
④ 王栋：《会语正集》，王艮：《王心斋全集》，陈祝生等校点，第 153 页。

对外部认识与自身的可能性为基础，是人有目的地对自身活动心理过程中产生的一种现象。意志是人在一定的世界观指导下去行动并克服困难，以达到预期目标的心理状态。唯意志论把它说成是独立于万物而存在的先天性范畴，王栋“意是心之主宰”，正是唯意志论的一种表现形态。

王栋的唯意志论，在世时前不为学生理解，不为同行认可。历史是最好的鉴定师，让有价值的学说为后世所认同。认同王栋的是明清之际大思想家黄宗羲。黄宗羲说，自己的老师刘宗周不知道王栋的观点，但却得出了与王栋一样的见解：“先儒曰：‘意者心之所发。’师以心之所存……然泰州王栋已言之矣……师未尝见泰州之书，至理所在，不谋而合也。”[①]从刘宗周思想演变的历程来看，“慎独”只是他中年的见解，其晚年已以“诚意”为宗旨。刘宗周66岁时作《良知说》：“只因阳明将意字认坏，故不得不进而求良于知。仍将知字认粗，又不得不退而求精于心，种种矛盾，固已不待龙溪驳正，而知其非《大学》本旨矣。”[②]如何才能不“将意字认坏”，刘宗周举了一个形象的比喻来说明：“意者，心之所以为心也。止言心，则心只是径寸虚体耳。著个意字，方见下了定盘针，有子午可指。”[③]“意”与“心”的关系，如同定盘针与盘子一样，能够作主的是“意”而不是“心”。王栋的“主意”说，是刘宗周以为“诚意”核心的唯意志论的先导。黄宗羲“不谋而合”之话耐人寻味，至少有一点是无疑的，那就是王栋“意为心之主宰”学说的出现，是王阳明思想内在矛盾发展的必然结果。

在王阳明思想体系中，有着不可克服的内在矛盾。这一矛盾集中体现在“四句教”中：“无善无恶心之体，有善有恶意之动，知善知恶是良知，为善去恶是格物。”王阳明认为，“心之体”是超善超恶的绝对，意念产生后便有善有恶了。依照王阳明“意为心之所发”的话，“无善无恶心之体”会产生出“有善有恶”之“意”的说法，是难以自圆其说的。王阳明的学生钱德洪与王畿，对此发生了分歧。钱德洪以为，这是教人的定本；王畿觉得，这仅是权宜

---

① 黄宗羲：《先师蕺山先生文集序》，《黄宗羲全集》（第10册），第54页。

② 刘宗周：《语类十·良知说》，吴光主编：《刘宗周全集》（第2册），浙江古籍出版社2007年版，第318页。

③ 刘宗周：《语类十一·问答》，吴光主编：《刘宗周全集》（第2册），第337页。

之法，若“心”是无善无恶，那么“意”也就是无善无恶的了。王阳明对二人的争论作了调和：“二君之见正好相资为用，不可各执一边。”①以为这是自己对“下根之人”与“上根之人”的不同教法，此即有名的“天泉证道”。王阳明这种折中调和是缺乏说服力的，因为顺着正常的逻辑思维来说，必然要走到王畿的理路上去，即“心”与“意”合一说：“若悟得心是无善无恶之心，意即便是无善无恶之意。”②王畿进而提出“先天心体上立根”的主张：“若能在先天心体上立根，则意所动自无不善，一切世情嗜欲自无所容，致知工夫自然简易省力。”③这是说，决不能等具体意念有了不善之后再加以检查，再去做一番省察克治的工夫，必须从“先天心体上立根”。这一主张与刘宗周的“诚意”说并无二致。两人都要求在具体意念未发之前，即不良的动机产生前即予以抹杀之。从阳明的“四句教”到王畿的“先天心体上立根”，再到刘宗周的“诚意”，这样的逻辑思维进程是有其必然性的，内中的关键人物是王栋。这种必然性在清初还有它的踪迹。康熙与大臣崔蔚林讨论格物这一范畴时，崔蔚林对朱学提出了质疑：“朱子以意为心之所发，有善有恶，臣以为意为心之大神明、大主宰，至善无恶。”④康熙是推重朱学的，君臣争论是清初朱学与王学较量的反映。同时也说明，“意为心之所发”在理论上有它先天的缺陷，而顺着心意之辨则必然会走到唯意志论的。

王栋与王畿一样，对阳明心学是了如指掌的，但均以“且合且离”的原则来对待之。“且合且离”是说，王栋是继承了阳明“良知”说的：“阳明先生“提缀”良知二字为学者用功口诀，真圣学要旨也。”⑤但对阳明青睐的“致良知”却有着异议，认为“良知”是完善美好的，不必再去做什么“致”的功夫。他树出了“良知具足”的旗帜，是只讲本体而抛弃工夫，归入“现成良知”派亦无不可。这是一。其二，从自然人性论出发，强调欲望是人人所必具的，这是对王艮“身本”论来说是“且合”，对王阳明的禁

---

① 王守仁：《传习录下》，《王阳明全集》卷三，吴光等编校，第 117 页。
② 王畿：《天泉证道记》，《王畿集》，吴震编校整理，凤凰出版社 2007 年版，第 1 页。
③ 王畿：《三山丽泽录》，《王畿集》，吴震编校整理，第 10 页。
④ 转引自陈居渊：《清代诗歌与王学》，上海人民出版社 2015 年版，第 25 页。
⑤ 王栋：《会语正集》，王艮：《王心斋全集》，陈祝生等校点，第 146 页。

欲主义是“且离”。其三，是“意为心之主宰”说，这是一种唯意志论，有别于王阳明而为一家之言，且与王艮也无丝毫牵连。这里多的“且离”，是不为当时人们所理解的新观点。王栋的“且合且离”，对泰州王门形成独立的学派是起了很大的推动作用的。

第二节 王襞

（一）王襞的生平与著作

王襞（1515—1587），字宗顺，号东崖。王艮次子，是王艮心目中的学术接班人。王艮在病危时，把子女召集到床前说，你们兄弟几个不要担忧了，王襞是深知我学术真谛的。九岁起，王襞随父至会稽，游学于王阳明门下。王襞自己有诗云："我生才九龄，待亲出千里。越中山水奇，神人以栖止。"①王阳明对他寄予厚望："此子器宇不凡，吾道当有寄矣。"②王襞在学童中表现出与其年龄不匹配的稳重来，故有此评语。在会稽学习十年后返家成婚，但新婚燕尔不到半年，又回王阳明处学习八年，先后师事钱德洪与王龙溪。在越中待了近二十年，结交多为巨儒硕士。嘉靖四十四年（1565），王襞与其师王畿到南京讲学。时任监察御史的耿定向，带学生焦竑拜谒了王襞。万历二年（1574），再次到南京讲学，"乃遇耿中丞公督学南都，延先生与于金陵，接谈间恍然有契，遂定为执友云，一时闻风兴起者甚众。"③王守仁死后，王艮回到家乡开门授徒，王襞成为其后父的得力助手："四方来学之士云集安丰者，日不下百人，皆率先生应酬之。"④王艮逝世后，他继承父业开门授徒，并先后在各地讲学，海内的学者觉得，似同王艮在世时一样。讲学对象多为下层平民："四众俱集，虽衙门书手，街上卖钱、卖酒、脚子之徒，皆与席听讲，乡之耆旧，率弟子雅观云集——王心斋之风，犹存如此。"⑤耿定向感叹道："心斋无东崖不能成其圣，东崖非心斋造不出来这个人。"⑥王襞的学生，据记载多达116人，这与王栋形成鲜明的对比。学生中以江苏最多，为56人，还有福建4人，江西3人，湖北2人，安徽1人，四川1人，而不详地域的有49人。

---

① 王襞：《凌千春》，王艮：《王心斋全集》，陈祝生等校点，第266页。

② 王元鼎：《年谱纪略》，王艮：《王心斋全集》附《明儒王东厓先生遗集》，陈祝生等校点，第206页。

③ 王元鼎：《先生行状》，王艮：《王心斋全集》附《明儒王东厓先生遗集》，陈祝生等校点，第210页。

④ 王元鼎：《先生行状》，王艮：《王心斋全集》附《明儒王东厓先生遗集》，陈祝生等校点，第209页。

⑤ 邓豁渠：《<南询录>校注》，邓红校注，第29—30页。

⑥ 王元鼎：《先生行状》，王艮：《王心斋全集》附《明儒王东厓先生遗集》，陈祝生等校点，第210页。

弟子中著名的有李贽、韩贞、林纳、焦竑等人。学生中平民出身的较多，如韩贞是陶工，林讷、季寅是商人，王弘道是贫民。他们把学问再传授给手工业者与农民。这使儒学在泰州地区，教育对象从以往的士大夫为主，转向了以平民为主。这令现代新儒学创始人的梁漱溟感叹不已："东崖之门有许多樵夫、陶匠、田夫，似亦能化及平民者。"[①]这对梁漱溟思想的转向以及他一生的行动，影响巨大而深远，详细的论述在第八章。王襞同王栋是王艮的左右手，他们在继承、发展王艮的思想方面起了重要作用。王艮、王栋、王襞，人们称为"淮南王氏三贤"或"淮南三王"。

不事举业、拒绝仕途，是王襞一生中最大的特色所在。他是忠实地遵循了父亲嘱咐的："（王艮）五子皆令志学，不事举子业，仲子襞尤能述其学。"[②]他几次拒绝了高官的推荐，坚辞不仕。57岁时，"昭阳太师李石公麓荐隐逸于朝，力辞"[③]。63岁，"大中丞海陵凌公儒荐隐逸于朝，后两举，乡饮大宾，俱坚辞谢弗受"[④]。王襞在35岁时早就立下不仕的志向："山人山居，不欲以垢名玷山场，而遗笑山灵。"[⑤]明代重科举但没有杜绝荐举之途。不是隐居的人都能称为隐士的，只是其中有才能与学问，可以去做官但不踏上仕途的人，才称得上隐士。隐士实是中国传统文化值得关注的内容之一。隐逸有大隐与小隐的不同。大隐即朝隐，一面在朝廷做官，一面又说自己是隐士。最早以朝隐著称的是司马迁笔下的西汉东方朔，"避世于朝廷间"（《史记·滑稽列传》）。小隐则隐于山林之中，与泉水、云影、翠竹、鹤鱼为伴。王襞"山居"属小隐，是道家之隐。隐逸之风因哲学背景的差异，又有儒家之隐与道家之隐之别。儒家以隐待出，是等待时机以期在政治清明与个人得志时施展才能。道家无意仕途，一心遁世，以求超然物外。虽

① 梁漱溟：《东西文化及其哲学》，《梁漱溟全集》（第1卷），山东人民出版社1989年版，第540页。
② 耿定向：《王心斋先生传樵朱陶韩二子附》，《耿定向集》卷十四，傅秋涛点校，第546页。
③ 王元鼎：《年谱记略》，王艮：《王心斋全集》附《明儒王东厓先生遗集》，陈祝生等校点，第207页。
④ 王元鼎：《年谱记略》，王艮：《王心斋全集》附《明儒王东厓先生遗集》，陈祝生等校点，第208页。
⑤ 王元鼎：《年谱记略》，王艮：《王心斋全集》附《明儒王东厓先生遗集》，陈祝生等校点，第207页。

说王襞对父亲的学术有深切的了解，但他的思想中许多主张与道家关系密切，他终身不仕而以“山居”自快。愈是隐而不出，愈发会引起官府的关注：“徐待御巡盐淮南，闻王东崖先生。先遣人问以‘克己复礼’之义，视其学识如何，然后往访之。”①70岁时，作诗自称“天南逸叟”：“天南逸叟始为称，七十人间老自名。占断东方春一角，望穷北极路千里。新添岁月情何初，兴满乾坤气亦横。正是山狂潇洒日，况多同伴喜趋迎。”②沾沾自喜于“山狂潇洒日”，足见其道家气息之浓郁。

谢绝仕途的王襞，他的主要社会活动是讲学，是他一生的另一特点所在。士人阶层的讲学活动他参与得很多，各地官员与士人的会讲与邀请络绎不绝。焦竑为他写了墓志铭，记载了他的讲学踪迹：“心斋殁，先生声望日隆，四方聘以主教者沓至，罗近溪守宛则迎之，蔡春台守苏则迎之，李文定迎之兴化，宋中丞迎之吉安，李计部迎之真州，董郡丞迎之建宁，余殆难悉数。归则随村落大小，扁舟往来，歌声与林樾相激发，闻者以为舞雩之风复出，至是风教彬彬，盈宇内矣。”③“雩”为鲁国求雨的坛台。古代求雨祭天，设坛台命女巫为舞，故名舞雩。《论语·先进》中记载，孔子让学生子路、曾点、冉有、公西华各抒志向。孔子听后，只认可曾点的观点：“浴乎沂，风乎舞雩，咏而归。”曾点以为，暮春三月，我同五六个成年人，六七个小孩，在沂水边洗洗澡，在舞雩台上吹吹风，一路唱着歌走回来。焦竑的描述，突出了王襞讲学的效果，几乎是与孔子接上轨了。

64岁，王襞应南京户部尚书耿定向之邀到金陵讲学，四方学者闻风前来。王艮开创的平民化教育之风，在他身上得到了延续与光大。后世以“舞雩之风”比喻乐道遂志，这是非常贴合王襞讲学特点的。除了以平民化教育扩大王艮的影响外，他还整理与出版王艮的著作。王艮殁后，其学生、学友与子孙，就着手整理编纂王艮的语录与年谱。由王襞定稿并刊刻的书稿，李贽称为“东崖定本”：“心斋刻本壁入，幸查收！此老气魄力量实胜过人，故他家儿孙过半如是，亦

① 焦竑：《澹园集》四十七《崇正堂问答》。

② 王襞：《逸叟诗以识喜》，王艮：《王心斋全集》，陈祝生等校点，第241页。

③ 焦竑：《澹园集》卷三十一《王东崖先生墓志铭》。

各其种也！然此老当时亦为气魄亏，故不能尽其师说，遂一概以力量担当领会。盖意见太多，窠臼遂定，虽真师真友将如何之何哉！《集》中有与薛中离诸公辨学处，殊可笑咤，见当时诸老亦无奈之何矣。所喜东崖定本尽行削去也，又以见儒者之学全无头脑。”①这是李贽收到“东崖定本”后写给焦竑的信，谈了自己的看法。“东崖定本”是王襞整理的王艮的著作，却把王艮与薛中离的辩学情况悉数删去，不知何故。这是较早流传的王艮著作。王襞的著作，今人以《王东崖先生遗书》之名，作为附录收入《王心斋全集》中。

（二）“良知本色”论

“良知”是明代心学的主要议题，阳明后学对“良知”的不同解读，形成了不同的学派。王阳明对主体的“心”，赋予了灵明超越而无所不知与判断标准后，对包括泰州王门在内的阳明后学，提供了充分想象的空间。钱明先生细分为虚无派、日用派、主静派、主敬派与主事派，各派均有代表人物。②因为王阳明的门人、后学与私淑者，在王阳明去世前后，各人依据自身对王阳明在不同场合下讲的一些主张，或者是针对不同学生情况所发的言论，或作片面的发挥，或夸大应用的范围，使阳明学派的内部呈现出分歧与纷争来，形成不同的风格流派。进而搅局的还有释道两家，阳明后学中有些人以释道来对阳明心学作新的解读，并参与争论。于是流派纷呈，人物辈出，令明代中叶以后的思想界，出现了一番异常热闹的景象。这不是坏事，恰恰是学术繁荣的标志。王襞对“良知”的解读，是阳明后学中颇具特色的一家，因为道家的自然原则深深地烙入了他的脑海：

> 良知即乾之体，刚健中正，纯粹至精，本无声臭，搀摸搭些子不上，更万古无有或变者也，不容人分毫作见加意其间。自有本分天然之用，神触神应原无壅滞。与鸢飞鱼跃同一活泼泼地，盖天命之性，原自具足故也。此《中庸》之旨，至易至简。虽愚夫愚妇可以与知与能，而天地圣人有不能尽者，所

① 李贽：《与焦漪园太史》，《续焚书》卷一，张建业主编：《李贽文集》（第1卷），第26页。
② 参见钱明：《阳明学的形成与发展》，江苏古籍出版社，2002年版，第132—157页。

谓先天无为之学也。才有些纤毫作见与些子力于其间，便非天道，便有窒碍处，故愈平常则愈本色，省力处便是得力处。[①]

良知之灵，本然之体也，纯粹至精，杂纤毫意见不得。[②]

“良知”是“原自具足”的，与王栋所主张“良知具足”说同。“良知”作为本体，在王襞心中是超越时空、永恒不变的实体，“更万古无有或变者”。第一，王襞把“良知本色”说，断定为“先天无为之学”。这有别于王艮，较多地掺入了道家的思想。我以为，用“良知本色”来概括更能体现出王襞本体论的时代特征。“本色”出自刘勰《文心雕龙》中《通变》篇：“青出于蓝，绛生于茜，虽逾本色，不能复化。”真实自然就是“本色”的核心意义所在。“良知本色”，是指不容有丝毫的人为力量对“良知”进行干预，“才有些纤毫作见与些子力于其间，便非天道”。“本色”是明代流行的文学与戏曲评论用语，指文章、诗词、曲文的质朴自然，也是士人们最喜欢使用的词汇。[③]“本色”的核心是真实，没有人为的修饰。

第二，与老子提倡的自然原则是吻合的。老子说：“域中有四大，而人居其一焉。人法地，地法天，天法道，道法自然。”（《老子》第二十五章）老子以为，不能在“道”之上，加上一个更为高级的东西。老子的“自然”不是客观自然界，而是指一种不加人为的强制力量而顺任其本然的状态。比如说，“道”是产生万物的本体，但“道”在生养万物后却不据为己有，“道”推动了万物却不为万物的主宰，这就是最为深厚的“德”（《老子》第五十一章）。王襞以为，“良知”的本质特征是“原自见成，顺明觉自然之应而已”[④]，这同老子“道法自然”在精神上是一致的。王襞在诠释《中庸》“率性之为道”时说：“率之云者，本不假丝毫人力于其间。”[⑤]如此诠释，是基于“良知”不容许进行任何形

---

① 王襞：《寄庐山胡侍御书》，王艮：《王心斋全集》，陈祝生等校点，第 224 页。

② 王襞：《语录遗略》，王艮：《王心斋全集》，陈祝生等校点，第 214 页。

③ 参见朱义禄《黄宗羲与中国文化》第六章中“‘听唱《牡丹亭》’与性情之辨与本色论”。（朱义禄：《黄宗羲与中国文化》，贵州人民出版社 2001 年版，第 202—218 页）

④ 王襞：《语录遗略》，王艮：《王心斋全集》，陈祝生等校点，第 216 页。

⑤ 王襞：《率性修道说》，王艮：《王心斋全集》，陈祝生等校点，第 216 页。

式人为干涉的。第三，为了更有力说明“良知”的“本色”，王畿以儒家习用的“鸢飞鱼跃”来形容：“与鸢飞鱼跃同一活泼泼地，盖天命之性，原自具足故也。”①意谓“良知”作为永恒不变的本体，同自然界里的“鸢飞鱼跃”无别。“良知本色”，是指本体处于自然的状态中的，如同人们饥餐渴饮、夏葛冬裘、鸟啼花落、山峙川流一样。王畿声称，如舜、孔子这样的圣人，他们的行为是按照自然原则来行事的：“窃以舜之事亲、孔子曲当，一一皆出于自心之妙用耳。与饥来吃饭倦来眠，同一妙用也。人无二心，故无二妙用，得此岂容一毫人力与于其间？”②舜行孝道与孔子行为的妥当，都是依照自身的“本色”而来的，没有一丝一毫人力的强制在内。王畿对“良知”本体的诠释，有着儒道合流的特征。

有必要对“鸢飞鱼跃”花些笔墨。“鸢飞鱼跃”出自《诗·大雅》中的《旱麓》篇：“鸢飞戾天，鱼跃于渊。岂弟君子，遐不作人。”老鹰展翅飞上天，鱼儿跳跃在深渊。平易近人好君子，培养人才千千万。这是歌颂周文王祭祖得福，知道培养人才的诗。前两句是以鹰与鱼的跃动来形容天地万物的状态。《中庸》引用后说“言其上下察也”，这是个中性的解释。宋明期间哲学家经常以“鸢飞鱼跃”的诠释，来表达自身的哲学见解。受前代风气影响，王畿也是遵循这一理路行进的。朱熹在《中庸章句》中对它作了符合“天理论”的注释，说“子思引此诗以明化育流行，上下昭著，莫非此理之用”。③“上”指“鸢飞戾天”“下”指“鱼跃于渊”。“鸢”与“鱼”的上下的跃动，象征自然界里万物的活动，“莫非此理之用”，这叫“化育流行”。“理”就是“天理”，所有品类的活动，都明白地体现了“天理”的作用。“化育流行”是说，“天理”的“流行”，造化发育了天地间的万物。这是理本论的诠释。王阳明有心本论的解读。试看王阳明与学生的对话：“问：先儒谓：鸢飞鱼跃，与必有事焉同一活泼泼地。先生曰：亦是。天地间活泼泼地，无非此理，便是吾良知的流行不息。”④“先儒”指程颢，王阳明以为程颢的观点是对的。在天地

---

① 王畿：《寄庐山胡侍御书》，王艮：《王心斋全集》，陈祝生等校点，第 224 页。
② 王畿：《率性修道说》，王艮：《王心斋全集》，陈祝生等校点，第 217 页。
③ 朱熹：《四书章句集注》，第 22 页。
④ 王守仁：《传习录下》，《王阳明全集》卷三，吴光等编校，第 123 页。

间生动活泼的无非是“天理”所致，也就是“良知”不断运动变化的结果。王阳明把“鸢飞鱼跃”说成是“良知”发育造化的结果，强调的是“良知”是产生天地万物的本体。

对“鸢飞鱼跃”诠释上，出现了四种截然不同的观点。一是《中庸》作者从字面去理解，没有过多渗入己意。二是朱熹把它纳入了“天理论”中。三是程颢从道德修养着眼，要求在人们在“主静”保持良好心态。四是王阳明从心本论出发，把程朱的“天理”纳入“良知”的轨道里。王艮的解读与这四种全不相似，以为“鸢飞鱼跃”不是“良知”向外发用的产物，而是内在于“天性之体”（“良知”）中的。王艮说：“天性之体，本自活泼，鸢飞鱼跃，便是此体。”[①]这是对“鸢飞鱼跃”的第五种解释。王襞顺着王艮的路向，断定“良知”是“鸢飞鱼跃同一活泼泼地”，是自然而然的。“鸢飞鱼跃”在王阳明那里，要经历“良知流行不息”的过程，王襞把这一过程取消了，这是王襞不同于王阳明的地方。王艮于道家只是偶而提及，王襞有大量引申和发挥。[②]王襞以道家自然原则，对王艮的“尊道尊身”说作了诠解：“希天也者，希天之自然也。自然谓之道。天尊地卑，自然也，而乾坤定位矣。夫尊道尊身云者，谓以道而觉乎人，欲人之敬学也，随缘机宜不得已之心也。”[③]“自然谓之道”，就是老子的自然原则。依据这一原则，“天尊地卑”秩序的形成是自然而然的。同样道理，“尊道尊身”说，是以“自然之道”去“觉乎人”。对这个不同，龚杰的分析颇有见地：“王襞对佛、道思想的态度与王艮有别，王艮罕言佛，更罕言道，他基本上是仿制儒家的‘四书’，主要是《大学》建立自己的学术体系，自塑了一个正宗儒学家出身的形象”，“而王襞不但毫不隐讳地援佛入儒，而且又以儒释道，有关言论在其《遗集》残文中比比可见”[④]。说得确切一点，就是以玄学来释儒。这体现在“乐道一体”的诠释中。

① 王艮：《语录》，《王心斋全集》，陈祝生等校点，第 19 页。
② 王艮以为，“良知之体，与鸢飞鱼跃同一活泼泼地”，“要之自然天则，不着人力安排”。参见王艮：《语录》，《王心斋全集》，陈祝生等校点，第 11 页。
③ 王襞：《上道州周合川书》，王艮：《王心斋全集》，陈祝生等校点，第 220 页。
④ 龚杰：《王艮评传》，第 175 页。

（三）“乐道一体”论

王艮有《乐学诗》之作。王襞接受其父“乐学一体”的观点。他断言，对学习主体来说，应当做到不勉强、不做作，自然而已：

> 将议论讲说之间，规矩戒严之际，工焉而心日劳，勤焉而动日绌，忍欲饰名而夸好善，持念藏机而谓改过，正是颜子之所谓己而必克之者。而学者据此为学，何其汗漫也哉？必率性而后心安，心安而后气顺，否则百虑交锢，杂念叠兴，心神惊动，血气靡宁，有不并其形而俱灭者，几希矣。[①]

这是对朱理学的批评，以为“议论讲说”的教学方法与“规矩戒严”的修养工夫，无非是追求虚伪名声（“饰名”）以夸耀自身（“好善”）与提倡禁欲主义（“忍欲”），这些人为强制力量的实质是伪装自己。人们“据此为学”就会累人（“何其汗漫”），令人“杂念迭兴，血气靡宁”。正确的方法是“率性而后心安”，也就是按照道家自然原则来规范自身。

王襞把其父主张的轻松自然的“乐学一体”论，发展成为“乐道一体”论。耿定向的学生杨道南，记载了王襞与他的一段学术讨论的对白：

> 问：“学何以乐？”（王）曰：“乐。”再问之，则（王）曰：“乐者，心之本体也。有不乐焉，非心之初也。吾求其复其初而已也。”“然则必如何而后乐乎？”（王）曰：“本体未尝不乐，今日必如何而后能，是欲有加于本体之外也。”“然则遂无事于学乎？”（王）曰：“何为其然也？莫非学也，而皆所以求此乐也。乐者，乐此学；学者，学此乐。吾先子盖常言之也。”“如是则乐亦有辨乎？”（王）曰：“有所倚而后乐者，乐以人者也。一失其所倚，则慊然若不足也。无所倚而自乐者，乐以天者也。舒惨欣戚，荣悴得丧，无适而不可也。”“既无所倚，则乐者果何物乎？道乎？

① 王襞：《语录遗略》，王艮：《王心斋全集》，陈祝生等校点，第215页。

心乎？”（王）曰：“无物故乐，有物则否矣。且乐即道，乐即心也，而曰所乐者道，所乐者心，是床上之床也。”“学止于是而已乎？”（王）曰：“昔孔子之称颜回，但曰‘不改其乐’，而其自名也，亦曰‘乐在其中’，其所以喟然而与点者，亦以此也。二程夫子之闻学于茂叔也，于此盖终身焉而，岂复有所加也？”（王）曰“孔、颜之乐，未易识也。吾欲始之以忧，而终之以乐可乎？”（王）曰：“孔颜之乐，愚夫愚妇之所同然也，何以曰未易识也？且乐者，心之本体，忧者，心之障也。欲识其乐而先以之忧，是欲全其体而故障之也。”“然则何以曰忧道？何以曰君子有终身之忧乎？”（王）曰：“所谓忧者，非如是之胶胶役役然，以为外物戚戚者也。所忧者道也，其忧道者，忧其不得乎此乐也。舜自耕稼陶渔以至为帝，无往不乐，而吾独否也。是故君子有终身之忧也。是其忧也，乃所以为乐其乐也，则自无庸于忧耳！”①

对白的时间在嘉靖四十四年（1565），为他南京讲学之际。焦竑记载此事，“至金陵，与多士讲习，连榻累旬，博问精讨，靡不惬其欲以去”。②讲学结束后，杨道南、许孚远、焦竑等八人赠诗送别。杨道南为这些诗写了上述引言。记载这段材料的书籍，我见到的有四种。一是本文引用黄宗羲的记述。二是李贽对此有记载，见于《续藏书》卷二十二《理学名臣·王艮附王襞、林春》中“杨道南纪之云”后。③ 相类的记述，又见于焦竑《澹园集》卷三十一《王东崖先生墓志铭》。最为详尽的为《东崖王先生遗集》卷上《诗引》里，前有“东崖子之始至面论学焉”，后有“凡东崖之论学，随机指示，言人人殊，而其大都不出乎此”“自东崖子至，而吾留都诸同志皆如大寐之得醒”等语。④好在文字与意思无甚差别，故引了比较容易见到的《明儒学案》。王襞讲了自己看法后，

---

① 黄宗羲：《泰州学案一》，《明儒学案》卷三十二，沈善洪主编、吴光执行主编：《黄宗羲全集》（第7册），第844—845页。

② 焦竑：《王东崖先生墓志铭》，《澹园集》卷三十一。

③ 参见张建业主编：《李贽文集》（第4卷），第497—498页。

④《诗引》，《王东崖先生遗集》卷上，《四库全书存目丛书》集部（第146册），齐鲁书社1997年版，第674—675页。

"诸同志"如同大梦之后醒悟过来一样，足见其观点之新。对这一材料的理解，对弄清王襞的思想有重要的价值，要详细剖解一下，这里共有四层意思。一是复述王阳明的观点，"乐者心之本体"。二是重申其父王艮的主张，"乐者乐此学，学者学此乐"。

三是讲自己对"忧"与"乐"的看法，断言"君子"所担忧的是"不得乎乐"，而其内心是"其忧乃乐"，"忧乐"是不可分的。王襞简明追溯了"孔颜之乐"与"曾点之乐"，以及周敦颐与二程终身寻求"孔颜之乐"的史实，得出"孔颜之乐"为"愚夫愚妇之所同然"的结论。这是泰州王门"百姓日用是道"的延伸。《孟子·离娄下》有"君子有终身之忧，无一朝之患也"的话，是说君子有长期的担忧，而无突发的痛苦。按照孟子人皆可以为尧舜的主张，倘若自己不如尧舜，那是"君子"的终身忧患。一般人忧患的是生活不好、身体不佳、财富不多、名声不显、地位不高，在孔子看来，这仅是忧患心理，而不是忧患意识。只有超越了自我层面进到忧国、忧民的深度，才能说是忧患意识的萌生。故孔子有"君子谋道不谋食""君子忧道不忧贫"（《论语·卫灵公》）之论。孔孟的忧患意识对后世影响是深远的。王襞的忧患意识有承继孔孟的地方，即所"忧"的，不是"为外物戚戚者"。王襞借用"君子有终身之忧"之语，所要表达的意思是，"忧"自己"道"与"乐"是否一体，"所'忧'者道也，忧其道者"。王襞同其父王艮一样，是具有创新意识的，这正是泰州王门的特征之一。用他们惯用的术语说，叫"发明自得"。

四是宣扬"得意忘言 "论。王襞以为，说了"乐者乐此学，学者学此乐"，就不必说"乐即道也，乐即心也"，如此表述是叠床架屋了。王襞强调，用言语表述出来的"乐"是"有所倚"的，"无所倚"的"乐"是无法以言语来申论的。"有所倚"与"无所倚"的差别，是人为与自然之别，为"乐以人者"与"乐以天者"的不同。"无所倚"与外界力量干涉无关，"无物故乐，有物则否"；"有所倚"是出自人为的力量干涉。对其间的不同，他在致友人的信中说："心心不异，本诸身，征诸庶民，考不缪，建不悖，质无疑，俟不惑者也。人本有不假外求，故曰'易简'。非言语之能述，非思虑之能及，至无而有，至近而神，不容拟议商量而得，故曰'默识'。本自见成，何须担荷？本无远不至，何须充拓？”[①]前半的话源自《中庸》，原文为“本诸身”为“故君子之道”，是说君主统治天下的道理，先从本身修养做起并以此为本，然后在百姓身上加以验证。往上推到禹、汤、周文王而无谬误，放到天地间符合自然之理而不违背，问于鬼神而没有疑窦，待百代后的圣人出来也无怀疑。王襞用了换头术，把“君子之道”改为“心心不异”，无非是说明人“心”（良知）都是相同的，这与“三王”的治道、“天地”的道理是一致的，以至于“鬼神”不敢怀疑，“圣人”不会迷惑。这样的“良知”，是“不假外求”与“本自见成”，这样的“良知”，“非言语之能述，非思虑之能及”，是需要意会而不能言传的，即“默识”。这与魏晋玄学“得意忘言”说有着高度的切合性。王襞于“得意忘言”是了然于心的：“此学宗旨本非言语所能了达，分析愈详，□真腴愈失。”[②]王襞以玄学“得意忘言”说去论证“乐”是内在于“道”的，两者本为一体，意会于“心”后不必再用言语来表述，这是“曰‘所乐者道，所乐者心’，是床上之床也”的真谛所在。王襞于“默识”反复致意，直可与“得意忘言”说相合：“道本无言，因言而生解，执解以为道，辗转分明，翻成迷念。”[③]“道”是不能用语言来诠解的，一定要诠解就会导致其主观意识趋于“迷念”。这是魏晋玄学创始者王弼“得意忘言”论的翻版。[④]

对“意”的把握不在言语上，那么靠什么来把握呢？王襞以为，唯一的门径是“悟”。这是王阳明与包括泰州王门在内的阳明后学的共识。王襞说：“意者，乃吾良知不容已之灵机发耶？诸公今日之学，不在世界一切上，不在书册道理上，不在言语思量上，直从这里转机向自己。”[⑤]对“意”的把握不在言语与思考上，也不在外在对象与理论阐述上。王襞一再申述，“乐”是“无倚”的，“道”本“无言”的，“心”要“默识”的道理所在。总而言之，关键是“直从这里转身向自己”，而主心骨则为“悟”。李颙

① 王襞：《上道州周合川书》，王艮：《王心斋全集》，陈祝生等校点，第 219 页。
② 王襞：《答王毅斋书》，王艮：《王心斋全集》，陈祝生等校点，第 221 页。
③ 王襞：《语录遗略》，王艮：《王心斋全集》，陈祝生等校点，第 216 页。
④ 参见朱义禄：《玄学思潮》，尹继佐、周山主编：《中国学术思潮史》卷三，上海社会科学院出版社 2006 年版。
⑤ 王襞：《寄会中诸友书》，王艮：《王心斋全集》，陈祝生等校点，第 227 页。

评论王阳明时说："姚江当学术支离蔽锢之余，倡'致良知'，直指人心一念独知之微，以为是王霸、义利、人鬼关也。当几觌体直下，令人洞悟本性，简易痛快，大有功于世教。"①李颙不是阳明心学的忠实信徒，却点出了阳明心学的重要特征是"洞悟本性"。王阳明在"龙场悟道"后二年"语学者悟入之功"。②但如何"悟入"不见记载，因为"龙场悟道"是难以言说的。王阳明把"悟"视为"体认"："诸君要实现此道，须从自己心上体认，不假外求始得。"③判断"悟道"的途径不是在外部世界，而是"自己心上体认"。王艮去世后不久，怀念文章都把他的治学特点归为"悟"。大学士赵贞吉说："以经证悟，以悟证经，行即悟处。"④到淮南督学的耿定向以为，"居尝以经证悟，以悟释经，多发先儒所未发"⑤。王艮自己是这样说的："是道也，非徒言语也，体之身心然后验矣。"⑥王畿倡言"转机向自己"，与王阳明"悟入之功"及王艮"体之身心"是同义的。⑦

王畿的"悟"有着自己的特色，那就是接受惠能禅宗的基本观点。王畿对"悟"的诠解，往往通过诗意来表达："说轮毋住相，弹指示慈航。帘前看滴沥，曾为尔遮藏。"⑧"轮"为车轮，指佛教的"六道轮回"，喻众生不得解脱。"弹指"为告诫、指引等意，"慈航"为菩萨大发慈悲救度众生出苦海。只要反身自悟，出路如同窗帘前看到滴水沥沥那样贴近，尽管下滴的水被窗帘庶藏过。如果说此诗之禅意不太明快的话，那么另一首诗则是禅宗创始人惠能思想的复述："但于悟处求真性，更向虚中细讨论。满树红花鲜不染，一川明月静无尘。"⑨"悟处求真性"概括了惠能"自心是佛"与"顿悟成佛"的观点。对佛教来说，如何成佛是个头等大事，佛性在那里就成了关键。惠能一反传统的说法，把佛性从遥

① 李颙：《富平问答》，《二曲集》卷十五，陈俊民点校，第 129 页。
② 钱德洪：《年谱一》，王守仁：《王阳明全集》卷三十三，吴光等编校，第 1230 页。
③ 王守仁：《传习录上》，《王阳明全集》卷二，吴光等编校，第 21 页。
④ 赵贞吉：《王心斋墓铭》，参见袁承业《明儒王心斋先生遗集》卷四。
⑤ 耿定向：《王心斋先生传樵朱陶韩二子附》，《耿定向集》卷十四，傅秋涛点校，第 544 页。
⑥ 王艮：《答侍御张蘆冈先生》，《王心斋全集》，陈祝生等校点，第 48 页。
⑦ 如欲作进一步的了解，参见朱义禄：《论阳明后学之悟道》，《阳明学研究》（第四辑），人民出版社 2019 年版。
⑧ 王畿：《雨中谈道》，王艮：《王心斋全集》，陈祝生等校点，第 264 页。
⑨ 王畿：《次罗近溪韵》，王艮：《王心斋全集》，陈祝生等校点，第 239 页。

远的彼岸世界移到切近的人心中："自心是佛，更莫狐疑，外无一切物而能建立，皆是本心生万种法。"[①] 佛性就在自家的"心"中，成佛不必舍内求外。惠能强调，觉悟到"自心是佛"就可以快速成佛了，这叫"悟"："故知不悟，即佛是众生；一念悟，即众生是佛。"成佛不要累世修行，在于自己能否认识到心中固有的佛性。觉悟不到"自心是佛"就是"迷"，而"迷"与"悟"的转换，只是在人的一刹那念头的变换中，即"从自心顿现真如本性"[②]，这叫"顿悟成佛"。王襞"但于悟处求真性"的诗句，实为惠能主张的形象化表达。"明月静无尘"则为惠能之偈的重复。

禅宗五祖弘忍为传授衣钵，令诸人作偈。神秀作偈云："身是菩提树，心如明镜台。时时勤拂拭，莫使有尘埃。"[③]有一个童子，从磨房经过时唱诵此偈。惠能一听后作一偈回应："菩提本无树，明境亦非台。佛性常清净，何处有尘埃。"[④] 神秀把身看作菩提树，把心当作明镜台，从正面肯定了客观事物的存在，因而会染上尘埃。惠能接受了大乘空宗的理论，以为世间的一切事物与现象，包括物质与精神的，都是虚幻不实的，又怎么会染上尘埃呢？惠能"何处有尘埃"的意思是说，佛性本自清净，不存在垢净问题。王襞"明月静无尘"，是对"何处有尘埃"的另一种表达罢了。

就王襞在泰州王门的影响而言，有两点值得注意的。由王艮开创的平民化教育之风，到了王襞那里才是得到了真正意义上发扬光大。王艮只是开了个头，在民间切实得以开展并有真正意义的拓展且有进一步的影响，王襞是个关键性的人物。这是一。王襞的思想中整合了道释两家，其三教混同的观点对李贽思想的形成是有直接影响的。王襞是李贽的老师，有的学者以李贽有亦师亦友的主张而否认之。[⑤]这是缺乏说服力的，因为李贽认同王襞为师有过两次文

① 郭朋：《〈坛经〉对勘》，齐鲁书社 1981 年版，第 159 页。
② 郭朋：《〈坛经〉对勘》，第 68 页。
③ 郭朋：《〈坛经〉对勘》，第 10 页。
④ 郭朋：《〈坛经〉对勘》，第 16 页。
⑤ 吴震：《泰州学派研究》，第 32—35 页。笔者认为，考证为研究学问的重要手段，但过分倚重也有弊端。以《孙子兵法》而言，南宋思想叶适以为《左传》未提及孙武，否定《孙子兵法》为孙武所作。梁启超以为，系孙膑所著。钱穆以为，孙膑名武，吴、齐两国都去过，《史记》误以为二人。日本学者斋藤拙堂赞同钱穆之说，但又以为，孙武其人，以膑为号。考证了近千年，未得其实。1972 年，山东临沂银雀山汉墓出土竹简 4942 枚，既有《孙子兵法》，又有《孙膑兵法》，千年之谜遂告破。

字相同的表述："心斋之子东崖公，贽之师。东崖之学，实出自庭训，然心斋先生在日，亲遣之事龙溪于越东，与龙溪之友月泉老衲矣，所得更深邃也。东崖幼时，亲见阳明。"[①]一个学者两次以同样的文字且以肯定的口吻，来表明自己的老师是谁，绝不是什么心血来潮，而是根深蒂固的理念。

① 李贽：《储瓘》，《续焚书》卷三，张建业主编：《李贽文集》（第1卷），第85页。相同的文字见于《理学名臣》，《续藏书》卷二十一，《李贽文集》（第4卷），第487—488页。

第三章

阐发『大成仁道』的颜钧

颜钧跟随了徐樾三年，在王艮身旁只待了三个月。于徐樾，颜钧轻描淡写一笔带过；对王艮，颜钧不厌其烦地反复宣扬。他的意图，是为了证实自己是王艮“大成学”的继承者：“心斋夫子自得教人曰……山农受传，而造有获，自成仁道。”①中间省略的内容，是抄录王艮《乐学歌》的，文意同而文字略有不同。“山农受传”，表明“大成仁道”是出自王艮所传的；“而造有获”，是说学习后有独特的体会；“自成仁道”，因体会而自己有所发展。颜钧以其“大成仁道”说，对“大成学”作了深化和富有特色的创造。颜钧在80岁时断言，“大道正学”才是学问的正宗所在：“知大道正学，中天下而立，立己立人，达己达人，易天下同仁哉。”②颜钧是何心隐和罗汝芳之师，而李贽对罗汝芳屡表敬仰之心。泰州王门到了颜钧，发生了一个大转折。细细考察的话，在何心隐、罗汝芳与李贽三人身上，不同程度上留有王艮学说的印痕。③尽管如此，王艮“自立门户”之风，自颜钧益发明显了，“妙合神离”“且合且离”，这一学术思想发展规律所起的作用益发彰显出来。

第一节 颜钧的生平与著作

（一）“七日闭关”与游学寻师

颜钧（1504—1596），江西吉安府永新县人，世居三都中坡村，字子和，号山农。为避万历皇帝讳，更名为铎，又自号耕樵。小时智力发育得较晚，周围的人皆目为痴儿。④父亲颜应时，任江南常熟训导，病卒于任上。时年颜钧17岁，在常熟读书。颜应时有子五人，颜钧行四，对他影响最大的二哥颜钥把颜钧引入了阳明心学之门。颜钥（1498—1572），字子启，号钟溪。多年在北方做官，在山东茌平县任教谕时，北方王门学者张后觉是从他那里获悉良知说之宗旨的。1557年，54岁的颜钧，在山东讲学时，“行至山东茌平，旧友张宏山，名后觉，率亲友延住两旬，洞启宏山之学归

---

① 颜钧：《录阳明心斋二师传道要语》，《颜钧集》，黄宣民点校，第 42 页。

② 颜钧：《论三教》，《颜钧集》，黄宣民点校，第 16 页。

③ 本书在论述这三人与王艮关系时，有较为详尽的阐述，而时贤于这方面的关注是很少的。

④ 颜钧少时读书显得迟钝，清初贺贻孙在《颜山农先生传》中说：“为儿时不慧，十九读《孟子》，弥日不成诵。”（颜钧：《颜钧集》，黄宣民点校，第 82 页）

正途”[①]。后来张后觉成为北方王门的著名学者。28岁前，是颜钧在家自学自悟的阶段。颜钥在白鹿洞书院接触良知之学后，手抄《传习录》带回家中。颜钧看了以后，“诵味至‘精神心思，凝聚融结，如猫捕鼠，如鸡覆卵’四语，遂自醉心启”[②]。颜钧在这16字中，体会到静坐要内心专一、宁静思虑，就像“猫捕鼠”“鸡覆卵”一样，不容丝毫分心。受王阳明心学启迪后，才有颜钧“七日闭关”的静坐。

“七日闭关”之事，颜钧除有《七日闭关法》一文外，还在《自传》《履历》《明美八卦引》《引发九条之旨》等文中多次提及，这是他一生中一件意义非凡的事情。25岁时，他“静坐七日夜，凝翕隐功，专致竭思，一旦豁然”[③]。“七日闭关”出自《周易》。本意是因自然灾害而采取的暂停经商和旅行的行为，有避害趋利之意。颜钧把它用于修养工夫上，与经典原意相差很大。“关”泛指人体的各个部位中的关节，包括五官七窍在内。按照颜钧的描述，“闭关”从行动上说，先准备好一间干净的房屋，人在屋中挺胸直腰而坐，眼、耳、口一律关闭，手脚不可动弹，心思凝集。“闭关”会引起一系列的生理反应，如津液由咽喉到丹田运旋不停。这时会有大汗淋漓、骨节疼痛、呼吸困难等现象产生，人在此时要顺其自然。颜钧说经历七日七夜的昏睡后，醒过来顿生形爽气顺的感觉。“闭关”是以主体心理上的自我调节为手段，通过静坐工夫，以期获得某种神秘化的体验。“七日闭关”中津液吞吐，属道教的修炼方法。他的打坐，是从禅宗那里来的：“印证‘七日来复，利有攸往’之快心，即是敦敦打坐，默默无语。”[④]“七日闭关”里，颜钧杂揉了儒、道、释三家。颜钧讲得很玄，实为个人刹那间顿悟过程中一个环节。自王阳明“龙场悟道”后，其门人、后学率多有过悟道的经历，只是表现方式不同罢了，如王艮“天坠压身”之梦、罗汝芳“泰山丈人”之警等。

悟道后的颜钧，精神大振。让他精神上摆脱了重重束缚：

---

① 颜钧：《自传》，《颜钧集》，黄宣民点校，第 27 页。

② 颜钧：《明美八卦引》，《颜钧集》，黄宣民点校，第 11—12 页。这十六字亦见于王守仁：《示弟立志说》，《王阳明全集》卷七，吴光等编校，第 260 页。如此看来，颜钥所抄不只是《传习录》。

③ 颜钧：《明美八卦引》，《颜钧集》，黄宣民点校，第 12 页。

④ 颜钧：《耕樵问答・七日闭关法》，《颜钧集》，黄宣民点校，第 54 页。

"自心而言，若平日偃埋在百丈深坑中，今日俄顷自能升入天堂上。"[①] 从"掩埋百丈深坑"与"升入天堂"的对比中，让颜钧对"今日"与"昨日"的感受有天渊之别。另一效果是使他神智大增，阅读与写作能力处于运用自如的状态："如比适达四书六经如视掌，如此提笔扐文犹江河水流之沛。"[②]他自信地说："一旦豁然，心性仁智皎如也，随翻《学》《庸》经史，昭昭视掌，直有莫致而至之，分缘庆快，嗣是日新又新。"[③]翻翻儒家经典，如同掌中物一样；写作时文思豁达洞开，如同决沛江河之势一样。对儒家经典的随意解释，成了颜钧思想的主要特征。历来作为篇名使用的"大学中庸"四字，颜钧别出心裁地当作哲学范畴而尽情发挥，就是这个"日新又日新"特征的体现。大悟后的颜钧，觉得自己获得了异乎常人、超越正常思维的神秘化体验，也就是顿悟。

顿悟后的颜钧，到附近山谷里潜居了九个月。归家后第一件事是建立萃和会。他召集家族中"乡间老壮男妇，几近七百余人"，听他"讲耕读正好作人，讲作人先要孝弟，讲起俗急修诱善、急回良心"的道理。效果是相当好的："如此日新又新，如此五日十日，果见人人亲悦、家家协和"，于是"竟为一家一乡快乐风化，立为萃和之会。"[④]萃和会是带有乡约性质的民间组织，颜钧想以儒家思想来教化民众。据颜钧的描述，民众很是欢迎："会及半月，一乡老壮男妇，各生感激，骈集慈闱前叩首，扬言曰：'我乡老壮男妇，自今以后，始知有生住世都在暗室中鼾睡，何幸际会慈母母子唤醒也。'"两个月后，"老者八九十岁，牧童十二三岁，各透心性灵巧，信口各自吟哦，为诗为歌，为颂为赞"。乡人经颜钧的"逐一点裁"，达到"众皆通悟，浩歌散睡，直犹唐虞瑟僩，喧赫震村谷，闾里为仁风"[⑤]的地步。"慈""慈母"指颜钧的母亲。后颜母中暑病亡，萃和会就解散了。萃和会只存在三个月，就烟消云散了。萃和会的解体，一是没有像何心隐的聚和会那样，有坚实的经济基础与严密的组织构架。二是25岁的颜钧尚无有威望，学术上缺乏根基。三是颜钧的

① 颜钧：《耕樵问答·七日闭关法》，《颜钧集》，黄宣民点校，第54页。
② 颜钧：《耕樵问答·七日闭关法》，《颜钧集》，黄宣民点校，第55页。
③ 颜钧：《明羑八卦引》，《颜钧集》，黄宣民点校，第12页。
④ 颜钧：《自传》，《颜钧集》，黄宣民点校，第24页。
⑤ 颜钧：《自传》，《颜钧集》，黄宣民点校，第24页。

恋母情结尚存，仅因其母的逝世，萃和会便遽然告终。在母亲告别人间后，颜钧守了三年孝，然后才外出寻师。

这是他人生的第二阶段。29岁到36岁（1532—1539），为游学寻师的时期。他自感“力学年浅，未有师传”，便外出寻师。先在吉安府寻觅，对象框定为王阳明的弟子。据黄宗羲记载，“尝师事刘师泉，无所得”[①]。刘师泉，吉安府安福县人，与同邑刘文敏入越中，学于王阳明门下。刘师泉为学注重实地工夫，与颜钧重静坐、主体悟的方式格格不入。于是扩大寻师范围，“遍证青原人豪，大半未然，将疑天地大生之几，别有神设也”。33岁时在京师遇王艮高足徐樾：“铎自独违家乡，奋游四方，必求至人，参裁耿快。游入帝里，忽遇一师，徐卿波石，讳樾，字子直，贵溪人，时为礼部祠郎。”[②] 徐樾先师从王阳明，后卒业于王艮之门。颜钧说：“樵当际会，有缘先立徐师波石之门，随任住京畿三年，叨获造就三教活几”。[③]“三教活几”，是指儒、道、释三教的基本原理，也包括了三教相互融会与贯通之理，三教合一是当时流行的思潮。

晚年的王艮想把“大成学”传授给徐樾，但前提是要当面口授。后王艮病重，徐樾有事抽不出身去探望，便遣颜钧赴前往。王艮在弥留之际，怕自身学术的失传，向颜钧讲授了“大成学”：

> 继入淘东师祖王心斋坛上，规受三月，乐学大成正造，快遂自心，仁神阃奥，直任夫子至德要道，以仁天下人心，曰：“千古正印，昨日东海传将来；四方公凭，今朝江西出发去。”如（无）何以别心斋，心斋在床，鼓跃曰：“今日斯道得人如此，天下庆幸，万世庆幸。”[④]

王艮“大成学”前已论及。当王艮知道自己不久即将告别人世时，先作《大成歌》赠给好友罗洪先，后又以“口传心授”的方式，向颜钧传授了“大成学”。“口传心授”的方式，为王艮承继

---

① 黄宗羲：《泰州学案》，《明儒学案》卷三十三，沈善洪主编、吴光执行主编：《黄宗羲全集》（第7册），第821页。
② 颜钧：《自传》，《颜钧集》，黄宣民点校，第24—25页。
③ 颜钧：《履历》，《颜钧集》，黄宣民点校，第35页。
④ 颜钧：《履历》，《颜钧集》，黄宣民点校，第35页。

王阳明的遗风所致："某此意思赖诸贤信而不疑，须口口相传，广布同志，庶几不坠。若笔之于书，乃是异日事，必不得已，然后为此耳！"王阳明又说："讲学须得与人人面授，然后得其所疑，时其浅深而语之。才涉纸笔，便不十不尽一二。"①"规受三月"，是说王艮在病榻前向颜钧传授"大成学"之事；"直任夫子至德要道"，是说王艮"大成学"是直接承传孔子学说真谛的。当颜钧告别时，王艮从病榻上一跃而起，庆幸自己的学说有了合适的传人。袁承业在《明儒王心斋先生》卷五《弟子师承表》中，把颜钧列为王艮的再传弟子。1942年，王艮后裔王士纬撰《心斋先生学谱》，在颜钧条下有一行小字："《心斋集》门弟子姓氏内，列钧名又字子和，是山农亦尝及门。李二曲、李卓吾、顾炎武所述同。"②李二曲、李卓吾、顾炎武均认为，颜钧是王艮的学生；袁承业因颜钧先师事王弟子徐樾，故列为再传弟子。

领悟到了"大成学"奥义的颜钧，深感传播"大成学"为自己的责任所在。黄宗羲记下了洪垣与颜钧讨论学术的实录："心斋之学，同志每以为空疏为疑。近得执事所论修道工夫，小物必谨，则发心斋之蕴，非执事而谁？"③"执事"指颜钧，颜钧给洪垣的信今不存。洪垣为湛甘泉的学生，官至御史，为王艮建造东淘精舍的就是他。洪垣说，多数学者以为王艮学说不踏实，今接到你的来信，知王艮的"修道工夫"，是"小物必谨"的。洪垣以为，当今学术界能够知晓王艮学说精奥的，不是颜钧又有谁呢？能够理解王艮学说真谛的，非颜钧莫属。这是颜钧接受王艮教诲的一个有力的旁证。

（二）"急救心火"与讲学四方

37岁到62岁（1540—1565），是颜钧人生中的辉煌时期。他和王艮一样，不事科举，不愿为官，专在民间传播儒学。他忠实地继

---

① 钱德洪：《刻文录叙说》，《王阳明全集》卷四十一，吴光等编校，第1574页。这一方式至今依然在许多非物质文化遗产的传承中有着强大的生命力。如京剧演员在戏校毕业前（或出科前），已学习了许多剧目。迨至舞台上演出一段时间后，觉得还要提高。这时他们就会寻访名师，让名师为自己说说戏。这样的说戏，就是一对一的口传心授的方式。

② 王士纬：《心斋先生学谱》，王艮：《王心斋全集》，陈祝生等校点，第117页。

③《明儒学案》卷三十九《甘学案三》录有《答颜钧》一文，参见沈善洪主编、吴光执行主编：《黄宗羲全集》（第8册），第214页。时人陈懋德在《勘语》中说："立徐波石之门，雅爱王心斋之学。"（颜钧：《颜钧集》，黄宣民点校，第81页）

承了王艮平民化教育的作风，大半生都在大江南北讲学。37岁时的《急救心火榜文》、42岁时的《扬城同志会约》、44岁时的《新城会罢过金溪县宿疏山游记》、50岁时的《告天下同志书》等布告、记录，便是他为讲学所作的宣传工作。在江西南昌贴出《急救心火榜文》，是要向士人宣讲“大成学”：“越、淮崛起二王，豪义天纵，录聪先得，此知此乐，唤人耳目，定士心志，而复日以阳为明造，时以心为斋明，上益神明，启师徒交震互发，驯造大成，错综理学之绪余，直合夫邹鲁一贯之道脉。”[①]标榜他的“大成学”是有权威性的，是从王阳明、王艮一脉嫡传而来的，符合孔孟“道脉”的。宣讲的目的是要消除“心火”：“农之学，自授（受）承于东海（指王艮），单洗思虑嗜欲之盘结，鼓之以快乐，而除却心头炎火。农之道，传衣钵于江西，专辟形骸凡套之缰锁，舞之以尽神而尽涤性上逆障。”[②]“心头炎火”，是指人们在想做一件事时而遇到的障碍，以及在自身心理上所产生的烦恼。颜钧把“心火”列了六种，他说自己有能力去解决人们的心理烦恼，能够解除人们心灵上的“缰锁”。他断言，“出世人豪，急了身命天大事，先正其心，完复天真”[③]。经过这番渲染，招徕了一千五百多名参加科场考试的学子来听讲。颜钧自诩为人间豪杰，说拼了性命也要让人们的心术走上正轨，恢复原先真实本性。听众中有以陈源率领的亲友87人，有以朱泗率亲友的60人。颜钧在以南昌为中心的地区，聚讲了六个月，但真正追随他的只是罗汝芳一人。罗汝芳因是年秋试未曾得中，听了颜钧二十余天演讲后，领悟了颜钧的意思，精神为之一振。罗汝芳的“心火”为颜钧的言辞所消泯，罗汝芳拜他为师。在四方讲学期间，何心隐与程学颜成了他的学生。他同时做了两件为时人津津乐道的事情，为王艮守墓与为徐樾寻找遗骸。王艮去世于嘉靖十九年（1540）冬，颜钧三个月后才知此事。闻讣信后，他从长江历金陵至泰州，祭拜王艮坟墓，他庐墓三年。其师徐樾在云南布政使任上战死，颜钧只身去了云南，但到湖南沅江即折还。经数年的努力，寻找到徐樾碎骸归，葬于王艮墓旁。这在常人

① 颜钧：《急救心火榜文》，《颜钧集》，黄宣民点校，第1—2页。
② 颜钧：《急救心火榜文》，《颜钧集》，黄宣民点校，第3页。
③ 颜钧：《急救心火榜文》，《颜钧集》，黄宣民点校，第2页。

是难以做到的。

为王艮守庐三年中，颜钧坚持讲学。他先在安丰场王心斋祠会讲半月，串演了一出“天垂大中之象”的神话，以吸引更多的信徒。他以安丰场为中心，讲学足迹遍及泰州、如皋、江都、扬州、仪真等地。《扬城同志会约》一文记录了当时的情况。扬州“古称富丽之地”，是江、淮间最有吸引力的地方，历代士人以气节功名与诗文著称于世。这样南来北往的“必由之地”，学术空气不浓厚。尤其是王艮崛起东海之滨后，“皆未闻有与商量且受传者”，“竟将大道湮冥”。[①]颜钧讲了以上的开场白后，再申明成立学会的必要性：“是故圣人因心以立学，因学而成会。会惟学成，学必立会。”起初，“扬州文士，疑忆相半”；讲了一个多月后，就有“言下领会，真可与共事者”。除了南通、扬州等地士人云集，“且山、陕、江、浙善类尤多，信与真可以徵同然之机也”[②]。颜钧没有受过系统教育，文章很不通顺，甚至语意不通，但确有独特的见解。罗汝芳称其文章，“辞气不文，其与人札三四读不可句，细味之，则的的能晰孔孟心旨，发先儒之所未发”[③]。颜钧没有受过严格的正规教育，惟其如此所受束缚也较少。颜钧讲学常能招致千余人，与他不同凡响的见解有关。

嘉靖三十二年（1553），他作《告天下同志书》，目的是“会明圣学”。他打算，“择南畿（南京）为四方中都，约豪杰成三载良会”。在“良会”期间，以5—9人组成讲学团，“将所学而东西南北，述通未闻之人”[④]。这次会讲是否如期举行，不得而知。嘉靖三十五（1556）年，颜钧在南京遇罗汝芳，便随罗汝芳北上。时徐阶为辅相，以礼部尚书兼东阁大学士入阁办事。徐阶是王阳明弟子聂双江任华亭知县时的门生，灵济宫大会的王门讲学活动得以蓬勃地开展，多赖其热衷与推动。罗汝芳“劝阶聚四方计吏，阐明正学，阶遂大会于灵济宫，听者数千人”（《明史·罗汝芳传》）。颜钧与会后，又受徐阶之邀，与罗汝芳、何吉阳在徐阶府第论学，“尽日倾究”。但颜钧在《自传》中说是他主持了灵济宫大会，则

---

① 颜钧：《扬城同志会约》，《颜钧集》，黄宣民点校，第 29 页。
② 颜钧：《扬城同志会约》，《颜钧集》，黄宣民点校，第 29 页。
③ 罗汝芳：《揭词》，《颜钧集》，黄宣民点校，第 44 页。
④ 颜钧：《告天下同志书》，《颜钧集》，黄宣民点校，第 4 页。

言过其实。[①]

颜钧离北京南下，经沧州、河间、献县、茌平等地，沿途继续讲学。颜钧讲学在当时有较大的影响，但传承者仅程学颜一人。罗汝芳说：“士致初事举子业，闻山农颜师讲阳明先生良知之学，遂弃去游四方。”[②]蒋士致是罗汝芳学生蒋永新的父亲，听了颜钧的演讲后，放弃了科举考试。北方王门学者孟秋，向其师张宏山求教颜钧诗歌的真实意图：“秋一日举颜山农《快活歌》请教，先生曰：‘所谓快活者，非乐光景之谓也。’性体原自充满，无少欠缺，原自生生不息，活泼泼地，此是真快活。若有一毫私意，便不快不活。”[③]《快活歌》开头二句为“快活歌兮快活歌，从师归来快活多”[④]，此诗为颜钧抒发自身的愉悦心情而作的。这说明颜钧的著作，在他在世时已流传到了北方。然而相信他的学说的人太少了：“奈何儿孙不知不信，门徒久于涣散，虽有近溪知信，而年耋地远，终不可遂。”[⑤]嘉靖三十五年（1556），湖北孝感人程学颜会试不第，由罗汝芳引见，从学于颜钧而悉晓其师学说的真谛。

同年，受浙江巡抚胡宗宪委托，程学颜礼聘颜钧参与征剿海盗之事。胡宗宪给程学颜的信中说：“执事学行纯笃，所谓‘异人’，决不我欺，今备礼相聘，烦为转致。外采缎二匹，盘金十两。”[⑥]颜钧自己说，“赴邀七日，倒溺百千倭寇于海”。[⑦]颜钧什么时候习兵法，能在一周中出奇招制胜，无史料记载。“好谈兵”是颜钧学术思想的一个重要方面：“先生好谈兵，喜奇计。先是将军俞大猷起校尉，罪当斩，先生一见奇之，请于督府，得

① 颜钧记述时况说：“时徐少湖名阶，为辅相，邀铎主会天下来觐官三百五十员于灵济宫三日。”颜钧：《自传》，《颜钧集》，黄宣民点校，第 26 页。据《明儒学案》卷二十七《南中王门学案三》记载：“（徐阶）及在政府，为讲会于灵济宫，使南野、双江、松溪（程文德）分主之，学徒云集，至千人。”（沈善洪主编、吴光执行主编：《黄宗羲全集》（第 7 册），第 716 页）

② 罗汝芳：《记新蒋母孺人墓志铭》，《罗汝芳集》，方祖猷、梁一群等编校整理，第 653 页。

③ 张后觉：《张弘山集》卷一，《北方王门集》，邹建锋、李旭等编校，上海古籍出版社 2017 年版，第 624 页。张宏山，北方王门著名学者，师事颜钥、徐樾。参见黄宗羲：《北方王门学案》，《明儒学案》卷二十九，沈善洪主编、吴光执行主编：《黄宗羲全集》，第 740 页。

④ 颜钧：《快活歌》，《颜钧集》，黄宣民点校，第 61 页。

⑤ 颜钧：《失题》，《颜钧集》，黄宣民点校，第 11 页。

⑥ 尹继美：《颜山农先生遗集凡例》，颜钧：《颜钧集》，黄宣民点校，第 93—94 页。《明史・胡宗宪传》：“性善宾客，招致东南士大夫预谋议，名用是起。至技术杂流，豢养皆有恩，能得其力。”

⑦ 颜钧：《自传》，《颜钧集》，黄宣民点校，第 27 页。

释。”[①]“督府”指胡宗宪，他为俞大猷讲情，是日后俞大猷关照他的原因。“好谈兵”三字是明代士人习用语，泛指对军事有精心的钻研。有明一代，军事形势的严峻是自始至终贯穿着的。来自北方的严重威胁，至明英宗时酿成土木堡之变，隆庆、嘉靖年间东南的倭患，让士人们揪心不已。只有对兵家研究有相当造诣的人，才能博得“好谈兵”的美誉。明代士人喜欢议论与探讨军事，谈论兵事与探讨兵制是时尚之事。如吕坤著有《守城秘要》、李贽撰写《孙子参同》。徐光启说自己“生长海滨，习闻倭警，中怀愤激，时览兵传”[②]。一些封疆大臣，喜欢把这种类型的士的人招为自己的幕僚。胡宗宪幕府人才之盛，一时蔚为大观。黄宗羲对此有所记述：“吾观胡之幕府，周云渊之《易》、历，何心隐之游侠，徐文长、沈嘉则之诗文，及宗信之游说，皆古振奇人也！旷世且不可得，岂场屋之功名所敢望哉？”[③]徐文长即徐渭，沈嘉与徐渭志趣相得，两人皆浙东名士。宗信即黄宗羲此篇中传主蒋洲。周云渊精于《周易》与历法，是名闻一时的文人。胡宗宪想留任他当指挥，颜钧没有答应，留了个次子在胡宗宪那里，目的是想继续讲学。

（三）受诬入狱与归乡著述

这是颜钧人生的第四个时期（63岁到93岁）。嘉靖四十五年（1566），受门人太平府当涂县尹龚以正的邀请去讲学。讲了三天就被逮捕。这是南京左都御使耿定向事先策划好的诱骗之举，目的是置颜钧于死地。在南京狱中，“刑棒如浆烂，监饿七日，死三次。继遭瘟痢，共将百日，叨不死”[④]。狱中三年，罗汝芳如对待父亲一般，对其师“百计调护，倾囊济赈”。[⑤]因难定颜钧之罪，无法从重处之，“只得强诬盗卖淮安官船，坐赃三百五十两，发边充戍”[⑥]。罗汝芳的积极营救，是泰州王门注重师友之道的典型，

---

① 贺贻孙：《颜山农先生传》，《颜钧传》，黄宣民点校，第 83—84 页。
② 徐光启：《敷陈末议以殄凶酋疏》，《徐光启集》，王重民辑校，上海古籍出版社 1984 年版，第 97 页。
③ 黄宗羲：《蒋氏三世传》，沈善洪主编、吴光执行主编：《黄宗羲全集》（第 10 册），第 598 页。
④ 颜钧：《自传》，《颜钧集》，黄宣民点校，第 28 页。
⑤ 颜钧：《著回何敢死事》，《颜钧集》，黄宣民点校，第 43 页。颜钧在文末有“着回芳事纪”，以罗汝芳为颜回，则以自况孔子之意明矣！
⑥ 颜钧：《自传》，《颜钧集》，黄宣民点校，第 27—28 页。

把理论上的师友之道，付诸于实践的真实写照。罗汝芳前后捐资百两，余下的银两是凑集而来的。罗汝芳写了《揭词》，把颜钧的人品与冤情，娓娓道来，又附上助赀人的姓氏与捐银82人中各自份额，“庶知公论不泯云”[①]。82人中不乏平民，更多的是朝廷要员。有状元二人，武官有把总、指挥、兵备副使，文官有在户部、兵总、礼部、工部任职的，也有地方上的长官如应天府尹、南昌县教官等。尚有诸多在学的生员，也在捐助之列。内中崇信王学而有一定声望的，是焦竑、王心斋之子王襞、国子监祭酒姜宝、操江都院吴时来等。这不是一般意义上的以钱赎罪，而是士人们一次抗议司法不公的正义呼声。分布在不同地域的朝廷官员、生员与平民百姓，齐为颜钧申冤，那是任何地方政府都承受不了。最终以银两还赃的方式，颜钧获释出狱。颜钧在狱中讲学不辍：“凡系狱三年，日与诸囚论学不倦，诸囚有启悟者。”即将出狱时，“诸囚百余人伏地哭，哀甚”，狱守问原因，囚犯说：“不然，颜先生在狱，吾身如在天宫，今先生去矣，吾无所闻，即不死犹死耳。”[②]出狱后充戍到福建邵武。在充戍地，受两广总兵俞大猷的关照，发牌聘为军师：“查得邵武卫军人颜钧即颜山农先生，讲学不杂于佛老，论兵必本于仁义，盖古黄石老人之俦匹，足为今人之师表。为此牌仰本卫即将此老先生送至军前，为参谋之用。”[③]他在俞大猷军中住了二年多，参与平定海盗与山贼，报功授官，辞谢不受。隆庆五年（1571），以免戍（即不再是罪人身份）释放归乡。“放戍归，拜祖、父，至有今日年齿，皆荷虚江（俞大猷）、近溪（罗汝芳），百计保护”。[④]颜钧出狱时已68岁，之后一直耽在乡里，从事讲学与著述。晚年的颜钧与罗汝芳往来更密切，作诗互酬。78岁时作《论大学中庸》、79岁撰《自传》、80岁著《论三教》、86岁成《论大学中庸大易》，稍后又有一生的总历《履历》（未完）。以93岁的高龄，颜钧病故于家中。

尽管《罗汝芳集》与《张弘山集》中，透露出了蒋士致与孟秋受颜钧思想影响的事实。但颜钧著作的流传却很艰难。这与时人对

① 罗汝芳：《揭词》，颜钧：《颜钧集》，黄宣民点校，第 44 页。
② 贺贻孙：《颜山农先生传》，颜钧：《颜钧集》，黄宣民点校，第 83 页。
③ 尹继美：《颜山农先生遗集凡例》，颜钧：《颜钧集》，黄宣民点校，第 92 页。
④ 颜钧：《自传》，《颜钧集》，黄宣民点校，第 28 页。

他的反感有关："钧讲学四方，无贤不肖见其张皇，皆恶之。"① 咸丰六年（1856），好不容易有了《颜山农先生遗集》九卷本的面世，颜钧其人与其思想由此慨然可见。这是个族刻本，恰值太平军与清军江西鏖战之日，九卷本面世后不久，又不知踪影了。颜钧十二代孙颜学恕先生与他的同事贺心香都是有心人，他们分别保存了前四卷与后五卷。事为中国社会科学院黄宣民先生得知，便风尘仆仆从北京赶到永新，把此书带回北京。黄宣民先生不仅做了鉴定，还点校全书，取名《颜钧集》。又把韩乐吾的著作收入，以《韩贞集》之名作为该书的附录之一。是书由中国社会科学院出版社，于1996年出版。②以往人们是无法接触到颜钧著作的，也不太清楚时人对颜钧的评价，现今颜钧的著作大多呈现在人们面前。说大多是因为还有些文献遗失了。据颜钧的学生吴焕文说，颜钧有《疏山记》一文："师坐金溪萧寺，将别而登舟，侍御吴疏山逼请留题《疏山记》，师即援笔而成数千语。泉出以示文，文第以观之。亦尝闻疏山，吴侍御之别号也。"③"师"为颜钧，"侍御"是御史吴悌，号疏山。他是江西金溪人，他在出视两淮盐政时，向朝廷荐举过王艮，时在嘉靖十六年（1537）。④"泉"为吴焕文的好友陈一泉，"文"是吴焕文。他们两人都看到了《疏山记》，吴焕文留下了观后感："今观《疏山记》，不惟发孔孟之蕴，畅天地之华，而翼吴公之修学进德有指南矣。"吴焕文说此事发生在嘉靖十九年（1540）："明庚子十有二月。"⑤这是从内证的角度，来说明《颜钧集》未把颜钧的著作收罗齐全。尽管如此，《颜钧集》的出版，为了解颜钧的生平与学说，提供了较为详尽的思想资料，对理解泰州王门的发展历程有着积极的意义。

---

① 袁承业：《弟子师承表》，《明儒王心斋先生遗集》卷五。

② 详见黄宣民先生撰写的《颜钧集前言》。黄宣民先生是侯外庐先生的弟子，为《中国思想通史》第四卷中"诸青"中的一个。"诸青"，是几位青年作者的合称。我与黄宣民先生交往虽不多，但他却是我心中钦佩的学者之一。我的《颜钧集》为黄宣民先生亲赠，发觉他在书中又有多处改动句读之处，敬业精神如此。

③ 吴焕文：《纪游》，颜钧：《颜钧集》，黄宣民点校，第 78 页。

④ 董燧《年谱》："冬十一月，御史吴疏山悌疏荐。是年春，吴疏山按淮扬，造先生庐。" 王艮：《王心斋全集》，陈祝生等校点，第 75 页。吴悌事迹具见《明史·儒林传》，吴悌有《疏山遗集》五卷，本人无法见到此书，不知内中是否收有《疏山记》一文。

⑤ 吴焕文：《纪游》，《颜钧集》，黄宣民点校，第 77—78 页。

第二节 “大成仁道”说

黄宣民先生在整理出版了《颜钧集》的同时，把颜钧学说定义为“大中哲学”后，学术界同仁基本以此而多有发挥。我研读了颜钧著作后，发觉“大中哲学”为“大成仁道”说的一个组成部分。“大成仁道”说是由“大中哲学”“耕心樵仁”“贵心”“养心”“制欲非体仁”“急救溺世”五个部分所组成的。形成这一看法的原因是，颜钧喜欢在“大成”之后，加上“正学”“之道”“之旨”“化工”“仁道”等后缀。在《自传》中有“会通夫子大成之道，善自生长收藏”语，在《邱隅炉铸专造性命》中有“大成之化工，真为千古无及哉”语，在《论三教》中有“大道正学，中天下而立”语，《引发九条之旨》中有“遇师先授三教活机，后□大成仁道”语。[①]从文本的原意考虑，我以为用“大成仁道”说来概括，更能如实地反映颜钧的思想面貌。颜钧说“大成仁道”，是远承王阳明、近受王艮的：“叨天降生阳明，引高良知，直指本心。洞开作人正路；继出淘东王心斋，自师孔仁，印正阳明之门，晚造大成之止，授传耕樵。”[②]王阳明的“良知”说，指明了做人的正确方向；自学出身的王艮，继承了孔子的仁学，用来印正王阳明的学说；王艮晚年的理论结晶就是“大成之止”，传授给了他（“耕樵”）。他把王艮“不泥传注”的精神做了新的发挥，以“大成仁道”说这一奇葩呈现世人面前。

（一）“大中哲学”与“耕心樵仁”

要了解“大成仁道”说，首先得理解颜钧“大中学庸”的独特诠释。颜钧说：“樵夫曰：嘻，难言也，必欲晰言，敢将‘大学中庸’四字眼则缕析系状，即知樵夫一生行功矣。”[③]“樵夫”是颜钧的自号，“一生行功”，就是一生的行为及其价值。颜钧以为，了解他学说的前提，是要知道他对“‘大学中庸’四字”所作的“缕析系状”。众所周知，“大学中庸”四字，是《大学》《中

① 分见颜钧：《颜钧集》，黄宣民点校，第 25、36、6、16、37 页。
② 颜钧：《邱隅炉铸专造性命》，《颜钧集》，黄宣民点校，第 36 页。
③ 颜钧：《耕樵问答·晰行功》，《颜钧集》，黄宣民点校，第 51 页。

庸》两文的篇名。颜钧把这四个字演衍为独立而又相联的哲学范畴，用来解释天地万物与人间社会。颜钧以为，四个字可以用不同方式做排列组合："大中学庸，学大庸中，中学大庸，庸中学大，互发乎交乘心性，吻合造化乎时育。"[①]颜钧以为，这四字不论如何变化，都能发现人的"心性"，与天地造化相吻合。

如此解读确实是空前绝后。无论是从两程到朱熹，抑或自陆九渊至王阳明，他们在诠释儒家经典时，使用的话语有个一以贯之的规律，即遵循原先认定的传统而作新的诠释。尽管他们在诠释中有着分歧，但不会变更原先一致认同的话语系统。纵然倡言"以心悟经"的王艮，也没有突破它。现在颜钧冲破这一桎梏了，如他的学生程学颜所言："《大学》《中庸》书，名篇也。自汉以来皆诿视为书名，未有以为圣学精神，识达此四字作何用焉。我师颜山农独指判曰：'此尼父自造传心口诀也。两篇绪绪晢章，并出夫子手笔，非曾子、子思所撰也。不然，何于《大学》引曾子之言，《中庸》直以仲尼名祖哉？'"这是说，颜钧觉得大学中庸这四个字不是书的篇名，是孔子用于传道的口诀，是"圣学精神"的所在。这对当时人们来说，是骇人听闻的奇论，故对颜钧解读的反映是："天下人闻之，皆曰：'此老好怪也。'"受过系统儒家教育的程学颜，起初也是如此："颜初及门，听之亦曰：'此老真怪也。'"[②]综观中国哲学史，是看不到有与颜钧拆字式的招数相类的诠释。颜钧这样的出格之思，是泰州王门"狂者气象"的体现，与王艮的"出处"观可说是异工同曲。

大凡没有受过系统知识训练，却在某一领域中有不同凡响观点的思想家，往往是剑走偏锋的。不管他们是否建立了周密的理论体系，抑或在某一方面有石破天惊的观点。颜钧剑走偏锋力度之大，是囿于传统经学知识的儒生，是绝对不可能做到的。经常突破传统藩篱而有新颖之见解，如他对"礼"的诠解。他说："礼也，约也，学之规也。会，天下之大要也；是故约之取义，从系从勺，勺中一点，阳之精也。是精在勺，犹掌中握真物也，加以系焉，犹挛

① 颜钧：《晰大学中庸》，《颜钧集》，黄宣民点校，第49页。
② 程学颜：《衍述大学中庸之义》，颜钧：《颜钧集》，黄宣民点校，第76页。

拳紧固，不轻丢放也，故曰‘约’。”[①]颜钧为了想说明士人聚集讲学的必要性，把“礼”解释为“约”，这是前所未闻的。当是王艮“不泥传注”学风，在颜钧身上得到尽情体现的反映。自周公制礼以后，到颜钧生活的年代，礼一般有广狭两种含义。狭义的礼仪指仪式、如冠礼（成年礼）、婚丧、出行、祭祀等。广义的礼，同纲常名教、礼教是同义的，这里有着以皇权为核心的等级制度，有着以忠孝为核心的道德原则以及相关的道德规范。这是古代文人学者们的共识。颜钧心别出心裁的诠释，是程学颜发出“此老真怪”的缘由所在。

颜钧对传统经学的突破，主要反映在他将《大学》《中庸》中的内容以及自己对儒学的理解，分别填进大、中、学、庸四个字里，错综其中而交互变化。这与逐字逐句去研究《大学》《中庸》的传统学风，是颜钧的创新之处。对“大中学庸”的含义，颜钧作了界说：

> 夫大之方体也，曰明德，曰至善，曰知在格，曰意心身，曰家国天下也。夫中之主宰也，曰天命性，曰道睹闻，曰隐微独，曰天地万物也。……云何系学以大，以庸丽中，将焉取裁？盖有取于精金出矿，胚胎庞朴。据以市贾，难竟信用，遂入炉火，煅化镕煎，倾泻纹科，然后遍用贸易交通。所以，圣神识道识心，同乎矿金之肫肫，裁成辅相，翼以学庸。[②]

《大学》《中庸》中的“明明德”“止于至善”“格物致知”“家国天下”等，是后儒们纷争不休的话题，可以用“大”来概括。至于“天命”“人性”“慎独”“天地万物”等内容，可以用“中”来囊括。“系学以大，以庸丽中”，是说“学”与“庸”对“大”与“中”起到了陪衬作用的。颜钧说，金矿的矿砂杂质众多，无法用作商品交换中的等价物来使用。矿砂入炉精炼后成为“精金”，才能用于“贸易交通”。这是一个比方，颜钧把《大学》《中庸》比作金矿砂，经他解读后的“大学中庸”就是“精

① 颜钧：《扬城同志会约》，《颜钧集》，黄宣民点校，第30页。
② 颜钧：《晰行动》，《颜钧集》，黄宣民点校，第51页。

金”。颜钧的文字聱牙诘屈，喜用典故而常缩略，有时很难领会其中的意义。受过正规儒学教育的程学颜，在充分理解其师学说宗旨基础上，对大、学、中、庸四字含义作了浓缩性的概括：

> 自我广远无外者，名为大；自我凝聚员神者，名为学；自我主宰无倚者，名为中；自我妙应无迹者，名为庸。合而存，存一神也。①

“自我”即“心”，“心”有四个功能，一是广阔而没有边际，能够包容一切，是为“大”；二是专一而精神集中，不会分心，叫做“学”；三是能自作主宰，不依靠他物，这是“中”；四是会巧妙应变，不留任何痕迹，此为“庸”。四者皆以“我”为轴心，在内不在外，因而最终是“一”，所谓“合而存，存一神也。”如果简明地说，“大”为“无外”，“学”是“凝神”，“中”为“主宰”，“庸”是“妙应”。如此诠解“心”的功能，让程学颜觉得，颜钧是得到了王阳明心学真谛的：

> 此老亦操心弃身，神通不贰，所以毅乎直述其义为不刊，不啻阳明直指良知为真头面也。②

作学生的往往喜欢高扬其师本领的，程学颜也不例外。依程学颜之见，颜钧对“大学中庸”的诠释与王阳明的“良知”一样，都是直指人“心”的真实面目。

对颜钧学说的理解，程学颜有个先觉得“怪诞”，尔后感到“此老深造”的过程。在南下途中，程学颜追到舟中向颜钧请教：“同舟联榻，不下三旬日，朝夕听受，感悟隐思，渐次豁如，不觉自释其明辨，乃知此老竭力深造，自得贯彻，未为怪诞。”③在颜钧眼里，程学颜领悟能力要比罗汝芳的高得多。能继承他衣钵的程学颜英年早逝，让颜钧勾起了对程学颜“善吾善学”的追思：

---

① 程学颜：《衍述大学中庸之义》，颜钧：《颜钧集》，黄宣民点校，第76页。
② 程学颜：《衍述大学中庸之义》，颜钧：《颜钧集》，黄宣民点校，第76页。
③ 程学颜：《衍述大学中庸之义》，颜钧：《颜钧集》，黄宣民点校，第76页。

“独知程学颜好仁，可与适道，竟为无嗣多娶而丧生矣。止存近溪一杰，始终一致，不倦于学，堪作老侣，而违远千里，年亦入耄，不可遂匹夫邱隅之谋矣。若学颜之及门也，善吾善学，殆近溪所未及者。”[①]《自传》是颜钧77岁时所作。罗汝芳紧随颜钧，为营救他出狱尽了大力，但天资上远不及程学颜。罗汝芳对学问的不倦追求，只能“堪作老侣”，不能单独承担“邱隅之谋”[②]。这是他对罗汝芳的偏见，低估了罗汝芳的能耐。颜钧的学说，随着程学颜的去世而湮没了数百年，倒是罗汝芳接过了他对“赤子之心”的论述，作为自己学说的宗旨，而放异彩于后世。

颜钧对其独创的思想是难以忘的：“为今隐怀，虽如焚烈，回翔审视，年耋时衰，惟抱大中学庸之殷积，时如六龙变化之神能，而精神心力不忍违仁于终食，造次颠沛之晷也。”[③]此为颜钧对自身学术的晚年定论。一是说自己虽已归隐乡间，但内心还是很火炽的。二是说，于耄耋之际，再回眸审视以往岁月里的学术成果，惟有“大中学庸”积累于心中，觉得很殷实。三是说，“大中学庸”不是呆板的，而是像《周易》中所描述的“六龙”一般，是生动活泼、变化不息的。[④]四是说，此即自己一生心血且与孔子仁学的相合之处。

颜钧以为，孔子一生的努力就在“大学中庸”这四个字上：“孔子一生精神，独造大学中庸，晚创杏坛，聚斐居肆，肩承师任，陶冶己心人性。”[⑤]作为传道口诀的“大中学庸”，是把握了孔子仁学的宗旨的，是“大成仁道”的核心。颜钧是个言行不加掩饰的狂人，以为由孔子开创这种“精神”，经过王阳明“良知”说与王艮的“大成学”的接力，最后传到了“耕樵”（颜钧）身上了。颜钧独出心裁地弄了个传承系统，即孔子—王阳明—王艮—颜钧。把理学家所讲的那个道统，即孔孟—二程—朱熹的传承系统否定了。朱熹的传承系统早已成为定论了。颜钧所确定的道统，是一

① 颜钧：《自传》，《颜钧集》，黄宣民点校，第27页。

② “邱隅”，即“杏坛”，相传为孔子讲学处，这里比喻讲学处。邱隅，出自《诗·小雅·黄鸟》：“绵蛮黄鸟，止于邱隅。”

③ 颜钧：《自传》，《颜钧集》，黄宣民点校，第28页。

④ 关于“大学中庸”与《周易》的关系，参见黄宣民、陈寒鸣：《中国儒学发展史》，中国文史出版社2009年版，第1497—1499页。

⑤ 颜钧：《邱隅炉铸专造性命》，《颜钧集》，黄宣民点校，第36页。

般儒生难以认同的。

行文到此，得对颜钧的号作些分析了。“耕樵”是颜钧的号，有时以“樵”或“樵夫”代之。“耕樵”是“耕心樵仁”的简称，后者见于《急救心火榜文》：“千古正印，以衍传于吴农汉，破荒信，彻良知，洞豁乐学，始以耕心樵仁为专业；承流孔孟，辙环南国，继以安身运世为事功。”①“农”就是“山农”。颜钧宣称，千古以来正宗的学问，经过“良知”（王阳明）与“乐学”（王艮）的中介，已传到了他颜山农身上。颜钧强调，自己的学问为“千古正印”，是从孔孟—王阳明—王艮那里承袭下来的，应让它传遍南半个中国，而以安身立命与经世济邦为实际的功效所在。

“耕心樵仁”的真实意思是什么？时下论著是忽略的。有必要从文化史角度作些剖解。古人以地名为号，是以号明志。号，亦称别号。《周礼·春官·大祝》“辨六号”注：“号为尊其名更为美称焉。”这是说，号是除了名、字以外的一个尊称或美称。春秋时已有了称号的现象，较为流行是在唐宋时代，而特盛于明清时代。一部《水浒传》，一百零八将，人人都有一个别号。明代附和魏忠贤阉党的王绍徽所作的《东林点将录》，仿《水浒传》，对东林党人各取一个别号。如把黄宗羲的师长文震孟，点为圣手书生萧让。号为心声，一个人的别号是个人椎心泣血经历的浓缩，是一个时代的政治现实与文化心态在个人身上的体现。在明清鼎革之际，一些有强烈反清意识的士人，常取别号以示自己志向的不变。明末的“八大山人”朱耷，所画鱼鸟每作“白眼向人”之状。他是明宁王朱权的后裔，以“八大山人”为号，因这四个字连写起来，象“笑之”，更象“哭之”，既哭又笑，寄托了朱耷的反清情绪。颜钧以“耕樵”为号，体现了他个人的学术旨趣。“耕”者，耕耘也；“耕心”是对“心”进行精心的耕作，即“养心”。“樵仁”要诠解一下。“樵”一般作名词用，为木柴或打柴人。有时亦作动词用，作焚烧解。如《公羊传·昭公七年》：“焚之者何？樵之也。”“樵仁”是把“樵”作动词来用，意思是让“仁”像火一样发热。让孔子的“仁学”在人世间光大，是“樵仁”的文化意蕴所

① 颜钧：《急救心火榜文》，《颜钧集》，黄宣民点校，第2页。“耕樵”在悼念程学颜英年早逝的文章《程身道传》中，共出现六次。参见颜钧：《颜钧集》，黄宣民点校，第22—23页。

在，也是颜钧毕生努力的方向，他树立了要“天下归仁”的责任感。这促使他在理论上对“大学中庸”有了别出心裁的诠释。颜钧反复声言，自己为孔子的继承者：“是故杏坛也，邱隅也，创始自孔子，继袭为山农，名虽不同，岁更二千余年；学教各种神设，而熔心铸仁，实无两道两燮理也。岂夫子慎独之至止，大成之化工，真为千古无及哉！”[①]“熔心铸仁”与“耕心樵仁”是同义的。颜钧以为，二千年后的自己，只是在名字上与孔子有不同罢了；二千年中的各种学说，与自己的“耕心樵仁”的道理，“实无两道”。颜钧以自己的“大成仁道”为千古绝唱，但是否成为千古绝唱，不是由颜钧说了算的。不可否认，他的上述观点确实是与众不同的。

（二）“贵心”与“养心”

就“耕心樵仁”而言，“樵仁”是目的，“耕心”是手段。“耕心”是说对“心”而言，作精细的耕作以保养，而前提是“贵心”。

先前已讲及，“大学中庸”四个字，不论如何错综变化，归根到底无非是“心”。故而颜钧以为，在“天地”“人身”与“心”之间，“心”是最为宝贵的：

> 窃谓天地之所贵者，人也；人之所贵者，心也。人为天地之心，心为人身之主，默朕渊浩，独擅神聪，变适无疆，统率性融，生德充盈，润浥形躬，亲丽人物，应酬日用，自不虑而知，不学而能者也。故曰：是心也，人皆有之。[②]

“贵”是个价值判断，而不是事实判断。“心”是天地中最有价值的东西，因为“心”渊深浩大，能够“独擅神聪”；“心”是变化无穷的，能统率人性而让其处于融洽的状态；“心”是充盈着生生不息的德性，足以“应酬日用”。“心”是每个人与生俱来的，不要思虑就会“知”，不要学习就会“能”。颜钧对“心”下了个定义：“先圣制‘心’字，以一阳自下，而湾向上，包涵三

---

① 颜钧：《邱隅炉铸专造性命》，《颜钧集》，黄宣民点校，第 36 页。
② 颜钧：《急救心火榜文》，《颜钧集》，黄宣民点校，第 1 页。

点，为三阳，将开泰以帝天地人物之父母也。”[①]把“心”与成语三阳开泰作如此牵强附会的对接，有点匪夷所思，却符合颜钧的学术风格的。“心”是“天地人物父母”得以开启的根源。另一处他把“心”说成是“天下之大本”：“夫是心也，自帝秉御，渊浩天性，神莫精仁，以为人道，时适乎灵聪之明，为知格诚正之修，允端天下之大本者也。”[②]总而言之，“心”是产生天地万物的根本，也是“人道”存在的“大本”。“人道”囊括了儒家所说的致知、格物、诚意、正心、修身等名目。颜钧断言，“心”把儒释道三教都包容了进来：“仰观心字笑呵呵，下笔工夫不用多。横画一勾还向上，傍书两点有偏颇。做驴做马皆因此，成佛成仙也是他。奉劝四方君子道，中间一点是弥陀。”[③]这里颜钧把以前从徐樾处学来的“三教活几”，也即三教合一的思想，纳入了“心”的轨道里。如此珍贵的“心”，“众人则皆不能惜重，瓦裂自败”。颜钧觉得头等大事是“立学以养心”，把“心”滋养好，“斯得所贵”。[④]

如何“养心”呢？颜钧以为，先得去除“心火”，即除掉人生中的种种烦恼与苦闷。颜钧说他自己在游历过程中，发现“心火”存在有它的普遍性。他说：“孰觉游历随处，举是身家事业。人人心火，忙里堪舆，各各心红，营为宇宙，咸将秉彝同然，竟自支分灭息，汩没天真。”[⑤]人们考虑的只是自身、家庭与事业，人人都有“心火”的毛病；人们忙碌非凡，为名利拼却，把人本有的“天真”湮没了。这个“天真”就是“人皆有之”的，即“不虑而知，不学而能”的“心”。颜钧对此感到心如刀割，“游夫目击心感，肌若割切”。觉得自己有责任，去恢复“心”的本来面目：“是故出世人豪，急了身命大事，先正其心，完复天真。”[⑥]“正心”就是颜钧贴出榜文的期望所在，“俾世人咸归夫中正，正端心学，是农之急救心火”，“除却心头炎火。”[⑦]

---

① 颜钧：《人心道心而执中辨》，《颜钧集》，黄宣民点校，第 14 页。
② 颜钧：《辨精神莫能之义》，《颜钧集》，黄宣民点校，第 13 页。
③ 颜钧：《心字吟》，《颜钧集》，黄宣民点校，第 69—70 页。
④ 颜钧：《急救心火榜文》，《颜钧集》，黄宣民点校，第 1 页。
⑤ 颜钧：《急救心火榜文》，《颜钧集》，黄宣民点校，第 2 页。
⑥ 颜钧：《急救心火榜文》，《颜钧集》，黄宣民点校，第 2 页。
⑦ 颜钧：《急救心火榜文》，《颜钧集》，黄宣民点校，第 3 页。

“心火”一词在古代，内容比较广泛。从天文学角度讲，是大火，为二十八宿之一。在中医学方面，“心火”以火属心。道教视“心火”为炼丹之术，佛门以“心火”为心生烦恼。唐代大诗人白居易，在《感春》中有“忧喜皆心火，荣枯是眼尘”之句，系套用佛门之意。“心，火也”，是中医学常用的术语。颜钧的“心火”与现今所说的心理障碍相近。要说人在一生，没有心理障碍那是不切实际的。

在泰州王门与后学中，把“心火”放在突出的地位并想予以解决是颜钧。江右王门中的万廷言对“心火”有个解释，与颜钧有点相类：“心，火也，性本躁动……光明外铄，附物蔓延，思虑烦而神气竭。如膏穷烬灭，其生几何！古之善养心者，必求一掬清净定水，旦夕浇侵之，庶几转浊为清凉，化强阳为和粹。”万廷言以为，“心火”本质上是躁动不安的，让人思虑烦恼、神气衰竭。古代善于“养心”的人们，用清水天天浇灌“心”，心绪由强盛转为平和。万廷言把这种“养心”的办法称为“洗心”：“《大学》定、静，《中庸》渊泉，《孟子》平旦之息，《大易》艮背之旨，洗心之密，皆先此为务，润身润家国天下，一自此流出。”① 用“养心”以熄灭“心火”，不能说是颜钧的独创，但万廷言只是泛泛而谈，而不像颜钧那样细致精密。颜钧列举了六种具体的“心火”之症：一是“生平不知存心养性”，二是“老死不知葆真完神”，三是“人有亲长也，而火妒妻子，薄若秋云”，四是“人有君长也，而烈焰刑法，缓民欲恶”，五是“人有朋友也，而党同伐异，灭息信义”，六是“世有游民也，而诡行荒业，销铄形质”②。前两种是就个人说的，具体来说是“不知存心”与“不知葆真”。中间三种是就伦理关系讲的。“君长”以严酷的刑法去缓解民众的欲望，是不足取的；“亲长”对待亲人，“薄若秋云”，是不正确的；“朋友”之际，不讲信义、党同伐异，是不可取的。这涉及君臣、父子与朋友这三伦。颜钧对儒家伦理遭到破坏的现象是痛心疾首的。要颜钧抛弃那个时代里所认同的伦常，如同揪着自

① 黄宗羲：《江右王门学案》，《明儒学案》卷二十一，沈善洪主编、吴光执行主编：《黄宗羲全集》（第7册），第589页。万廷言与颜钧为同时代人，曾问学于罗洪先与王畿。

② 颜钧：《急救心火榜文》，《颜钧集》，黄宣民点校，第3页。

己的头发想离开地球一样，是货真价实的乌托邦。最后一种是说“游民”的，他们行踪诡秘，从事不正当的行业。颜钧以为，这都是“心火益热”造成的偏差。端正每个人的“心”，让人们“心火”中摆脱出来，是他的要务所在。他说：“今农愤悱继统于后，盖有得于受传，遂放乎四海，思天下焚溺，由己焚溺也。”[①]以“天下”处于溺世之中，皆因自身的“心”产生的偏差而造成的。自己得到了王艮“大成学”的真谛，萌生把此学“放乎四海”的想法，而以拯救“人心”为宗旨。从抽象的角度说，颜钧希望通过自己的努力，达到“免心暴弃”“去心弄慧”“攻心躁妒”“困心衡虑”“贪心慕位”“戕心贼德”。[②]这些“由己焚溺”的弊病，具体表现自暴自弃、故作聪明、急躁妒忌、追求名利、德性缺失、迷于货色等，是颜钧要除却的六种“心头炎火”，是“养心”的前提。

颜钧以“急救心火”为题在豫章的讲学，吸引了一大批士人，其中以罗汝芳因此而拜师为最著名。在颜钧看来，“养心”的正确途径是向善的方向行进，不是刻意去抑制理学家所说的邪恶的人欲。颜钧强调，治疗“心火”的关键在于“自信其心”。“蛇师不畏蛇”“幻师不畏水火”，因为他们相信“咒术”与“幻术”在自己的“心”中，有着“辟蛇”与“辟水火”的能力。[③]“自信其心”，就是树立相信自身的意识，不被外在的条框所限制，也就是王艮所言的“自立门户”。一直为“制欲”所困扰的罗汝芳，豁然开悟了。这是颜钧“养心”说取得实效的例子。

颜钧的“贵心”与“养心”，与王艮关系匪浅。颜钧尝自述王艮对他的期望：

> 孔子学止从心所欲不逾矩也。矩范《大学》《中庸》作心印，时运六龙变化为覆载持帱以遯世。子既有志有为，急宜钻研此个心印，为时运遯世之造，会通夫子大成之道，善自生长收藏，不次宜家风乡邦及国而天下也，亦视掌，复如子之初篮萃和会三月矣。[④]

---

① 颜钧：《急救心火榜文》，《颜钧集》，黄宣民点校，第3页。
② 颜钧：《急救心火榜文》，《颜钧集》，黄宣民点校，第2页。
③ 贺贻孙：《颜山农先生传》，颜钧：《颜钧集》，黄宣民点校，第82页。
④ 颜钧：《自传》，《颜钧集》，黄宣民点校，第25页。

这段话对吃透颜钧"大成仁道"说至关重要。"心印"是佛家语，又名佛心印。《坛经》中有"师曰：吾传佛心印，安敢违于佛经"的话。"师"指惠能，按照禅的本意，是不立文字，不依言语，以心为印。"心印"是获得佛教真谛的不二法门，"心印"相传只能是当面口授心传的方式，以保持佛门的薪火相传。惠能的话王阳明运用得很是熟练："此格致诚正之说，所以阐尧舜之正传而为孔氏之心印也。"[①]王艮使用"心印"，是从王阳明那里来的。王艮视《大学》与《中庸》为孔子学问的"心印"。王艮以为，颜钧对"心印"是有志向的，是想有所作为的，就要尽快加紧钻研，以"会通夫子大成之道"。对它要善于收藏，让它生长开来。把它推及到家乡、国家与天下，如同掌中之物，就像你以往建立萃和堂一样。"钻研心印"就得从"心"着手，故颜钧有"贵心"与"养心"的主张。

颜钧对王艮"大成学"是既有"且合"又有"且离"："山农受传，而造有获，自成仁道。"[②]"有获"是说自己从王艮那里继承了"大成学"，"自成"是说他把"大成之道"发展为"大成仁道"说。这又体现在他对《乐学歌》的修改上。王艮原文为"人心本自乐，自将私欲缚"时，颜钧把"自将私欲缚"删掉了，改成了"自知中正学"。这一改动与泰州王门的一个重要特征相关，即反对刻意压抑人欲。他在《急救溺世方》的四个方案中，有一个"大遂以聚民欲"[③]，很能说明这一点。

---

① 王守仁：《大学问》，《王阳明全集》卷二十六，吴光等编校，第 972 页。
② 颜钧：《录阳明心斋二师传道要语》，《颜钧集》，黄宣民点校，第 42 页。
③ 颜钧：《耕樵问答·急救溺世方》，《颜钧集》，黄宣民点校，第 53 页。

第三节 “大成仁道”说续

（一）“制欲非体仁”

要讲清“大成仁道”说，颜钧有个绕不过的门坎，那就是如何看待“体仁”。颜钧断言，“制欲”与“体仁”是两个不同的路向，“制欲”不能达到“体仁”的目的。有关颜钧与罗汝芳的论著，讲到“制欲非体仁”时往往一笔带过而无视其中丰富的内涵，我觉得有详解的必要。“制欲非体仁”与罗汝芳拜颜钧为师之事相关：

> 庚子，会考省中。缙绅士友大举学会，见吉中山农颜公钧。山农出泰州心斋王先生之门，而解演说“致良知”义旨。师因述己昨觏危疾，而生死毫不动心；今失科举，而得失绝弗撄念。山农俱不见取，曰：“是制欲，非体仁也。吾侪谈学，当以孔孟为准。志仁无恶，非孔氏之训乎？知扩四端，若火燃泉达，非孟氏之训乎？如是体仁，仁将不可胜用，何以制欲为？”师闻之悟曰：“道自有真脉，学原有嫡旨也。”遂师事之。①

省试中罗汝芳落第了，打着“急救心火”的颜钧，根本不相信罗汝芳的心态会平静如水。古代士人对落第常常是刻骨铭心的，多年的寒窗之苦读化作了尘埃。落第的士人留下了很多落第诗，状写其内心的忧虑、焦躁与不满。晚唐著名的现实主义诗人杜荀鹤（846—约906），出身寒微，数次赴长安应考不第，中年始中进士。《下第东归道中作》一诗，道尽落第后的真实心态：“一回落第一宁亲，多是途中过却春。心火不销双鬓雪，眼泉难濯满衣尘。苦吟风月唯添病，遍识公卿未免贫。马壮金多有官者，荣归却笑读书人。”落第后的杜荀鹤，“心火”一下子就窜上来，黑发变成白发。落第意味着多年努力刹那间的破灭，带来的是彷徨失落的感受，是椎心泣血的伤痛。颜钧对罗汝芳的怀疑是有客观事实为依据的。

---

① 曹胤儒：《罗近溪师行实》，《罗汝芳集》，方祖猷、梁一群等编校整理，第834页。

颜钧的同乡而略后于颜钧的贺贻孙，对罗汝芳拜师的过程描绘更为具体：

> 始罗为诸生，慕道极笃，以习静婴病，遇先生在豫章，往谒之。先生一见即斥曰：“子死矣，子有一物，据子心，为大病，除之益甚，幸遇吾，尚可活也。”罗公曰：“弟子习澄湛数年，每日取明镜止水，相对无二，今于死生得失不复动念矣。”先生复斥曰：“是乃子之所以大病也，子所为者，乃制欲，非体仁也。欲之病在肢体，制欲之病乃在心矣。心病不治，死矣。子不闻放心之说乎？”……子惟不敢自信其心，则心不放矣。不能自见其心，则不敢自信，而心不放矣。孔子曰：‘朝闻道，夕死可矣。’放心之谓也。孟子曰：‘学问之道无他，求其放心而已矣。’但放心则萧然若无事人矣。观子之心，其有不自信者耶！其有不得放者耶！子如放心，则火然而泉达矣。体仁之妙，即在放心。初未尝有病子者，又安得以死子者耶？”罗公跃然，如脱缰锁，病遂愈。迎归，师事之甚谨。[①]

颜钧告诉罗汝芳，有“心病”盘踞在你身上。治疗“心病”的药方是，“体仁之妙，即在放心”。孟子讲“放心”，是说把失去的本心找回来。颜钧说“放心”的关键，是“自见其心”“自信其心”。“心”不应被缰锁困住，要顺其自然，“萧然若无事人”。颜钧又引申孟子之意说，“心”要像火一样燃烧、泉水那样流畅，不断地进行自我扩充。颜钧断言，罗汝芳是有心病的，像绳索一样把自身束缚了，即心中始终有着克制自身欲望的念头。

罗汝芳的“心病”，依颜钧之见，就是主观精神为理学家的禁欲主义说教所束缚。罗汝芳说，自己遵循理学家薛瑄的办法，去做克制欲望的修养工夫。他把一盆水放在面前，要求心静如水不生任何念头。薛瑄（1389—1464），笃信朱熹的“复性”说，为明初程朱理学的代表性人物。他立志克私欲，复天理，以达到圣人的境界：“气质变极难，十分用力，犹有变不能尽者，然亦不可以

① 贺贻孙：《颜山农先生传》，颜钧：《颜钧集》，黄宣民点校，第82—83页。

为难变而遂懈于用力也。”①“尝念颜子三月不违仁，诸子或日一至焉，或月一至焉。吾自体验此心，一日之间，不知几出几入也，以是知圣贤之学极难，而亦不可不勉。”②“气质”是指“气质之性”，“变”是指由“气质之性”易为“天地之性。”③张载提出的“变化气质”的主张，为二程所继承，并在朱熹那里以“复性”说获得更为完备的形式。朱熹说：“论天地之性，则专指理而言；论气质之性，则以理与气杂而言之。”④“专指理”的天地之性，是至善无恶的；“理与气杂”，被安排在具体的人性中，是有善有恶的。从“气质之性”转为“天地之性”的办法，在朱熹心中就是“复性”说。朱熹“复性说”要点有三：1.人生来就有天赋的“明德”，即“本明”的心具备至善的“天理”，有用来应付万事而无有不得当的功效。这就是“天地之性”。2.就每个具体的人而言，“明德”为“气禀所拘，人欲所蔽”，如同明镜蒙上尘垢变得昏暗一样，需作“存天理，灭人欲”的修养功夫，使本体之明得到扩展，以达到“复其初”。3.“复其初”就是理学家最喜欢讲的“复性”说。⑤薛瑄觉得“气质变极难”，绞尽脑汁还是无法恢复到“仁”的境界。一天之中，他心中去恶为善的念头不知出入了多少次，结果是依然不合“圣贤之学”的要求。薛瑄觉得“复性”是很困难的事，仿效者罗汝芳要想成功自然是天大的难事。

“制欲非体仁”，是颜钧在嘉靖十九年（1540）提出的。“欲”在这里，既指与生俱来的人的生理欲求，又指人对外部世界的事物追求而激起的物欲。“体”为体认之意，系宋明学家经常使用的术语。颜钧告诉罗汝芳，克制欲望不合孔子“体仁”本意。程朱理学与陆王心学，在理论上有所不同，但主张“存理灭欲”上并无不同。颜钧虽说是王阳明的再传弟子，但他不赞成为学是沿着抑制恶的路向发展（“志仁无恶”），强调要顺着为善的路向去行进（“知扩四端”）。前者与孔子的“仁学”相合，后者同孟子“性

---

① 薛瑄：《薛文清公读书录》卷六，商务印书馆民国二十八年（1939）年版，第110页。

② 薛瑄：《薛文清公读书录》卷六，第103页。

③“气质之性”与“天地之性”的区分始创于张载。他以为人人都有“天地之性”，但因每个人禀受阴阳之气不同，产生了有差别的个体本性。“气质之性”有清有浊，表现为善或恶，“天地之性”是至善无恶的。如何去恶向善呢？据此，张载提出了“变化气质”的主张。

④ 黎靖德编：《朱子语类》卷四，王星贤点校，第67页。

⑤ 朱熹：《四书章句集注》，第3页。

善论”一致。孔子说“仁将不可胜用”，孟子说“四善端”会像火一样燃烧、像泉水一样通达，扩充起来。罗汝芳听了后一下子醒悟了：“道自有真脉，学原有嫡旨。”

就明清两代士人与学者的实际情况而言，理学的“存理人欲”的禁欲主义，像水银泻地般地影响到他们的心灵深处。下面举几个实例来说明。宣德八年（1433）的状元曹鼐，任江西泰和县典史时，“因捕盗，获一女子，甚美，目之心动。辄以片纸书‘曹鼐不可’四字火之，已复书，火之。如是者数十次，终夕竟不及乱。”[①]在明代，理学家注释的儒家经典是科举考试的必读书籍，以朱熹的《四书章句集注》为尤。[②]不钻研程朱理学的著作与学说，曹鼐是不会金榜题名的。对面貌姣美女性的“心动”，是男性出自本性而产生的刹那间的冲动，对男性来说是难以抵挡的诱惑。曹鼐觉得这是万恶的人欲，在“天理”与美色之间斗争了几十次，最后是美色的诱惑在“天理”面前退却了。另一位是明代大忠臣杨继盛（1516—1566），因上书弹劾奸臣权相严嵩十大罪状，入狱后受尽酷刑。临终前他写了封家书给两个儿子，告诫他们要“做君子”。“做君子”的前提是“存天理”：“心里若是存天理，存公道，则行出来，便都是好事，便是君子这边的人。心里若存的是人欲，是私意，虽欲行好事，也是有始无终，虽欲外面做好人，也被人看破你。”信的结尾处，杨继盛还着重关照地说：“居家做人之道，尽在是矣。”[③]以“天理”为“公道”，视“人欲”为“私意”，杨继盛的依据来自朱熹：“是底即天理之公，非底乃人欲之私”“学者工夫只求一个是。天下之理，不过是与非两端而已。从其是则为善，徇其非则为恶”[④]。一个人在生命行将结束之际，所嘱咐的定是内心深处的真实想法。他希望两儿子像他那样，遵循理学家“存天理灭人欲”的道理，时时刻刻去规范自身的言行。

也有少数先笃信“制欲体仁”尔后反悔且进行激烈批判的思想家。一个是与王阳明关系密切的黄绾，另一个是清初颜李学派

① 焦竑：《行谊》，《玉堂丛语》卷一。

② 明代科举考试的科目，参见《明史·选举志》。明太祖在诏令中明言：“国家明经取士，说经者以宋儒传注为宗……其有剽窃异端邪说，炫奇玄异者，文虽工弗录。”（《松下杂钞》卷下）

③ 喻岳衡编：《历代名人家训》，岳麓书社1991年版，第180—184页。

④ 黎靖德编：《朱子语类》卷十三，王星贤点校，第229页。

的创始人颜元。[1]黄绾（1477—1551），浙江台州人。正德五年（1510）在北京和王阳明相见。后与王阳明、湛若水成为挚友，为他由信程朱之学转向阳明心学的之始。嘉靖元年（1522），在余姚听王阳明讲“致良知”说，以为圣学在是，称王阳明为师，自称门弟子。后擢为光禄卿，在朝中为王阳明说过些好话。据黄绾自述，“闭户书室，以至于终夜不寐，终日不食，罚跪自击，无所不至。又以册刻‘天理’‘人欲’四字，分两行，发一念由天理，以红笔点之；发一念由人欲的，以黑笔点之。至十日一数之，以视红黑多寡为工程。又以绳索系手臂，又为木牌，书当戒之言，藏袖中，常检之以自警。如此数年，仅免过咎，然不能无猎心之萌。”[2]黄绾十天统计一下，看看红点多还是黑点多，以确定“天理”与“人欲”何者为胜。持续了数年之久的“红黑工程”，在消除“人欲”没有多大的效果，“不能无猎心之萌”。到了晚年，黄绾始觉阳明心学之非，贬之为禅学。他觉得，私欲为人的真性所在，是人类活动的客观性依据所在。

上述事例，是颜钧提出“制欲非体仁”观点时，所处的文化背景与士人及学者们的心理氛围。禁欲主义要求人们极力抑制自我的欲望，剔除一切可能影响道德纯洁的因素，以符合程朱、陆王的“天理”。试想一个人言行，整天为什么是“天理”、什么是“人欲”所笼罩，人的天性绝对是被抑制了的。要冲破理学的天罗地网，受过正规儒学教育的士人，是很难做到的。只有像颜钧那样，胸中没有理学的清规戒律束缚，比较容易冲破“存理灭欲”的禁欲主义的框架，当然这需要极大的勇气，程学颜的“此老好怪”之感叹，正是一般士人对颜钧主张的正常反应。明代著名学者王世贞称，颜钧“每言人之贪财色皆自性生，其一时之所为，实天机之发，不可壅阏之。第过而不留，勿成固我而已”[3]。王世贞是看到了原始材料后而记录下来，应该说是可信的。颜钧想通过“大聚以遂民欲”以实现“天下归仁”的社会理想。颜钧同王栋一样，是用自然人性论对抗禁欲主义，用情欲论来对抗“天理”论。受颜钧的

① 黄绾是“红黑工程”，颜元是“黑白工程”的情况，详见朱义禄：《颜元李塨评传》，南京大学出版社 2006 年版，第 48—50 页。

② 黄绾：《明道编》卷二，中华书局 1959 年版，第 23 页。

③ 王世贞：《嘉隆江湖大侠》，《弇州史料后集》卷三十五。

影响，罗汝芳有“嗜欲”出自“天机”之说：“万物皆是吾身，则嗜欲岂出天机外耶？”[①]前一句看到，王艮“身本”论在罗汝芳身上所留下的痕迹；后一句，活脱脱是颜钧主张的同义语。“制欲非体仁”说，是颜钧敏锐地感受到了理学禁欲主义对众多士人心灵的戕害所提出的抗议。

（二）“大聚以遂民欲”的民本思想

在《耕樵问答》中有一篇《急救溺世方》，颜钧以自问自答的形式，畅述自己的民本思想，核心是“大聚以遂民欲”。前已说及，“樵仁”是让“仁”遍布世间，发扬光大。他的社会理想是“天下兮归仁”[②]“上下四旁兮同囿仁”[③]。颜钧的思路很清晰，他要把个体欲望的满足，进一步拓展到整个社会中去。

“天下归仁”的社会理想，是颜钧对孔子“仁学”与孟子的“仁政”思想的继承与发挥：“承流孔孟，辙环南国，继以安身运世为事功”。[④]“运世”即“济世”，指积极参与国家的治理与社会事务的管理；“运世”的目的是为了“安身”，即“人心丕正，明哲保身，老安少怀，乐孥豫亲，所欲与聚，所恶毋侵”。[⑤]有一次，他外出宿于玄妙观中，在梦中他见到这样的情景：“出入孔孟家乡，掀掀昴昴，老者安，少者怀，朋友琢磨，瑟僩喧扬。兴仁兴让，愚明柔强，达之天下，血气亲芳。”[⑥]颜钧以“老安少怀”与“天下归仁”为自身追求的目标，这一理想是从“大成仁道”说中派生出来的，理想是针对现实不满而生的。颜钧指明，民众处于水深火热的状态，是由当时的社会动乱引起的，故对明朝政局作了尖锐的指责：

> 今天下四十余年，上下征利，交肆搏激，刑罚灭法，溢入苛烈。赋税力役，科竭蔀屋。逐溺邦本，颠覆生业。触变天

① 黄宗羲：《泰州学案一》，《明儒学案》卷三十三，沈善洪主编、吴光执行主编：《黄宗羲全集》（第8册），第49页。

② 颜钧：《歌乐学》，《颜钧集》，黄宣民点校，第63页。

③ 颜钧：《衍歌》，《颜钧集》，黄宣民点校，第63页。

④ 颜钧：《急救心火榜文》，《颜钧集》，黄宣民点校，第2页。

⑤ 颜钧：《急救心火榜文》，《颜钧集》，黄宣民点校，第3页。

⑥ 颜钧：《旅词》，《颜钧集》，黄宣民点校，第75页。

地，灾异踣突。水旱相仍，达倭长驱。战陈不息，杀劫无厌。海宇十室，九似悬磬。圩野老稚，大半啼饥。[1]

明代皇帝在位超过四十年的是嘉靖与万历，与颜钧生平相结合来看，“今天下四十年”只能是嘉靖年间。是文句句触及嘉靖时期诸多社会弊端，如赋税徭役之沉重，北虏南倭之侵扰。笃信道教的嘉靖帝，追求长生不理朝政已多年。大臣有敢谏者，动辄廷杖下狱。严嵩、严世蕃父子趁机窃柄弄权，加上宦官染指政局，官僚相互倾轧，国事弄得一塌糊涂。西北边境和东南沿海常年遭受蒙古与倭寇的侵扰，民不聊生。颜钧敏锐地指出，当时的社会，在上的统治者以猎取利益为信条。严法酷刑，变本加厉，苛捐杂税，劳役加派，让贫民濒于破产。“蔀屋”，指草席盖顶的屋子，即贫者之居。加上自然灾害频仍地突发，水灾与旱者交替而来。“圩”有两义，一为江、淮地区里防水护田的堤，一为有土围住的、中央抵四边高的地区。“圩野老稚，大半啼饥”中的“圩”是指后者。官吏们文恬武嬉，沿海士兵大量逃亡，海防设施久遭破坏，为倭寇活动猖獗提供了可乘之机。嘉靖二十三年（1544），倭寇在山东、南直隶、浙江、福建、广东沿海等地烧杀掳掠，江浙一带民众者达数十万，造成了“海宇十室，九似悬磬”这样惨绝人寰情况的出现。与颜钧同时代的李诩（1505—1593）说：“东南民死焚掠者，死征戍役者，死供饷，死逃亡者，累数十百万人，至不欲为民。”[2]嘉靖三十六年（1557），浙直闽总督胡宗宪写信给程学颜，礼聘颜钧参与剿灭海盗。次年，颜钧为胡宗宪出谋划，参与了舟山击倭一事。颜钧“今天下四十年”所说的社会情况，当为其所见闻实录的概括。颜钧强调，统治阶级对民众的剥削和压迫，民生凋敝、满目疮痍格局的造成，以及没有平定倭患，“责在君臣”[3]。

颜钧是有着强烈的忧患意识的儒者，这是儒家自孔、孟以来千古相承的传统。[4]对挽救危世格局，他提出四个解决方案：“大赍

---

① 颜钧：《耕樵问答·急救溺世方》，《颜钧集》，黄宣民点校，第 53 页。
② 李诩：《戒庵老人漫记》卷五，中华书局 1982 年版，第 187 页。
③ 颜钧：《耕樵问答·急救溺世方》，《颜钧集》，黄宣民点校，第 53 页。
④ 关于孔、孟的忧患意识，详见朱义禄：《儒家理想人格与中国文化》，第 177—181 页。

以足民食，大赦以造民命，大聚以遂民欲，大教以复民性”[①]这涉及经济、法律、民生与教化四个方面。一是“诏蠲天下贡赋，三年免征，大苏民困乐有余”。[②]朝廷应当免征三年的税赋，让民众休养生息，得以安居乐业。二是“随领洗牢，恩赦一切，原恶重罪，均与其生”[③]。是说朝廷要大赦天下，即使是重犯，也要给他一条活路。

第三个方案“大聚以遂民欲”。颜钧之意很明确，就是百姓的欲望应当聚拢起来，统治者要设法满足之：“次查怨女旷夫，激逐漂流，三种无告者，尽行四方，富豪士民各量力，命其周护以为之所，欲与聚在在人人而得所，所谓匹夫匹妇咸被尧舜之泽。”[④]“怨女旷夫”源于《孟子·梁惠王下》：“内无怨女，外无旷夫。”齐宣王对孟子说，我有个毛病，就是好色。孟子答道，只要没有找不到丈夫的老处女，也没有找不到妻子的单身汉，“王如好色，与百姓同之，于王何时有？”是说齐宣王“好色”并不是什么毛病，只要你与百姓同心同德，实行仁政而一统天下有什么困难呢？“无告者”出自《孟子·梁惠王下》：“老而无妻曰鳏，老而无夫曰寡，老而无子曰独，幼而无父曰孤；此四者，天下之穷民而无告者。”颜钧有笔误，撰写时没对核对原文，凭记忆想当然地错记为“三种”。“欲与聚在在人人而得所”，出自孟子视民心的向背是得天下或失天下关键的主张。这一主张见于《孟子·离娄上》：“桀纣之失天下也，失其民也；失其民者，失其心也。得天下有道：得其民，斯得天下矣；得其民有道：得其心，斯得民矣；得其心有道：所欲与之聚之，所恶勿施，尔也。”这是孟子在总结历代兴亡教训。颜钧的意思与孟子一样，认为当权者要维护统治的长治久安，就要获得民众出自内心的拥护。“得其心”的要诀是民众所希望得到，统治者要“所欲与聚”；民众所厌恶的，统治者一定要“所恶毋侵”。“欲与聚在在人人而得所”，是讲统治者要改变当前社会的危局，就要设法满足民众希望得到的东西。“怨女旷夫”与“无告者”是社会中生活水平最低的人们，要让他们“咸被

---

① 颜钧：《耕樵问答·急救溺世方》，《颜钧集》，黄宣民点校，第 53 页。

② 颜钧：《耕樵问答·急救溺世方》，《颜钧集》，黄宣民点校，第 53 页。

③ 颜钧：《耕樵问答·急救溺世方》，《颜钧集》，黄宣民点校，第 53 页。

④ 颜钧：《耕樵问答·急救溺世方》，《颜钧集》，黄宣民点校，第 53 页。

尧舜之泽”，颜钧以为前提为“大聚以遂民欲”。“大聚以遂民欲”的对立面，就是理学家倡导的禁欲主义。颜钧对理学开山祖周敦颐的禁欲主义，作了猛烈的抨击：

> 至曰无欲为一，各家操习，率皆迷羲之画、孔之信，又不追溯舜之精、文之纯，贸贸探采释家下乘，时时拂扫之勤，滥拟群一同功。甚者，破碎一生神思，收放心，去欲念，竟莫窥见此一即天心天日，此心自有聪明，随所欲不逾矩者。况归除运世二千年代[来]，杏坛绝响，不可痛乎！①

文中的“无欲为一”，是针对周敦颐而言的。有人问周敦颐，学做圣人的要诀是什么？周敦颐回答说：“一为要。一者无欲也，无欲则静虚、动直，静则虚明，明则通；动直则公，公则溥。”②周敦颐的意思很清楚，学做圣人先要树立起禁欲主义的信条，这被颜钧概括为“无欲为一”。对理学开山祖这一观点，朱熹有个解释，“此章之指，最为要切”。③接着颜钧指出，周敦颐的主张是承袭了佛教渐修的方法，“采释家下乘，时时拂扫之勤”。对儒家来说，成圣是士人崇圣情结的终极目标；对佛教而言，成佛是每个佛教徒心仪的首项。惠能创立的禅宗之前，佛教以渐修为成佛的主要途径。神会在与惠能争夺衣钵时作了一首偈：“身是菩提树，心如明镜台，时时勤拂拭，莫使有尘埃。”④理学家袭取了佛教的思想，鼓吹在道德修养中，对镜子中的灰尘“时时拂扫之勤”，以达到“收放心，去欲念”的目标。颜钧以为，理学家这种修养工夫，会让人“破碎一生神思”，让人们见不到自身内心的真实情况，“莫窥见此一即天心”。要让人们知晓这一人人“自有聪明”的“此心”，是二千年以来孔子的学脉得以承续的原因所在。在颜钧看来，要使“杏坛绝响”这一令人痛心的事实不发生，就不能让民众听从理学禁欲主义说教。

禁欲主义是毫无可取之处的。因为人的欲望是无法禁绝的，无

① 颜钧：《耕樵问答·圣儒一传辨》，《颜钧集》，黄宣民点校，第49页。
② 周敦颐：《通书·圣学第二十》，《周敦颐集》，陈克明点校，第31页。
③ 朱熹：《通书解》，《周敦颐集》，陈克明点校，第30页。
④ 郭朋：《坛经校释》，中华书局1983年版，第12页。

论与生皆来的生理上的欲求，还是后天产生的社会属性的欲求。欲望除了先天性的本能外，还有着后天逐步形成的欲望，这与人的社会属性相关。例如人们对财富、地位、名誉、利益等的追求，无一不体现了欲望的社会属性。政治因素、经济地位、社会观念、时代思潮、哲学理论等，是制约这种属性的形成与发展的诸多因素。人的欲望除了维持生存的物质欲望外，还有着进一步改善物质生活条件的欲求，还有着对精神上追求的种种需要。这都会发生在活生生的人的身上，可能是同步萌生的，也可能是先后发生的。

自从王艮提出“身本”论以后，泰州王门的学者，形成了重视个体生命与人的欲望传统。作为生存哲学的“身本”论的前提，是同满足人的欲望是官不可分的。“身本”论在颜钧身上留下了深深的印痕，他强调“身”对“道”的优先地位：“圣贤教人只修身，身立方知学道真。”[①]顺此逻辑，个体生命的保存，就是人生的头等大事：“人坐往世兮胡自由，惜身保命兮当急求。”[②]否定“去欲念”，倡导“大聚以遂民欲”，与王艮的“身本”论是有着内在关联的。如果说王栋的主张，呈现出的是朴素的状态、物质意义上的话；那么，颜钧的观点则进了一步，其要求是精神生活上、社会意义上的需求。王栋的“欲”是“耳目口鼻四肢”功能的自然展开，它所指向的是客观外界对象中的物质层面；颜钧担心是禁欲主义俘虏人的心灵后，会影响二千年来孔子开创学脉的“绝响”，其指向的是更高一层的精神性的需求。

第四个方案是讲选择贤能的学者，对民众进行道德教化：“广搜有位无位、学德智仁堪称贤能者，取聘来京，均授孔氏心造，躬佩孝弟慈让，大学大道，衍教四方，丕易人心，期年归仁而有成，数月悦服而尊亲。”[③]不管在社会上地位煊赫的，还是默默无闻位的，只要学识与道德方面称得上“贤能者”，都要把他们礼聘到京都，对民众“均授孔门心造”。以便改变民众的“人心”，达到“归仁而有成”“悦服而尊亲”的地步。重视道德教化，是孔孟以降的儒家学者的共同主张，颜钧也未出此藩篱。实施四个方案

① 颜钧：《自吟》，《颜钧集》，黄宣民点校，第 73 页。
② 颜钧：《歌自由》，《颜钧集》，黄宣民点校，第 66 页。
③ 颜钧：《耕樵问答・急救溺世方》，《颜钧集》，黄宣民点校，第 53 页。

的目的，是要达到“足民食”“造民命”，其对民众关切之情跃然纸上。

救世方案靠什么力量来实施呢？颜钧把希望寄托于贤相与仁臣身上：“若樵揆度，须附得志宰相，采庸神明，化裁左右，行即不啻弹指折枝矣。”[①]“今天下久倒悬于水旱兵戈征乱，达虏倭夷酷虐，侵渔危患，阱陷生灵，无告无谋，可谓水益深、火益烈也。曾有一仁臣如文王之心、伊尹之志，欲救尧汤七年九年水旱之苦，忧皇皇思回天心，即可运今日颠危如反掌，即可视孔子入鲁三月国大治耶！”[②]无论是“得志宰相”，还是有“文王之心、伊尹之志”的“仁臣”，抑或“孔子入鲁大治”，都是把解救危局的重任，压在个别少数人身上，当为不切实际的空想。空想是把实现诉诸于虚幻的可能性上，而不是现实的可能性，所以不是经过努力可以达到的。然而一种空想不是在任何时代都能萌生的，空想的产生有它真实的社会条件与历史背景和文化氛围。颜钧想用想像中的方案来排除现实中“危患”的愿望，同时就是社会实际中存着“倒悬于水旱兵戈征乱”现实的证明。尽管颜钧的救世方案所依靠的力量过于空泛，沉湎于幻想式的愿望里，但他的内心深处是蕴藏着民众的。

综上所述，颜钧的“大成仁道”说，以“自我”（“心”）为基石，强调“贵心”“养心”以解决人们的“心火”。这种“心火”是理学禁欲主义不断地进行心灵上自我拷问后产生的，与孔子“体仁”的本意是格格不入的。由此颜钧提出了“制欲非体仁”的命题，而应用于解决社会问题时，则有“大聚以遂民欲”主张的揭橥，期望社会走向“天下归仁”的理想。这是颜钧“大成仁道”学说的脉络。

---

① 颜钧：《耕樵问答·急救溺世方》，《颜钧集》，黄宣民点校，第54页。
② 颜钧：《耕樵问答·晰大学中庸》，《颜钧集》，黄宣民点校，第50页。

第四章 高擎平等大旗的何心隐

王艮力倡“明哲保身”论，但泰州王门诸贤中有一半是无法安稳地生活的。颜钧受诱骗而蒙受牢囚之苦，李贽因言行出格被捕而自刎于狱中，何心隐因对抗当局的举动而惨死。三人罹难的情况有所不同，但受专制主义的迫害是相同的。其间以高擎平等大旗的何心隐所受的迫害最烈。被封疆大吏王之垣称为“大奸”的他，不仅改姓易名，而且经历了十八年的颠沛流离的生涯。何心隐灌注了自己财力与心血的聚和堂，是想借助于人际平等关系的建立，以期实现自己的社会理想，但最终在当地官府的迫害下轰然倒塌。他是一个非“名教所能羁络”的启蒙思想家，他的平等思想为黄宗羲与谭嗣同所承接，成为他们追求君臣关系平等的理想与冲决纲常名教的民主思想的先导。

第一节 何心隐的生平与著作

（一）办聚和堂

何心隐（1517—1579），原名梁汝元，字柱乾，号夫山。江西吉安府永丰县人。幼年潜心经史，聪颖拔群。嘉靖二十五年（1546），30岁时，郡试中第一名。被试官称为“天下奇才。由是远迩闻名”。[①]他原可沿着这条坦道进入士人们梦寐以求的仕途，“及闻王心斋先生良知之学，竟芥视子衿，乃慨然曰：‘道在兹矣！’遂师颜山农，即以继孔孟之传”[②]。王艮的影响力之大由此可见一斑，但哲人已逝，何心隐便投奔颜钧门下，以期学到孔孟之道的真谛。何心隐说：“心、意、知，莫非身也，本也，厚也。天下、国，莫非家也，本也，厚也。”[③]说“身”包容了“心”“意”与“知”，这样讲“身本”论，无疑是切“合”了王艮之意的。不过，说“家”为“天下”与“国”之“本”，那是“离”却了王艮原意的。“家本”说是何心隐的新见，是为他以家族的血缘关系为纽带的聚和堂的主张与实践张目的。

大约出于对其师行为的效仿，何心隐在家乡成立了聚和堂。为

---

① 邹元标：《梁夫山传》，《何心隐集》，容肇祖点校，第120页。
② 邹元标：《梁夫山传》，《何心隐集》，容肇祖点校，第120页。
③ 何心隐：《矩》，《何心隐集》，容肇祖点校，第33页。

此他献出家财，“捐千金，创义田，储公廪，以待冠婚丧祭鳏寡孤独之用”[①]。黄宗羲说他，“谓《大学》先齐家，乃构萃（聚）和堂以合族，身理一族之政，冠、婚、丧、祭、赋、役，一切通其有无，行之有成”。[②]族内子弟宿于祠、聚于祠、食于祠，过集体生活，享受平等待遇。何心隐的理想社会的实验，实行了六年，因官府的迫害而解体了。萃和堂只存在了三个月，聚和堂长达六年。缘由是何心隐把聚和堂构筑于宗祠之中。吉安地区历来有重视宗祠的教化作用与社会管理功能的传统。何心隐以财力资助祠堂，想借助祠堂的团结族人的力量，希冀让聚和堂得能以较长时间存在下去。梁姓在永丰是大族，何心隐家道富裕，“狂盖吉州永丰右族也，家累万金”[③]。聚和堂代表全族统一向官方交纳赋税，杜绝了贿赂之类的行为。嘉靖三十八年（1559），因永丰民众反抗邑令“皇木银两”的勒收，官府加罪于何心隐，他被捕入狱，定为绞罪。“皇木”指皇宫与皇陵的建筑用木。明代帝王兴建宫殿与营造坟墓，都得采伐木材。木结构的建筑易遇火灾，经常性的修葺是不可避免的。宫殿是皇权的象征与载体，一旦皇帝心血来潮就会下令修建新宫殿。至于生前构筑精心设计的坟墓，更是每位在世皇帝的重要事项之一。皇木的采办是伴随着明朝始终的，当国库中无力支付伐木中的费用时，“皇木银两”就应际而生了。这从洪武年间就开始了，到嘉靖变本加厉了。笃信道教的嘉靖皇帝，“禁中建大高玄殿，无上等阁，极其绮靡，供奉神祇。外则显灵、灵济等宫，皆为祠祷之所”[④]。在河南、北京、四川、广西、云南、山东、南京等地做过官而又性喜游历的王士性（1547—1598），说及“皇木”时说：“一木之费，辄至千金。川、贵山 中，存者亦罕，千溪万壑，出水为难。”[⑤]吕坤在万历二十五年（1597）上疏中，直言“采木”之危害：“以采木言之。丈八之围 ，非百年之木。深山穷居，蛇虎杂居，毒雾常多，人烟绝少，寒暑饥渴瘴疠死者无论矣。乃一

---

① 何心隐：《县志本传》，《何心隐集》，容肇祖点校，第 125 页。

② 黄宗羲：《泰州学案序》，《明儒学案》卷三十四，沈善洪主编、吴光执行主编：《黄宗羲全集》（第 7 册），第 821 页。

③ 耿定向：《里中三异传》，《耿定向集》卷十六，傅秋涛点校，第 629 页。耿天台称何心隐为“何狂”，“狂”为缩称。

④ 张翰：《灾异记》，《松窗梦语》卷五，上海古籍出版社 1986 年版，第 88 页。

⑤ 王士性：《广志绎》，《王士性地理书三种》，周振鹤编校，上海古籍出版社 1993 年版，第 291 页。

木初卧，千夫难移，倘遇阻艰，必成伤殒。蜀民曰‘入山一千，出山五百。’”（《明史·吕坤传》）“皇木银两”杂税的加派，对聚和堂来说是很大的威胁。这削弱了何心隐的力量，也损害了民众的利益。民众起而反抗，杀伤六条人命。罪名定在何心隐身上，定了绞罪后被减刑，发配到贵州。这时同门程学颜（颜钧弟子）在总督胡宗宪幕中，遂设法让江西巡抚何吉阳以调月的名义，救何心隐出狱。此事是何心隐一生的转折点。此后他不仅无法继续实践他社会理想，而且令他从此走上飘忽不定的流亡人生。

（二）颠沛流离

何心隐此后躲避官府追捕、随处飘泊讲学达十八年之久。行踪遍及大半个中国，北至京师，南及福建，西至重庆，东至东海。何心隐流放贵州后，平倭总督胡宗宪仰慕他的才华，聘他为幕僚。平倭后，他游学南京。后程学颜入京任太仆寺寺丞，何心隐随之进京，聚徒讲学。在京师结识了耿定向，因耿定向的关系与时任国子监司业的张居正，会见于显灵宫。何心隐与张居正二人见面，观点、情绪就呈现尖锐的对立：“江陵谓心隐：‘时时欲飞，第飞不起耳。’心隐气少平，谓江陵：‘居太学，当知《大学》之道云。’心隐退而抚膺高蹈，谓予兄弟曰：‘此人必当国，杀我者必此人也。’”① 张居正一眼看出何心隐是个“时时欲飞”的异端士人，何心隐尖锐而高傲的提问，令张居正很是难堪。何心隐预见张居正将掌权，并在掌权后将杀他。嘉靖四年（1525），何心隐在北京同道士蓝道行参与策划罢免奸相严嵩的计谋。由此他遭到严党的仇视，为避免报复，他改名易姓，将梁汝元改为何心隐。“心隐逸去，从此踪迹不常，所游半天下。”②

这一期间，“历游江南北，所至聚徒讲学。一时名流如罗汝芳、钱同文、夏道南、周良相、耿定向、定力、程学颜、学博兄弟，皆与投契”。③他的学生钱同文是福建兴化人，故在兴化、莆田一带讲学时间最长。后在宁国与知府罗汝芳相会。罗汝芳与他

---

①耿定力：《胡时中义田记》，何心隐：《何心隐集》，容肇祖点校，第142页。

②黄宗羲：《泰州学案序》，《明儒学案》卷三十四，沈善洪主编、吴光执行主编：《黄宗羲全集》（第7册），第822页。

③何心隐：《县志本传》，《何心隐集》，容肇祖点校，第125页。

是同门，本可多耽些时日。嘉靖四十四年（1565）罗汝芳以丁忧离任，他只能离开宁国。隆庆元年（1567），程学博赴重庆府知府任，何心隐跟随好友到了重庆。据《孝感县志》记载，他参与了程学博镇压当地白莲教起义的活动。之后，在杭州、道州、孝感、黄安等地友人处居住。万历初，何心隐在孝感讲学。这引起了张居正的恚怒，而一些地方官员为讨好张居正，积极设法抓捕何心隐。万历五年（1577），湖广巡抚陈瑞下令缉拿何心隐，程学博的弟弟程学颜得知消息后，用船把何心隐驶离湖广到泰州。同年十二月，继任湖广巡抚王之垣继续通缉。次年，他归永丰葬父母，又遭通缉，随即逃往祁门，在学生胡时和那里住了一年多。万历七年（1579），何心隐在祁门县为南安把总朱心学擒获。同年五月关押于江西南安，一个月后转解到武昌。在押解途中，何心隐有二十多封上书，为自己不是“妖人”“盗犯”“奸犯”辩解，“见抚臣王之垣，坐不肯跪。曰：‘君安敢杀我，亦安能杀我，杀我者张某也，择健卒，痛笞之百馀，干哭而已”。[①]九月，被杖杀于狱中。李贽对此评说道：“何心老英雄莫比，观其羁绊缧绁之人，所上当道书，千言万语，滚滚立就，略无一毫乞怜之态，如诉如戏，若等闲日子。今读其文想见其为人，其文章高妙，略无一字袭前人，亦未见从前有此文字。”[②]

何心隐死在狱里，结束了他与当权者的较量。何心隐被捕期间，他的友人对其进行奔波营救，有为他辩冤的，有变卖家产营救的，有愿舍身替死的。胡时和一路陪同何心隐押解到武昌，死后为之收殓尸骨，并遵遗言将何心隐与其好友、以前的救命恩人程学颜合葬。

李贽对何心隐之死，充满着歌颂之辞：“今观其时武昌上下，人几数万，无一人识公者，无不知公之为冤也。方其揭榜通衢，列公罪状，聚而观者咸指其诬，至有嘘呼叱咤不欲观者，则当日之人心可知矣。”[③]许多论著作乐于摘录而信其事，在信息传递不甚发达的古代，要“数万”人形成共识，可能性是很小的。对何心隐有

① 王世贞：《嘉隆江湖大侠》，《弇州史料后集》卷三十五。

② 李贽：《与焦漪园太史书》，《续焚书》卷一，张建业主编：《李贽文集》（第 1 卷），第 27 页。

③ 李贽：《何心隐论》，《焚书》卷三，张建业主编：《李贽文集》（第 1 卷），第 83 页。

崇拜心的李贽，颂扬的言辞中有夸大是很正常的。时贤论及何心隐之死时，率多引用的是李贽那些带有夸张色彩的言辞，而对站在客观立场上的顾宪成的议论，往往不予足够的注意。应当说，顾宪成的评议是相当公允的。顾宪成对何心隐与张居正做了比较：

> 予读杨思夷先生（坦）所辑《怀师录》，为之出涕，作而叹曰："异哉，梁永丰落落布衣也，其生也不能富人，不能贫人，不能贵人，不能贱人，樵儿牧稚可狎而睨焉。比其死也，人皆冤之。为之徒者，且相与捐身以赴之，至冒鼎镬，蹈白刃而不恤。张江陵堂堂相君也，其生能以人贫，能以人富，能以人贱，能以人贵，公卿百执事侈口颂功德焉。比其死也，人皆快之。为其党者，且戢身以避之，惟恐影响之不悬，以蒙其累。是何两之人处势微显判然，而得失之效更自相反，何也？此以心服，彼以力服也。"①

这是顾宪成看了《怀师录》以后的感想。何心隐的门人周复、杨坦等，把何心隐被捕后的沿途上书及其它文字，合在一起辑成的，取名《怀师录》。何心隐死于万历七年（1579），顾宪成时年29岁，正是一个人精力旺盛与思维敏捷的时候。顾宪成指出，一个是"落落布衣"，一个是"堂堂相君"，社会地位相差何其大也！一人之下、万人之上的张居正在世时，能决定他人的命运。人们的富贵与贫贱，张居正的一句话可以定夺，大小官吏们会竞相去歌功颂德。何心隐生前，不仅无法定夺他人的富贵与卑贱，如果若有樵夫牧童露出瞧不起他的神情，也是很正常的事。何心隐被杀，与他"为之徒者"，表示愿意同他一起赴汤蹈火，在所不惜；张居正去世，张居正在位时，与他"为其党者"，极力摆脱干系以避之。两人死后，人们的评价截然不同，于何心隐则"人皆冤之"，于张居正则"人皆快之"。造成一"冤"一"快"的原因是，张居正是用暴力来制服人们的，而何心隐是用自身的言行让人们心中佩服的："为永丰雪愤者，疾江陵如疾豺狼，盖若斯之凛也，相君亦无如布

① 顾宪成：《重刻怀师录题辞》，《何心隐集》，容肇祖点校，第126页。

衣何也！”[①]众所周知，顾宪成是东林党的领袖，在学术上笃信程朱而批评阳明心学，在思想上是以维护纲常名教为己任的。顾宪成的评价，是真实体现了当时人们的喜恶所在，是民心的真实反映，是站在第三者的客观立场得出的公正结论。

（三）“死也以讲学”

程学博所写的祭文中，直言何心隐死于非命的原因就是讲学："予以何颜哭先生耶？先生之死也以讲学。先生之学，先生所自信，而世所共嫉。世之人不喜讲学，亦未必不知学。而先生之学，天下后世有定论在焉，予又乌能喋喋于先生之学以与世之人辨哉？……平生精力自少壮以及老死，自家居以至四方，无一日不在讲学，无一事不在讲学。”[②]“世人不喜讲学，亦未必不知学”中“世人”，只能是张居正而不是别人；“先生之学以与世之人辨”，指他被捕后所在狱中所写的《原学原讲》。文章很长，宗旨是论证自己讲学的正当性与合理性。[③]

李贽说何心隐之死，“咸谓杀公以媚张相者之为非人也”[④]。“张相”就是内阁首辅张居正。地方官“杀公以媚张相”，可以在官修的正史中找到根据。《明神宗实录》万历八年正月条写道："江西永丰人梁汝元，聚徒讲学，讥议朝政，吉水人罗巽亦与之游。汝元扬言，江陵首辅专制朝政，必当入都，詈言逐之。首辅微闻其语，露意有司，令拘押之。有司承风指，毙之狱。”所谓“讥议朝政”是欲加之罪，岂谓无词。他得罪于张居正的根本原因是“聚徒讲学”。湖广巡抚王之垣给他的罪名是：“湖广有大奸何心隐，……假以聚徒讲学为名，扰害地方，中间不法情罪甚多。各省历年访拿不获，具有卷案。”[⑤]何心隐被害后，不断有言官上疏，向朝廷申诉，以山东道监察御史赵崇善万历十三年（1585），给万历皇帝上了一道奏折，为何心隐之死鸣冤：

① 顾宪成：《重刻怀师录题辞》，《何心隐集》，容肇祖点校，第126页。
② 程学博：《祭梁夫山先生文》，《何心隐集》，容肇祖点校，第135—136页。
③ 对《原学原讲》，侯外庐主编的《中国思想通史》有详尽的诠解。［参见侯外庐主编：《中国思想通史》（第4卷下），人民出版社1960年版，第1013—1016页］半个世纪后，吴震在《泰州学派研究》一书中再度做了论述。（吴震：《泰州学派研究》，第307—310页）本人不再赘述。
④ 李贽：《何心隐论》，《焚书》卷三，张建业主编：《李贽文集》（第1卷），第83页。
⑤ 王之垣：《历仕录》，《何心隐集》，容肇祖点校，第145页。

> 至于何心隐之死非其罪，冤尤可悯者。盖心隐布衣之士，从事学问，素为缙绅所重，如钱同文辈尝北面而师事之。臣未仕时已知有此人久矣。及臣任婺源知县，忽然湖广巡抚王之垣差官带领兵快，直抵邻县祁门缉拿心隐，急于星火。心隐既获，不逾时而毙于杖下。臣不胜骇愕，以为心隐何罪而受祸之惨至此？询诸士夫，咸谓心隐素与居正讲学，直言规过，以触其怒。后又斥居正不奔父丧，居正忿恚益深，密讬王之垣致之死地。之垣不胜其谄媚之心，唯唯听命。此心隐之所以见杀也。又闻刑部侍郎耿定向，其时致书之垣，力言心隐无罪，不可轻杀，而之垣不听。皇上倘以臣言为未信，乞召定向而问之。定向正直无私，必不能为之垣讳也。心隐既死，之垣深虑人议，其后又捏无影事迹，刊刻传布，欺天罔人，无所不至。是心隐之冤与刘台、吴仕期何异哉？杀台与仕期者俱已正罪，而杀心隐者独得优游无事，以老于牖下。臣恐天地鬼神昭布森列，必不肯容，而心隐之目亦必不瞑于地下也，臣谓积冤有一之不伸者此也。①

从奏章全文看，分为三个部分。第三部分讲万历朝有三件冤案，刘台与吴仕期案已平反，惟独何心隐案未得昭雪。赵崇善以为，何心隐的冤死与刘台相似。辽东巡按御史刘台因弹劾张居正而遭报复，罢官回到家乡江西安福县。江西巡抚王宗载、江西巡按陈世宝，秉承张居正的旨意，嗾使安福县谢耀诬告刘台。朝廷据此判处刘台发配边远地方充军终身。万历十年（1582），刘台死于广西浔州，连殡葬的衣服棺材都没法置办，令当地人唏嘘不已。次年，刘台得以平反，诬陷的罪状查无证据，对有关责任人分别判处充军、徒刑、死刑。赵崇善揭发王之垣听命张居正而杀害何心隐，后又捏造“无影事迹”，欺骗公众舆论。②同样是谄媚首辅陷害无辜，为何王之垣至今仍逍遥法外？赵崇善的奏疏可以说是仗义执

---

① 吴亮：《明公论正大典伸积冤以彰国是疏》，《万历疏钞》卷六，万历三十七年（1609）刻本。

② 沈德符《万历野获编》卷十八《大侠遁免》：“时有江西永丰人梁汝元，以讲学自名，鸠聚徒众，讥切时政……江陵（张居正）恚怒，示意其地方官物色之。诸官方居为奇货。适曾光事起（按：指曾光散布妖言惑众事件），遂窜入二人姓名，谓且从（曾）光反。汝元先逮至，拷死。罗巽亦毙于狱。”（沈德符：《万历野获编》，中华书局1959年版，第480页）

言，他与顾宪成对何心隐之死的议论，不像李贽那样夹杂较多个人的情感因素。

王之垣谄媚张居正捕杀何心隐，是当时文化专制主义诛杀异端的一个实例。万历在登位之初，起用张居正为相。为挽救明王朝的危亡，他进行了一系列的改革，如同茫茫黑夜中的一道闪电，让明王朝的危机得以缓和。但他容忍不得不同政见者，独断专行。他独揽大权后，常因私人恩怨对反对者进行迫害。何心隐被杀就是一个典型。万历七年（1579）下诏，毁书院，禁讲学。事情的导火索是，常州知府施观民借书院之名敛财事。张居正借此为由，64所书院被封。当时心学思想在神州大地广为传播，书院讲学蔚然成风。阳明心学中偏重思想解放的一面，成为士人们议论时政、批评朝廷政的思想利器。要想统治秩序得以稳定，必须禁锢此种思想自由传播的格局："二三子以言乱政，实朝廷纲纪所系，所谓芝兰当路，不得不锄者，知我犯罪我，其在是乎？"① "芝兰"是能发出芳香的花木，但挡住了我的去路，不得不挥锄铲去。这是张居正毁书院的主要原因所在。对此何心隐是反对的，"谓时相蔑伦擅权，实召天变，与其邻邑吉水人罗巽者同声倡和，云且入都持正义，逐江陵去位，一新时局"②。在躲避追捕的十八年间，何心隐四海为家，以湖广作为讲学的中心，聚徒讲学，影响力越来越大，"从心隐游学者以千百计"③。这触犯了张居正禁止讲学的虐政。何心隐临死前撰写《原学原讲》万言长文，矛头直指张居正。虽说难以把反对者杀绝，但紧要关头揪出一个典型来杀鸡儆猴是很必要的。诚如明代士人张维枢所言："心隐家世饶财，弃家学道，危言 危行，独往独来，特以聚徒，讲学吉安，为江陵所怨，且平日有'得志必杀我'之语传播四方。"④何心隐作为出头椽子，被诛杀就有它的必然性了。容肇祖对何心隐有个总括性的评议："他抱着极自由、极平等的见解，张皇于讲学，抱济世的目的，而以宗族为试验，破家不顾，则以师友为性命，所谓'其行类侠者'。卒之得罪于地方官，得罪于时宰，亦所不惜。他是不畏死的，遂欲籍一死以成名。

① 张居正：《答汪司马南溟》，《张太岳集》卷二十五，上海古籍出版社 1992 年版，第 297 页。
② 沈德符：《大侠遁免》，《万历野获编》卷十八，第 480 页。
③ 耿定力：《胡时中义田记》，何心隐：《何心隐集》，容肇祖点校，第 143 页。
④ 张维枢：《静观轩琐言》，黄宗羲编：《明文海》卷四百八十。

他的思想是切实的，所谓‘不堕影响’ 。他以为欲望是可以寡而不可以无，可以选择而不可以除，欲以张皇讲学，聚育英才，以补天下的大空。他的目的太高，而社会的情状太怀，故此为当道所忌，不免终于以身殉道了。”[①]已故的这位学界名宿，把何心隐的生平与思想概括得极为精彩。

他的著作有《爨桐集》存留下来，系天启五年（1625）由张宿刻印的。“爨”，为烧火做饭，意为日用间所作；“桐”为树之一种，这里指地名。《尚书·太甲上》有“伊尹放于桐”句，“桐”是象征何心隐遭受迫害生平的。张宿刻印《爨桐集》是出于对何心隐的钦佩：“向读卓吾《何心隐论》，窃高其人，每以不得读其书为恨。秋夜篝灯，简敝箧乱帙中，得心隐写本一部，先君子手泽存矣，泣数行下。”[②]何心隐的手抄本是张宿父亲留下来的，且留有批语，让张宿翻阅时潸然泪下。只是读了李贽《何心隐论》后，张宿才刻印何心隐著作的。张宿友人陈士业收到《爨桐集》后说，在回信中表达了自己的感受：“心隐生平所为，皆忠孝大节” “心隐之文，尽于兄之所粹。其轶事见于杂记诸小说颇多，兄能博采而汇集之，以尽心隐之奇，亦一快事。”[③]明代思想史专家容肇祖，将《爨桐集》与《梁夫山遗集》互校补订后，取名《何心隐集》由中华书局于1960年出版。又把能见到的何心隐的材料汇集在一起，作为附录。此书为是目前研究《何心隐集》的主要资料。[④]据邹元标《梁夫山传》的记载，何心隐还有《重庆会稿》《四书究正注解》《聚和堂日新记》。[⑤]迄今为止，这些著作没有发现。

---

① 容肇祖：《何心隐及其思想》，《容肇祖集》，齐鲁书社 1989 年版，第 388 页。

② 张宿：《刻何心隐爨桐集叙》，《何心隐集》，容肇祖点校，第 8 页。

③ 陈士业：《答张谪宿（宿）书》，《何心隐集》，容肇祖点校，第 138 页。

④《何心隐》一书附录中的材料为容肇祖当时他能见到的，其实是有遗漏的。《耿定向集》卷十六的《里中三异传》，耿定向讲述自己与何心隐的交往过程及对其评价，是了解何心隐思想相当重要的材料，《何心隐集》中没有收录。

⑤ 邹元标：《梁夫山传》，《何心隐集》，容肇祖点校，第 121 页。

第二节　“师友”与“君臣”的平等之道

（一）“师友一君臣”

何心隐“极自由、极平等的见解”，突出体现在“师友一君臣”说上。“一”是等同、一致的意思。在何心隐心目中，君臣关系与师友关系互通的、平等的。没有君尊臣卑关系中的主宰与隶属的意思，没有“君要臣死，臣不得不死”的愚忠思想。在“天无二日，民无二主”这一传统观念笼罩着人们心灵之时，在皇权至上为核心的等级制度无法撼动的客观现实之际，“师友一君臣”说是需要理论论证的。为此，何心隐大胆地设想出人人都可以成为君主的观点：

> 心与道，中也。尧则允执此中以为君。……惟中为均，均者，君也。……人必君，则人也。君必位，则君也。臣民亦君也。君者，均也。君者，群也。臣民莫非君之群也，必君而后可以群而均也。①
>
> 君臣相师，君臣相友，尧舜是也。旨出于尧而宗于舜，不有二也。父子相师，父子相友，文武是也。旨出于文而宗于武，不有二也。兄弟相师，兄弟相友，武周是也。旨出于武而宗于周，不有二也。且父子一君臣也，兄弟一君臣也，师友一君臣也。②

在古代中国社会里，皇权至上是等级制度与专制主义的核心。《孟子·万章上》云：“孔子曰：‘天无二日，民无二主。’”这样的政治理念，从先秦一直贯串到明清，可谓千古如斯！要想动摇这样的既定社会状况，最为激进而直接切入的办法就是从君主身上开刀。魏晋时期，鲍敬言著《无君论》，阮籍有“无君而庶物定”的无君说。③魏晋二百年间（220—420），称帝九十人，平均两年

---

① 何心隐：《论中》，《何心隐集》，容肇祖点校，第 31—32 页。

② 何心隐：《宗旨》，《何心隐集》，容肇祖点校，第 37 页。

③ 参见朱义禄《玄学思潮》第三章第四目“阮籍：从笃信名教至无君论”。（朱义禄：《玄学思潮》，尹继佐、周山主编：《中国学术思潮史》卷三，第 131—155 页）

多产生一个新皇帝。内中被杀、被废与被俘者为六十一人。鲍敬言与阮籍以为，一旦没有了皇帝，社会就会安定无事了，大规模的杀戮就没有了，人与人之间不平等的现象就会消失了。就古代社会而言，只是在特殊情况下，个别思想家偶而闪烁过无君论的设想。古代中国没有产生过否定君主专制的客观条件，要想动摇皇权至上，最方便的法门就是从抑制君权入手，而以从伸张民权为归宿的，其中的精神支柱是平等观念。清初的唐甄，从“天子虽尊亦人”的视野出发，得出了“人无贵贱”的平等观。①何心隐的思路与唐甄相类，但时间比唐甄早了将近两个世纪，具体设想与唐甄有别。何心隐径直宣扬的是，人人皆可为君主的主张，在他生活的那个年代里，这无疑是石破天惊的。细剖何心隐的话，大约有这几层意思：一是通过对“允执此中”的诠释，认为圣人尧当上君主，是他以“执中”为衡量一切事物准绳的结果。二是对“中”下了个“均”的定义，“均”是均等之意。何心隐设定，“中”与“君”“均”是同义的，并推导出“人必君”“臣民亦君也”的结论，人人皆可为君主。这与“民无二主”、君主至尊无上的传统观念是背道而驰的。三是说在“臣”“民”“君”的关系是平等时，他们才能共处于一个“群”里。

虽说何心隐高擎了平等的大旗，但离开人们日常生活经常触及的传统五伦，还是遥远了些。要说明平等观念，最贴近的途径就是对传统五伦作新的诠释。李贽评论何心隐时说：“人伦有五，公舍其四，而独置身于师友贤圣。”②“舍四”之意，就是以“师友”的平等原则，直接替代其它四伦的关系。为了给自己的见解披上权威性的外衣，故而何心隐有“尧执中以为君”之说。何心隐说：“达道始属于君臣，以其上也。终属于朋友，以其下也。”③以平等原则为宗旨的友朋关系，同君臣之间的关系，只是“达道”的不同表现形式罢了。这对传统君尊臣卑的关系，是一个颠覆性的突破。他列举了历史上黄金时代的情况，来佐证自己的观点。在尧舜时代，人与人的关系“君臣相师，君臣相友”；在周文王那里，这

① 参见朱义禄：《逝去的启蒙——明清之际学者的文化心态》，河南人民出版社 1995 年版，第 92—93 页。

② 李贽：《何心隐论》，《焚书》卷三，张建业主编：《李贽文集》（第 1 卷），第 84 页。

③ 何心隐：《与艾冷溪书》，《何心隐集》，容肇祖点校，第 66 页。

种关系为“父子相师，父子相友”；延及到周武王，又成为“兄弟相师，兄弟相友”的关系。这一切为人人可以为君主的主张，提供了坚实的理论基础与历史根据。

“师友一君臣”说，把平等世界的明媚春光，照进了冷冰冰的君尊臣卑关系的领域。“天有十日，人有十等”（《左传·昭公七年》）的观念，早在先秦就出现了。以后发展为一种系统的理论、制度与统治秩序，也是通常称为礼论、礼制与礼治秩序：“礼者，贵贱有等，长幼有差，贫富轻重，皆有称也。”（《荀子·富国》）汉代贾谊对之有形象的描绘：“天子如堂，群臣如陛，众庶如地，此其辟也……高者难攀，低者易陵，理势然也。故古者圣王制为列等，内有公、卿、大夫、士，外有公、侯、伯、子、男，然后有官师、小吏，施及庶人，等级分明，而天子加焉，故其尊不可及。”[①]贾谊所构筑的是一个金字塔般的结构。处于塔尖的是天子，庶民为塔基，“以高陵卑”，是讲人与人之间存在着尊卑、贵贱等不同的身份，是谁也无法抗拒的客观规律（“理势然也”），这是要说明的等级制度的必然性。这种观念一直延续到明代：“君臣者，贵贱之等也。尊卑之义明，贵贱之等辨，则天地定而阴阳和，人伦序而名分正。”[②]“师友一君臣”说，是对传统政治文化的核心君尊臣卑及相配的等级制度观念的否定。

君尊臣卑是天经地义的，到了宋明时期不仅深入人心，且演衍为不问青红皂白的愚忠观念了。愚忠观念，较早见于汉文帝时的贾山，“臣闻为人臣者，尽忠竭愚，以直谏主者，不避死亡之者。”（《汉书·贾山传》）愚忠是以臣对君的绝对服从为前提的，要臣下不考虑是非曲直、盲目地为君主效劳。即使在君主更迭频繁的两晋，愚忠观念依然为一些大臣所遵循：“臣虽愚蠢，以为事君之道，惟当竭节尽忠，奋不顾身，量力受任，临事制宜。苟利社稷，死生以之。”（《晋书·王濬传》）在宋明时期，在愚忠观念的传播中起关键作用的是朱熹：“臣子无说君父不是底道理，此便见得

---

① 贾谊：《新书·阶级》，《贾谊集》，上海人民出版社 1976 年版，第 42 页。

②《明太祖实录》卷三十六。

是君臣之义处。”[①]君主说的都是正确的，臣子只有服从的道理，这就是君臣关系的真谛。朱学在明代是占据主流地位的官方意识了，如黄宗羲所说的“此亦一述朱，彼亦一述朱”[②]。

愚忠观念在明代已经沦肌浃髓地深入到人们心里了。《西游记》第七十八回中说：“常言道：‘君要臣死，臣不死不忠；父教子亡，子不亡不忠’。”《封神演义》第二十回有这样的话：“子乃万国之元首，纵有过，臣且不敢言，尚敢正君之过？父有失，子亦不敢语，况敢正父之失？所以‘君叫臣死，不敢不死；父叫子亡，子不敢不亡。’”两均成于明代。吴承恩（约1500—约1582）与何心隐是同时代人。一种哲学观点要渗透到文学领域中，得有一个前提，就是该哲学成为占统治地位的意识形态，而直接影响到文学艺术作品里，是有时间差的。吴承恩的“常言道”，表明愚忠观念在明代已成了人们的社会心理了。何心隐提出“君臣一师友”说的平等观，自然是惊世骇俗的，“非名教所能羁络”了。

何心隐以平等原则来处理君臣关系，是违背等级制度设置本意的。等级制度是建立在社会内部分裂的基础上的，它让一部分人脱离自己的普遍本质，成为另一部分人任意摆布的对象。帝王一言九鼎，他的决定就是金科玉律。口含天宪的皇帝，任性而说的话就是法律：“前主所是著为律，后主所是疏为令。”（《汉书·杜周传》）“朝臣待漏，伴君如伴虎，一点不到，自家性命难保。”成于清代的《小五义》第四回中这样的话，不是随意而发的。历代皇帝，几乎无不与宰相、谏官发生冲突，一个重要因素是君主不能容忍比自己更为高明的臣下。大多数的臣下都是希冀青云直上，对君主有攀附之心是很正常的。此即何心隐所言“君臣”间“交而陵而援”。皇帝的心情往往是反复无常的，心血来潮时可随意封官赐爵，一旦暴怒时则可任意罢免大臣，亦可贬谪、流放、打入大牢乃至于处死。诚如白居易在诗中描绘的那样：“行路难，难于山，险

① 黎靖德编：《朱子语类》卷二十三，王星贤点校，第233页。明代东林党人的气节是值得后人景仰的，但其内心却是深沉的愚忠观念。以魏忠贤为首的阉党，诬陷杨涟、左光斗、黄尊素、周顺昌等众多东林党人，打入牢狱。在受尽惨绝人寰的酷刑后，他们依然是坚持愚忠观念的。他们以为，皇帝的诏令无论对或错，均该绝对服从。如周顺昌说：“所谓雷霆雨露，均属圣恩。在臣子只应欢喜顺受。臣罪当，天王圣明。”（参见《周忠介公烬余集》卷二）

② 黄宗羲：《孟子师说题辞》，沈善洪主编、吴光执行主编：《黄宗羲全集》（第1册），第48页。

于水。不独人间夫与妻，近代君臣亦如此。君不见，左纳言，右纳史，朝承恩，暮赐死？不在水 ，不在山，只在人情反复间。”[①]臣下朝恩暮死，完全取消于皇帝个人心态的变化莫测无常。这不是白居易的一时心血来潮，而是他长期官宦生活的概括。强调“师友一君臣”说的何心隐，通过高扬师友之道以唤起人们的主体意识的觉醒。他期望人们去拥抱人对自身价值具有肯定意义的平等原则，说何心隐是具有划时代意义的启蒙思想家并不过誉。黄宗羲与谭嗣同先后接过何心隐的命题，畅论各自对纲常名教的批判，是为最有力的实证。

（二）“交尽于友”

“君臣一师友”说的提出，是同何心隐“朋友”一伦为人际关系的极致相关的：

> 天地交曰泰，交尽于友也。友秉交也，道而学尽于友之交也。昆弟非不交也，交而比也，未可以拟天地之交。能不骄而泰乎？夫妇也，父子也，君臣也，非不交也，或交而匹，或交而昵，或交而陵、而援。八口之天地也，百姓之天地也，非不交也，小乎其交者也。……不落比也，自可以交昆弟；不落匹也，自可以交夫妇；不落昵也，自可以交父子；不落陵也，不落援也，自可以交君臣。天地此法象也，交也，交尽于友也。[②]

何心隐为什么重点渲染“交尽于友”呢？因为何心隐想通过聚集一批朋友，以实现自己的社会理想。隆庆六年（1572），何心隐随好友程学博，住在耿定向家里。耿定向之弟耿定理问何心隐：“子毁家忘躯，意欲何为？”何心隐答道：“姚江始阐良知指，眼开矣，而未有身也；泰州阐立本旨，知尊身矣，而未知有家也。兹欲聚友以成孔氏家云。”[③]话很短，却清晰地点明了他自己的学说与王阳明、王艮不同之处。王阳明的“良知”说，让当时人们眼界

① 白居易：《太行路》，《白居易集》（第1册），顾学颉校点，第64页。
② 何心隐：《论友》，《何心隐集》，容肇祖点校，第28页。
③ 耿定向：《里中三异传》，《耿定向集》卷十六，傅秋涛点校，第631页。

大开，但侧重于心本论而于身有所遗失；王艮强调“尊身立本”，独创了身本论。何心隐说自己不同于王阳明与王艮，想“聚友成孔氏家”。“聚友”是何心隐最为看重的。孟子讲的五伦是平行的，何心隐则有主次之分，且以朋友一伦可以笼罩其它四伦。这都是孟子五伦中所没有的。

何心隐认定，师友一伦是五伦中最高层次的社会关系，因为“天地交曰泰，交尽于友”。其他几伦不是无“交”，但它们是在狭小的范围里进行的，“小乎其交者”。夫妇关系是处于单独状态中（“匹”），父子关系是在亲近的圈子里打转”（“昵”），君臣关系为君对臣的欺凌（“陵”）与臣对君的攀附（“援”）。[①]总之，这几伦是受到血缘或政治因素的干扰，均非平等的交往。其交往不出“八口之天地”。何心隐断言，朋友之交才是严格意义上的“天地之交”。“天地之交曰泰”中的“泰”有安宁与最两个释义，从文章的前后看，这里的意思是最。何心隐在《师说》一文中的“惟大为泰”[②]，可知“泰”为最为广大之意，故“交尽于友”[③]。何心隐不同凡响的是，他把其它四伦统都归属于师友关系下。只有理解了这一点，才能对李贽的“人伦有五，公舍其四”之断论的真谛得到明晰的认识。

再说“师”。何心隐以为，“师”是治学、行道的权威所在。他说：

> 师非道也，道非师不帱，师非学也，学非师不约。不帱不约则不交。……师也，至善也。非道而尽道，道之至也；非学而尽学，学之至也。可以相交而友，不落于友也。可以相友而师，不落于师也。此天地所以为大也。惟大为泰也，师其至乎。[④]

何心隐以为，师道是推动人走向至善的力量。这是对王艮师友

① “攀附之心”在《后汉书·光武帝纪》中有个美称，叫“攀龙附凤”。详见朱义禄：《从圣贤人格到全面发展》，陕西人民出版社 1992 年版，第 86—87 页。

② 何心隐：《师说》，《何心隐集》，容肇祖点校，第 28 页。

③ 何心隐：《论友》，《何心隐集》，容肇祖点校，第 28 页。

④ 何心隐：《师说》，《何心隐集》，容肇祖点校，第 27—28 页。

互相帮助，能有益于人们向正道上行进见解的继承："若非明师良友鼓舞于前，诱掖奖劝，抑其过，引其不及，以至于'中'，其不至于半途而废，行不著，习不察，流于异端枝叶者鲜矣。"[①]何心隐断言，人际交往中"师"与"友"的位置是可互易的，"相交而友，不落于友"与"相友而师，不落于师"，其间关系完全是平等、自愿的。黄宗羲著《广师说》，讲了历史上亦师亦友的情况："昌黎言李翱从仆学文，而李翱则称吾友韩愈，或称退之，未尝以为师也；象山为东莱所取士，鹅湖之会，东莱对象山如前辈，不敢与之论辩，象山对东莱称执事，对他人则称伯恭，亦未尝以为师也；即如近世张阳和，其座师为罗万化，尺牍往来，止称兄弟，不拘世俗之礼。"[②]列举了韩愈与李翱、吕祖谦与陆九渊，均为历史上的著名的思想家。张阳和亦非泛泛之辈，他就是张元忭（1538—1588），浙中王门代表性人物，是一位有着独立人格的学者。[③]

亦师亦友的情况，在人类社会的实际生活中从来没有间断过。何心隐反复地对"师"与"道"的关系作了解析，以为"师"不等于"道"，但"道"一定为"师"所覆盖的。按照这样的逻辑思维，顺理成章的推断下去，结论自然是"师"为"道之至"与"学之至"。何心隐没有明言"道"的确切含义，但从文中看，"道"当属根本的东西，最高的境界。同"友"一样，与"师"的交往也是天地间最大的交往。

何心隐在被捕后，写了二十封信为自己辩护。其中一封运用了"友之交"的道理，来证实自己不是官府所说的"妖"。他说："妖生于心者，必有妖言；妖形于言者，必有妖事；妖著于事者，必其所交于平日者必有妖人也。"[④]何心隐列举自己交往的友朋中，没有一个"妖人"在内。如湖北孝感的程学颜，官至太仆寺寺

① 王艮：《安定书院讲学别言》，《王心斋全集》，陈祝生等校点，第 28 页。

② 黄宗羲：《广师说》，沈善洪主编、吴光执行主编：《黄宗羲全集》（第十册），第 667 页。明清之际论师道的文章颇多，黄宗羲还撰有《续师说》。陈子龙有《师说》、顾炎武有《广说》、魏际瑞有《续师说》。

③ 晚明时期浙东著名学者周汝登，为张元忭的文选作序时，对其人格赞扬了一番："更一片精神流贯世道，尤为近世士人所希。方江陵柄国时，人人讳言学，而公口不绝谈，在京师联群京师，在越联群于越"，"义所当为，挺身一无所避。至今想见其殷恳之衷肠，直前之气，犹令人神王而心竦。以此精神担当世道，鼓舞人心，似宇宙间不可一日无若人者。"（周汝登：《张阳和先生文选序》，《周海门先生文录》卷七，《周汝登集》，张梦新、张卫中点校，第 180—181 页。

④ 何心隐：《上祁门姚大尹书》，《何心隐集》，容肇祖点校，第 77 页）

丞；再如湖北麻城耿楚侗，“今官则福建巡抚”。“入宁国，会罗汝芳，官知宁国府”；随重庆知府程学博，“入重庆，相朝夕讲学三年”；在道州，“会旧交周合州名溪，尝官扬州二守”[①]。何心隐的意思很明确，自己结交的都是官府上的朋友，那里会有“妖事”。不过何心隐遇到的是，一心要诛杀他的一股官府势力。道理讲得再透彻，也是无济于事的。

下面对“师友”作些理论上的剖析。社会中的人是要与他人交往的，交往的范围如同学、师友、亲戚、同事、同行、上下级间等等。交往的内容可以是物质的，也可以是精神的。社会交往对正常的个体来说，是一种基本而必要的活动。人生在世，交友是必不可少的；喜欢孤独的人，毕竟是少数。维系朋友一伦的纽带是平等、自觉的原则。朋友的交往是感情的相互沟通与理解的过程，贯串其间的是相互信任。友情是利他的，是对他人人格的尊重。真正的朋友，在你逆境时绝不疏远，在你得意时也不趋奉，在你有过失时极力规劝而不考虑言词的选择，在患难时伸出援助的双手而不计较个人的得失。朋友之交出自心灵的真诚，朋友交往的基石，不是血缘的、婚姻的关系，也没有尊卑、上下地位差异等政治因素，能够真正成为友朋的，只能是自觉的、平等的原则。[②]这里没有行政力量的干涉。就“尽道”与“尽学”而言，人们之间在知识、涵养方面有着区别。拜师是向品德高尚、学识渊博的人学习，是人们交往活动中存在的客观事实。董萝石为王阳明的学识所吸引，对比自己小16岁的王阳明执弟子礼，全出自内心的自觉。“固辞不获”的王阳明接纳他为学生，是自觉与平等的观念在起作用的。[③]想拜师与欲收徒的，其间行之一贯的是为平等、自觉的原则。

何心隐主张建立一个以友朋之伦为基础的社会组织——

---

① 何心隐：《上祁门姚大尹书》，《何心隐集》，容肇祖点校，第77—78页。

② 纵观历史长河，交友中的世俗眼光与功利因素是始终挥之不去的，但卖友求荣是始终为正直人士所不齿的。同样在师友的交往也不乏势利之辈，俗语有“有事有人，无事无人”，对此描绘可以说是入木三分。

③ 明代学术界中以高龄从师的典范，当数董萝石拜王阳明为师之事。海宁人董沄，号萝石，“以能诗闻江湖间”，“从之游者遍于江湖，盖居然先辈矣。”嘉靖三年（1524），已经68岁的他在会稽，“今吾闻夫子良知之说，而忽若大寐之得醒”，非要拜王阳明为师不可。时年52岁的王阳明婉言辞却：“虽然，齿长于我矣。师友一也，苟吾言之见信，奚必北面而后为礼乎？”董萝石只得辞归。两个月后，他带了礼物再次见王阳明，“入而强纳拜焉。阳明子固辞不获，则许之以师友之间。”参见王守仁：《从吾道人记》，《王阳明全集》卷七，吴光等编校，第248—249页。

“会”。何心隐说：

> 夫会，则取象于家，以藏乎其身；而相与主会者，则取象于身，以显乎其家者也。不然，身其身者，视会无补于身也。家其家者，视会无补于家也。何也？视会无所显无所藏也。乃若天下国之身之家之，可以显可以藏乎其身其家者也。会岂小补于身于家已乎？不然，身其身者，身于士农工商其身已也。家其家者，家于士农工商者已也，小补于身于家已也，可象天下国之身之家之所显所藏者乎？[1]

结合《论友》《师说》等论述可以知道，“会”的成员之间是一种友朋的关系，他冀望破除传统的、建立在血缘关系上的“身家”意识，想建立起超乎“身家”的师友关系，并以这种社会关系为核心，构筑一种社会组织——“会”。“会”中成员有“士农工商”，只有职业之分而无等级之别。“会”的主持人是轮流担任的，即“相与主会者”。“会”外的“士农工商”，处于传统狭小的“身家”中；入“会”后的“士农工商”，则为“天下国之身之家”，而不论“士农工商”是如何“所显所藏”。建立一个以师友关系为纽带的新组织，何心隐的构想是新颖的，但论述并不明确。通过什么措施来突破传统？“所显所藏”的内容很笼统，这是何心隐想对现存的人际关系作出调整所作的努力，但不像聚和堂那样有着实践的岁月。

（三）友朋观的启蒙意义

何心隐的“君臣一师友”说，是明代乃至于中国古代极为特殊的一种理论。它有别于儒家一以贯之的主张，即朋友被视为君子修身、学术上能够帮助自己的重要同伴。如孔子所说：“君子以文会友，以友辅仁。”（《论语·颜渊》）也如孟子所言：“友也者，友其德也。”（《孟子·万章下》）何心隐的友朋观，是要建立有别于父子、兄弟血缘关系上的亲爱与顺从，不同于君臣政治关系中的主宰与服从，确立人与人之间的平等的社会关系。这是何心隐本

---

① 何心隐：《语会》，《何心隐集》，容肇祖点校，第28—29页。

心所在。

君臣关系等同师友关系的主张，是一个古老的命题。宋明以前，学者多有论述。甚至于唐太宗也产生过这样的念头："每思臣下有谠言直谏，可以施于政教者，当拭目以师友待之。"[①]但历史上像唐太宗那样状况于纳谏，留下"兼听则明，偏信则暗"美名的皇帝，实属凤毛麟角。[②]宋明以降，中国封建社会进入了晚期，统治者千方百计推行强君弱臣的措施。宋代皇帝直接掌握军队指挥权，明太祖取消丞相，专制主义君权被高度强化了。于是君臣师友的关系在明代为朝野上下所普遍关注。一些身居高位的官员，在经历了一段与君主长期相处的时日后，从实际经历中往往会处发地萌生出君臣当如友朋一样的想法来。东林党魁顾宪成主张，"君臣、父子、夫妇、兄弟各有其主，而朋友则无所不摄"，"非朋友无以成其君臣、父子、夫妇、兄弟，非讲习亦无成其朋友"[③]。再早一些，隆庆首辅、内阁大学士高拱有相类的见解："使无朋友讲习，则何以能明君臣、父子、兄弟、夫妇之理而尽之。四者之伦，固由朋友而得，固配之矣。"[④]之后万历期间的吕坤以为，"朋友者，四伦之所赖也。"[⑤]明清之际一些启蒙学者，憧憬着君臣关系中能够贯串着平等的原则。王夫之在读《诗经》时以为，这样的观念存在于古代："古之君臣如父子焉，如朋友焉，如思妇之于其君子焉，无求焉耳。"[⑥]顾炎武检索了自晋到唐，君主对臣下的称呼情况得出一个结论："其时堂陛之间未甚阔绝，君臣而有朋友之义，后世所不能及也。"[⑦]所谓"后世"是宋明时期，因为这是中国君主专制高度强化的时期；所谓"未甚阔绝"，是期望君臣关系存在着较为融洽的情况。

---

① 朱义禄主编：《贞观政要鉴赏辞典》，第 16 页。

② 魏徵一生向唐太宗进谏了二百多条建议，唐太宗基本上都接受了。唐太宗算得上少有的有道明君，但有一次仍然大动肝火，下朝回宫后，自言自语地说："杀却此田舍汉！"魏徵因言语过于率真，唐太宗觉得面子上很过不去，萌生了杀死魏徵的念头。多亏长孙皇后的劝阻，唐太宗才消除了这一想法。参见刘肃：《规谏第二》，《大唐新语译注》卷一，广西师范大学出版社 1998 年版，第 37 页。

③ 高廷珍：《会语一》，《东林书院志》卷三。

④ 高拱：《高拱论著四种》，中华书局 1993 年版，第 99 页。

⑤ 吕坤：《伦理》，《呻吟语》卷一，第 34 页。

⑥ 王夫之：《诗广传·小雅》，王孝鱼点校，中华书局 1964 年版，第 79 页。

⑦ 参见顾炎武：《人主呼人臣字》，《日知录集释》卷二十三，黄汝成集释，中州古籍出版社 1990 年版，第 548 页。

顾宪成、高拱、吕坤、王夫之与顾炎武，他们都有过以友朋观来笼罩其它几伦的想法。他们的主张，或是在长期官宦生涯中所产生的美好设想，或是检阅古书时所萌发的良好愿望，是他们对现实生活中君尊臣卑关系所生的反感，但没有像何心隐那样有过哲理上的论证。一刹那的自发的感受，与经过深思熟虑而提出的观点，是截然不同的两码事。何心隐对“君臣一师友”有过理论与历史上的论证，并对“交尽于友”作了本体论意义上的提升。何心隐还把这样的平等观贯串到他的欲望观上，并在理想社会的实践中予以实行。这同自发产生的偶尔闪想，是不可同日而语的。何心隐“君臣一师友”说，无疑是对君权的绝对专制化的巨大冲击，对后世具有民主意识的思想家是有一定的启迪作用的。

目前很难找到何心隐“君臣一师友”说，与黄宗羲“臣为君之师友”观点之间的直接关联。然而黄宗羲确实是读过何心隐著作的，他从何心隐那里得到启迪但又不明言，是完全有可能的。黄宗羲认为，君臣的名分是由治理天下这一社会责任而来的，由此构成了师友关系：“君臣之名，从天下而有之者也。吾无天下之责，则吾在君为路人。出而仕于君也，不以天下为事，则君之仆妾也；以天下为事，则君之师友也。”[①]“吾”身上没有治天下之责，“君”对“吾”来说就是陌生的路人。臣与君，只是名异而实同罢了。讲得透一点，“官者，分身之君”[②]，其间不存在主仆的上下隶属关系，而是建立在双方分工共治天下以造福万民的基础上的：“夫治天下犹曳大木然，前者唱邪，后者唱许。君与臣，共曳木之人也。”[③]君臣关系应该是平等的同事关系，如同拉一根大木头，一前一后相互配合一样。黄宗羲比何心隐的高超处，是君臣之别为承担社会责任时分工不同这么一个新见解。

接着何心隐与黄宗羲，畅论朋友一伦而给人们留下无法抹去印象的当数谭嗣同了：

五伦中于人生最无弊而有益，无纤毫之苦，有淡水之乐，

---

① 黄宗羲:《明夷待访录·原臣》，沈善洪主编、吴光执行主编:《黄宗羲全集》(第一册)，第5页。
② 黄宗羲:《明夷待访录·置相》，沈善洪主编、吴光执行主编:《黄宗羲全集》(第一册)，第8页。
③ 黄宗羲:《明夷待访录·原臣》，沈善洪主编、吴光执行主编:《黄宗羲全集》(第一册)，第5页。

其惟朋友乎！顾择交何如耳，所以者何？一曰‘平等’，二曰‘自由’，三曰‘节宣惟意’。总括其义，曰不失自主之权而已。兄弟于朋友之道差近，可为其次。余皆为三纲所蒙蔀，如地狱矣。”①

谭嗣同对传统的五伦作了个整体评价，排在第五位的朋友一伦，被认为是最有益于人的身心。其次，认为人与人的关系，应该以朋友那样的平等关系来确立，依据自由意志与自愿原则（“节宣惟意”）相结合的准则，彼此尊重自主之权。这同何心隐、黄宗羲有着明显的差别。谭嗣同是以西方政治文化的平等、自由与人权思想，来改造朋友一伦的传统含义。再次，谭嗣同赋予朋友一化以异域文化的色彩，是为了批判“三纲”。谭嗣同强调，“君为臣纲”“父为子纲”与“夫为妇纲”，没有平等可言的，而是让人们处于地狱般的痛苦之中。“数千年来，三纲五伦之惨祸烈毒，由是酷焉矣。君以名桎臣，官以名轭民，父以名压子，夫以名困妻，兄弟朋友各挟一名以相抗拒，而仁尚有少存焉者得乎？”②他把传统五伦中的前三伦批得体无完肤，是同他“冲决网罗”的反对封建专制主义的思想相呼应的。从思维逻辑与精神实质上，黄宗羲是深化了何心隐主张的，而谭嗣同依据自身所接受的西方政治思想对之做了新的发挥。如果说黄宗羲对何心隐的命题，灌注了民本思想的话；那么，谭嗣同则添加了他所接触的西方民主意识。

---

① 谭嗣同：《仁学》，蔡尚思、方行编：《谭嗣同全集》（增订本），中华书局1981年版，第349—350页。

② 谭嗣同：《仁学》，蔡尚思、方行编：《谭嗣同全集》（增订本），第299页。

第三节 “君民同欲”的欲望观

何心隐是泰州王门中对欲望谈论得较多的一位。他的见解可用十二个字来概括：反对“无欲”、主张“寡欲”、提倡“育欲”。反对“无欲”，是对理学开山祖周敦颐主张的否定；主张“寡欲”，是讲个人对欲望应该持什么样的态度；提倡“育欲”，是说百姓与帝王在欲望的追求上享有平等的权利。

（一）否定“无欲”力主“寡欲”

何心隐不同意周敦颐的“无欲”说：

> 濂溪言无欲。濂溪之无欲也，其孟轲之言无欲乎？孔子言无欲而好仁，似亦言无欲也。然言乎好仁，乃己之所好也。唯仁之好而无欲也。不然，好非欲乎？孟子言无欲其所不欲，亦似言无欲也。然言乎其所不欲，乃己之不欲也。惟于不欲而无欲也。不然，无欲非欲乎？是孔孟之言无欲，孔孟之无欲也，岂濂溪之言无欲乎？且欲惟寡则心存，而心不能以无欲也。欲鱼欲熊掌，欲也。舍鱼而取熊掌，欲之寡也。欲生欲义，欲也。舍生取义，欲之寡也。能寡之又寡，以至于无，以存心乎？①

这段有点绕口令味道的话，要点是辨明孔孟所主张的“无欲”，是不同于周敦颐的“无欲”。先得讲明周敦颐的意思。周敦颐说：“‘圣可学乎？’曰：‘可。’曰：‘有要乎？’曰：‘有。’‘请闻焉。’曰：‘一为要。一者无欲也，无欲则静虚、动直。静虚则明，明则通；动直则公，公则溥。’”②提问的是圣人可以学习吗？回答是“无欲为要”。周敦颐以为，人心中对欲望的没有任何需求，心体就能保持虚静的状态，就能达到开明通达、洞晓事理的境界。体现在行为上，便能正直无私，公正地对待天地万物，这就是学习圣人的要诀了。周敦颐以“无欲故静”为达到道

---

① 何心隐：《辩无欲》，《何心隐集》，容肇祖点校，第 42 页。

② 周敦颐：《通书·圣学第二十》，《周敦颐集》，陈克明点校，第 31 页。

德的最高境界与通向圣学的途径。

何心隐的话是针对周敦颐而发的。何心隐以为，孔孟主张“无欲”是有前提的。“孔子言无欲而好仁”，出自《礼记·表记》：“子曰无欲而好仁者，无畏而恶不仁者，天下一人而已矣。”不因没有欲望才去爱好仁，也不因畏惧才厌恶不仁，天下只有一个人才能做到，即孔子。孔子对仁的笃信是一以贯之的。在此前提下，孔子才讲了“无欲”。“孟子言无欲其所不欲”，出自《孟子·尽心上》：“无为其所不为，无欲其所不欲，如此而已矣。”孟子以为，不干我所不愿干的事情，不要我所不要的东西，这样就行了。孟子讲“无欲”也有个前提，即“其所不欲”。何心隐以为，孔子讲“无欲”，是出于对“仁”的执着；孟子说“无欲”，是出于“其所不为”；周敦颐的“无欲”，只是一味要求人们心体虚静。这是与孔孟截然不同的思想取向。[①]周敦颐以“无欲”作为学作“圣人”的要诀，何心隐觉得，同孔孟的本意相去甚远，辨明这一区别是为了否定周敦颐的禁欲主义。

何心隐以人的感性欲求为人的最大天性所在：“性而味，性而色，性而声，性而安佚，性也。乘乎其欲者也，而命则为之御焉。是故君子性而性乎命者，乘乎其欲之御于命也，性乃大而不旷也。”[②]在“味”“色”“声”等感性欲求得到满足后，人性才得以安定下来。无欲则无性，也说是无命。欲望的满足，作为人的天性的，不能让它荒废了。欲望的满足是否应该不受限制呢？何心隐提出了“寡欲”说：

> 寡欲，以尽性也。尽天之性以天乎人之性，而味乃嗜乎天下之味以味，而色、而声、而安佚，乃又偏于欲之多者之旷于恋声恋色而苟安苟逸已乎？乃君子之尽性于命也，以性不外乎命也。[③]

何心隐断言，在尝遍天下的滋味后，才能知道真正的美味。这

---

① 吴震《泰州学派研究》第299页注3说：何心隐“对孟子‘寡欲’说和周濂溪在‘无欲’说作了正面肯定”。“寡欲”说和“无欲”说是有冲突的，吴震此处解读不合何心隐原意。

② 何心隐：《寡欲》，《何心隐集》，容肇祖点校，第40页。

③ 何心隐：《寡欲》，《何心隐集》，容肇祖点校，第40页。

是舌尖上感觉的真谛。推而广之，听觉与人们对性的追求，无不如此。这是人性得以安逸的先决条件。“寡欲”见于《孟子·尽心下》：“养心莫善于寡欲。若夫为人也寡欲，虽有不存者焉，寡矣；其为人也多欲，虽有存焉者，寡矣。”这里的“存”，是指人的善端。孟子以为，修养心性的办法是要减少欲望。一个人的欲望不多，即使善端有丧失，也不会太多；一个人的欲望很多，即使善端有保存，那也极少。孟子是希望通过心性的修养来限制人的欲望，这是符合他性善论的。孟子从鱼与熊掌不可兼得的比喻得出“舍生取义”的结论，见于《孟子·告子上》。孟子的意思是，当着生命存在与道德理想发生冲突而不能兼得之时，应当舍弃生命以维护理想中的道德原则，这叫“舍生取义”。何心隐以为，孟子关于“舍鱼取掌”“舍生取义”的例子，就是“寡欲”说的范例。“心不能无欲”，是说“无欲”是缺乏依据的；“欲惟寡则心存”，是说对欲望进行节制，才是保存真实“心”的良方。

人类对欲望的态度而言，大体上有三种不同的观点，即纵欲、禁欲与节欲。把纵欲说发展成为一种主义在中国并不盛行，只有魏晋时代《列子·杨朱》篇的作者持此种观念。[①]流行于后世影响最大的是理学禁欲主义。“寡欲”属于节欲的范畴。对节欲讲得最清楚的是荀子：“欲虽不可尽，可以近尽也；欲虽不可节，求可节也。”（《荀子·正名》）这是讲欲望应当适当地满足，但要有所节制。何心隐说：“凡欲所欲而若有所节，节而和也，自不戾乎欲于欲之多也，非寡欲乎？寡欲，以至命也。”[②]“节而和”，是指欲望有所限制，不向“欲之多”的方向发展而去。何心隐以为，在欲望上达到“节而和”的程度，就是“尽性至命”的关键。“尽性”就是完美地实现了人的本性，“至命”就是很好地实现了安身立命的愿望。如果说，纵欲与禁欲是个人和社会处于不健康状态下两极的话；那么，以“寡欲”为内容的节欲是个人对待欲望比较正确的态度。

---

① 参见朱义禄：《玄学思潮》，尹继佐、周山主编：《中国学术思潮史》卷三，第399—408页。
② 何心隐：《寡欲》，《何心隐集》，容肇祖点校，第40页。

（二）“君与百姓同欲”的“育欲”说

考察一个思想家的欲望观时，重要的标尺是看他如何对待民众欲望的态度。依照何心隐的意思，君主与百姓在欲望上应处于平等的地位。何心隐把自己这种主张，称之为“育欲”：

> 昔公刘虽欲货，然欲与百姓同欲，以笃前烈，以育欲也；太王虽欲色，亦欲与百姓同欲，以基王绩，以育欲也。育欲在是，又奚欲哉？仲尼欲明明德于天下，欲治国、欲齐家、欲修身、欲正心、欲诚意、欲致知在格物，七十从其所欲，而不逾平天下之矩，以育欲也。[①]

公刘是后稷的后代，因避夏桀而迁豳，在周族农业生产的发展上作出较大的贡献。《诗经》现存有《公刘》诗六首，歌颂了公刘在周族壮大过程的功绩。太王为周文王的祖父古公亶父，他带领居豳的周人居岐山之下，定国号为周，周族自此兴盛。曾孙周武王追谥他为“太王”。齐宣王对孟子说，我有两个毛病，一是喜爱钱财、二是喜欢女人。孟子回答道，公刘爱财、太王好色，但只要他们“与百姓同之”，对于实行王政是没有妨碍的。公刘与太王都是统治者，而不是有些著作中所说的君子，这是两个不同的概念。[②]一经混同，把何心隐欲望观中的平等主张泯灭了。何心隐以为，《大学》中“三纲”之一“明明德”，以及从“修身”到“平天下”的“八目”，其实质内容是“育欲”说，也是平治天下的规矩所在。何心隐的目的，是为他的平等观念张目。“育欲”说是其“君臣一师友”说的政治理念在欲望观上的延伸，前者是在政治领域中以平等原则对抗等级秩序，后者是在生存范围内强调百姓与帝王在欲望满足上的同权。东林党魁在《小心斋札记》中把何心隐描绘成一个“坐在利欲胶漆盆中”的人，且将理财术传授给了他

① 何心隐：《聚和老老文》，《何心隐集》，容肇祖点校，第72页。
② 林子秋、马伯良、胡维定合著的《王艮与泰州学派》一书不明此义，把公刘与太王两位君主当作君子。其实在何心隐看来，君主也是百姓中一员。参见林子秋、马伯良、胡维定：《王艮与泰州学派》，四川辞书出版社2000年版，第274页。

人。[①]虽说顾宪成没有直接涉及“育欲”说，但这段材料有助于人们对何心隐“育欲”说的理解。对何心隐“育欲”说的理解，应当与他的人人皆可为君主的观点结合起来看。百姓与君主一样，在对欲望追逐的权利上，是平起平坐的。

寓有平等观念的“育欲”说，是对等级制度的否定。活生生的人都是有欲望的，是人对物质利益或精神生活的一种渴求。欲望是人性的一个体现，不同时代，不同阶层（等级），甚至每一个人在不同的期间和场合，都会有不同的感受与认识。在现实生活中，不同阶层（等级）的人们，生活水平各殊的人们，对欲望的需求是绝不相同的；即使处于同一物质生活水平的人们，因着心态的变化与各异，对欲望的满足也是不相同的。在有阶级、阶层（等级）的社会里，一些人的欲望可以得到最大限度的满足，另一些人欲望则被限制在非常狭小的范围里。流行了二千多年的礼制，在明清两代达到了顶峰。礼制不遗琐细地规定了君臣、官民、士庶，在生活方面的差异化设定，以体现出身份等级的高低。《明会典·士庶妻》规定：“军民妇女不许用销金衣服帐幔，犯者本身、家长、夫、男、匠各治重罪。”隶卒下贱之人不准使用丝纱罗绫绵等衣料。再如建筑，明代对房屋间数的多少、高矮搭配、长宽格局、庭廊组合、门户安置，乃至于屋顶的形式、门饰的设置与色彩的使用，都按照尊卑上下的等级顺序，有着繁琐而细致的规定。让人们从宅第经过，就一目了然地知晓房东的身世地位。随着明代中叶开始的生产力的发展与商品经济的繁荣，为社会提供了较为富裕的物质条件，逾制的现象频频地出现了。且看苏州震泽镇的风俗：“在明初，风尚淳朴，非世家不架高屋，衣饰器皿不敢奢侈。若小民咸以茅为屋，裙衣荆钗而已。即中产之家，前房必土墙茅盖，后房始用砖瓦，恐官府见之以为殷富也。其嫁娶止以银为饰，外衣亦止用绢。至嘉靖中，庶人之妻多用命服，富民之室亦缀兽头，循分者叹其不能顿革。万历以后，迄于天、崇，民贫世富，其奢侈乃日甚一日焉。”[②]这段材料概要地记述了明初到明末世风的变迁。从“中

---

① 黄宗羲：《东林学案》，《明儒学案》卷五十八，沈善洪主编、吴光执行主编：《黄宗羲全集》（第 8 册），第 743 页。

② 清乾隆《震泽县志》卷二十五《风俗》，转引自夏咸淳：《明代学术思潮与文学流变》，上海社会科学出版社 2019 年版，第 193 页。

产之家”的“前房必土墙茅盖，后房始用砖瓦”，到“富民之室亦缀兽头”，从始着“裾衣荆钗”到“多用命服”，人们超越礼制的规定去追求先前无法达到的欲望。“兽头”，屋脊上的装饰物，原本官僚人家才能使用的；“命服”，达官家中的贵妇人穿着的衣服。“循分者”，遵循礼制的守旧者，他们哀叹世风日变已是无法变更的趋势（“不能顿革”）。何心隐历经正德、嘉靖、隆庆、万历四朝，正是人们的欲望突破等级制度规定范围的年代里。王阳明的妹夫徐爱（1487—1517）在上疏中说，当今的社会风尚已是“奢僭极矣”：“今天下婚丧之礼，男女服食之用，奢僭极矣。无纪则人人求厌其欲，非至攘夺不已矣。”[①]“僭”是僭越，即超过礼制的规定。当今社会上流行的奢侈之风，让人们对欲望的追求已经到了贪得无厌的地步。徐爱去世与何心隐出生是在同一年。往后的情况是，“奢僭极矣”之风愈演愈烈，这在文集、小说、笔记与县志中，比比皆是。[②]如果不联系当时的社会实际风尚，纯粹从理论上去分析，是很难理解何心隐“育欲”说的。“育欲”说企求平民与帝王在欲望上平起平坐，是明代中叶以后的社会发展趋势的必然反映。

顺应了社会实际状况的“育欲”说，是针对理学家的禁欲主义的。二程以为，民众追求改善生存条件的物质欲望，是与封建等级秩序相对抗的，即“好胜者灭理，肆欲者乱常”[③]。“常”就是既定的社会秩序，也就是礼制所规定的人们应该遵循的名分。理学家把这种秩序当作凌驾于个体之上的绝对力量，并浓缩升华为哲理化的“天理”，来压制个人对欲望的追求。在二程出生前的三十年，北宋初年王小波、李顺的农民起义，树出了“均贫贱”的口号：“吾疾贫富不均，今为汝均之。”[④]他们不满现存秩序财富分配的原则，要求以均摊的方式来满足人们对财富追求的欲望。朱熹接过二程的主张，大力倡导“存理灭欲”，强调“天理”与“人欲”

---

① 徐爱：《应诏陈言“上下同心以更化善治”奏议》，《横山遗集》卷下，《徐爱　钱德洪　董沄集》，钱明编校整理，凤凰出版社 2007 年版，第 86 页。

② 这个时代人们对欲望的强烈追求，可参见夏咸淳《晚明士风与文学》之“生活篇”。（夏咸淳：《晚明士风与文学》，中国社会科学出版社 1994 年版，第 12—104 页）

③ 程颢、程颐：《河南程氏遗书》卷二十五，《二程集》，王孝鱼点校，第 319 页。

④ 李焘：《资治通鉴长编纪事本末》卷十三《李顺之变》。

是截然对立的："人之一心，天理存，则人欲亡；人欲胜，则天理灭，未有天理人欲夹杂者。"[①]"天理"与"人欲"是不可能在人性、人心中共同存在，一定得此消彼长，彼消此长，必得一方克服另一方不可。就是做学问，也有个"天理"与"人欲"间的争斗："学者须是革尽人欲，复尽天理，方始是学。"[②]已故著名学者邱汉生在《四书集注简论》中指出，两宋之际钟相、杨么领导的农民起义，提出了"等贵贱，均贫富"的口号了。对这一政治上要求平等、经济上要求均分的愿望，洞庭湖周围的民众，"人皆乐而附之，以为天理当然。"这是农民为了改善自己的生存环境而提出合理要求。为了加强思想统治，抑制农民所希冀的"天理"。朱熹化了四十年精力而成的《四书集注》，从各个方面论证了天理论的合理性。[③]朱熹的禁欲主义，有针对农民而发的一面，是有着维护封建统治的政治目的。王阳明在这方面走得更远："必欲此心纯乎天理，而无一毫人欲之私，此作圣之功也。"[④]理学家的"天理"，实质就是"三纲五常"。二程说："父子君臣，天下之定理，无所逃于天地间。"[⑤]理学家把一切违反封建秩序的思想和行为，都视为"人欲"膨胀的结果，都是罪恶的体现。程朱理学以抽象的思辨，把等级制度与伦常秩序形而上地建构为"天理"，然后又把"天理"上升为君临天地、人类社会的绝对真理。理学家要求人们极力抑制自我的欲望，不断进行心灵上的自我拷问。通过种种道德修养工夫，剔除可能影响既定社秩序的因素，以求自我的内心合乎的理学家的"天理"。这就是禁欲主义的实质所在。

禁欲主义，是一种要求人们在一定程度与范围内，克制欲望与放弃物质享受，以达到宗教理想、道德完善与社会目的的学说。陆王心学与程朱理学，在许多问题上有争议，但在"存理灭欲"上并无二致，对道德自我完善的要求甚至达到了漠视了人的生存欲望的地步。尽管朱熹把保证人的生理需求的欲望视为正常，但于民众对物质生活改善的要求，朱熹看作是任私用意，是绝对应该灭绝的。

---

① 朱熹：《朱子语类》卷十三，黎靖德编，王星贤点校，第 224 页。
② 朱熹：《朱子语类》卷十三，黎靖德编，王星贤点校，第 225 页。
③ 邱汉生：《四书集注简论》，中国社会科学出版社 1980 年版，第 3 页。
④ 王守仁：《传习录中》，《王阳明全集》卷二，吴光等编校，第 66 页。
⑤ 程颢、程颐：《河南程氏遗书》卷五，《二程集》，王孝鱼点校，第 77 页。

何心隐的“育欲”说，是同宋明理学的道德禁欲主义相对抗的。

对欲望的追求，不仅对主体的发展起至关重要的作用，而且对人类文明由中世纪走向近代有着十分重要的推动作用。要承认欲望之火是与生俱在的，不可灭除，是照耀着人们前进之路的明灯。人除了有与生俱来的欲望外，还有因着外部世界的各种诱惑所激起的诸多欲望。后者是生活在社会中的难以避免的，甚至让人为了达到目的而不愿安分守己去铤而走险。没有对金银、珠宝与香料占有贪欲的冲动，哥伦布不会航海到今天的拉丁美洲的。随着地理大发现而来的，是欧洲殖民者对美洲所作的疯狂大掠夺，使发展资本主义所需的原始积累得以很快地完成。正是从这一意义上，恩格斯得出一个结论：“自从阶级对立产生以来，正是人的恶劣的情欲——贪欲和权势欲成了历史发展的杠杆。关于这方面，封建制度的资产阶级的历史就是一个独一无二的持续的证明。”[①]这包含了这么一个思想，即人的欲望的满足，是对社会历史发展的推动有着重要的作用。这道出了一个朴素的真理，即欲望是推动着人们进行一切活动的原动力。欲望之火的燃烧，在现实生活的原野里，可供燃烧的材料和范围是受着诸多因素制约的，不可能无限制燃烧的。个人欲求的膨胀，会造成人与人之际无数相互冲撞和毁灭的。人的欲望中，永远存在着冲动的因素，欲望的延展性是没有一剂良药可以治愈。到目前为止，没有一个社会就已经具备了这样的良药，来抑制人们对欲望的膨胀。因而对欲望的讨伐是没有一点儿积极价值的。纵欲与禁欲都是不可行的。“寡欲”说是在寻求禁欲与纵欲之间的最佳组合。“育欲”说是强调百姓与统治者在欲望的满足上，应该贯彻平等的原则。不能把平民化局限于把儒学普及到民间去这一方面，为平民百姓的利益摇旗呐喊，也是泰州王门平民化的一个重要特征。

① 中共中央马克思恩格斯列宁斯大林著作编译局编：《马克思恩格斯选集》（第4卷），人民出版社1972年版，第233页。

第四节 聚和堂："不以亲疏分厚薄"的平等社会

（一）以"教"与"养"为核心的基层组织

是什么原因促使何心隐散财去建立聚和堂呢？依据他的自述："欲聚和，欲也。族未聚和，欲皆逐逐，虽不欲货色，奚欲哉？"[①]何心隐以为，一个宗族没有达到"聚和"的程度，就谈不上什么欲望的追求："欲聚和，欲也"。何心隐强调，不对"货色"去追逐，还谈论什么欲望呢？顾宪成在《小心斋札记》中，对何心隐帮助他人对"货色"的追逐有生动的描述："何心隐辈，坐在利欲胶漆盆中，所以能鼓动人者，缘他一种聪明，亦自有不可到处。耿司农择家僮四人，每人授二百金，令其生殖。内一人从心隐问计，心隐授以六字曰：'一分买，一分卖。'又益以四字曰：'顿买零卖。'其人用之起家，至数万，试思两言，至平至易，至巧妙，以此处天下事，可迎刃而解。"[②]耿司农就是耿定向，何心隐有一段时间住在他家。何心隐把理财术教给了他家里的仆人。"顿买零卖"，是一次性大量买进，然后零星卖出。赚取的是批发与零售之间的差价。"一分买，一分卖"，是说在商业交易中，进货与销货的比例要平衡。做生意既要有上家，还要有下家，不因货物积压而出现资金滞呆的困境。通过良性循环，"二百金"的本钱可以增殖到"数万金"。如此高超的理财术，不"鼓动得人"才是咄咄怪事了。何心隐有这样的"聪明"，使李贽钦佩不已。"李卓吾以何心隐为圣人"[③]，自然是顺理成章的了。家庭殷富的何心隐，"捐千金，创义田，储公廪"。这为聚和堂奠定了物质上的保证。聚和堂是以宗族为单位，集经济、教育、婚姻、养老、救助等事项为一体、有着乡村自治功能的一个组织。嘉靖三十二年（1553），何心隐在家乡梁坊村创建了这样的组织，取"合族始聚以和"之义，名为聚和堂。与其师颜钧所创萃和会仅一字之差，但都突出了对人际关系和谐之向往。

---

① 何心隐：《聚和老老文》，《何心隐集》，容肇祖点校，第72页。

② 黄宗羲在《明儒学案》卷五十八《东林学案一》中引用了此材料。参见沈善洪主编、吴光执行主编：《黄宗羲全集》（第8册），第743页。

③ 黄宗羲：《东林学案一》，《明儒学案》卷五十八，沈善洪主编、吴光执行主编：《黄宗羲全集》（第8册），第743 页。

颜钧的萃和会有神秘化色彩，是没有什么具体设想的，而何心隐对聚和堂有周密的设定。聚和堂分设两个组织：一是“教”，一是“养”，设“率教”“率养”各一人，分别管理会内的教育和经济。下另设“辅教”“辅养”各三人、“维教”“维养”各二人，共十二人，组成了“聚和会”的上层管理部门。

先说“教”。“率教”相当于今天的校长，何心隐亲自担任“率教”。何心隐主张，把各家私塾（“私馆”）集中于祠堂，以达到“师徒之舒畅”的目的。设聚和堂前，族人子弟接受教育主要依靠私塾。私塾房子小，人多了拥挤，人少了冷清，做老师的不能舒畅地进行教学，做学生的不能快乐地学习。何心隐发现了“私馆”的弊病后，便集中起来，以便教学过程中保证师生的心情舒畅而快乐，提高教学的质量。因着族人间财富的差异，有“上族之馆”“中族之馆”与“下族之馆”之别，并由此产生了亲情观念上的裂痕。何心隐认为，族人子弟集中起来后可以打成一片，消除隔阂，实现他“不以亲疏分厚薄”的主张。他让全族的学生在有着祖先图像的祠堂学习，以加强族人间的团结。他用自己的钱盖了个夫山书院。①他深知只有发展教育才能有未来，而不惜为此散尽家财。每月初，管理者“同祠首相聚一坐，乐观子弟礼以相让，文以相勖，欢如翕如，而相亲相爱之念亦皆油然而兴矣。故总聚于祠者，又以兴长上之亲爱也”②。集中起来办学，能增强子弟们“相亲相爱”的感情。在生活管理方面实行“总送馔”“总宿祠”。“总送馔”是让学生在祠内集体用膳，相当于今天的集体食堂；“总宿祠”就是寄宿制，以“防游荡，以专师长之教也”③。何心隐对学生有严格的要求，制定了“常条”（学生守则）。“凡大小筵饮，公私杂会，不许擅赴，审其当否，处有常条”④。不准学生参加各种聚会，违反了要审查有无理由。处置的依据是“常条”。“子弟方婚聘者、婚娶者、婚毕者，既聚于祠，不许擅归，审其临

① “凡世之人靡不自厚其生，公独不肯治生。公家世饶财者也，公独弃置不事，而直欲与一世圣贤共生于天地之间。”[李贽：《何心隐论》，《焚书》卷三，张建业主编：《李贽文集》（第1卷），第82页]

② 何心隐：《聚和率教谕族俚语》，《何心隐集》，容肇祖点校，第68页。

③ 何心隐：《聚和率教谕族俚语》，《何心隐集》，容肇祖点校，第68页。

④ 何心隐：《聚和率教谕族俚语》，《何心隐集》，容肇祖点校，第69页。

期，处有常条”。[1]无论是结了婚的，还是刚完婚的，或已有对象的，入祠过集体生活后，一般就不能回家。一旦发生了，就要根据具体情况来定夺，依“常条”来处理。何心隐要求学生保持艰苦朴素的生活作风，希望家长“勿纵以子弟盛饰，勿快以子弟厚味”。按照何心隐的设想，“小成”与“大成”是短期和长期的目标。前者三年完成学业，后者须长达十年的学习时间。何心隐的“教”，是让族人平等地受到教育。不只族人，而且宗族内外一律平等，“其在外姓父兄子弟，幸以相体，本姓决不敢以亲疏分厚薄也”[2]。

再说“养”。“养”相当于今天的经济组织，“率养”是经济活动的总管，负责收缴钱粮交给官府，以期“计亩收租，会计度支，以输国赋”。[3]“率养”下设“辅养”“维养”各三人，以为襄助。有108人的队伍来负责征粮、催粮与管粮的事务。有12人管理每月的粮食，每人轮流一个月；有24人承担催讨粮食的任务，每人催粮15天；有72人轮流征集粮食，每人值班5天，合成一年之数，依次周而复始。通过这108人把钱粮收齐后，“付于维养者，交收转付辅养，以俟率养之所率矣”[4]。按照保守的统计，如果一个人征粮对象4户，一户平均为5人，那么永丰梁姓一族的人口大约有1500人左右。统一办学、统一征粮纳说，安老怀少，亲邻和睦，人们平等相处，这就是“教”与“养”要达到的目标。

为何要聚和堂代表民众而不让民众直接向官府交纳呢？何心隐此举，表面上看是节省各家单独缴纳钱粮的杂费与辛劳，实质上是想堵塞豪强逃避赋税的途径与官府节外生枝的盘剥。明代中叶以后，出现了“无田之家而册有田，有田之家而册无田”的现象，赋税的重担集中在下层民众身上，而土地则向乡绅豪强集中。缘由是乡绅豪强，用金钱贿赂有权势的人，以逃避赋税：

> 江西巨室，置买田产，遇造册，贿里书。有飞洒现在人户者，名为“活洒”；有暗藏逃绝户内，名为“寄配”；有花分

---

① 何心隐：《聚和率教谕族俚语》，《何心隐集》，容肇祖点校，第69页。
② 何心隐：《聚和率教谕族俚语》，《何心隐集》，容肇祖点校，第69页。
③ 邹元标：《梁夫山传》，何心隐：《何心隐集》，容肇祖点校，第120页。
④ 何心隐：《聚和率养谕族俚语》，《何心隐集》，容肇祖点校，第71页。

子户，不落户眼者，名为“寄零带管”；有留在卖户头、全不过割者；有过割一下，名为“包纳”；有全割不归全户者；有推无收、有总无辙，名为“悬挂淘回”者；有暗袭京官、方白、进士、举人脚色捏作寄庄者。有册不过纸上之霜，在户头尤皆空中之影，以图之虚以数十计，都之虚以数百计，县之虚以数千万计；递年年派粮差无所归者，俱令小户头赔偿。小户头逃绝令里长，里长逃绝令粮长。阆粮长负累，亦皆归且绝而已。①

这段史料是针对明代黄册鱼鳞制度弊端而言的，张居正的一条鞭法就是想去掉此弊端而产生的。对之作详尽的剖析，才能知晓聚和堂经济上功能的真谛所在。

首先，要从黄册鱼鳞制度讲起。黄册鱼鳞制度的实施，是以凭户按地征税为前提，达到有效地管理赋税收入的目的。以110户为一里，推一里之中丁粮最多者十户为里长。户籍登记好了以后成册。因册封面用黄绢，故名黄册。洪武十四年（1381）下令，编制黄册。为保证赋税征收，于洪武二十年（1387）下令，全国范围内丈量土地，绘制图形成册。因图似鱼鳞，故名鱼鳞图册。实行之初，效果良好，但很快就毛病百出。在何心隐所在的江西地区，“巨室”将赋税转移到“小户”身上，就是弊端的集中体现。

其次，黄册鱼鳞制在土地兼并这一顽症下，显得苍白无力。“巨室”购置土地后，如按真实情况造入黄册中，“巨室”要承担相应的赋税。“巨室”不想承担，便买通里长，即“遇造册，贿里书”。土地买卖在古代社会里是不断在进行着的。黄册中内容的变动与更新，也是势在必行的了。明王朝规定，在一定期限内黄册要重造（“遇造册”）。重新造册的关键人物是里长。只要控制了里长，就能控制赋税的征调。这是“巨室”贿“里书”的缘由。

最后，“巨室”千方百计地隐瞒真实的情况，以逃避国家赋税的征收。“飞洒”，是把“巨室”购置的田产，放在他人的户头里。“配寄”，是把名下的田产，安置在已逃亡他乡的人的户头里。“寄零带管”，为不落实到具体的户头。还有买卖已成，但

①《古今图书集成·食货典》卷五十引《大政记》语，第171—172页。

不进行交割过户。这里有两种情况：一是全数不交割，“留在卖户”中；一是仅交割其中的十分之一二，叫“包纳”。“有暗袭京官、方白、进士、举人脚色捏作寄庄者”是说，把新买来的田产，挂在官僚与有科举功名的人的户头上。这些人按照明王朝的政策，是不同程度上享有赋税优免特权的。“寄庄”的现象在江西是大量存在的，以致王阳明在《赣南乡约》中专列一条以除“寄庄”之弊端：“寄庄人户，多于纳粮当差之时躲回原籍，往往负累同甲；今后约长等劝令及期完纳应承，如蹈前弊，告官惩治，削去寄庄。”①“巨室”把纳税的义务，挖空心思地转移到了“小户”的身上，结果是“递年年派粮差无所归者”。这样的“巨室”遍布于江西，永丰县的情况也好不至那里去。

聚和堂设立百余人的经济管理队伍，是为了防止“巨室”把其赋税移花接木到“小户”的身上。“天高皇帝远”，地方官员对百姓是可以为所欲为的。何心隐的聚和堂，把农民聚集在一个组织里，无形中形成了与官府对抗的力量了。一家一户是扛不住官府的，现在抱成一团了，官府就不好加税了。尽管何心隐说，钱粮收齐后，由率养“呈于官司，俾各由渐而化，同乐于尽分以报君上之赐也”“凡田粮之征，敢不乐于尽分以输纳耶？丁粮之征，敢不乐于尽分以承应耶？”。②何心隐的意图是让官府知道，“聚和堂”是遵纪守法的，对皇上是忠心耿耿的。对田粮与丁粮的征集，聚和堂“又岂敢妄费其财以行贿赂、以求免其所费耶？又岂敢徒劳其力以作奸弊，以求匿其所劳耶？”③这是说，聚和堂在履行征集赋税时，绝对不会像“巨室”那样，有“贿赂”“奸弊”行为的。

尽管何心隐说聚和堂是皇权的忠实拥护者，但无法消弥官府的疑窦。因何心隐修聚和堂太过于张扬，那位沾染王艮思想的永丰大尹凌海楼，对何心隐有作了警示，要他注意“明哲保身”之道。何心隐回答说：“蒙示明哲保身之学。熟察我翁一言一动，无非学以保身，所示为不虚矣。”④之后笔锋一转，为自己修聚和堂的行为作了辩护。说自己没有做官，又不从事农、工、商诸业，谈不上保身的事情。他

① 王守仁：《赣南乡约》，《王阳明全集》卷十七，吴光等编校，第 601 页。
② 何心隐：《聚和率养谕族俚语》，《何心隐集》，容肇祖点校，第 71 页。
③ 何心隐：《聚和率养谕族俚语》，《何心隐集》，容肇祖点校，第 71 页。
④ 何心隐：《修聚和祠上记丰大尹凌海楼书》，《何心隐集》，容肇祖点校，第 72 页。

表明不甘心为“樊笼”所囿，“直须出身以主大道”：

> 若在樊笼恋恋，纵得以展高才，不过一效忠、立功、耿介之官而已，于大道何补。直须出身以主大道，如孔孟复生于世，则大道有正宗，善人有归宿，身虽不与朝政，自无有不正矣。①

何心隐的“大道”，就是建立在宗法血缘关系上的理想社会，为君主效忠、为国家建功立业、做一个清廉正直的官，于“大道”一点儿好处也没有。自己的目标就是身体力行地为“大道”出力，即使牺牲个人性命在所不惜。“直须出身以主大道”，何心隐向官府表明了自己的主张，王阳明的“行不掩言”的狂者精神得到了有力的展示。

地方政府始终把聚和堂看作是威胁，一有机会就将其剿灭。嘉靖三十八年（公元1559年）正当聚和堂“行之有成”的时候，永丰县令强迫民众缴纳“皇木银两”。这对聚和堂来说是毁灭性的灾难。何心隐为聚和堂捐献了家产，把族中之人的财产纳入了聚和堂。何心隐与村民作了猛烈的反抗，差役六人命丧黄泉。何心隐于“赋外之征”（“皇木银两”），对县令“贻书诮之”。“令怒，诬之当道，下狱中”。②何心隐入狱，被判以绞罪。后被救出，兴旺六年的聚和堂也轰然倒塌。

（二）“宛如三代”的理想社会

聚和堂在时人的心目里，是一个与“三代”相仿的理想社会。邹元标为何心隐写了传记，讲何心隐“谋诸族众，捐赀千金，建学堂于聚和堂之傍，设率教、率养、辅教、辅养之人，延师礼贤，族之文学以兴。计亩收租，会计度支，以输国赋。凡冠婚丧祭，以迨孤独鳏寡失所者，悉裁以义，彬彬然礼教信义之风，数年之间，几

① 何心隐：《又上海楼书》，《何心隐集》，容肇祖点校，第73页。

② 黄宗羲：《明儒学案泰州学案序》，《何心隐集》，容肇祖点校，第123页。

一方于三代矣”[①]。永丰县志的记载相类。[②]“三代”指夏、商、周，历来被视为理想的社会，较早见于《论语·卫灵公》：“斯民也，三代之所以直道而行也。”在历代文人学者的心目中，“三代”是社会臻于盛世的代名词。何心隐把儒家的仁义推到了极致：

> 仁无有不亲也。惟亲亲之为大，非徒父子之亲亲已也，亦惟亲其所可亲，以至于凡有血气之莫不亲，则亲又莫大于斯。亲斯足以广其居，以覆天下之居，斯足以象仁也。义无有不尊也。惟尊贤之为大，非徒君臣之尊贤已也，亦惟尊其所可尊，以至于凡有血气莫不尊，则尊又莫大于斯。尊斯足以正其路，以达天下之路，斯足以象义也。[③]

儒家讲“仁”有个传统，既说以爱人为前提，但又强调爱是有差等的，如孟子所言：“亲亲而仁民，仁民而爱物。”（《孟子·尽心上》）自亲人至百姓再到万物，爱有个次序先后的排序。何心隐的“仁”，是爱天下所有的人，“凡有血气莫不亲”。做到了这一步，“斯足以象仁”。用爱无差等对“仁”灌注了新意，而其渊源是墨家的“兼爱”。论述王艮时，我指出王艮思想里有墨子思想的印痕。何心隐以“凡有血气之莫不亲”的泛爱观，承接了王艮的思想。对“义”的理解，何心隐以为，不能局囿于“君臣之尊贤”上，而应该尊重天下所有之人。“凡有血气莫不尊”，是尊重天下所有的人，不难见到的王艮“尊身”论的影子。民众无论亲疏贵贱、上下尊卑，应当得到同样的关爱与尊重。相互关爱、尊重他人、和睦人间，是何心隐想出打造的理想社会的实质性内容，一如顾宪成所言：“足以发明斯民之直道，宛如三代，即欲百方磨灭之而不能也！”[④]

下面从历史的与理论的角度，对理想社会作些剖解。先贤们热

---

① 邹元标：《梁夫山传》，何心隐：《何心隐集》，容肇祖点校，第 120 页。

②“率同族建聚和堂，立率教、率养、辅教、辅养之人，各董其事，延师礼贤，以训族子弟。计亩收租，以赡公家粮税，捐千金，创义田，储公廪，以待冠婚丧祭鳏寡孤独之用。数年之间，几于三代矣。”何心隐：《县志本传》，《何心隐集》，容肇祖点校，第 125 页。

③ 何心隐：《仁义》，《何心隐集》，容肇祖点校，第 27 页。

④ 顾宪成：《重刻怀师录题辞》，《何心隐集》，容肇祖点校，第 127 页。

衷于理想社会的构筑，那是延续了二千多年的文化传统。自从《礼记·礼运》对理想社会作了尽善尽美的描绘后，并取名大同之后，大同理想就成了炎黄子孙的憧憬的对象。①中国历史上许多的思想家、志士仁人，心灵深处均有着挥之不去的大同情结。他们以“礼运”的本文作为寄托自身社会理想的现成思想资料，勾勒出了各具特色的社会蓝图。无论是逃避现实的陶渊明的世外桃源，还是近代康有为融贯中西的大同社会。尽管具体内容相去甚远，设想的基点大相径庭，但千古如斯不变对大同之世的向往，是他们的共识。从理论上说，理想社会是人们对憧憬目标的观念性的预见。人不同于动物，除了接受自然世界的事实外，还构造出种种理想的世界。人能够发明、运用各种符号，在观念中构想出他所希望的理想世界。理想社会是与现实社会是有距离的，理想社会是人对自身与社会发展未来美好前景的展望，它是以对现实的不满足与否定为前提的。超越性就是理想的固有之义。如果理想一旦实现，理想的超越性就不复存在了。从中国文化史来看，每一个产生过较大影响的理想，都是观念创新的结果。它们都以独特的思维方式，构造了与众不同的社会理想。老子的小国寡民、陶渊明的世外桃源，孟子设想的美好家园、康有为的大同社会等，它集中地体现了人们对理想世界的锐意追求与主动创造。惜乎这些美好的理想，都停留在议论与纸面上，能够付诸现实的，就是何心隐了。

这是与何心隐所做的实事密不可分的，可以归结为三个方面：

一是在宗族为共同体的基础上，聚和堂进行了社会公共设施的建设。除了在宗祠内办公共性质的学校外，又创办了义田。“义田”最早见于《越绝书》：“富中大塘者，勾践治以为义田，为肥饶，谓之富中。”②此为义田之始。后世的大家族为团结本族成员，维护本族、本乡公益而设置的田庄，泛称义田。义田由族内有钱财的人倡议出资，通过捐献或购买田地作为义田。所得田租用于

---

①《礼记·礼运》中的大同社会，受孟子的影响很深。孟子以他的仁政出发，构筑了一个理想社会。在这个社会中，每个人都有固定的产业。在这一前提条件下，每家得以从事种桑、养鸡等副业，“老者衣帛食肉，黎民不饥不寒”。同时，也办各类学校，用孝顺父母、敬爱兄长的道理来开导人们。一个民众生活安定，人际关系和谐的社会就呈现在人们的眼前了：“老吾老，以及人之老；幼吾幼，以及人之幼。天下可运于掌。”（《孟子·梁惠王上》）

② 袁康、吴平辑录：《越绝书》，上海古籍出版社1985年版，第61页。

祭祀、兴办学堂，也可资助族人中的贫困者应举赴考，同时接济孤寡鳏老、灾伤疾病及补助嫁丧葬等。以范仲淹在苏州、长洲、吴县所置义田为最早，明清两代义田则遍布全国。[①]从“捐千金，创义田”来看，当是何心隐倡议出资的。何心隐是个公益心很强的人，他以为惟有通过置办义田的办法，让学校有个经济上的后台，才可以长期生存下去。

二是对孤寡鳏老实行照顾与救济，这是聚和堂的重要责任所在，即“储公廪，以待冠婚丧祭鳏寡孤独之用”。这脱胎于《礼记·礼运》中“老有所终，壮有所用，幼有所长，鳏寡孤独废疾者，皆有所养”的设想。老弱病残者，得到社会的供养与照顾，自古代到近代一直被视为大同之世的不可或缺的组成部分。“聚和堂”作为有系统管理的基层组织，是以宗族为基础的。目的是让宗族里的百姓有饭同吃有衣同穿。千余人因血缘而维系，以教育和经济为基础构成的社会组织，团结和谐。如此美好的大同世界，自然是人们所希冀的。

三是他建立聚和堂是为了在一定程度上满足人们的欲望，“育欲”说是何心隐为他伯父梁焕宇祝寿文中提出的。文中说，“伯父焕宇公届七十。七十曰老。率教茹藿、率养茹芹、辅教声雅、世华、定宇、辅养声珮、慎夫、廷望、维教养明宇、辅宏、孔澜、卿耀相欲汝元撰文以老老焉”[②]。“老老”，就是《礼记·礼运》中所说的“老吾老”。“育欲”说的核心，是要求破除等级限制，让民众与统治者在追求欲求时平起平坐。这是一个比较现实、能够满足人们欲望的尺度。

何心隐与老子、孟子、陶渊明、康有为等大家相较，是一个不太起眼的角色，但“聚和堂”是永远无法抹煞的。这些大家是坐而言之，何心隐则起而行之。一个行动要比一百个设想得完美的纲领，更加来得有力。何心隐把他的理想社会设想，在聚和堂行之有效达六年之久，且卓有成效而被时人誉为像“三代”一样的乐土。

---

① 宋钱公辅:《义田记》:“范文正公方贵显时，置负郭常稔之田千亩，号曰义田，以养济群族之人。”清人恽敬《沙陇胡氏学田记》：“后世君子私田之公于族者曰义田，义田之给于士者曰学田。”建国前，陕甘宁边区政府也提倡设置义田，以救济贫苦劳动人民。林伯渠在《陕甘宁边区政府一年工作总结》一文中说：“奖励和推行义田义仓运动，建立社会救济事业的基础。”

② 何心隐：《聚和老老文》，《何心隐集》，容肇祖点校，第 72 页。

像何心隐这般执着于社会实践，甚至豁出命地干，在中国历史上是少之又少的，绝对是明代社会里划出的一道有着永恒意义的时代性光光芒。尽管似闪电一样很快，就在官府势力围剿下湮灭了。

聚和堂像过眼烟云一般稍纵即逝，因为它是缺乏厚实基础的乌托邦。

首先，像聚和堂这样的民间组织，是不可能为统治者所容纳的。在一个中央集权专制社会里，任何势力稍大一些的民间社团，永远是一个威胁性的存在。以江州义门陈家来说，宋真宗赵恒有“聚居三千口人间第一，合炊四百年天下无双”之旌表。不过如此庞大的家族，对当局来说始终是一个不安定的因素。文彦博、包拯等重臣建议，要对义门陈实行分家，这正中宋仁宗下怀。嘉祐七年（1062）七月，宋仁宗下诏劝其分家。众官奉旨临门监视家产析分的情况。江州义门被分为大小291庄，依拈阄分迁全国各地。明代浦江郑氏九世同居，明太祖常常赞叹不已。马皇后从旁提醒说，以此众叛，何事不成？明太祖惧怕了，于是招来郑氏家长，伺机找借口诛之。由此观之，聚和堂解体的命运是必然的。以平等为主旨的聚和堂，对当时社会伦理关系是颠覆性的，无异于变革当时的社会基础，无异于拆了大明王朝的台脚。“聚和堂”在地方当局解的压力下而解体，官府统治者不遗余力地对何心隐加以迫害，都是必然的。深知自己为当世所不容，为不使家人与族人受到牵连，他改名换姓为何心隐，但为信念抱有必死之心没有变更（“出身以主大道”）。

其次，何心隐一直摆脱不了儒家思想的纠葛，跳不出忠君观念的藩篱。他说自己组建聚和堂的直接动因，就是代民众向官府交纳粮税，“乐于尽分以报君上之赐”[①]，就是典型的忠君观念。不可否认，他弱化了君臣关系中的尊卑关系，想易为平等互助的师友关系，但不能说忠君观念已经在他头脑中泯灭了。他甚至以为，人人皆可以为当君主。在帝王专制的年代里，这样过激的言论，是具有很大危险性的。但也证实了，君主的观念在何心隐心灵里是根深蒂固的了。马克思说：“只要旧社会的物质条件消亡，君主权力本

① 何心隐：《聚和率养谕族俚语》，《何心隐集》，容肇祖点校，第71页。

身也就消灭。”[1]硬要何心隐消除忠君观念，那是不现实的事情。聚和堂能够存在达六年之久，本身就是一个奇迹。期望它的长期存在，绝对是不符合实际的空想。

得注意到这么一种情况，空想也不是任何时代都能萌生的。空想把实现诉诸虚幻的可能性上，不是现实的可能性，不是经过努力就能得以实现的。不过空想的产生也有它真实的历史背景和文化氛围。空想的提出者是力图用想象来排除现实中差别的愿望，同时也是实际上存在着剧烈的差别的有力佐证。聚和堂之设，缘于“上族”“中族”与“下族”所带的教育观念的差别，激于“巨室”把赋税转移到“小户”的嫁祸于人的做法。从根本原因上，它们都是明代因着激烈的土地兼并而衍生的。任何一种乌托邦的产生，都是有它的现实背景的，聚和堂也不例外。

何心隐倡导平等，希望借助于人际平等关系的建立，达到社会和谐的理想。这是他思想的宗旨所在。为实现这一目标的聚和堂，是从平等宗旨派生出来的。何心隐献出家产，想借助于聚和堂的建立，实现这样的理想：财产公有、教育免费、代缴税赋、扶弱养老，人们过着有福同享、有难同当的安逸生活，以实现“天下为公”的理想社会。何心隐一生讲学，都是在宣传这一宗旨。平等、和谐的美妙图景对平民有着极大的吸引力，对以维护等级制度为己任的地方官员来说，则为洪水猛兽。尽管何心隐在被捕后，写了二十通给各级官员的上书，力辩自己不是“妖人”，只是在讲学，并冀望官员能把他的《原讲原学》长文转呈给皇帝。不过没有一个官员相信他，因为何心隐以平等为旨归的思想，是要颠覆这个社会既定秩序的。

---

① 中共中央马克思恩格斯列宁斯大林著作编译局编：《马克思恩格斯选集》（第1卷），第180页。

第五章

以『赤子之心』为学说宗旨的罗汝芳

在泰州王门中，罗汝芳不只是做官时间最长、任职最高的一位，而且构建了一个比较完整的理论体系，思辨性较强。他的学说是以“赤子之心”为宗旨的。孔子的仁学、孟子的性善论、王阳明的良知与传统的圣人崇拜，他自己极力宣扬的“孝弟慈”三事与圣谕六条，被他囊括在“赤子之心”中。“吾心每日在百姓身上”的民本思想，是他把“赤子之心”在施政实践中的具体运用。

第一节 罗汝芳的生平与著作

罗汝芳（1515—1588），字惟德，号近溪，时人称为“明德夫子”。他是江西南城县人，嘉靖三十二年（1553），39岁中进士，授太湖令（今安徽省安庆市下辖县）。之后擢刑部主事，48岁时为宁国府知府。万历元年（1573），60岁时授山东东昌府知府，到任不久，升任云南省屯田副使，63岁时转云南布政司左参政。同年，因倡讲学罢官。当局严禁讲学，有人劝他缀讲，以免惹上像东汉末年那样的“党祸”。他说：“人患无实心讲学耳，人肯实心讲学，必无祸也。党人者，好名之士也，非实心讲学者也。”[①]74岁时，“八月，师微疾。命门弟子来宿，日夕谈学不倦”[②]。同年九月逝世，门人私谥曰“明德先生”。下面结合罗汝芳的三个特点，即广交师友、倾心讲学、为政有方，来讲述他的生平。

（一）广交师友

罗汝芳一生喜欢结交师友，门人杨起元说他学无常师：“夫子十有五而定志于洵水，二十有六而正学于山农，三十有四而悟《易》于胡生，四十有六而证道于泰山丈人，七十而问心于武夷先生，其他顺风下拜者不计其数，而接引友朋，随机开发者，亦不计其数。”[③]“不计其数”当为夸大，不过转益多师为吾师，是个不争的事实。

15岁从张洵水学，那是他的启蒙老师。17岁那年，接受明初理

---

① 罗汝芳：《近溪罗先生一贯编》，《罗汝芳集》，方祖猷、梁一群等编校整理，第384页。
② 曹胤儒：《罗近溪师行实》，罗汝芳：《罗汝芳集》，方祖猷、梁一群等编校整理，第851页。
③ 杨起元：《明云南布政使司左参政明德先生夫子罗近溪先生墓志铭》，罗汝芳：《罗汝芳集》，方祖猷、梁一群等编校整理，第924页。

学家薛瑄的主张而践履之。“得薛文清公一条云，‘万起万灭之私，乱吾心久矣，今当一切决去，以全吾澄然湛然之体。’若获供璧，焚香扣首，矢心必为圣贤。”[①]他将自己关闭在村里福田寺中，一人独居密室，想通过灭绝心中的欲望，以恢复人性中先天的本性。薛瑄此话是《理学粹言》中一段，是书的核心是讲如何去除杂念、克制欲望以达无欲的境界。罗汝芳以为，这是从修身养性走向圣贤的良方：“立簿日纪功过，寸阴必惜，屏私息念，如是数月，而澄湛之体未复。”[②]，这与黄绾的“红黑工程”是一样的，一念闪过天理时为功、一念萌生人欲为过。用一本簿册记录功过，是明代士人常用的方法。罗汝芳以功过格之法，养息了几个月，不但“澄湛之体”得以恢复，而心病随即出现。他的父亲知道后，觉得药物难以治愈，就给了他王阳明的《传习录》，“师阅之大喜，日玩索之，病瘥”[③]。瘥愈仅是治标而未能治本，“病虽小愈，终沈滞不安，时年已弱冠”[④]。

“二十六而正学于山农”，是罗汝芳一生思想中的重大转折，是他成为泰州王门传人的缘由所在。

罗汝芳拜颜钧为师事，前面已论及，但值得注意的有三条。一是说，颜钧通过讲学宣传王阳明的学说，对罗汝芳落第而于个人“得失”无与的说法，不予认可。二是讲，告知罗汝芳，节制欲望是不符合体认“仁”的本意，对理学家的禁欲主义观点作了否定。三是点明，“制欲体仁”的主张，与孔子仁学与孟子性善论是相悖的。罗汝芳听了颜钧的这番教导后，恍然大悟，便口称弟子。拜师之事在嘉靖十九年（1540）。这一年，颜钧在南昌同仁祠贴出《急救心火榜文》，宣称自己能够解决人们的心理障碍，即“心火”。罗汝芳虽对颜钧说了，自己于科举失利有较强的承受力（“生死毫不动心”）。颜钧很清楚科举考试中竞争的残酷，以及落第后对士人所带来的沉重挫折，故对罗汝芳所说置之不顾，而对他着重地宣

---

① 曹胤儒：《罗近溪师行实》，罗汝芳：《罗汝芳集》，方祖猷、梁一群等编校整理，第 834 页。罗汝芳所见之言，参见薛瑄：《薛瑄全集》，山西人民出版社 1990 年版，第 1506 页。今本“体”为“性”，即“澄然湛然之性”。薛瑄（1389—1464），明初理学家。参见黄宗羲：《河东学案上》，《明儒学案》卷七，沈善洪主编、吴光执行主编：《黄宗羲全集》（第 7 册），第 120—122 页。
② 罗汝芳：《近溪罗先生庭训记言行遗录》，《罗汝芳集》，方祖猷、梁一群等编校整理，第 404 页。
③ 曹胤儒：《罗近溪师行实》，罗汝芳：《罗汝芳集》，方祖猷、梁一群等编校整理，第 834 页。
④ 罗汝芳：《近溪子集》，《罗汝芳集》，方祖猷、梁一群等编校整理，第 52 页。

扬了“制欲非体仁”的主张。[①]

于“制欲非体仁”时下论著对此大多一带而过，我觉得有必要作些剖析。无论是程朱理学，还是陆王心学，尽管在理论上有所不同，但主张“存理灭欲”并无不同。他们均以为“天理”与“人欲”是不容并存于人心中，并以善恶、公私来定位天理与人欲。颜钧虽说是王阳明的再传弟子，但他不赞成为学是沿着抑制恶的路向发展，而是主张顺着为善的路向去行进。前者与孔子的“仁学”相合，后者与孟子“性善论”一致。在颜钧看来，“制欲”与“体仁”是截然不同的路向，“制欲”是抑恶，“体仁”是向善。“制欲体仁”是违反了孔孟之道原意的。罗汝芳的孙子亦记述了此事：

> 祖曰：“先儒云：人欲净尽，天理流行。欲之不制，仁其可徒体耶？”
>
> 公曰：“吾侪谭学，须以孔孟为宗。志仁无恶，非孔氏之训乎？知扩四端，若火燃泉达，非孟氏之训乎？循是体仁，仁将不可胜用，何必制欲为哉？”祖闻言顿觉心神活泼，浑合元和，直际乾坤，了无畔岸。乃知道自有真脉，学原有的旨也，遂师事之。[②]

“祖”指罗汝芳，“公”是颜钧。“先儒”为朱熹，“先儒云”的内容为《朱子语类》卷六中的一条。[③]颜钧要罗汝芳以孔孟之学问“为宗”，依此去“体仁”才是正途，前面的道路宽广得很，何必走上朱熹“制欲”的死胡同呢？罗汝芳听了以后，心头无比的舒畅，觉得这才是学问的真谛与宗旨。拜颜钧为师，是罗汝芳由程朱理学彻底转向阳明心学的关键。此后罗汝芳放弃了“制欲”之念，给“嗜欲”安上了“天机”的美誉：“万物皆是吾身，则嗜

---

① 颜钧不予理会是有道理的。士人在落第后的心情是十分沮丧的，会产生颜钧所说的“心火”。唐人赵嘏在《下第上李中丞》中有诗述当时的痛苦心情：“落第逢人痛哭切，平生志业欲何如？鬓毛洒尽一枝桂，泪血滴来千里书。”转引自刘修明：《儒生与国运》，花山文艺出版社 2014 年版，第 256 页。

② 罗汝芳：《近溪罗先生庭训记言行遗录》，《罗汝芳集》，方祖猷、梁一群等编校整理，第 405 页。

③ 朱熹说：“做到私欲净尽，天理流行，便是仁。”参见黎靖德编：《朱子语类》卷六，王星贤点校，第 117 页。

欲岂出天机外耶？……天机以发嗜欲，嗜欲莫非天机也。”[①]“天机”出自《庄子·大宗师》：“其嗜欲者，其天机浅。”是说嗜好欲望深的人，他的天赋灵性就不足。罗汝芳反其意而用之，认为嗜好欲望，即人的天赋灵性，这一主张是来自颜钧的。

“三十有四而悟《易》于胡生”，是说罗汝芳向楚中胡宗正学《周易》事。胡宗正是他昔日的举业弟子，当罗汝芳知道胡宗正精通易学后，便派人持了厚礼去聘请胡宗正。胡宗正对罗汝芳派去的人极为冷淡，因为胡宗正不看重实利，而青睐于名分。罗汝芳心领神会，“遂执贽愿为弟子”[②]。罗汝芳在34岁那年，把胡宗正请到家中，学习《易》理。黄宗羲在《明儒学案》中对胡宗正有简略记载：“胡清虚，浙之义乌人。初为陈大参门人，以恶疮逐出。倚一道人，率之游匡庐、终南，遂有所得。浙中士绅翕然宗之，陶念斋、王龙溪俱纳贽受教。晚与近溪及其二子游广东曹溪。”[③]清虚是胡宗正的号。“一道人”指一位道教中的高人，胡宗正随这位高人游历名山，得益匪浅。这时胡宗正在道教方面的造诣已相当高深了，“浙中士绅翕然宗之”，说明了这一点。连王阳明的大弟子王龙溪也“俱纳贽受教”。罗汝芳眼光是很敏捷的，他洞察到了胡宗正在易学上的成就才拜师的。

胡宗正强调，对《周易》的理解，关键不是爻辞与卦辞的文字，而是《易》中所蕴藏的哲理。由爻（“一画”）以及爻组成的卦象（“画图”）中，有着“天地造化”的精华在内，但“可神会，而不可言语尽者”。胡宗正此语的核心是玄学的“言不尽意”论。胡宗正二次要罗汝芳把重点放在思考上（“思”“熟思”），而罗汝芳一时未解，尚沉迷于文字之中。这让胡宗正觉得，罗汝芳离把握《易》中的奥义（“本真”）还有一段距离，故留下有“障缘愈添”的责备之语。罗汝芳听了以后，静坐了三个月去“熟思”，终于体悟到了伏羲“未画以前”的易理的“本真”，“且通

---

① 黄宗羲：《泰州学案三》，《明儒学案》卷三十四，沈善洪主编、吴光执行主编：《黄宗羲全集》（第8册），第49页。

② 罗汝芳：《罗近溪师行实》，《罗汝芳集》，方祖猷、梁一群等编校整理，第835页。

③ 黄宗羲：《泰州学案三》，《明儒学案》卷三十五，沈善洪主编、吴光执行主编：《黄宗羲全集》（第8册），第74页。

之于《学》《庸》《论》《孟》诸书，沛如也”。[①]语言作为人类使用的主要符号，是人们认识世界并作出表达所不可少的工具。人类想通过语言文字，把客观对象的真相与本质尽量予以揭示，“言尽意”是个不争的事实。然而语言文字又是人们认识世界的桎梏，如钱锺书所言：“语言文字为人生日用所必须，著书立说尤寓托焉而不得须臾或离也。顾求全责善，啧有烦言。作者每病其传情、说理、状物、述事，未能无欠无余，恰如人意中之所欲出。务致密则苦其粗疏，钩深赜又嫌其浮泛；怪其粘着欠灵活者有之，恶其暧昧不清明者有之。”[②]本想对客观对象表明自己的细致之意，结果却是粗线条的描述；原欲揭示客观对象的深层内涵，看到的却是自己讨厌的浮在表层的浅薄。“言不尽意”在人类认识史上是有它的合理因素的。当人们使用语言文字来描绘对象或进行思想交流时，总是把所议论的对象或内容予以固定下来。但客观对象是一直处于变化状态的，交流内容也不是一成不变的，于是由语言文字所组成的符号世界，就成为横断在人们的障碍，妨碍了人们对客观对象的本质性的深入把握。

在迷失了三个月后，罗汝芳领悟了胡宗正“可以神会，而不可以言语尽者”的意图。[③]他以这一对易学“本真”的把握，并由此把握了儒家经典的真谛：“故予自三十登第，六十归山，中间侍养二亲，敦睦九族，入朝而遍友贤良，远仕而躬御魑魅，以至年载多深，经历多远，乃叹孔门《学》《庸》，全从《周易》生生一语化将出来。”[④]

“四十六而证道于泰山丈人”，是说罗汝芳因公去山西返京时，途经山东临清突患重病时，听泰山丈人一席话恍然大悟之事。罗汝芳病重时，一老翁前来对他说：

君自有生以来，遇触而气每不动，当倦而目辄不瞑，扰攘而意不自纷，梦寐而境悉不忘，此皆君心痼锢疾，今仍昔也。[⑤]

---

① 罗汝芳：《罗近溪师行实》，《罗汝芳集》，方祖猷、梁一群等编校整理，第 835 页。
② 钱锺书：《管锥篇》，中华书局 1979 年版，第 406 页。
③ 罗汝芳：《罗近溪师行实》，《罗汝芳集》，方祖猷、梁一群等编校整理，第 835 页。
④ 罗汝芳：《近溪子续集》，《罗汝芳集》，方祖猷、梁一群等编校整理，第 233 页。
⑤ 罗汝芳：《泰山丈人》，《罗汝芳集》，方祖猷、梁一群等编校整理，第 582 页。

“泰山丈人”的真实姓名不得而知，他指出罗汝芳有生以来有四种“锢疾”。具体来说是，遇不如意事时能保持镇定，在疲劳时能不闭双目去养神，遇外界事物扰乱时能意志不乱，于梦中境物能悉数记清而不忘。其实这是罗汝芳具有常人所不具备的坚毅的心理素质。但任何事情都有一个度的界限，超过了度事情的性质就会发生变化。过分执着自身的坚强，反而会形成习惯性的心理障碍：“君以宿生操持，强力太甚，一念耿光，遂成结习。”“泰山丈人”以“随物感通，原无定执”的教导，让罗汝芳“惊起，叩谢，伏地汗流，从是执念渐消，血脉循轨矣”。[①]“泰山丈人”要罗汝芳破除定执，让人的身体处于正常的状态之中，实为一种心理疗法。经“泰山丈人”的当头棒喝，罗汝芳大悟而惊起。心病治愈的结果，是身体的康复。

“七十而问心于武夷先生”，这方面的记载不够详尽。“其他顺风下拜者不计其数”，是说在与其他学者交往时，罗汝芳所持的是恭敬谦逊、不耻下问的态度：“凡海内衿簪之彦、山薮之硕、玄释之有望者，无弗访之。及门惟以折简通姓名，或以为星相士，或以为形家，或通或拒，咸不为意。其相晤者，必与之尽谭乃已。”[②]罗汝芳根本不介意受访者的态度，有人把他当作看星相的术士，他不放在心上；有人一口回绝他的访问，他也不怒恼于心，“咸不为意”。只要同意与做作学术交谈的，他一定要与受访者畅谈才罢。王艮以为“道义”的获取，一定要通过师友的交往：“道义由师友有之，不然恐所为虽是，将不免行不著，习不察。”[③]罗汝芳深知这一道理：“盖良知心体，神明莫测，原与天通，非思虑所能及，道理所能到者也。吾人一时觉悟，非不恍然有见，然知之所及，犹自肤浅。此后须是周旋师友，优游岁月，收敛精神，以凝结心思。思者，圣功之本也。”[④]如何把握“良知心体”是先天的，非后天“思虑”“道理”所能达到的。即使是一时觉悟到了，但认识还是“肤浅”得很。一定要经过“周旋师友”的中介环节，才能臻于“圣功之本”。朋友是个人自我成长中非常重要的因素，

① 罗汝芳：《泰山丈人》，《罗汝芳集》，方祖猷、梁一群等编校整理，第582—583页。
② 曹胤儒：《罗近溪师行实》，罗汝芳：《罗汝芳集》，方祖猷、梁一群等编校整理，第835页。
③ 王艮：《答俞纯夫》，《王心斋全集》，陈祝生等校点，第43页。
④ 罗汝芳：《近溪子集》，《罗汝芳第》，方祖猷、梁一群等编校整理，120页。

大凡学有所成的人们，均得到过朋友的帮助。罗汝芳能成为泰州王门的重镇，与王阳明的大弟子王龙溪并称为“二溪”，他的学术地位的取得是同他“天下无一人不可师”的主张相关的：“胡宗正幼师先生矣，先生闻其于《易》有传，复不难北面宗正。盖先生真见天下无一人不善，天下无一人不可师，己耶，人耶，物耶，浑然无间，谁能阂之。”[①]一个人拜他以往学生为师，实为世所罕见。因为罗汝芳有着与众不同的观念：“罗子见人有片善寸能，不难以身下之，常曰：‘圣人无常师，况吾辈耶？’”[②]

（二）倾心讲学

喜欢讲学，是泰州王门的特色所在。何心隐因执意讲学，与张居正发生冲突而捐躯；颜钧中了地方官吏精心构筑的圈套而锒铛入狱，起因也是应邀讲学之事；罗汝芳倾心于讲学被人弹劾，丢失了乌纱帽。罗汝芳的结局是最好的，没有丧生之祸，没有囹圄之苦。

嘉靖二十四年（1545），31岁的罗汝芳首次参与了灵济宫大会。这次活动得到时任内阁大学士徐阶（1503—1583）的大力支持。徐阶是聂豹任苏州知府时的门生，又是罗汝芳的恩师，是嘉靖年间以官员身份倡导阳明心学最有力者。[③]罗汝芳对徐阶说，培育人才为急务，而这必须从讲学开始。徐阶不仅表示同意，而且还以实际行动来支持讲会活动。这是罗汝芳参加众多讲会的首次。

39岁（1553）时，罗汝芳到京廷试，中进士。在京期间，再次参与徐阶召开的灵济宫大会。与聂双江、欧阳南野、何吉阳等数百人，联讲二月，人称盛会。过了三年，1556年冬天，罗汝芳与何吉阳、胡庐山、邹颖泉等人，在京聚会讲学，经常到会时有六七十人。48岁（1562）时，奸臣严嵩下台，徐阶成为首辅。罗汝芳再次到京，而吏部官员错会徐阶的意图，把罗汝芳外放为宁国府知府。他到任后，对讲学活动的倡导不遗余力，发征租以供讲会之需：“迨守宁国，教化益行，郡堂无鞭朴声，日惟讲学水西、志学二处，以崇学术育人才为功课。宛陵六邑，一时有三代风。”[④]

---

① 曹胤儒：《罗近溪师行实》，罗汝芳：《罗汝芳集》，方祖猷、梁一群等编校整理，第 841 页。
② 罗汝芳：《近溪罗先生一贯编》，《罗汝芳集》，方祖猷、梁一群等编校整理，第 379 页。
③ 钱德洪：《年谱附录一》，王守仁：《王阳明全集》卷三十六，吴光等编校，第 1334 页。
④ 詹事讲：《近溪罗夫子墓碣》，罗汝芳：《罗汝芳集》，方祖猷、梁一群等编校整理，第 926 页。

以水西会为例，它成立于嘉靖二十七年（1548）。之后知府刘起宗礼聘王畿、钱德洪主会。至罗汝芳出任宁国知府时，盛况空前。罗汝芳49岁（1563）时，邀请王襞和王畿到宁国府讲学。王畿记述说：“近溪罗侯之守宣也，既施化于六邑之人，复裒六邑之彦，聚于宛陵，给之以馆饩，陶之以礼乐，六邑之风蹶然震动。甲子春暮，予以常期赴会宛陵，侯大集六邑之士长幼千余人，聚于至善堂中。”[①]这一年汤显祖拜罗汝芳为师。虽说汤显祖年仅十三，但对往后的汤显祖的创作生涯影响至为深远。这在后面详论。

51岁（1565）时入京，向首辅徐阶进言，主张以讲学为首务，徐阶然之。罗汝芳集士大夫于灵济宫。灵济宫大会，自嘉靖二十一年（1542）后多次举行，主持者均为阳明弟子，这大多有赖于徐阶的推动。灵济宫是明代学者在京师讲学的主要场，建于1542年，是笃信道教的嘉靖皇帝的“祠祷之所”。59岁（1573），罗汝芳起复赴京。途中经安庆、南京、扬州等地，友人邀请他聚会讲学，他无日不会。次年归家乡，师生咸集祝寿。同年十一月至云南昆明，任屯田副使，一到任就讲学于五华书院。“公学益精，力益勤，而从游者日益众，欲倡道西南”“讲学五华书院，日孜孜不倦”。[②]在云南期间，昆阳、澄江、弥勒州、楚雄、洱海、大理、鸡足山、永昌、腾越等地，都留下了他讲学的身影。

63岁（1577年），入京贺万寿节后，在城外广慧寺集同志为会讲学。此时张居正因厌恶一些学者借讲学之际攻击时政，下令禁止私人讲学。罗汝芳不顾禁令，恼怒了张居正。张居正嗾人疏劾，于是罗汝芳便致仕归里。

自63岁返乡，至74岁去世，罗汝芳依然在浙江、江苏、福建、广东等地讲学不辍。临死前，还命弟子到他家中住宿，日夕谈学不倦。讲学伴随着罗汝芳一生，他是一个把自家生命化作了讲学的学者。他不把做官凌驾于讲学之上，而是把两者视为一体，学生问他如何理解“仕优则优，学优则仕”的意义，罗汝芳答道：

> 仕学，原是一事，但自成己处言，则谓之学；自成物处

① 王畿：《宛陵会语》，《王畿集》卷二，吴震编校整理，第43页。

② 郭斗：《刻近溪罗先生会语叙》，罗汝芳：《罗汝芳集》，方祖猷、梁一群等编校整理，第938页。

言，则谓之仕。故人之仕学，患不优耳。‘优’字即‘优而游之’之优，乃善致其知，而复于自然之良处也。故仕而不善致其知，则格于事势以滞其机，乖于毁誉以戚其意，便是仕不能优矣。学而不善于致其知，则拘成迹不足以达天下之变，局形骸而不足以通天下之志，便是学不能优矣。①

罗汝芳认为，对成就自己来说是“学”，对成就事物来说是“仕”。这是一。“仕”与“学”的关键在于“优”，“优”的关键“善致其知，而复于自然之良处也”，也就是王阳明说的“致良知”。讲学而“善致其知”，就能“达天下之变”“通天下之志”；出仕能“善致其知”，“虽莅官临民，而自己受用”。无论是讲学还是出仕，都得以“致良知”为宗旨。“识认知体透彻”，是说对“良知”本体有彻底的认识，就能受用无穷。此为二。三是说，讲学或致仕要听任自然，不能加上一丝人为的造作。讲学时，“无意于学而自有其学”；出仕时，“无意于仕而自有其仕”。②这颇有点老庄所提倡的自然原则的意味。“仕学原是一事”的观点，在官本位意识浓郁的时代里，可说是凤毛麟角，但对后世学者影响颇深。③当他晚年因讲学一事而被人参本而罢官，他一点没有什么懊悔的心情。

对切磋交流学问时的态度，罗汝芳的见解也独具一格的。他对自己在立下了三条规矩，不耻下问、气度宽容与言语和蔼：“祖谓王生潜曰：‘聚友讲学，全要面皮厚、度量宽、言语和始得。否则，人将望望然去矣。’”④“面皮厚”，是说要不耻下问，只要他人有“善言寸能”，就要虚心请教，乃至躬身下拜。“度量宽”，是说要有宽容的气度，能够容忍对立的观点，听得进不同的

① 罗汝芳：《近溪子集》，《罗汝芳集》，方祖猷、梁一群等编校整理，第92页。

② 罗汝芳：《近溪子集》，《罗汝芳集》，方祖猷、梁一群等编校整理，第92页。

③ 罗汝芳：《近溪子集》，《罗汝芳集》，方祖猷、梁一群等编校整理，第92页。李贽的“仕即学，学即仕”的主张，是受了罗汝芳影响的：“仕即是学，学即是仕，仕与学一时俱足，初非有待于外也。如此言仕与学，故其学为真学，而其仕为真仕矣。”［李贽：《道古录》卷上，张建业主编：《李贽文集》（第7卷），第351页］终身供奉罗近溪像而逢节日必祭的周海门，对“仕学不二”的观点是承继了的：“学而自得，与物咸熙，学即是仕；仕而自得，与道俱泰，仕即是学。盖深明仕，学之不二也。”（周汝登：《别驾继泉徐公乐聚图纪言》，《周汝登集》卷五，张梦新、张卫中点校，第148页）

④ 罗汝芳：《近溪罗先生庭训记言行遗录》，《罗汝芳集》，方祖猷、梁一群等编校整理，第410页。

意见。“言语和”，是说在学术交流时，不能盛气凌人，言语要和风细雨，让学术交流得以正常的进行。这三条约束自我的规则，是他讲学得以持续进行并得人们支持的原委之一罢！这三条对任何一个学者来说，是实实在在的金玉良言。一个盛气凌人的学者，是很难与其他学者进行真正意义上的学术切磋来提高自己的。罗汝芳在学术上能自成一家，是同他虚怀若谷的品性分不开的。

罗汝芳的讲学效果，时人盛赞为“舌胜笔”：“心斋数传至近溪，近溪与龙溪，一时并主讲席于江左右，学者又称二溪焉。友人有获待二溪者，常言：‘龙溪笔胜舌，近溪舌胜笔。’”[①]“笔胜舌”与“舌胜笔”，是接触过“二溪”的人的直接印象。陶望龄未尝与“二溪”有过接触，而与罗汝芳有过往的李贽，对罗汝芳的讲学有如实的描绘：

> 至若牧童樵琴、钓老渔翁、市井少年、公门健将、行商坐贾、织妇耕夫、窃屦名儒、衣冠大盗，此但心至所受，不问所由也。况夫布衣韦带、水宿岩栖、白面书生、青衿子弟、黄冠白羽、缁衣大士、缙绅先生、象笏朱履者哉！是以车辙所至，奔走逢迎，先生抵掌其间，坐而笑谈。人望丰采，士乐简易，解带披襟，八风时至。[②]

这是李贽听说罗汝芳死讯后即兴写下的怀念文章。听众包括了社会的各个阶层——牧童、樵夫、渔夫、农民（下层劳苦大众）；名儒、生员、士人、商人、胥吏（社会的中层）；缙绅、高官（社会的高层）。还有游离于这些阶层之外的，如道士、僧人、盗贼、隐士。一句话，老少咸集，贵贱不分，三教九流全都囊括在内。人们知道罗汝芳的行迹后，就奔走相告，聚集在一起。听众为罗汝芳讲学时的风度所折服，其简易动听的内容则为人们所喜闻乐见。在边远的云南，他以圣谕六条为内容的讲演，民众非常乐于接受，效

---

① 陶望龄：《近溪先生语要序》，罗汝芳：《罗汝芳集》，方祖猷、梁一群等编校整理，第959页。

② 李贽：《罗近溪先生告文》，《焚书》卷三，张建业主编：《李贽文集》（第1卷），第116页。韦带：指平民。古代平民或未仕者所系的无装饰的皮带，叫韦带。水宿岩栖：栖息于水边与山洞里的人，这里指隐士。青衿：青色交领的深衣。青衿子弟：明清时秀才与生员。象笏：象牙手板，明制五品到一品官上朝用象笏。朱履：红色的鞋子，为显贵者所穿。

果好得让人不忍离去，“诸老幼咸跃然于前曰：‘我百姓们此时欢忻的意思，真觉得如鸟儿一般活动，花儿一般开放，风儿日儿一般和畅。也不晓得要怎么去持？也不晓得怎么去放？但只恨不曾早来听得，又只怕上司去后无由再来听得也。’”[①]百姓听了演讲后，心情如同鸟儿、花儿一般欢快，甚至不知道如何保持这种和畅的心态。恼恨未曾早点来听，又怕罗汝芳卸任无缘得听。这一“限”一“怕”两字，把“近溪舌胜笔”传神地点出来来了。

（三）为政有方

从1553年前住太湖县任职起，到1577年致仕回乡止，罗汝芳先后担任过太湖县令、刑部主事、宁国府知府、东昌府知府、云南屯田副使、云南布政司左参政等职。二十五年中，丁忧在家闲苦八年，实际任官时间为十七年。他治理地方，卓有成效，为政有方，这在太湖县任上就显山露水了。太湖县多盗贼，是太湖民众的心头大患：“时蕲、黄、英山多盗，白日流劫湖民，近界者不胜其害。”[②]蕲春、黄梅、英山属湖北省，与安徽省西南部的太湖县交界。太湖县靠近长江，湖泊纵横。盗贼胆敢在白天抢劫过往湖上的民众。在罗汝芳到任前，朝廷派了军队驻守当地，但没有解决问题，却增加了民众的经济负担，“追祇任，则人情汹汹，递相告急。”罗汝芳到任时，形势相当严峻。他采用了先撤兵、后擒贼的策略，即佯装怯懦的方法先行麻痹盗贼的警戒心，然后出其不意地出兵突袭，“即席擒缚有名贼首七人，余党惊遁。师晓谕抚安，远近帖然，积年之寇，俄顷平焉，人以为神”[③]。平定湖盗的功绩，加上其它一些利民的措施，在民众中罗汝芳的声望很高。究其原委是他具有强烈的民本意识。他对途经太湖的友人王时愧说：“吾此心每日在百姓身上，周回不暂释也。”[④]罗汝芳此话表明，他任官职之始，内心深处就蕴藏着深沉的民本思想。

怀着强烈民本意识的罗汝芳，于嘉靖四十一年（1562）到宁国府任知府。宁国属南直隶，辖宣城、南陵、泾县、宁国、旌德、太

① 罗汝芳：《腾越州乡约训语》，《罗汝芳集》，方祖猷、梁一群等编校整理，第761页。
② 曹胤儒：《罗近溪师行实》，罗汝芳：《罗汝芳集》，方祖猷、梁一群等编校整理，第836页。
③ 曹胤儒：《罗近溪师行实》，罗汝芳：《罗汝芳集》，方祖猷、梁一群等编校整理，第837页。
④ 王时愧：《近溪罗先生传》，罗汝芳：《罗汝芳集》，方祖猷、梁一群等编校整理，第856页。

平六县。到任后仅七个月，上司“谓宁国南粮三年并未到部，例当疏参”。罗汝芳面对弹劾的现实，一方面详细向上司汇报实际情况，另一方面，“随遣官赍粮解纳，不一月，三载之逋悉完”[①]。原本要弹劾他的上司，破例为他上了一份推荐他的奏章。这是应付上司的差事，没有民众的支持，罗汝芳不可能在短时期内筹得众多粮食的。这从罗汝芳为南陵县民众免去“额种官马”中可以得到佐证。这在民本思想一目中详论。

嘉靖四十四年（1565），罗汝芳因父亲病故，回乡奔丧。丁忧结束后，又因母亲去世，继续守孝。闲暇在家有八年之久，期间周游天下，醉心讲学。罗汝芳在家闲赋的时日里，明朝的政治格局发生了大变化，那就是张居正掌握了朝廷的大权。万历元年（1573），奉诏起用的罗汝芳到京与张居正见了面。二人的对话中，给人以道不同不相为谋的感受：

> 入京，见张江陵曰：“闾阎疾苦，不能上达。”张曰：“尧舜不病博济耶？”对曰：“此自人言尧舜耳，若尧舜之心，时时刻刻必求博济也。”张默然。[②]

罗汝芳与张居正相晤时，开宗明义就说民情不能上达，是当前急迫需要解决的问题。张居正以为，就是尧舜这样的圣人，在兼济天下时也有不足之处。罗汝芳不以为然，认为这是人们言论中的尧舜，真实的尧舜会时时刻刻想到民众疾苦而去准备解决的。张居正无言以对，二人不欢而散。话不投机半句多，罗汝芳仅被委以东昌府知府一职，在任上只有三个月，旋即被调到边陲云南担任屯田副使。之后，被提升为布政使左参知政事。三年多的任职期间，罗汝芳继续推行圣谕六条为其治政的基本方针。在水利与军事这两方面，留下了为后人赞美的事功。罗汝芳沟通了滇海（昆明池），修复了金汁、银汁二沟，恢复了灌溉农田的功能，这两个水利工程尤能体现他“每日心在百姓身上”的民本思想。他的学生曹胤儒说他

---

① 曹胤儒：《罗近溪师行实》，罗汝芳：《罗汝芳集》，方祖猷、梁一群等编校整理，第839页。
② 罗怀智：《罗明德公本传》，罗汝芳：《罗汝芳集》，方祖猷、梁一群等编校整理，第830页。

"乘暇遍历郡县，凡水之利害无不平治"[1]。

在罗汝芳兴修水利的期间，他还遭遇到了一场战争。一个名叫瑞体的缅甸酋长，率数万大军入侵迤西（地名），土司思个（人名）向明政府求援。正当用兵之际，腾越的军事长官许天琦去世了。文人出身的罗汝芳临时成了军事长官，他命令思个固守阵地，自己调集军队到腾越。罗汝芳指挥土司，运用绝粮道，设伏兵等计谋，"缅兵大败，当是时几获瑞体"（《明史·云南土司三》）。未能擒获瑞体是因为巡抚王凝从中阻挠。对罗汝芳，"抚臣王凝动以迂儒目之"，然而罗汝芳"一接兵符，慷慨前往。至即发库金，广储蓄以实根本；严哨守，据要害以防间谍；稽保甲，练土著以备不虞。又调各近砦兵赴腾轮戍，以震声威。募通事之最黠者，宽其约束，令深入以探虚实。又以信义结诸土司，以威福谕诸酋部，以利益化诸奸商"，这是给谏杨文举上疏报边功中对罗汝芳战时各项措施的概括。[2]举其大要，他提出的兵马未动粮草先行、刺探军情与巩固后方、对"诸酋"恩威并用、轮流调动部队迷惑敌方等措施，显示出罗汝芳卓越的军事才能。其实他这方面的才能，在太湖剿湖盗时就已显露端倪了，只是在云南这一更大的舞台上得到了全面的发挥。

至于经济方面，罗汝芳留下了《大明通宝义》的文章。他说："兹义之作旧矣，而其藏亦久矣，意将俟之方来，而不必力自己出也。乃兹窃承简命，职督屯滇省。夫滇阳固五金窟也，于币之铸为最便。其俗旧用海贝，而民间厌苦繁细，于币之行为尤便。"[3]依照罗汝芳的意思，这是一篇压箱底的旧作，是为将来考虑的。到云南任职后，他知道云南是矿藏丰富的省份。云南的习俗是以海贝为货币，使用起来很繁琐。罗汝芳主张开局铸造铜矿钱，方便民众在商品交易中使用，促进商品的流通。可见罗汝芳的心思是时刻在"百姓身上"。当罗汝芳离开云南入京时，"士民遮道呼号，依依不能舍去，真若赤子之恋慈母也。"[4]这是罗汝芳因父亲逝世而离开宁国时情景的复现："士民缙绅送逾百里，无不泣别。合郡士民

① 曹胤儒：《罗近溪师行实》，罗汝芳：《罗汝芳集》，方祖猷、梁一群等编校整理，第844页。
② 杨文举：《云南军功疏略》，罗汝芳：《罗汝芳集》，方祖猷、梁一群等编校整理，第1001页。
③ 罗汝芳：《大明通宝义》，《罗汝芳集》，方祖猷、梁一群等编校整理，第740页。
④ 曹胤儒：《罗近溪师行实》，罗汝芳：《罗汝芳集》，方祖猷、梁一群等编校整理，第847页。

作《攀辕录》，今存。亦有追随不舍至家者，如梅井郭君及胥吏辈凡数十人，儒所见也。”①

综观罗汝芳一生从政的经历，他有理想、有才能，他以经世济邦为自己的目标。在太湖、宁国、云南等地，他留下了为民众津津乐道的事迹。虽然谈不上彪炳显赫的事功，但他是时刻把民众放在自己的胸襟里，而丝毫不敢忘却的。一如其友人邹元标所评议的："（先生）心与人同，以众人心为心；身与人同，以众人身为身。有官也，而以百姓之肥瘠为荣，勿恤于家矣”②

据《近溪子文集》卷首《罗明德公文集书目》，罗汝芳著作刻本，共九十三种。至今尚存十八种，这十八种中有多种重复。今方祖猷等人对罗汝芳的著作作了认真的疏理，重新编排、点校为《罗汝芳集》上、下两册。是为当今研究罗汝芳最为完整的资料。

① 曹胤儒：《罗近溪师行实》，罗汝芳：《罗汝芳集》，方祖猷、梁一群等编校整理，第 840 页。
② 邹元标：《近溪罗先生墓碑》，罗汝芳：《罗汝芳集》，方祖猷、梁一群等编校整理，第 931 页。

第二节 作为学说宗旨的“赤子之心”

（一）从“身本”论到“赤子之心”

在罗汝芳的论著中，很少提及王艮与罗汝芳之间关系。其实罗汝芳是很敬重王艮的。有一次罗汝芳与学生论学时，以诵唱王艮的诗为始，诠解王艮的诗终结：“坐中，因歌心斋‘入室先须升此堂’诗句，而音韵聱牙，不得和协，或问其故”，罗汝芳说，“先生于歌调，未及精通。”一位学生希望罗汝芳将“诗中意义发挥”一番，罗汝芳以为王艮此诗对学者有很好的提醒作用，不必多发挥了：“心斋先生此诗，提警学人极是繁切，而所言工夫极是明白，不须更加发挥矣。”以此为引子，罗汝芳把王阳明与王艮作了比较：“阳明先生多得之觉悟，心斋多得之践履。”①王艮在罗汝芳心中的地位，几乎是与王阳明列的。

罗汝芳对王艮“身本”论最大的继承与修正，是把“身本”论引向了“赤子之心”：

> 道之为道，不从天降，亦不从地出，切近易见，则赤子下胎之初，哑啼一声是也。听着此一声啼，何等迫切！想着此一声啼，多少意味！……真是继之者善、成之者性，而直见乎天地之心，亦真是推之四海而皆准，垂之万世无朝夕。②
>
> 方信大道只在此身，此身浑是赤子，又信赤子原解知能，知能本非虑学。至是，精神自来贴体，方寸顿觉虚明。③

罗汝芳以为，人初生时的一声啼叫，这就是“赤子之心”。“赤子之心”的本义，为婴儿纯洁无瑕的素心，是没有经过外界污染的初心。罗汝芳由此引申出去，添加更为丰富的内涵。

---

① 罗汝芳：《近溪子集》，《罗汝芳集》，方祖猷、梁一群等编校整理，第219页。这里讲到的王艮这首诗，名为《次答友人》：“入室先须升此堂，圣贤学术岂多方？念头动处须当谨，举足之间不可忘。莫因简易成疏略，务尽精微入细详。孝弟家邦真可乐，通乎天下路头长。”参见王艮：《王心斋全集》，陈祝生等校点，第58页。按照唐诗用律，此诗的平仄是不合规则的。王艮之意是为学要从简易处下手，但又不能不精微。

② 罗汝芳：《近溪子集》，《罗汝芳集》，方祖猷、梁一群等编校整理，第73页。

③ 罗汝芳：《近溪子集》，《罗汝芳集》，方祖猷、梁一群等编校整理，第37页。

“赤子之心”不从天降，不从地出，却容纳了“天地之心”与“万世朝夕”的。“赤子之心”就是“此身”，能统领万物内中的道理，对此罗汝芳说：

> 以吾而等诸天地万物，则谓天地万物之心，悉统乎吾之理无不可也；以天地万物而等诸吾，则谓吾心之中，悉统乎天地万物之理亦无不可也。何者？天、地、物、我，形有不一，而心之所以神、所以灵，无不一也。夫即吾心之神灵，而天地万物可以统而一之，则即吾心之神灵，而天地万物自足以贯而通之。[①]

从这段话看，“赤子之心”是产生天地万物的宇宙本体，内中蕴藏着“天地万物之理”。问题在于“赤子之心”与“此身”之间有什么关联呢？罗汝芳对自己的观点往往是不作严密论证的，而是要人们相信他的论断：“方信大道只在此身，此身浑是赤子”。罗汝芳以为，“大道”“此身”与“赤子之心”三者是等同的。以此不难发觉王艮“身本”论在罗汝芳身上的影响。这体现在三个方面。

罗汝芳是接着王艮“身本”论讲的，延伸出了“身为极贵”说：“盈天地之生，而莫非吾身之生；盈天地之化，而莫非吾身之化。冒乾坤而独露，亘宇宙而长存。此身所以为极贵，而人所以为至大矣。”[②]“天地”之“生”与“化”皆为“吾身”的产物，这是“吾身”为“极贵”的道理。

其次是强调“身”与“万物”是一体的：“宇宙之间，总是乾阳统运。吾之此身，无异于天地万物，而天地万物，亦无异于吾之此身。”[③]“身”与“万物”是内在地融为一体的，“吾人此身，与天下万世原是一个，其料理自身处，便是料理天下万世处”[④]。罗汝芳以为，这不是虚伪的景象，而是真实无误的、独一无二的：“此道生机，在于吾身，原是至真无妄，至一无二。”[⑤]

最后是说，保持身躯完整无缺就能成为圣人了：“只完全一

---

① 罗汝芳：《胡子衡齐序》，《罗汝芳集》，方祖猷、梁一群等编校整理，第 452—453 页。
② 罗汝芳：《盱坛直诠》，《罗汝芳集》，方祖猷、梁一群等编校整理，第 387 页。
③ 罗汝芳：《近溪子集》，《罗汝芳集》，方祖猷、梁一群等编校整理，第 220 页。
④ 罗汝芳：《近溪子集》，《罗汝芳集》，方祖猷、梁一群等编校整理，第 11 页。
⑤ 罗汝芳：《近溪子集》，《罗汝芳集》，方祖猷、梁一群等编校整理，第 145 页。

个形躯，便浑然方是个圣人，必浑然是个圣人，始可全体此个形色。”① “形色”出自《孟子·尽心上》：“形色，天性也，惟圣人然后可以践形。”意为人的身体容貌是天生的，惟有圣人不愧于这一天赋。对“形色天性”，时人有“详性而略形”的诠释：“若论口气，则似于形色稍重，而今说者多详性而略形，便觉无意味也。大要亦是世俗同情，皆云：此身是血肉之躯，不以为重，及谈性命，便更索之玄虚，以为奇崛。”②罗汝芳以为，孟子的本意是注重“形色”的，而今人“详性”而略“形色”的诠释，不合孟子之意，即“无意味”。孟子以“血肉之躯为重”的观点，是想得到平民百姓的“同情”，现今一些“谈性命”的学者（实指程朱理学及其信徒），走上“玄虚”的“奇崛”之路。罗汝芳以为，人只要保持身体的完整无损，就可以成为圣人了，根本不必作什么工夫上的修养。“只完全一个形躯”与“血肉之躯为重”，即“身贵”之意，这是罗汝芳对孟子“形色天性”的理解。从这三方面看，罗汝芳丰富了王艮的“身本”论，把它纳入了“赤子之心”的框架中。罗汝芳从“身本”论走向“赤子之心”，是泰州王门的思想发展到了一个新阶段的标志。

（二）“赤子之心”的渊源

“赤子之心”的源头在《孟子》。据杨伯峻统计，《孟子》一书中，“赤子之心”共出现五次。后世关注较多的是《孟子·离娄下》的一句话：“夫大人者，不失其赤子之心而已也。”讲有德行的人，便是能保持那种婴儿的纯真之心的人。朱熹对“赤子之心”的诠释时说：“大人之心，通达万变；赤子之心，则纯一无伪而已。然大人之所以为大人，正以其不为物诱，而有以全其纯一无伪之本然。是以扩而充之，则无所不知，无所不能，而极其大也。”③朱熹的解读把“赤子之心”，定义为“纯一无伪”而“不为物诱”，与其“存天理灭人欲”的禁欲主义相吻合。把“大人”的界限，设定在“无所不知，无所不能”上，前提是要把“赤子之

① 罗汝芳：《近溪子集》，《罗汝芳集》，方祖猷、梁一群等编校整理，第 51 页。
② 罗汝芳：《近溪子集》，《罗汝芳集》，方祖猷、梁一群等编校整理，第 50 页。
③ 朱熹：《四书章句集注》，第 292 页。

心”扩充开去。朱熹之意是，要达到“通达万变”的境界，必须做一番克制“人欲”的工夫。作为阳明后学的王栋，从“良知”去定义“赤子之心”：“孩提赤子无不知爱亲敬兄，则是不由学虑而知仁义之良，故谓之良知。”①罗汝芳的“赤子之心”比较接近于王栋，但与其师颜钧有更多的关联。颜钧有一篇短文，专门讲了他对“赤子之心”的理解：

> 孟子有曰：“夫大人者，只不失其赤子之心而已也。”夫赤子之心，天造具足其仁神者也。胎生三月之后，未有善养其天然者，所以夫子受生以至十五岁，即便通晓其不虑之知、不学之能，遂然究竟自养自操自信，只在此处做人，以保全其仁能者也。所以加时习之学、日用之仁，三十而立、四十不惑、五十知天命、六十而耳顺、七十乃止于乎从心所欲不逾矩也，乃自获全其胎生三月不虑不学之知，能为自乐。乐发扬其自全精神遂日用也，直透神妙莫测之变适也，岂轻易哉！②

颜钧把“赤子之心”解释为“天造”，是把握了孟子原意的。颜钧以为，人人都有“赤子之心”，但不是所人人能做到“善养其天然”，惟有孔子能够做到“三自”，即“自养自操自信”。自我保养、自我操守、自我笃信，是“善养”的要诀，一般人做不到。孔子有“三自”，故“自获其胎生三月不虑而知，能为自乐”。“自乐”是孔子人生的真谛，这里有着王艮“乐学”的痕迹。“天造具足其仁神”，是说“赤子之心”中蕴含着“仁神”的内涵。总而言之，颜钧强调，唯有孔子能保持初生三月的“赤子之心”，众人丧失而不能保养。颜钧的“赤子之心”，是保持“天造”状态的“心”。罗汝芳说：“赤子之心不失，而大人入圣之事备矣。不然，从思索以探道理，泥景象以成操执，彼方自谓：用力于学，而不知物焉而不神，迹焉而弗化，于天然自有之知能，日远日背，反不若常人。”③保持“赤子之心”不失，成为圣人的前提就具备

---

① 王栋：《会语》，王艮：《王心斋全集》，陈祝生等校点，第190页。

② 颜钧：《耕樵问答·失题》，《颜钧集》，黄宣民点校，第55—56页。

③ 罗汝芳：《近溪子集》，《罗汝芳集》，方祖猷、梁一群等编校整理，第145页。

了。如果以运用理性去探索道理，拘泥于客观物象去运作，这样做学问的方法是不足取的。这离开“天然自有之知能”是愈发的遥远了，反而不如普通人。罗汝芳要告诉人们一个道理，与“赤子之心”相伴而的“不学不虑”的“自有知能”是弥足珍贵的。这从颜钧那里来的。因为颜钧以为，“不虑之知、不学之能”是“赤子之心”固有的。

罗汝芳的“赤子之心”，远溯的话可以在孟子那里找到源头，近寻的话则在王栋与颜钧身上。上挂下联的原因，是因为“赤子之心”是罗汝芳整个思想体系的宗旨所在。这一宗旨不仅容纳了他的本体论、认识论与人性论，而且还把孔子仁学、孟子善性论、王阳明“致良知”，以及他提倡的孝弟慈三事、圣谕六条与崇圣情结吸纳了进去。

（三）注入新义的“赤子之心”

罗汝芳创新，在于把前人有所论及“赤子之心”，成为自己学说的宗旨。与罗汝芳有交往的王时槐说：“先生平生，学以孔孟为宗，以赤子良心不学不虑为的，以天地万物同体，撤形骸、忘物我，明明德于天下为大。”[①]相类的表述亦见于罗汝芳的学生周海门：“近溪学以孔孟为宗，以赤子良心不学不虑为的，以孝、弟、慈为实，以天地万物同体，撤形骸，忘物我，明明德于天下为大。”[②]北方王门的孟云浦持相近的见解：“《罗近翁集》大要以孔门求仁为宗旨，以联属天地与万物为体段，以不学不虑、赤子之心为根源，以孝悌慈为日用。贯串古今，心开目明，见宏而识透，盖近世学者未之或先。”[③]三人的表述基本相近。黄宗羲编纂《明儒学案》论述罗汝芳宗旨时，删掉了“学以孔孟为宗”“以孔门求仁为宗旨”这些字眼：“先生之学，以赤子良心，不学不虑为的，以天地万物同体、彻形骸、忘物我为大。”[④]这是值得深思的。仅

① 王时槐：《近溪罗先生传》，《罗汝芳集》，方祖猷、梁一群等编校整理，第856页。“赤子”最早见于《老子》第五十五章：“含德之厚，比于赤子，毒虫不螫，猛兽不攫，鸷鸟不搏。”
② 周汝登：《圣学宗传·罗汝芳》，罗汝芳：《罗汝芳集》，方祖猷、梁一群等编校整理，第862页。
③ 孟云浦：《孟云浦先生集》卷二，《北方王门集》，邹建锋、李旭等编校，第381页。黄宗羲把王时槐、周海门、孟云浦分别收入了《江右王门学案五》《泰州学案五》《北方王门学案》中。
④ 黄宗羲：《泰州学案三》，《明儒学案》卷三十四，沈善洪主编、吴光执行主编：《黄宗羲全集》（第8册），第3页。

仅是一个学者在说，黄宗羲的删节或许有商榷处，但三个学者的共识为黄宗羲所不取，自然有深意在内。

依我之见，黄宗羲以为三位学者使用的是套话，无非是想借助于历史上所公认的圣人，为罗汝芳的学说增添些权威的意味。黄宗羲读了罗汝芳的著作并做了摘录，他觉得这些套话不能正确体现罗汝芳思想体系的真貌。黄宗羲是有明一代学者中，对历史上思想家宗旨把握得最为精准的。黄宗羲撰写《明儒学案》时认为，历史上不同的学派宗旨各别，撰写学术思想史，必须把各家的宗旨忠实地传写出来。宗旨的揭示为何这样重要？因为宗旨是思想家的一生精神所在：“大凡学有宗旨，是其人之得力处，亦是学者之入门处。”[①]这话有双重含义：一是就本人而言，宗旨是思想家(“其人”)的精萃所在；二是就后世的研究者（“学者”）的入门处。把握了思想家的宗旨，也就抓住了根本：“天下之义理无穷，如何约之，使之在我。讲学而无宗旨，即有嘉言，是无头绪之乱丝。”[②]王阳明对学生讲解时，指明了识得宗旨的重要性：“此须识得我立言宗旨。今人学问，只因知行分作两件，故有一念发动，虽是不善，然却未曾行，便不去禁止。我今说个知行合一，正要人晓得一念发动处，便即是行了”[③]黄宗羲强调，对罗汝芳思想体系的把握，得从“赤子之心”入手，不要去追溯“以孔孟为宗”。

罗汝芳学说的宗旨是“赤子之心”，这从罗汝芳与他学生对话中得到证实：

> 问：“今时谈学皆说有个宗旨，而先生独无。自我细细看来，则似无而有，似有而无也。”
>
> 罗子曰：“如何是似无而有？”
>
> 曰：“先生虽随言对答，然多归之赤子之心，便是似无而有也。”
>
> 罗子曰：“如何是似有而无？”
>
> 曰：“才说赤子之心，便说不虑不学，却不是似有而无，

① 黄宗羲：《明儒学案发凡》，沈善洪主编、吴光执行主编：《黄宗羲全集》（第7册），第5页。
② 黄宗羲：《明儒学案发凡》，沈善洪主编、吴光执行主编：《黄宗羲全集》（第7册），第5页。
③ 王守仁：《传习录下》，《王阳明全集》卷三，吴光等编校，第96页。

茫然莫可措手也耶？”

罗子曰：“孔孟门庭，果然风光别样。吾子以似在有无之间言之，却亦善于形容矣。其实不然，我今问：子原日初生亦是赤子否？”

曰：“是。”

罗子曰：“初生既为赤子，难说今日此身，不是赤子成长？”

曰：“今此我身，果是赤子养成而非他也。”

罗子曰：“此时我问子答，是知能之良否？”

曰：“是知能之良也。”

罗子曰：“此问此答，要学虑否？”

曰：“不要虑，不要学也。”

罗子曰：“如此是为宗旨，尽是的确为有矣，安得犹言似有而无耶？”

曰：“今言学贵宗旨，是欲使吾侪有所凭据，好去执持用工也。”①

学生有个疑问，觉得老师的宗旨不太明确，在“有无”之间恍动，难以捉摸。为自己学说确立宗旨，在明代学术界是一个通例：“宋儒学尚分别，故勤注疏；明儒学尚浑成，故立宗旨。”②宗旨是一个简明扼要的概念，相当于今天所说的核心范畴。宗旨是一个哲学家理论体系的纲领所在，宗旨统摄着这个理论中的诸多内容，即通常说的纲举目张。在明代学者心目中，没有宗旨，或者宗旨过于模糊，就会令听者产生把握不定之迷惑。学生对罗汝芳讲解没有明确标明宗旨所生的疑惑是很正常的，罗汝芳更多的是想以随机指点的方式，如“童子捧茶”的方式来启发学生，以期让学生自身去学体认。这个学生琢磨了老师的意图后，发觉罗汝芳把许多儒学“多归之于赤子之心”。对此罗汝芳是认同的了，“如此是为宗旨”。在《语录汇集》与《文类集》中，罗汝芳讲到“赤子之心”

① 罗汝芳：《近溪子集》，《罗汝芳集》，方祖猷、梁一群等编校整理，第35—36页。

② 黄宗羲：《浙中王门学案五》，《明儒学案》卷十五，沈芝盈点校：中华书局1985年版，第330页。胡瀚，字川甫，号今山，18岁拜王阳明为师，对阳明后学的分歧不满，强调学以求心（“良知”）为宗。浙江古籍出版社2005年版的《黄宗羲全集》（第7册）不见“教谕胡今山先生瀚”条。

达41处之多。“立宗旨”与“学贵宗旨”为明代学者的共识，缘由是把握了宗旨可以让在为学过程中“有所凭据”，减少盲目性。罗汝芳学生的说法是有道理的。

罗汝芳对“赤子之心”的理解与孟子是不同的。孟子以为，有德性的人（“大人”）才能保持“赤子之心”不失；罗汝芳断言，“赤子之心”不只是“大人”才有，而是存在于每个个体的“心”中。他说：“据我看，孟子此条，不是说大人方能不失赤子之心，却是说赤子之心，自能做得大人。若说赤子之心，止大人不失，则全不识心者也。且问天下之人，谁人无心？谁人之心，不是赤子原日的心？”[①]孟子对“赤子之心”是有限定的，罗汝芳则推及于所有之人。这就从特殊推及到普遍、个别扩大到全体。罗汝芳又把主词与谓词作了颠倒，“不是说大人方能不失赤子之心，却是说赤子之心，自能做得大人”。经此两大修正，“赤子之心”就成为“放之四海而皆准，垂之万世无朝夕”的普世性原则了。如果不理解这二条，就是“全不识心”了。

有的学者以为，罗汝芳“对于《孟子》的解释也有过当之处”，“在逻辑上，犯了倒果为因之过”[②]。这是对罗汝芳思想的误解。罗汝芳不照搬孟子原意而以己意来诠释，恰恰是罗汝芳的创新处。对熟读四书五经的罗汝芳来说，说他对孟子“赤子之心”所作的限定也看不出，是不可能的。罗汝芳对孟子之意所作的变动不是孤证，而是弥漫于他对整个《孟子》文本的诠释中：“今即《孟子》七篇来看，那一句话曾离了孝弟？那一场事曾离了孝弟？陈王道，则以孝弟而为王道；明圣学，则以孝弟而为圣学。管、晏事功，则以孝弟而鄙之；杨、墨仁义，以孝弟而辟之；王公气势，以孝弟而胜之……只‘孝弟’二字，所以能成就亚圣之名。”[③]简言之，“孝弟”就是的宗旨。“王道”“圣学”的确立，对杨朱、墨子的驳斥，是奠基于“孝弟”之上的。这是孟子被后世誉为亚圣的根由。罗汝芳的诠释与孟子的本意相去甚远。《孟子》一书的宗旨，是性善论及由此而来的仁政（孟子又称之为“王道”）。与

① 罗汝芳：《近溪子集》，《罗汝芳集》，方祖猷、梁一群等编校整理，第196—197页。
② 李丕祥：《罗汝芳哲学思想研究》，北京师范大学出版社2014年版，第310—311页。
③ 罗汝芳：《近溪子集》，《罗汝芳集》，方祖猷、梁一群等编校整理，第136页。

孟子同时代人所下的断论，“孟子道性善，言必称尧舜”（《孟子·滕文公上》），是切合《孟子》一书原意的。不只对孟子，就是对孔子，罗汝芳也是以“六经注我”的方式来理解的。孔子“三畏”说在后世影响深远，但罗汝芳把“三畏”之一的“天命”归结为“赤子之心”。学生问他：“君子有三畏。”罗汝芳回答说：“此三事，只孟子一言该之，盖大人者，不失其赤子之心。赤子之心，即天命，而训人以此，即圣言也。”①这与孔子本意是风马牛不相及。“三畏”说见于《论语·季氏》：“君子有三畏：畏天命、畏大人、畏圣人之言。”“大人”是指社会上的执掌权力的统治者。孔子把“天命”放在首位，是对统治者（“大人”）的意志的神化。在孔子生活的时代里，“大人”是依据天的命令来执掌人世间权力的。“天命”是一种抽象的理念，无非是人的主观精神的绝对化。孔子所说的“天命”，同“赤子之心”是扯不上有什么关联的，但罗汝芳硬是把“赤子之心”说成“天命”。罗汝芳把《孟子》宗旨理解为“孝弟”、将孔子“天命”纳入“赤子之心”中，不得不佩服黄宗羲的器识，即不从众议而去掉“学以孔孟为宗”这六个字。从泰州王门来说，罗汝芳的诠释是对王艮“多发明自得”学风的继承。

对罗汝芳“发明自得”的思维方式，有必要作拓深一步来剖析。我以为，原始本文的意义是由作者与读者共同创造的，而后续文本因着读者的期待视野的不同，产生了原始本文与后续文本的间距化现象。罗汝芳的期待视野，是要将《孟子》一书纳入“赤子之心”的轨道中，与孟子本意大相径庭就不难理解了。这是中国哲学史上哲学家阐发自身新思想的一种基本模式，不能说是罗汝芳解经上的错失。这是自陆象山、王阳明、王艮的一以贯之思维方式，为罗汝芳继承了下来。耿定向给友人的信，证明了这一点：

> 兄病近溪迩来语学，多好笺释经书陈言。余谓近溪是借经书言语，注脚自家意思，虽未为尽合孔孟立言本指，与世笺注

① 罗汝芳：《近溪子集》，《罗汝芳集》，方祖猷、梁一群等编校整理，第 41 页。

不同。[①]

“兄”指周柳塘，名思久，与罗汝芳的关系较为深厚。[②]他是李贽的挚友，李贽只许他一人为生死之交。耿定向说的是大实话，认为周柳塘对罗汝芳见解的认识是肤浅的。耿定向的学识是高于周柳塘的，他一眼就判定，罗汝芳的学说，是借诠释《论语》《孟子》《大学》《中庸》等儒家经典一些“陈言”来发挥“自家意思”的。这是他对王艮“多发明自得”的继承。耿定向精确地指出，罗汝芳的诠释是不会“尽合孔孟立言本旨”，其目的借儒家经典著作。“发明自得”，是借“陈言”来出新。耿定向与罗汝芳的关系很好，常与论学甚契。两人相识于嘉靖三十八年（1559）。耿定向为罗汝芳《近溪子集》写了两个序。其中一个序文说：

> 盖余自嘉靖戊午获交罗子于京邸，于时罗子诶道直指当下，令人反身默识，绝不效世儒者占占然训解文理……学者循近溪子之言而自悟自信，将沛乎鸿毛之遇顺风，悠然涸鳞之纵巨壑。[③]

这是说，罗汝芳的思维方式，不像“世儒”那样为儒家经典原先的“义理”所拘泥，而是强调自得、默识、悟解。学者遵循罗汝芳的思路去探究，如同鸿毛遇到顺风那样，飘荡自如；像先前生活在干涸环境中的鱼，突然遇到巨大的水流一样，尽情游动。

原始文本所蕴含的意义，不只取决于作者的创造，更有读者在接受过程中的再创造。当原始文本离开它们的特定时代时后，就面临着多种含义的选择；当作者去世后，就面临着后世学者无限制地重新诠释的行程。原始文本是作者以书面语言固定下来的作品。后世学者在阅读原始文本时，不可避免地受其影响；另一方面后世学者又以自己的感受去当身理会，生发出许多不同与原始

---

① 耿定向：《与周柳塘》，《耿定向集》卷三，傅秋涛点校，第117—118页。

② 万历十四年（1586）夏，“师同楚中柳塘周公，自建昌溯江省，从鄱湖至玉山，入浙河，下钱塘，过嘉兴，过姑苏，过无锡，所至与同志及名流无不倾倒。”参见曹胤儒：《罗近溪师行实》，罗汝芳：《罗汝芳集》，方祖猷、梁一群等编校整理，第850页。

③ 耿定向：《近溪子集序》，《耿定向集》卷十一，傅秋涛点校，第433—434页。

文本的新意义来。如此一来，就形成了众多内涵个别的后续文本来。对原始文本意义的再创造，西方有解释学的理论，中国古代有“我注六经”或“六经注我”的说法，其实讲的是一个道理，即在对原始文本的诠释中，灌注了后世人们的期待视界，即“注脚自家意思”。

后人因所处社会历史情境的差异，以及由他们的政治立场、个人经历、教育程度、学术修养与兴趣爱好等因素所形成的合力，是造成人们之间有着期待视界的差别的缘由。这是对原始本文不断地进行着再创造的内在动力，而这种动力是无法抑制的。不是任何原始文本都会得到后人青睐的，有些在历史长河中湮没了。湮没的原因是多重的，或因失传之故，或为思想浅薄，也有意思说尽……即使留存下来的原始文本，也很难说成为后人反复咀嚼的对象。只有少数的原始文本才能成为后人经常阅读的经典文本。在中国传统文化中，只有像《论语》《孟子》《周易》《老子》《庄子》等原始文本，经历了时间的考验，才成为后人不断地发掘内中新义的经典文本。用梁漱溟的话说，叫“老树发新芽”。

就《孟子》而言，它所提供的是一种哲理式的原型，而非实证性的结论；是一种开放式的框架，而非封闭式的教条；是困扰中华民族的普遍性问题，而非狭隘性的特殊问题。这些特点，使它不致受时代的局限沦为明日黄花，而往往成为后世启迪灵感的来源。原始文本只有一个，阅读原始文本的主体的期待视界是各不相同的。在汉代，赵岐读了《孟子》，尊孟子“亚圣”；王充读《孟子》后，贬落孟子为“俗儒”。孟子的仁义之说，二程以为是发展了孔子的思想，李觏则目为扰乱天下的邪说。[①]清代大思想家戴震，其“以理杀人”的著名论断，是在《孟子字义疏证》中提出的。他指出程朱理学的“天理”是杀人不见血的软刀子：“人死于法，犹有怜之者；死于理，其谁怜之！”[②]《儒林外史》第48回中，儒生王玉辉的三女儿出嫁才一年，丈夫便夭折了。她受理学“饿死事小，失节事大”的贞节观影响颇深，决心殉夫以完妇节。王玉辉知道后不加阻拦，反而以为“这是青史上留名

---

① 参见朱义禄：《孟子答客问》，上海人民出版社1999年版，第207—222页
② 戴震：《孟子字义疏证·理》，《戴震全集》（第6册），黄山书社1995年版，第161页。

的事”；同县的儒生则称赞道，“生这样的好女儿，为伦纪生色。”戴震的“以理杀人”的论断是在诠释孟子“养心莫善于寡欲”时，批判理学家的禁欲主义时得出的。这与孟子原意离得很远了。“以理杀人”的论断，深刻地揭示了程朱理学在清初如何成为维护文化专制主义工具的实质，奠定了戴震在明清启蒙思想家中的重要地位。

一部中国哲学史，可以说基本上就是对类似《孟子》这样的经典文本长年累月的不同特色的诠释中形成并发展的。大凡经典文本的传承愈久，其变易就愈多，看似陈旧的外壳中蕴藏着石破天惊的新义。因间距化产生的新义，与原始经典文本相差也愈大。经典文本的意义是与时俱变的，永远是过去向着现时的一次又一次的新演变。罗汝芳把《孟子》中提到的“赤子之心”，发展成为涵盖《孟子》全书的主心骨，就是诸多新演变中的一例。这是中国哲学史的发展规律与特点所在，也就是前面提及的“妙合神离”。应当从这一规律和特点来把握罗汝芳对《孟子》“赤子之心”的诠释。

第三节 “多归之赤子之心”

（一）“赤子之心”与孝弟慈

“虽随言对答，然多归之赤子之心”，表玥罗汝芳在不经意中，对学生提出的种种问题，都被他纳入“赤子之心”里。“赤子之心”作为宗旨，必然统摄着其思想体系的多方面的内容，有着极强的包容性。“赤子之心”能够“推之四海而皆准，垂之万世无朝夕”，赋予了其超越时间与空间的本体论。罗汝芳斩钉截铁地说：“若舍此不去着力理会，其学便叫作远人以为道，纵是甚样聪明、甚样博洽、甚样精透，却总是无源之水、无根之木”。[1]这是第一层意思。“赤子之心”能够“悉统乎天地万物之理亦无不可也”，这是从认识论上说，为第二层意思。这是王阳明“心外无理”与“万物一体”论的翻版。第三层意思是从人性论上讲的。从“真是继之者善、成之者性，而直见乎天地之心”一语中不难知晓。罗汝芳引用了《易传》的“继善成性”说。此说肯定人性有善端，但善端有个发展的过程，才能造就完美的德性。罗汝芳强调，“继善成性”说可以直接见到“天地之心”（“赤子之心”）。“赤子之心”可以归为十二个字，即“道在赤子，良知良能，不学不虑”。就后面八个字而言，判定罗汝芳为“良知现成派”是准确的。以“赤子之心”这一传统的概念，容纳了本体论、认识论与人性论，那是罗汝芳创新之处。

先说孝、弟、慈三事如何被收罗在“赤子之心”里的。罗汝芳说：

> 今观赤子之心却只是个孝弟，而保赤子则便是个慈也。人无所不至，惟天不容伪，世间言德，皆是虑而知、学而能，惟此三德，方是天然自明之德矣。[2]

罗汝芳断定，“赤子之心”就是孝弟慈。孩提时与生俱来对父母的孝与对兄长的敬，以及父母对子女天生的慈爱，都存留在“赤子之心”中。孝弟慈“三德”，“是天然自明之德”。罗汝芳以

---

① 罗汝芳：《近溪子集》，《罗汝芳集》，方祖猷、梁一群等编校整理，第 73 页。

② 罗汝芳：《近溪子续集》，《罗汝芳集》，方祖猷、梁一群等编校整理，第 216 页。

为，人的行为是五花八门，伪造出来的德性是苍天所不容许的。人是要讲德性的，但经思虑、知识、学习而来的德性，是不合乎苍天要求的“自明之德”。

罗汝芳又从“仁义”为“虚名”、“孝弟”为“实名”的角度，去论证“孝弟慈”的根子在于“赤子之心”：

盖天下最大的道理，只是仁义，殊不知仁义是个虚名，而孝弟乃是其名之实也。今看，人从母胎中来，百无一有，止晓得爱个母亲，过几时，止晓得爱个哥。圣贤即此个事亲的心叫他做仁，即此个从兄的心叫他做义，仁义是替孝弟安个名而已。三代以后，名盛实衰，学者往往知慕仁义之美，而忘其根源所在。①

孝也者，孩提无不知爱其亲者也；弟也者，少长无不知爱敬其兄者也。……此便是大人不失赤子之心的实理、实事也。②

罗汝芳断言，应当用名实之辩来梳理“仁义”与“孝弟”的关系。“孝弟”是实，“仁义”是名，“实”为主宰，而“名”为附从：“实者名之主，名者实之宾。”③名实之辩产生于先秦，儒、道、墨、名四家以它为中心，开始了历时数百年的争论。孔子要求“为政必先正名”，老子以为“无名为天地之先”，墨子强调名实相符而倡言“取名于实”，名家公孙龙提出“白马非马”的命题而惊世骇俗。名实之辩的实质是，事物与其称谓之间的相符与否的问题。罗汝芳搬出名实之辩的理由是，“三代以后，名盛实衰”，人们的思维羡慕“仁义”的美名，而忘了它的根源是在“孝弟”之中的，而“赤子之心却只是孝弟”。罗汝芳认为，孟子的见识超人一等，因他知晓“赤子之心”对人来说，“自幼而少，自少而壮，自壮而老，一刻也离不得。又自身而家，自家而国，自国而天下，一人也离不得”。④罗汝芳指责后世“学者往往知慕仁义之美，而忘其根源所在”，把须臾无法离开的“赤子之心”丢却了。“孝弟”

① 罗汝芳：《近溪子集》，《罗汝芳集》，方祖猷、梁一群等编校整理，第135页。
② 罗汝芳：《近溪子集》，《罗汝芳集》，方祖猷、梁一群等编校整理，第146页。
③ 罗汝芳：《似山记》，《罗汝芳集》，方祖猷、梁一群等编校整理，第567页。
④ 罗汝芳：《近溪子集》，《罗汝芳集》，方祖猷、梁一群等编校整理，第135页。

无非是“赤子之心”所表现出来的“实理”与“实事”，不能停留在“仁义”的美名中打转。

如果说，上面这段话罗汝芳还有点论证的话；那么下面这段话，就径直下结论了。有个学生问他，“《大学》宗旨？”他回答说：

> 孔子此书，却被孟子一句道尽，所云“大人者，不失其赤子之心”者也。夫孩提之爱亲是孝，孩提之敬兄是弟，未有学养子而嫁是慈。保赤子，又孩提爱敬之所自生者也。此个孝、弟、慈，原人人不虑而自知、人人不学而自能，亦天下万世人人不约而自同者也。①

把儒学经典《大学》的宗旨，说成是“赤子之心”，这是罗汝芳的独特理解。如何保持“本心不失”，就有个“保赤子”的问题。“保赤子”见于《孟子・滕文公上》。有个墨家的信徒夷子对徐子说：“儒者之道，古之人若保赤子，此言何谓也？之则以为爱无差等，施由亲施。”夷子以为，“保赤子”就是，人对人的爱是没有亲疏厚薄的区别，即“爱无差等”。徐子把这话告诉了孟子，孟子觉得，“天之生物也，使之一本也，而夷子二本故也。”孟子不同意夷子的见解，以为天生万物，只有一个根源。就人来说，只有父母“一本”。夷子却说有“二本”，认为我的父母与人的父母没有分别，这是墨家的兼爱。孟子说：“亲亲而仁民，仁民而爱物。”（《孟子・尽心上》）亲人、百姓与万物，都是孟子所爱的，但有个次序先后的问题。爱有差等与爱无差等，是儒墨两家根本性的分歧。

罗汝芳赞同墨家的爱无差等的主张，与王艮同调。罗汝芳说：“我与万民，浑然相通，了无二样，则爱己之心爱人，爱人之心爱己，自然勃然而不容已。”②表明“爱心”是在自己胸中淌流着的，时时刻刻会勃发出来而无法自制。王艮是从明哲保身的角度，强调“能爱人，则必爱人”，承袭了墨家兼爱思想，这在第一章中已做了论述。罗汝芳断言，这样的“爱心”体现在孝、弟、慈上，

---

① 罗汝芳：《近溪子集》，《罗汝芳集》，方祖猷、梁一群等编校整理，第 108 页。
② 罗汝芳：《近溪子续集》，《罗汝芳集》，方祖猷、梁一群等编校整理，第 235 页。

是天然自明之德性，是“赤子之心”本来具有的品性，也就是王阳明的“致良知”。

（二）“赤子之心”与“致良知”和崇圣情结

顺此思路，王阳明的“致良知”也就归附于“赤子之心”里。罗汝芳对此作了说明：

> 周子则学在主静，程子则学在主敬，朱子则学在穷致事物之理。至我朝阳明先生，则又独谓学在致其良知。此虽各有所见，然究其宗旨，则皆志在学圣，故少有不同，而不失其为同也。……是三先生之学皆主于通明，但其理必得之功效，而其时必俟诸持久。若阳明先生之致良知，虽是亦主通明，然良知却即是明，不属效验；良知原是自通，又不必等待。况从良知之不虑而知，而通之圣人之不思而得；从良知不学而能，而通之圣人之不勉而中，浑然天成，更无斧凿。恐三先生如在，亦必当为此公首肯而心契也已。[①]

罗汝芳对周敦颐、二程、朱熹与王阳明四人做了比较，认为他们之间有“同”与“不同”。“同”是立下志向学圣人，把“圣”理解为“通明”，都有圣人崇拜情绪；“不同”的是，王阳明强调“浑然天成”“不必效验”，没有人工“斧凿”的痕迹，“三先生”讲究后天的工夫，如“主静”（周敦颐）、“主敬”（二程）、“穷致”（朱熹）。王阳明强调“良知”是先天的。罗汝芳以为，即使周敦颐、二程、朱熹在世，亦必定认可王阳明的“致良知”之教“而心契”。在罗汝芳的词汇里，“不虑而知”“不学而能”与“赤子之心”是同义词。这是研究罗汝芳哲学思想，一定要关注的。“良知”与“赤子之心”均为先天具有的心本体，不是由后天的修养而成的：“盖自为孩提时，直至今日，亲长之爱敬、耳目之聪明、饥寒之衣食，随感而应，良知良能，明白圆妙，真是人人具足，个个完全。”[②]不同于王阳明的是，罗汝芳以为，作为先

① 罗汝芳：《近溪子集》，《罗汝芳集》，方祖猷、梁一群等编校整理，第 110 页。
② 罗汝芳：《近溪子集》，《罗汝芳集》，方祖猷、梁一群等编校整理，第 104 页。

天性的“良知良能”，是在“孩提”之时就已有了。这一点耿定向看得很精确：“知之所以为良者，只此赤子不学虑之真机也。”①

“赤子之心”是成就圣贤的根本，这把圣人崇拜纳入了“赤子之心”轨道里：“圣贤之学，本之赤子之心以为根源，又征诸庶人之心以为日用。”②明言“圣学”是从“赤子之心”那里来的，又在平民百姓的日常生活中得到印证。且看他与学生的对话：

> 问：“圣贤学问，须要有个宗旨，方好用工，请指示如何？”
>
> 罗子曰：“今日吾人之学，则希圣而希天者也。既欲求以希圣而直至希天，乃而不寻思自己有甚东西，可与他打得对同，不差毫发，却如何去希得而他与之同归一致也耶？反思原日，天初生我，只是个赤子，而赤子之心却说浑然天理。细看其知不必虑，能不必学，果然与莫之为而为、莫之致而至的体段，浑然打得对同过也。然则圣人之为圣人，只是把自己不虑不学的现在，对同莫为莫致的源头。我常敬顺乎天，天常生化乎我，久久便自然成个不思不勉而从容中道的圣人也。”③

罗汝芳强调，做学问的目标是“希圣希天”。“莫之为而为、莫之致而至”出自《孟子·万章上》，意为无人叫他做而做了是天意，无人叫他来而来了是命运。孟子所说的天意与命运，被罗汝芳解读为自然而然的本能。“赤子之心却说浑然天理”中的“天理”，不是理学家“存天理灭人欲”的“天理”，是讲人初生下来是自然而然的本能，即“知不必虑，能不必学”，与“天”的“莫为莫致”是“同归而一致”。为了说明这样的本能，罗汝芳举“童子捧茶”来论证：“汝辈只晓得说知，而不晓得知有两样。故童子日用捧茶，是一个知，此则不虑而知，其知属于天也；觉得知能捧茶，又是一个知，此则以虑而知，而是知属之人也。”④

---

① 耿定向：《近溪子集序》，《耿定向集》卷十一，傅秋涛点校，第433页。

② 罗汝芳：《近溪子续集》，《罗汝芳集》，方祖猷、梁一群等编校整理，第268页。

③ 罗汝芳：《近溪子集》，《罗汝芳集》，方祖猷、梁一群等编校整理，第74页。这段文字点校有错。点校者把“细看其知不必虑，能不必学”点断为“细看其知不必虑能，不必学”，难以读通。

④ 罗汝芳：《近溪子集》，《罗汝芳集》，方祖猷、梁一群等编校整理，第45页。

罗汝芳区别了先天与后天的两种“知”：“不虑而知”与“以虑而知”。“不虑而知”是天生的功能，捧茶时经历许多门槛都不会摔倒；“以虑而知”是后天经过思虑后而得到的心智，是人为所致。罗汝芳没有全盘否定“以虑而知”，但在他的思想体系中，“不虑而知”的地位要远远高明于“以虑而知”，罗汝芳强调，圣人高明于凡夫的地方，是觉悟到“不虑不学的现在”与“莫为莫致的源头”是“对同”的。罗汝芳断言，“赤子之心”保持完美的状态，就是“圣人”了：“本来赤子之心完养，即是大人之圣。人至大圣，便自然天地合其德，日月合其明，四时合其序，鬼神合其吉凶矣。”①这里仅对罗汝芳的崇圣情结作个引子，详细内容另有专目论述。

（三）“赤子之心”与仁学及性善论

再观“赤子之心”是如何囊括孔子仁学的：

> 吴生良凤问：“老师尝勸人愿学孔子，请问孔子如何去学？”
>
> 师曰：“孔子，大圣人也，万世无及焉。然其实非孔子之异于万世，乃万世之人，自忘其所同于孔子者焉耳。孟子云：‘大人者，不失其赤子之心。’夫赤子之不虑而学，与孔子之不思不勉，浑是一个。吾人由赤子而生长，则其时久在孔子地位过来，今日偶自忘之。岂惟赤子然哉？孔子宗旨，只是求仁，其言则曰‘仁者人也’。彼自异于孔子者，或亦自忘其为人也耶！省之省之。”②

学生吴良凤问，如何学为圣人？罗汝芳的回答要点为：一是说，圣人不是高不可攀的，这是他“圣凡同一”主张的体现。因为人人都有“赤子之心”，故“久在孔子地位”。二是讲“吾人”之所以与“孔大圣人”的不同，在于忘却了自己由“赤子而生长”的经历。三是申述“孔门宗旨，只在求仁”。对后者多有误解，

① 罗汝芳：《近溪子集》，《罗汝芳集》，方祖猷、梁一群等编校整理，第125页。
② 罗汝芳：《近溪罗先生一贯编》，《罗汝芳集》，方祖猷、梁一群等编校整理，第375页。

一些论著以为罗汝芳学说的宗旨就是“求仁”，这是违反罗汝芳本意的。[①]罗汝芳以为，他心目中孔子学说的核心是“求仁”，但不是说自己学说的宗旨是“求仁”，他反复强调的是，自己学说的宗旨是“赤子之心”。这是完全不同的两个概念。邹元标是此颇能知晓老师心意的：“夫仁者何？即人之心也；识仁者，即识人之真心也。是心也，古今圣愚，人人本具，而必俟识者何？盖赤子之时，见父母而爱，见兄而敬，无作恶，无作好，和之至也，顺之极也。”[②]话讲得很明彻，“识仁”的前提是要认识人的“真心”。“真心”在任何时代里是人人都有的，而不论这个人是圣人还是愚夫；“真心”是包含了孝弟德性的，是“赤子之时”就有的。简明地说，“真心”就是“赤子之心”。

孔子的学说可归结为“仁学”，但把罗汝芳学说的宗旨归结为“求仁”，是弄错了榫头的。“仁”是孔子思想体系中的核心范畴，指个人所具有的美德。作为全德之仁是包括了众多德目的，是人生的一种境界。[③]“樊迟问仁，子曰：‘爱人’。”（《论语·八佾》）“爱人”是孔子对“仁”所作的根本性规定，即“仁者爱人”（《论语·颜渊》）。“仁者人也，亲亲为大”出自《中庸》，罗汝芳以为是孔子的话。罗汝芳说：“仁在吾人，则固根于其心而生生不息者也。”[④]“其心”即“赤子之心”，有时又称为“真体”。人们只能在“知原日初生时的心”之后，“方见浑然无二之真体”。[⑤]“若能得其真体，使良知活泼，便心即是仁，仁即是心，内则为主宰，发则为正路矣。”[⑥]罗汝芳这里偷换了概念，把“仁”改为“赤子之心”，于是孔子的仁学被归纳入了“赤子之

---

① “孔门宗旨，浑然只是一个仁字。”“孔门宗旨，止要求仁。”“孔门宗旨，在于求仁。”分见于罗汝芳：《罗汝芳集》，方祖猷、梁一群等编校整理，第157、277、387页。李丕祥《罗汝芳哲学思想研究》一书，把“求仁”定为罗汝芳为学的宗旨，真是南辕北辙。（李丕祥：《罗汝芳哲学思想研究》，第74—82页）类似的研究思路，又见于吴震：《泰州学派研究》，第324—328页。

② 邹元标：《识仁篇序》，罗汝芳：《罗汝芳集》，方祖猷、梁一群等编校整理，第988页。

③《论语》中记载孔子对“仁”的说法，不完全相同，这是孔子从因材施教的角度出发。对资质不同的学生作各异的回答的结果。

④ 罗汝芳：《寿王守静序》，《罗汝芳集》，方祖猷、梁一群等编校整理，第510页。

⑤ 罗汝芳：《近溪子集》，《罗汝芳集》，方祖猷、梁一群等编校整理，第43页。

⑥ 罗汝芳：《近溪子集》，《罗汝芳集》，方祖猷、梁一群等编校整理，第21—22页。

心”中。[①]罗汝芳也用“浑然本心”来包容孔子的“仁”：“孔子自己说仁，平生只有‘仁者人也，亲亲为大’，是他正解。孟子却指实说：‘亲亲仁也。’今看人人孩提之初，皆知爱亲敬长，果是浑然本心，而不远人也。”[②]“亲亲仁也”出自《孟子·尽心下》，内中的“仁”是爱人之意。无论是孔子的仁学，还是孟子对孔子仁学的发挥，在罗汝芳看来，完全可以用“其心”“真体”“浑然本心”来囊括，这些皆为“赤子之心”的别名。只要“吾人”一刻不忘“赤子之心”，“求仁”的目标是举手之劳。

罗汝芳是赞同孟子性善论，但他把性善论也收揽进了“赤子之心”：

> 问：“大人不失赤子之心，其说维何？”罗子曰：“凡看经书，须先得圣贤口气，如此条口气，则孟夫子非是称述大人之能，乃是赞叹人性之善也。”[③]
>
> 孟子言善，只道性善，其言为善只称尧舜，故曰：“夫道一而已矣。”又曰：“尧舜与人同耳”。且观此时堂上堂下，人数将近千百，谁不曾做过孩提赤子来？谁人出世之时，不会恋着母亲吃乳，争着父亲怀抱？又谁的父亲母亲，不喜欢抱养孩儿？谁的哥哥姐姐，不喜欢看护小弟小妹？人这个生性，性这样善良，官人与舆人一般，汉人与夷人一般，云南人与天下人一般，大明朝的人，与唐虞朝人也是一般。但尧舜生来，见得这个是我的天性，亦是人的同性。[④]

罗汝芳以为，孟子的性善论，就是“赤子之心”的实质性所在。罗汝芳由孟子“道性善”，引导出人人都要经历“孩提赤子”阶段的推论。这个“生来的天性”是具有普遍性的。罗汝芳以人在“孩提赤子”时有过恋母吃乳、父母抱养、哥姐爱幼的经历，来证

---

①《罗汝芳集》的编校整理者、方祖猷先生断言，罗汝芳的学说宗旨为“赤子之心”。他不同意牟宗三把罗汝芳的学说宗旨“归于仁”的观点，是同“近溪自己的看法不相符合”。参见方祖猷：《评牟宗三先生之论罗汝芳》，《宁波市委党校学报》2005年第1期。

② 罗汝芳：《近溪子集》，《罗汝芳集》，方祖猷、梁一群等编校整理，第102页。

③ 罗汝芳：《近溪子续集》，《罗汝芳集》，方祖猷、梁一群等编校整理，第196页。

④ 罗汝芳：《近溪子集》，《罗汝芳集》，方祖猷、梁一群等编校整理，第153页。

实人性的“善良”。这是很有说服力的，因为人的生长过程中都要经历这样的阶段，且随着年龄的增长会不断地缅怀童年时的情景。“舆人”是指社会地位低于下的人，与“官人”有尊卑之别。[①]罗汝芳以为，不论人们的社会地位的高低，还是所属民族的不同，抑或所处地域与朝代各别，“孩提赤子”的阶段是人人相同的。就是“尧舜”为样的圣人也是这个“天性”。从理论上说，罗汝芳以为“孩提赤子”在时间与空间上是有穿越性的。

罗汝芳与学生有一段对话，把“人性皆善”归于“孩提知能”：

> 罗子曰：“何乃生来本性，原日禀自天衷，孩提知能，良善又皆可指，反只迟疑不决，以致虚过终身，不大可叹惜也哉？今惟出门一步，断然谓吾性为皆善，又断然谓圣贤为可学，便精神意气，忻跃奋扬。所性善端，如奇花瑞草，润逢甘泉，芬芳一时竞发，虽欲罢而不能矣。”[②]

罗汝芳对学生宣称，“吾性为皆善”，因而“圣贤”与“途之人”其间没有差别，这就是“学”。他告诫学生要相信这一点，这是成为“圣贤”的先决条件。“皆善”的“人性”从何而来的呢？罗汝芳晓谕学生，是人生来就有的：“生来本性，原日禀自天衷，孩提知能。”“孩提知能”就是先天的知能，“原日禀自天衷”，是“反思原日，天初生我，只是个赤子，而赤子之心却说浑然天理”的缩语。罗汝芳有个思维惯性，是在讲到孔、孟、儒学的一些观点时，最后都要归于“赤子之心”（“吾心”）上：“今一概谓至善总在吾心，而不专属圣人，是即谓有脚则必能步，而责扶携之童，以百里之程；有肩则必能荷，而强髫垂之孺，以百斤之担。”[③]罗汝芳以为，孟子学孔子，孔子学尧舜，后圣学先圣，都是从“性善”出发的。“至善总在吾心，而不专属圣人”，“吾心”就是“赤子之心”。“至善不专属圣人”，即“圣凡同一”。人性中蕴藏的“至善”，会让人迸发出巨大的力量。“至善”在心

① “舆人”，指造车工人。《考工记·舆人》：“舆人为车。”亦指职位低微的吏卒。《左传·昭公四年》：“舆人纳之，隶人藏之。”

② 罗汝芳：《近溪子续集》，《罗汝芳集》，方祖猷、梁一群等编校整理，第282页。

③ 罗汝芳：《近溪子四书答问录》，《罗汝芳集》，方祖猷、梁一群等编校整理，第307页。

中的童子，即使走路时要人搀扶，但只要他能走路，就可能走百里之遥。同样道理，孩童只要能挑东西（“髫”在古代是指孩子下垂的头发），“百斤之担”不在话下。[①]从“性善”到“至善”不是一蹴而就的，其间有个修身的过程。

孟子的“性善”论是从“善端”出发的。孟子以为，具有仁义礼智“四端”的人，如果把它们扩充起来，就像刚燃烧的火终不可扑灭，就像刚流出的泉水终必汇成江河。孟子的“扩而充之”（《孟子·公孙丑上》），成为历代哲学家挥之不去的话题。各具特色的修养方法不断被提出，如“继善成性”（《周易》）、“诚意正心”（《大学》）、“慎独”（《中庸》）、“主静立人极”（周敦颐）、“变化气质”（张载）、“识仁定性”（程颢）、“敬义夹持”（程颐）、“居敬穷理”（朱熹）、“先立其大”（陆九渊）、“致良知”（王阳明）……种种修养方法的提出，是要使人自主自律地朝“至善”的方向行进。罗汝芳明言：“殊不思德性虽赋诸天，扩充全资乎己。”[②]罗汝芳以为，“德性”的完善，全在于自己的努力去扩充，发扬光大。

罗汝芳与学生甘（乾斋）的一段对话，是探讨“扩而充之”的。

> 甘曰：“怵惕恻隐，便是圣贤否？”
>
> 师曰：“此是圣体，扩而充之，便是圣贤？”
>
> 请问：“何以扩充？”
>
> 师曰：“有所不忍，达之于其所忍也，扩充之功也。若只见得怵惕恻隐之端，而不加扩充之功，亦衹是闪电光，而难以语于太阳照也已。”[③]

“怵惕恻隐之端”，即孟子的“四端”。罗汝芳以为，先天的“德性”不加以“扩而充之”，如同闪电刹那照过马上消失一样，不像阳光那样有着普照大地的持续性。孟子“扩而充之”的主张，为后世学者反复关注，是因为人的德性，与智能与体能一样，内中

---

① 孟子对梁惠王说：“壮者以暇日修其孝悌忠信，入以事其父兄，出以事其长上，可使制梃以挞秦、楚之坚甲利兵矣。”（《孟子·梁惠王上》）

② 罗汝芳：《近溪子四书答问录》，《罗汝芳集》，方祖猷、梁一群等编校整理，第 310 页。

③ 罗汝芳：《盱坛直诠》，《罗汝芳集》，方祖猷、梁一群等编校整理，第 402 页。

蕴藏着巨大的潜能。从可能与现实的关系说，潜能是指潜藏在身中而在一定条件下，通过某种媒介的诱发而可以开掘出来的能力。很多当代的道德模范，能在几十年做好事而不间断，是同他把自身的德性潜力转化为现实分不开的。罗汝芳说“怵惕恻隐”是“圣体”，是指可能性而言，“圣贤”则指现实性。由“圣体”向“圣贤”的行进，也就是“性善”向“至善”的过程。这一过程得依靠“扩充之功”，即罗汝芳常说的“功夫”。他的学生邹元标问道：“学有宗旨，有功夫，有入门，有结果，先生卒详教我。”罗汝芳的回答很干脆：“本体即功夫，功夫即本体；入门处即结果，结果处即入门。功夫、宗旨一言而尽也。”①持“良知现成”主张的罗汝芳，断言“功夫”与“本体”“宗旨”是密不可分的。“功夫”不在另处，就是明白“至善总在吾心”中，也即“赤子之心”里。罗汝芳告诉邹元标，他的思想体系中的“本体”与“功夫”、“入门”与“结果”，是一体的。邹元标当时点了头，但没有真正领会，“惜当时资愚质钝，未能直领无疑”，“迟回至今，始知先生所以醒余者甚笃且切”②。

行文到此，就得考虑罗汝芳的思维方式了。罗汝芳最青睐的是统合式思维方式：

> 人家立宗法，意思是欲后世子孙知得千身万身只是一身；圣贤宗旨，意思是欲后世学者知得千心万心只是一心。既是一心，则天即人，人即天；圣即凡，凡即圣；天下即一家，一家即天下；万古即一息，一息即万古也。《四书》《五经》中无限说中、说和、说精、说明、说仁、说义，千万个道理，也只是表出这一个体段；前圣后圣无限立极、立诚、主敬、主静、致虚、致一，千万个工夫，也只是个涵养这一个本源；往古来今，无限经纶、宰制、辅相、裁成、底绩、运化，千万个作用功业，也只是了结这一个志愿。若人于这一处不归着，则纵言道理，终成邪说，纵做工夫，终成诐行；纵经营事业，终成霸术。与原来不虑而知、不学而能，天然自有之心，又何啻霄壤

① 邹元标：《识仁篇序》，罗汝芳：《罗汝芳集》，方祖猷、梁一群等编校整理，第987—988页。
② 邹元标：《识仁篇序》，罗汝芳：《罗汝芳集》，方祖猷、梁一群等编校整理，第988页。

也哉！[①]

李同野谈起了宗法制度的事，罗汝芳借此发了一通议论，说宗法制度可以让后代世子孙知道自己的祖先，从人的再生产角度来说确实是如此。但后面的话，是罗汝芳借“圣贤”的权威为自己观点张目了。在他看来，“圣贤”要让后世人们知道的是，“千心万心只是一心”，也就是“赤子之心”。明白了这一点，“天”与“人”、“圣”与“凡”、“天下”与“一家”、“万古”与“一息”完全是可以合二而一的。“四书”“五经”中所说的许多道理，包括哲学范畴、修养工夫与治国理念在内，皆是在“涵养这一个本源”。人们“不归着”这个“赤子之心”，再好的道理，“终成邪说”；再好的工夫，“终成诐行”；再好的事功，“终成霸业”。“天下”与“一家”是讲空间的，“万古”与“一息”是讲时间的。空间有大小，时间有长短，怎么可能没有差别呢？“天”与“人”、“圣”与“凡”之间，不可能处于无差别境界中。罗汝芳得出这样的结论，是以“千心万心只是一心”为前提的。罗汝芳这段话，翔实地体现了中国哲学的特征：直观性与模糊性。中国哲学家在论述自己观点时，往往多用断言、格言、箴言之类的话，但缺乏详尽的逻辑论证；多形象比喻、类推比喻，缺乏周密的理论证明。王阳明讲圣人与凡夫之别时，运用了金子成色不同的比喻；罗汝芳为了说明“赤子之心”是“不虑而知”的，使用了“童子捧茶是道”的断言。这段材料更为典型，“天”与“人”、“圣”与“凡”、“天下”与“一家”、“万古”与“一息”，为什么可以等同起来？罗汝芳什么也没有说，而是迳直下结论。罗汝芳的前提是荒谬的，他否认了客观对象的特殊性，而只承认客观对象普遍性，其目的只有一个，是想给“赤子之心”以普世价值。

这样的理论是经不起质疑的。一个学生问他：“及细观世上孩提各各有身，各各有心，其身心各殊，中间知能已自不可比而同矣。况造化知能，尤去人远甚，如何却云一个而无分两般也哉？”罗汝芳“默然久之”，才思考出这么一段话：“此段话头，非某敢作聪明，妄生杜撰。缘孟子尽心知性则知天，存心养性以事天，分

① 罗汝芳：《宗说》，《罗汝芳集》，方祖猷、梁一群等编校整理，第586页。

明谓天之心性，即吾之心性也。孔子易知有亲，而为贤人可久之德；易能有功，而为贤人可大之业，分明谓吾之知能，即天之知能也。”[①]这个学生是认同“赤子之心”的，是“不虑而知，不学而能”的，但他发觉现实生活中的人是“身心各殊”的，有的长得高一些，有的长得矮一些；有的人聪明些，有的人愚纯些。面对这无法抹杀的事实，老师却说是从一个模子里出来的，“却云一个而无分两般”，与现实相距太大了。这个学生提出的问题是尖锐的、而又切中要害的。每个人是有个性的，有着与他人不同的特殊性的，不能如同一个模子铸造出来那样。罗汝芳思考了良久，没有找到合适的理由来反驳，不得已就搬出孔孟的话作为依据，用“天之心性，即吾之心性用”来搪塞过去。这是罗汝芳以天命崇拜来答复学生的质疑，是难以令人信服的。罗汝芳以普遍性来否定特殊性的理论，是站不住脚的。当今学术研究有个倾向，学者对自身的研究对象往往充塞着溢美之词，以至于出现“神化”与“圣化”的现象。我得大声疾呼一下，学者不能对研究对象而只知道钟爱有加，而不指明它实际上存在的缺陷。

① 罗汝芳：《近溪子续集》，《罗汝芳集》，方祖猷、梁一群等编校整理，第 276 页。

第四节 根深蒂固的崇圣情结

要对罗汝芳的思想有较为清晰的了解，是离不开他的崇圣情结的。他的崇圣情结非常浓郁，且贯串于他的一生。在罗汝芳那里，“圣人”是一个系列。讲得最多是孔、孟，往上追溯为尧、舜、禹、商汤、周文王、周武王，向下联挂时是王阳明、颜山农。“圣门”“圣体”“圣学”“圣神”“圣事”“圣药”“圣功”“圣智”等带有“圣”字的词汇，在他的言谈与讲学中随处可见。罗汝芳继承了王艮立志成圣、圣愚同一的见解，但揉入了禅宗顿悟成佛的观点，强调成圣只需要主观意识上来个刹那间觉悟就行了。罗汝芳是泰州王门受佛学影响最深的一位，不过本书不对他的佛学他作全面探索。罗汝芳的崇拜情结，可分为三个层面，即立志为圣、转凡成圣与如何成圣。

（一）立志成圣与圣愚同一

立志成圣，是罗汝芳一生追求的目标。临终前他对子孙与门人，语重心长地嘱咐，要向圣人的目标行进。前提是先要立下成为圣人的志向，而以孔子为榜样：

> 子谓诸生曰：“汝辈为学，须要立个必为圣人之志，时时刻刻用功，后日方有成就，若只茫茫荡荡度日，岂不惜哉！”①
>
> 子谓智曰：“学是学为孔子，则汝凡事皆当以孔子为法。孔子十五而志于学，今日便当向半夜五更，默默静静考问自己心肠，果如孔子之一心一意去做圣贤耶？或只如世俗之见，将将就就，以图混过此生也？将就混过，正是乡愿的本事，孟子骂他做德之贼。”②

一个人在行将就木之际，向后辈们所吐露出来的心声，当为他一生所萦绕于心的要事。罗汝芳晚年惦记的要事是：一是立下必为圣人的志向，以孔子为学习的楷模，不能将一生混同于乡愿。这同王艮所说的，“学者有求为圣人之志，始可与言学”，没有什么不

① 罗汝芳：《明德夫子临行别言》，《罗汝芳集》，方祖猷、梁一群等编校整理，第304页。
② 罗汝芳：《明德夫子临行别言》，《罗汝芳集》，方祖猷、梁一群等编校整理，第303页。

同。他谆谆教导门人与子女："今欲学为圣人，而非特立坚志，亲就良朋，且却脱尘烦，专居静地，以博学审问，慎思明辨，其能有成者，盖百无一二矣。"[①]除了先决条件是立志外，还要选择安静的地方，摆脱种种的烦恼，专心去"博学审问，慎思明辨"，以期取得卓越的成就。不过罗汝芳以为，这样的人是极稀少的。他异常看重意志在成就圣人中的作用。就意志本身而言，具有选择与专一的双重品性，当人们一旦选择了种理想人格（"圣人"）作为追求目标时，专一的品性（"立坚志"）就对人们行为的规定与支配具有决定性的意义。罗汝芳更将立志与"圣贤学问"打成一体："今日之急务，未立志者，须先严辩；已立志者须更勇猛。若果早夜精进……即是致其良知，而圣贤学问，更无不相对同，亦何忧不得手也？"[②]这是说，当前急务是先要辩明自己是否已立下志向了？已立志的，得日夜兼程加紧学习。这样王阳明的"致良知"与"圣贤学问"，就会转到自家身上了。[③]为人不能依从世俗，脚踏西瓜皮，混蒙受过此生，那是"乡愿"的品性，孟子称之为"德之贼"。

罗汝芳向他的门人反复渲染崇圣情结。"盖学是学圣，圣则其理必妙"[④]"吾人不期学圣则已，学圣则必宗孔子"[⑤]。对圣人的期望，对罗汝芳来说是一种坚定不移的信仰。虽说受过儒家教育的士人，或多或少的会有一些崇圣的情结，但像罗汝芳那样强烈且终生相许的毕竟是少数。他不仅自己身体力行，而且化了很多心血，谆谆教导学生与子孙们，务必把成圣作为终生所求的目标。

圣人既为一生憧憬的偶像，如何去认识圣人呢？立志成圣的前提是，拆掉圣人与凡人之间的篱笆，让愚人能与圣人平起平坐。从理论上奠定这一前提的是王阳明："自己良知原与圣人一般，若体认得自己的良知明白，即圣人气象不在圣人而在我矣。"[⑥]王阳明的表述简易明白，他从人人皆有"良知"着手，从本体论上确立了圣愚同一的基础。包括泰州王门学派在内的阳明后学均承袭王阳明

---

① 罗汝芳：《近溪子续集》，《罗汝芳集》，方祖猷、梁一群等编校整理，第 270 页。
② 罗汝芳：《近溪子集》，《罗汝芳集》，方祖猷、梁一群等编校整理，第 113 页。
③ "盖圣人之学，致其良知者也。"罗汝芳：《近溪子集》，《罗汝芳集》，方祖猷、梁一群等编校整理，第 114 页。
④ 罗汝芳：《近溪子集》，《罗汝芳集》，方祖猷、梁一群等编校整理，第 46 页
⑤ 罗汝芳：《近溪子集》，《罗汝芳集》，方祖猷、梁一群等编校整理，第 23 页
⑥ 王守仁：《传习录中》，《王阳明全集》卷二，吴光等编校，第 59 页。

的观点，只是各人的论述有些区别罢了。罗汝芳继承了王阳明、王艮的主张，认定为“圣愚同一”。罗汝芳说：“盖论德性之良知良能，原是道古今，一圣愚，人人具足而个个圆成者也。”①所谓“具足”是说，全然具备、无有欠缺之意。历史上的圣人是美轮美奂的，对现实中人们是具有很大吸引力的，罗汝芳已有所察觉：“圣贤者，人品之最贵，知其可为圣贤，而于人人乃始不以卑贱而下视之也。”②罗汝芳提倡“一圣愚”，是要提高平民百姓的社会地位，这与他的民本思想是息息相关的。“一圣愚”虽说从理论上铺平了道路，但现实生活中“圣”与“愚”的差别是明显地存在着的。如何铲除这道障碍呢？是摆在罗汝芳面前的急待解决的问题。

（二）转凡成圣中禅宗因素

如何成为圣人，罗汝芳以为，要对四书五经下工夫，那是记载圣人言行的载体：

> 圣人去我已远，其方从何而觅？所立五经四书，即其方也。但今看经书者，多只草草率易，将一切旧套俚说，便轻信，谓是圣贤宗旨，所以终身老于占毕，而自己性命，了无相干，与草木朽腐，又何足怪？③

对历代士人与学者来说，孔孟就是理想人格的化身。孔孟已离开人世，又如何去体认他们的人格世界呢？罗汝芳以为，孔、孟等“圣人”无法直接接触，但可以从他们遗留下来的语言文字中，感受到他们的人格世界。“四书五经”是知晓圣贤“其方”的途径，如果以“占毕”的态度去对待，是不能把握“圣贤宗旨”的。“占毕”出自《礼记·学记》：“今之教者，呻其占毕，多其讯言，用于教而不顾其安。”“占毕”本义为竹简，这里指课本，是说如今教书的人，只知诵读书本，一味作知识上的灌输，急于求进而不虑及学生能否适应。“占毕”只是诵读文字而不知内中奥秘，是不动

① 罗汝芳：《近溪子集》，《罗汝芳集》，方祖猷、梁一群等编校整理，第 93 页。
② 罗汝芳：《近溪子续集》，《罗汝芳集》，方祖猷、梁一群等编校整理，第 239 页。
③ 罗汝芳：《近溪子集》，《罗汝芳集》，方祖猷、梁一群等编校整理，第 172 页。

脑子死读书的典型，它与“自己性命，了无相干”。“终身老于占毕”，是对“四书五经”一种外在的、形式上的理会，不是从内心的自觉理会。还有一些人，更为等而下之：“天下之人，只为无圣贤经传唤醒，便各各昏睡。虽在大道之中，而忘其为道，所以谓‘百姓日用而不知。’”①

罗汝芳对《论语》《孟子》的崇拜，达到了“从之则生，违之则死”的地步：

> 《论语》一书，直是难读。芳初读时，苦其淡然无味，殊觉厌人。稍长从事孝弟，乃喜其一二条，契合本心……间有悟处，乃通身汗浃，始知天生孔孟，为万世人定魂魄，立性命，从之则生，违之则死也。自此以后，非《论》《孟》二书，辄厌入目。以至莅官中外，随所施措，自然翕顺，愈久而愈益简要，愈益精纯也。若战国而下，诸公真是用心徒劳，而去道弥远，敝至今日，可胜叹哉！②

这是讲自己读《论语》的经历。“初”时觉得“淡然无味”，“稍长”感“契合本心”，最终为“有悟”，这是符合人们读书渐进道理的。“天生孔孟”为“万世人定魂魄，立性命”，是说孔孟之道能给人以精神上的支柱，那是在历史上得以验证的事情。历代有着浩然正气的士人们恪守孔孟之道，为中华民族所树下的丰碑是常见的。文天祥是其中的代表性人物，他在慷慨就义前于衣带中写道：“孔曰成仁，孟曰取义。惟其义尽，所以仁至。读圣贤书，所学何事？而今而后，遮几无愧。”③在文天祥看来，读圣贤书不是停留在口头上，而是身体力行去自觉地实现孔孟等圣贤的教诲。为实现理想而奉献生命去“成仁取义”，文天祥以为这不是外在的强制，而是出自内心主体精神的自愿。孔孟在《论语》《孟子》所讲述“杀身成仁”“舍生取义”的道理，为后世的信仰者起到了“定魂魄，立性命”的作用。罗汝芳以为，有人不喜欢读《论语》《孟

① 罗汝芳：《近溪子集》，《罗汝芳集》，方祖猷、梁一群等编校整理，第143页。
② 罗汝芳：《近溪子集》，《罗汝芳集》，方祖猷、梁一群等编校整理，第109页。
③ 文天祥：《纪年录》，《文天祥全集》卷十七，北京市中国书店，1985年版，第465页。

子》，那就不靠谱了。如果说，因喜欢《论语》《孟子》后不愿意看其它书籍，因孔孟之道应用于地方治理上而觉得得心应手，是讲得过去的话；那么，罗汝芳把战国以下“诸公”说得一无是处，就有很大的片面性了。

罗汝芳断言，学习《论语》《孟子》等儒家经典，只是成圣的途径之一，而不是主要的途径，主要途径为自家心中的“觉悟”：

> 然究其所觉悟的东西，则只是吾人现在不学不虑之良知良能而已。吾人只少了圣人此一觉悟，则便如一片精金，空只藏在矿中而不成受用……今受用的，即是现在良知，而圣体具足。其觉悟工夫，又只顷刻立谈，便能明白洞达，却乃何苦而不近前。况此个体段，但能一觉，则日用间，可以转凡夫而为圣人。若不能一觉，则终此身弃圣体而甘为凡夫矣。……今能转凡为圣，则读书便是圣贤；读书至于用世，便是圣贤用世，到老也有个归者，不虚费了精神。[①]

“现成良知”“但能一觉”“转凡为圣”，这三个概念之间是有内在联系的。“现成良知”是“不虑不学”的，与人们的后天努力无关。因为“圣体”本身是“具足”的，关键在于人们是否认识到“现成良知”的真谛。一旦人们主观意识觉悟到了，就能“转凡为圣”；做不到“但能一觉”，就是“弃圣为凡”。从语汇来源上看，“转凡夫而为圣人”与禅宗相关。记录禅宗公案的《景德传灯录·神宴国师》中明言：“定祛邪法归真见，必得超凡入圣。”佛教称断惑证真的人为圣，即超出六道轮回者为入圣流。佛经中又有“凡夫畏果，菩萨畏因”的话，后世沿为“凡夫俗子”的成语。“凡夫”为佛教专用语汇，儒生借此来指称普通人。无论是“转凡为圣”，还是“弃圣为凡”，都与佛教少不了纠葛。从思想渊源上说，“但能一觉”就能“转凡成圣”，是禅宗顿悟成佛主张的翻版。陷入禅宗泥坑难以自拔的王畿，对罗汝芳看得很透彻：“近溪兄主盟一方，吾道尤幸。闻提省人颇涉禅家因素。”[②]罗汝芳于禅

① 罗汝芳：《近溪子集》，《罗汝芳集》，方祖猷、梁一群等编校整理，第105页。
② 王畿：《与贡玄略》，《王畿集》卷十二，吴震编校整理，第317页。

门是赞美的："禅门衣钵与吾儒之中，诚类也。"[①]他自幼即熟读佛经，说对开通自己的思路帮助很大："余生孱弱多病，不能啖肉食，先人惧其弗育，尝令习作佛事。稍长，为举子业，辄因读《法华》诸经，而所为文词遂大畅达若启之者。余亦莫知其所以然也。从是，故于释氏家说未敢轻訾。"[②]对任何一个人来说，年青时迷恋过的东西，是不会在心灵中轻易消失的，往往会以不同的形式顽强地表现出来的。在不同类型的人们身上，表现是有区别的。一般的人，通常是以怀旧与回忆的形式来表现的。哲学家就不同了，他们会把这些东西进行改造后纳入自身的思想体系中。罗汝芳早年接受的佛教因素，被他融入了崇圣情结中。据明人李绍升《皇明世说新语》卷四《规箴》记载："罗近溪偕郑昆岩诸同志，访悦心长老。悦心遍叩之曰：诸公皆可进此道，独不敢许近溪公。愕然问故，曰：载满了。近溪大服。"罗汝芳与郑昆吾及"诸同志"去访悦心法师（临济宗高僧）。悦心问了众人情况后说，大家都可以习禅宗，只是不能对罗汝芳说这个话。大家问缘由。悦心说，他满腹都是禅宗的东西。罗汝芳听了以后，对悦心法师大为叹服。清初陆陇其在评议阳明后学时说："自阳明王氏而为良知之说，以禅之实而托儒之名……龙溪、心斋、近溪、海门之徒从而衍之。"[③]顺沿而下就得剖析罗汝芳崇圣情结中的"禅家因素"了。

罗汝芳强调，"凡夫"与"圣人"之间转换，在于人们念头上的"觉"与"迷"。纵观中国思想史，对"觉"与"迷"化力最多的是禅宗南宗的创始人惠能。如何成佛上对佛教徒来说是一个头等大事，惠能对佛教的变革，最主要是顿悟成佛说，认定成佛的依据就在自家的"心"中。惠能以前的佛教，认为成佛需要信徒长期间的修行，今世不行，来世继续。惠能觉得累世修行太缓慢了，主张快速成佛。他断言人心中就有佛性在，"我心自有佛，自佛是真佛。自若无佛心，向何处求佛"[④]。成佛与否，关键在人的内心念头间刹那的变化。成佛不需要繁琐的修行与累世的积累。

惠能以为，意识到自家心中就有佛性在，就是觉悟了；没有意

① 罗汝芳：《近溪子集》，《罗汝芳集》，方祖猷、梁一群等编校整理，第 47 页。
② 罗汝芳：《云南唐中丞墓志铭》，《罗汝芳集》，方祖猷、梁一群等编校整理，第 634 页。
③ 陆陇其：《学术辨上》，《陆稼书先生文集》卷一，商务印书馆民国二十五（1936）年版，第 11 页。
④ 郭朋：《坛经校释》，第 109 页。

识到为一点，就是昏迷了。什么时候觉悟了就能成佛，什么时候昏迷了就是凡夫。由“迷”到“觉”，在于人心一念的刹那转换，他把传统成佛中的“渐修”易之为“顿悟”，这是禅宗在晚唐以后迅速传播的原因之一。宋明时期的儒家学者，往往把惠能创立的禅宗南宗的思想，揉合到自己的学说中去。王阳明在其中起到了推波助澜的作用，而罗汝芳则有变本加厉地加以发挥。罗汝芳说：“大要，自古以来，人皆晓得去做圣人，而不晓得圣人即是自己，故凡说著圣人，便去寻作圣一个门路，殊不知门路一寻，即去圣万里。”① “圣人即是自己”与“自心是佛”，意思是一样的，就是不到“自心”之外另觅门路。罗汝芳只是把顿悟成佛转换成“立地成圣”罢了：“要之，性善一著，是圣凡之关，只一见性善，便凡夫立地成圣。”②不过罗汝芳没有全盘倒向禅宗，他不忘记“圣凡”转换的前提是“性善”的显现，有着儒佛融合的特征来。不过罗汝芳没有全盘倒向禅宗，而是主张儒佛合一为“圣凡之关”的前提，是“性善”的显露。

“迷”与“觉”，在罗汝芳看来仅仅是人心两种不同状态的转换：

> 观之孟子，谓“知皆扩充”，即一“知”字，果是要光明显现。但吾心觉悟的光明，与镜面光明，却有不同，何则？镜面光明，与尘垢原是两个，吾心先迷后觉，却是一个，当其觉时，即迷心为觉，则当其迷时，亦即觉心为迷也。③

罗汝芳诠释儒家经典，用的是禅宗的观点。“境面光明”与“尘垢”的比喻，来自神秀与惠能争夺衣钵时所作的偈中。前文已述。两偈的不同，是成佛方法上“渐修”与“顿悟”的不同。罗汝芳接受的是惠能顿悟成佛说，因而罗汝芳强调，“觉”与“迷”的转换，是在同“一个”心中实现的。“明境”染上“尘垢”后，要时时勤拂的观点，是把“明境”与“尘垢”分为“两个”，那就不对了。“当其觉时，即迷心为觉，则当其迷时，亦即觉心为迷”，

① 罗汝芳：《近溪子续集》，《罗汝芳集》，方祖猷、梁一群等编校整理，第228页。
② 罗汝芳：《近溪子集》，《罗汝芳集》，方祖猷、梁一群等编校整理，第210页。
③ 罗汝芳：《近溪子集》，《罗汝芳集》，方祖猷、梁一群等编校整理，第138页。

与惠能的“自性迷，佛即众生；自性悟，众生即佛”，不同只是语境上的差别，其精神实质上是趋同的。

“迷”与“觉”的转换在于“悟”，这是罗汝芳把禅宗顿悟成佛的观点，移植到崇圣情结上。“悟”就是认识到“不学不虑之良知良能”的“现成良知”，是完美无缺、圆满自足的。有了这样的“一觉”，“凡夫”就成为“圣人”；没有此“一觉”，即“弃圣体为凡夫”。罗汝芳讲“一觉”，关键并在于“转个念头”即可：“待到半夜五更，自在醒觉时节，必然思想，要去如何学问？又必思想，要去如何照管持守我的学问？当此之际，轻轻快快，转个念头，以自审问，说道学问此时虽不现前，要求学问的心肠，则即现前也。”①在他看来，做学问是很轻快的事情，就是求得“心上觉悟”，故又说：“圣贤之道，原从心上觉悟，故其机自不容已”。②“自不容已”是说，不得不然与必然如此之意，是在人的内心存在着一种不可遏止的情感。

罗汝芳没有全盘照搬禅宗。禅宗顿悟成佛的主张是刹那间的主观意识的转变，而事先没有任何的征兆。罗汝芳接受了这一主张，但没有放弃儒家传统的“工夫”，呈现出儒佛交融的特色。罗汝芳以为，“心上觉悟”的来到，不仅需要事先长期的累积，而且还得依靠作为中介的触媒。罗汝芳的“觉悟工夫”没有泯却后天努力的“工夫”：

> 智问：“圣贤闻道，皆从悟入，何也？
>
> 子曰：“学道不悟，如适燕京，不知途径，东走西奔，终无至日；悟而不用功，又如说梦中物，口可得而言之，终不可得而有也。”
>
> 智问：“言下顿悟成佛，非耶？”
>
> 子曰：“释氏言下顿悟成佛，皆是从前苦功积行，果已成熟，当欲成未成之际，偶闻一言半偈，或见一段公案，因而彻悟，故即是佛。若今学者说悟，不过知识晓了，以虚见承接言旨耳，求如释氏顿悟，千百中无一二也。”③

---

① 罗汝芳：《近溪子集》，《罗汝芳集》，方祖猷、梁一群等编校整理，第 46 页。
② 罗汝芳：《近溪子集》，《罗汝芳集》，方祖猷、梁一群等编校整理，第 84 页。
③ 罗汝芳：《明德夫子临行别言》，《罗汝芳集》，方祖猷、梁一群等编校整理，第 302 页。

其孙罗怀智问，“圣贤闻道”为什么都要“悟入”？罗汝芳头脑中马上冒出了顿悟成佛说，足见其对禅宗浸入之深。罗汝芳不同于禅宗的是，他对“悟”前、“悟”时、“悟”后做了解释。无“悟”时，如同一个人要到北京，但不知具体途径，无头绪的东奔西走，最终还是到不了北京。有“悟”后，还要做后天的修养工夫，“悟而不用功”，如同梦中见到的物体，“终不可得”。关键的是，“悟”的时刻是如何来到的？罗汝芳以为有个前提，即“苦功积行”，这是后天的修养：“到工力专精，然后必有个悟处，悟则疑消，消则信透，透则心神定而光明显。”[①]当然罗汝芳还捎上禅宗的“闻偈”“见公案”，作为“彻悟”前的触媒与中介，为“觉悟”的必不可少的前提之一。

“但能一觉”就是觉悟到人的心灵的先天面目，即圣人所以为圣人的依据。罗汝芳以为这个依据是来自人与生俱来的“赤子之心”：“圣贤之学，本之赤子之心以为根源，又征诸庶人之心以为日用。”[②]这样崇圣情结又归宿于他学说的宗旨“赤子之心”上。

（三）崇圣情结的文化源头

罗汝芳的崇圣情结是有着深厚的文化背景的。圣的原始意义是“闻声知情”，即从耳闻的事物中知道内中的奥秘。聪明能干、多知明德的人，就是圣人。圣人崇高无比的观念，虽说起于孔子，但根本原因是当时的人们冀望出现一个伟大的人物，来结束诸侯的割据局面，实现亘古未有的大一统。反映在意识形态上，就成了儒、道、墨、法各家的共识。儒家以仁义道德而尊圣，道家以自然无为而崇圣，墨家以事功原则而希圣，法家以专制暴力而扬圣。出发点不同，但归宿却一致。[③]拯黎民百姓于水深火热之中，结束分裂的战争状态。诸子对圣贤的历史性呼唤终于得到了回响。威震六合的秦始皇在他几次巡行中，把自己和圣人等同起来。《史记·秦始皇本纪》中记载，“皇帝躬圣，既平天下”（秦始皇二十八年泰山刻石），“大圣作始，建定法度”（秦始皇二十九年芝罘刻石），尤

---

① 罗汝芳：《近溪子集》，《罗汝芳集》，方祖猷、梁一群等编校整理，第 58 页。
② 罗汝芳：《近溪子续集》，《罗汝芳集》，方祖猷、梁一群等编校整理，第 268 页。
③ 参见朱义禄：《从圣贤人格到全面发展》第二章，陕西人民出版社 1992 年版。

为明显的是秦始皇三十七年会稽刻石："群臣诵功，本原事迹，追首高明，秦圣临国，始定刑名，显陈旧章。""大圣""秦圣"，就是秦始皇。自此以后，握有至高无上权力的专制帝王，就被普天下的臣民称做圣人了。[①]但在二千多年的历史上，雄踞首位的圣人是生前未曾走运的孔子，死后却被奉为仪范百世、师表万世的至圣先师。尊孔崇圣，有着帝王维护专制统治秩序的强烈政治意图在内，也与历代知识阶层持之以恒的努力密切相关的。前者是行政权力的外在强制，后者是社会精英的内心自觉。各个时代中，不同学术文化领域中的杰出人物，均视孔子为圣人而顶礼膜拜的。司马迁把孔子列入《世家》，以为历史上众多的君主、贤人"时则荣，没则已"，唯独布衣孔子不因时光流逝而失去为人们憧憬的光环，"自天子王侯，中国言六艺者折中于孔子者，可谓至圣矣"（《史记·孔子世家》）。这对确立孔子圣人的地位，功绩是很大的。历代学者家与文人，更有众多的儒生，都相信通过自身的努力，会不断地向圣人孔子的方向行进。

王阳明把原先难以攀登的圣人平民化了，把传统的崇圣情结推向了新高潮。王阳明要人们相信，成圣是非常容易做到的事情："惟天下至圣，为能聪明睿智，旧看何等玄妙，今看来原是人人自有的。"[②]因为"自己良知原与圣人一般"[③]。把圣人身上的神奇光环一概抹去了，原先视为聪明睿智的圣人，与自己没有区别。相信自己就是圣人的观点，在泰州王门那里是弥漫了开来。王艮俨然以"圣人自任"，强调做学问的前提是先要立下为圣人的志向。颜钧别出心裁地杜撰了一个传道体系：孔子—王阳明—王艮—颜钧，这是不同于人们所公认的韩愈创立的道统。如此浓郁的崇圣情结，自然浸染到罗汝芳心灵深处的。下一代以自己景仰的学者为圣人，正如顾宪成所说的"罗近溪以颜山农为圣人，杨复所以罗近溪为圣人"[④]。关键是通过何种方法，让自己跻身于圣人的行列中。罗汝芳比前人深入之处在于，他把禅宗因素融入了崇圣情结中，并利

---

① 参见朱义禄：《从圣贤人格到全面发展》，第 36 页。

② 王守仁：《传习录下》，《王阳明全集》卷三，吴光等编校，第 109 页。

③ 王守仁：《传习录中》，《王阳明全集》卷二，吴光等编校，第 59 页。

④ 黄宗羲：《泰州学案四》，《明儒学案》卷三十四，沈善洪主编、吴光执行主编：《黄宗羲全集》（第 8 册），第 56—57 页。

用一切机会向门人与子孙传递这样的情结。于是“动欲为圣贤”的文化心态，作为先秦以降中国人崇圣情结的传统，沿袭数千年而不衰。20世纪初，著名学者章士钊说过一段发人深省的话：“中国人之思想，动欲为圣贤、为王者、为天吏、作君、作师，不肯自降其身，仅求为社会一分子，尽我一分子之义务。”①严复于1896年，对国人主权意识极度淡薄，却对孔圣人顶礼膜拜，两者的轻重关系有过深刻的揭示：“中国人之斤斤与外人相持，亦均以新法之有碍孔教为辞，若欲以国殉之者。旅顺、威海、胶州之割，关税、厘金、铁路、矿产之约，举国视之不甚措意。偶有言及者，如秦人道越人之肥瘠。独至春间，独逸营兵狼即墨孔庙之事，乃大哗愤。士夫固然，商贾行旅之徒，亦颇汹汹。”②土地的割让，税收、铁路与矿产权益等主权的丧失，国人都不太关心，如同秦人去闲聊越人土地的肥瘠一样，风马牛不相及。1896年的春天，德国兵糟塌了即墨的孔庙。群情激愤的国人中，不仅有受过儒家熏陶的士人，更有商人与途经之民众。这固然可以从维护民族精神的角度去理解，但雄辩地说明了崇圣情结是如何沦肌浃随地深入国人心灵的。圣人崇拜是儒家文化也是中国传统文化的三大崇拜之一，这从孔夫子一直延伸到毛泽东。孔子以为，圣人是人格品德最高的典范。孔子叹曰：“圣人吾不得而见矣，得见君子者，斯可矣。”（《论语·述而》）“不得而见”的圣人，是指尧、舜、禹、文王、周公等古代先圣。孔子是以古代先圣为崇拜对象。但经历了二千多年后，他自己成为人们顶礼膜拜的偶像了。1937年10月19日，毛泽东在陕北公学举行的鲁迅逝世周年大会上，评价鲁迅时袭用了圣人崇拜的观念：“鲁迅在中国的价值，据我看要算是中国的第一等圣人，孔夫子是封建社会里的圣人，鲁迅则是现代中国的圣人。”③圣人崇拜千古如斯地沁入了中华民族的心灵深处，对圣人崇拜做文化源头的考察，就不是可有可无的事情了。

---

① 参见陈独秀：《调和论与旧道德》，《独秀文存》，安徽人民出版社 1987 年版，第 565 页。
② 严复：《保教余义》，《严复集》（第 1 册），中华书局 1986 版，第 84 页。
③ 转引自吾三省：《“圣”和“圣人”》，《新民晚报》1994 年 1 月 4 日。

第五节 “尧舜之心”的圣谕六条

朱元璋的圣谕六条是被罗汝芳美誉为有着“尧舜之心”的：“我太祖皇帝‘孝顺父母，尊敬长上’六言，真浑然尧舜之心。”[①]罗汝芳对圣谕六条从笃信到发挥，再到与《吕氏乡约》相结合并付诸道德教的实践，是研究罗汝芳绕不过去的门槛。下面从圣谕六条的历史渊源、罗汝芳所作的“极力敷演”（理论）与“勉人行之”（实行）等角度进行诠释。

（一）圣谕六条与泰州王门

圣谕六条是朱元璋提出的。他在洪武三十年（1397），“命户部令天下民，每乡里置木铎一，选年老或瞽者每月六次持铎询于道路，曰：孝顺父母、尊敬长上，和睦乡里，教训子孙，各安生理，毋作非为。”次年，颁《教民榜文》：

> 每乡每里各置木铎一个，于本里内选年老或残疾不能理事之人或瞽目者，令小儿牵引，持铎循行本里。如本里内无此等之人，于别里内选取，俱令直言叫唤，使众闻知。劝其为善，毋犯刑宪。其词曰：“孝顺父母，尊敬长上，和睦乡里，教训子孙，各安生理，毋作非为。”如此者每月六次。其持铎之人，秋成之时，本乡本里内众人随其多寡，资助粮食。[②]

木铎是铜质木舌的铃子，古代公家有事要向民众宣布，派官员摇铃振声，把政府文告晓谕大众。《论语·八佾》中记载：“二三子何患于丧乎？天下之无道久矣，天将以夫子为木铎。”在明代，“持铎之人”为朝廷所要求的道德教化，付出了一定的精力。到秋收时，乡里要给他若干粮食作为报酬。《教民榜文》中所规定的“孝顺父母”等二十四字，即圣谕六谕。有明一代，它成了履行乡

---

① 罗汝芳：《近溪子集》，《罗汝芳集》，方祖猷、梁一群等编校整理，第 66 页。
② 张卤：《皇明制书》卷九，《续修四库全书》（第 788 册），上海古籍出版社（影印万历七年本）2002 年版，第 355 页。

约的法律依据。[①]江苏海安县万历刻本的《虎墩崔氏族谱》，详列十六条族约。其中第三条为“宣圣谕”：“圣谕曰：孝顺父母，尊敬长上，和睦乡里，教训子孙，各安生理，毋作非为。此六事乃是太祖高皇帝曲尽做人的道理，件件当遵守，能遵守便是好人，有一件不曾遵守便是恶人。”[②]圣谕六条依靠乡约、族谱、家训、书院、讲学、小说等各种途径传播，在民间得到了广泛的流传与认同。在传播过程中，众多士大夫与学者、地方官吏们身体力行。由于各人对圣谕内容有着各自的理解，形成了众多的宣讲版本。

对民众宣讲圣谕一直延续到清代。康熙九年（1670）发布圣谕十六条，每条七个字。自此以后，这十六条圣谕，就成为制约人们行为的准则，而且形成了制度。每逢初一、十五，由地方官员的将领向百姓、士绅和军人讲解。在宣讲过程中制定了繁琐却又庄重的礼仪。雍正十二年（1734），于每条下加上注释，并附简明律条，称“圣谕广训”。这十六条为：1.敦孝弟以重人伦；2.笃宗族以昭雍睦；3.和乡党以息争讼；4.重农桑以足衣食；5.尚节俭以惜财用；6.隆学校以端士习；7.黜异端以崇正学；8.讲法律以儆愚顽；9.明礼让以厚风俗；10.务本业以定民志；11.训子弟以禁非为；12.息诬告以全善良；13.诫匿逃以免株连；14.完钱粮以省催科；15.联保甲以弭盗贼；16.解仇忿以重身份。这比明太祖的圣谕六条着重于道德伦理，范围大大地拓展了。

宣讲圣谕的制度一直持续到清末民初，即使在穷乡僻壤也有人宣讲。甚至出现了超出道德教化的框架而被艺术化了，成为农村里人们的娱乐手段。郭沫若对童年的回忆，为今人了解圣谕的宣读提

---

① 嘉靖八年（1529）、隆庆元年（1567）与万历十五年（1587），朝廷在全国推广乡约，以圣谕六条为基础。

② 转引自李文治、江太新：《中国宗法宗族制和族田义庄》，中国社会科学出版社 2000 年版，第 289 页。

供了翔实生动的材料。[①]甚至对出国留学生也要宣讲，清廷派遣第一批留美学生，每星期日由正副委员（陈兰彬、容闳）向学生宣读“圣谕广训”[②]。

罗汝芳生活的年代里，圣谕六条已经成为古代道德教化的主心骨，且宣讲圣谕六条已形成了制度。在有明一代，教化作为统治的策略，不仅只是学校范围里实施，而且强调各级官吏从自身做起，发挥表率天下的典范作用，并大力推广到广大农村中去，建立稳固的统治秩序。从师道传承角度来说，罗汝芳是上承王艮、王栋，下接颜钧的。王艮断言圣谕六条为“万世之至训”：“今闻主上有纯孝之心，斯有纯孝之行，何不一陈言为尽孝道而安天下之心，使人人君子，比屋可封？钦惟我太祖高皇帝教民榜文，以孝弟为先，诚万世之至训也。”[①]“主上”指嘉靖皇帝。王艮从当今皇上联想到明太祖，认为他们都是以孝道作为安定国家的手段。王艮的族弟、泰州王门第二代传人王栋有《乡约谕俗诗》与《乡约六歌》之作。现录“和睦乡里”为内容的一首，全诗如下：“生来同里共乡邻，不是交游是所亲。礼尚往来躬自厚，情关休戚我先恩。莫因小忿伤和气，遂结深仇起斗心。报复相戕还自累，即知和睦是安身。”[④]宣扬与乡邻相处的为人之道，先要有恩于他人，不要因小事起忿恨争斗之心。和睦的相处，就是自己的安身立命之地。颜钧有《箴言六章》一文，标题下有“自注：阐发圣谕六条”。全文对六条作了阐发，并附有七律诗六首。[⑤]今摘录部分内容：“天地生民，人

① 郭沫若回忆说：“我们乡下每每有《圣谕》的先生来讲些忠孝节义的善书。这些善书大抵都是我们民间的传说。叙述的体裁是由说白与唱口合成，很像弹词，但又不十分像弹词。这些东西假如有人肯把它们收集起来，加以整理和修饰，或者可以产生些现成的民间文学罢。在街门口由三张方桌品字形搭成一座高台，台上点着香烛，供着一道‘圣谕’的牌位。在下边的右手边桌上放着一张靠椅，如果是两人合演的时候，便左右各放一张。由讲《圣谕》的先生到了宣讲的时候了，朝衣朝冠的向着‘圣谕’牌磕四个响头，再立着拖长声音念出十条《圣谕》，然后再登上座位说起书来。说法是照本宣科，十分单纯的；凡是唱口的地方总要拖长声音唱，特别是悲哀的时候要带着哭声。有的加些金钟和鱼筒、简板之类，以助腔调。这种很单纯的说书在乡下人是很喜欢听的一种娱乐。他们立在圣谕台前要听两三个钟头。讲得好的人可以把人的眼泪讲出来。”郭沫若接着说：“在我未发蒙以前，我已经能够听得懂这种讲《圣谕》先生的善书了。”［郭沫若：《自传》，《郭沫若选集》（第1卷），四川人民出版社1982年版，第31—32页］郭沫若生于1892年，如以七岁启蒙的话，当在清末维新变法那年（1898）前后。

② 参见周振鹤撰集：《圣谕广训：集解与研究》，顾美华点校，上海书店出版社2006年版，584页。

① 王艮：《与南都诸友》，《王心斋全集》，陈祝生等校点，第50页。

④ 王栋：《乡约谕俗诗六首》，王艮：《王心斋全集》，陈祝生等校点，第199—200页

⑤ 颜钧：《箴言六条》，《颜钧集》，黄宣民点校，第39—42页。

各有身。身从何来，父母精神。形化母腹，十月艰辛。儿生下地，万般殷勤。儿饥啼食，儿冷啼衣……老人多病，顺志体情。思之痛之，泪血淋淋。孝顺父母，圣谕化民。”①颜钧与王栋、王艮一样，着力于对圣谕六条作通俗的解释，没有运用行政权力付诸道德教化实践中去。

再往上渊源，则可以追溯到王阳明。正德十五年（1520），他巡抚赣南时制订了《南赣乡约》内有“孝尔父母、敬尔兄长，教训尔子孙，和顺尔乡里，死丧相助，患难相恤，善相劝勉，恶相告戒，息讼罢争，讲信修睦”②等语。前四句涵盖了圣谕六条，后五句囊括了《吕氏乡约》的要旨。明代中叶以后，因朝廷的倡导，圣谕六条的普及与乡约的推广有机地结合在一起，成为学者、士大夫与地方官吏向往的时代潮流。这一社会思潮的流行，始于15世纪下半叶的成化年间，泛滥于16世纪初。这与嘉靖皇帝对它的提倡相关。陆粲（1494—1551），于嘉靖十年（1530）任永新知县时，“乃询于大夫士之彦，酌俗从宜，以立乡约，演圣谕而疏之。凡为孝顺之目六，尊敬之目二，和睦之目六，教训之目五，生理之目四，毋作非为之目十有四。市井山谷之民，咸欣欣然服行之。”③陆粲不是贸然行事，而是先与县中士大夫中的精英商量，并考虑到当地的风俗，立了乡约。乡约中的内容，以演绎圣谕六条为准则。陆粲对圣谕六条作了疏解，一共为37条。陆粲在嘉靖十一年（1533）致仕，其在永新县推行以圣谕六条为宗旨的乡约，当在这之前。新昌“号难治”，知县毛介川“择八乡之公直而敏者，为约长、约副、约史、约赞、约成。首圣谕解，次申戒，次条约，次图位，次十家牌式。章善纠过，其约必信，期年而俗奋然以变，耻于讼，争以礼义相高”④。毛介川以其对圣谕六条的解释，放在乡约的首位。经过一年的努力，新昌县的风俗发生了根本性的变化。邹守益为乡约写了序后，感叹地说：“肆我高皇六训，彝伦攸叙，词简义周，比隆三代。”⑤把圣谕六条与“三代”的理想社会相提并

① 颜钧：《箴言六条·孝顺父母》，《颜钧集》，黄宣民点校，第39页。
② 王守仁：《赣南乡约》，《王阳明全集》卷十七，吴光等编校，第600页。
③ 邹守益：《叙永新乡约》，《邹守益集》卷二，凤凰出版社2007年版，第55页。
④ 邹守益：《新昌乡约序》，《邹守益集》卷四，第203页。
⑤ 邹守益：《新昌乡约序》，《邹守益集》卷四，第204页。

论，足见邹守益对圣谕六条评价之高。

在圣谕六条与推广乡约相结合的社会思潮中，罗汝芳倾尽了毕生的精力。他的门人杨起元说他，“每称高皇帝道并羲、轩，而六谕乃天言、帝训，居官居乡，极力敷演”[①]。从出仕太湖县知县起，到云南布政使左参政止，罗汝芳是始终不渝地从理论上作了阐发，并把它作为重要的施政手段。虽说王艮、王栋、颜钧，都对圣谕六条发表过见解，然而泰州王门中，惟有罗汝芳从理论与实践相结合方面有着前人所未有的努力。

（二）道统与治统为一体

先说理论层面。罗汝芳圣化朱元璋，吹捧他是合“治统”与“道统”于一身的典范，

这是他“极力敷演”圣谕六条的主要观点：

> 我太祖皇帝“孝顺父母，尊敬长上”六言，真浑然尧舜之心，而今日把来合之《论语》《孟子》，以昌大时时处处，又真是熙然同游乎尧舜之世矣。[②]
>
> 我太祖高皇帝，人徒知其扫荡驱除，为整顿一世乾坤，而不知“孝顺父母，恭敬长上”数语，直接尧舜之统，发扬孔孟之蕴，却是整顿万世乾坤也。[③]

无论是做官时，还是在家闲居时，罗汝芳口不离圣谕六条，并制订成《乡约》，令士人与民众以实际行动来响应：“惟居乡居官，常绎诵我高皇帝圣谕，衍为《乡约》，以作会规，而士民见闻处处兴起者，辄觉响应。乃知大学之道在我朝果当大明，而高皇帝真是挺生圣神，承尧舜之统，契孔孟之传，而开太平于兹天下，万万世无疆者也。”[④]道统与治统在古代中国是根深蒂固的观念。道统肇端于孔子的古帝理想化，孔子把古代的帝王套进自己思想的

① 杨起元：《明云南布政使司左参政明德夫子罗近溪先生墓志铭》，罗汝芳：《罗汝芳集》，方祖猷、梁一群等编校整理，第 924 页。
② 罗汝芳：《近溪子集》，《罗汝芳集》，方祖猷、梁一群等编校整理，第 66 页。
③ 罗汝芳：《近溪子集》，《罗汝芳集》，方祖猷、梁一群等编校整理，第 67 页。
④ 罗汝芳：《近溪子集》，《罗汝芳集》，方祖猷、梁一群等编校整理，第 5 页。

框架，使古代帝王成为儒道实践者。孟子把古帝的名称顺着朝代的次序，连成一条脉络，他把古帝理想化弄成了一个系统，发展了孔子的主张。[①]韩愈的“道统”说是孔孟这一文化理想的新发展。在《原道》一文中，韩愈把道的观念与尧、舜、禹、文、武、周公的治统结合起来：“斯吾所谓道也，非向所谓老与佛之道也。尧以是传之舜，舜以是传之禹，禹以是传之汤，汤以是传之文、武、周公，文、武、周公传之孔子，孔子传之孟轲，轲之死，不得其传焉。”[②]一方面，模仿佛、道两教的传法世系，韩愈建立了儒家的道统；另一方面，声称道统与佛、道两教毫不相干。韩愈的目的是为儒学标明历史悠久的传授关系，用来光大门面，以对抗佛、道两教。传授关系中的诸人，在韩愈看来皆为“圣人”，他们的思虑和行为符合准则，是具有“至德”而“不善之心”难以侵入的理想人格：“夫圣人抱诚明之正性，根中庸之至德，苟发诸中形诸外者，不由思虑，莫匪规矩；不善之心，无自入焉。”[③]道统既有圣君前后传承的思想渊源，也指学术流传的师承关系。道统中的人物去掉了孔、孟就是圣君，也即治统，为政权治理方面一脉相承的传统。韩愈开创了道统与治统合一的先河，是对孔、孟的古帝理想化工作的踵事增华，又成为宋以后儒生所共同认可的传统。[④]罗汝芳没有离却这一传统。

把道统与治统集于明太祖一身，以为治统可以兼容道统，是罗汝芳对圣谕六条演绎的特色所在。他说：

> 我太祖高皇帝圣谕，数语之简当明尽，直接唐虞之统，而兼总孔孟之学者也。……但我大明今日更又奇特，盖古先多谓善治从真儒而出，若我朝，则是真儒从善治而出。盖我太祖高皇帝天纵神圣，德统君师，只孝弟数语，把天人精髓，尽数捧在目前，学问枢机，顷刻转回脚底，以我所知，知民所知，天

---

① 参见朱义禄：《儒家理想人格与中国文化》，辽宁教育出版社 1991 年版，第 274 页。

② 韩愈：《原道》，《韩昌黎文集校注》卷一，马其昶校注，马茂元整理，第 18 页。

③ 韩愈：《省试颜子不贰过论》，《韩昌黎文集校注》卷二，马其昶校注，马茂元整理，第 124 页。

④ 对道统与治统的互为发明，明清之际的李颙说：“古今有治统，有道统，治统不可一日无人，道统亦不可一日无人，而治统与道统尝相为盛衰而终始，故治统开，道统始开，而道统盛，治统愈盛。”（李颙：《南行述》，《二曲集》卷十，陈俊民点校，第 86 页）

下共成一个大知；以我所能，能民所能，天下共成一个大能。[①]

一是说，朱元璋的“孝弟数语”把“天”与“人”之间的“精髓”全数捧出来，呈现在人们的眼前，是“学问枢机”所在。二是说，朱元璋的“圣谕数语”是直接继承“唐虞之统”的，并把“孔孟之学”包容在内。“唐虞之统”就是治统（“善治”）的，“孔孟之学”则为道统（“真儒”）。

结合云南边陲的特殊环境，在演绎“圣谕六条”时，罗汝芳添入了夷夏之辨的内容。万历二年（1574）年，在云南武定一次观看《乡约》的集会上，罗汝芳讲了一番“变夷为华”的道理：

> 次日，太守请观《乡约》，父老子弟群聚听讲。
>
> 罗子乃进而谓之曰：“汝等听此圣谕，觉动心否？”
>
> 咸同声应曰：“岂惟心动，且均欲涕下也。盖此土原是夷地，而其守又是女官，以杀戮为家常，以战斗为美事。吾民无老无少，若蹈水火，欲需旦夕之命而不可得，乃今变夷为华，已去危而即安矣。况又复得与沾圣明之化，而共享太平之福也！”予因顾太守而叹曰：“此方人民，其胥而为夷者，不知其几千年矣？今观老幼之忻忻向善，其良心感发，比之他郡更为加切，是虽饥渴之人，易为饮食，而良心同然，则固不容以地之中外而有毫发之间也。然则鼓舞振作，以全其兴起之美者，固汝郡守之责，而善推所为，使合滇省之华夷而共归于大同之化者，尤吾台司之功而不容自诿也已”[②]

这里的“华”就是孔孟所说的“夏”。夷夏之辨来自儒家。孔子说：“夷狄之有君，不如诸夏之亡也。”（《论语·八佾》）孟子说：“吾闻用夏变夷者，未闻变于夷者也。”（《孟子·滕文公上》）只听说用中国来改变周边民族的，没有听说周边民族来变更中国的。“夏”指中原地区，夷为对四周少数民族的称呼，如东夷、西戎、南蛮、北狄。夷夏之辨以理论上的成熟形式，体现在东

---

① 罗汝芳：《近溪子续集》，《罗汝芳集》，方祖猷、梁一群等编校整理，第233—234页。

② 罗汝芳：《近溪子集》，《罗汝芳集》，方祖猷、梁一群等编校整理，第150页。

汉何休的《春秋公羊传解诂》一书中。其要点有三：一是从地理概念上说，汉民生活在世界的中心；二是从文化上说，用先进的汉文化去影响和感化周边少数民族；三是从华夏与夷狄的区分，以是否接受与推行汉文化为标准。由于特殊的地理条件和文化背景，汉族长期地对周边民族扮演了先进文化输出的角色，其积极意义是不言而喻的。夷夏之辨，是传统政治文化的特征之一，更是治统在处理中国与周围国家（中外关系）的指导原则。罗汝芳所讲夷夏之辨的具体内容，大体上不出孟子“以夏变夷”的框架。罗汝芳作了个比较，以往在“夷”官统治下，以“战斗为美事”；归化明朝后，又经“郡守”的努力，“变夷为华”，让民众“共归于大同之化”，过着太平安乐的日子。总而言之，罗汝芳不论在何时何地，都会结合当时情况并结合自己的学说宗旨，去宣讲与践履圣谕六条的。

罗汝芳以为，“德配君师”明太祖的圣谕六条，是治统兼容了道统的。在罗汝芳心目中，圣谕六条不只是承袭了孔孟之道，而且开出了明代心学之先河：“至我太祖高皇帝挺生圣神，始把‘孝顺父母’六言以木绎一世聋聩，遂致真儒辈出，如白沙、阳明诸公，奋然乃敢人心固有良知，以为作圣规矩。英雄豪杰，海内一时兴振者，不啻十百千万，诚为旷古盛事。”①这样的吹捧并不符合事实，只是把明太祖圣化与神化的一种手段。今人胡士萼点校有《明太祖集》，朱元璋的思想集中在卷十《策问》中。里面的文章，大多是称赞“孔丘之言”“唐尧、虞舜之书”“三皇、五帝之治天下”的言论。②稍有些特点的是，从维护统治秩序的角度，提出儒、释、道三教并行不悖的主张：“于斯三教，附仲尼之道祖尧舜，率三王，删诗制典，万世永赖。其佛仙之幽灵，暗助王纲，益世无穷，惟常是吉。”③在朱元璋的时代，心学还不见丝毫征兆。罗汝芳终生不渝地以为，圣谕六条是“承尧舜之统，契孔孟之传”的，是让大明江山永保太平的理论基础。为了论证治统兼容道统，罗汝芳采用昌史为我的做法，是不符合史实的，却与他“发明自得”的风格是合拍的。

---

① 罗汝芳：《近溪子集》，《罗汝芳集》，方祖猷、梁一群等编校整理，第 154 页。
② 朱元璋：《明太祖集》，胡士萼点校，黄山书社 1991 年版，第 198—201 页
③ 朱元璋：《明太祖集》，胡士萼点校，第 215 页。

（三）“勉人行之”乡里实践

下面讲实践层面。圣谕六条，是中国古代道德教化在明清两代的主要表现形式。道德教化的目的，是要教育百姓遵善弃恶、遵纪守法，目标是维持社会的和谐和国家的安定。在西方这一职责，是通过宗教教育来实现的。中国的宗教意识不强，于是道德教化的责任，就落实到儒学身上，并通过社会制度与行政权力量来推行，其间起着指导作用的是政府。道德教化功能在宋代遂渐成为主流，而以乡约（主要是《吕氏乡约》）来约束个人的行为。迨明太祖圣谕六条的出现，以及康熙对之进一步具体化的圣谕十六条，让这种教化功能达到了顶峰，并延续到民国期间。就明代而言，罗汝芳以自身的实践，把圣谕六条与乡约有机地结合了起来，把道德教化推向了阶段性的高潮。

罗汝芳在出任太湖知县时，对圣谕六条作了铺陈，作为乡约讲规的内容。罗汝芳觉得，圣谕六条中可以概括出儒家传统的一些德目，如孝弟慈等，非常适合用来对民众进行道德教化。其弟子杨复所记载：“立乡约，饬讲规，敷演圣谕六条，惓惓勉人以孝弟为先行之。期月，争讼渐息，有缓急难卒办者，父老子弟争相趋营之。”[①] “赋日完，讼日简。”[②]在罗汝芳对圣谕六条作了讲解后，一个月以后，交税的任务顺利完成了，民间的争讼渐渐地被平息下来了。遇到什么难办的事情，父老乡亲们争相设法去解决。“授太湖令，以教化代刑辟，期月，讼息民和，政声籍甚”[③]，这是罗汝芳的学侣王时槐，对罗汝芳任太湖县令所实行的施政方针的实录，可信度比他的学生更为翔实。

嘉靖四十一年（1562）至嘉靖四十四年（1565），在任南直隶宁国府知府时，留下了《宁国府乡约训语》。《宁国府乡约训语》由三部分组成：一是制订宣读圣谕六条的规定；二是他对圣谕六条的演讲；三是把圣谕六条与乡约相结合，作了制度性的规定：

---

① 杨起元：《明云南布政使司左参政明德夫子罗近溪先生墓志铭》，罗汝芳：《罗汝芳集》，方祖猷、梁一群等编校整理，第 921 页。

② 曹胤儒：《罗近溪师行实》，罗汝芳：《罗汝芳集》，方祖猷、梁一群等编校整理，第 837 页。

③ “忆嘉靖乙卯，予以南主客郎，出佥闽臬，道经太湖。先生时为令，留止信宿。”王时槐：《近溪罗先生传》，罗汝芳：《罗汝芳集》，方祖猷、梁一群等编校整理，第 856 页。

> 木铎老人每月六次，于申明等亭宣读《圣谕》。城中各门，乡下各村，俱择宽广寺观为约所，设立圣谕牌案，令老人振铎宣读，以警众听。如半年以后，果有遵行圣谕为众所钦仰者，每约各举一二人以凭旌赏。至一年后，约中犹有违约作非者，公举之以凭惩戒。①

这些制度分为四个方面：一是每月六次宣读圣谕六条，那频率是相当高的了。二是地点的选择，得在宽广处进行，寺庙道观前的空旷处是最适合的。三是确定主讲人，为当地德高望重的“木铎老人”，让他振动木铎让民众安静下来。四是规定了奖惩制度。遵循圣谕六条的佼佼者且为大众所敬服的，“每约各举一人以凭旌赏”。不遵循圣谕六条且有恶行的给予惩戒。通过对制度的制订，乡约与圣谕六条被有机地结合起来了。制度是人设计出来的，用规范人的行为与活动的规定，确定限制与许可的范围。制度的设置虽说不可避免地掺入了主观因素，但影响这些因素的是客观存在着的现实的需求。更何况制度一旦定型后，在反复多次的操作中，会对人们的行为与意识发生潜移默化的影响。罗汝芳利用担任地方官吏的机会，制订了制度作为紧固件把圣谕六条与乡约牢牢地结合在一起。

在明清两代农村的现实生活中，影响最大的是《吕氏乡约》，这是古代影响最大的乡约。制定者是宋代吕大防、吕大忠、吕大钧、吕大临四兄弟。《吕氏乡约》内容丰富，德业相劝、过失相规、礼俗相交、患难相恤为其四大约规。患难相恤是民间自发的相互救助，因为乡约是以村民自愿加入为前提的。乡约中有道德教化的内容，而以社会公德与文明礼貌为主。目的是在缔结乡约的民众中，树立和发扬良好的社会风气。这种教育在古代社会里是一种行之有效的道德教育方法，对后世明清的乡村治理模式影响甚大。究其实质，缘于乡约是基于宗法血缘基础上，介于国法与家规之间的社会生活准则。罗汝芳以为，圣谕六条与《吕氏乡约》是可以相结合的：“会众等仰悉高皇帝教民至意，将以前六条躬行实践；又将《吕氏乡约》四句相兼着体会而行，则人人皆可为良民，在在皆可

---

① 罗汝芳：《宁国府乡约训语》，《罗汝芳集》，方祖猷、梁一群等编校整理，第751页。

为善俗，不惟一身交享福利，其子孙亦久久昌炽。”[1]这里强调对圣谕六条要“躬行实践”，兼及《吕氏乡约》口的四条约规要“体会而行”，对社会风俗的去恶从善与民众树立良好的道德品德，都是有所裨益的。两者均具有无可争议的普世价值，这不也是罗汝芳信心满满地说，“不惟一身”享福，更令其“子孙昌炽”的缘由吗！

罗汝芳在任宁国知府期间政绩斐然，民风向好。其学生曹胤儒记载道：“师之宁国，凡士民入府，则教以孝顺父母，尊敬长上。或曰：‘孝顺父母、尊敬长上，足以治宁国乎？’师曰：‘奚啻宁国已也。’数月，教化大行，远迩向风。……日日迁善郡堂，经月鞭朴不闻。”[2]杨起元说他施政的主要手段是“以讲会、乡约治郡”[3]。足见罗汝芳在是躬行圣谕六条上，是不遗余力的。

云南任职期间，他贻留给后人的是《腾越州乡约训语》一文。在进行武备之际，他利用空余时间，“以讲会、乡约”为治理地方的模式：“筑安、宁二州城。暇请乡约，父老弟子群聚观听者，动以千计，风闻远迩，争讼渐息，几无讼矣。”[4]《腾越州乡约训语》一文中，翔实记载了罗汝芳二次演讲圣谕六条的内容与效果。因参加人数众多，选择了演武厅，“逾时，鼓三通而远近奔趋，遍塞场中，不下四五万”。[5]另一次的规模也达到了万人，“圣谕讲毕，父老各率子弟以万计，咸依恋环听不能舍去”。[6]不只规模大，而且效果好。前者因人数众多，起初是杂乱喧哗，后来静默安定了。罗汝芳的演讲是因情况而变的，没有固定不变的模式。那次乡约的宣讲，恰值腾越州邻近的思个遭到来自缅甸军队的侵袭，而罗汝芳临时代署金齿、腾越（今腾冲）兵备期间。于是他结合边塞的军情来宣讲：

盖由皇天初生得我朝好太祖高皇帝，立下这个好教民榜

---

① 罗汝芳：《宁国府乡约训语》，《罗汝芳集》，方祖猷、梁一群等编校整理，第757页。
② 曹胤儒：《罗近溪师行实》，罗汝芳：《罗汝芳集》，方祖猷、梁一群等编校整理，第838页。
③ 杨起元：《明云南布政使司左参政明德夫子罗近溪先生墓志铭》，罗汝芳：《罗汝芳集》，方祖猷、梁一群等编校整理，第922页。
④ 罗怀智：《罗明德公本传》，罗汝芳：《罗汝芳集》，方祖猷、梁一群等编校整理，第831页。
⑤ 罗汝芳：《腾越州乡约训语》，《罗汝芳集》，第758—759页。
⑥ 罗汝芳：《腾越州乡约训语》，《罗汝芳集》，方祖猷、梁一群等编校整理，第760页。

文，二百余年又生出今日好圣明天子，好贤宰良相，任用得你们省上好军门老爷催我出巡，来看顾地方。才得与乡士夫及父母、师长、各官同为你们讲明此个好乡约会也。若不是这个好缘好分积累将来，则三宣抚地方的人，其初晓得爱亲敬长与你们一般，只为远了王化，便做成夷俗，不能如你们好了。①

“王化”与“夷俗”是对立的。在乡约会听了圣谕六条，并在实际行动中按照圣谕六条去规范自己行为的人，就是“王化”的体现。罗汝芳以为，“王化”的核心（孝顺父母），不是缘自外力的强制，而是天生出来就具有的意识，即孟子的“良知”。要求大家的心静默下来：“盖此个孝顺，此个尊敬，缘何却得在身上如此好？盖由你们原来心上晓得如此好也。原来心上晓得好，便是孟夫子所谓良知，不待你们思虑计较生出来，自自然然便都晓得。”②这个“良知”不是别的，就是罗汝芳屡屡讲及的“赤子之心”。

他在讲解圣谕六条时，是时刻不忘“赤子之心”的。在讲到“孝顺父母”时他说：“凡此许多孝顺，皆只要不失了原日孩提的一念良心，便用之不尽，即如树木，只培养那些个下地的种子，后日千枝万叶，千花万果，皆从那个果子仁儿发将出来。”③所谓“原日孩提的一念良心”，就是“赤子之心”；至于“下地的种子”“果子仁儿”，是“赤子之心”的形象化表述。如同把崇圣情结归诸“赤子之心”一样，他不忘将圣谕六条归到“赤子之心”轨道上。因为“赤子之心”，是罗汝芳整个思想体系的宗旨所在。

---

① 罗汝芳：《腾越州乡约训语》，《罗汝芳集》，方祖猷、梁一群等编校整理，第760页。

② 罗汝芳：《腾越州乡约训语》，《罗汝芳集》，方祖猷、梁一群等编校整理，第759页。接下来是对“赤子之心”的描述：“你们但看家家的孩子，那个吃乳的时节喜欢快活，不随着父亲母亲”等。

③ 罗汝芳：《宁国府乡约训语》，《罗汝芳集》，方祖猷、梁一群等编校整理，第753页。

第六节 “吾心每日在百姓身上”的民本思想

（一）“向民所欲”的担当精神

身为官吏的罗汝芳，同情犯人而潸然泪下，这在官场里是罕见的：“某提狱刑曹，亲见桎梏之苦，上至于顶，下至于足，更无寸肤可以动活，辄为涕下。”①他在晚年对明代严酷极为不满：“芳自始入仕途，今计年岁将近五十，窃观五十年来，议律例者，则日密一日；制刑具者，则日严一日；任稽察，施拷讯者，则日猛一日。每当堂阶之下、牢狱之间，睹其血肉之淋漓、骸骨之狼藉，未尝不鼻酸额蹙。”②很多论著讲到此事后就没有下文了，究其原委，是出自罗汝芳“赤子之心”中爱无差等的主张（“爱己之心爱人，爱人之心爱己”）在他身上的映现。兼爱观念与他施政实践相结合时，就萌生了“吾此心每日在百姓身上”的观念。友人王时槐，江右学派第二代传人，在嘉靖三十四年（1554）途经太湖县时为罗汝芳“留止信宿”。罗汝芳对王时槐倾诉了心愿：“吾此心每日在百姓身上，周回不暂释也。”③罗汝芳所言，不是一时的心血来潮，又见于他给友人季雁山的信中说：

> 某闻之先辈云：人在仕途，自作郡以往，资级渐尊，去民益远。凡所措施，类多弥文而鲜实惠。求如作郡之朝发而夕至，念举而泽流，何啻倍蓰而千万也哉！故达者于此三年之间，一刻无令虚过。凡民之所望于我，而我之所加于民者，真若家人父子之相需，骨肉恩义之兼至，则功力止在三年，而誉闻足绵没齿。……《诗》云：‘恺悌君子，民之父母。’此则循良之切咏也。是以有识者虽处临民之位，实笃亲民之心。所最贵者，无分远近大小，使之皆洞见我上人公平正大之心，向其所欲为，背其所欲去。④

---

① 罗汝芳：《近溪子集》，《罗汝芳集》，方祖猷、梁一群等编校整理，第 20 页。

② 罗汝芳：《近溪子续集》，《罗汝芳集》，方祖猷、梁一群等编校整理，第 239 页。

③ 王时槐：《近溪罗先生传》，罗汝芳：《罗汝芳集》，方祖猷、梁一群等编校整理，第 856 页。

④ 罗汝芳：《书牍·柬季雁山郡守》，《罗汝芳集》，方祖猷、梁一群等编校整理，第 664—665 页。

他引了前辈的话来说，当官职渐渐上升时，人的心态会发生较大的变化，即“去民益远”，所行措施类多装潢门面“而鲜实惠”。持此心态的官员，冀望最急的是快速升官，要他实施惠民的措施困难得很。这是一。第二是说，官员理应是个“达者”，凡是民众希望于我的，与我对民众实施的利民政策，应当像父子那样，以骨肉之亲情关系去看待。“达者”源自于孟子的“达则兼善天下”的胸襟：“士穷不失义，达不离道。穷不失义，故士得己焉；达不离道，故民不失望焉。古之人得志，泽加于民；不得志，修身见于世。穷则独善其身，达则兼善天下。”（《孟子·尽心上》）“达”既有个人得志之意，也指自己的理想与抱负能够实现之时。“穷”指个人穷困潦倒时，保持洁身自好的高尚情操。“达”与“穷”作为两种处世的模式，表现在时间上的循环替代，为同一个人在不同环境下形成的进退两全的人生哲学。[①]罗汝芳认同的是“达者”，他希望季雁山要有“达者”的胸襟，“三年之间，一刻无令虚过”。第三是说，希望季雁山成为有“亲民之心”的“有识者”，切实做到“向其（民）所欲为，背其（民）所欲去”。“上人”就是担任官职的人。他们应当让百姓感到为官者的“公平正大之心”。罗汝芳期望于季雁山的，也是他自己所向往的。在太湖、宁国、云南任官期间，他对之都是身体力行的。总之，为官要有“达者”的宏大志向，要把百姓当作“家人父子”一样，要有“骨肉恩义”情感，要做到“向民所欲”。“向民所欲”在另一处表述为：“夫民所欲得，上之人所当与之兴聚者也，民之所欲去，上之人所当为之除却者也。”[②]罗汝芳的这一主张，与他老师颜钧一样，是源于《孟子·离娄上》的。“所当”二字的意蕴，就是现今所说的担当精神。“所当”罗汝芳在另一处直接表达为“担当”：“若肯担当，莫说是汝，即途人皆可以为圣贤；若不担当，莫说是汝，即是圣贤，亦不知所终矣。”[③]

---

① 详见朱义禄《儒家理想人格与中国文化》第五章“兼济与独善：士大夫对儒家理想人格的模式化认同”。朱义禄：《儒家理想人格与中国文化》，第 160—209 页。

② 罗汝芳：《荣封并寿序》，《罗汝芳集》，方祖猷、梁一群等编校整理，第 504 页。

③ 罗汝芳：《近溪子续集》，《罗汝芳集》，方祖猷、梁一群等编校整理，第 282 页。有时候用“承当”表示担当：“须是全付精神透彻理会，直下承当，方知孔孟学术，如寒之诊，如饥之食，性命所关，不容自已。”（罗汝芳：《近溪子集》，《罗汝芳集》，方祖猷、梁一群等编校整理，第 119 页）

"担当"一词在明代就已经广泛使用了。不是日本讲得多了才流传开来的，[①]"担当"一词在明代中晚期时，已为学者们所习用。如王艮《送友人》一诗中有，"数年心事一朝触，着实担当乐未穷。上承圣师陶冶罪力，下承贤友切磋功"。[②]王艮之子王栋说："可见人为学，须是勇往担当，模糊着终不济。"[③]黄宗羲评论泰州王门时说："诸公赤身担当，无有放下时节，故其害如是。"[④]王艮与王栋，是从治学的角度上用了"担当"一词；黄宗羲的"担当"是指个人责任感，说何心隐与颜钧等人，为实现自身理想而不惜以身列殉之的精神。罗汝芳是从治国的视野去论述的，他认为当官的，作为"民之父母"，一定要满足民众的欲求。罗汝芳的层次自然要高出王艮、王栋与黄宗羲的。

担当的本质是要对天下的事抱有责任感，有种浩然正气的胸襟。罗汝芳"公平正大之心"，就是这样的气概。他要把民众希望的东西"兴聚"起来，把民众厌恶的东西"除却"掉，这就是义不容辞的责任感。"所当"就是要求个人自觉地、主动地承担责任，在民众需要时挺身而出，从中贡献出自己的能力。在云南期间，他不顾上司云南巡抚王凝的不作为，完成二汁的水利工程与打败缅甸酋长的进犯，最能体现他的"所当"。在中国哲学各个流派之中，儒家对责任感的重视，是一以贯之的。儒家以为，人与现存世界的联系，是通过责任感映照出来。儒家自孔孟起，一直把注意力集中在社会与民众所需要解决的问题的探索上。尤其是孟子"达则兼善天下"的主张，得到了后世儒家广泛的认同。如"先天下之忧而忧，后天下之乐而乐"（范仲淹）、"居庙堂之上则忧其民"（高攀龙）、"经天纬地，建功立业"（黄宗羲）、"身任天下"（王夫之）、"天下兴亡，匹无有责"（顾炎武）、"苟利国家生死以"（林则徐）……这是高层次责任感的经典表述。责任感有高低层次之分，低层次是自我约束，即自身不做危害他人与社会的事

---

① 日本内阁于 2001 年设置担当大臣一职，主要是解决某些事务无常设的大臣负责的情况。担当，是指专门做事的人。担当大臣是指政府在一段时间里，专门管理某一项事务的非常设官员，属内阁成员。2015 年 6 月 25 日，日本政府新设奥运担当大臣，专管筹办 2020 年东京奥运会之事。

② 王艮：《送友人》，《王心斋全集》，陈祝生等校点，第 59 页。

③ 王栋：《会语续集》，王艮：《王心斋全集》，陈祝生等校点，第 187 页。

④ 黄宗羲：《泰州学案序》，《明儒学案》卷三十二，沈善洪主编、吴光执行主编：《黄宗羲全集》（第 7 册），第 820 页。

情，对自身的行为负责任。高层次是指一个人对他人、民族与社会所承担的责任，时刻把天下的事情放在心中，始终不忘在条件许可时自觉地践行有利于民众的事情。罗汝芳希望季雁山成为“达者”与“识者”，就是要求他具有这种高层次的责任感。这是罗汝芳居官时的主心骨。

这样的主心骨，在罗汝芳任宁国知府为民众免除“额种官马”这一“百姓苦之”的差役时，有着尽情地显露。他的学生曹胤儒记述了此事：

> 南陵额种官马，百姓苦之。师引通州旧例，请于抚院，而自具奏请罢之。兵部禹坡杨公恐照旧例者纷纷，欲不允。存斋徐公谓杨公曰：“罗子好人，必能知人，吾欲就之。南考功徐转而北将重托焉，不意外补，今初作郡，经济方新，宜成厥美。”杨公乃允。[①]

这是研究罗汝芳的学者们所忽视的材料，内中的意蕴很丰富。这涉及明代的马政。马在古代军事上占有重要的地位，尤其是冷兵器时代里，马是不可或缺的军事装备，马的多寡往往是衡量国力强弱的重要标志。历朝对马是非常重视的，汉武帝对汗血宝马的青睐是人们津津乐道的话题。历朝设立了专门机来管理马匹的机构，这就是马政。整个明代，与北方蒙古人经常有战事，因而饲养军马是明王朝的重要事项之一。

马政繁杂，《明实录》中有关马政的奏章比比皆是。一如万历十八年（1590）任宛平知县的沈榜所言：“国朝所重在马政，而近年以来，北虏有警，需马尤亟。”[②]马政对明王朝的干扰甚大，起初由政府一手承办官马官牧，后来演变发展为官马官牧与官马民牧同时并存。并存情况的出现，是由于官马官牧难以为继。北方王门学者穆孔晖留下的两篇文章，为了解官马官牧的衰败提供了较为详尽的实录。陈瑞卿与张以宽二人，先后担任山东宪副兵，地点在临清。陈瑞卿为创建者，有马五十匹；张以宽是重修者，备马二百

---

① 曹胤儒：《罗近溪师行实》，罗汝芳：《罗汝芳集》，方祖猷、梁一群等编校整理，第 839 页。
② 沈榜：《帝字·马政》，《宛署杂记》卷九，北京古籍出版社 1982 年版，第 76 页。

匹，“其间相去几四十年”。陈瑞卿所创的蓄锐亭因马厩“日渐颓圮”，由张以宽“今皆拓而固之”。同时重修漱玉井，“为饮马设也”。穆孔晖是应友人之请而写的，在文章中表示自己对官马官牧的忧虑：“夫善患于无继，务弛于弗思”。[①]正因为官马官牧不能持续，于是朝廷便从官马民牧讨出路。官马民牧是官方下令民间百姓代政府护育马匹，它要求牧养人员承担养马过程中的全部责任，经济风险也在其中。这令百姓苦不堪言，是不考虑牧养者利益的专制主义的规定。王世贞明人谢肇淛对马政致民众“破家身亡”情况有详尽的描述：“江北俵马之役最称苦累，而寄养户尤多败困，要其所以，则侵渔多而费用繁也。山东大户每佥解马，编审之时已有科派，俵解之时又有使用，轮养有轮养之害，点视有点视之费，印烙有印烙之弊，上纳有上纳之托，无不破家身亡者。然而马必不可少也，得贤守令监司，弊或稍差减耳。”[②]马的牧养中关键是种马的饲养，种马的好坏关系到马群能否健康地延绵下去。“南陵额种官马，百姓苦之”，意思是说，南陵县被下达了代养种马的名额，对南陵县的民众，无疑是极为沉重的负担。南陵作为宁国府下辖的六个县之一，当时的情况是人多田少，农耕空间严重不足，让牧马草场的存在和发展十分困难。

罗汝芳体察民情，为此他“引通州旧例，而自具奏请罢免”。主管此事的兵部官员杨禺坡怕其它地方效仿，破坏官马民牧的制度，没有同意。只是在徐阶说明情况后，杨禺坡才答应了下来。嘉靖四十一年（1562）五月，严嵩下台，徐阶出任首辅。罗汝芳是徐阶青睐的学生，他想让罗汝芳先担任南京吏部考功司郎中一职，隔一段时间再调到北京委以重任。不料吏部负责人事调动的官员错会其意，把罗汝芳升任南直隶的宁国府知府（正四品）。罗汝芳“往辞存斋徐公，公不发一语，师莫知其故”[③]。出徐府后遇到吏部郎中陆光祖，陆光祖告之，罗汝芳这才知道真相。徐阶对杨禺坡说，罗汝芳上任伊始，情况刚有新气象，在治理上应该成全他，“杨公乃允”。为南陵民众免除为朝廷养殖种马的差役，是“吾此心每

① 分见穆孔晖：《重修蓄锐亭记》与《重修漱玉井亭记》两文，《玄庵晚稿》卷二，《北方王门集》，邹建锋、李旭等编校，第87—88页。

② 谢肇淛：《明代笔记小说大观》，《五杂俎》卷四，上海古籍出版社2005年版，第1560页。

③ 曹胤儒：《罗近溪师行实》，罗汝芳：《罗汝芳集》，方祖猷、梁一群等编校整理，第838页。

日在百姓身上”最好注脚，结果是“岁省民间七八千金，民至今颂之”。[①]一个经济并不发达的农业县，一年省下七、八千两银子，是一笔不小的数字。他的学生曹胤儒为他写传记时，当地百姓还齐声称颂。这离罗汝芳去世的1588年，有26个年头了。

（二）“亲民之心”的无私胸怀

在边陲云南任职的三年多期间，水利设施的荒废，是罗汝芳面临的一大问题。水利设施是农业生产的命脉所在，如何维持正常运转是发挥水利设施功能的关键。当时滇池的水利设施年久失修，经常泛滥成灾，修理费用大约要一万三千两银子。原先定下的计划尚未动工，得罗汝芳复看后方能决定。因水利设施在屯田副使的分管的范围里。罗汝芳在实地考察后否定了原计划：“如此指陈，与海水通塞不相干涉，虽费万金，必无成效。”[②]否定是容易的，要拿出比原计划更好的方案是要费心思的。罗汝芳胸怀“亲民之心”，遇到难题时他向民众去讨教。这次问的是“龙王庙”的“庙祝”：

> 是夜共宿龙王庙中，子呼庙祝问曰：“此庙春涨可及否？”曰：“近年将及矣。”子曰：“冬间海水亦长流否？”曰：“流亦不小，但先年从东，而近年则从西也。”方问东西孰便？曰：“自古以东为便。嘉靖初年，因水泛滥，改浚从西，初似便，而今乃大不便也。”子问故。曰：“此中地势西高而东下，因浚西河，运土于东，西未能大开，而东则日闭塞矣。”子曰：“须明早亲自相度比详视。”[③]

“庙祝”是寺庙中管香火的人，从他的回答中，可知这位庙祝是民间水利专家。一位四品官吏，放下架子与庙祝同住，是罗汝芳“虽处临民之位，实笃亲民之心”胸襟的体现。滇海的季节性水流情况、滇海水利工程的古今沿革，是庙祝与罗汝芳对话中的主要内容。庙祝以为，问题出在嘉靖初，把原本向东的流向改成向西了，

---

① 曹胤儒：《罗近溪师行实》，罗汝芳：《罗汝芳集》，方祖猷、梁一群等编校整理，第839页。
② 罗汝芳：《近溪罗先生训言行遗录》，《罗汝芳集》，方祖猷、梁一群等编校整理，第414页。
③ 罗汝芳：《近溪罗先生训言行遗录》，《罗汝芳集》，方祖猷、梁一群等编校整理，第414—415页。

与“地势西高而东下”相违背，水流“闭塞”后灾害的发生是必然的。知道问题症结后，罗汝芳说明他要实地勘查一番，“相度比详视”。调查研究与实地勘查的相结合，令他对解决方案胸有成竹。他对布政使左良曙说：“予得要矣，上之堤，下之河，俱可无事事矣。”随后提出方案是：“从庙东某处起，直至某处，阔若干，深若干，尽行开浚。其原填泥沙，则自某处到某处，亦行运去，不容淤积，共约土方多少，顷刻定数报。”在做好准备工作后，“甫三旬，而海水泻尽，沿堤田地不惟复旧，而且增新，事完，计费不上千金”[①]。按照这一方案，工程费用不到原先的十分之一，且效果极佳。不仅为泛滥成灾的水排尽，而且土地恢复了原先的情况，并出现了新增的田地（当为泥沙淤积后形成的）。

罗汝芳到任后的第二年（1575）春天，为当地百姓解决了缺水之困，避免了因争夺而发生的众多纠纷。当年农历四月，“见守巡二道告争水利者纷纷，问之左右，则曰：‘此辈年年告打人命不了也。’问所争何水，则曰：‘金汁、银汁二沟水也’”[②]。争夺水源不是一两个人的事，而是群体性的冲突（“纷纷”），冲突是长年累月发生的（“年年”），结果是严重的（“人命不了”）。罗汝芳听说后，便长途跋涉，一探真相：“子凤驾裹粮，从两沟而上，直探其源。陆行百余里，入深山中，地颇宽平”，“西北高山，下开石洞，大小数十孔，每孔泉长喷涌，汇成长川”[③]。几十个泉水汇成的“长流”，流淌三十里后汇入蟠龙江。元人“度地高下，旁凿一口，引泉而沟之，一名金汁，一名银汁，其条分缕析，或闸或陂，于是平原三四十里，尽芟草莱，而成禾黍。入我朝，则为南京官兵留屯田也”[④]。罗汝芳风急火燎地带了干粮行程百里，探明了金汁、银汁两沟水源的来处，知道了这是元代利用自然地势所修筑的水利工程，引入平原后造福民众，“尽芟草莱，而成禾黍”。金汁、银汁二沟的水流经的地方，是明初朱元璋派军队驻守云南时的屯田处。

好事多磨，罗汝芳偏偏遇上个不作为的上司云南巡抚王凝。他

---

① 罗汝芳：《近溪罗先生训言行遗录》，《罗汝芳集》，方祖猷、梁一群等编校整理，第415页。
② 罗汝芳：《近溪罗先生训言行遗录》，《罗汝芳集》，方祖猷、梁一群等编校整理，第413页。
③ 罗汝芳：《近溪罗先生训言行遗录》，《罗汝芳集》，方祖猷、梁一群等编校整理，第413页。
④ 罗汝芳：《近溪罗先生训言行遗录》，《罗汝芳集》，方祖猷、梁一群等编校整理，第413—414页。

把详细情况上报后，“王云多事，废格不行，子百方求之，竟不动一文发一力也”[①]。这是一位不作为的高官，尽管罗汝芳“百方求之”，王凝在人力与财力上没有任何的支持。云南的气候是五月下雨，插秧的最佳时机是四月，而金汁、银汁两沟的情况是：“国初一经行略，此后未复修理，故沟塞，则泉流散漫而水涸，秧枯粮欠，军逃时所必至。”[②]金汁、银汁二沟在明初使用后，没及时修复，沟水为泥土所壅塞。本可灌溉农田的水，漫无方向的四散流失。粮食欠收，屯田的士兵逃离是势所必至的了。为此罗汝芳忧心忡忡，说再过一两百年，云南很难说是产粮省份了。

罗汝芳以发动民众与亲自垂范相结合的做法，完成了对金汁、银汁两沟的修复工程。面对上司的冷漠无情的态度，“子仰天号呼，忘食忘寝，与诸父老履亩循疆，或劝民以助夫丁，或捐俸以供日食，真诚感通，神人协应，自是二沟流通，告争顿息，子粒收征倍常，逃者十还八九，其功在生民社稷，岂浅鲜哉”[③]。官府的“一文”“一力”都没动用，靠的是当地父老乡亲们的同心协力，靠的是罗汝芳的组织与发动工作。金汁与银汁二沟的流水，得以畅通无阻地流入农田中，不仅平息了民众为争水所引起的纷争，而且粮食产量得以培增，外逃的屯田官兵大多数返还到了原先的土地上。罗汝芳“忘食忘寝”的只争朝夕的热忱，与王凝的“废格不行”“多事”的不作为态度形成鲜明的对比。与庙祝同住龙王庙的亲民情结、“凤驾裹粮，直探其源”的不辞辛苦地实地考察、“忘食忘寝”的办事态度、“捐俸以供口食”的担当精神，其背后的驱动力，就是罗汝芳“亲民之心”的民本意识。这给民众带来莫大的福祉：“秋后，征收屯米，大有余羡，至多露贮。抚院笑以问师何术致此？师正对曰：‘只举斯心加诸彼而已。’抚院改容称服。”[④]金汁与银汁二沟恢复了灌溉农田的功能后，粮食产量大大

---

① 罗汝芳：《近溪罗先生训言行遗录》，《罗汝芳集》，方祖猷、梁一群等编校整理，第414页。

② 罗汝芳：《近溪罗先生训言行遗录》，《罗汝芳集》，方祖猷、梁一群等编校整理，第414页。“军逃时所必至”句，点校本为“军迯时所必至”，李丕祥《罗汝芳哲学思想研究》一书第192页照录（北京师范大学出版社2014年版）。两书均未详究“迯”这字，让人看了觉得很生疏。其实“迯”是“逃”字在古代的俗写。李白《赠僧崖公》有“中夜卧山月，拂衣迯人群”句，古人用的俗字，今人早已不用。无论是古籍整理，还是学术专着，应该注明一下才好。

③ 罗汝芳：《近溪罗先生训言行遗录》，《罗汝芳集》，方祖猷、梁一群等编校整理，第414页。

④ 曹胤儒：《罗近溪师行实》，罗汝芳：《罗汝芳集》，方祖猷、梁一群等编校整理，第847页。

增加了，多出来的粮食粮库放不下，只能露天存放。原先不支持的巡抚王凝，态度发生了变化（“笑以问”）。“功在生民社稷”，是那位不作为的上司王凝态度转变的缘由所在。

（三）“爱民不私”的浩然正气

如果说在“额种官马”豁免上，罗汝芳有上司力挺的偶然因素外；那么修金沟、银沟的水利工程，则是在上司不支持的情况下完成的。云南巡抚王凝对罗汝芳是有偏见的，“抚臣王某动以迂士目之”[①]。金沟、银沟的水利工程的完成，是他的“爱民不私”胸怀的体现。就古代官场的通常情况言，下级官员是不会坚持己见去冒犯上司的。他不因上司的冷漠，抛掉为民众谋福祉的念头。当他离开云南时，“捧贺入京，士民遮道呼号，依依不能舍去，真若赤子之恋慈父母也”[②]。金汁、银汁二沟工程修复后，同僚们对他称赞不已：“所至与僚友旸谷方公、同野季公、乡缙绅寅所严公、麓池郭公辈相与定期集士子讲学作文以为常。同野公曰：‘罗公原是龙精，所至水泉涌出。’寅所公曰：‘滇中银浮云涌，皆罗公心源灌注也。’”[③]把罗汝芳说成“龙精”，是有神化的意味；讲云南面貌的变更，实为罗汝芳“心源灌注”的产物，可以说是画龙点睛了。“心源灌注”就是“爱民不私”的情结。那位“麓池郭公”的评价更为恰当：“近老在滇时虽不多，而一念爱民忠国、礼贤好士之意，蔼然可掬，纯然不私。田庙素无塘堰，膏腴不收，自近老来，督工筑堰，布满滇中，即今每岁丰登，军民充裕，谁之赐耶？此百世功也。”[④]利民的水利工程“布满滇中”，云南五谷丰登的好收成，是罗氏在“爱民忠国，纯然不私”思想指导下成就的。在实地考察金汁、银汁水沟前，在他思绪中萦绕的是民本意识：“子独静夜思之，沟名金汁、银汁者，必其水甚难得，倘得，必大利于生民也。”[⑤]

下面就罗汝芳的“爱民不私”做些分析。“捐俸以供口食”，

① 曹胤儒：《罗近溪师行实》，罗汝芳：《罗汝芳集》，方祖猷、梁一群等编校整理，第 845 页。
② 曹胤儒：《罗近溪师行实》，罗汝芳：《罗汝芳集》，方祖猷、梁一群等编校整理，第 847 页。
③ 曹胤儒：《罗近溪师行实》，罗汝芳：《罗汝芳集》，方祖猷、梁一群等编校整理，第 844—845 页。
④ 曹胤儒：《罗近溪师行实》，罗汝芳：《罗汝芳集》，方祖猷、梁一群等编校整理，第 845 页。
⑤ 罗汝芳：《近溪罗先生训言行遗录》，《罗汝芳集》，方祖猷、梁一群等编校整理，第 413 页。

是他不媚上的浩然正气品性的真实写照。时人的祭文说：

> 人见他初令太湖，生祠炳炳；继守宁国，马疏森森。滇南开万年水利，莽酋摄六月军威，以为先生之功业若此雄伟也，不知先生以学为功业，而不可以功业名。人见其当严分宜之赫赫，招之而不就；张江陵之巍巍，折之而不回，以为先生之气节若此激昂也，不知先生以学为气节，而不可以气节名。①

祀文对罗汝芳一生的事功、气节作了概括性的总结。离任太湖后，当地人为他筑了生祠；在宁国期间，罢了让百姓苦不堪主的马政。盛称他“滇南开万年水利，莽酋摄六月军威”，这是就“爱民”而言的；誉他“当严分宜之赫赫，招之而不就”，这是就“不私”而言的。严分宜就是严嵩。嘉靖三十五年（1556），罗汝芳当太湖县令已三年。依任期满三年一觐的惯例，就要前往京城述职。时值严嵩当道，不行贿就别想得到一个称心如意的官职。罗汝芳不理会当时惯例，轻身前往，这令通悉官场惯例的识者为之刮目。罗汝芳是江西南城人，严嵩是江西分宜人，都是江西老表。严嵩想扩大自身的势力，派女婿袁某去请罗汝芳相见，许以要职，罗汝芳推辞了。“张江陵之巍巍，折之而不回”，是说因下情不能上达之事，与张居正发生争执，丝毫不考虑张居正乃是执掌大权的首辅。“爱民不私”始终是罗汝芳为官的主心骨，而他的人生信条是把学问放在第一位，“先生以学为功业”“先生以学为节气节”，传神地道出了罗汝芳的真实人格。之后被任命为刑部主事，赴任途中，“沿途讲学，不以官为意”②。

在古代中国社会的官场里，下属的媚上心态是做官者的主流心态。1901年，资产阶级革命派中有人写了一篇《说国民》的文章，说“官吏者，至贵之称”，但“中国之官”的行径是：“其出也，武夫前呵，从者塞途，非不赫赫可畏也；然其逢迎于上官之前则如妓女，奔走于上官之门则如仆隶，其畏之也如虎狼，其敬之也如鬼神，得上官一笑则作数日喜，遇上宫一怒则作数日戚，甚至上官之

---

① 许婉：《祭罗近溪先生文》，罗汝芳：《罗汝芳集》，方祖猷、梁一群等编校整理，第 997 页。
② 曹胤儒：《罗近溪师行实》，罗汝芳：《罗汝芳集》，方祖猷、梁一群等编校整理，第 837 页。

皂隶，上官之鸡犬，亦见面起敬，不敢少拂焉。且也，上官之上更有上官，其受之于人莫不施之于人。即位至督抚、尚书，其卑污诟贱，屈膝逢迎者，曾不少减焉。”[①]这段话刻画媚上心态，是入木三分的。任何一个官吏，上有更大的官，下有比自己卑下的官。于是官吏在通常情况下，就显示出双重人格来。一面仰着向上，一面俯着向下，一面做主，一面做奴。独立的人格消失于俯仰之间，泯灭于主奴之际。官做得越大，官场的人情世故知道得多、经历得多，就愈益知道这种卑贱媚上心理运用的重要性。缘由是等级制与官本位意识，在古代中国是主宰了士人们的心灵的。等级森严的制度，强调人与人之间存在着君臣、尊卑、贵贱、等等的不同身份。这一固定化的限制与给定，使每一个人都只能按照等级制度中规定的名分，去干他应干的事情。通常把这样的制度与秩序，称为名教。下级官吏对上级长官，必须也必然要“卑恭如子”[②]。只有这样，他们才能官运亨通。媚上与欺下，为一般官僚们必备的双重人格。一方面，他们在皇帝、长官面前，唯唯诺诺，极尽曲意奉承之能事，为了邀功请赏，加官进爵，又欺上瞒下，谎报成绩；另一方面，在下级官吏、平民百姓面前，表现为专横跋扈、作威作福、巧取豪夺、乃至草菅人命、鱼肉百姓。

在明代的官场里，罗汝芳是以不媚上的节操而让人刮目相看的。罗汝芳不媚上的心态，是与他的荣辱观相关的：“有官也，而以百姓之肥瘠为荣，勿恤于家矣。”[③]“以百姓之肥瘠为荣”，这是以百姓生存环境的好坏作为评判自身荣誉的标准。荣誉是社会、集体、他人对高尚行为所作的客观评价和主观感受，与此相应的辱耻则为是社会、集体、他人对不道德行为的否定和贬斥，以及个人因行为过失而产生的羞愧感。邹元标所说的“荣”，为他对罗汝芳的高尚行为所作的道德评价。

（四）“政为民立”的治理策略

罗汝芳对学生说：“政为民而立，则政之所事，必民间之

① 张枬、王忍之主编：《辛亥革命前十年时论选集·说国民》（第1卷），生活·读书·新知三联书店1960年版，第76页。

②《汉书·元后传》：“初，谭倨，不肯事凤，而音敬凤，卑恭如子，故荐之。”

③ 邹元标：《近溪罗先生墓碑》，罗汝芳：《罗汝芳集》，方祖猷、梁一群等编校整理，第931页。

事。”[①]这是罗汝芳从政的指导观念，可以从历史与经济两个方面作分析。

罗汝芳所说的“政”，是指官吏治理地方在各个领域中的策略，“政”确立的前提是为了民众的利益与需求。与众多士大夫一样，罗汝芳向往着“三代以前”理想社会：“三代以前，帝王所以为治，圣贤所以为学，必先以维皇降衷，民有恒性，天生蒸民，好是懿德，而云‘天地之性，民为贵’焉。”[②]罗汝芳以为，“三代以前”是一个国泰民安、丰衣足食的时代，民众具有美好的品德，“民为贵”被奉为臬极。罗汝芳接受了孟子“民贵”论，但没有主张“君轻”，这从罗汝芳对明太祖的神圣化描述中不难知道。视“三代以前”为美轮美奂是一种理想史观，持这样史观的人，往往是借赞颂古代以抨击后世。罗汝芳循此史观去指责后面的朝代：“春秋战国，汉武秦皇，把人民视为草芥，润泽变成枯槁，而乾坤生生之造化，孩提恋恋之知能，已是星久日晦。至乎六朝五代之纷争、辽金大元之混僭，冠履安受其倒置，虎狼帖服其相群，则又长夜几难及旦。”[③]从春秋到汉代，统治者把人民当作“草芥”，是一个昏晦的时代；六朝五代，纷争不绝。至于在夷族统治下的辽、金、元三朝，更是混乱不堪到了极致。在“长夜几难及旦”的环境下，一切都颠倒了。尤为甚者，是“赤子之心”（“孩提恋恋之知能”）处在“星久日晦”的情景下。历史上的黑暗状态到了明太祖才发生显著的变化：“乃幸天笃我太祖高皇帝，神武应期，仁明浴日，浊恶与化俱徂，健顺协时通泰。”[④]罗汝芳一方面极力称颂“三代以前”，另一方面拼命美化明太祖，说明太祖以“仁明浴日”，一切浑浊罪恶的东西都化掉了。通常持理想史观的人们往往是借古讽今，罗汝芳没有遵循这一模式，是与他对圣谕六条的笃信相关的。

从经济上论，罗汝芳以为圣王令天下大治的前提，是让民众“厚生足用”：“圣王之致治也，必专利以厚天下之生，而权操以制天下之用。盖食者，民之资以生也，弗为之殖，则耗竭而不赡，

---

① 罗汝芳：《近溪子集》，《罗汝芳集》，方祖猷、梁一群等编校整理，第 151 页。
② 罗汝芳：《近溪子续集》，《罗汝芳集》，方祖猷、梁一群等编校整理，第 234 页。
③ 罗汝芳：《近溪子续集》，《罗汝芳集》，方祖猷、梁一群等编校整理，第 255 页。
④ 罗汝芳：《近溪子续集》，《罗汝芳集》，方祖猷、梁一群等编校整理，第 255 页。

故导之而充然有余，则无不厚之生矣。利者，人之所必趋也，弗为之制，则抗滞而弗通，故制之而民习于义，则无不足之用矣。”①他认为，应当让民众之“食”处于“充然有余”的地步。他认为，对利益的追求是人人“必趋”的，但应当用“义”来加以制约。这样民众才能“无不足用”。罗汝芳断言，“圣王”治理天下的基础，“必专利以厚天下之生”。罗汝芳对管仲、李悝、桑弘羊、晁错、贾谊、吴王刘濞等人发展经济的思想分析后断言：“是数子者，兴一时之利便，而为司计者所宗，固能臣也。然财不可聚而独厚于上，权不可移而反归于下，其得失异致，而治乱常相反者，其所操者殊也。”②历史上“数子”的主张各有千秋，但有一条是要遵循的，即“财不可聚而独厚于上”。这是罗汝芳从经济思想史的总结中得出的一条原则，即民富与国富的关系如何摆正，是治理国家的一个重大方针。关键在于，国家的治理者是否具有民本意识，把“财不可聚而独厚于上”与让民众“厚生足用”结合起来考量。

罗汝芳以为，“财不可聚而独厚于上”是以“厚生足用”为前提的。这是极为深邃的见解。判断一个思想家的观点，是否走在时代的前列，得用历史事实来衡量。罗汝芳逝于万历十六年（1588），而明神宗从万历二十四年（1596）起，派出大批亲信太监到各地当矿监、税使，肆意搜括民脂民膏。长达25年之久的公开掠夺，使民众群起反抗，成为漫遍全国的万历民变。清代史学家赵翼以为，万历民变是明亡之征兆：“诸税监益骄，所至肆虐，民不聊生，随地激变，迨帝崩，始用遗诏罢之，而毒痛已遍天下矣。论者谓明之亡，不亡于崇祯而亡于万历云。”③明清之际的大思想家王夫之有与罗汝芳相似的主张，只是王夫之说得更直截了当：“聚钱布金银于上者，其民贫，其国危；聚五谷于上者，其民死，其国速亡。”④此为他总结隋亡时得出的结论。他在分析国家粮食贮备与民众生计的关系时说：“隋之毒民亟矣，而其殃民以取灭亡者，仅以两都六军宫官匠胥之仰给，为数十年之计，置洛口、兴洛、回洛、黎阳、永丰诸仓，敛天下之口食，贮之无用之地，于是粟穷于

① 罗汝芳：《丙子云南乡试策程》，《罗汝芳集》，方祖猷、梁一群等编校整理，第705页。
② 罗汝芳：《丙子云南乡试策程》，《罗汝芳集》，方祖猷、梁一群等编校整理，第706页。
③ 赵翼：《万历中矿税之害》，《二十二史札记》卷三十五，中国书店1987年版，第502页。
④ 王夫之：《炀帝》，《读通鉴论》卷十九，舒士彦点校，中华书局，1975年版，第654页。

比屋，一遇凶年，则流亡殍死，而盗以之以亟起，虽死不恤，旋扑旋兴，不亡隋而不止。”[①]为了保证都城里军队、皇宫与官吏们的长期供应，隋炀帝设立了几个容量巨大的粮仓。其中，回洛仓的规模惊人。2012年洛阳文物考古研究院，发掘了隋回洛仓遗址。初步断定，该仓东西长1000米，南北宽355米，相当于50个标准足球场。仓窖约为700座，每座可容粮食50万斤。回洛仓在隋末为李密起义军所夺取，其粮食至贞观年间尚未用完。此即“天下之口食，贮之无用之地”。王夫之尖锐指出，金银与粮食“聚于上者”，是“民贫国危”“民死国亡”的根子。罗汝芳是从国家的治乱着眼的，“财聚于上，权归于下”，是乱象丛生的原因；“财不聚于上，权不移于下”是社会大治的前提。二人的具体提法有差别，但内在精神是一致的，即统治者的策略应当着眼于民众。罗汝芳虽说口气上较王夫之温和些，但他洞察力之深邃丝毫不逊于王夫之。缘由是罗汝芳“吾心每日在百姓身上”，断定“民心至神而不可欺”。[②]正因为对“民心”的敬畏心理，才使罗汝芳始终凝聚“向民所欲”的民本意识。懒官、贪官是缺乏对民众敬畏心理的。

---

① 王夫之：《炀帝》，《读通鉴论》卷十九，舒士彦点校，第655页。

② 罗汝芳：《近溪子集》，《罗汝芳集》，方祖猷、梁一群等编校整理，第152页。

第六章

自称『异端者流』的李贽

李贽每每以“异端”自居：“弟异端者流也，本无足道者也。自朱夫子以至于今日，以老、佛为异端，相袭而排摈之者，不知其几百年矣。弟非不知，而敢以直众怒者，不得已也。”①自朱熹以来，佛、道被当作异端批判与排斥，有几百年了。李贽是知道这一情况的，敢于触犯众怒，那是万不得已的。李贽对道家是钟爱的。《老子解》《庄子解》这两部书，是李贽借助道家经典来阐发自己见解的著作。对佛教，李贽既笃信禅宗，又与净土宗有瓜葛。这是“不得已”的原因。持正统观念的人们把李贽当作异端，但他毫不在意：“此间无见识之人多以异端目我，故我遂为异端以成彼竖子之名。”②李贽的“异端”可以用三个“一”来概括：一是反常的言行，包括议论主张、思维方式与行为举止；二是对传统的否定，如否定等级制度与男尊女卑，倡言“侯王与庶人同等”“大道不分男女”；三是挑战孔子的权威但又不否定孔子的至圣地位，声称“不以孔子是非为是非”，又说孔子是“千古圣者孰不尊”。一个追求独立人格与憧憬个性自由的“异端”形象，跃然现于世人面前。李贽思想比较复杂，无法像罗汝芳那样以“赤子之心”来贯串。故而从思维方式为切入点，在是非观、平等观、善恶观、友朋观与童心观这五个方面作剖析。李贽在这些领域方面的新见解，是与他提倡怀疑意识与自得精神的思维方式有密切关联的。至于他的史学、易学、佛教与道家等方面思想，一者已有专著面世，二者本书不是李贽的专著，基本上不涉及了。

第一节 李贽的生平与著作

前面的王艮、何心隐、颜山农与罗汝芳的生平，是按照年代为程序的框架来展开的。于李贽则结合他的人格特征与思想个性来叙述。官居御史的马经纶在李贽入狱后，竭尽全力，积极营救。连续

---

① 李贽：《复邓石阳》，《焚书》卷一，张建业主编：《李贽文集》（第1卷），第11页。

② 李贽：《与曾继泉》，《焚书》卷二，张建业主编：《李贽文集》（第1卷），第48页。又：“又今世俗子与一切假道学，共以异端目我，我谓不如遂为异端，免彼等以虚名加我。”［李贽：《复焦漪园》《焚书》卷一，张建业主编：《李贽文集》（第1卷）《焚书》，第7页］再如：“弟学佛人也，异端者流，圣门之所深辟。”［李贽：《答李如真》，《焚书》增补一，张建业主编：《李贽文集》（第1卷），第246页］

撰写了《与当道书》《启当事书》《与李麟野都谏转上萧司寇》《与王翼廷书》等，为李贽鸣冤。他以“三弃”来概括李贽一生，尤为入木三分：“先生有官弃官，有家弃家，有发弃发，盖其天性孤峻，直行己志。”①“天性孤峻，直行己志”，是导致李贽“三弃”的缘由。这个“志”在李贽晚年写给马经纶的信中，不难找到答案：“凡为学者为穷究自己生死根因，探讨自家性命下落。是故有弃官不顾者，有弃家不顾者，又有视其身若无有。”②探究人的生死之道，是李贽一生的终极目标，“三弃”皆由此而派生出来。

（一）“有官弃官”

李贽（1527—1602），福建泉州人。初姓林，名载贽，后改姓李，名贽，字宏甫，号卓吾，别号温陵居士、百泉居士等。李贽的先世从事航海活动。二世祖为泉州巨商，娶色目人为妻。四世祖为通事官。父辈皆信伊斯兰教。李贽自幼习《易经》，后发觉钻研《尚书》，更容易获得功名，便改治《尚书》。嘉靖三十一年（1552）举人。自嘉靖三十五年（1556），30岁时任河南共城教谕一职起，到万历九年（1581）辞去云南姚安知府止，李贽在官场里度过了25年的宦游生涯。在姚安知府任上，他的政绩是令人称道的。李贽理应有升迁的机会，然而他却义无反顾地选择了“弃官”，缘由是他感到受人管束是人生莫大的苦楚。他在晚年回忆时说：

> 为县博士，即与县令、提学触。为太学博士，即与祭酒、司业触。如秦、如陈、如潘、如吕，不一而足矣。司礼曹务，即与高尚书、殷尚书、王侍郎、万侍郎尽触也。高、殷皆入阁，潘、陈、吕皆入阁，高之扫除少年英俊名进士无数矣，独我以触迕得全，高亦人杰哉！最苦者，为员外郎不得尚书谢、大理卿董并汪意。谢无足言矣，汪与董皆正人，不宜与余抵。……又最苦而遇尚书赵。赵于道学有名。孰知道学益有名

---

① 马经纶：《与李麟野都谏转上萧司寇》，厦门大学历系编：《李贽研究参考资料》（第一辑），福建人民出版社1975年版，第64页。在众多关于李贽生平的论著中，全面展开而又极为详尽的当数许苏民先生的《李贽评传》（南京大学出版社2006年版），是书于李贽生平的论述达126页，相当于一本小册子了。

② 李贽：《答马历山》，《续焚书》卷一，张建业主编：《李贽文集》（第1卷），第1页。

而我之触益又甚也！最后为郡守，即与巡抚王触，与守道骆触。王本下流，不必道矣。骆最相知，其人最号有能有守，有文学，有实行，终不免与之触，何耶？渠过于刻厉，故遂不免成触也。……此余平生之大略也。①

在《感慨平生》一文中，频频映入眼帘的是一个“触”字。缘由是李贽对个性自由的执著追求，不愿受他人管辖：“只以不愿属人管一节，既弃官，又不肯回家，乃其本心实意”“余唯以不肯受人管束之故，然后落发”“余唯以不受管束之故，受此磨难，一生坎坷，将大地为墨，难尽写也”等语。②这是他对自己一生的总结。李贽笔下所“触”的官僚，大体上有四种类型。一种以道学家面目出现的，如“尚书赵”。赵锦（1516—1591），浙江余姚人，万历二年（1573）任南京刑部尚书。“道学益有名而我之触益又甚”的具体内容，不得而知了。一种是他轻视的庸官，如“巡抚王”。“巡抚王”是指王凝，万历初任云南巡抚，后官至兵部尚书。王凝是一个不作为的无能之官，这在前面已经讲了。一种是他所敬重的，如他誉之为“人杰”的高仪、“正人”的汪宗伊与董传策（“汪与董”）。高仪（1517—1572），字子象，号南宇，官至文渊阁大学士。汪宗伊，字子衡，号少泉。万历三年（1575），任南京大理寺卿。董传策，字原汉，号幼海。隆庆五年（1571），任南京大理寺卿。至于“守道骆”与李贽的情况，略微复杂些。骆问礼（1527—1608），字子本，号缵亭。万历五年至八年（1577—1580）任云南参议，职责是维持省内各道的治安和州县的督察任务。在李贽心目中，骆问礼有才能，有操守，且擅长文章，学识渊博，但因在对待少数民族的政策上见解不同而相抵触，“虽相触，然使余得以荐人，必以骆为荐首也”③。第四种是在官场中混得不错而高升的官员，如秦鸣雷、陈以勤、潘晟、吕调阳等人，之后都居大学士之职。不论那种类型，都不入了他的法眼，李贽与他们的关系都搞得很僵，与他视官场是有祸患的火坑相关：“来而迎，去

① 李贽：《豫约》，《焚书》卷四，张建业主编：《李贽文集》（第1卷），第174—175页。
② 李贽：《豫约》，《焚书》卷四，张建业主编：《李贽文集》（第1卷），173—174页。
③ 李贽：《豫约》，《焚书》卷四，张建业主编：《李贽文集》（第1卷），175页。

而送，出分金，摆酒席，出轴金，贺寿旦。一毫不谨，失其欢心，则祸患立至。”[①]官员要在古代官场中站稳，首先要不与上司发生冲突，其次是要在迎往送来的应酬中讨得上司的欢心，这对李贽来说，这些手腕是不会玩要的。现代著名学者林同济对官场手腕有一段精到的描述：“投桃、报李、拍马、捧场，此手腕也；标榜、拉拢、结拜、联襟，亦手腕也；排挤、造谣、掠功、嫁祸，又手腕也。如何模棱、如何对付、如何吹牛、如何装病，形形色色，无往而非手腕也。一切皆手腕，也就一切皆作态。一切皆做假，便做官也。”[②]不会使用这些手腕的李贽，自然是无法在官场里生存下去。一个人生活在社会里，想一点不受管束是不可能的。规章制度、法律条文等，都是对人的行为有一定的约束作用，而缺乏这样的约束，社会就会处于无政府状态。李贽不肯受人管束之想，只能说是乌托邦。不肯变更这一想法的李贽，其一生大多数时间里，是在与他人“触”中度过的。

李贽是否因政绩不佳而“弃官”呢？非也！万历八年（1580）春，任期满三年的李贽，要求云南巡抚刘维批准他辞官退休。刘维说了一通挽留李贽的话：“姚安守，贤者也。贤者而去之，吾不忍”，“即欲去，不两月所为上其绩而以荣名终也，不其无恨于李君乎？”[③]刘维不希望李贽这样的“贤者”离开，准备在两个月后向朝廷报告李贽的政绩。骆问道确实是“最相知”者，对李贽的弃官感到惋惜：“卓吾兄洁守宏才，正宜晋用，而归志甚急。不孝力挽。三年屈首，非其本心，今遂其高矣。士类中有此，真足为顽儒者一表率。”[④]据顾冲谦的记述，“先生为姚安，一切持简易，任自然，务以德化人，不贾世俗能声”[⑤]。这是说，李贽主政姚安三年，以不扰民为前提，以道家自然原则为主，辅以儒家的德教。当他离任时，“士民遮道相送，车马不能前进”[⑥]。对李贽执意弃

---

① 李贽：《豫约》，《焚书》卷四，张建业主编：《李贽文集》（第 1 卷），173 页。
② 林同济：《士的蜕变——由技术到官术》，许纪霖、李琼编：《天地之间——林同济文集》，复旦大学出版社 2004 年版，第 93 页。
③ 顾养谦：《顾冲老送行序》，李贽：《焚书》卷二，张建业主编：《李贽文集》（第 1 卷），第 72 页。
④ 骆问道：《李太守好奇》，《万一楼集》卷五十六。
⑤ 顾养谦：《顾冲老送行序》，《焚书》卷二，张建业主编：《李贽文集》（第 1 卷），第 72 页。
⑥《姚州志》卷五《循吏》，转引自许苏民：《李贽评传》，第 100 页。

官，就其内心深处而言，是与他接受罗汝芳“仕学原是一事”观点相关的：“仕即是学，学即是仕。仕与学一时俱足，初非有待于外也。如此言仕与学，故其学为真学，而其仕为真仕矣。”①既然“仕即是学，学即是仕”，那么弃官而去论学，也无什么区别。

在等待朝廷的复音时，李贽去了鸡足山那里读佛经。连同万历六年（1578）秋冬这一次，两次阅读佛经的时间大约在半年左右。所读佛经有《坛经》《般若经》《心经》《中观论》《楞伽经》《法华经》《金刚经》等。从李贽的诗文来看，大体上是禅宗为主，兼融净土。他说：“观者但以自家智慧时常观照，则彼岸当自得之矣。菩萨岂异人哉？但能一观照之焉耳。人人皆菩萨而不自见也，故言菩萨则人人一矣，无圣愚也。”②佛教以有生有死的境界为“此岸”，以超脱生死的境界为“彼岸”，即涅槃。“智慧观照则彼岸自得之”，是禅宗“自心即佛”的同义语。吾心即佛，佛性存在于每个人的心中，故圣愚无别，人人皆能成佛。这也是禅宗的教义，只是李贽把佛换成“菩萨”罢了。他又主张，“我谓念佛即是第一佛，更不容于念佛之外复觅第一义谛也”③。以为念佛即可成佛，那是净土宗的方便法门。在鸡足山，他开始接触后半生为之倾心的佛教。

（二）“有家弃家”

李贽的好友袁中道是这样刻画的李贽，“生平不以妻子为家，而以朋友为家”④。李贽向好友刘东星敞开过缺乏“妻儿之思”的内心世界：

> 弟年近古稀矣，单身行游，只为死期迫近，阎君铁棒难支，且生世之苦目击又已如此，使我学道之念转转急迫也。既学道不得不资先觉，资先觉不得不游四方，游四方之得不独自而受孤独苦。何者？眷属徒有家乡之念，童仆俱有妻儿之思，与我不同志也。志不同则难留，是以尽遣之归，非我不愿有亲

① 李贽：《道古录》卷上，张建业主编：《李贽文集》（第7卷），第351页。
② 李贽：《心经提纲》，《焚书》卷三，张建业主编：《李贽文集》（第1卷），第94页。
③ 李贽：《念佛问答》，《焚书》卷四，张建业主编：《李贽文集》（第1卷），第128页。
④ 袁中道：《代湖上疏》，《珂雪斋近集》卷十九，上海古籍出版社1989年版，第807页。

随，乐于独自孤苦也。为道日急，虽孤苦亦自甘之。[①]

晋川是刘东星的号，是李贽的好友。隆庆二年（1568）进士。万历十九年（1591），李贽游黄鹤楼受到围攻时，他在武昌任湖广左布政使，把李贽邀进官署加以保护。"阎君铁棒难支"，是说自己年近古稀，在世不会太久。"学道之念转转急迫"，是一直压在李贽心头的大事。"道"对李贽来说，有诸多含义。以具体而论，为他对儒、道、释三家思想的深度钻研；从抽象角度讲，为他对客观对象的把握、对世界的全面性认识；若从人生论，则涉及生死相关的大事。李贽经常感到，在"学道"上尚有许多欠缺。时不我待的急迫心态，让他于家事无过多的虑及。为弥补"学道"方面的不足，就要云游四方以寻求"先觉"者。"先觉"即"学道"有所成就而先于自己领悟的人。随从的"童仆"等"亲随"，俱有思妻想子之心，但这些心绪与他"学道"的志向"不同"。"为道日急"，就要承受"独自孤苦"的缘由。这是他"有家弃家"的根本缘由。

说李贽没有一点思妻想家之念，也是不合常情的。其妻黄氏，为他生下了四子三女。赴共城县做官时长子夭折。嘉靖四十三年（1564），谋得北京国子监博士职位时，得知次子与祖父去世的恶耗，独自回家埋葬好先前去世的父亲、祖父与儿子，而把妻子安置于共城。在泉州三年期间，他非常思念妻女："不胜万里妻孥之想"。李贽回到了共城后。见了妻子黄宜人，得知两个儿女在自己回老家没几个月就死了。当晚与妻子"秉烛相对，真如梦寐矣。乃知妇人势逼情真。"[②]只是年岁愈大，他的"学道"心思愈切罢了，终于是"学道"占据了上风，李贽选择了"弃家"。"弃家"不等于完全不顾家。尽管抵达共城前已萌生不做官之念，但为了养家糊口，李贽只得继续做官。

从40到50岁间，李贽先在北京当了五年的礼部司务，又到南京做了五年的刑部员外郎。当上礼部司务不久，因寻觅了却生死之道

---

① 李贽：《答刘晋川书》，《焚书》卷二，张建业主编：《李贽文集》（第1卷），第53页。

② 李贽：《卓吾论略》，《焚书》卷三，张建业主编：《李贽文集》（第1卷），第80页。万历十七年（1589），得知黄宜人去世并落葬后，李贽给女婿庄纯夫的信中说："相聚四十馀年，情境甚熟，亦犹作客并州多时，自同故乡，难遽离割也。夫妇之际，恩情尤甚。"［李贽：《与庄纯夫》，《焚书》卷二，张建业主编：《李贽文集》（第1卷），第41页］

的学问，受李逢阳与徐用俭影响，接受了王阳明的学说。徐用俭教他阅读《金刚经》，为李贽研究佛学之始。他们向李贽推荐了王阳明的著作，告之以王畿的学说。这对李贽思想的形成，有着至关重要的意义。在南京任职的五年期间内，焦竑与他相识并成了莫逆之交。万历二年（1574），王艮之子王襞在南京开讲会，李贽以王襞为师："后泰州有心斋先生，其闻风者而兴者欤！心斋之子东崖公，贽之师。东崖之学，实出自庭训。"[①]在云南，李贽两次会见罗汝芳，其"童心说"中明显地有着罗汝芳"赤子之心"的痕迹。"有官"的期间，李贽接受了王学，与泰州王门发生了瓜葛。

李贽于万历九年（1581）春，应湖北黄安（今红安）耿定理之邀，携妻子女儿到黄安天台书院讲学论道，住耿定理家中充当门客兼教师。李贽的女婿庄纯夫是耿定理的门生，他去黄安是情理中的事情。万历十三年（1585），李贽移居麻城。在黄安与麻城，结交了不少的新朋友，主要是周思久、周思敬兄弟，梅国桢、梅国楼兄弟，以及梅国桢之女梅澹然、僧无念等。耿定理与朝中做大官的哥哥耿定向，在学术观点上存在着冲突。李贽倾向于耿定理，随着万历十二年（1584）耿定理的去世，李贽与耿定向难以相容，终至发生了学术上的论战。周思久说二人的区别是，"天台重名教，卓吾识真机"。[②]用现今的话来挑明，耿定向重视入世的教化，李贽追求出世之解脱。袁中道说："子庸死，子庸之兄天台惜其超脱，子侄效之，有遗弃之病，数至箴切。"[③]耿定向害怕李贽对他的子侄灌输佛学，而把传统的伦理道德遗弃了。[④]"名教"在耿定向看来，是不能抛弃的。他用"不容已"来概括："余所谓不容已者，即子臣弟友根心处识取有生常道耳。"[⑤]"不容已"，是说不得不然、必然如此之意。耿定向以"不容已"为自己学说的宗旨，是说人自身有着一种内在的冲动，而无法遏制一定要表现出来的道

---

① 李贽：《储瓘》，《续焚书》卷三，张建业主编：《李贽文集》（第1卷），第85页。

② 黄宗羲：《泰州学派四》，《明儒学案》卷三十五，沈善洪主编、吴光执行主编：《黄宗羲全集》（第8册），第80页。

③ 袁中道：《李温陵传》，李贽：《续焚书附》，张建业主编：《李贽文集》（第1卷），第131页。

④ 袁中道说得比较婉转，后来钱谦益说得直截了当："与耿天台往复书，累累万言，胥天下之为伪学者，莫不胆张心动，恶其害己，于是咸以为妖为幻，躁而逐之。"（钱谦益：《列朝诗集小传》，上海古籍出版社，1983年新1版，第705页）

⑤ 耿定向：《书牍·与李卓吾》，《耿定向集》卷四，傅秋涛点校，第163页。

德准则，如“子臣根友”。这在耿定向心目中是亘古不变的“天则”“心矩”：“夫所谓千古不容易改易的模样，古人原从根心不容自已的道理做出，所谓天则，所谓心矩是已”[①]。李贽在耿府除自己读书外，还负责耿家子侄的四书五经的教习。耿定向怕子侄们被李贽引向不要人伦道德、不去科举、不要后代的歪路上去。这自然引起耿定向的不满，这是两人书信往来论辩的缘由。

耿定理（1534—1584），字子庸，号楚倥。他天资聪慧，不去应考做官，不求功名利禄，只重潜心问学。李贽与耿定理志同道合，从两人交往看，李贽喜佛、淡薄功名的思想是受耿定理影响所致。李贽毅然决然地弃官不做，而践约回到黄安，闭门读书悟道：“我老矣，得一二胜友，终日晤言以遣余日，即不至已有，何心故乡也。”[②]耿定理的逝世，让李贽觉得在耿家待不下去了，便于万历十三年（1585）移居麻城。过了二年，万历十五年（1587），李贽让女婿庄纯夫把住在黄安的家眷送回福建老家，“有家弃家”的生涯，伴随着李贽的后半生。李贽以为，真正知道他内心世界的人依然没有：“我是以宁飘流四外，不归家也，其访友朋求知己之心虽切，然已亮天下无有知我者。”[③]在一个家国同构的社会里，在一个治家为齐国、平天下前提的文化传统社会里，“有家弃家”的做法，是很难得到人们理解的。“已亮天下无有知我者”，是一个实实在在的话。这与他的童心说是吻合的，讲真话不说假话，是李贽赢得人们尊重与崇敬之处。

（三）“有发落发”

万历十六年（1588）的夏天，李贽在湖北麻城削发为僧。[④]此后住进了龙潭寺，那里有友人周思久、周思敬兄弟为他修建的芝佛院。李贽在谈及落发时，悲怆的心情夹杂于纸里字间：“余之落发，岂容易哉！余以不肯受人管束之故，然后落发，又岂容易哉！写至此，我自鼻酸”“盖落发则虽麻城本地之人亦自不受父母管

① 耿定向：《书牍·与李卓吾》，《耿定向集》卷四，傅秋涛点校，第 161 页。
② 袁中道：《李温陵传》，李贽：《续焚书附》，张建业主编：《李贽文集》（第 1 卷），第 131 页。
③ 李贽：《豫约》，《焚书》卷四，张建业主编：《李贽文集》（第 1 卷），第 173 页。
④ “虽落发为僧，而实儒也。”［李贽：《初谭集序》，张建业主编：《李贽文集》（第 5 卷），第 1 页］有些著作，把佛教思想当作李贽的主心骨，是不合符李贽的本来面目的。

束，况别省之人哉！”[①]“有发落发”让他摆脱了家庭的羁绊，令他有更多的精力从事问道与交友：“生所以出家者，正谓无有牵挂，便于四方求友问道而已。”[②]这里的“问道”是广义的，包括与朋友切磋学问，也有自身对学问的探索。结识梅国桢与公安派三袁兄弟，得到刘东星的施救，这些朋友是他“求友”过程中重要的一环，对他一生产生了重大的影响。

“专以良友为生”[③]，是李贽一生的精神支柱。梅国桢是李贽在麻城时相识，是他契合的友人之一。梅国桢（1542—1602），号衡湘，湖北麻城人，历官都察院右佥都御史、大同巡抚、兵部右侍郎。他知道李贽随时可能被迫害，便设法予以保护。李贽《观音问》中所称的澹然师便是梅国桢的三女儿。李贽虽身入空门，却不受戒、不参加僧众的读经祈祷，照样吃肉喝酒。如此的狂禅形象，引起了公安派袁宗道、袁宏道、袁中道三兄弟的侧目。万历十八年（1590），在由衡川去武昌的途中，经公安县时李贽夜里住在荒村野庙里，白天栖身在柞树林中。对历代的狂士事迹熟知的三袁，闻说有这么一位怪诞之士，便有心寻访。经袁中道整理的《柞林纪谭》，详细记载了三袁与李贽第二次交谈的情况，为李贽直接影响公安三袁的重要资料。[④]三袁中受李贽影响最为深邃的当为袁宏道，这在后面有专节论述。李贽在游黄鹤楼浏览时，遭到卫道士的围攻，想把他赶出武汉。危急之际，刘东星把他迎进了官署，他知道李贽是一位学识渊博的奇士。万历二十一年（1593），《藏书》的修订在武昌完成。《道古录》是李贽一部重要著作，是在刘东星的山西老家完成的。焦竑、刘东星、梅国桢与李贽后来结识的马经纶，还有先前对李贽有好感的顾养谦，以及周思久、周思敬兄弟等人，或为新科状元、总督、巡抚，或为御史、侍郎等。他们为李贽的创见所折服，不断地给他以无微不至的关怀。他们让李贽躲过了卫道士的围攻，为李贽提供得以安心读书著述的场所，使李贽在经济生活上度过了难关。如袁宏道所说：“惟良友朋，愈久愈密。李

---

① 李贽：《豫约》，《焚书》卷四，张建业主编：《李贽文集》（第1卷），第174页。
② 李贽：《答梅琼宇》，《续焚书》卷一，张建业主编：《李贽文集》（第1卷），第21页。
③ 李贽：《答周友山》，《焚书》卷一，张建业主编：《李贽文集》（第1卷），第24页。
④ 对这次面晤的分析，参见左东岭：《李贽与晚明文学思想》，天津人民出版社1997年版，第263—266页。

龙湖以友为性命，其不虚也。”①

万历二十一年（1593）初夏，在黄安官府放松对李贽迫害之际，李贽重新回到了龙湖。三袁与王以明、龚散木一行五人，得知这一音讯后就前往拜访。六人在五月十五日晚饮酒畅论，论述内容为，每人自述与历史上人物最相仿的是谁，之后相互作评论。②回到龙潭寺李贽，得知澹然要皈依佛门，就写诗贺之，把澹然比作“月上女”③。从《观音问》来看，李贽的女弟子除了澹然外，还有梅家的大媳妇明因与澄然、自信等女士。她们向李贽请教佛学，主要是书信往来的形式。但经过卫道士们离奇式的放大，对正常的问学赋予了色情的意味。在卫道士笔下，李贽的形象由学者变成了淫棍。这是李贽致死的直接动因之一。

（四）“命归黄泉”

自“落发”起到狱中自尽止这十五年，是李贽的避难史。李贽有预感但不知灾难何时降临，便在万历二十四年（1596）立下遗嘱，取名《豫约》。万历二十三年（1595），官居湖北分巡道的史旌贤准备惩治李贽。本来李贽准备赴山西沁水刘东星家，“不意又闻史道欲以法治我”④。得知这一音讯后，李贽向多年跟随他的刘近城说：“大抵七十之人，平生所经风浪多矣。平生所贵者无事，而所不避者多事。贵无事，故辞官归家，避地避世，孤孤独独，穷卧山谷也。不避多事，故宁义而饿，不肯苟饱，宁屈而死，不肯幸生。”李贽希冀的是太平无事，故而要“辞官”，想“避世”，但伴随着他的始终是“多事”。他对“多事”的态度是不躲避，宁肯为“义”而捐躯，不愿为“苟饱”而“幸生”。⑤李贽要践履的，是孔孟杀身成仁、舍生取义的殉道观，他对未来的结局早已忖度于

---

① 袁宏道：《陶周望祭酒》，《袁宏道集笺校》卷四十三，钱伯城笺校，上海古籍出版社 2008 年版，第 1274 页。

② 参见许苏民：《李贽评传》，第 134—137 页。

③ 梅国桢是支持她女儿信佛的。在麻城北街为她建了绣佛精舍，供她念佛与刺绣之用。李贽的诗为：“闻说澹然此日生，澹然此日却为僧。僧宝世间犹时有，佛宝今看绣佛灯。可笑成男月上女，大惊小怪称奇事。陡然不见舍利佛，男向复隐知谁是。我劝世人莫浪猜，绣佛精舍是天台。天欲散花愁汝著，龙女成佛今又来。”［李贽：《题绣佛精舍》，《焚书》卷六，张建业主编：《李贽文集》（第 1 卷），第 216 页］

④ 李贽：《与梅琼宇》，《续焚书》，张建业主编：《李贽文集》（第 1 卷），第 22 页。

⑤ 李贽：《与城老》，《续焚书》，张建业主编：《李贽文集》（第 1 卷），第 18 页。

心。之后，他抱着“所贵者无事”的信条“避地”而居，自1596年起，至万历二十八年（1600年），先后到山西、北京、南京、济宁等处生存下来，是依靠着朋友刘东星、梅国桢、焦竑、陶望龄等人的帮助。万历二十七年（1598）与焦竑同住南京，但他住在那里让朋友们犯了愁。朋友们觉得南京城里不太平，后接受陶望龄的建议，住到栖霞山了，朋友们才算放下了悬在心里一块石头。在南京，李贽三次与利玛窦见面，讨论了学术。[①]1600年李贽返回麻城。在频繁避地而居的日子里，李贽完成《明灯道古录》《孙子参同》《九正易因》等著作，是他学术思想趋于高峰的时刻。李贽不断地挪地，是为了达到“避世”的目的。然而世俗的卫道士，紧紧地揪着李贽不放。同年冬天，湖广佥事冯应京以维护风化为名，指使歹徒烧毁龙湖芝佛院，毁坏他预为藏骨的墓塔。李贽被迫避寓麻城东北商城县黄檗山中。万历二十九年（1601），马经纶闻讯将李贽接到通州，住莲花寺。

万历三十年（1602），礼部给事中张问达上奏明神宗，要求将李贽发回原籍治罪，毁其全部著作。奏疏中说，李贽“以吕不韦、李园为智谋，以李斯为才力，以冯道为吏隐，以卓文君为善择佳偶，以秦始皇为千古一帝，以孔子之是非为不足据”。这是李贽在《藏书》中对历史人物所作的独具只眼的评论，但在卫道士张问达看来，是离经叛道之论。后面的文字充满了人身攻击，从维护名教的角度出发，极尽攻讦之能事：“寄居麻城，肆行不简，与无良辈游庵院，挟妓女，白昼同浴，勾引士人妻女，入庵讲法，至有携衾而宿者”，“明劫人财，强搂人妇，同于禽兽，而不之恤。”[②]明神宗以“敢倡乱道，惑世诬民”的罪名，在通州逮捕李贽，焚毁他的著作。[③]李贽入狱后写下绝命诗：“志士不忘在沟壑，勇士不忘丧其元。我今不死更何待，愿早一命归黄泉。”[④]三月十五日，李贽呼侍者剃发，夺其剃刀割喉，气不绝者两日，享年76岁。呈现人们面前的，是一个孤独倔强而又大义凛然的硬汉子，是一个为自身信仰而不惜捐躯的思想家。他依靠的是一大批同情、喜爱、敬佩

---

① 对李贽与利玛窦的交往，许苏民先生在《李贽评传》中有较大篇幅的论述，见该书第151—154页。

② 顾炎武：《李贽》，《日知录集释》卷十八，黄汝成集释，第439页。

③ 顾炎武：《李贽》，《日知录集释》卷十八，黄汝成集释，第439页。

④ 李贽：《系中八绝》，《续焚书》，张建业主编：《李贽文集》（第1卷），第117页。

他的朋友们，但等待他的结果是拘禁、审讯。作为“异端者”的李贽，他的命运是悲惨的。明清之际的思想家、文学家张岱说，李贽之死是由他的言论过于锋芒毕露：“李温陵发言似箭，下笔似刀，人畏之甚，不胜其服之甚，亦惟其服之甚，故不得不畏之甚也。异端一疏，瘐死诏狱。温陵不死于人，死于口；不死于法，死于笔。温陵自死已耳，人岂能死之哉！”[①]李贽的观点鞭辟入里，让人佩服之余又“不得不畏”。自居“异端”的李贽，不是死于他人，也不是服法而亡，而是“温陵自死”。在张岱看来，李贽凭借的仅仅是口和笔，与正统势力相对抗，等待他的必然是死亡。在民主意识缺乏的古代社会里，像李贽这样棱角分明的言论，像“刀箭”一样射向文化专制主义，相伴随的是牺牲个人生命的巨大代价。李贽一生在“生死”问题上的思索屡屡于他的著作中，而他期望的是死得其所：“多少无名死，余特死有声。只愁薄俗子，误我不成名。”[②]张再林先生把有李贽关于死亡的论述，列举出来之后，认为李贽自刎是同他死得其所的向往是吻合的。[③]

李贽的主要著作为《焚书》《续焚书》《藏书》《续藏书》《道古录》等。关于李贽著作的情况，许苏民先生有详细论述，本人不炒冷饭了。[④]由今人张建业主编的《李贽文集》七卷，为当今收集最全的李贽著作。

① 张岱：《文苑列传下》，《石匮书》卷二〇五，故宫出版社 2017 年版，第 2988 页。
② 李贽：《戏袁中夫》，《续焚书》卷五，张建业主编：《李贽文集》（第 1 卷），第 107 页。
③ 张再林：《车过麻城·再晤李贽》，燕山出版社 2017 版，第 4—11 页。
④ 参见《李贽评传》第一章第七节“李贽一生的著述”。（许苏民：《李贽评传》，第 187—198 页）

第二节 思维观：怀疑意识与自得精神

（一）“疑为学道者之宝”

“异端”就意味着对传统的挑战，对正统的背离。李贽不隐瞒自己的“异端”品性：“天幸生我大胆，凡昔人之所忻艳以为贤者，余多以为假，多以为迂腐不才而不切于用；其所鄙者、弃者、唾且骂者，余皆的以为可托国托家而托身也。”[①]时下论著大多从愤世疾俗的角度去探索“异端”的根由。这有一定的道理但忽视了一个关键，即李贽有着与众的不同的思维观。思维观指用什么样的观点去思考世界与自我，也就是思维方式。李贽以怀疑精神为学者思考问题的宝贝所在，是李贽亲口对袁中道说的：

> 昔晤龙湖老人于通州，予问当如何作工夫。龙湖曰：“参话头。”予曰：“某子甲半生参话头，而了无消息者，何也？”龙湖曰：“不解起疑也。夫疑为学道者之宝，疑大则悟亦大。予近来尚有颇疑，可惜不遇大作家，痛与针扎一番耳。”予心佩其言。见世之道者，终日恬然，其稍敏捷者，随口领略，自谓已得，始知老子所谓不解起疑者，真可见也。[②]

李贽与袁中道的对话，是围绕着“工夫”进行的。李贽建议袁中道去“参话头”，袁中道提出了疑问，说有人大半生在这方面下了“工夫”却“了无消息”（对佛教真谛的理解无进展）。禅宗公案中大多有一个字或一句话供参究之用，称为“话头”。如问“狗子有佛性也无？”“无”就是“话头”。参禅时在话头上下“工夫”称为“参话头”。李贽以为，这是“某子”不懂得“起疑”的道理。“起疑”就是怀疑，李贽力倡“疑为学道者之宝”，说自己有些疑窦没有解决，希望碰到有大学问的人，切磋一番。因为怀疑愈大，将来的觉悟也愈大。袁中道听了以后，先是“心佩其言”；后观察了一些“学道者”的言行，其中一些思维敏捷的，确实是“真有见也”。

---

① 李贽：《读书乐》，《焚书》卷六，张建业主编：《李贽文集》（第1卷），第213页。
② 袁中道：《文钞·书月公册》，《珂雪斋近集》卷三，上海书店1982年版，第100—101页。

思维方式是人类认识世界与认识自我的出发点。要剖解哲学家的理论体系，可以从宗旨入门，也可从思维方式下手。对宗旨很是鲜明的罗汝芳，可从宗旨作为入门处；对非儒非道又非释、是儒是道又是释那样复杂多变的李贽来说，不妨从思维方式切入。人们在探索未知领域时，要解决主体与客体的矛盾，使无知转化为有知，使知之不多转为知之甚多，这既要运用物质手段，也需要思维方式。怀疑作为人类的思维方式中一种，它产生于事实与概念、主体与客体不一致的时刻。任何学说、思想、著作一旦成为人类精神产品后，其客观性不仅体现在其物化形态的载体上，如书籍、录音带、视频等方面，还反映在它的客观内容上。当主体感到前人的学说与理论难以验证或缺乏说服力时，疑窦必定会油然而生。孟子已有见于此：“尽信《书》，则不如无《书》。”（《孟子·尽心下》）这为后世文人学者所津津乐道，无非是对主体的怀疑精神的重视。孟子诉诸的是理性的清醒，不对前人的精神产品作凝固式的理解。

被时人目为异端之尤的李贽，不迷信，不归依，而是纵横各家，独立地思考和探索。他反对“随人说妍，和声而已”[①]。他认为，缺乏怀疑精神是文人学者的一种病态：

> 杨慈湖先生谓大悟一十八遍，小悟不记其数，故慈湖于宋儒中独第一了手好汉，以屡疑而屡悟也。学人不疑，是谓大病。唯其疑而屡破，故破疑即是悟。[②]

这段话的核心是“破疑即是悟”。杨慈湖即杨简（1141—1225），陆九渊的学生。南宋哲学家，浙江慈溪人。乾道五年（1169）进士，后以耆宿大儒，官至宝谟阁学士。他是南宋陆学主要人物甬上四学者之首，在南宋学术界占有重要的地位。[③]李贽信奉杨简的“屡疑屡悟”，称颂他是“宋儒中独第一了手好汉”。李贽多次提及陈白沙，而陈白沙有“疑者觉悟之机”的主张：“前辈

---

① 李贽：《圣教小引》，《续焚书》卷二，张建业主编：《李贽文集》（第1卷），第63页。

② 李贽：《答观音问》，《焚书》卷四，张建业主编：《李贽文集》（第1卷），第158页。

③ 另三位为袁燮、舒璘、沈焕。四人是同乡，也是同学，都是陆九渊的学生。

谓‘学贵知疑’，小疑则小进，大疑则大进。疑者，觉悟之机。一番觉悟，一番长进。”[①]陈献章怀疑程朱理学而以“自然为宗”，为明代心学的始作俑者。作为心学后继者的李贽，沿着杨慈湖与陈献章顺流而下，是自然不过的事情了。

怀疑原则有它自身的内在机制。人们由于种种因素的考虑，或出于诸多条件的局限，极易把主体获得的经验与概念作绝对化的理解，从而把主体的意见当成是范围百家的客观真理，这就产生了思维凝固与僵化的现象。要让人的思维有活力，就得破除这种形而上学，就得靠怀疑精神的来到。黄宗羲同意陈白沙的见解，以为怀疑为觉悟的先机，李贽则以为疑窦的消除，就是觉悟的到来。尽管理解上有细微的差别，但两人均倡异怀疑精神。

“疑为学道者之宝”与“学人不疑，是谓大病”，李贽的怀疑精神是由这一正（“宝”）一反（“病”）的命题构成的。现以他对荀子的评论作个案说明：

> 李生曰：荀与孟同时，其才俱美，其文更雄杰，其用之更通达而不迂，不晓得当时何以独抑荀而扬孟轲也。[②]

在李贽心目中，荀子在才能上毫不逊色于孟子，文采要比孟子“雄杰”，理论的应用上较孟子“更通达”，不像孟子那样迂阔。“不晓得当时何以独抑荀而扬孟轲”，这是李贽怀疑精神的典型写照。“当时”指两宋时期。在中国哲学史上对荀孟的地位的评议，是同某些学派的兴衰有着内在的关联。宋明理学的兴起，始终是伴随着“抑荀而扬孟”趋向的。尊孟是宋明理学的道统论中不可或缺的一环，是这一学派得以生存与发展的重要因子。回顾一下“抑荀而扬孟”的历史行程是必要的。

先秦到汉唐，文人学者对荀子的评价很高。司马迁《史记》中的《孟子荀卿列传》，孟荀并列，赞荀子“最为老师”。唐代杨倞注《荀子》并作序，序中称荀子为“真名士之士，王者之师”。汉唐期间，荀子的地位与孟子差不多。抑荀的关键在韩愈那里。他

① 陈献章：《与张廷实主事十三》，《陈献章集》卷二，孙通海点校，中华书局1987年版，第165页。
② 李贽：《荀卿》，《藏书》卷三十二，张建业主编：《李贽文集》（第3卷），第597页。

《读荀》的短文，把孟子、杨雄、荀子比较后并下了断语：“孟氏醇乎醇者也，荀与扬，大醇而小疵。”[①]这对宋代理学家影响至为深远，他们均以韩愈之断语为依据，赞孟而贬荀。在谈到焚书坑儒时，朱熹指责荀子“敢为异论”：“世人说焚坑之祸起于荀卿。荀卿著书立言，何尝教人焚书坑儒？只是观它无所顾藉，敢为异论，则其末流便有焚坑之理。”[②]言下之意，焚书坑儒是荀子思想的流毒所致。理学家大多是性善论的信奉者，遂贬低主性恶论的荀子是必然的。朱熹直截了当地说：“不须理会荀卿，且理会孟子性善。渠分明不识道理。如天下之物，有黑有白，此是黑，彼是白，又何须辨？荀、杨不惟说性不是，从头到底皆不识。”[③]意思是说，荀子在人性论上是个外行。在宋明理学心目中，荀子被视为异端而频受攻击。

与荀子相反，在汉唐时褒贬不一的孟子，到了宋代则成为文人学者竞相赞颂的对象。在汉代，孟子是个毁名誉参半的人物。赵岐作《孟子章句》，序中称孟子是“命世亚圣之大才”；王充撰《刺孟》一文，把孟子归入俗儒之列，“论不实事考验，信浮淫之语”，“与俗儒无殊”[④]。清代著名史学家赵翼有个论断，“《孟子》书，汉以来杂于诸子中，少有尊崇者”，但在韩愈等人的努力下出现了转机，“宋人之尊孟子，其端发于杨绾、韩愈，其说畅于日休也”[⑤]。韩愈以为，惟有孟子得孔子真传，且辟杨、墨邪说有卫道之功，于是将孟子列入道统中。二程、张载、王安石，他们的学说相差很大，但尊孟却无二致。二程尊孟言论甚多，如“孟子有功于道，为万世之师”[⑥]“孟子有功于圣门不可言”[⑦]“学者当以《论语》《孟子》为本”[⑧]。张载尊孟而贬荀的倾向十分明显：“古之学者便立天理，孔孟而后，其心不传，如荀、杨皆不能

---

① 韩愈：《读荀》，《韩昌黎文集校注》卷一，马其昶校注，马茂元整理，第 37 页。
② 黎靖德编：《朱子语类》卷一百三十七，王星贤点校，第 3256 页。
③ 黎靖德编：《朱子语类》卷一百三十七，王星贤点校，第 3254 页。
④ 王充：《刺孟》，《论衡校释》卷十，黄晖校释，中华书局 2017 年版，第 533 页。
⑤ 赵翼：《尊孟子》，《陔余丛考》卷四，栾保群、吕宗力校点，河北人民出版社 1990 年版，第 66 页。
⑥ 程颢、程颐：《河南程氏遗书》卷五，《二程集》，王孝鱼点校，第 76 页。
⑦ 程颢、程颐：《河南程氏遗书》卷十八，《二程集》，王孝鱼点校，第 221 页。
⑧ 程颢、程颐：《河南程氏遗书》卷二十五，《二程集》，王孝鱼点校，第 322 页。

知。”[①]王安石以孟子为憧憬的对象，“他日若能窥孟子，终身何敢望韩公”[②]。欧阳修也推崇孟子，以为“孔子之后，惟孟子最知道”[③]。至南宋，陆九渊自称，他的学说能够建立，是“因读《孟子》而自得之”[④]。朱熹在《孟子序说》中，引韩愈与二程尊孟之言论多处，意谓他们已将自己的意见说透了。两宋之间非孟、诋孟、疑孟的文人学者也不少，且不乏名家而有批评文章留存。举其荦荦大者而言，有司马光、苏东坡、叶适、晁公武等人。[⑤]就趋势而言，尊孟是占据了上风的。宋理宗在淳祐四年（1244）下诏：“朕惟孔子之道，自孟子以后不得其传，至我朝周敦颐、张载、程颢、程颐，真见实践，深探圣域，千载绝学，始有所归。”（《宋史·理宗本纪》）隋唐时人们习称“周孔”，至南宋以后则为“孔孟”，因为帝王的诏书是有着绝对权威的，官方正式承认孟子是道统中有着承上启下的关键性人物。

李贽没有深究两宋“抑荀而扬孟”的原委，而是提出了这样的疑窦。教师总是青睐喜欢提问的学生，而发问通常是要思索一番且有怀疑之后才能有的。当着一个人宣布自己有多少困惑和疑问时，他往往是一个有卓见睿识的人。李贽以为，怀疑是超越的起点，是对陈旧观念的冲击，是新思想萌生的基点：“学者但恨不能疑耳，疑即无有不破者。”[⑥]李贽的诸多新解，对时人的影响是巨大的。沈瓒讲李贽，“好为惊世骇俗之论，务反宋儒道学之说”，信从者如狂且对旧思想有极大的冲击力，“少年高旷豪举之士，多乐慕之。后学如狂，不但儒教溃防，而释宗绳检，亦多所清弃”。[⑦]陶望龄说：“望龄在京师时，从焦弱候游，得闻卓吾先生之风，继得其书毕习之，未尝不心开目明。”[⑧]李贽的著作，能开启人们的思想，能摧毁陈腐的旧说，是与他倡导“疑为学道者之宝”“学者不

① 张载：《经学理窟·义理》，《张载集》，章锡琛点校，第 273 页。
② 王安石：《奉酬永叔见赠》，《王文公文集》，上海人民出版社 1974 年版，第 620 页。
③ 欧阳修：《与张秀才第二书》，《欧阳修全集·居士外集》卷十六。
④ 陆九渊：《语录下》，《陆九渊集》，钟哲点校，中华书局 1980 年版，第 471 页。
⑤ 参见徐洪兴：《思想的转型——理学发生过程研究》，上海人民出版社 1996 年年版，第 123—126 页。
⑥ 李贽：《答僧心如》，《续焚书》卷一，张建业主编：《李贽文集》（第 1 卷），第 44 页。
⑦ 沈瓒：《近事丛残》卷一，厦门大学历史系编：《李贽研究参考资料》（第一辑），第 74 页。
⑧ 陶望龄：《奉刘晋川先生四首》，《歇庵集》卷十五，张昭炜主编：《陶望龄全集》，李令富编校，上海古籍出版社 2019 年版，第 891 页。

疑是大病”的怀疑精神，有着内在关联的。

（二）“务以自得”

怀疑之后就有质问，质问之时需要反思，反思过后往往会萌生一些心得。这就是李贽强调的自得精神，其核心是反对依傍他人的。李贽说：

> 平生师友散在四方，不下十百，尽是仕途忠烈丈夫，如兄辈等耳。弟初不敢以彼等为徇人，彼等亦不以我为绝世，各务以自得而已。故相期甚远，而形迹顿遗。愿作圣者师圣，愿为佛者宗佛。不问出家在家，人知与否，随其资性，一任进道，故得相与共为学耳。[①]

结交的朋友很多，都是讲忠义气节的大丈夫，我与他们相处如兄弟一般。但我不敢让朋友来顺从我，朋友也不以为我与人世隔绝而责备，人人都照自得精神来行事。各人的期望相距很远，但行为上的不同马上被遗忘了。自得精神就是随个人的天性，凭自身的爱好去求道。想做圣人的就以圣人为师，想成佛的就去信佛教，各行其是。“各务以自得”的“各”，强调的是主体意识与个性精神，即自己不同于他人的地方。“务”有三个意义。一是事情，作名词用；二是致力与追求，作动词用；三是必须与一定，作副词用。三个意义之间有着一定的联系，这里的“务”，兼有动词与副词的意义。在论及“为学”时李贽说：“夫惟真实敏事之人，岂但言不敢出，食不知饱，居不知安而已，自然奔走四方，求有道以就正。有道者，好学而自有得，大事到手之人也。此事虽大，而路径万千，有悟入者，有渐入者。”[②]“事”指“学问”。李贽以为，真实勤奋追求学问的人，不以物质生活上需求的满足为极限的，而是“奔走四方”向“有道”之人请教。达到自得境界的路径是多样化的，可以是刹那间领悟了的（“悟入”），也可以经历长期的磨炼后而觉悟了的（“渐入”）。

---

① 李贽：《复邓石阳》，《焚书》卷一，张建业主编：《李贽文集》（第1卷），第9—10页。
② 李贽：《复京中友朋》，《焚书》卷一，张建业主编：《李贽文集》（第1卷），第18页。

李贽的自得精神，远可上溯到孟子，近可追根到王阳明、王艮与赵大洲。孟子说："君子深造之以道，欲其自得之也。自得得之，则居之安；居之安，则资之深，则左右逢其源，故君子欲其自得之也。"（《孟子·离娄下》）君子是儒家所模塑的理想人格的范型之一，是对德才兼备的人的通称。在孟子看来，君子依照正确的方法去得到高深的造诣，就要求他自觉地有所体会。自得是人类精神生活常见的现象。任何一个人，在其一生中，无论面对客观的自然界，还是反思主体的自身，抑或处理与他人的关系时，都会产生一些自己所独有，而别人所无的感受。这一现象为孟子捕捉到并作了粗线条的归纳，为后人阐述提供了充分发挥的余地。历代文人学者均对此有所阐发。就明代而言，以心学家的诠释的力度最强，内中翘楚当属陈白沙与王阳明。①王阳明的心学频受后人的关注，是与他因自得精神而创独一派学说分不开的："先儒之学得有深浅，则其为言亦不能无异同。学者惟当反之于心，不必苟求其同，亦不必故求其异，要在于是而已。"②自得，不是对前人的学说表示一下赞同或反对，而是以自己的"心"（良知）去审定"先儒之学"。只要符合"良知"之所"是"，对任何一种学说，不必强求与前人同一；当然，也没有必要去故意寻求其间的差异。王阳明是以"良知"是自家的准则这一标准去判断的，只有求之于"自得"，才有真理性的认识可言："夫求以自得，而后可与之言学圣人之道。"③相较陈白沙的简略，王阳明不但撰写了《自得斋说》一文，而且从学术观、认识论与权威观三方面，对自得精神作了全方位的阐发。④

李贽不是自觉地卷入王阳明的心学世界的。这里起作用的是徐用检与赵大洲。徐用检是钱德洪的学生，"在都门从赵大洲讲学，礼部司务李贽不肯赴会，先生以手书《金刚经》示之，曰：'此不死学问也，若亦不讲乎？'贽始折节向学。尝晨起候门，辄摄衣上

---

① 陈白沙说："自得者，不累于外物，不累于耳目，不累于造次颠沛。鸢飞鱼跃，其机在我。"参见黄宗羲：《白沙学案上》，《明儒学案》卷五，沈善洪主编、吴光执行主编：《黄宗羲全集》（第7册），第93页。

② 王守仁：《书石川卷》，《王阳明全集》卷八，吴光等编校，第269页。

③ 王守仁：《别湛甘泉序》，《王阳明全集》卷七，吴光等编校，第231页。

④ 参见朱义禄：《论王阳明及其后学的自得精神》，《宁波大学学报（人文科学版）》2018年第5期。

马去，不接一语，如是者再，贽信向益坚。”[①]李贽与徐用检为同僚，徐用检见李贽不肯听赵大洲的讲学，就拿了本手抄的《金刚经》说，这是研究生死学问的经典。于是李贽“折节向学”，天天清晨等候在徐用检家的门口，跟随徐用检去听讲，“信向益坚”。赵大洲是王艮的学生徐樾的弟子，笃信王阳明的学说。他说：“因人言而乃悟者，非自得也。犹之日射摇水，光动于壁，寒入火室，暖自外至，借彼精神，为我精神，所借既去，我仍所然，其惟深造乎？深造则自得也。”[②]从他人那里得到的悟性，用来当作自身的“精神”，不合孟子所说“深造”之意蕴。一个人有所悟入的话，必须是“自得”的，方能说得上是“深造”。李贽之“愿作圣者师圣，愿为佛者宗佛”的“各务以自得”，是王阳明主张的复制，与赵大洲也有密切的关联。

王艮的学说与王阳明有很大的不同，但却是王阳明自得精神的忠实继承者：“先生讲说经书，多发明自得，不泥传注，或执传注辨难者，则为解说明白。”[③]别人用程朱理学对儒家经典的解释（“传注”）与王艮辩难，王艮用自身的心得体会去解说。李贽对王艮称赞有加，非常赏识他的“自悟”的：“当时阳明先生门徒遍天下，独有心斋为最英灵。心斋本一灶丁也，目不识一丁，闻人读书，便自悟性。”[④]王阳明的自得精神与王艮的“多发明自得”和赵大洲“深造自得”等因素的叠加，在李贽身上留下了深深的烙印。高扬主体意识、贵在自得，成为明代中后期学术思潮的一个显著特点，而李贽无疑是这一思潮的代表人物。

李贽的“穿衣吃饭，即是人伦物理”的著名论断，是李贽依据自得精神得出的：

> 穿衣吃饭，即是人伦物理；除却穿衣吃饭，无伦物矣。世间种种皆衣与饭类耳，故举衣与饭而世间种种自然在其中，非

---

① 黄宗羲：《浙中王门学案》，《明儒学案》卷十四，沈善洪主编、吴光执行主编：《黄宗羲全集》（第7册），第346页。

② 黄宗羲：《泰州学案二》，《明儒学案》卷三十三，沈善洪主编、吴光执行主编：《黄宗羲全集》（第7册），第884页。

③ 董燧：《年谱》，王艮：《王心斋全集》，陈祝生等校点，第68页。

④ 李贽：《为黄安二上人三首》，《焚书》卷二，张建业主编：《李贽文集》（第1卷），第74页。

衣饭之外更有所谓种种绝与百姓不相同者也。学者只宜于伦物上识真空，不当于伦物上辨伦物。故曰："明于庶物，察于人伦。"于伦物上加明察，则可以达本而识真源；否则只在伦物上计较忖度，终无自得之日矣。①

"学者"之前的话，强调"穿衣吃饭"是人基本的物质生活需求，要从"百姓"的日用生活中去考察人生，这否定了理学家"存天理，灭人欲"的道德禁欲主义。"学者"之后是得出"穿衣吃饭，即是人伦物理"结论的缘由，而时下学术界对之是缺乏"明察"的。李贽之意是，"学者"应当从"人伦物理"这些具体事例中去认识"真空"，而不应当就事论事，从"伦物"中去辨识"伦物"。"真空"是佛教的术语，是宇宙万物的本原。"宜于人伦物理上识真空"是说，观察事物要从深层次的本原上考察，不能停留在浅层次的物象上。"明于庶物，察于人伦"，语见《孟子·离娄下》。"加察"是强调，人的认识要从具体向抽象作提升，否则难以"识真源"。李贽告诫人们，不要在具体事物的现象中打转，那是不可能有自得精神的。

李贽的自得精神，涉及人们认识过程中的普遍规律，即思想创新的前提条件是什么？在吸取前人知识的基础上，经过自身的消化，变成适合于自身的东西而又有独创的见解，这就是自得精神。自得精神是在不断地对旧知的否定中实现的，在学术上必定是不迷信权威、书本与传统，是一种日新日进的思想。自得精神是人类认识中思想创新进程中必经环节，这是研究李贽思想一个不可或缺的视野，也是李贽留给中华民族的瑰宝。

（三）"活法"与"死法"

崇信自得精神的李贽，断言人的思维方式中有"活法"与"死法"的区别：

夫人本至活也，故其善为至善，而其德为明德也。……若执一定之说，持刊定死本，而欲印行以通天下后世，是执一

① 李贽：《答邓石阳》，《焚书》卷一，张建业主编：《李贽文集》（第1卷），第4页。

也。执一便是害道，孟氏已自言之矣。惟夫子之言性善也，曰：“性相近，习相远也，上知与下愚不移。”不执一说便可通行，不定死法便足活世。[1]

李贽以为，“执一定之说”是为“死法”，“不执一说”是“活法”。“执一”出自《孟子·尽心上》：“执中无权，犹执一也。所恶执一者，为其贼道也，举一而废百也。”孟子以为，主张中道而没有灵活性，就会导向“执一”。“执一”有害于对“道”的把握，“执一”只把握很小部分而放弃了绝大部分。在李贽看来，“执一”是不知道变通而缺乏活力，如同刻板上的字印到纸张上一样。李贽强调，人的本性是“至活”的，“执一”是“死法”，务必否定。李贽说：“夫经，言教也。圣人不得已而言，故随言随扫，亦恐人执之耳。”[2]孔子著经的本意是教育学生，而孔子对学生实行因材施教的灵活手段，就是怕人们一成不变地去理解。

笃行自得精神的李贽，期望人们从僵死的“执一”的思维方式中解脱出来：

经可解，不可解。解则通于意表，解则落于言诠。解则不执一定，不执一定，即是无定，无定则如走盘之珠，何所不可？解则执一定之说，执定一说，即是死语，死语则如印印泥，欲以何用也？[3]

李贽所说的“执一”，就是中国传统文化中的经学态度。经学态度是以圣贤的言行与经典的著作，作为自身思维方式的准绳。从立论上说，以圣贤的言行为是非的标准；从范围上说，以诠释经典上的学问为主要任务；从历史上说，汉儒重章句之学，宋儒重义理之学，虽有区别但都是从圣贤的言行与经典的著作中去寻求根据。

---

① 李贽：《孟轲》，《藏书》卷三十二，张建业主编：《李贽文集》（第3卷），第598页。
② 李贽：《书决疑论前》，《焚书》卷四，张建业主编：《李贽文集》（第1卷），126页。
③ 李贽：《书决疑论前》，《焚书》卷四，张建业主编：《李贽文集》（第1卷），第125页。这段话是李贽对《华严经决疑论》的理解，但不应局限于佛经，从他的一贯主张看，这对儒家经典完全是适用的。

经学态度从两汉一直延伸明清。汉儒匡衡说："臣闻六经者，圣人所以统天地之心，著善恶之归，明吉凶之分，通人道之正，使不悖于其本性者。故审六艺之指，则人天之理可得而和，草木昆虫可得而育，此永永不息之道。"（《汉书·匡衡传》）圣人与儒家经典囊括了自然与人类的道理，能够分辨人世间的善恶与吉凶，是超越时空的永恒不变的真理。由于历代朝廷对圣人与儒学的反复提倡，圣人与儒家经典有着无上的权威性与普遍的适用性。清代著名学者钱大昕重申了匡衡的经学态度："吾于是知六经之道，大小悉备，后人詹詹之智，早不出圣贤范围之外也。"[①]后人即使充满了聪明与智慧，但大大小小的道理，六经中早就具备了。按照经学态度，举凡治国的道理、社会的准则、教育的内容、做人的规矩、科学的知识、人类的本性……都可以在圣人所著的六经中得到满意的答复。李贽指明，对经典著作有两种解法，"可解"与"不可解"。"可解"，是说经典诠解释得好，"不执一定"；不遵守经学态度，"通于意表"，充满活力，"何所不可"。"不可解"是说，经典解释得不好，"执定一说"；遵守经学态度，"如印印泥"，一点活力也没有，"即是死语"。"不执一定"与"务以自得"是相辅相成的，是李贽对传统经学态度的否定。

李贽在自述中说，50岁以前他的思维方式是"随人说研"。之后苦读经典，方才知晓做学问的道理来：

> 余自幼读《圣教》不知圣教，尊孔子不知孔夫子何自可尊，所谓矮子观场，随人说研，和声而已。是余五十以前真一犬也，因前犬吠形，亦随而吠之，若问以吠声之故，正好哑然自笑也已。五十以后，大衰欲死，因得朋友劝诲，翻阅贝经，幸于生死之原窥见斑点，乃复研穷《学》《庸》要旨，知其宗实，集为《道古》一录。[②]

此文写于去世前的万历二十九年（1601），可谓晚年定论。

---

① 钱大昕：《答问十二》，《潜研堂文集》卷十五，《清代诗文集汇编》（第364册），上海古籍出版社2010年版，第141页。

② 李贽：《圣教小引》，《续焚书》卷二，张建业主编：《李贽文集》（第1卷），第63页。

李贽把自己五十岁之前的思维方式，比作“前犬吠形，亦随而吠之”。至于“吠声之故”，他是不知道的。这是对“执一定之说”的“死法”，作了生动而形象的描绘。他又把“执一定之说”的思维方式，比作为“矮子观场，随人说研，和声而已”。这样的比喻，在傅山《霜红龛集》也常见到。先前仅知是人云亦云之意，内中原委不得而知。1992年，在太原参加了一次学术会议，散会后我到山西代县的鹿蹄涧村参观杨家祠堂。[①]出来时见一个金代遗留下来的戏台，戏台前有一块空地，供人们看戏用。农村里看戏是站立的，矮子在后面难以见到演出全貌，听见前面的观众喝彩，矮子也就随着起哄。这一比喻是说自身无见解，即“执一定之说”。[②]李贽说自己深入地研读了佛教经典后，并反复对照《大学》《中庸》后，“于生死之原窥见斑点”，才有《道古录》一书的面世。这本书是李贽“活法”的结晶，是对知识的了解转为自我的体悟，是与众不同见解的著作。李贽对东施效颦的行为是鄙视的：“人之所以终不成者，谓其效颦学步，徒慕前人之迹为也。”[③]慕“前人之陈迹”，就是“死法”。

李贽的自得精神，着重的是一个“活”字，意味着对传统与世俗的挑战与背叛。所谓“天幸生我大胆”，表明自己的思维方式是充满活力的。人的思维活动，老是处于“印印泥”中，他能“大胆”得起来否？力行“活法”，就意味着思维方式的多元化。李贽对历史人物的评价似轰天雷一样惊动了世人，尤其是对冯道的评价更是如此，这正是“活法”的具体化。李贽说：

> 冯道自谓长乐老子，盖真长乐老子者也。孟子曰：“社稷为重，君为轻。”信斯言也，道知之矣。夫社者，所以安民也；稷者，所以养民也。民得安养而后君臣之责始塞。君不能安养斯民，而后臣独为之安养斯民，而后冯道之责始尽。……

---

① 为纪念宋代将领杨业而建。杨业即小说与戏曲中的杨继业，人称杨老令公即是。

② 李贽在《杂说》中，尊《拜月》《西厢》为“化工”，贬《琵琶》为“画工”。文中又有“试取《琴心》，一弹再鼓”语，可以证实李贽是经常看戏的。否则不会以观剧时的情景，来比喻“执一之说”的。［李贽：《焚书》卷三，张建业主编：《李贽文集》（第1卷），第90—91页］

③ 李贽：《孟轲》，《藏书》卷三十二，张建业主编：《李贽文集》（第3卷），第599页。

谯周之见，亦犹是也。[①]

下面作四个方面的疏理。冯道一生历仕四朝十余君，位极人臣，官职一直在将、相、三公之间。历来是后世学者谴责的对象，定位为毫无节操的贰臣，依据的是愚忠观念。冯道却在当时是受时人称赞的，但入宋以后，出于维护北宋政权的合法性，一些学者说把天下大乱归于冯道，视为大大的奸臣。[②]欧阳修下了这样的断语："予读冯道《长乐老叙》，见其自述以为荣，其可谓无廉耻者矣""为大臣而无所不取不为，则天下其有不乱，国家其有不亡者乎！"（《新五代史·冯道传》）司马光持愚忠的观念，对冯道大加鞭挞。他从"忠臣不事二君"的观点出发，下了"君则兴亡接踵，道则富贵自如，兹乃奸臣之尤"[③]的断语。孔、孟何尝有愚忠的观念："君使臣以礼，臣事君以忠"（《论语·八佾》）"君之视臣如土芥，则臣视君如寇仇。"（《孟子·离娄下》）只是后世儒学，尤其宋明理学成为官方意识之后，愚忠观念甚嚣尘上，以致小说书中出现了"常言道'君教臣死，臣不得不死'"[④]这样的话。这是一。第二，以愚忠观念来评价冯道是不公道的。冯道所处的五代期间，五易国，八易姓，十三易君，三年多换一个皇帝，似走马灯一样。连忠于一姓的客观环境也没有。第三，以民本思想为准绳，李贽对冯道做了较为合乎客观情况的评价。就冯道而言，他不管哪个朝代，也不论谁做皇帝，他不在乎对谁忠，对谁奸，只要自己作为于百姓生计有利就做了。在背叛、暴力、无耻与荒唐的战乱时代，他生活俭朴、体恤民生、奖掖贤能、重视文化事业。面对暴虐成性的皇帝，冯道陈民瘼于后唐明宗之前，劝止杀于耶律德光肆虐之际，赎还被俘中原女子于危难之中。他的心思索集中于一点，就是"安民"与"养民"。在文化氛围充塞着愚忠观念的年代里，李贽不斤斤于狭义忠奸观念上，够大胆的了。第四，李贽评价冯道的指导原则是功过论。对历史人物的评价标准是多元的，可

① 李贽：《冯道传》，《藏书》卷六十八，张建业主编：《李贽文集》（第3卷），第1299页。
② "范质称冯道厚德稽古，宏才伟量，有死无贰，虽朝代迁贸，人无间言。"（司马光：《资治通鉴》卷二百九十一，第9511页）
③ 司马光：《资治通鉴》卷二百九十一，第9511—9512页。
④ 吴承恩：《西游记》第七十八回。详见朱义禄：《黄宗羲与中国文化》，第68—70页。

以从不同阶段去论定的，也可以功过得失来认定的。李贽以为，当君主不能“安养斯民”时，臣子做到了“安养斯民”，其责任就尽到家了。有必要去指责冯道的所为吗：“谯周、冯道诸老宁受祭器归晋之谤，历事五季之耻，而不忍无辜之民日遭涂炭。”①综上所述，不根据社会环境的变化，一成不变地持愚忠观念对历史人物做论断，只能说是“死法”；根据实际情况的变动，对历史人物的评价作出异乎传统的新见，那是“活法”。以“活法”为自身思维方式准绳的学者，是要求破除思维的定势化。有着诸多新见解的大思想家，都是遵循这样的思维方式的。李贽就是一个典型。

因思维方式的差异，人们得出的结论是各殊的。以“怀疑为宝”与“务以自得”为思维方式的李贽，是充满着激情与活力的。他钟情的“活法”，意味着不依傍前人、不遵从传统；意味对独创见解的青睐、对离传说经的向往。李贽诸多惊世骇俗的主张。体现是非观、善恶观、平等观、友朋观与童心观，涉及认识论、道德哲学、政治思想、哲学与文艺理论等诸多领域。

---

① 李贽：《孔明为后主写申韩管子六韬》，《焚书》卷五，张建业主编：《李贽文集》（第 1 卷），第 212 页。谯周之降魏，亦可作如是观。

第三节 是非观："各相是非，不可一也"

目前有关李贽的论著都对他的是非观有所论述，差别只在多与少，但那些著作很少对"是非"本身理论探究的。"是非"，通俗地说是对与错；从认识论上讲，即谬误与真理。李贽的是非观，是对在古代中国处于权威地位的天子是非观与孔子是非观的挑战。李贽的"是非缪于圣人"名义上表现在对历史人物的评判上，而本质上是对传统权威主义的抨击。"是非无定质"，是李贽是非观的核心。其源头在庄子的相对主义，用李贽的话来说，是"百姓皆注其耳目，以我观彼，以此视我，各相是非，不可一也"[①]。"百姓"中的"彼"与"此"，心中都有各自的标准，否认有确定不移的是非标准，李贽自己则完全"断以己意"作为评价历史人物的理论依据。如梅国桢所说："取汉以来至金元君臣名士，撮其行事，分类定品，一切断以己意，不必合于儒者相沿之是非。"[②]本节不纠葛于历史人物评价的论述，而集中于是非观的理论分析上。

（一）"是非缪于圣人"

否定"是非尽合于圣人"的传统见解，见诸他晚年精心写成的评述历史人物著作《藏书》中。他抄录了《汉书·司马迁传》后，写了长篇按语：

> 李生曰，此班氏父子讥司马迁之言也。班氏以此为真足以讥迁也，当也，不知适足以彰迁之不朽而已。使迁而不残陋、不疏略、不轻信、不是非缪于圣人，何足以为迁乎？而兹史固不待作也。迁、固之悬绝，正在于此。夫所谓作者，谓其兴于有感而志不容已，或情有所激而词不可缓之谓也。若必其是非尽合于圣人，则圣人既已有是非矣，尚何待于吾也？夫按圣人以为是非，则其所言者，乃圣人之言，非吾心之言也。言不出于吾心，词非由于不可遏，则无味矣。有言者不必有德，又何贵于言也？此迁之史所以继麟经而作，后有作者，终不可追也

① 李贽：《老子解》，张建业主编：《李贽文集》（第7卷），第19页。
② 梅国桢：《藏书》梅序，张建业主编：《李贽文集》（第2卷），第3页。

已。《春秋》者，夫子史也。笔则笔，削则削，初未尝案古圣人以为是非也。……《史记》者，迁发愤之所为作也，其不为后世是非而作也明矣。其为一人之独见也者，信非班氏之所能窥也与！①

首先，李贽肯定司马迁“是非缪于圣人”的见解。班固指责司马迁的理由为：“是非颇缪于圣人。论大道，则先黄老而后六经；序游侠，则退处士而进奸雄；述货殖，则崇势利而羞贫贱，此其所蔽也。”②在班固看来，“六经”与“黄老”是对立的。“黄老”是指黄老之学，它是战国时期到西汉时期道家派别之一，尊老子与黄帝为创始人。西汉初年，统治者面临战乱之后萧条景象，采取休养生息的暂时性措施，推崇黄老之学。司马迁的父亲司马谈，是黄老之学的信奉者。但自汉武帝独尊儒术以来，对“六经”的崇拜已成为当时文人学者的主流意识。“六经”为“圣人”所作，具有宰制万物的功用，牢笼百家的功用。汉武帝时置五经博士，由博士而递升为公卿者比比皆是。如公孙弘、张禹、匡衡等人，都是由这样的途径登上相位的。最高统治者制定的国策与人才选拔制度相结合，让匡衡得出“六经”为“圣人所以统天地之心，著善恶之归”的结论来。匡衡的价值判断，是班固讥司马迁“先黄老而后六经”的缘故。班固史学观不同于司马迁，这里不论。李贽断言，这是“迁、固之悬绝”的原因，也是两是非观差别的所在。李贽断言，如果司马迁“轻信”圣人的是非，“兹史固不待作”，“何足以为迁乎？”正是司马迁持“是非缪于圣人”的观点去写《史记》，才奠定了其在中国开山祖之地位。

第二，李贽以孔子作《春秋》为例，作为驳斥班固的历史依据。李贽说孔子“未尝案古圣人以为是非”。孔子在他生活的年代里，面对着“古圣人”尧舜，《春秋》“笔则笔，削则削”，坚持自身的是非，不以尧舜的是非为是非。这即是说明，“各相是非，不可一也”的是非观是有历史依据的。

---

① 李贽：《史学儒臣·司马迁、司马谈》，《藏书》卷四十，张建业主编：《李贽文集》（第3卷），第795页。

② 李贽：《史学儒臣·司马迁、司马谈》，《藏书》卷四十，张建业主编：《李贽文集》（第3卷），第795页。

第三，李贽从创作理论上来论述，文章之“作”应当是“出吾心之言”与“一人之独见”的产物。任何作品都产生于“兴于有感”与“情有所激”之后。“感”与“激”是“心”受外界事物刺激后，产生的亢奋与激昂的状态。由此心态的延伸，就是“志不容已”与“词不可缓”现象的出现。“志不容已”，是说人在此时非主观意志所能控制；“词不可缓”，是说言词在此时非喷涌而不可遏止。李贽对此有一段脍炙人口的描绘：“夫世之真能文者，比其初非有意于此文也。其胸中有如许无状可怪之事，其喉间有如许欲吐而不敢吐之物，其口头又时时有许多欲语而莫可所以告语之处，蓄极积久，势不能遏。一旦见景生情，触目兴叹，夺他人之酒杯，浇自己之垒块，诉心中之不平，感数奇于千载。”[①]进入此创作状态的人，文章无所依附，超然深致，不必雷同于“圣人”，是要显现出独出胸臆的见解来。总而言之，“但无以孔夫子之定本行罚赏也，则善矣”，“咸以孔子之是非为是非，故未尝有是非耳。”[②]李贽强调的是，不能用孔子的是非作为既定的框框，作为定夺的标准，“吾心”才是衡量是非的标准。他在悼念好友李元阳的文章中说：“公但直信本心，勿顾影，勿疑形，则道力固自在也，法力固自在也，神力亦自在也。”[③]“直信本心”与“是非尽合于圣人”是对峙的，是文章“道力”“法力”“神力”的真谛所在。“一人独见”与“直信本心”，正是李贽独立人格与个性自由主张的真实写照。

“咸以孔子之是非为是非”，是基于人们对孔子的顶礼膜拜而形成的权威主义观点，李贽于此是不认同的。权威原则与权威主义不是一回事，已如前述。在中国历史中，儒家经典中记载的圣人言论就是权威主义的根源。当着一部著作认定为经典后，再经世代的不断诠释，在历史的延续中就成为权威主义。李贽有一篇短文，借刘谐的话对道学家的权威主义态度，作了有力的讽刺：“天不生仲

---

① 李贽：《杂说》，《焚书》卷三，张建业主编：《李贽文集》（第1卷），第91页。
② 李贽：《藏书世纪列传总目前论》，《藏书》卷首，张建业主编：《李贽文集》（第2卷），第7页。
③ 李贽：《李中溪先生告文》，《焚书》卷三，张建业主编：《李贽文集》（第1卷），第112页。李贽“出吾心之言”，与王阳明关系密切：“夫学贵得之心。求之于心而非也，虽其言出于孔子，不敢以为是也，而况其未及孔子者乎！”（王守仁：《传习录中》，《王阳明全集》卷二，吴光等编校，第76页）只是王阳明说得含蓄，不像李贽那样直截了当。

尼，万古如长夜。”[①]在与耿定向的论战中，李贽提出了没有了孔子，人是否还成为人的责难：“天生一人，自有一人之用，不待取给于孔子而后足也。若必待取足孔子，则千古以前无孔子，终不得不为人乎？”[②]这在当时具有个性解放和否定传统观念的积极意义，从而为不同的思维方式并行共存创造了条件。

李贽对孔子学说中的合理性因素也作了肯定。《论语·雍也》有“仁者乐山，智者乐水”的话，李贽的批语是“有说不尽之意”。[③]李贽对孔子的权威地位是认同的：“今观吾夫子，夫孰不尊？夫孰不亲？从今以后，以至于万亿年载，其尊且亲，但见其有加而不替矣。岂若当时之王，见在则尊，过则已……吾以谓千古可以语圣者，夫子也”[④]“必如吾夫子，始可称万世永赖，无疆上寿也”[⑤]。李贽以为，孔子与“当时之王”有本质区别。“当时之王”在世时为人们所尊敬，但随着时光的流逝，这种尊敬成为过眼烟云。孔子则不同，人们对孔子的尊敬不因时日荏苒而抹去。愈是时代往后推，其身上的光环愈明亮。李贽是认同孔子权威地位的，但反对人们对孔子所持的权威主义态度。轻率地断言，李贽是尊孔或反孔的，皆与李贽对孔子的态度是不相符合的，是抓住一隅而放大之。

（二）“是非无定质”

“是非无定质”，从认识论的视野来说是属于相对主义的：

> 李氏曰：人之是非，初无定质；人之是非人也，亦无定论。无定质，则此是而彼非并育而不相为害；无定论，则是此非彼亦并行而不相悖矣。……夫是非之争也，如岁时然，昼夜更迭，不相一也。昨日是而今日非矣，今日是而昨日非矣，今日非而后日以是矣。虽使孔夫子复生于今，又不知作如何非是

---

① 李贽：《赞刘谐》，《焚书》卷三，张建业主编：《李贽文集》（第1卷），第121页。
② 李贽：《答耿中丞》，《焚书》卷一，张建业主编：《李贽文集》（第1卷），第15页。
③ 李贽：《四书评·论语》，张建业主编：《李贽文集》（第5卷），第39页。
④ 李贽：《道古录》卷下，张建业主编：《李贽文集》（第7卷），第385页。
⑤ 李贽：《富莫富于常知足》，《焚书》卷六，张建业主编：《李贽文集》（第1卷），第214页。

也，而可遽以定本行罚赏哉！[①]

“是非无定质”论的宗旨，着重于是非的客观标准无法确定的。如同岁月更迭一样，“昼夜更迭，不相一也”。昨是今非，今是昨非，今非后是。除了时间上更迭外，也有因主体不同而造成的不确定性：“天下之所谓是非者，不过我是若非，若是我非，或是或非，俱是俱非。四者皆出于我与若，而我与若俱不能相知，则所谓是非者，卒不明矣。”[②]“我”是“若”是两个主体，他们的观点尖锐对立，无法调和（“不能相知”）。这是相当完整的相对主义，从渊源考察只能源自道家。李贽著有《老子解》与《庄子解》两书。他在解释《老子》“圣人无常心”一章时，发挥着己见中渗入了庄子的见解：

> 夫天下之人，各一其心也久矣。圣人则合天下之人，而浑为一心。百姓皆注其耳目，以我观彼，以此视我，各相是非，不可一也。”[③]

藉助“以我观彼，以此视我”这种句式的运用来畅伸论哲理的，历史上仅见于《庄子》一书。李贽作《庄子解》，虽说有较多郭象《庄子注》的痕迹，但此书给人最鲜明的印象，是李贽深受庄子相对主义的影响。庄子的相对主义，包括齐万物、齐生死与齐是非三部分，而统之以齐物论。庄子断言，任何事物的差别与人们认识上的是非以及生死的界限是相对的，皆因主体不同而呈现出差别来。齐万物与齐生死，本书不说了。[④]李贽尤其青睐的齐是非：“你看庄子说‘逍遥游’，便说大大而后逍遥，所以不大者

---

① 李贽：《藏书世纪列传总目前论》，《藏书》卷首，张建业主编：《李贽文集》（第2卷），第7页。

② 李贽：《庄子解》，张建业主编：《李贽文集》（第7卷），第47页。此段文字注明“吕氏曰”，李贽是赞同“吕氏”主张的。这从稍前李贽的话可以得到佐证：“夫是非之相胜，岂特我与若不能相正，虽使同乎我与若、异乎我与若者，亦不能正我与若者之是非也。然则我也、若也、人也，皆不能相知也。”［参见李贽：《庄子解》，张建业主编：《李贽文集》（第7卷），第46页］

③ 李贽：《老子解》，张建业主编：《李贽文集》（第7卷），第19页。

④ 李贽明言：“自我言之，太山小而秋毫乃大，是未始有大小也；殇子寿而彭祖乃夭，是未即有寿夭也。”［参见李贽：《庄子解》，张建业主编：《李贽文集》（第7卷），第43页。另可参见朱义禄：《诸子百家》，同济大学出版社2002年版，第63—65页］

以物论不齐也。”[①]“齐是非”是说人们在认识客观对象时，标准是无法定夺的。庄子发问道，人睡在潮湿的地上，会患腰痛或半身不遂，泥鳅也会这样吗？人爬上树的高处就会惊惧不安，猿猴也会这样吗？这三种生物，到底谁的生活习惯才合标准呢？人喜吃肉，麋鹿喜吃草，蜈蚣喜吃小虫，猫头鹰喜吃老鼠，谁的味道才是合乎标准呢？毛嫱和西施是世人公认的美女，但“鱼见之深入，鸟见之高飞，麋鹿见之决骤。四者孰知天下之正色哉？”（《庄子·齐物论》）庄子举了这些例子，说明作出确定性的答案是不可能的。李贽有一段话是庄子齐是非的翻版：“若知是非循环莫得其偶，则能执枢以应之，而因非因是自与之无穷矣，故再言莫若以明。……则圣人于此，安得不和以是非，而听其两行也哉？听其两行，则能休乎天钧。”[②]庄子对当时儒墨争议作了一番评议：“物无非彼，物无非是……是亦彼也，彼亦是也。彼亦一是非，此亦一是非。果且有彼是乎哉？果且无彼是乎哉？彼是莫得其偶，谓之道枢。枢始得其环中，以应无穷。是亦一无穷，彼亦一无穷也。故曰莫若以明。”（《庄子·齐物论》）

墨家与儒家是当时的显学，但观点截然相反。儒墨各自肯定对方要否定的，否定对方要肯定的。庄子觉得，依照儒墨两家的做法，是非就无法弄清了。推而广之，“彼”有它的是非，“此”也有它的是非。“彼”与“此”是两个观点相异的认识主体，“彼”与“此”都要否定对方的是，而肯定对方的非。庄子认为，不走是非对立的路子，那就是把握道的枢纽。抓住了这一中枢，才得以进入环的中心，以顺应无穷的变化，即“莫若以明”。“以明”，就是以“道”来观照对立双方的观点，是非可以泯灭了。“是以圣人和之以是非而休乎天钧，是之谓之两行。”（《庄子·齐物论》）庄子以为，圣人表面上应付世俗的是非，实质上是让世俗的是非都存在下去，这叫作“两行”。让不同的是非完整地保存下来，这否认了人类认识中的真理性标准，使让庄子滑向了相对主义。在庄子看来，任何争辩都是对“道”的全面性的歪曲和割裂：“是非之彰，道之所以亏也。”（《庄子·齐物论》）对是非的争议，都是

① 袁中道编：《柞林纪谭》，张建业主编：《李贽文集》（第7卷），第342页。
② 李贽：《庄子解·齐物论》，张建业主编：《李贽文集》（第7卷），第40页。

对本体的“道”的亏损。对庄子齐是非的相对主义，李贽基本上是承袭的：“夫是非彰，则大道亏。”①

李贽的“不可一也”，是继承了庄子的相对主义，不同只是表述方式的差别罢了：

> 天地间一大是非耳，未有能听之者，听之则是非蜂起，不听则闷然无当。听与不听，又自有是非矣，何时一欤？然则，如何？曰是非之争也，起于有知，而灭于无知也。此南郭子綦所以丧我也。我尚无矣，知从何生？是非一致，物论自齐。②

李贽以为天地间的是非，是不能倾听的。听了就会“是非蜂起”，不知所措；不听，又“闷然无当”。“听”的人与“不听”的人，各有他们的是非观念。如何办呢？最好的策略是让自己处于“无知”状态，仿效南郭子綦那样，让身心处于物我两忘的状态之中。南郭子綦是楚庄王的庶弟，做过楚庄王的司马。因居南郭，故称南郭子綦。《庄子·齐物论》把南郭子綦描绘成一个忘掉了自己身心的人物：“荅焉似丧耦”“今者吾丧我，汝知之乎？”庄子以为，人各有是非，干脆忘掉天地间的是非好了。如何忘却呢？就要使自身处于忘我的状态中。李贽觉得，最好的办法，“直取自己快当，不顾他人非刺”③。李贽强调的是，评价历史人物的准绳要“不顾他人非刺”，任何历史上已有的是非都可以不加考虑。于是就有了以秦始皇为“千古一帝”、以吕不韦为智谋之士、以卓文君为“善择佳偶”等不同于“大戾昔人”的“是非”。历史上为人们视为“鄙者、弃者、唾且骂者”，他以为家国是可以托付在他们身上的。于陈胜，他写了“匹夫首倡”的传记；对项羽，不以成败论而称之为“千古英雄”。对归降西晋的谯周与历事五朝的冯道，他不像前人那样去苛责，而是对他为民生安定的作为予以肯定。

李贽以高度抽象的语言来表述自己的相对主义：“然则今日之是非，谓予李卓吾一人之是非，可也。谓为千万世大贤大人之公是

---

① 李贽：《庄子解·齐物论》，张建业主编：《李贽文集》（第7卷），第41页。
② 李贽：《庄子解·齐物论》，张建业主编：《李贽文集》（第7卷），第37页。
③ 李贽：《寄答留都》，《焚书》增补一，张建业主编：《李贽文集》（第1卷），第257页。

非，亦可也。谓予颠倒千万世之是非，而复非是予之所非是焉，亦可也。则予之是非，信乎其可矣。”[①]好多有关李贽的论著，直接引此原文而不加解释，实质上在李贽的内心深处是有五种选项的：“今日之是非”，“李卓吾一人之是非”，“千万世大贤大人之公是非”，“颠倒千万世之是非”，“复非是予之所非是”，李贽觉得这，人们选择其中任何一种都是可以的。反正没有众人公认、确定不移的标准，这就是李贽要告诉人们的道理。他的目的在于否定把孔子的是非，作为一成不变的“定本”，具有反对独断论的积极意义。他以为每一个人都有自己的标准，不同的是非标准是可以“并行而不悖”的。

相对主义是片面夸大认识的相对性，否认认识的绝对性，最终否定认识有客观标准的学说。它把事物和认识的相对性绝对化，割裂相对与绝对的辩证关系，是相对主义的主要特征。认为相对中无绝对的内容，必然会导致否认认识在一定界限内的确定性，并在认识论上否认真理的客观内容，这是相对主义的通病。如果说先秦，庄子是相对主义的代表人物，那么在晚明，李贽则擎起了相对主义的大纛。认识中的相对性是存在的，承认这一点并不等于相对主义，关键在于要认同这么一个观念，即相对与绝对是辩证统一的，在一定条件下二者是会相互转化的。

李贽的《老子解》作于万历三年（1575），二年后入滇为姚安太守。《庄子解》最迟在万历十一年（1583）成书。学术界通常认定，《藏书》始作万历十年（1581），至万历二十七年（1599）完成。他接受庄子相对主义在前，而以此去评论历史人物在后。

（三）是非观的理论剖析

在中国古代社会里占据统治地位的是两种是非观。一是以天子的是非，作为天下人的是非；一是以孔圣人之是非，为人们言行定下标准的权威性答案。还有一种为平民百姓认同的是非观，它只是流行而不占主导地位。前者是政治性的，中者是认识论的，后者是社会心理层面的。

天子说的话是判断一切的依据，天子的是与非就是决策的根

---

① 李贽：《藏书世纪列传总目前论》，《藏书》卷首，张建业主编：《李贽文集》（第2卷），第7页。

据，这是几千年中国古代社会里的通常情况。“帝者，以主宰事而名”，[①]二程简明扼要地点出了这一点。自秦汉以后，从地方到中央，形成了一个只服从于皇帝的纵向的巨大的统治机器。在这一政权结构中，各级大大小小的官僚，是这部大机器上无数的小螺丝钉。君主是这部机器的总操纵者，官僚们职掌的权力也许很大，但却是君主赋予的，他们要绝对服从君主的命令。就像算盘一样，人主拨一是一，拨二是二。君主一言九鼎，他的决定是金科玉律，不能丝毫的违背。是与非，君主说了算。天下之是非，就装在君主心中。君主有不对之处，臣下是不应该去匡正的。朱熹讲“臣子无说君父不是底道理”，真实反映了天子是非观，臣民是无可辩驳的客观事实。这是专制主义制度的必然产物，但从历史上看，君主的是非，大多数不一定是正确的。

吕坤有一段话很值得深思：“众卿争议于朝，曰：‘天子有命。’则屏然不敢屈直矣。师儒相辩于学，曰：‘孔子有言。’则寂然不敢异同矣。”[②]吕坤与李贽是同时代的人。公卿大臣在朝廷上争论不休，天子一下命令，就不再出声申辩谁对谁错了；儒生在学堂上相互争辩，说到了孔子对所争问题的论述，就默然不出声而不再议论纷纷了。“天子有命”是政治上的权势，“孔子有言”是认识上的准绳。只要搬出这两条，争议就停息了。

“非圣”是个滔天大罪，“非圣无法”除了藐视天子外，非议孔圣人也是其中一个内容：“周诗三百篇，雅丽理训诰。曾经圣人手，议论安敢到？”[③]韩愈这首诗，为孔子之是非为权威主义的形象化表述。入明以后，孔子的权威地位未曾动摇过，因为皇帝的治统需要儒家的道统在意识形态上的支撑。明太祖于洪武元年（1368），遣使诣曲阜致祭。祭文中说：“仲尼之道，广大悠久与天地相并，故后世有天下者莫不致敬尽礼，修期祀事。朕今为天下主，期在明教化，以行先圣之道。”[④]孔子的言论是朝廷对子民进行教化的指导原则，“与天地相并”，皇帝的责任就是“行先圣之道”。明宪宗在《御制重修孔子庙碑》中明言：“自孔子以后，有

① 程颢、程颐：《河南程氏遗书》卷十一，《二程集》，王孝鱼点校，第 132 页。
② 吕坤：《谈道》，《呻吟语》卷一，第 56 页。
③ 韩愈：《荐士》，《全唐诗》卷三三七，中华书局 1999 年版，第 3786 页。
④《明太祖实录》卷三十。

天下者无虑十余代，其君虽有贤否、智愚之不同，孰不赖孔子之道以为治？其尊崇之礼，愈久而愈彰，愈远而愈盛。”[①]朝代有更换，君主有贤愚，然以“孔子之道以为治”这一根本方针是永恒不变的。当孔子的是非观被看作“治道”时，就与天子的是非观合而为一了。对孔子是非观的否定，与动摇了治国的方针凑合在一起了，这不是一桩小事了。李贽被逮捕入狱的原因之一，就是“以孔子之是非为不足据”“不知遵孔子家法”[②]。敢于否定“孔子之道”的权威地位，自然引起当朝皇帝的不快而难以容忍了。万历于张问达疏上所列举李贽的放荡生活没有什么反应，而把罪名集中于“敢倡乱道”，这个“道”就是“先圣之道”。尽管马经纶在李贽入狱后，大力地展开了营救活动，难以奏效也就是必然的了。

到了明代中后叶这两种是非观受到了冲击，冲击最有力的当为李贽与黄宗羲。从传承角度说，李贽的观点是从王阳明那里在来的。在王阳明心目中，如果自己内心的“良知”认为是错误的，即使是孔子说的，我也不会认同的，更何况达不到孔子水平的。如果我内心的“良知”断定是正确的，哪怕是平常人说的，我也不会说非的。王阳明赋予“良知”以无上的权威性，只要沿着这个思路稍作延伸，有点发挥的话，就极易作出“不以孔子之是非为是非”的结论来。李贽是编过《王阳明先生道学钞》，作过《阳明先生年谱》的，对王阳明的思想是了如指掌的。李贽是非观是继承了王阳明的。

黄宗羲力主“公是非于学校”的主张，是从李贽那里发展出来的。黄宗羲是一个吸纳力极强的学者，他会把前人提出的观点，依据自身的体会加以消融后，提炼出闪烁着时代新声而更能吸引人们眼球的见解来。黄宗羲“公是非于学校”的主张，完全可以见到李贽的影子：“天子之所是未必是，天子之所非未必非，天子亦不敢自为非是，而公其非是于学校。”[③]这是近代议会制的意识，是隐藏在圣王的古代招牌下的议会政治思想的萌芽，以求变更天子决定是非的专制主义格局。[④]在《明儒学案》一书中，黄宗羲有十几次

① 孔继汾：《阙里文献考》卷三十三，周海生点校，上海古籍出版社 2019 年版，第 281 页。
②《明神宗实录》万历三十年。顾炎武《日知录》卷十八《李贽》中，抄录了张问达的上疏。
③ 黄宗羲：《明夷待访录·学校》，《黄宗羲全集》（第一册），第 10 页。
④ 参见朱义禄：《黄宗羲与中国文化》，第 85—93 页。

提及李贽，但没有为李贽立学案，他对李贽学说是了如指掌的。黄宗羲的高明处，是把李贽出自“吾心之言”的是非，转换成“公是非于学校”；是把“是非缪于圣人”，改成为“天子亦不敢自为非是”。这样的变动，私易为公，圣人变成天子，无论是境界还是力度，大大地超越了李贽。但从逻辑起点与精神实质来说，与李贽的是非观并无本质上的不同。李贽侧重于认识论，而落脚于历史人物评价中。黄宗羲偏重于政治层面，而归宿于民主意识的提倡。二人殊途同归，都是批判占统治地位的天子是非观，目的是为了提倡个性解放。

综上所述，对李贽的是非观的理解不能停留在表层上，应当结合当时流行的、占统治地位的是非观来考察，应当结合他对后世的影响来剖析。

第四节 善恶观：“迩言为善”与“有私必力”

李贽是继承了王艮“百姓日用是道”的，并在对“迩言”的诠释中，贯注了自己的新意。历代学者对《中庸》有着很多的阐发，但很少有人对“迩言”作专门的论述。李贽从善恶观的视野，以“百姓日用处”为核心，作出了“迩言为善”的结论。李贽的依据是注重人们对物质利益追求的功利论，对延续了千余年、由董仲舒创立而为理学家所继承的道义论，作出了深入有力的批判。顺此而下，李贽高擎“有私必力”的自私自利的人性论，对理学的禁欲主义发起了摧枯拉朽式的冲击。

（一）“好货好色是真迩言”

“迩言”是研究李贽时无法回避的。在与耿定向论战中，李贽对“真迩言”作了界定：

> 生狷隘人也，所相与处，至无几也。间或有一二同参从入无门，不免生菩提心，就此百姓日用处提撕一番。如好货，如好色，如勤学，如进取，如多积金宝，如多买田宅为子孙谋，博求风水为儿孙福荫，凡此世间一切治生产业等事，皆其所共好而共习，共知而共言者，是真迩言也。于此果能反而求之，顿得此心，顿见一切贤圣佛祖大机大用，识得本来面目，则无始旷劫未明大事，当下了毕。此余之实证实得处也，而皆自好察迩言得之。①

“迩言”的本义为浅近之语，语本《中庸》：“舜其大知也与！舜好问而好察迩言。隐恶而扬善，执其两端，用其中于民，其斯所以为舜乎！”舜是个有大智慧的人！他喜欢听别人的意见，对浅近的话做仔细的审度。他隐恶扬善，对众多意见中的过与不及加

---

① 李贽：《答邓明府》，《焚书》卷一，张建业主编：《李贽文集》（第1卷），第36页。“本来面目”是禅宗用语，指真心、本性，即“明心见性”，意谓觉悟到本心中有佛性就成佛了。语本《坛经》：“不思善，不思恶，正与么时，那个是明上座本来面目。惠明听后大悟。”（郭朋：《〈坛经〉对勘》，齐鲁书社1981年版，第26页）惠能对心怀不满的惠明说，佛性就是你自己真心中，惠明听后恍然大悟。

以折中并施用于民众，这是舜成为后世楷模的缘由。李贽说自己见到一二个参禅的人无从入门，就生了菩提心肠，就从“百姓日用”处教导他们一番。具体来说，就是喜欢财富、嗜好女色、勤奋学习、功名进取、为子孙考虑，如多积金银留给后代、寻求风水宝地埋葬等事项。懂得这是人们人共识并共好与追求对象的道理，这才算得是“真迩言”。第三，李贽认为，人们能够从自身中求得“真迩言”，就是“识得本来面目”，即人性的本然状态，即后面所说的“自私自利之心”。李贽说自己的“真迩言”，是对“百姓日用处提撕一番”后得出的。显而易见，是继承并发挥了王艮“百姓日用是道”主张的。

李贽写给邓明府的信，是在万历十六年（1588）。李贽让邓明府把信转给耿定向，耿定向给邓明府的复信中对“迩言”作出了不同的见解。大旨是说，“迩言”就是“君臣有义”等道德准则：

> 往见卓老与君侯书，诮余不察迩言。余赋质钝下，不解参佛乘，不解会玄诠，实寡见浅闻，但往于闾左山村之迩言，妄自负稍解察耳。不知卓老所云迩言，又是何等迩言也？父子有亲，君臣有义，此迩言也。……夫妇有别，长幼有序，此迩言也。……不闻惟以食色为性，谓见境即动，动即为人，到极无廉耻，乃性真也。①

耿定向对李贽那些有佛教气息的话是极为不满的，说“不解参佛乘，不解会玄诠”，这是耿定向与李贽发生争论的原因之一。“迩言”是一个中性的词汇，具体内涵是由后来的诠释者确定的。耿定向说，自己到了里巷与村落里听到了人们讲的话，才稍微懂得些“迩言”的真谛，那就是“父子有亲，君臣有义”“夫妇有别，长幼有序”。耿定向申言，自己未曾听说过“食色为性”主张的。耿定向断言，以四“有”为核心的“迩言”，与人们“治生产业”是没有关系的。“君臣有义”的内涵为君尊臣卑，“父子有亲”宣扬的是父慈子孝；“夫妇有别”表明的是夫权思想，“长幼有序”突出的是家族中的宗法血缘关系。这才是“的的确确寻着孔孟

① 耿天台：《与邓令君》，《耿定向集》卷六，傅秋涛点校，第 247 页。

血脉，明明白白走着孔孟路径”的。[1]李贽以“食色为性”即“性真”的主张，以为人见到周围环境中的“食色”，心中就产生冲动了。耿定向批驳道，实在是“极无廉耻”的表现，无非是“种种邪见罔谈，直如枭鸣狐号”的体现。[2]

李贽视人之“好货”“好色”为“真迩言”，耿定向以传统道德规范为“迩言”。一个重视物质利益，一个强调伦理道德。李贽与耿定向是功论与道义论的对峙，李贽在信中把这一对立揭示了出来：

> 吾且以迩言证之：凡今之人，自生至老，自一家以至万家，自一国以至天下凡迩言中事，孰待教而后行乎？趋利避害，人人同心，是谓天成，是谓众巧，迩言之所以为妙也。大舜之所以好察而为古今之大智也。今令师之所以自为者，未尝有一厘自背于迩言。而所以诏学者，则必曰专志道德，无求功名，不可贪位羡慕禄也，不可患得患失也，不可贪货贪色、多买宠妾田宅为子孙业也。视一切迩言，皆如毒药利刃。非但不好察之矣。审如是，其谁所之？[3]

李贽的意思是，人从出生到老死，从一家到万家，从一国至天下，“迩言”都是人人心中所想的，是“趋利避害”的，这是天生的，是众人的智慧。此为“迩言”的奥妙所在，这也是舜很好地考察“迩言”后成为“大智”的原因。“诏学者”，为耿定向教导学生之意；“必曰专志道德”，为耿定向道义论的主旨。耿定向对“贪货贪色”等“迩言”是当作“毒药利刃”的，因为他对功利论是沉痛绝恶的。义利之辨在理论形态上是道义论与功利论的对立。义利之辨作为价值观的导向，规定了人们行为的价值取向，指导着人们选择何种行为规范和追求什么样的目标。功利论强调以道德领域之外的经验世界或客观事实，去寻找确定人的价值和行为的根据，其着眼点在于个人对社会和民族的所作的事功与对个人受用的客观对象与利益所得。道义论主张从道德领域的本身，去寻求判

---

① 耿天台：《与邓令君》，《耿定向集》卷六，傅秋涛点校，第 248 页。
② 耿天台：《与邓令君》，《耿定向集》卷六，傅秋涛点校，第 248 页。
③ 李贽：《答邓明府》，《焚书》卷一，张建业主编：《李贽文集》（第 1 卷），第 38 页。

断人的价值和行为的根据，偏重于向内的心性上用力，排斥“功名”“位禄”与“货色”。朱熹说：“凡事不可先有个利心，才说着利，必害于义。圣人做处，只向义边做。”[①]宋明理学家视功利为危害人心的最大祸根。耿定向“必曰专志道德”，与“只向义边做”是同义语。李贽强调民众对物质生活上的种种追求（“百姓日用处”），这是圣人大舜所说“迩言”的真谛，与耿定向“专志道德”的四个“有”，用针尖对麦芒来形容，一点也不为过。功利论与道义论的对立，是李贽与耿定向争论的本质，岂有他哉！

为了更彻底批判道义论，李贽往溯源到董仲舒，向下挂到宋明理学家那里，对道义作了深刻有力的抨击。李贽说：

> 董仲舒有正义明道之训焉，张敬夫有圣学无所为而为之论焉。夫欲正义，是利之也，若不谋利，不正可矣。吾道苟明，则吾之功毕矣。若不计功，道又何时而可明也。今曰圣学无所为，既无所为矣，又何以为圣为乎！[②]

董仲舒之前，儒家有重义轻利的传统，但并无不要利的说法。到两汉这一格局发生了变化。董仲舒对胶西王问时说：“仁人者，正其道不谋其利，修其理不急其功，致无为而习俗大化，可谓仁圣矣。”[③]班固把董仲舒上述思想概括为“正其谊不谋其利，明其道不计其功。”（《汉书·董仲舒传》）对“功”由“不急”改为“不计”，一字之差，突出了对功的排斥态度，这为大多数宋明理学家所赞同。

二程以为，董仲舒之所以“度越诸子”，就是因为“董子有言：仁人正其谊不谋其利，明其道不计其功”[④]。朱熹视功利为危害人心的最大祸根，他对永康、永嘉学派功利论的忧患心情，超过了陆九渊的心学。“江西之学只是禅，浙学却专是功利。禅学后来学者摸索一上，无可摸索，自会转去。若功利，则学者习之，便可

---

① 黎靖德编：《朱子语类》卷五十一，王星贤点校，第1218页。
② 李贽：《德业儒臣后论》，《藏书》卷三十二，张建业主编：《李贽文集》（第3卷），第626页。
③ 苏舆：《春秋繁露义证·对胶西王越大夫不得为仁》，钟哲点校，中华书局1992年版，第268页。
④ 程颢、程颐：《粹言》卷二，《二程集》，王孝鱼点校，第1238页。

见效，此意甚可忧。”[①]朱熹认为，掺入了禅学因素象山之学，没有什么可怕。因为学禅常常会出现，不得其诀窍便会掉头转向的情况。陈亮与叶适的功利论则不同，它会使收到实际效果的人深信不疑。张栻（1133—1180），字敬夫，号南轩。在南宋，是与朱熹、吕祖谦齐名的哲学家，时人称为“东南三贤”。李贽列举张栻，是以张栻为理学家在道义论上的代表人物。

功利论跳出主体道德的束缚，用实际利益与外在物质世界的追求，来框定人的价值和行为的根据。李贽在与耿定向的论辩说得很明确：“自朝至暮，自有知识以至今日，均之耕田而求食，买地而求种，架屋而求安，读书而求科第，居官而求尊显，博求风水以求福荫子孙。种种日用，皆为自己身家计虑，无一厘为人谋者。”[②]在李贽的心目中，为自己的“身家计虑”，是涵盖于社会生活各个领域的客观事实，公开声言自私自利的合理性，谁也无法否认。李贽此信写于万历十四年（1588），侧重于日常生活中具体事实的描绘。“私有秋之获”的农夫，面对的是要精耕细作的农田；“私积仓之获”的家长，希冀积聚起更多的财富；“私进取之获”的士人，向往的是能够获得富贵利禄的功名。农作物、财富与功名，都是与人们实际利益息息相关的外在对象，与理学家青睐的“约之使反”的“心”，是两个不相干的世界。前者叫人眼光向外，谋求的是个人利益；后者让人眼光向内，希冀的是涵养内心。李贽的着眼于个人利益，认定这才是对人来说具有行为方针与价值取向意义的事项。李贽的功利论，打破了理学家的人性与私利之间不存在着内在联系的主张，强调两者之间的不可或离的血肉关系。十二年之后刊行《藏书》中，李贽跳出具象性的范围而提炼为抽象的“有私必力”的人性论，并以“正义是利”“道明功毕”的功利论，否定了理学家提倡而为众多士人笃信的道义论。

（二）“迩言为善”与“非民情所欲为恶”

注重向往物质利益向往的功利论，就必然会充分肯定欲望的合理性。李贽视“好货好色”为“真迩言”的归宿，又赋予“迩言”

① 黎靖德编：《朱子语类》卷一百二十三，王星贤点校，第 2967 页。

② 李贽：《答耿司寇》，《焚书》卷一，张建业主编：《李贽文集》（第 1 卷），第 28 页。

以“善”的品性。李贽在《道古录》，对善恶有详尽的说明：

> 唯是街谈巷议、俚言野语，至鄙至俗，极浅极近，上人所不道，君子所不乐闻者，而舜独好察之。以故民隐无不闻，情伪无不烛，民之所好，民之所恶，皆晓然洞彻，是民之中，所谓善也。夫善言即在乎迩言中，则迩言安可以不察乎？……然则圣人之于迩言，善矣。夫唯以迩言为善，则凡非迩者必不善。何者？以其非民之中，非民情之所欲，故以为不善，故以为恶耳，非真如今人所谓妨政蠹民之恶也。①

“迩言为善”的主张有三个含义。首先，与《中庸》本义相一致，肯定了“迩言”是浅近通俗的街谈巷议。“至鄙”的“野语”虽为“上人所不道，君子所不闻”，但却是圣王舜最喜欢考察的内容。在考察中，舜对民众的隐情与真情无不知晓，民众的喜好与厌恶无不洞察。“是民之中”的“中”，从文义来看，是主心骨之意，也是“善”的所在。

其次，李贽以为，“圣人”明察到“迩言”为“善言”，因为“迩言”反映了民众对欲望的追求，即“民情之所欲为善”。这与理学家以“天理”为“善”的主张，是泾渭分明的。朱熹以为，“天理”就是人的本性，是至善无恶的，“性即天理，未有不善者也”②。王阳明对朱熹的学说有所责难，但在这一点上并无异议：“此心若无人欲，纯是天理……至善只是此心纯乎天理之极便是。”③以人对欲望的追求为“恶”，是理学家的共识。李贽虽喜好阳明心学，但在节骨眼上是坚持自己独特见解的，那就是充分肯定“欲”之“善”。为了证实“民情所欲为善”的权威性，李贽搬出了舜这位圣人来为自己张目：“圣人无中，以民为中也。夫民之所欲，天必从之，况居民之上而为天子者哉？天之立君，所以为民。舜唯日夜思所以用民之中，俾之无有失所欲者，安得而不遑遑焉而唯迩言是察也？……大舜无中，而以百姓之中为中；大舜无

① 李贽：《道古录》卷下，张建业主编：《李贽文集》（第7卷），第369页。
② 朱熹：《四书章句集注》，第325页。
③ 王守仁：《传习录上》，《王阳明全集》卷一，吴光等编校，第3页。

善，而以百姓之迩言为善。”① “天之立君，所以为民”，是传统民本思想中一个支点。李贽以为，圣王舜是以“百姓之中”为依据的。舜所以日夜思念“民之中”，是怕百姓的欲望得不到满足。李贽的新意在于，把民本思想纳入了善恶观的轨道中。

第三，李贽把传统的“礼”纳入了“民情之所欲”的轨道中，这是一个颠倒千古的结论。李贽说：“礼之不讲久矣。《平天下》曰：‘民之所好，好之；民之所恶，恶之。’好恶从民之欲，而不以己之欲，是之谓‘礼’。”②自西汉儒家作为正统思想被确立以后，礼有广、狭二义。狭义的礼仅指仪式，广义的是指国家政治制度和伦理道德。在政治伦理一体化的中国古代社会里，纲常名教、礼教是广义的礼的习用语。这里有等级制度和政治原则，也有以忠孝为核心的道德原则与以仁、义、礼、智、信为具体德目的道德规范。③ “礼”通常是指礼教，其内容是三纲五常。李贽对“礼”的诠释，充分肯定了百姓欲望的合理性。自然要被“上人”“君子”这样的卫道士当作“异端”而遭到围攻。李贽只能自嘲以应付之：“又今世俗子与一切假道学，共以异端目我；我谓不如遂为异端，免彼等以虚名加我，何如？”④

李贽与理学家的观点是背道而驰的。李贽认为，否定民众的欲望，就是“不善”，就是“恶”。这个“恶”，不是人们通常诟病的害民恶政（“妨政蠹民之”）。这个区别是很重要的，李贽希望人们从具体的事实中跳出来，从更高的层次上去议论善恶。理学家申言，人对外在事物追逐所产生的欲求，就是万恶的薮源：“众人物欲昏蔽，便是恶底心，及其复也，然后本然之善心可见。”⑤朱熹对善恶的判定，是从“天理”与“人欲”关系上来说明的。为“物欲”所“昏蔽”的“众人”，所怀的是“恶底心”。只有克

① 李贽：《道古录》卷上，张建业主编：《李贽文集》（第7卷），第369页。《答邓明府》写于万历十六年（1588），《道古录》成书于万历二十四年（1596），可知李贽对“迩言”的思索始终没有停止过，尽管他在万历二十三年（1595）前往黄安与耿定向和解了。

② 李贽：《道古录》卷上，张建业主编：《李贽文集》（第7卷），第365页。

③ 朱熹说：“愚谓政者，为治之具；刑者，辅治之法。德礼则所以出治之本，而德又为礼之本也。”（朱熹：《四书章句集注》，第54页）“德礼”即广义的礼。“德”为道德原则与各种规范，“礼”为体现等级制度和政治原则的礼制。两者相较，“德又为礼之本”，这是儒家的一贯主张。

④ 李贽：《答焦漪园》，《焚书》卷一，张建业主编：《李贽文集》第一卷，第7页。

⑤ 黎靖德编：《朱子语类》卷七十一，王星贤点校，第1795页。

服了“人欲”之“恶”，“天理”作为“本然之善心”才能得以恢复。李贽“民之所欲”是对“好货”“好色”的追逐，是“百姓”们所共同喜好并追求的，是人们真实本性所在，是具有“善”的品性的原委。

对善恶要从理论上对作些解析。日常生活中大量出现的善恶，是从广义意义上运用而加以判断的。一切可以使人快乐、给人幸福的对象，大凡能够让人从欲望上得以满足的对象，都可以称为善或好。与此相反的，就是恶或坏。一个人持之以恒锻炼身体，当然是好，但并非道德意义上的善。舌尖上喜欢什么，服饰上爱好什么，都不是道德意义上的善。从狭义上说，善恶是指涉及人伦关系中的好与坏的行为，善与恶是对德行与非德行的区分。“以其非民之中，非民情之所欲，故以为不善，故以为恶耳”，这里的“其”从上下文来看，当指达官贵人（“上人”）与持正统观点的人（“君子”）。他们对“迩言”不想说，不愿听，否定了“民”所希冀的“情欲”，以为这是“不善”与“恶”。李贽肯定“情欲”，“多积金宝”，均是与利益的获取与人对欲望的追求相关的。从道义论来看，“物欲是恶”（朱熹）、“若无人欲，纯是天理”（王阳明）、“专志道德”（耿定向），强调的是与利益无关的道德原则。李贽向往的“好货”“好色”，与耿定向的“不可贪位慕禄，不可贪货贪色”，没有调和的余地。对“欲”“利”的态度，是李贽与理学家及其信徒耿定向界定善恶的分界线。前者以为，对“欲”“利”的追求，是德行的体现；在后者心目中，那是罪恶的渊源。思想家是通过善恶的概念来反映自身的利益、心愿、意向的，借助于对善恶概念，来评价他们周围发生一切社会现象和人的行为和价值所具有的价值。李贽与耿定向的论战，证实了两人在善恶观念上的功利论与道义论的对峙。这是《四库全书总目》编撰者指责李贽颠倒传统善恶观的缘由：“贽书皆狂悖乖谬，非圣无法。惟此书排击孔子，别立褒贬，凡千古相传之善恶，无不颠倒易位。”①

① 永瑢等：《四库全书总目·藏书》，中华书局 1965 年版，第 455 页。

（三）“有私必力”

李贽在《道古录》中，完整地阐明了与耿定向论战中提出的“趋利避害”的自然本性：

> 大圣人亦人耳，既不能高飞远举，弃人间世，则自不能不衣不食，绝粒衣草而自逃荒野也。故虽圣人，不能无势利之心；虽盗跖，不能无仁义之心。……淮阴虽长大，而寄食于漂母，利也；陈平本穷巷，而门外多长者车辙，势也。以此观之，财之与势，固英雄之所必资，而大圣人所必用也，何可言无也？吾故曰：“虽大圣人不能无势利之心。”则知势利之心，亦吾人禀赋之自然矣。①

第一，李贽提出一个命题，即人要生存下去，物质生活的需求是一个大前提。普通人是如此，即使是“圣人”也不能不进食。第二，“利”与“势”是历史上“英雄”所依靠的对象。韩信寄食漂母的事情，众所周知。陈平是刘邦的谋士，常出奇计为汉高祖解救危局，后官居宰相。但陈平发迹前穷得很，无人愿把女儿嫁给他。有个叫张负的富人，“女孙五嫁而夫辄死，人莫敢娶”，陈平异想天开，要娶张负的孙女为妻。张负尾随陈平到他家暗中观察，发觉他家虽在“穷巷”中，以破席子当门，“然门外多长者车辙”（《史记·陈丞相世家》）。李贽以为，陈平家门外诸多贵人的车辙印迹，显示了其日后飞黄腾达乃是必然的趋势。这是从历史事实来证明，“利”与“势”是“英雄之必资”与“大圣人之必用”的东西。第三，李贽从特殊推及普遍，即由具体的历史事例真进到抽象的道理：“只就其力之所能为，与心之所欲为，势之所必为者以听之，则千万其人者，各得其人千万之心，千万其心者，各遂其千万人之欲。”②李贽肯定的是，要按照芸芸众生中每一个个体实际能力所达到的水平，及其他们心中对欲望向往的程度，得到充分满足，实现“各得其心”与“各遂其欲”的期望。这里有李贽“圣凡同一”的平等观，“虽圣人，不能无势利之心”。“势利之心，

---

① 李贽：《道古录》卷上，张建业主编：《李贽文集》（第7卷），第358页。

② 李贽：《道古录》卷上，张建业主编：《李贽文集》（第7卷），第365页。

吾禀赋之自然”，这把自然人性论推向了极致。在李贽看来，包括权势在内的利益，每个人对它的追求是客观存在着的自然规律。这里有个性自由的伸张，“各得其人千万之心”与“各遂其千万人之欲，就是李贽要昭示世人的结论。

万历十二年（1584），李贽与耿定向论辩中，就从人性论的角度，对“利”与“势”有了深刻的剖解：“是故寒能折胶，而不能折朝市之人；热能伏金，而不能伏竞奔之子。何也？富贵利达所以厚吾天生之五官，其势然也。是故圣人顺之，顺之则安之矣。是故贪财者与之以禄，趋势者与之以爵，强有力者与之以权……各从所好，各骋所长，无一人之不中用。”[①]“朝市之人”与“竞奔之子”，指追名逐利的人。他们不受恶劣的自然环境的制约，因为“富贵利达”对人的自身需求来说是必然的趋势，圣人也得顺从。“贪财者”追求“禄”、“趋势者”向往“爵”“强力者”倾心“权”，是不可抗拒的客观规律。每个人是无法抗拒这一必然趋势与客观规律的。“各从所好，各骋所长”，才是符合人的真实本性的。

万历二十七年（1599）刊行的《藏书》，李贽进一步将“利”与“势”归纳入了“私”的范畴中，倡言“有私必力”，断言自私牟利是人性的本来面目，是正当、合理与必然的：

> 李生曰：圣人之学，无为而成者也。然今之言无为者，不过曰无心焉耳。夫既谓之心矣，何可言无也！既谓之为矣，又安有无心之为乎！农无心则田必芜，工无心则器必窳，学者无心则业必废。无心安可得也。解者又曰：“所谓无心者，无私心耳，非真无心矣。”
>
> 夫私者人之心也，人必有私而后其心乃见，若无私则无心矣。如服田者，私有秋之获而后治田必力；居家者，私积仓之获而后治家必力；为学者，私进取之获而后举业之治也必力。故官人而不私以禄，则虽召之，必不来矣；苟无高爵，则虽劝之，必不至矣。虽有孔子之圣，苟无司寇之任、相事之摄，必不能一日安身于鲁也决矣。此自然之理，必至之符，非可以架空而臆说也。然则为无私之说者，皆画饼之谈、观场之见，但令隔壁好

① 李贽：《答耿中丞》，《焚书》卷一，张建业主编：《李贽文集》（第1卷），第16页。

听，不管脚跟虚实，无益于事，祇乱聪耳，不足采也。[①]

李贽以为，对“圣人之学，无为而成者”有着两种不正确的解释。第一种理解，是视“无为”即“无心”。李贽以为，既然讲了“心”，怎么能说“无”呢？从逻辑上是讲不通的。农夫“无心”，会造成田地荒芜；工匠“无心”，造出器物就粗劣；学者“无心”，学业则必定荒废。第二种解释，是以“无心”为“无私心”。李贽对这一主张的驳斥，依据的是“有私必力”为“自然之理，必至之符”的观点。为了秋天的收获，农夫必要尽力去耕种田地；思虑财富的增加，掌家者必会着力治理家庭；士人要在科举中获取功名，必定全力以赴。没有高爵与厚禄，谁也不会去做官，孔圣人也不例外。孔子如果在鲁国不担任司寇一职，他是一日也不得安宁的。有了私心，能使人所蕴藏的潜力得以充分地发挥出来。从“无私则无心”的前提出发，李贽旗帜鲜明树出了“有私必力”的观点，直斥“无私”的主张为“画饼之谈”，无益于实际，“不足采也”。“自然之理”，是说“有私必力”如同自然界诸多事物无法违抗的道理一样，具有客观性；“必至之符”，是说“有私必力”，如同社会里许多必然发生事情一样，有着必然性。李贽一共用了八个“必”字，反复阐述“有私必力”是正当的，是无可非议的。李贽呼吁的是，自私牟利是人的本性所在，这是一种自私自利人性论：“我以自私自利之心，为自私自利之学。”[②]

“有私必力”，是李贽心目中人类存在的原点，这是超出了中世纪范围的近代意识。西方近代思想家在构筑他们的思想体系时，大多有“人生而自私”的人性论假设。英国曼德威尔（1670—1733），是英国资产阶级掌权后，为这一阶级的道德生活作论证的伦理学家。他的著作不多，只留下《蜜蜂寓言》一书。曼德威尔的主张归结到一点，即“人却是非常自私专横而又是狡猾的动物”。以往的统治者，力图改变人的自私这一本性，“所努力的主要事情，便是使他们治下的人民相信，克制自己的嗜欲比放纵自己的嗜欲对于人人都较为有利，并且使他们相信注重公利比注重自

① 李贽：《德业儒臣后论》，《藏书》卷三十二，张建业主编：《李贽文集》（第3卷），第626页。
② 李贽：《寄答留都》，《焚书》增补一，张建业主编：《李贽文集》（第1卷），第257页。

己的私利要好得多”[①]。不只是曼德威尔，像霍布士、洛克以至于亚当·斯密，他们的学说，都肯定了这一假设。对霍布士、洛克等人，大家比较了解。亚当·斯密作为他那个时代学识最渊博的学者，所探讨的领域相当广泛。他不但是西方古典政治经济学的奠基人，而且也是一位颇有建树的哲学家。他在《道德情操论》中认为，自私是人的一种原始的情感：“正如斯多亚派通常所讲的那样，最初，每个人只关注其自身，在各方面，他都比他人更关心自己，他对自身苦乐的感觉要比对别人的苦乐的感觉敏觉得多……前者可称之为实体，后者可称之为影子。”[②]亚当·斯密相信，只有把握了人永恒不变的本性为才能正确地解释社会、政治、法律、道德等问题。李贽的思路，与亚当·斯密颇为接近。从“富贵利达厚吾五官”，经“势利之心吾禀赋之自然”，到“有私必力”，李贽一共经历了十五个春秋，其间的递进关系值得令人关注。[③]从具体感官上的满足，到抽象的人性设定，再到自私自利人性论的提出，环绕其间的宗旨是“私”字。它是士（“为学者”“官人”）、农（“农”“服田者”）、工（“工”）、商（“竞奔之人”），即社会中不同阶层共同信奉的人生准则。它是社会不同类型的人，为“贪财者”“趋势者”“强力者”“圣人”“盗跖”“英雄”等心中蕴含的原始情感。

宋明理学家的禁欲主义的目的，就是曼德威尔笔下所说的统治者的要求。理学家所考虑的，是将个人对利益的追求压抑在他们所设定的先验的“天理”之中。朱熹说：“仁义根于人心之固有，天理之公也。利心生于物我之相形，人欲之私也。”[④]朱熹振振有词的理由，来自他心目中接续孔孟道统的二程：“程子曰：‘君子未尝不欲利，但专以利为心则有害。惟仁义则不求利而未尝不利也。’”[⑤]理学家有个共识，他们把理欲之辨与义利之辨挂起钩来，其实质是如何处理社会整体与个人利益的关系，也即公与私的

① 周辅成主编：《西方伦理学名著选辑》（上卷），商务印书馆 1964 年版，第 479 页。
② 周辅成主编：《西方著名伦理学家评传》，上海人民出版社 1987 年版，第 330 页。
③ 许建平在《李贽思想演变史》一书中，对李贽一生思想的演变脉络探索甚详，而于这样一个至关重要的观点及其演进过程，未置一笔。参见许建平：《李贽思想演变史》，人民出版社 2005 年版。
④ 朱熹：《四书章句集注》，第 202 页。
⑤ 朱熹：《四书章句集注》，第 202 页。

关系。“天理”与“公”“利”等同，“人欲”同“私”“害”相随。理学家有个共识，“天理”与“人欲”在人性中是不可共存的，必得一方克服另一方不可。在这方面他与理学是分道扬镳了。

李贽从“趋利避害”的“迩言”为“真”与“善”的视野出发，高度肯定了人们对感性物质生活的追逐，以为这就是“百姓日用处”。李贽丰富和发展了王艮“百姓日用是道”的主张，高擎了功利论与自私自利人性论的大旗，对理学家的道义论与禁欲主义作了彻底的否定。黄宗羲《明夷待访录》中，开宗明义就说“有生之初，人各自私也，人各自利也”[①]。黄宗羲的自私自利人性论与李贽的“有私必利”，在精神实质上如此接近绝对不是偶然的。更加符合实际的是，黄宗羲是接着李贽讲的，是李贽思想的进一步深化。

① 黄宗羲:《明夷待访录·原君》，沈善洪主编、吴光执行主编:《黄宗羲全集》(第1册)，第2页。

第五节 平等观："侯王与庶人同等"与"大道不分男女"

李贽的平等观包括二个层次，一是政治领域里的尊卑平等（"侯王与庶人同等"），以破除人们千年以来的自卑心理；二是性别范围中的男女平等（"大道不分男女"），由肯定女子见识与抨击理学家的贞节观两部分组成。为王阳明、王艮以来"圣凡同一"抽象平等观念的现实升华，表明李贽的观点是极具爆炸性的，表明李贽是泰州王学乃至中国哲学史上，论述平等思想相当透彻的一位哲学家。

（一）"侯王与庶人同等"

"侯王与庶人同等"的平等观，是李贽在政治文化领域中的新见解，是泰州王学对君主专制下的等级秩序所发起冲击中最有威力的一次。他把至尊无上的帝王，拉到与普通老百姓等同的地位。李贽说：

> 侯王不知致一之道，与庶人同等，故不免以贵自高。高者必蹶，下其基也；贵者必蹶，贱其本也。何也？致一之理，庶人非下，侯王非高。在庶人可言贵，在侯王可言贱，特未知之耳。今夫轮、辐、盖、轸、衡、轭、毂、轊，会而成车，人但见有此数者，曷尝有车哉！然而名之曰车，而不曰轮、辐、盖、轸、衡、轭、毂、轊也。由此观之，则所谓高下、贵贱者可知矣。人见其有贵、有贱、有高、有下，而不知其致之一也，曷尝有所谓高下、贵贱者哉！彼贵而不能贱，贱而不能贵，据吾所见，而不能致之一也。①

李贽这段话，是要人们确立"庶人非下，侯王非高"的意识。李贽运用老子有与无、难与易、长与短等皆为相对待而言的观点，认为低下与贵贱之间的界限是比较而言的，没有绝对意义上的界限。李贽以为，人们通常只知道高下与贵贱之间的区别，并把这种关系固定化。

---

① 李贽：《老子解》卷下，张建业主编：《李贽文集》（第7卷），第16—17页。

李贽别出新解，说“高”之为“高”，因为有个“下”作为铺垫着；没有“庶人”的基础，“侯王”就谈不上高贵。“侯王”们“以贵自高”的心态，是缺乏根据的。因为“下”是“高”的基础，“贱”是“贵”的根本，两者是相辅相成、互为条件的。李贽强调，人们“不知致一之道”，不了解“侯王与庶人同等”的道理，让“庶人”萌生了“自贱”的错误想法。

对“致一之道”，李贽以构件与整车的关系来说明。李贽以为，由轮、辐、盖、轸、衡、轭、毂、轊等构件组成了车子。但人们谈论讲构件时，只见盯住构件而没有整车的概念；要论说整车时，只看到车而没有构件的概念。李贽从部分与整体的互不可分的关系，来论述车子的“致一之道”。在李贽心目中，“庶人”与“侯王”同为社会里人群的构成部分，过分抬高“侯王”与过分贬低“庶人”，都是不符合“致一之道”的。李贽断言，知道了“致一之道”，“曷尝有所谓高下、贵贱者哉？”表明李贽是不认同社会上等级制度的划分，而这是君主专制社会的主心骨所在。

“侯王与庶人同等”，是李贽基于相对主义上的异端之说，它不同于通常人们关于“高”与“下”、“贵”与“贱”的常识。李贽在诠解《老子》第四十七章“不出户，知天下，不窥牖，见天道。其出弥远，其知弥少”时，移入了庄子相对主义的理论：

> 古人不出户而知天下，不窥牖即见星斗，非谬语也。夫星斗至高也，不待窥牖而可见；天下至远也，不待出户而自知。是近之未始不远，远之又未尝不近也；卑之未始不高，高之又未尝不卑也。[①]

老子的本意是讲近与远。天地遥远得很，不是人的目力与足力所尽。老子不满足于感官与经验，认为人的心智中至灵至明的直觉，能达到“不出户，知天下，不窥牖，见天道”的地步。李贽加上了卑与高的内容，认为卑与高的关系同近与远的道理是一样的，都可以用相对的眼光去看待之：“唯其近而又远，远而即近，卑者又高，高者即卑。此自迩自卑之论也，盖言其未尝有远与迩、高与

---

① 李贽：《道古录》卷下，张建业主编：《李贽文集》（第7卷），第375页。

卑也。”[①]李贽要抹去的是侯王习惯性高贵的政治心理，让人们确立起“庶人非下”的观念，以消灭高卑、贵贱之间的区别。卑与高，贵与贱，是有着一定标准的，这是绝对性；但从客观事物及其行进过程来说，这种界限往往是难以确定的，这是相对性。当今流行的，“没有最好，只有更好”，就是对相对性的肯定。“好”之后还有“更好”，“好”的标准是相对而言的。李贽是相对主义的信奉者，“各相是非”，是否定是非有着确定不移的标准；“致一之道”，是要消解高与卑之间的有着名分等级的鸿沟。李贽确实有过分夸大相对性的一端，而对绝对性有所忽略。其实，青睐相对性的人们，往往是见多识广的，庄子与李贽就是这样的人物。从“曷尝有所谓高下、贵贱者”出发，得出“侯王与庶人同等”的结论。真正理解“高卑、贵贱”的关系，只有承认相对性与绝对性辩证统一才有可能。这是用当今标准过高地去要求古人了。从普遍性角度说，一个哲学家说出自己观点时，是不可能面面俱到的，而应该是侧重于自己有深刻体会的见解，否则便是千人一面。恰如熊十力所说：“大抵学问家，各欲完成其系统则不能不偏。”[②]李贽的平等观，虽说忽视了绝对性的一面，但确实深入地观察到了客观事物的相对性一面，并对之作了不恰当的夸大。李贽的平等观，可以定性为一种片面性深刻的学说。

“侯王与庶人同等”的主张，是李贽在万历十二年（1584）所著的《老子解》中提出的。过了十三年，作于万历二十五年（1597）的《道古录》中，又提出了“天下之众，而均平若一人”的理想：

> 今天下之事，凡可以容吾力者，人无不竭力以为之，如天下之均，爵禄之辞，白刃之蹈，此皆天下第一等难能之事。然以天下之众，而能使之均平若一人；以天下之大，与之而不屑受，此固难矣。[③]

---

① 李贽：《道古录》卷下，张建业主编：《李贽文集》（第7卷），第375页。
② 熊十力：《十力语要》，中华书局1996年版，第434页。
③ 李贽：《道古录》卷下，张建业主编：《李贽文集》（第7卷），第370页。

李贽以为，要让平等观念为人们所接受，如同主动辞掉爵位与禄俸，身受刀子的杀戮一样，是世界上第一等的难事。同样，要让天下的人处于同样的地位，与主动不接受天子的位置，也是很难的事情。李贽所说的“难”，应该从按照传统政治文化千古不变的格局来剖析。传统的政治文化，在制度层面上与器物层面上有硬性的设定。还有心理层面上的东西，那是体现在人的内心深层。在君主专制的社会里，一个人的地位是通过他在等级秩序中的身份来体现的。《左传》中“人有十等”的话，后来发展为一种理论、制度与统治秩序，那就是礼教：“非礼无以辨君臣、上下、长幼之位。”（《礼记·哀公问》）魏晋时代，设置了九品中正制。隋唐创立的科举制度，很大程度上破除了世袭制度，但等级制度是始终与古代社会相始终的。历代朝廷运用国家的权力，通过种种具体而微的规定，设计了一整套与等级制度相适应的范式。以明代官员的服装来说，凸显的是体现品级高低的补子，那是缝在服装前后的正中两块绣图。如文官补子绣飞禽，以仙鹤、锦鸡、孔雀、云雁、鹭鸶、鹌鹑、练雀等图案，明示官位的大小，这叫“见其服知贵贱，望其章而知其势”[①]。人的社会地位可以从衣服的外观上，得到一目了然的映照。这是器物层面上的规定，所要昭示人们的意图。

制度规范着整个社会人与人之间的关系，并以这种关系确定了尊卑秩序；器物使用的等级标志，对人们的心理产生的影响是潜移默化的。两者的叠加，久而久之，人们脑海中形成了习以为常的政治心理，即“侯王”们“贵而不能贱”与“庶人”们“贱而不能贵”的心态。李贽的《道古录》，基本上是刘东星两个儿子与李贽的问答记录。深受李贽影响的刘东阳儿子刘用健对李贽说：“观今之天下，为庶人者，自视太卑；太卑则自谓我无端本之责，自陷其身于颇僻而不顾。为天子者，自视太高；太高则自谓我有操纵之权，下视庶民如蝼蚁而不恤。”[②]无论是李贽“庶人”的“贱而不能贵”，还是刘用健“庶人自视太卑”，指向的都是人们的奴化心态。这是传统政治文化所造成的畸形心理，却又被人们接受而不思改变。李贽的“均平若一人”主张，是要“庶人”克服在等级制度

---

① 贾谊：《服疑》，《新书校注》卷一，阎振益、钟夏校注，第53页。

② 李贽：《道古录》卷上，张建业主编：《李贽文集》（第7卷），第353页。

下形成的自我奴化的心态，从人格的压抑下中解放自己。这是李贽独立人格的真实写照。

“庶人”自我奴化的心态，是同千余年来“天子者自视太高”格局相关的。洪武三年（1370）会试，题目是“天下有道，礼乐征伐自天子出”。状元黄子澄的墨卷中有这样的话：“天子至尊，实无二上。是故民安物阜，群黎乐四海之无虞；天开日明，万国仰一人之有庆。主对而明，臣贤而良，朝廷有穆皇之美也；治隆于上，俗美于下，海宇皆熙皞之休也。非天下有道之时乎？当斯时也，语离明，则一人所独居也；语乾纲，则一人所独断也。”①“一人独断”就是“天子至尊”。大体上说，自秦汉以降，庶民对君主、侯王、官吏乃至于其他揽权人物，养成了自卑的奴化心理，且相沿成习。一如鲁迅所指出的：“我们自己早已布置妥帖了，有贵贱，有大小，有上下。自己被人凌虐，但也可以凌虐别人，自己被人吃，但也可以吃别人。一级一级制驭着，不得动弹，也不能动弹了。”②这种既吃人，又被人吃的现象，可概括为主奴劣根性。所谓主性，是指那些无视他人人格尊严的人，横行无忌、虐杀无辜的劣根性；所谓奴性，是指那些自甘为奴隶，泯灭自我人格和良知的人，甘心情愿处于非人格地位的劣根性。李贽疾呼“在庶人可言贵，在侯王可言贱”的目的，是要消除这种劣根性，提升做人的尊严。尽管李贽没有详细对劣根性作过详细解析，但他要破除君主专制下“庶人”奴化心态的主张却是惊世骇俗的。③

“侯王与庶人同等”，是从李贽“圣凡同一”平等观那里衍生出来的。李贽说：“故圣人之意若曰：尔勿以尊德性之人为异人也。彼其所为，亦不过众人之所能为而已。人但率性而为，勿以过高视圣人之为可也。尧舜与途人一，圣人与凡人一。”④“圣凡同一”，是王艮“圣人”与“百姓”同一“条理”主张的复述。远一些上溯，李贽是承袭击了王阳明“满街皆是圣人”的主张，但又加

① 梁章钜：《制艺丛话》卷四，陈居渊校点，上海古籍出版社 2001 年版，第 51 页。

② 鲁迅：《灯下漫笔》，《鲁迅全集》（第 1 卷），人民文学出版社 1981 年版，第 215—216 页。

③ 稍后明清之际启蒙家傅山断言“不拘甚事，只不要奴”，虽说只有八个字，却是对中国古代社会里人们根深蒂固的劣根性的有力否定。参见朱义禄主编：《中国古代人文名篇鉴赏辞典》，上海辞书出版社 2016 年版，第 424—425 页。

④ 李贽：《道古录》卷下，张建业主编：《李贽文集》（第 7 卷），第 361 页。

入了禅宗的因素。李贽说：“故阳明先生曰：‘满街都是圣人。’佛氏亦曰：‘即心即佛，人人是佛。’夫惟人人之皆圣人也。”[①] 李贽与王艮、王阳明有明显的区别，后者着眼于抽象意义，强调的是主体精神上的平等，而非政治意义上的平等。李贽把“圣凡同一”中引出了“侯王与庶人同等”，不只是纯理论意义的阐述，径直诉诸政治实践。纯理论的平等，与政治实践上的平等，是有着天壤之别的。正因为如此，李贽与何心隐的命运要比王艮与王阳明悲惨得多。

（二）“大道不分男女”

“大道不分男女”见于傅维鳞的记载：“李贽，号卓吾，温陵人。以乡荐累官太守，致仕，寄居麻城，结庵说法，招聚徒党，雄辩无敌。每曰：大道不分男女。作《观音问》一书。”[②]“每曰”的字眼，表明李贽在寄居麻城时，是把“大道不分男女”当作口头禅的。“大道不分男女”，是说男女平等是最大的道理所在。王艮高擎“百姓日用是道”的大旗，李贽揭出“大道不分男女”的主张，两人所言“道”的内涵是接近的，当为社会公正的体现与最高原则的所在。李贽认为，从最高层次的“大道”来考量，男女是平等的，没有男尊女卑。“大道不分男女”，主要体现在赞扬女性有才识，她们的见识不比男性差。李贽以为，性别上分男女是可以的，但以见识长短来分男女是不可以的：

> 谓人有男女则可，谓见有男女岂可乎？谓见有长短则可，谓男子之见尽长、女子之见尽短，又岂可乎？设使女人其而男子其见，乐闻正论而知俗语之不足听，乐学出世而知浮世之不足恋，则恐当世男子视之，皆当羞愧流汗，不敢出声矣。[③]

《答以女人学道为见短书》一文，作于万历二十一年（1593），

---

① 李贽：《答耿司寇》，《焚书》卷一，张建业主编：《李贽文集》（第1卷），第28页。

② 傅维鳞：《异教传》，《明书》卷一百六十。转引自厦门大学历史系编：《李贽研究参考资料》（第一辑），第28页。傅维鳞（1608—1666），直隶寿灵人，顺治三年（1646）进士，官至工部尚书。

③ 李贽：《答以女人学道为短见书》，《焚书》卷二，张建业主编：《李贽文集》（第1卷），第54—55页。

是为寄居麻城时。李贽在讲学中与女子来往，收了一些女性为弟子。寡居在家的梅国桢之女梅澹然就是其中之一，李贽尊她为“观音”，并作《观音问》。李贽与她们之间以通信方式探讨佛教，一些持男尊女卑观念的人们，以“妇人见短，不堪学道”[①]来非难李贽。李贽作了反驳，强调不能以性别作为判定男女见识长短的标准。那些知道“俗语”缺点的而又“乐闻正论”的女性，她们的见识与男性一样，能说“男子之见尽长、女子之见尽短”吗？至于“乐学出世”的梅澹，佛学上的造诣要超过一般男性。这是对“女子无才便是德”的传统观念的有力否定。

李贽对历史上二十五个女性作过剖析，他得出一个结论，女性中才智不凡、见识卓越的，大大超过了男性。这些女性中比较有名的是，先秦齐国的钟离春、秦始皇时的寡妇巴清、孙策的夫人吴氏、宋太祖赵匡胤的姐姐等。还有一位名不见经传的，三国时杜有道之妻严宪，李贽评论为“大见识人”：

> 杜有道妻严氏，字宪。女韡，有淑德，傅玄求为继室，宪便许之。时玄与何晏、邓飏不睦，晏等每欲害之，时人莫肯共婚。或曰：“何、邓执权，必为玄害，亦犹排山压卵，以汤沃雪耳，奈何为之与亲！”宪曰：“晏等骄侈，必当自败；司马太傅兽睡耳。吾恐卵破雪消，行自有在。”[②]

从“何、邓执权”的语句看，此事发生在高平陵事变前夕。魏明帝曹叡临终时，遗命司马懿与曹爽共同辅政曹芳。曹爽为魏明帝生前所钟爱，拜他为大将军以总揽军事。曹爽在他的谋士何晏、邓飏、李胜等人谋划下，觉得司马懿权力太重。于是任命何晏、邓飏为尚书，政事一概不经过司马懿。傅玄是一位名士，何晏与邓飏是他的政敌。他丧偶后求杜有道之女为继室，严宪固然答应了。很多人责问道，为什么要结这门亲？何晏与邓飏的势力浩大，要整死傅玄如同大山压迫鸡卵、热水浇在雪上一样容易。严宪对时局的判断

---

① 李贽：《答以女人学道为短见书》，《焚书》卷二，张建业主编：《李贽文集》（第1卷），第54页。

② 李贽：《初潭集》卷二，张建业主编：《李贽文集》（第5卷），第14页。

与“时人”大不相同。她敏锐地感觉到，何晏与邓飏等人骄傲自大、生活奢侈，等待他们的必定是失败。既说老奸巨猾的司马懿装病在家（“司马太傅兽睡”），但要击败何、邓如同“卵破雪消”那样容易。嘉平元年（249），齐王曹芳出谒明帝的陵墓高平陵，曹爽随帝出城。司马懿随即发动政变，收捕曹爽、何晏、邓飏等人，诛灭其三族。在众人反对的情况下，严宪应允傅玄，是建立在她对双方的政治行为与谋略作出正确判断上的，这是超乎常人的卓识。所以李贽以“大见识人”的评语，来赞扬杜有道之妻严宪。男尊女卑是中国古代社会的传统观念，贬低女性的重要依据是“女子无才便是德”。俗语则有“女人头发长，见识短”。《红楼梦》第六十四回中，薛宝钗对林黛玉说：“自古道‘女子无才便是德’，总以贞静为主，女工还是第二件。其余诗词，不过是闺中游戏，原可以会，原可以不会。咱们这样人家的姑娘，倒不要这些才华的名誉。”[①]所谓“自古道”，说明那是沿传已久的习用语。“才华”对女性来说，还是不要的好。在对25位女性作了剖解后，李贽结论是：“此二十五夫人，才智过人，识见绝甚，中间信有可为干城心腹之托者，其政事何如也”，“李温陵长者叹曰：‘是真男子，是真男子！’已而又叹曰：‘男子不如也！’”[②]这在男尊女卑观念占主流地位的社会里是反常之论，无怪乎万历皇帝要给他加上“乱道惑民”的罪名了。

李贽的“大道不分男女”，还体现在消除对女性的偏见上。“女人祸水”论在汉代就成为定论了。西汉宗室刘向在《新序》中说：“禹之兴也，以涂山；桀之亡也，以末喜；汤之兴也，以有莘；纣之亡也，以妲己；文武之兴也，以任姒；幽王之亡也，以褒姒。”[③]将夏、商、周三代的消亡，归结于妹喜、妲己与褒姒三位女性上。李贽对“女祸论”是持否定态度的：“吾以是观之，若使夏不妹喜，吴不西施，亦必立而败亡也。”[④]吴王夫差迷恋西施而亡国之事，人所皆知。妹喜是夏桀的妃子。桀纳妹喜后，纵情酒色。妹喜爱听裂帛声，就下令各地进贡丝绸供妹喜撕开，弄得民不

① 曹雪芹、高鹗：《红楼梦》，人民文学出版社1964年版，第832。
② 李贽：《夫妇二》，《初潭集》卷二，张建业主编：《李贽文集》（第5卷），第16页。
③ 转引自徐连达、朱子彦：《中国皇帝制度》，广东教育出版社1996年版，第348页。
④ 李贽：《初谭集》卷三，张建业主编：《李贽文集》（第5卷），第23页。

聊生。李贽断言，对于那些昏庸无能的君主来说，即使没有女性声色之干扰，他们必然是亡国之君。在男尊女卑的社会里，在男性占据了权力中心的体制里，国家兴亡的事情由女性来承担是有失公允的。其实不论男子掌权还是女主擅政，他们在治理国家上的优劣，取决于他们在柄政期间执行了什么样的政策，以及这些政策是否有利于社会的进步与国计民生，而不在于什么样的性别执政。“女人祸水”论是缺乏依据的，李贽说得有道理。不过有道理的东西，与人们接受还是有着距离的。“女祸论”在《水浒传》中有淋漓尽致的发挥，潘金莲、潘巧云、阎婆惜，都是淫妇而为英雄祭刀，是他们被逼上梁山的导火线，这不是“女祸论”吗？京剧《十道本》中，褚遂良向李渊所奏十道本章中，条条皆举历史上女人祸国之事，如妹喜、妲己、褒似、西施亡夏、商、周与吴等为人熟知之事。京剧形成于清中叶，剧本作者的年代还要靠后些。其头脑中“女人祸水”论可谓根深蒂固。要破除传统偏见不是一朝一夕的事情，这足以证实李贽见识之深刻。

（三）“不必以死劝人”

蔡文姬一生两次再嫁，李贽读了《胡笳十八拍》后写了一篇短文：

> 此皆蔡伯喈之女作也。流离鄙贱，朝汉暮羌，虽绝世才学，亦何足道！余故详录以示学者，见生世之苦如此，欲无入而不自得焉，虽圣人亦必不能云耳。读之令人悲叹哀伤，五内欲裂，况身亲为之哉！际此时，唯有一死快当，然而“薄志节兮念死难”，则亦真情矣。故唯圣人乃能处死，不必以死劝人。我愿学者再三吟哦，则朝闻道夕死，何谓其不可也乎哉！①

蔡琰生逢乱世，早年家门不幸，再加上一生三嫁，命运坎坷。她博学而精通音律，十六岁时嫁给卫仲道，不幸丈夫早年夭亡。汉末大乱，蔡文姬在战乱中身陷匈奴，为匈奴左贤王妻达十二年之久，生育有两个小孩。建安十八年（213），曹操得知早年好友

---

① 李贽：《书胡笳十八拍后》，《续焚书》卷四，张建业主编：《李贽文集》（第1卷），第90页。

之女在匈奴，派使臣以重金赎回蔡文姬，再嫁董祀。①人生经历的苦难，是产生伟大艺术作品的源泉，这些经历使蔡文姬给后人留下了《胡笳十八拍》的杰作。②李贽读后以为，淡薄贞节，而把念头放在保存人的生命上。“薄志节兮念死难”与“不必以死劝人”等语，正是生存论的表述。李贽强调，“死难”是人的“真情”所在，要女性为守贞节而去丧失宝贵的生命，是没有依据的。这与理学家贞节观，完全是对立的。理学贞节观是程颐提出的：“问：‘或有孤孀贫穷无托者，可再嫁否？’曰：‘只是后世怕寒饿死，故有是说。然饿死事极小，失节事极大。’”③当着女性生命与贞节发生冲突时，程颐希望女性牺牲生命以保持自身的贞节。

理学家提出“饿死事小，失节事大”的贞节观，只是到了明初，理学成为官方哲学以后，才得到全社会的一致认可。明初哲学家陈白沙，写了一篇歌颂贞节的文章：

> 韩，故相国休之孙女；庄，雷郡庶人妻，贵贱虽殊，其死于义，一也。心事如青天白日，皎乎其不可尚；辞气如大冬严雪，凛乎其不可犯。是岂资学问之功哉？是岂尝闻君子之道于人哉？亦发其性之自然耳。今之诵言咸曰：“饿死事极小，失节事极大。”故临利害，比二氏乃能之，学者固不能于此。④

这是一条珍贵的史料，它对弄清理学何时雄踞意识形态的宝座，与理学贞节观何时为民众普遍接受，有着重要的参考价值。清代文学家，也是程朱理学信徒的方苞，对历史上贞节观的演变情况有个脉络分明的概括：

> 余观妇人以节完者，六经所著，卫共姜，纪叔姬两人而已。盖自周以前，妇人不以改适为非，男子亦不以再嫁者为

---

①“文姬归汉”这一题材为后世所倾心。京剧四大名旦之一的程砚秋，据此演衍成《文姬归汉》一剧，为他代表作之一。

② 尽管班固对但蔡琰评价较高，但囿于男尊女卑的观念，《后汉书》中蔡琰不入《儒林》《文苑》等列传，使得她无法与同期其他历史人物并列。她的事迹，只是被列于《后汉书·列女传》，篇名为“董祀妻”。

③ 程颐：《河南程氏遗书》卷二十二下，《二程集》，王孝鱼点校，第301页。

④ 陈献章：《书韩庄二节妇事》，《陈献章集》卷一，孙通海点校，中华书局1987年版，第76—77页。

耻。……尝考正史及天下郡县志，妇人守节死义者，秦、周前可指计，自汉及唐，亦寥寥焉。北宋以降，则悉数之不可更仆矣。盖夫妇之义，至程子然后大明。前此以范文正公之贤，犹推国恩于朱氏，而程子则以娶其子妇者，为其孙之仇。其论娶失节之妇也，以为已亦失节，而'饿死事小，失节事大'之言，则村农市儿皆耳熟焉。自是以后，为男子者，率以妇人之失节为羞而憎且贱之，此妇人之所以自矜奋与！呜呼！自秦皇帝设禁令，历代守之，而所化尚希；程子一言，乃震动乎宇宙，而有关于百世以下之人纪若此。①

对这段材料可从三方面来剖析。第一，宋以前妇人守节死义者不多，而宋以后"则悉数不可更仆"，节妇数量如此急剧增长的趋势，是理学贞节观得到社会认可的结果。以夫死不嫁为极则，自理学家倡导后，明代政府从精神、物质、法规上奖励之："明兴，著为规条，巡方督学岁上其事。大者赐祠祀，次亦树坊表，乌头绰楔，照耀井闾，乃至于僻壤下户之女，亦能以贞白自砥。其著于实录及郡邑志者，不下万余人……然而姓名湮灭者，尚不可胜计，存其什一，亦足以示劝云。"（《明史・列女传》）陈献章以"死于义"为"发于其性之自然"，方苞讲"率以妇人之失节为羞而憎且贱之"，表明理学贞节在意识形态、物质奖励与法治力量三方面合力作用下，已为明代女性所接受，成为她们的自觉行为了。

第二，女性自觉遵从理学贞节观，是与程朱理学已衍化为普遍的社会心理与风俗习惯，并渗透到下层民众中相联系的。朱熹对程颐之说抱着保留的态度："昔伊川先生尝论此事，以为饿死事小，失节事大。自世俗观之，诚为迂阔，然自知经识礼之君子观之，尚有以知其不可易也。"②朱熹以为，程颐之说只有"君子"才知"其不可易"，民众视之为"迂阔"事儿。陈白沙所处的时代是宣德、弘治年间，从"今之诵言者咸曰：'饿死事极小，失节事极大'"一语，证实了明初理学家贞节观逐渐化为人们乐于接受的风

① 方苞：《岩镇曹氏女妇贞节烈传序》，《方苞集》卷四，上海古籍出版社1983年版，第105—106页。

② 朱熹：《陈师中书》，《朱文公文集》卷二十六。

俗习惯。

第三，理学家的贞节观在明代的盛行，体现明人文集中，率多表扬节妇的文章。通常而论，明代学者应友朋、亲戚与故旧之请，常常会写一些为节妇树碑立传的应酬文章。如顾炎武的好友归庄，有不少以“节妇”“烈妇”命名的悼文的。《黄宗羲全集》第十册中，此类的悼文多达七篇，可见黄宗羲亦未能免俗。曹氏十九岁时嫁给同邑唐之坦，六年后夫死而痛不欲生。丈夫患病时就申明：“君死，我不独生。”夫死后千方百计寻死，先是“砒霜以待”“碎钱为屑”吞肚，未能遂愿。再“饮卤升余”“不食二十二日”“投于旁舍池中”，也未死去。最后，“自经夫柩之旁”，自尽成功。[①]他表彰节妇的文章，当为现实生活的实录。纵观李贽，没有一篇赞扬节妇与烈的文章。

生活在陈白沙与黄宗羲、方苞之间的李贽，其“不必以死劝人”的主张，是为了阻止女性捐躯，以失去宝贵生命的代价去换得一个贞洁美名。卓文君违背父命与如意郎君结合的做法，李贽许以“获身”的赞语，是鼓励女性向着独立人格的方向行进。一位新寡妇与才子私奔的事，按照从一而终的贞节观来说，绝对是让人指责乃至于唾骂的事情。司马迁在《史记·司马相如传》中，有“今文君既失身于司马长卿”的话。李贽在此话后有一插评：“正获身，非失身！”[②]这“获”与“失”的一字之差，是两种不同贞节观的反映。[③]

在中国古代社会里，儒家所说的在家从父、出嫁从夫与夫死从子的“三从”，是女性人格独立的枷锁。三从实际上只有一从，即女性从属于男性。如果说，有夫之妇与未嫁之女须守住贞操，还具有某种合理的因素外；那么寡妇守贞节而不失，从一之贞就没有一点合理性在内。配偶一方的死亡，对另一方来说是婚姻关系的终结。妻死再娶与夫死再嫁的问题。就自然产生了。[④]历代通行

---

① 黄宗羲：《唐烈妇曹氏墓志铭》，《黄宗羲全集》（第 10 册），第 342—343 页。

② 李贽：《司马相如》，《藏书》卷三十七，张建业主编：《李贽文集》（第 3 卷），第 718 页。

③ 对此许苏民先生在《李贽评传》（第 384—386 页）有所论述，但侧重于事实的描述，于理论上的分析有所不足。为此我觉得有必要从贞节观上作进一步的剖析。

④ 再嫁与改嫁是两个不同的概念和事实，改嫁是女子与丈夫离婚后，另觅新夫，再嫁指丈夫死后女子的重新婚姻。再嫁的自由程度是女性人格的确立与依附情况的晴雨表。

的是“夫有再娶之义，妻无二适之文”[①]。男性再娶是被目为天经地义的，夫死再嫁对女性来说是大逆不道的。“妻无二适”是剥夺了女性独立地按照自己意向再度与男性结合的权利。卓文君依着自己的个性去选择婚姻，对此李贽的评论充满了赞颂之情：“斗筲之人，何足计事，徒失佳偶，空负良缘。不如早自抉择，防小耻而就大计。”[②]“斗筲之人”，指深受传统礼教影响的人们。在李贽看来，重要的是卓文君不能“空负良缘”，要以“大计”为重。李贽以为，卓文君摆脱了传统礼教的束缚，向着独立人格的方向迈进，“归凤求凰，安查诬也！是又一奇也！”[③]

对那些坚持从一而终主张的名士，李贽的点评一点也不留情。竹林七贤之一的王戎，强迫女儿为已故的未婚夫终生守节：“王戎子绥，欲娶裴遁女。绥既早亡，戎过伤恸，不许人求之，遂至老无敢娶者。”对此李贽批道：“王戎不成人，王戎大不成人！”[④]两个“不成人”表明李贽对王戎的鄙视，虽说鄙视是以对魏晋名士的痛斥显露出来的，但实质是对明代流行“饿死事极小，失节事极大”的贞节观的鞭挞。

从人类文明发展进程来看，贞节作为积极的德操，是女性自我意识觉醒的标志。原始社会混沌的群婚，无德操可言。当女性智力的发展走出了性蒙昧的时代，随之产生了女性的羞耻感。羞耻感是以自我尊严为前提的，是女性贞节要求的内驱力，它使女子在性生活领域里，产生了排他性的要求。它使女性在阳施阴受的性行为中，不致因被动而失去自我的选择。贞节的本义，是女性保护自我的一种精神动力。自从人类转向以父权为中心的社会以后，便把许多残忍的清规戒律施加于女性身上。父权文化在推进人类文明进步的同时，留下了许多罪恶，其突出的表现之一便是对女性人格的蹂躏。英国著名性心理学家霭理士指出：“贞节一旦变相成强制的绝欲以后，它就成为不自然的了，也就不成其为一种德操，并且也不

① 班昭：《女诫》。
② 李贽：《司马相如》，《藏书》卷三十七，张建业主编：《李贽文集》（第3卷），第719页。
③ 李贽：《司马相如》，《藏书》卷三十七，张建业主编：《李贽文集》（第3卷），第719页。
④ 李贽：《初潭集》卷一，张建业主编：《李贽文集》（第5卷），第9页。王戎让儿媳坚守贞节的事，见《世说新语·伤逝》注引王隐《晋书》。

再有什么实际的效用。”[①]理学贞节观，把女性维护自我尊严的内在要求异化了，让女性成为贞节的制裁的对象，变相成了压抑人的自然性需求和正当的婚姻生活的强制手段。贞节对男女双方都是一种不可推卸的义务，这才是真正意义上的男女平等。

李贽疾呼：“天地之间至尊、至贵、可爱、可求者常在我耳。”[②]不依附于他人，让自我昂起高贵的头颅，让独立人格成为自我的主心骨，这是“侯王与庶人同等”“大道不分男女”的真谛所在。

① 霭理士：《性心理学》，潘光旦译注，生活·读书·新知三联书店 1987 年版，第 392 页。
② 李贽：《道古录》，张建业主编：《李贽文集》（第 7 卷），第 360 页。

第六节 友朋观："天下尽市道之交"

泰州王门诸贤莫不重视师友间的交往。王艮有"道义由师友有之"的见解，何心隐有"天地交曰泰，交尽于友"的主张。接踵其后的罗汝芳声言，"天下无一人不可师"。至李贽有了新的升华。"专以良友为生"，是他一生的精神寄托。就理想言，他冀望因"道德"而形成的师友关系；就现实言，他依据社会变化得出"天下尽市道之交"的结论。李贽的友朋观是理想与现实交叉的产物。他憧憬的是"胜友以证道"，然而他深感这样的"神交"在"百世之后"才会出现；他遇到的是"举世皆嗜利"的现实，这让他得出"天下尽市道之交"的结论来。理想是美妙的，现实是残酷的，向往理想而不得不面对现实的李贽的友朋观，在泰州王门诸贤中是一个比较为完整的体系。①

（一）"专以良友为生"

他自言"专以良友为生"，断言与良友相伴，是他求生意志中的核心所在。他说：

> 第各人自有过活物件。以酒为乐者，以酒为生，如某是也。以色为乐者，以色为命，如某是也。至如种种，或以博奕，或以妻子，或以功业，或以文章，或以富贵，随其一件，皆可度日。独余不知何说，专以良友为生。故有之则乐，舍之则忧，甚者驰神于数千里之外。明知不可必得，而神思奔逸，不可得而制也。②

对李贽有深入了解的袁宏道说："唯良友朋，愈久愈密。李龙湖以友为性命，真不虚也。"③李贽认为，人们在世界要生存下去是需要依赖"过活物件"的。李贽自嘲说，自己是"以酒为生""以色为乐"的，与同他"穿衣吃饭，即是人伦物理"的观

---

① 李贽有"师友原是一样""言友则师在其中"的主张，他关于师友的关系，可以友朋观来概括。参见李贽：《为黄安二上人三首》，《焚书》卷二，张建业主编：《李贽文集》（第1卷），第75页。
② 李贽：《答周友山》，《焚书》卷一，张建业主编：《李贽文集》（第1卷），第24页。
③ 袁宏道：《陶周望祭酒》，《袁宏道集笺校》卷四十三，钱伯城笺校，第1274页。

点是一致的。李贽认为，各人依赖的“过活物件”是各殊的，除“酒”“色”外，尚有“妻子”“功业”“文章”“富贵”“博奕”等。对李贽“专以良友为生”的主张，袁中道论述说：“生平不以妻子为家，而以朋友为家；不以故乡为乡，而以朋友之故乡为乡；不以命为命，而以朋友之命为命。穷而遇朋友则忘穷，老而遇朋友则忘老。”①把“朋友”置于“妻子”“故乡”“命”之上，这与常人是绝不相同的。如此友朋观的形成，是与他经历过一场苦难相关。嘉靖四十五年（1566），李贽在泉州埋葬好父祖三代后，重返河南共城（今辉县）。他的二女儿与三女儿因遭荒年而夭折，在他最艰难的时刻，“邓君果撲已俸二星，并驰书与僚长各二两者二至，宜人以半籴粟，半买花纺为布。三年衣食无缺，邓君之力也”②。“邓君”指邓石阳，李贽的朋友。邓石阳于嘉靖四十三年（1564）任卫辉府推官，并于这时到辉县赈灾。他不仅把自己的俸禄给李贽，还让他的同事各送二两银子，一共两次。李贽的妻子把这些钱，一半买了粮食，一半买了棉花作纺纱用。这让李贽一家平稳地度过了三年。“专以良友为生”观念的形成，是与他在共城受旧友邓石阳在大旱之年活妻女之恩密切相关的。万历十六年（1588），在湖北削发为僧的李贽，移居于离麻城三十余里的龙潭，住进了友人周思久、周思敬兄弟为他修建的芝佛院。万历十九年（1591），任湖广左布政使的刘东星，在李贽遭到“忧世者”的驱逐时，把他迎进了官署保护了起来。③也是刘东星，在万历二十四年（1596）邀请李贽到其家乡山西沁水县。为他提供了一个安心撰写的环境，著成《道古录》一书。万历二十八年（1600），先后在北京、南京、济宁等地靠朋友梅国桢、焦竑、陶望龄等人的安排，才算免遭卫道士们迫害。综观李贽的一生，他正是有赖于这些“良友”的帮助，让他逃脱了厄运，让他生活有了着落，让他能安心地著书。

一个人生活在世上，总有个精神寄托在支撑着。“专以良友为

① 袁中道：《代湖上疏》，《珂雪斋近集》卷十九，第807页。

② 李贽：《卓吾论略》，《焚书》卷三，张建业主编：《李贽文集》（第1卷），第80页。

③ 李贽在给周友山的信中说：“不肖株守黄、麻一十二年矣，近日方得一览黄鹤之胜，尚未眺晴川，游九峰也，即蒙忧世者有左道惑众之逐。”［李贽：《与周友山书》，《焚书》卷二，张建业主编：《李贽文集》（第1卷），第50页］

生”，作为李贽的精神寄托，是期望遇到“胜友以证道”：“吾辈求友之胜己者，欲以证道。”[①]“胜己之友”是指学术上超越自己的朋友，能为自己指点迷津的同行：“苟不遇良师胜友，其迷何时返乎？以此思胜己之友一日不可离也。”[②]“胜我之友”又指能了解自己的朋友：“遍游天下，以求胜我之友。胜我方能成我，此一喜也；胜我者必能知我，此二喜也。”[③]对李贽的“成我”与“知我”，得从师友的作用去认识。人的一生，走弯路是常态，没有弯路是不正常的。当着走入迷途而难以辨明方向时，除了父母、亲戚的劝告外，师友的诤言是最容易听得进去的。父母带有善意的劝告，往往是以责备口气出现的；亲人的忠言（尤其是妻子），常常会采用唠叨的形式。“胜友”的诤言出自肺腑，形式多取娓娓而谈，是使人们从迷途中返回的原委所在。这是李贽觉得“喜”的原委所在。他一直在寻求的“胜己之友”。辞官后的他，憧憬着与耿定理相聚在一起，好好研讨学问，但耿定理不久就去世。他心目中向往的“二溪”，他仅见过他们二次。这是万历五年（1577）以前的事，“自后无岁不读二先生之书，无口不谈二先生之腹”[④]。王龙溪与罗汝芳分别于万历十一年（1583）和万历十六年（1588）去世。随着他自身学识的日益长进，他益发感到“胜己之友”的难觅。这时有人于万历十一年（1583），数落李贽，说近两年没有朋友。李贽反驳说：“余交最广，盖举一世之人，毋有如余之广交者矣。”[⑤]李贽列举了十种交友的类型：“酒食之交”“市井之交”“遨游之交”“坐谈之交”“技能之交”“术数之交”“文墨之交”“骨肉之交”“心胆之交”“生死之交”。其中有物质生活层次的交往，如“酒食之交”“市井之交”。有以特长为内容的交往，如“技能之交。有以精神生活层次的交往，如“文墨之交”“骨肉之交”“心胆之交”。有以打发时光的休闲之交，如“遨游之交”“坐谈之交”。最高层次的是以生命为代价的“生死

① 李贽：《与耿司冠告别》，《焚书》卷一，张建业主编：《李贽文集》（第1卷），第26页。
② 李贽：《与曾中野》，《焚书》卷二，张建业主编：《李贽文集》（第1卷），第47页。
③ 李贽：《穷途说》，《续焚书》卷二，张建业主编：《李贽文集》（第1卷），第68页。
④ 李贽：《罗近溪先生告别文》，《焚书》卷三，张建业主编：《李贽文集》（第1卷），第115页。
⑤ 李贽：《李生十交文》，《焚书》卷三，张建业主编：《李贽文集》（第1卷），第120页。

之交”[①]。李贽对“生死之交”的要求实在太高了，自言一生中很少遇到“生死之交”。能达到“生死之交”的只是周友山一人而已：“夫所交真可以托生死者，余行游天下二十多年，未之见也。若夫剖心析肝相信，意者其唯古亭周子礼乎。”[②]李贽的想法与传统士人没有一点儿吻合处，声言宁愿死于朋友处，也不想死于家中：“大抵不肯死于妻孥之手者，必其决志欲死于朋友之手者也，此情理之易见者也。”[③]这哪是人家容易理解的“情理”，简直是他人没法理解的偏执之论，但却是“专以良友为生”的李贽的肺腑之言。

综观李贽一生的坎坷经历，如果没有刘东星、周氏兄弟、梅国桢、马经纶、焦竑、陶望龄等友人的倾力相助，他的苦难不知还有多少。“专以良友为生”，是李贽内心真实的吐露。这与他在《童心说》中力主讲真话的思想是一致的。

（二）“独学难成，唯友为益”

在李贽“学道”的漫漫长途中，他深切感受到朋友的帮助，对自身学术造诣的提高起到了有益的作用：“老朽久处龙湖，旷焉索居，无由长进，闻晋川居庐读《礼》，谢绝尘缘，故不远一千五百里往就之。盖独学难成，唯友为益也。”[④]这是他给沈王朱珵尧的信中说的。万历二十四年（1596），刘东星因丁忧居家，在读丧葬礼仪方面的书籍。是年，李贽离开麻城去山西沁水刘东星处，相聚畅论。常受顽固人士攻击的李贽，这时的心情说不出有多轻松。李贽与刘东星及其子侄相互问答，碰撞出思想的新火花，这就是《道古录》一书面世的缘由。“天下之众，而能使之均平一人”“天下之民，务遂其生，各获其所愿有”“圣人与凡人一”“谓圣人不欲富贵，未之有也”等惊世骇俗的主张都见于此书。随着岁月的流

① 李贽：《论交难》，《续焚书》卷二，张建业主编：《李贽文集》（第 1 卷），第 73 页。

② 李贽：《李生十交文》《焚书》卷三，张建业主编：《李贽文集》（第 1 卷），第 120 页。“古亭周子”指周思敬（？—1593），号友山，湖北麻城人。隆庆二年（1568）进士，官至户部侍郎。麻城，北周时称“古亭”。

③ 李贽：《与焦弱侯》，《焚书》卷二，张建业主编：《李贽文集》（第 1 卷），第 58 页。

④ 李贽：《答沈王》，《续焚书》卷一，张建业主编：《李贽文集》（第 1 卷），第 40 页。此信写于万历二十六年（1598）。沈王为朱珵尧，封国在潞州（今山西长治）。沈王朱珵尧邀请李贽邀请潞州王府做客，李贽忆及起自己在山西的往事，又表示已年七十又二，畏严寒而不敢出门。

逝，二年之后，封于山西潞州的沈王给他的邀请信，让李贽回忆起往事，得出“独学难成，唯友为益”的结论来。这是李贽72岁时发出的感叹，可以说是晚年定论。

往上溯源的话，《礼记·学记》有“独学而无友，则孤陋而寡闻”语，与“独学难成，唯友为益”之意相近。阐明这一道理较为深刻有，唐宋八大家之一的柳宗元。他以为，在人的成长和发展过程中，师友起到了“以成以增”的作用。柳宗元说：“今之世，为人师者众笑之，举世不师，故道益离。为人友者，不以道而以利，举世无友，故道益弃。呜呼！生于是病矣，歌以为箴；既以儆已，又以诫人。不师如之何，吾何以成？不友如之何，吾何以增？……道苟在焉，佣丐为偶。道之反是，公侯以走。”[①]柳宗元认为人的成长途径之一，是要靠师友的帮助。“道”之所在就是拜师交友的原则。有利于“道”的实现，即使“佣丐”也不妨交之，不能以贵贱等级来划界；相反，公侯贵族若逆反于“道”，也不妨离开之。不以地位尊贵而以“片善寸能”为交友准则，李贽所见与柳宗元合。李贽说：

> 余性好高，好高则倨傲而不能下。然所不能下者，不能下彼一等倚势仗富之人耳；否则稍有片长寸善，虽隶卒人奴，无不拜也。余性好洁，好洁则狷隘而不能容。然所不能容者，不能容彼一等趋势谄富之人耳；否则果有片善寸长，纵身为大人王公，无不宾也。[②]

《高洁说》是李贽为自己交友准则辩说的文章。李贽说自己的性格有“好高”与“好洁”的特点。虽说自己有“高不能下”的毛病，但自己心目中的“下”，是指“倚势仗富之人”。一旦碰到有“片善寸能”的人，即使他们是“隶卒人奴”这类下等人，他也会“无不拜”的。如果遇到有“片善寸能”的“大人王公”，他会以

---

① 柳宗元：《师友箴》，《柳河东集》卷十九，上海人民出版社1974年版，第341页。

② 李贽：《高洁说》，《焚书》卷三，张建业主编：《李贽文集》（第1卷），第98页。《世说新语》中记载：“张彦真好学而博闻，而任情不羁。意相合者，则倾身相通；如志好或乖，虽王公大人，终不屈也。”张彦道的交友之道与柳宗元的见解相近，李贽的评论是“卓和尚是”［李贽：《师友九·交难》，《初谭集》卷十九，张建业主编：《李贽文集》（第5卷），第208页］

宾客相待的。李贽的意思很明白，他的交友之道，根本不在乎对方社会地位的高低，而以是否有一技之长与高尚德性为准绳。

李贽以“片善寸能”为交友准则，直接是承袭了罗汝芳的。时人记载了罗汝芳的主张：“罗子见人有片善寸能，不难以身下之，常曰：‘圣人无常师，况吾辈耶！’”[①]从中可知李贽不仅赞同罗汝芳的见解，而且语句也相同。罗汝芳只要见人有能耐，就会向他学习。最让世人吃惊的是，罗汝芳发觉胡宗正在《周易》上颇有造诣后，便毅然决然地拜原先的门人胡宗正为师。李贽对罗汝芳之举是很清楚的。周思久的学生曾中野告诉李贽，近来知道罗汝芳学说的人很少，“近老无知者，惟先生一人知之”。李贽回答道：“我若不知近老，则近老有何用乎！惟我一人知之足矣。”[②]李贽觉得，与有“片善寸能”的人的交往，对自己带来的益处是显而易见的，这是理解李贽“唯友为益”的原委所在。

李贽以为，交友要注重实质内容，他冀望的友人能够指明自己缺点的：

> 生非护惜人也，但能攻发吾之过恶，便是吾之师。吾求公施大炉锤久矣。物不经锻炼，终难成器，人不得切琢，终不成人。吾来求友，非求名也；吾来求道，非求声称也。公其勿重为我盖覆可焉！我不喜吾之无过而喜吾过之在人，我不患吾之有过而患过之不显。此佛说也，非魔说也；此确论也，非戏论也。[③]

这是万历十四年（1586）李贽写给耿定向万言长信中的一段话。李贽说自己不是一个护短而有错不改的人，他期望着有朋友能够指出他的不足。李贽认为，物不经敲打，就难以成为有用的器皿；人不经磨琢，就难以成为完整意义上的人。因而自己不喜欢没有过失，而是喜欢过失能被别人指出来；自己不担心自身有过失，而忧愁自身过失不显彰。“公”指耿定向，他要耿定向不要为他遮

① 罗汝芳：《近溪罗先生一贯编》，《罗汝芳集》，方祖猷、梁一群等编校整理，第 379 页。
② 李贽：《答耿司寇》，《焚书》卷一，张建业主编：《李贽文集》（第 1 卷），第 32 页。
③ 李贽：《答耿司寇》，《焚书》卷一，张建业主编：《李贽文集》（第 1 卷），第 33 页。

掩就可以了，因为李贽觉得，“求友”的目的不是沽名钓誉，往自己脸上贴金；“求道”是自己交友的真意所在，而不是为了自身声名显赫。这些主张是佛学中所说的正理，而不是邪魔的谬说；是他自己确切的论断，而不是开玩笑的戏论。

从人的本性角度去考察，社会交往是人的本性能力和精神需求的一种体现。生活在社会中的人是一定要与他人交往的。法国思想家蒙田说：“没有交流对我来说就没有快乐：我独自产生的生气勃勃的，却又不能告诉他人的思想无一不使我痛苦。”①人在其一生中，不可能没有朋友。因为友情是人的生命中的阳光和空气，是须臾不可或离的；因为人遇到挫折时，要找一个倾诉自身苦楚的对象，一个能够发泄情感的朋友；因为人在遇到困难时，朋友们的安抚或者会找出不足的原因以解决困惑，朋友在这时是你的依靠。

李贽以为，交上真正的朋友是极难的：“学道人脚跟未稳当，离不得朋友；脚跟既稳当，尤离不得朋友。何者？友者有也，故曰道德由师友有之，此可见朋之不可离矣。然世间真友难得，而同志真实友尤难得。”②李贽认为，在与师友的交往中，“道德”尤为重要，但真正能做到这一点的人是极难遇到的。李贽感叹，现实社会中的人们皆以“嗜利”为交友准则：“夫天下无朋久矣。何也？举世皆嗜利，无嗜义者。嗜义则视死犹生，而况幼孤之托，身家之寄，其又何辞也？嗜利则虽生犹死，则凡攘臂而夺之食，下石以灭其口，皆其能事矣。”③李贽以为，以“义”（“道德”）作为交友准则的人，把死看得与生一样平常。更何况朋友临终时把幼子、身家托付给自己，怎能不鼎力相助呢？以“利”为交友标准则的人，即使活着也像死了一般，拼命抢夺他人食物，见朋友则投井下石，以至于灭口避害，都是他们的“能事”。从“嗜义”出发，还是以“嗜利”着眼，所结交的朋友是大相径庭的。前者是李贽理想中的交友之原则，后者是现实中发生的事实。对此李贽只能遗憾地说：“余谓千古无朋友者，谓无利也。”④

李贽尖锐地指出，当时社会里人际交往的准则，不是以他理想

---

① 转引自［美］库利，《人类本性与社会秩序》，包凡一、王源译，华夏出版社1989年版，第59页。
② 李贽：《与吴得常》，《续焚书》卷一，张建业主编：《李贽文集》（第1卷），第16页。
③ 李贽：《朋友篇》，《焚书》卷五，张建业主编：《李贽文集》（第1卷），第209页。
④ 李贽：《答耿司寇》，《焚书》卷一，张建业主编：《李贽文集》（第1卷），第27页。

中的“义”（“道德”）为基础，而是以“利”与“势”为基石的。真正能够达到“神交”是极难的：“交若非难，必不恨矣。以世无真实相知者，惟天下无真相知，则虽谓天下无交可也。故有神交于百世之后，而不能不痛恨于当世。”[①]李贽以为，朋友之间的交往达到了“真实相知”的程度，是没有利益掺杂其间。好友周思久去世，李贽回忆与他的交往时说：“仆与先公正所谓道义之交者，非以势交，非以利友。”[②]

他深刻地观察过现实生活中的商人、手工业者、农民、士人与官吏，得出了“有私必力”的论断，前已讲过。“神交”在李贽看来只是“百世以后”的事情。“当世”的交友情况是以“嗜利”为前提的，“天下尽市道之交”，是李贽观察明代晚期社会的实际情况而得出的。

（三）“天下尽市道之交”

“市道”是指商贾在商品交换过程中的逐利原则。李贽以为，“市道”渗透到友朋间的结交，出现“利尽则疏”“势去则反”的情况是必然的。在“超然势利之外”求得志同道合则是极难的：

> 天下尽市道之交也。夫既为市矣，而曷可以交目之，曷可以易离病之，则其交也不过交易之交耳，交通之交耳。是故以利交易者，得尽则疎；以势交通者，势去则反，朝摩肩而暮掉臂，固矣。夫惟君子超然势利之外以求同志之劝，而后交始难耳。[③]

李贽作出这一结论，是出于他个人交友的期望，是与“势利”无关的；“尽市道之交”，是就当时社会交往的流行风气来说的。前者是李贽憧憬中的理想，后者是活生生的现实。理想与现实是有差距的，理想集中了人们的美好愿望，为人们追求的远期目标。现实是人们必须面对的，而又无法刻意回避的。

---

① 李贽：《师友九》，《初潭集》卷十九，张建业主编：《李贽文集》（第5卷），第209页。
② 李贽：《与周贵卿》，《续焚书》卷一，张建业主编：《李贽文集》（第1卷），第30页。
③ 李贽：《论交难》，《续焚书》卷二，张建业主编：《李贽文集》（第1卷），第73页。

"天下尽市道之交"风气的形成，其先决条件是当时的社会经济状况。李贽生活的时代，是中国古代商品经济相当发达的时代，资本主义生产关系的萌芽已经出现。一般地说，超过劳动者个人生活需求的农业劳动生产率，是资本主义生产的基础。明代中后叶，江南一些城市的近郊与生产经济作物的农村，已进入实质性的商品化生产的轨道。在手工业生产的领域里，形成了两个资本主义生产关系成片的区域：以三吴为中心的长江三角洲地区与以景德镇、佛山等市镇为中心的江西与广东的大三角地带。[①]与此相应，出现了以逐利为人生唯一目的的市民阶层。他们像迷恋功名一样去追求物质利益："凡是商人归家，外而宗族朋友，内而妻妾家属，只看你所得的归来的利息多少为重轻。得利多的，尽皆爱敬趋奉；得利少的，尽皆轻薄鄙笑。犹如读书求名的中与不中归来的光景一般。"[②]为人们崇敬的"功名"为"利息"所取代，"万般皆下品，惟有读书高"的价值观与"金榜题名时"的风光，一下失去了笼罩人们头脑中千余年来的光环。社会状况的这一变化只有在持续相当长时期后，才能在文学作品中印下它的痕记。特定时代的文学作品，是这一时代的社会风气的监视器与风向标。

同时士大夫阶层中间出现了商人化的倾向。颜之推说到隋初风气时说："多见士大夫耻涉农商，差务工伎。"[③]这在明代中后期有了显著的变化。士大夫兼营商业的日益增多，在江南地区几乎成为不可逆转的社会风尚。嘉靖年间松江名宿何良俊，引用《荀子·富国》中"工商众则国贫"的话，来论证商业活动的发展将对社会造成不良的影响。但正是这位重农抑商思想的坚决拥护者，不得不承认："昔日逐末之人尚少，今去农而改业工商者，三倍于前矣。""昔日"是指正德年间以前，那时的"百姓安于农亩，无有他志"，而"官府亦驱之就农，不加烦扰，故家家丰足，人乐于为

① 参见许涤新、吴承明主编：《中国资本主义的萌芽》："这些工场已具有资本主义生产的基本性质，它们数量很少，但已不是个别的、偶见的现象；它们具有延续性，在以后有了发展和扩大。这些资本主义萌芽的出现，是同整个行业的生产力状况和经济条件分不开的。"（许涤新、吴承明主编：《中国资本主义的萌芽》，人民出版社1985年版，第139页）

② 凌濛初：《二刻拍案惊奇》卷三十七，章培恒整理，王古鲁注释，上海古籍出版社1983年版，第681页。

③ 王利器集解：《颜氏家训集解》卷八，上海古籍出版社1980年版，第141页。

农”[①]。何良俊心中对或是昔日的一派静谧的田园风光充满了无限的留恋，但他又无可奈何地面对着嘉靖年间（“今”）弃农经商的士大夫“三倍于前”的残酷现实。这在当时已是一股新的、充满活力的潮流，类似的记载不少：“至今吴中缙绅士大夫，多以货殖为急”[②]“吴人以织作为业，即士大夫家，多以纺绩求利，其俗勤啬好殖，以故富庶”[③]。以逐利为价值取向的市民阶层的崛起，与士大夫弃农经商浪潮的出现，是“天下尽市道之交”提出的社会基石。李贽以商品交换中的逐利原则去论述现实中友朋之道，要比同时代人深刻得多。前已论及，李贽抓住了对“利”与“势”的追求为人性的真实本质所在，视“富贵利达”为每个人的价值取向的目标。如此的价值取向，体现在人际关系中的交友，那就是“天下尽市道之交”。

李贽辞官以后，衣食难以自立，得依赖朋友的周济。在交友的十种类型中，他把“酒食之交”列为“最切者”行列中：

> 唯是酒食之交，有则往，无则止不往。然亦必爱贤好客，贫而整，富而洁者，乃可往耳。爱客为上，好贤次之，整而洁又次之。然是酒食也，最日用之第一义也。余唯酒食是需，饮食宴乐是困，则其人亦以饮食为媒，而他可勿论矣。故爱客可也，好贤可也，整而洁亦可也。无所不可，故无所不友。而况倾盖交欢，饮水可肥，无所用媒者哉！已矣！故今直道饮食之事，以识余交游之最切者。饮食之人，则人贱之，余愿汝，幸勿弃也。[④]

“酒食之交”被李贽视为“日用第一义”，是王艮“百姓日用是道”的翻版。“第一义”就是最高的道理，李贽是把“酒食之交”作为交友最重要的原则，与前述“圣人自不能不衣不食”的主张，以及大家熟悉的“穿衣吃饭即是人伦物理”的观点，是相互呼应的。王艮开创的泰州王门，把王阳明良知学说，发展成为一种自

① 何良俊：《四友斋丛说》卷十三，中华书局 1959 年版，第 111—112 页。
② 黄省曾：《吴风录》。
③ 于慎行：《谷山笔麈》卷四，吕景琳点校，中华书局 1984 年版，第 39 页。
④ 李贽：《李生十交文》，《焚书》卷三，张建业主编：《李贽文集》（第 1 卷），第 120—121 页。

然人性论，逐步解除了宋明理学的道德禁欲主义对人性、人欲的束缚与扼杀。“酒食之交”，是指以满足人们自然生理需求作为交友的准则，这是李贽对王艮“百姓日用是道”在友朋领域中的拓展性应用，是“天下尽市道之交”的一个组成部分。

第七节 童心观：“绝假纯真”

童心观的宗旨是“绝假纯真”。保持“童心”不失，是天下“至文”产生的原因所在，与他“自然之为美”的审美情趣呼应。以“自然之为美”为切入点，李贽在戏曲评论上，弘扬逼真传神的“化工”，对人为做作的“画工”作了有力的鞭挞。“绝假纯真”与“天下之至文”“自然之为美”，以及“化工”与“画工”的一褒一贬，构成了童心观的主要内容。它满足了正在崛起的市民阶层审美情趣的需求，在晚明时代的影响极为深刻。

（一）“童心”之“唯真”

童心观是李贽所独创的，在他思想体系里占据着重要的地位。他说：

> 童心者，真心也。若以童心为不可，是以真心为不可也。夫童心者，绝假纯真，最初一念之本心也。若失却童心，便失却真心；失却真心，便失却真人。人而非真，全不复有初矣。童子者，人之初也；童心者，心之初也。①

“童心”一词出自《左传·襄公三十一年》：“于是昭公十九年矣，犹有童心，君子是以知其不能终也。”童心之本义，是指小孩爱玩嬉游之心，是带有贬义的。鲁昭公19岁了，还有那么股孩子气，君子知道他是不能善终的了。李贽的“童心”与“真心”“初心”的意义是一致的，核心是“纯真绝假”。

“童心”是纯真无假的“真心”，是发于自然的真情实感。李贽是个“唯真”论者，对“真”抱着绝对信仰的态度：“世有真人，然后知有真佛；有真佛，故自然爱此真人也。唯真识真，唯真逼真，唯真念真，宜哉！然则不但佛爱此真石，我亦爱此真石也。”②这是李贽对佛教造像艺术所发表的议论，涉及宗教信仰（“真佛”）、人类（“真人”）与自然界（“真石”）三方面，

① 李贽：《童心说》，《焚书》卷三，张建业主编：《李贽文集》（第1卷），第92页。
② 李贽：《三大士像议》，《焚书》卷四，张建业主编：《李贽文集》（第1卷），第137页。

高擎的是“唯真”论的大纛。李贽强调，心是“纯真绝假”时才能认识真、亲近真、思念真。对杜甫之诗的价值他看重的是“真”：“少陵原自解传神，一动乡思便写真。不是诸公无好兴，纵然好兴不惊人。”[①]“乡思”是人类普遍共同具有的一种情感，对任何人来说，乡思之愁是无法避免的。“乡思”所抒发的感情，是内心的真情实感；“乡思”因故乡景物而萌生，不可能有虚假的东西。在李贽看来，杜甫此诗的真实意蕴不是常人理解的，是对忧君爱国与生民疾苦的关怀，而在于出自心灵的真诚。“夫童心，绝假纯真”，可以从“唯真”论中得到确切的理解。

李贽以“童心者，心之初”，是说“童心”为人的最初的“本心”。于“初心”前人多有论述。明初崇仁学派创始人吴与弼，构筑了一个“心”的谱系，有“初心”“本心”“天心”“芳心”“道心”“真心”“素心”“初心”等。其“聪明不及于前时，道德日负于初心”“誓虽寒饥死，不敢易初心”等语，表明自己不放弃道德修养的决心。[②]曾与王阳明分庭抗礼的湛若水，他“多讲‘初心’，其初心即真心、良心、本心与赤子之心”。[③]陆九渊主张，“仁义者，人之本心也”。[④]以为仁义之类的道德意识，是人所固有的，不假安排，会自然流露的。李贽的“本心”，是说原初的心灵是纯洁的，未受到后天的“闻见”与“道理”污染的，是完美无缺的。丧失了“本心”，就失去了人的主体性。“本心”相当于老子“复归于朴”的“婴儿”状态。[⑤]李贽对“婴儿”有个描述：“夫婴儿，百一无知也，而其气至专。百无一能也，而其气致柔。专气致柔，能如婴儿，则可为抱一矣。”[⑥]“无知”与“无能”，为保持婴儿天真无邪、率性纯朴的状态。以“无知”与“无能”为“心之初”，与不让“闻见”与“道理”入侵的“真心”，

---

① 李贽：《读杜少陵二首》，《续焚书》卷五，张建业主编：《李贽文集》（第1卷），第108—109页。

② 参见邹建锋：《明代理学向心学的转型——吴与弼和崇仁学派研究》，社会科学文献出版社2011年版，第45—59页。

③ 邹建锋：《明代理学向心学的转型——吴与弼和崇仁学派研究》，第121页。

④ 陆九渊：《与赵监》，《陆九渊集》卷一，第9页。

⑤ 参见《老子》第二十八章。此章是讲“知雄守雌”，是老子柔弱胜刚强法则具体应用。老子以为，人有守雌的德性，就会“复归于婴儿”“复归于朴”，做到与“道”相一致。

⑥ 李贽：《老子解》，张建业主编：《李贽文集》（第7卷），第5页。

在逻辑上是相通的，是一个事情的两面。“本心”强调先验的设定，如同一张白纸那样，没有丝毫痕迹可言；“真心”强调“绝假纯真”，注重的是后天人为的预防。

因“童心”有经常失去的情况，故李贽有“识真”之议。失却的原因是“闻见”与“道理”沁入人的内心：“方其始也，有闻见从耳目而入，而以为主于其内而童心失。其长也，有道理从闻见而入，而以为主于其内而童心失。”①“闻见”是指听到和见到的社会现象，如“平居无事，只解打恭作揖，终日匡坐，同于泥塑，以为杂念不起，便是真实大圣大贤人矣。其稍学奸诈者，又搀入良知讲席，以阴博高官”②。“道理”，非指一般的经验感受与知识学问，特指程朱理学的主张：“夫道理闻见，皆自多读书义理而来”“夫学者既以多读书义理障其童心矣。”③在李贽看来，“义理”被灌输得愈多，童心丧失得愈厉害。李贽断言：

> 今之讲周、程、张、朱者可诛也。彼以为周、程、张、朱者皆口谈道德而心存高官，志在巨富；既已得高官巨富矣，仍讲道德，说仁义自若也。④

李贽以为，今天讲论程朱理学的人，当在诛杀之列。“彼”指郑子玄，为李贽居住麻城时的友人，他耻于讲学。郑子玄的理由是，现今的理学信徒，是一些口头上满嘴是仁义道德，心里琢磨着升官发财的家伙。待有了高官厚禄后，又大言不惭地去讲论仁义道德。李贽完全赞成郑子玄的见解，指明他们“以谈道德而志在穿窬”。⑤“穿窬”，偷盗行为也！对这些“童心既障，而以外入者闻见道理之为心”的理学信徒来说，他们的真实面貌必定是，“以假人言假言，而事假事，文假文乎”⑥。

在李贽的心目中，虚假不是个别的现象而是社会性的。一种由

---

① 李贽：《童心说》，《焚书》卷三，张建业主编：《李贽文集》（第 1 卷），第 92 页。
② 李贽：《因记往事》，《焚书》卷四，张建业主编：《李贽文集》（第 1 卷），第 147 页。
③ 李贽：《童心说》，《焚书》卷三，张建业主编：《李贽文集》（第 1 卷），第 92 页。
④ 李贽：《又与焦弱侯》，《焚书》卷二，张建业主编：《李贽文集》（第 1 卷），第 44 页
⑤ 李贽：《又与焦弱侯》，《焚书》卷二，张建业主编：《李贽文集》（第 1 卷），第 45 页。
⑥ 李贽：《童心说》，《焚书》卷三，张建业主编：《李贽文集》（第 1 卷），第 92 页。

耳目闻见或经过教育而得来的“道理”，远一点是孔孟之道，近一些是程朱理学的“义理”，成为不需任何论证的独断性真理。它们以儒家经典作为载体，“六经”、《论语》《孟子》就成了李贽批判的矛头。他以为，后世学者不仔细考察它们形成过程中的实际情况，“便谓出自圣人之口，决定目之为经矣。”这些儒家经典，不是史官过分褒奖之话，就是臣子拼命赞美之辞。再不然的话，就是那些“迂阔门徒”与“懵懂弟子”们，“有头无尾，得前遗后”拼凑“师说”的产物。李贽断言，后世学者不细加考察以为是“万世之至论”。照李贽看来，这些儒家经典是“假人之渊薮”：“然则“六经”、《语》《孟》，乃道学之口实，假人之渊薮也，断断乎其不可语于童心之言明矣。”[①]李贽把儒家经典当作世间上一切虚假的总根源，是与“童心”相对峙的存在。这不仅是一种价值性的判断，而且是对明代官方的科举制度与意识形态的大胆否定。

（二）“天下之至文”

在李贽看来，要保持“童心”常存而不失，就要摒弃“闻见道理”与“义理”。在“童心既障”的情况下，“发而为言语，则言语不由衷”“著而为文辞，则文辞不能达”。[②]因为“天下之至文”皆源于“童心”：

> 天下之至文，未有不出于童心焉者也。苟童心常存，则道理不行，闻见不立，无时不文，无人不文，无一样创制体格文字而非文也。诗何必古选，文何必先秦。降而为六朝，变而为近体；又变而为传奇，变而为院本，为杂剧，为《西厢曲》，为《水浒传》，为今举子业，皆古今至文，不可得而时势先后论也。故吾因是而有感于童心者之自文也，更说甚么“六经”，更说甚么《语》《孟》乎？[③]

文艺作品只要蕴含有“童心”，不论什么时代，不论什么人，

① 李贽：《童心说》，《焚书》卷三，张建业主编：《李贽文集》（第1卷），第93页。
② 李贽：《童心说》，《焚书》卷三，张建业主编：《李贽文集》（第1卷），第92页。
③ 李贽：《童心说》，《焚书》卷三，张建业主编：《李贽文集》（第1卷），第92—93页。

其“创制体格”是各异的，都能成为有感染力的优秀作品。各种文体都是历史发展的必然产物，都有其存在的价值。后来出现的戏曲（包括传奇、院本和杂剧），和先前的诗文与现今流行的“举子业”，具有同样的地位。李贽以为，传奇、院本、杂剧以及《西厢记》《水浒传》等作品，都是自古至今的上乘之作。小说与戏曲，是为历代统治阶级所排挤的，李贽以为是能够满足人们欣赏要求的好作品。在中国古代哲学家中，他对社会上鄙视的戏曲是给予了最为有力肯定的一位，“孰谓传奇不可以兴，不可以观，不可以群，不可以怨乎？”①

他高度评价了小说的思想意义，称《水浒传》是对宋朝“大贤处下，不肖处上”的不合理现象的“发愤之作”。②李贽认为：“宇宙内有五大部文章：汉有司马子长《史记》，唐有《杜子美集》，宋有《苏子瞻集》，元有施耐庵《水浒传》，明有《李献吉集》。”③这打破了正统观念对俗文学轻视的传统偏见，把不登大雅之堂的小说，提高到了与《史记》和杜诗等历代文学名著相提并论的地位。早在汉代，就有鄙视小说的主张：“好说而不要诸仲尼，说铃也。”（《法言·吾子》）“说铃”，喻小说不合大雅。《水浒传》一书，得到了民众的欢迎，但在某些文人心目中，却是“奸盗脱骗机械甚详”，“变诈百端，坏人心术”④。同一作品，为何产生如此大的歧见呢？关键在于接受程度上的差异。

我在第五章中已经说了，任何人创作出来的作品，作为原始文本，其价值、意义和潜能的发掘，是在后世读者的接受活动中得以实现的。由于后世读者期待视界的区别，形成了评价不同、意义多样的见解。这是李贽与传统文人评价标准不一的原委。“诗何必古选，文何必先秦”，是对当时文坛“文必秦汉，诗必盛唐”复古主义谬论的批判。以李梦阳、何景明为首的复古主义思潮，是李贽生活时代里的流行思潮。他们主张“文必秦汉，诗必盛唐，非是者弗

① 李贽：《红拂》，《焚书》卷四，张建业主编：《李贽文集》（第1卷），第182页。
② 李贽：《忠义水浒传序》，《焚书》卷三，张建业主编：《李贽文集》（第1卷），第101—102页。
③ 周晖：《五大部文章》，《金陵琐事》卷一，南京出版社2007年版，第52页。
④ 田汝成：《委巷丛谈》，《西湖游览志余》卷二十五，刘雄、尹晓宁点校，上海古籍出版社2018年版，第307页。

道”①“曰古诗必汉魏，必三谢；今体必初盛唐，必杜；舍是无诗焉”②。李贽以为，一味模仿古人的诗文，不是内心真情的流露。

有价值的文章，是人“不能自止”的本心真实情感的自然愤泄：

> 且夫世之真能文者，比其初皆非有意于为文也。其胸中有如许无状可怪之事，其喉间有如许欲吐而不敢吐之物，其口头又时时有许多欲语而莫可所以告语之处，蓄极积久，势不可遏。一旦见景生情，触目兴叹，夺他人之酒杯，浇自己之垒块，诉心中之不平，感数奇于千载。既已喷玉唾珠，昭回云汉，为章于天矣，遂亦自负，发狂大叫，流涕恸哭，不能自止。③

李贽以为，世上真能写出佳作的人，起初并非是刻意去写的。这种类型的人，胸中贮着诸多难以形容而又可怪的事情，喉间有着想吐而不能说的话语，嘴边藏着时刻想说而无法倾诉的机会。这几种情况蓄积到极致却难以自我控制时，“一旦见景生情，触目兴叹”。吐来的言辞如同珠玉一般，写出来的文章就像银河在天上形成的灿烂文彩一样。“世之真能文者”之“为文”，在李贽心目中，当为“绝假纯真，最初一念之本心”的自然流露。“真文”之所以具有强烈的感染力，是长期郁积于心头的不平之情与难以名状的而又无处诉说的悲愤之感的集中迸发。“真文”的价值是至高无上的：“有感于童心者之自文也，更说是什么‘六经’，更说是什么《语》《孟》乎？”一句话就把儒家传统经典的价值全否定了。

这否定了支撑历代王朝思想武器——经学态度。在汉武帝独尊儒术之后，儒家经典，主要是“五经”（或称“六经”）上升为圣人之言，不容随意修改而定型。儒家经学凭借着国家行政权力的支持，在教育体制与选士制度的羽翼下，得以长期控制着人们的行为准则和思维方式。经学，它不只是知识的载体，而且是行政化的权威，支配着和控制着社会阶层，我称之为经学态度。经学在传播、

---

① 李梦阳语，参见《明史·李梦阳传》。

② 钱谦益：《列朝诗集小传》，上海古籍出版社 1983 年版，第 311 页。

③ 李贽：《杂说》，《焚书》卷三，张建业主编：《李贽文集》（第 1 卷），第 91 页。

诠释、注疏、灌输、推广的过程中，为帝王、官僚、士大夫、平民所认同。汉代邹鲁一带流传着这样的谚语：“遗子黄金满籯，不如一经。”[①]（《汉书·韦贤传》）表明经学态度在平民心灵中已经安营扎寨了。经学态度在汉代已经基本奠定了，具体表现为三个方面，并一直延续到明清：（1）朝廷正式文件特别是具有最高权威的皇帝诏书中，或援引儒家经文立论，或依据儒家观点决事。（2）以儒家经典处理政务并用来解决疑难问题，如皮锡瑞所概括的：“以《禹贡》治河，以《洪范》察变，以《春秋》决狱，以三百五篇当谏书。”[②]（3）儒家经学成为帝王必须具备的基本素养。自汉昭帝开始，历朝君主均需自幼学习儒经，经筵之设成为历代王朝不可更改的制度。在最高统治者的提倡和带动下，社会各阶层攻读儒经蔚然成风。既然“童心者之自文”是“天下之至文”，那么不是出自“童心”的作品，当在摒弃之列。被历代王朝视为权威的“六经”《论语》《孟子》，就没有必要再去论说了。这无疑是抽掉统治者官方意识支柱的经学态度，把儒家经典的神圣性与权威性全扫落了。如此惊世骇俗的言论是他被捕下狱的原因之一。

（三）“自然之为美”

“自然之为美”是由“纯假绝真”的“童心”延伸出来的，这同他以人的情性自然外露为审美情趣的所在相关的。他说：

> 盖声色之来，发于情性，由乎自然，是可以牵合矫强而致乎？故自然发于情性，则自然止乎礼义，非情性之外复有礼义可止也。惟矫强乃失之，故以自然之为美耳，又非于情性之外复有所谓自然而然也。故性格清彻者音调自然宣畅，性格舒徐者音调自然疏缓，旷达者自然浩荡，雄迈者自然壮烈，沉郁者自然悲酸，古怪者自然奇艳。有是格，便是有调，皆情性自然之谓也。莫不有情，莫不有性，而可以一律求之哉？然则所谓自然者，非有意为自然而遂以为自然也，若有意为自然，则与

① 宋代以后，“四书”地位抬升，“四书五经”成为儒家经典的简称。
② 皮锡瑞：《经学历史》，中华书局1959年版，第90页。

矫强何异？故自然之道，未易言也。①

按照传统，诗歌创作“发乎情，止于礼义”。自从《毛诗序》提出这一主张后，为历代文人、学者奉为金科玉律。“情”的范围被框定在“礼义”的圈子里，亦即囿于封建道德中。李贽以“自然”来替代“礼义”是对传统的大胆背叛。“发于情性，由乎自然”，指真实无伪，即“自然之为美”。李贽强调，作者的真实个性与自然情感要体现在作品中，不能渗入人为的伪饰与强加的牵合。李贽“自然之为美”与老子美学思想有关。著名学者李泽厚与刘纲纪有个论断：“老子把真、善、美三者都包含在他那个囊括一切的‘道’之中，符合于‘道’就是真、善、美，违背了‘道’就是假、恶、丑。”②我以为，关键在于“道”是依据什么原则的呢？老子提出了自然原则：“域中有四大，而人居其一焉。人法地，地法天，天法道，道法自然。”（《老子》第二十五章）这不是在“道”之中，加上一个主宰的东西。这是说，“道”是总根源，“自然”是总法则。“自然”不是客观自然界，而是指一种不加强制力量而顺其本然的状态。老子以为，“道”在生成万物后却不据为己有，推动万物却不自恃己能，养育万物却不为主宰。这样的自然原则，即“辅万物之自然而不敢为”。（《老子》第六十四章）这一原则，老子又称之为“无为”（“不敢为”）。李贽以为，“牵合矫强”是与老子的自然原则相违背的。李贽强调，不是有意地去矫揉造作，才能创造出真正的、有感染力的美的作品来：“所谓自然者，非有意为自然而遂以为自然也，若有意为自然，则与矫强何异”。“有意于自然”，是指用人为的力量去改变其本然状态的做法，这是李贽所极力反对的。

“自然之为美”是构筑在人性不齐的基础上的。李贽以为，人人“莫不有性”，“而可以一律求之哉？”“有是格，便是有调”，“格”是每个人的气质与性格，也就是真实个性，据此发出的“声色”是各殊的。每个人都有自己的个性，发出的真情实感是各殊的。与“清彻者”“舒徐者”“旷达者”“雄迈者”“沉郁

---

① 李贽：《读律肤说》，《焚书》卷三，张建业主编：《李贽文集》（第1卷），第123—124页。
② 李泽厚、刘纲纪主编：《中国美学史》（第1卷），中国社会科学出版社1984版，第217页。

者”“古怪者”等个性，对应的是“宣畅”“疏缓”“浩荡”“壮烈”“悲酸”“奇艳”。李贽在不同的心情前均加上“自然”二字，以为这就是“自然之谓”。“自然之为美”的审美情趣，是构筑在充分肯定人的个性的基石之上的。因而李贽论述音乐艺术时，有“心殊则手殊，手殊则声殊，何莫非自然者”的结论。

这一结论，可以概括为“琴一心殊”说为例来说明：

> 《白虎通》曰：“琴者禁也。禁人邪恶，归于正道，故谓之琴。”余谓琴者心也，琴者吟也，所以吟其心也。……同一琴也，以之弹于袁孝尼之前，声何夸也？以之弹于临绝之际，声何惨也？琴自一耳，心固殊也。心殊则手殊，手殊则声殊，何莫非自然者，而谓手不能二声可乎？而谓彼声自然，此声不出于自然可乎？故蔡邕闻弦而知杀心，锺子听弦而知流水，师旷听弦而识南风之不竞，盖自然之道，得手应心，其妙固若此也。①

“琴一心殊”说，主旨是在论述音乐艺术的境界。李贽对《白虎通》中的主张作了否定。《白虎通》的作者认为，弹琴的目的是“禁邪归正”，是叫人们杜绝邪恶的念头，以期与儒家那套伦理“正道”相合。东汉的《白虎通》形式上是把经学神学化，实质上是把“三纲”与“五常”组合成一张严密的结构之网，让人们在这张网下生活。这就是《白虎通》的“正道”。李贽否定了《白虎通》的观点，提出“琴者心也”的主张，声称发自内心的琴声，才是合乎“自然之道”的。“琴者心也”的“心”，一定人的真情实感的自然流露。这是第一层意思。第二层意思是说，同一把琴，因弹奏者所处的情景不同，表达出来的心声区别很大。②琴只有一把，但在“心殊”的情况下，“调”是截然有别的。竹林七贤之首的嵇康，“以之弹于袁孝尼之前，声何夸也？以之弹于临绝之际，声何惨也？”“夸”指自然流畅、挥洒自如之意。袁孝尼是嵇康与阮籍的朋友，希望向嵇康学习琴艺，但为嵇康所拒。嵇康在袁孝尼

---

① 李贽：《琴赋》，《焚书》卷五，张建业主编：《李贽文集》（第1卷），第191—192页。
② 显然李贽是借鉴了理学家的“理一分殊”说。

请求学琴前，琴声是何等的优美（“夸”）；嵇康在临刑之前，琴声是何时等的悲惨（“惨”）。“琴一心殊”，应当从这一角度去理解。

“琴一心殊”的第三层意思是“得手应心”。李贽举了三个例子：“钟子听弦而知流水”出自《列子·汤问》，是说知音难遇之典故。“师旷听弦而识南风之不竞”，是说从琴声中知道南来的楚军士气低落，见于《左传·襄公十八年》。①“蔡邕闻弦而知杀心”出自《后汉书·蔡邕传》。蔡邕（139—182），字伯喈。汉末学者，好辞章，精音律，善鼓琴。蔡邕在陈留时，邻人以酒食召之。蔡邕到了以后，听到屏后琴声而知“杀心”。邻人追而问其故，蔡邕具实告之。弹琴者说：“我向鼓弦，见螳螂方向鸣蝉，蝉后将去而未飞，为之一前一却。吾心耸然，惟恐螳螂之失之也。此岂为杀心而形于声者乎。”（《后汉书·蔡邕传》）弹琴者担心是，惟恐欲飞但未飞的蝉把螳螂吃掉，而有“此岂为杀心而形于声者乎”之说。然而在弹琴妙手蔡邕那里，把弹琴者对将杀未杀之际的微妙而真实的担心窥测到了。如果说，前面二个例子是显彰的话；那么，后面这一例子是显藏于隐。在李贽看来，只要是人内心的真情实感，隐藏得再深也会暴露无遗的。“自然之道，得手应心”，是准此而言的。

在李贽那里，“自然之道”是艺术的最高境界所在。它所对应的“心”是真实的，“自然之道”就是美的最高境界。“自然之道，得手应心”所指向的审美情趣，不仅要虑及每个人的个性，更要考虑同一个人在不同氛围里的真实心绪，两者的结合才是“自然之为美”的真谛所在。

（四）“画工”与“化工”

在将《拜月亭》《西厢记》同《琵琶记》相比后，李贽得出了前两部为符合“自然之美”的“化工”，后一部为人工雕琢痕迹明显的“画工”：“《拜月》《西厢》，化工也；《琵琶记》，画工也。夫所谓画工者，以其能夺天地之化工，而其孰知天地之无工

---

①《左传·襄公十八年》：“晋人闻有楚师，师旷曰：‘不害，吾骤歌北风，又歌南风，南风不竞，多死声，楚必无功。’”

乎？今夫天之所生，地之所长，百卉具在，人见而爱之矣。至觅其工，了不可得，岂其智固不能得之欤！要知造化虽工，虽有神圣，亦不能识知化工之所在，而其谁能得之？由此观之，画工虽巧，已落二义矣。[①]“化工”原指天地自然化育万物的功效。这里指能抒写真情实感、自然朴实的优秀作品，没有雕琢伪饰，如同天工造化一般。“画工”原指以替人画图为职业的工匠。他们的作品着重对画师原作的外形模仿，缺乏真实自然的神韵，多人为雕琢之工。要确切理解“画工”与“化工”，要联系明代中叶围绕《拜月亭》《西厢记》与《琵琶记》，所进行的一场关于本色问题的大讨论来考察。它起源于李开先，展开于何良俊与王世贞，参与争论的先后有臧懋循、沈德符、凌蒙初、沈璟、吕天成、王骥德等人，徐谓对本色的大量论述，无疑是争论的先导。这是嘉靖年间长达数十年的一件学术公案。李贽没有直接置身于争论行列中，但他对当时的学术思潮关切之甚，发表了自己的见解，此即“画工”与“化工”之说的由来。其次，观看戏曲演出已成为当时名公钜人、达官贵人、文人学者与下层民众的共同嗜好与娱乐的主要方式。从顶层来看，产生了与莎士比亚同样伟大的汤显祖。从中层来看，经济条件富裕的文人雅士们家中蓄养声伎成风。声伎成员由僮仆婢女充任，李开先、何良俊、王世贞等人家中均蓄养声伎。何良俊记载李开先家中，“戏子几二三十人，女妓二人，女僮歌者数人”[②]。蔚为大观的当属绍兴张汝霖、张耀芳、张岱一家三代，家中组建了很多戏班，如“武陵班”“梯仙班”“苏小小班”等。时间从万历持续到明清之际，作为明清之际大思想家的张岱，即使在外出时也要带上戏班。[③]这自然是到了极致，但这一风气在嘉靖年间就已形成了。从下层看，每当有戏曲演出时观者如云，张岱有专文描绘目莲戏的演出盛况。他的叔叔在演武场搭一个大戏台，“选徽州旌阳戏子，剽轻悍悍，能相扑跌打者三四十人，搬演目莲，凡三日三夜，四围女台百什座”。演至精彩处，“万余人齐声呐喊，熊太守谓是海寇

---

① 李贽：《杂说》，《焚书》卷三，张建业主编：《李贽文集》（第1卷），第90页。

② 何良俊：《杂记》，《四友斋丛说》卷二八十，第159页。

③ 张岱外出，路过镇江金山寺十，见风景甚美，兴致上来了：“余呼小仆携戏具，盛张灯火大殿中，唱韩蕲王金山及长江大战诸剧，锣鼓喧填，一寺人皆起看。”（张岱：《金山夜戏》，《陶庵梦忆》卷一，上海古籍出版社1982年版，第4页）

卒至，惊起，差衙官侦问，余叔自往复之乃安”[①]。观众达万人以上，目连戏能连续演上三个整天，看戏已成为当时人们的主要娱乐方式。观众喝彩声惊动了地方长官，以为是海盗入境，足见当时人们如何醉心于戏曲的欣赏。范濂对松江乡镇间的戏曲演出有个记载，说万历前后有显著的变化。万历以前，只是少数喜欢的人在丰收之年，于“迎神赛会”期间“搬演杂剧故事”。“至万历庚寅（1590）”，艺人“皆空鲜明蟒衣靴革，而幞头纱帽则满缀金珠翠花”，观众如潮，“郡中士庶争挈家往观，游船马船，拥塞河道，正所谓举国若狂也”[②]。没有这样的群众基础，大戏剧家的出现是不可能的，文人雅士蓄养戏班也是天方夜谭。最新的时代思潮与各阶层的嗜好，都被浓缩于李贽的“画工”与“化工”的戏曲评论中。

苏轼对文人画与工匠画作过区别：“观士人画，如阅天下马，取其意气所到。乃若画工，往往只取其鞭策皮毛槽枥刍秣，无一点俊发”[③]“山水以清雄奇富变态无穷为难。燕公之笔，浑然天成，粲然日新，已离画工之度数而得诗人之清丽也”[④]。苏轼说匠人守成法无创新，作品少变化与韵味（“俊发”）；“士人画”不同，呈现出“变态无穷”“粲然日新”的格局，让人有“浑然天成”的感受。李贽的“画工”可能脱胎于苏轼，他对苏轼之文了如指掌，曾把苏轼的文章辑成《坡仙集》。但李贽的“画工”不是指工匠，而特指创作中那种“牵合矫强”的做作。“化工”即“自然之美”，指没有丝毫刻意求工的痕迹，自有一种“意气所到”的精神。李贽在小说批评时亦用“化工”一词，其评《水浒传》第十三回时说：“《水浒传》文字形容既妙，转换又神。如此回文字形容刻画周谨、杨志、索超处，已胜太史公一筹；至其转换到刘唐处

① 张岱：《目莲戏》：《陶庵梦忆》卷六，第 52—53 页。目连戏是佛教传入中国后形成的大戏，它有一系列的剧目。明人郑之珍作《新编目连救父母劝善戏文》，共 104 出，是为三夜连台演出而撰写的。1984 年秋，湖南省戏曲研究所在有关部门支持下，“挖掘演出了祁剧高腔《目连传》，连台八场：从桂枝思凡、刘氏开荤、目连出家，地狱救母到盂兰大会、全家升天，录像 24 小时”。（凌翼云：《目连戏与佛教》，广东高等教育出版社 1998 年版，第 184—185 页）今京剧舞台常演的目连戏有《游六殿》《滑油山》等。

② 范濂：《记风俗》，《云间据目抄》卷二。转引自夏咸淳：《明代学术思潮与文学流变》，第 213 页。

③ 苏轼：《跋蒲传正燕公山水》，《苏轼文集》卷七十，孔凡礼点校，中华书局 1986 年版，第 2216 页。

④ 苏轼：《又跋汉杰画山》，《苏轼文集》卷七十，孔凡礼点校，第 2212 页。

来，真有出神入化手段。此岂人力可到？定是化工文字，可先天地始、后天地终也，不妄，不妄！”[①]按李贽之意，《水浒传》这一段文字的功力，已经胜过司马迁，可与天地始终，为不朽之文字。内中文字与情节转换，极为自然而丝毫无人为的痕迹。讲刘唐至晁盖处透露生辰纲的信息，不是平铺直叙，而借雷横巡查到灵官庙里捉拿刘唐入手，有天衣无缝之感，故李贽誉为“化工文字”。自然真实而不露雕琢之痕，为“化工”的第一层意思。做诗作文，应当“由乎自然”地宣泄，容不得作者任意而为。另一层意思指传神，“转换又神”“出神入化”，反对形似而求神似。形神关系是中国古代哲学与艺术的一大议题，孟子、荀子、庄子、王充、葛洪、范缜等名家都对它有所论述。迨东晋大画家顾恺之，揭橥出传神的精髓在于眼神中这一主张后，遂为有见识的文人学士们艺术上追求的目标。李贽对造像艺术所憧憬的是神似而非形似：“好看是形，世间庸俗人也。活动是神，出世间真菩萨也”[②]“画不徒写形，正要形神在”[③]。综合这两条来看，李贽重神似但也不否认形似的作用，而是主张形神兼备。

被李贽定性为“画工”的《琵琶记》的前身，是温州杂剧《赵贞女蔡二郎》。戏文以蔡二郎应科举考试为开始，说他中了状元后，贪恋功名利禄，抛弃双亲和妻子，入赘相府。其妻赵贞女在家乡饥荒之年，独力支撑门户，赡养公婆，竭尽孝道。公婆死后，她以罗裙包土，修筑坟茔。之后身背琵琶，上京寻夫。蔡二郎不肯相认，还放马踩踹，致使天神震怒，终被暴雷轰死。杂剧中的蔡二郎，亦称蔡中郎，就是汉代著名文士蔡邕，字伯喈。戏中所写的情况，源于民间传说。从陆游《小舟游近村舍舟步归》一诗中有“死后是非谁管得？满村听说蔡中郎”之句，可见该故事流传之广。《琵琶记》系元末高明所作，其宗旨为“无关风化体，纵好也狂

---

① 厦门大学历史系编：《李贽研究参考资料——李贽与〈水浒传〉资料专辑》（第三辑），福建人民出版社 1976 年版，第 29 页。

② 李贽：《三大士像议》，《焚书》卷四，张建业主编：《李贽文集》（第 1 卷），第 136 页。

③ 李贽：《诗画》，《焚书》卷五，张建业主编：《李贽文集》（第 1 卷），第 204 页。

然”，为明初统治者青睐而流传开来。[①]高明变动了结局，把一个遭天谴的人，改成了“全忠全孝”的楷模。所谓“风化体”，就是以名教来教育民众，向他们灌输忠孝双全的观念。为满足主题的需要，剧情颇多牵强附会处。为了不让赵五娘被马踹死、蔡伯喈不被暴雷震死的悲剧结局，高明构筑了一个“一夫二女，旌表门闾”的大团圆。为了渲染道德教化的巨大力量，就把一个相府千金，一个地位优越而自小娇生惯养的牛氏，描绘成贤德的女性。以她的地位来说，甘愿做蔡伯喈的二房，是相当勉强了。高明又安排了为她与其父牛相国发生激烈争论的场景。这是高明一厢情愿的设想，变更是为了宣扬“有贞有烈赵贞女，全忠全孝蔡伯喈”，为此不惜以主观的构思而扭曲人物的真实身份与性格。[②]李贽以为，曲文一定要合乎人物的身份，不能由胡乱瞎编。每个人都有他本然的情感，即使“礼义”这样与封建道德与制度相关的东西，也必须与自然情感相吻合，“非情性之外，复有礼义”，不能用外在的力量来迫使人来接受。这里虽还保持对传统若干的认同，但李贽的目的是在于赞美自然之美，重视人的个性情感的要求。提倡“由乎自然”的“情性”，就等于宣布了文艺创作与鉴赏的解放，这同《毛诗序》所说的“发乎情，止乎礼义”已有本质上的不同。这是李贽指责《琵琶记》“牵合矫强”的缘由。

以自然真实、逼真传神为核心的“化工”说，强调的是真实的本色。这是通过对《拜月亭》《西厢记》与《琵琶记》的艺术性比较中得出的，强调的是本当如此而无人为矫情造作因素的真情之作，才能有动人心魄的感染力。李贽评《拜月记》时说：“此记关目极好，说得好，曲亦好，真元人手笔也。首似散漫，终致奇绝，以配《西厢》，不妨相追逐也。自当与天地相终始，有此世界，即离不得此传奇。”[③]李贽先说《拜月记》有“三好”，尔后言《拜

---

① 明代黄溥言《闲中今古录》记载，洪武期间曾征辟高明，但他以有病推辞掉了。朱元璋看了《琵琶记》后大加赞美：“上览毕曰：‘《五经》《四书》如五谷，家家不可缺，高明《琵琶记》如珍羞百味，富贵家其可缺乏耶！’其见推许如此。”［参见黄溥：《闲中今古录摘抄》，商务印书馆民国二十六年（1937）版，第15—16页］

②《琵琶记》开场有一阕《水调歌头》，内中云：“不关风化体，纵好也枉然。论传奇，乐人易，动人难。知音君子，这般另作眼儿看。休论插科打诨，也不寻宫数调，只看成子孝共妻贤。”（转引自周贻白：《中国戏曲发展史纲要》，上海古籍出版社1979年版，第206页）

③ 李贽：《拜月》，《焚书》卷四，张建业主编：《李贽文集》（第1卷），第181页。

月记》与《西厢记》相配，是与天地相终始的不朽杰作。晚年金圣叹回忆年青时为《西厢记》的文字打动时说：“记得圣叹幼年初读《西厢》时，见‘他不偢（音chou）人待怎生’之七字，悄然废书而卧者三四日。此真活人于此可死，死人于此可活，悟人于此又迷，迷人于此又悟者也！”这三、四天中，金圣叹“不茶不饭，不言不语，如石沉海，皆此七字勾魂摄魄之气力也。”他的老师徐波良，“见而惊问，圣叹当时恃爱不讳，便直告之。先师不唯不嗔，乃反叹曰：孺子异日真是世间读书种子！”[①]“偢”，管理之意。“他不偢人待怎生”，出自《西厢记》第一本第三折。《西厢记》中七个字，把金圣叹弄得死去活来、迷悟颠倒，不饮水、不进食、不言语，如此痴迷于书中的境界，只有像金圣叹这样的奇人才有，但也与《西厢记》“终致奇绝”分不开的。

综上所述，“化工”与“画工”有四点区别：“化工”纯任“自然”，“画工”模仿“自然”而不得；“化工”得审美情趣之真精神，“画工”仅得美之皮相；“化工”其意无尽、感人至深，“画工”其意有尽、感人不深；“化工”不是刻意于“文”，“画工”则有意于“文”。“文”是广义的，包括了诗歌、文章、戏曲、小说等众多门类。李贽说：“文非感时发已，或出自家经画康济，千古难易者，皆是无病呻吟，不能工……借他人题目，发自己心事，故不求工自工耳。”“不求工而自工”，是李贽追求最高境界的审美情趣。[②]没有“无病呻吟”千古难改的弊病，贯彻其中的是“自然之为美”。“出自家经画康济”，指“文”的写作酝酿与构思，必须出自己的真情实感，也即“纯真绝假”的“童心”。

（五）童心观溯源及其意义

李贽的童心观，是综合了王艮、王畿、罗汝芳等先辈的思想，再经熔铸后提炼出来的。李贽强调，“童心”不失的前提，是排斥

---

① 金圣叹：《西厢·酬韵》夹批，《金圣叹全集》（第2册），周锡山点样，江苏古籍出版社1985年版，第68—69页。

② 李贽：《复焦漪园》，《续焚书》卷一，张建业主编：《李贽文集》（第1卷），第44页。值得深思的是，大骂李贽的顾炎武，固然在这方面与李贽唱着同一个调子：“古人之文化工也，自然而合乎音，则虽无韵之文，而往往有韵。”（参见《日知录集释》卷二十一《五经中多有用韵》，第484页）

“闻见”与“道理”的影响。这里有王艮的印痕：“学者初得头脑，不可便讨闻见支撑，正须养微致盛，则天德王道在此矣。”①王艮的意思是，在学问刚有些头绪时，不能让“闻见”侵入，否则就失却了“天德王道”。王艮以为，“良知”是先天具有的，学者要做的功夫就是保持其不失：“知不善之动而复之，乃所谓‘致良知’，以复其初也。”②李贽视王畿为王阳明的真正继承者：“王龙溪先生之于阳明是得好儿子以继承其先者。”③王畿解释孟子“大人不失赤子之心”时的说：“赤子之心，纯一无伪，无智巧，无技能，神气自足，智慧自生，才能自长，非有所加也。大人通达万变，惟不失此而已。”④“绝假纯真”的“童心”与“赤子之心，纯一无伪”，内容一致只是文字有异罢了。李贽描述婴儿时“百无一知”“百无一能”，与王畿何其相似乎！王畿“无智巧，无技能”与“智慧自生”，无非是对杜绝“闻见”与“道理”侵入的强调。李贽奉王畿为圣人：“圣代儒宗，人天法眼；白玉无瑕，黄金百炼。今其没矣，后将何仰！”⑤自视为王畿的知己：“其必以我为知言也夫。”⑥童心观的形成，远溯是王艮那里，近寻则为王畿。

让李贽写成《童心说》一文的触媒是焦竑，而更直接的影响则为罗汝芳。李贽在写作的时，正在思考“赤子之心”。万历十九年（1592），他在给友人陶望龄的信中说：“文殊话乃得道后所谓无师自悟，尽是天然，外道者不可不览。此事于今尚太早，幸翁只看‘父母未生前’一语为急，待有下落，我来与翁印证。近老刻留览，当如命批请。”⑦“父母未生前”就是“赤子之心”，也即“童心。”表示自己一旦探索明白了，就会与陶望龄一起切磋。值得注意的是“近老刻留览”五字，说明罗汝芳的著作他是一直留

---

① 王艮：《语录》，《王心斋全集》，陈祝生等校点，第 7 页。
② 王艮：《复初说》，《王心斋全集》，陈祝生等校点，第 28 页。
③ 李贽：《与焦漪园太史》，《续焚书》卷一，张建业主编：《李贽文集》（第 1 卷），第 27 页。
④《王畿集》卷三《书累语简端录》，吴震编校整理，第 76—77 页。有的学者把“无知”“无能”归之于老庄，说“卓吾之童心理论肯定会受到龙溪影响，惟其庄子气息更浓”。（左东岭：《李贽与晚明文学思想》，第 165 页）讲李贽受庄子思想影响并没有错，但不能把童心说的根源主要归结为庄子，这是舍近求远的见解。
⑤ 李贽：《王龙溪先生告文》，《焚书》卷三，张建业主编：《李贽文集》（第 1 卷），第 112—113 页。
⑥ 李贽：《王龙溪先生告文》，《焚书》卷三，张建业主编：《李贽文集》（第 1 卷），第 113 页。
⑦ 李贽：《复陶石篑》，《续焚书》卷一，张建业主编：《李贽文集》（第 1 卷），第 8 页。

心的。对“童心”的思考是他当时最急迫的课题，在此信中流露无遗。万历二十年（1593）他对焦竑述说近日的情况：“《水浒传》批点得甚快活人，《西厢》《琵琶》涂改改窜得更妙。”[①]“涂改改窜”，就是批点。一见到署名“龙洞山农”的《琵琶记》与《西厢记》合刻本后，写就了《童心说》。“龙洞山农”即焦竑，他是李贽的好友之一，二人经常交流各自的著述。《童心说》开头一句话是：“龙洞山农叙《西厢》末语云：知者勿谓我尚有童心也。”[②]这句话为引头，勾起李贽对“童心”一泻如注的喷发式的成文。

泰州王门成员中，论述“赤子之心”最为详尽且有创见的当数罗汝芳。罗汝芳是李贽心仪的“二溪”之一，虽说地位次于王龙溪，但崇拜之情溢于言表。对罗汝芳之学无传人他深表痛惜，表示自己愿做罗汝芳的守墓人：“虽不曾亲受业于先生之门，而愿买田筑室厝骸于先生之旁者，念无时而置也。”[③]深入知晓罗汝芳学说是他，“余实知先生深也”；清楚说明罗汝芳学说的，同时代人中没有超过他的，“能言先生者实莫如余”[④]。李贽对罗汝芳学说的宗旨“赤子之心”是了如指掌的，“童心”说深受罗汝芳“赤子之心”说的启发也就不意外了。婴儿纯洁的素心，未经外界污染的初心，即人未出生前的童心，这是“赤子之心”的本义。罗汝芳的“赤子之心”是包含了诸多内容的，但李贽吸取了其天然纯真的这一方面，但摒弃了其孝、弟、慈等先天道德之性。可以下一断语，李贽的童心观是直接渊源于是罗汝芳，但又不是全盘接受，而是有所接纳有所舍弃的。

晚明文艺思潮新动向，是以强烈的反礼教思潮和戏曲、小说的繁荣载入史册的。明代中叶以后，因资本主义生产方式萌芽的成长与商品经济的发展，市民阶层力量的有所壮大，适应市民的审美情趣的文艺，出现了一派勃兴的景象。虚幻的鬼怪，神仙的故事，与自己生活距离遥远的帝王将相的业迹、文人雅士的风花雪月般的闲情雅致，都与迅速扩大着的市民阶层要求相去甚远。市民迫切希望

---

① 李贽：《与焦弱侯》，《续焚书》卷一，张建业主编：《李贽文集》（第1卷），第32页。
② 李贽：《童心说》，《焚书》卷三，张建业主编：《李贽文集》（第1卷），第91页。
③ 李贽：《罗近溪先生告文说》，《焚书》卷三，张建业主编：《李贽文集》（第1卷），第116页。
④ 李贽：《罗近溪先生告文说》，《焚书》卷三，张建业主编：《李贽文集》（第1卷），第115—116页。

有体现他们的音容笑貌、喜怒哀乐、理想追求的作品面世。这就促使了中国古典小说从英雄小说、神魔小说、讲史小说，向极摹人情世态的世情小说的转变。明代中叶后，在宋元南戏基础上发展起来，而又吸取了北杂剧优点的传奇，自嘉靖、隆庆年间魏良辅等改革昆山腔后，进入了一个极盛的时期。从万历到明末，作家辈出，名作如林。传奇的崛起，除了文学上的意义外，更重要的是，它的兴盛，定型和发展了一种由说唱、音乐、舞蹈、表演相结合的戏曲，为群众喜闻乐见的综合性艺术。

审美情趣，是主体对各种对象相对稳定的主观审美爱好、态度与鉴赏力，为审美理想的一种表现。审美情趣反映了人在审美中的自我发现与自我实现的需要。一方面，它是由个体的后天生活经验与心理感受共同参与后获得的，极富多样性与差异性；另一方面，它总是一定时期的社会现实状况和文化结构、生活方式中形成的，受着特定的社会历史条件制约的。李贽的“童心”说及其对戏曲、小说的价值与潜能所进行的发掘，为当时社会的文人学者与市民阶层所接受。李贽以真实自然为核心的“童心”说，以及由此而来“无一样一创制体格文字而非文”的审美情趣，是与上述新动向发展趋势同步偶合的。李贽对小说、戏曲的推崇，符合了晚明正在崛起的市民阶层审美情趣的需求。受李贽审美情趣的熏陶，汤显祖、袁宏道等人对他十分崇拜，他们的许多惊世骇俗的见解中，不难窥见李贽思想中的诸多因子。他对戏曲、小说点评时的观点不仅为这二人所接受，而且纷纷为后人所摹仿，以至“坊间诸家文集，多假卓吾先生选集之名，下至传奇小说，无不称为卓吾批阅也。唯《坡仙集》及《水浒叙传》属先生手笔，至于《水浒传》细评，亦属后人所托者耳者”①。一时蔚为晚明一大社会风尚，出现了大量假托李贽之名对小说、戏曲评点之作。总而言之，李贽的“童心”说的时代意义在于，极大地满足了市民阶层的身心娱乐的需求，使贬低戏曲并把它排除于文艺之外的陈腐观念受到了前所未有的冲击，引起了审美趣味的时代性变化。

① 陈继儒：《国朝名公诗选》，厦门大学历史系编：《李贽研究参考资料——李贽与〈水浒传〉资料专辑》（第三辑），第 173 页。

第七章

泰州王门在明清期间的影响

泰州王门在明清两代的影响，是广泛而深刻的。“风行天下”（黄宗羲语），是就空间说的，波及十三个省；“绵绵数百年不绝”（袁承业语），是就时间说的，绵延到至近现代。下面运用点与面结合的方法，作一初步的梳理。就面上说，以王艮与李贽两人来论述；就点上言，以汤显祖受罗汝芳与李贽的影响、袁宏道受李贽的影响作剖析。

第一节 王艮：“风行天下”与“绵绵数百年不绝”

（一）“风动宇内”

王艮创立的泰州王门，虽说以江淮为中心，但影响已遍及全国。袁承业在《王心斋先生弟子师承表》中说：“心斋先生毅然崛起于草莽鱼盐之中，以道统自任，一时天下之士，率翕然从之，风动宇内，绵绵数百年不绝。”[①]王艮的学生，地域分布很广泛。除江苏外，江西、安徽、福建、浙江、湖南、湖北、山东、四川、河北、河南、陕西、广东等省，都有他的学生，所以说“风动宇内”。王艮的学生众多，从王艮开门授徒到明末，共为五传，有名有姓的弟子共487人，所以说“一时天下之士，率翕然从之”。王艮一传弟子中有148人，有籍贯可查的75人。以进士为达官者36人，以孝廉为官者18人，以贡士为官者23人。载入《明史》的有20余人，被黄宗羲编入《明儒学案》的有28人。至于“绵绵数百年不绝”，是说泰州王门影响深远，从明清延续到民国时代。

把泰州王门与其它学派作比较，方能认清“风动宇内”的含义。王阳明创立的姚江学派，据学者邹建锋考证，有亲传弟子271人。其中浙江93人，江西87人，两湖19人，贵州9人，江苏14人，安徽16人，福建7人，广东25人，福建18人，山东8人。许多史料是他新近发掘出来的，有些尚属首次发现的。[②]如果加上再传弟子，数量是会超过泰州王门的。文治武功皆赫赫的王阳明，追随者众多是在情理之中的。被胡适称为“农夫哲学家”的颜元，在清初是一个新学派的创始人。他的学生李塨为光大师说而尽一生精力，史称

---

① 袁承业：《明儒王心斋先生遗集》卷六。

② 参见邹建锋：《阳明夫子亲传弟子考》，中国社会科学出版社 2017 年版。

颜李学派。颜李学派在清初影响巨大，有人以“四方响和者，方靡然不知所止”[①]来形容。据戴望《颜氏学记》统计，颜元弟子为108人，私淑2人（郭子坚与恽鹤生），李塨的学生为97人。颜李学派的门人，合计208人。[②]一介布衣的王艮，不及王阳明是自然的。同样平民出身的颜元，弟子数量相比王艮就少得多了，这很能说明王艮的影响力。

仅从量化着眼，片面性在所难免，还要从质上来考察。颜李学派在清初盛行一时，但不久就寂寞了。原因是众多弟子中，缺乏能将学术传给后人的佼佼者。清代中叶学者戴望（1837—1873），为访求颜元与李塨原著的经历颇为坎坷：“每举颜李姓氏，则无人知者。会稽赵㧑叔，当世之方闻博学振奇人也，闻望言叔焉如已忧。于京师求颜李书不可得，则使人如博野求之，卒不可得。戊辰春，京师大姓鬻书三十乘于乔氏，乔氏以簿录遗㧑叔，按簿而稽之则得焉。因喜过望，携书归，驰传达金陵。望既复全见颜氏书，而李氏书虽颇放失，视旧藏为备，于是卒次条为书。”[③]一个显赫的学派，在其创始人逝世一个半世纪后，固然连著作也难以寻觅了。人们已经不知颜元与李塨为何人。即使像赵之谦这样博学多闻的学者，也是毫不知情。另一原因是颜李之学本身，有易接受难“习行”的地方。这一情况李塨晚年也察觉了：“来执经下问者，亦不乏其人，然求其凝于心，行于身，实可经济于天下者，鲜见。”[④]近代学者陈登原以为，颜李之学一度湮没无闻，因为“其道太苦”之故。理由是颜元主张“唯苦论”，并举出《言行录》卷上中“苟无可苦，便无可乐”的话，作为立论的依据。[⑤]戴望的运气算得上好的了。一个偶然的机会，京师的一家“大姓”把家中藏书出卖时，戴望从目录中见到颜李之书。戴望访得颜元全部著作已是1868

① 张伯行《正谊堂文集》卷九《论学》：“今习斋之说，亦可以杀人也。而四方响和者，方靡然不知所止，可慨也夫！”［张伯行：《正谊堂文集》，《清代诗文集汇编》（第182册），上海古籍出版社2010年版，第205页］张伯行是颜元学说的激烈反对者，说颜元的学说是“杀人”的利器。

② 戴望：《颜李弟子录》，《颜氏学记》卷十，陈山榜、邓子平主编：《颜李学派文库》（第5册），河北教育出版社2009年版，第1571—1585页。

③ 戴望：《颜氏学记序》，陈山榜、邓子平主编：《颜李学派文库》（第5册），第1379页。

④ 冯辰、刘调赞：《李塨年谱》卷五，中华书局1988年版，第192页。

⑤ 参见陈登原：《颜习斋哲学思想述》，《金陵大学中国文化研究所丛刊（甲种）》，金陵大学中国文化研究所民国二十三年（1934）印行，第314—315页。

年，离颜元去世有一个半世纪。①

这种情况在泰州王门那里都没有出现。王艮去世后不久，他的著作代有其人进行整理。离他去世仅十年，嘉靖二十九年（1550）年，王艮的学生董燧、吴标、聂静等人修订《年谱语录》，于隆庆三年（1569）刊刻。崇祯年间，王艮后裔搜集王艮遗著，与其族弟王栋、次子王襞的著作合在一起出版，名为《淮南王氏三贤全书》，但只收王艮的语录，而不收诗文与杂著。此书后在清嘉庆年间重订后再刊。万历年间，李贽收到王襞整理刊刻的王艮著作，在与焦竑的信中提及，称为“东崖刻本”。周海门说，王艮之孙王之垣为重刻王艮的著作，命其子王元鼎到浙江嵊县，请周海门作序。②清末民初，东台乡贤袁承业在《淮南王氏三贤全书》的基础上，编成《明儒王心斋先生遗集》六卷。大体上说，王艮的著作在明清两代始终有人在整理与刊刻，不像颜元、李塨的著作那样被人遗弃不问。

在明末鹿善继与清初李颙身上，王艮的影响是很明显的。鹿善继（1575—1636），字伯顺，号乾岳。河北定兴人。黄宗羲把他列入《诸儒学案》里。万历二十二年（1594），他在顺天乡试落第后，祖父鹿久徵寄书给他，嘱咐他好好研读：“寄去《王文成公全书》一部计三十本，《王心斋遗录》一本，旧本稍不齐整，令吏书另誊寄去。善继可用心看之。”③表明王艮著作已流传到了北方，成为士林们案头阅读的书籍。李颙（1627—1705），字中孚，号二曲。陕西周至人。家贫，无师自学。遍读经史、诸子、释道之书。曾讲学江南，门徒众多。后主讲关中书院。李颙被全祖望称为“清初三大儒”之一：“当是时，北方则孙先生夏峰，南方则黄先生梨洲，西方则先生，时论以为三大儒。”④清廷屡以博学鸿词招之，绝食坚拒得免。为学兼采朱熹与陆象山，同时阳明心学的痕迹在他

① 戴望仿《明儒学案》《宋元学案》的体例，把案主及他们的主要思想资料收集在一起，对重光颜李之学有着重要的贡献。《颜氏学记》基本上理顺了颜李之学的创立、传授与后学、弟子们的主要情况，为后人了解这一学派提供了较为完备的本子。

② 参见周汝登：《重刻王心斋先生语录序》，《周汝登集》，张梦新、张卫中点校，第129—130页。

③《定兴鹿氏二续谱》卷十《安邑公手纂家训》。转引自黄宣民、陈寒鸣：《中国儒学发展史》，第1673—1674页。

④ 全祖望：《二曲先生窆石文》，《鲒埼亭集内编》卷十二，《全祖望集汇校集注》，朱铸禹汇校集注，上海古籍出版社2000年版，第237页。

思想上有着较深的烙印。

李颙受王艮平民化教育思想的影响，专门收集了有明一代，“凡鄙卑贱，而能自奋自立，超然于高明广大之域，上之为为圣为贤，次亦获称善士。如心斋先生，本一盐丁也”“朱光信以樵竖而证性命，韩乐吾以陶工而觉斯人，农夫夏云峰之表正乡闾”等，编成《观感录》一卷。[①]所记学者为王心斋、朱光信、李珠、韩乐吾、林讷、夏云峰、陈剩夫、周小泉、朱蕴奇九人。从门人张珥的题词来看，当成康熙八年（1669）或这之前。在“心斋王先生盐丁”条下，有“夫‘六经’者，吾心之注脚”等王艮的名句。“自古士农工商”到“先师之功可谓天高地厚”，是王栋论述王艮平民化特征的材料，为李颙完整地引用了，仅个别词语略有变动。[②]这段材料出自王栋的《会语正集》。[③]可知王艮的著作，在清初是广泛流行着的。

“风动宇内”不能片面理解为人们的认同，质疑之声也应是它的组成部分。陈九川（1494—1562），对王艮的学说忧心忡忡：“心斋兄勇往担当，素践履笃实，同志推服，在不肖则不逮远矣。但其晚年所信，多欲出自机轴，殊失先师宗旨，岂亦有微门户心在耶？慨惟先患难困衡之余，磨砻此志，直得千圣之秘，发明良知之学，自谓孔门正法眼藏，而流传未远。诸贤各以意见掺合其间，将有不免决裂支离之患，精一之义无由睹矣。”[④]陈九川，号明水，江右王门第一代传人。他多得王阳明面授，对阳明学说把握比较透彻，且以忠实地维护老师学说为己任。对王艮个人独特的见解（“出自机轴”），觉得失却了阳明心学的原意，让老师“精一之义”难以呈现。其实王阳明的心学本身就有着无法克服的内在矛盾（主要在“天泉证道”上），在其传播过程中出现了种种不同的见解，即“诸贤各以意见掺合其间”。陈九川担心是老师的“良知之学”，未能得到广泛的流传。王时槐（1522—1605），是江右王门第二代传人影响最大的一位。王时槐对王艮的学说及其后学颇多非议之处：“近世学者，渐袭虚见，隳实行，有足虑者；又海内高

---

① 李颙：《观感录序》，《二曲集》卷二十二，陈俊民点校，第 273 页。
② 李颙：《观感录》，《二曲集》卷二十二，陈俊民点校，第 277—278 页。
③ 王栋：《会语正集》，王艮：《王心斋全集》，陈祝生等校点，第 161—162 页。
④ 陈明水：《明水陈先生文集》卷一。

明之士，有以乐为教者，一切破除礼法，于言动威仪全不检束，以此为天真自然。其流之弊，遂使后辈庸劣者，纵欲败度；憸恨者，干纪犯宪，如是者，盖不少矣。赖吾郡诸先觉，力排其说，故昔年郡中有为此狂谈者，能鼓动异省，而吾郡人士竟未受惑，此先觉之功，而吾侪所当恪守也。”①“以乐为教者”，当指王艮而言的；“一切破除礼法”，是指王艮穿上奇装异服，一路北上，招摇讲学之事。颜钧为永新县人，何心隐为永丰县人，王时塘是安福县人，三县在明代均属吉安郡。“昔年郡中有为此狂谈者，能鼓动异省”中的“狂谈者”，是指颜钧与何心隐。在大江南北长期讲学的颜钧，“无一日不讲学”的何心隐，在王时槐看来，二人“鼓动异省”但未能撼动“吾郡人士”。王时槐指责王艮所作所为是“全不检束”，而跟随者陷于“纵欲败度”“干纪犯宪”的泥坑。“纵欲败度”实指“坐在利欲胶漆盆中”的何心隐，“干纪犯宪”当为官吏视作“少正卯”式人物的颜钧。陈九川虽说与王阳明关系密切，但与代师授徒的王艮相比，地位要比王艮低一些。他的批评显得婉转些，且批评之前还说了些好话。王时槐与王艮隔了一代，指责就激烈得多了。

当一种学说或一个学派得到广泛传播，拥有了众多信从者后，批评者能方便地找到材料，作出不同形式的反驳。反之，如果一种学说默默无闻时，或一个学派没有流传的话，要招致批评言论的出现，那是天方夜谭。陈九川与王时槐的指责，不难证实王艮学说当时在江右传播得很广，赞同王艮学说的追随者是不少的。袁承业“一时天下之士，率翕然从之，风动宇内”之言，并无过誉为之处。

（二）“靡不心开目明”

“靡不心开目明”（李颙语），是说王艮学说为人们乐于接受的情况。再回到鹿善继那里。鹿善继于万历二十二年（1594），阅《传习录》而心动。万历四十一年（1613），会试赐进士出身，后授户部山东司主事、河南司主事。顺治九年（1636），在抗击清兵的战事中捐躯。著作颇丰，与儒学相关的主要是《四书说约》《认

① 王时槐：《西原会规十七条》，《友庆堂合稿》卷六，《王时槐集》，钱明、程霞海编校，上海古籍出版社 2015 年版，第 592 页。

理提纲》与《寻乐大旨》。关于他的思想，已有学者作了详细论述。[①]鹿善继所受之家学为心学，祖父嘱咐他看的书籍，是王阳明与王艮的著作。据载，“孙奇逢初守程朱甚笃，自鹿善继诱以文成讲习，遂复异趣。尝邀讲学诸人结会，每一会静坐七昼夜，以验心学”[②]。鹿善继有三个观点，与王艮思想有脱不开的干系。他主张“圣人在生活在常行中真实着脚”，宛然是王艮“百姓日用条理处，即是圣人条理处”的翻版：“圣人恁的直截说，后儒犹婉转不已。只是把圣学看的太高，不敢在常行中讨他，却不知圣人高处，正为生活在常行中真实着脚，不比悬空解悟，你试为之。”[③]“生活常行”，是“百姓日用”的不同表达罢了。其次，王艮为学不重著述、强调心悟的特点，为鹿善继所承袭：“吾辈读有字的书，却要识没字的道理，理岂在语言文字哉？只就此日此时此事，求一个此心过的去，便是理也。”[④]在鹿善继心目中，“没字的道理”比“有字的书”更为紧要。王栋称赞王艮，“心斋特起于鱼盐之中，超悟特诣，尽扫语言文字之习”[⑤]。把握“没字的道理”，与“超悟”是同一个道理。就是直觉那样的心悟。再次，鹿善继有“学时便是乐时”的观点，足见与《乐学歌》契合之深了。鹿善继说：“孔子自谓时习、谓颜子不惰，学时便是乐时，而这个生活有端倪无文字”“人自有乐，举世皆迷，认得我时不必寻孔颜问乐，愿学孔子的，已先寻着乐处”[⑥]。王艮把提出“乐学一体”论，强调“乐是学，学是乐”。鹿善继主张“学时便是乐时”，同王艮一样，把“乐”与“学”捆绑在一起了，认为只要心中产生愿意学习孔圣人的念头时，就有“乐”在其中了。王艮“乐学一体”的观点，为“三大儒”之一的孙奇逢所接受：“乐不是一味愉快，要知俯仰、无愧怍、便无人不自得。到的自得时，任他忧患、哀戚、愤怒，惧无不得，才是乐之本体。心斋云乐者，乐此学。学者学此

① 参见黄宣民、陈寒鸣：《中国儒学发展史·鹿善继与燕南王学》，第 1688—1719 页。
②《儒林传上》，《清史列传》卷六十六，王钟翰点校，中华书局 1987 年版，第 5275 页。
③ 鹿善继：《四书说约》上论卷四“参乎吾道”章。转引自黄宣民、陈寒鸣：《中国儒学发展史》，第 1677 页。
④ 黄宗羲：《诸儒学案下二》，《明儒学案》卷五十四，沈善洪主编、吴光执行主编：《黄宗羲全集》（第 8 册），第 643 页
⑤ 焦竑：《明儒王东崖先生遗集原序》，王艮：《王心斋全集》，陈祝生等校点，第 205 页。
⑥《定兴鹿氏二续谱》卷十《寻乐大旨》。转引自黄宣民、陈寒鸣：《中国儒学发展史》，第 1688 页。

乐，最有味，不学从何处寻乐？”[①]孙奇逢这段话，成于顺治六年（1649），距王艮去世的1540年，已有一个多世纪，而王艮“乐之本体”的主张，复为孙奇逢所青睐。王艮学说北上与西传，正是泰州王门“风动海内”的明证。

除了有名望的学者会光顾王艮，还有一些没名望的士人也在宣传王艮学说，因为这是让他们“心开目明”的学说。程弘忠与胡秉观，为王艮的湖南籍弟子。前者“倡学湖南，从游者甚，众人士咸称大儒”、后者“毅然以倡学自任……以新学发论，风动遐迩……自是生徒日盛，达官显贵者送门延祀无虚日”[②]。《乐学歌》在王艮去世后传入了四川。四川人彭梅幼年时背诵过《乐学歌》，但不知何人所作。只是在泰州学训任上，祭祀王艮看了碑志后才知道其出处。朗朗上口的《乐学歌》的不胫而走，恰好证实了王艮学说的影响力。

一种让人“心开目明”的学说，自然会受到人们推崇的。清初著名诗人施闰章，有一首题为《王心斋》的诗：“在昔王泰州，樵鲁世贱贫。诗书不相识，鱼盐为四邻。一游阙里归，岳立东海滨。目无轩冕贵，心与孔颜亲。春风开讲席，群颜响然臻。时有朱及韩，樵客与陶人。闻声各奋迹，轩腾皆绝尘。野雀化丹凤，一举凌层云。如何缨绂士，老死转逡巡。永愧此三老，高视空八垠。”[③]短短一百字，把王艮的出身与文化水平、谒孔庙、收樵夫与陶匠为徒等事交代得一清二楚，把王艮开创的平民化教育的特征及其影响刻画得入木三分。

再看李颙颇有特色的记载。他对出身卑贱的平民而成为“圣贤”与“善士”的记载极具特色。他在每人名字下标明了各自的职业，分与别为盐丁、樵夫、胥吏、窑匠、商贾、农夫、卖油佣、戍卒、网巾匠等职业。按照古代文人传统的写法，往往对传主要炫耀一番，讲述其先人是如何显赫，李颙把时人所看轻的职业标于

---

① 孙奇逢：《日谱》卷二，《孙奇逢集》（下册），中州古籍出版社 2003 年版，第 31 页。

② 袁成业：《心斋先生弟子传承表》，《明儒王心斋先生遗集》附录。

③ 施闰章：《王心斋》，《学余堂诗集》卷十，《景印文渊阁四库全书》（第 1313 册），（台湾）商务印书馆 1986 年版，第 445 页。施闰章（1619—1683），安徽宣城人。字尚白，号愚山。受业于复社名士沈寿民。清初著名诗人，与宋婉齐名，有“南施北宋”之誉。任山东学政期间，取《聊斋志异》的作者蒲松龄为秀才第一。

传主名下，着实不同凡响。朱光信、李珠、韩乐吾、夏云峰、林讷五人，在师承上与王心斋有着或多或少的关系，其他三人中，陈剩夫为福建人，周小泉与朱蕴奇是陕西人。在《明儒学案》中，没有见到李珠与林讷的记载。李颙在李珠吏胥条下的记载是："李珠字明祥，世居泰州，以农民报充州吏，事州守王瑶湖。闻学有感，遂弃吏从心斋游，勇决嗜学，躬体实践，久之，名闻远迩，士大夫异其为人，争相褒美。"[①]林讷商贾，福建莆田人。去安徽经商，在淮南回家行程中，"途遇韩乐吾，聆其语有感，于是再拜受学，执侍左右，随之肄陶"[②]。因笃信王艮门人韩贞的学说，弃经商学制陶。这说明王艮创立的泰州王门，其影响在当时逸出了江南而泽被福建了。李颙与众不同的记载，能说明三个问题：一是李颙的眼光敏锐，他注意到了泰州王门的特色。二是说泰州王门的平民化教育，在清初就得到了学者们的认同。他的见识与黄宗羲相去不远，只是黄宗羲更为详尽罢了。三是说李颙身上有着王艮学说的印记，而这一点是以往研究泰州王门影响时为人们所忽略的。

对第三个问题得多花些笔墨。李颙对王艮的宗旨与成就有所概括："心斋先生不由语言文字，默契心宗，一洗俗学支离之陋，毅然以尧、舜、孔、孟以来道脉自任。"对他从事于平民教育的效果有个勾勒："先生抵掌其间，启以机钥，道以固有，靡不心开目明，霍然如梏得脱，如得旅归。"[③]对王艮在清初的影响有个描述："至今流播海内，火传无尽，先生之道弥久弥尊。"对王艮学说作了肯定："言言透髓，字字切实，吾人所当服膺也。"[④]为何李颙如此不吝啬文字而对王艮如此赞美有加呢？不妨比较一下与李颙与王艮的观点。王艮谒孔庙时，有"夫子亦人也，我亦人也"的慨叹；王艮又主张，谈论学问的前提是立下作圣之志，"学者有求圣人之志，始可与言学"。李颙说："常人本是圣人，圣人亦是常人"[⑤]"良知之在人，不以圣而增，不以凡而减，不以类而殊，无

① 李颙：《观感录》，《二曲集》卷二十二，陈俊民点校，第280页。
② 李颙：《观感录》，《二曲集》卷二十二，陈俊民点校，第282页。
③ 李颙：《观感录》，《二曲集》卷二十二，陈俊民点校，第278页。
④ 李颙：《观感录》，《二曲集》卷二十二，陈俊民点校，第279页。
⑤ 李颙：《南行述》，《二曲集》卷十，陈俊民点校，第78—79页。

圣凡，无贵贱，一也。”[①]李颙“圣凡同一”的主张王艮的无二，是筑基于“良知同一”上的。李颙以为，圣凡、贵贱之别在于是否“立志”上，“圣凡贵贱之所以卒分者，立志与不立志异也”。[②]与王艮求圣之志为“言学”的基础同调。如果李颙没有对王艮学说“靡不开心目明”的亲身感受，他是不会去搜集材料对王艮及其弟子做详细记载的。

（三）“绵绵数百年不绝”

《明史·王艮传》中说：“王氏（王阳明）弟子遍天下，率都爵位有气势。（王）艮以布衣抗其间，声名反出诸弟子上。”王艮的声名高出其他弟子之上的缘由，《明史》没有说。王艮生前与去世后，都有高官在支撑着他，其中不乏执掌实权的朝中高官。王艮47岁与56岁，有“抚台刘公梅谷节疏荐”与“御史吴疏山悌疏荐”[③]于朝。王艮去世时，包括门人在内的四方来会葬者达数百人，这是民间的，更有许多官吏们为之倾尽全力，黄宗羲《明儒学案》卷三十二《泰州学派一》没有记载这一情况，李颙则道尽其详：“大学士赵贞吉志其墓，户部尚书耿定向传其事，提学御史胡植祀先生于乡贤，冯天驭置精舍祠祭田、定祀典，兵备副使程学博士奉督檄建专祠于州西，巡抚王宗沐、吴桂芳各捐俸置崇儒祠祭田，大学士李春芳、巡抚凌儒撰祠记，总督李燧道修茔域。”大学士在明代就是宰相，户部尚书相当于今天的财政部部长。后面还有一大批中央与地方官吏，如尚书孙应魁、御史耿定力、宋仪望、黄吉工、总督毛恺、修撰焦竑等人，“相继置田肖像，表章私淑”[④]。李颙的记载看似老套路，如果换一个角度来考察，它为后人提供了最有说服力的珍贵资料，一个活脱脱的时代实录。高官们纷纷行动起来，缅怀王艮去世的同时各自作出了努力。一是建祠祭祀王艮。万历三年（1576）年冬动工，次年春祠成，名为崇儒祠。建祠的动议来自耿定向而成于程学博：“中丞耿公定向督学南畿，时欲专祠先生，不果。乃抵书海防程宪副学博，建祠中祀先

① 李颙：《观感录序》，《二曲集》卷二十二，陈俊民点校，第273页。
② 李颙：《观感录序》，《二曲集》卷二十二，陈俊民点校，第273页。
③ 董燧：《年谱》，王艮：《王心斋全集》，陈祝生等校点，第72、75页。
④ 李颙：《观感录》，《二曲集》卷二十二，陈俊民点校，第277页。

生。”二是设置祭田作为维持运转的经济基础：“祠宇凡三楹，门垣整饬，足垂直永久。巡抚、大中丞相王公宗沐、吴公桂芳置祭田二十亩，属先生仲子襞管业，以其租供祀事，有余以给四方来学者。”[①]祭田的费用来自“巡抚王宗沐、吴桂芳捐捧”，由王襞负责日常管理。三是通过墓志铭、奠文、诗歌、传记与祠记等不同体裁的文章，颂扬王艮的学术成就，说明其学说的影响。

对王艮以往研究多着眼其开创平民化教育之风气上，这是应该的，但却是不全面的。王艮学说能在晚明成为显学，是与地方、中央高官们的推崇是分不开的。大体上说，在中国古代社会里，一个人的学说要流播海内，有四个因素。一是学说本身的内容，是否即提出了具有普世价值的命题、观点与主张，是否符合人们的客观需求。二是学者的子孙、门人在传承上的努力与学侣们的发扬光大。三是各级官僚阶层的扶助与青睐。官员们借助自己的权力所及，运用官方资源来倡导自身倾心的学说，会推动该学说的影响力。在官员影响下，地方乡绅或者文人学者利用官场情谊、地方舆论，对该学说的影响起到推波助澜的作用。第四个因素尤为重要，因为官本位意识在人们脑海中是根深蒂固的。一个思想家的学说，即使体系完备、理论深刻，能发前人所未发，但没有官僚们的呵护，往往会在相当长的时期里湮没无闻。船山学说的命运是最能说明问题的。明亡后的王夫之，在深山老林里潜心著书近四十年。著作有一百多种，四百多卷，八百多万字。在哲学、史学、政治、经济、文学、美学、科学等方面，都有卓越的建树。他诸多别开生面的观点所构成的理论体系，达到了他那个时代所能达到学术顶峰。只是过一百多年后，始有王氏守遗经书屋刻本面世。因不满王刻本所收著作不全与被任意篡改的原因，也有提高乡贤地位的因素。身居高位的曾国藩、曾国荃兄弟，于同治六年（1867）在南京刊刻《船山遗书》，共计五十六种，二百八十卷。金陵本的出现，离王夫之去世已相距175年。[②]封疆大吏举臂一呼，才让船山学说遂为当时的士大夫阶层所垂青。世家大族与学署、书院，莫不购置《船山遗书》，

① 李春芳：《崇儒学记》，袁承业：《明儒王心斋先生》卷四。
② 关于金陵本《船山遗书》的刊刻经过，详见王兴国：《王船山与近现代中国》，岳麓书院 2019 年版，第 209—221 页。

船山学说才比较完整地为世人知晓。

崇儒祠的建立，为王艮思想的传播奠定了物质上的基础。崇儒祠落成后，定春秋两祭。这是后世学人聚集在一起，进行学术讨论，举行种种纪念活动的场所。没有一个固定的相聚的场所，讨论并缅怀其学术成果，那么社会影响就无从说起。二是精神上的表彰。官僚们通过文章来弘扬王艮的学术成就。浙江副使王瑶源、兵部郎中刘一中、翰林院编修赵贞吉等人为王艮写了奠文。万历七年（1579），大学士李春芳撰《崇儒祠记》、都察院右佥都御史凌儒写《祠堂记》。万历二十二年（1594），有耿定向的《王心斋别传》、万历二十五年（1597）有邹元标的《赞语》等。精神上的表彰到天启年间升格了。天启三年（1623），山西道监察御史吴甡上疏，请求朝廷王艮从祀孔庙。他大力表彰王艮："洪御史垣构室居其徒，吴御史悌抗疏表其学，滨海学者尊之为夫子""倡明绝学，昭于大道，如梦者困而得觉，醉者迷而得醒，良知、格物之学真千圣之嫡派，而儒者之正宗也。"为此他向朝廷建言："如臣言不谬，将先儒王艮议谥从祀孔庙，并将艮所著《语录》诸书编于《性理大全》之末。"明王朝没有同意这一建议，下了一道"礼部知道"的圣旨。[①]尽管如此，王艮在士人心目中的崇高地位，是不容置疑的。从祀孔庙的对象，是着国家行政权力与官方意识形态相互渗透与结合的产物。对象或为浩然正气式的人物，或为传播与发展儒家思想中作出重大贡献的，王艮属于后者。他未被朝廷认可，但他确实是朝廷高官憧憬的大儒。

有必要说一下袁承业。经他整理的《明儒王心斋先生遗集》，是迄今为止记载王艮材料最全的一本。虽说2001年，有王艮著作的点校本面世，但此本把袁书的卷四、卷五与附录及弟子录删除了，这一部分恰恰是研究王艮第一手资料。

袁承业（1866—1928），字伯勤，晚号砚寿老人，东台安丰人。幼熟读经史，聪慧明达。16岁前往安丰镇上的北火星庙，帮助方丈抄写经文谋生。次年偶得医书一卷，自此攻读医术，挂牌行医。时王氏家祠恰位于北火星庙旁，系王艮讲学的东淘精舍之旧址，内有王艮遗著。袁承业边行医，边读王艮之书。在反复揣摩之

---

① 吴甡：《从祀奏疏》，《明儒王心斋先生遗集》卷五《疏传合编上》。

际，又与王艮后代交谈。后袁承业弃医从儒，在广泛搜集的基础上，于1911年编纂出版了《明儒王心斋先生遗集》，分语录、书信年谱、谱余与疏余五卷，附有《一庵王先生遗集》《东崖王先生遗集》《王东堧、东隅、东日、天真四先生残稿》《明儒王心斋先生弟子师承表》，为后人系统研究王艮学说及其传人与传承情况提供了详尽的原始资料。[①]袁承业说泰州王门"绵绵数百年不绝"，没有过誉之处。现代新儒学开创者梁漱溟，去山东邹县从事乡村教育，重振泰州平民化教育之风，离王艮去世有四个多世纪了。

（四）"风行天下"与"渐失其传"

黄宗羲明显地感到泰州王门的影响，在《明儒学案》中以"泰州学案"为名，列了五个学案。他以一段短小精悍的文字，勾勒出对泰州王门的思想特色，极具风采：

> 阳明先生之学，有泰州、龙溪而风行天下，亦因泰州、龙溪而渐失其传。泰州、龙溪时时不满其师说，益启瞿昙之秘而归之师，盖跻阳明而为禅矣。然龙溪之后，力量无过于龙溪者，又得江右为之救正，故不至十分决裂。泰州之后，其人多能以赤手搏龙蛇，传至颜山农、何心隐一派，遂复非名教所能羁络矣。顾端文曰："心隐辈坐在利欲胶漆盆中，所以能鼓动得人。只缘他一种聪明，亦自有不可到处。"羲以为非其聪明，正其学术也。所谓祖师禅者，以作用见性。诸公掀翻天地，前不见有古人，后不见有来者。释氏一棒一喝，当机横行，放下柱杖，便如愚人一般；诸公赤身担当，无有放下时节，故其害如是。[②]

研究明代思想史鲜有不用这段评语的。因为黄宗羲理清了阳明

① 袁承业受当时进步思潮影响，与东台名医杨葆寅一起，赴上海参加了以蔡元培为会长的光复会。辛亥革命后，被举为东台县督学。1921 年，东台县成立修志局，袁氏受聘为协纂。跑遍东台全境，制作了一幅东台全境图，为东台县首幅地图。1928 年病逝。

② 黄宗羲：《泰州学案一》，《明儒学案》卷三十二，沈善洪主编、吴光执行主编：《黄宗羲全集》（第 7 册），第 820 页。黄宗羲以为，"姚江之学，惟江右为得其传，东廓、念庵、两峰、双江其选也。"［黄宗羲：《江右王门学案》，《明儒学案》卷十六，沈善洪主编、吴光执行主编：《黄宗羲全集》（第 7 册），第 377 页］对阳明后学谁得阳明心学之真谛，在当时就众说纷纭。

心学在明代后期发展的情况，于王艮、王畿与阳明心学之间，颜山农、何心隐与王艮之间的因袭损益的关系，作出了明确的交代，传神地描绘了泰州王门学者的鲜明个性。黑格尔在分析“熟知但不是真知”现象经常发生时说：“就是在认识的时候先假定某种东西是已经熟知了的，因而就这样地不去管他了。这样的知识，既不知道它是怎么来的，因而无论怎样说来说去，都不能离开原地而前进一步。……被不加考察地认为是熟悉的和有效率的东西，既构成固定的出发点又构成固定的归宿点。”[①]熟知不等于真知，那是人们在认识的时候，往往先假定了某种东西是熟知的，再也不去弄清它的真谛了。熟知与真知有着很大的区别。许多科学发现，真知都是在人们熟知的事物中产生的。黄宗羲这段评语，清晰地点出了泰州王门学派的禅学化、异端化与平民化这三个特征。

“泰州、龙溪时时不满师说，益启瞿昙之秘而归之师，盖跻阳明而为禅矣。”这是说王艮、王畿把阳明心学改头换面，向禅学的方向发展了。“瞿昙”是梵语音译，为释迦牟尼之代称。“启瞿昙之秘”，是说将惠能的禅宗引入了。具体地讲，即“所谓祖师禅者，以作用见性”，指明了泰州王门学派禅学化的特征。这一特征对阳明心学来说是一把双刃剑，黄宗羲以“风行天下”与“渐失其传”来概括，是对泰州王门作了考察后得出的。“渐失其传”就是前面所说的“妙合神离”之“神离”，表明后学者有了自己的新意，成为新学派诞生的标志，对泰州王门亦可作如是观。

“祖师禅”是指以心传心，祖辈相传，不立文字之禅。这是与如来禅相对而言的。如来禅是按八禅四定来修行，是渐修；祖师禅走顿悟之路，此为惠能的主张。禅宗认为，以心传心的精神实体，叫做佛性。佛性是通过人体种种器官的功能（“作用”）表现出来，这叫“作用见性”。南宋理学家陈溪说：“佛氏把作用认是性，便唤蠢动含灵皆有佛性，运水搬柴无非妙用。不过又认得个气，而不说著那理耳。”。[②]陈溪批评了“作用见性”说，断言这种主张是否认了天理。深受禅宗影响的王阳明，肯定了“作用见性”说，认为与他的“天理”论是相合的：“所谓汝心，却是那能

① 黑格尔：《精神现象学》上卷，贺麟、王玖兴译，第20页。
② 陈溪：《北溪字义》，熊国祯、高流水点校，中华书局1983年版，第10页。

视听言动的，这个便是性，便是天理。有这个性才能生。这性之生理便谓之仁。这性之生理，发在目便会视，发在耳便会听，发在口便会言，发在四肢便会动，都只是那天理发生，以其主宰一身，故谓之心。这心之本体，原只是个天理。”①人能看、能听、会说话、会活动，是人的本能。本能决定于生理，而仁义之类的道德规范是社会存在的反映，两者无法等同。王阳明视为一回事，是用无类比附的方法，去证实两者同为“天理”的“发生”，是内在于人“心”的。王阳明吸取了禅学的“作用见性”，来证实仁义之类的道德规范是来自“心”的，是合乎“天理”的。

泰州王门创始人王艮的“百姓日用是道”，是对“作用见性”的新发展。王艮把“作用见性”融入了“百姓日用是道”之中：“先生言百姓日用是道。初闻多不信。先生指僮仆之往来，视听持行，泛应动作处，不假安排，俱是顺帝之则，至无而有，至近而神。”②“僮仆”之动作及其“视听持行”，都是对“作用是性”的具体描述。这与王阳明所说并无不同。

以心传心的祖师禅对王艮影响是极深的。王艮不喜文词，鲜所著述，只重口授心传。他遗存下来的著作，风格亦类似《坛经》，口语色彩浓郁。前面讲到，王艮一直想把“大成之学”传给弟子徐樾，但希望是面对面的口传心授，不采用文字、著作的形式。王艮门人赵大洲说，王艮“独不喜著述，或酬应之作，皆令门人、儿子把笔，口授占之，能道其意所欲言则止。”③陶匠韩贞留下的著作，仅有少量诗篇，长篇大论的文章一篇也没有。熟知其性格的友人宗彝说他，“得句辄示同志，亦有不得时，不取必也，然皆务阐发道真，印证心体，不期为月露之形而已。”④韩贞为学，重视的是“印证心体”，而不是辞藻华美而内容空乏的文字（“月露之形”）。农夫夏廷美有一段禅宗意味极重的话：“天理人欲，谁氏作此分别？侬反身细求，只在迷悟间。悟则人即天理，迷则天理

---

① 王守仁：《传习录上》，《王阳明全集》卷一，吴光等编校，第36页。

② 董燧：《年谱》，王艮：《王心斋全集》，陈祝生等校点，第72页。

③ 赵大洲：《王艮墓铭》，《明儒王心斋先生遗集》卷四。

④ 宗彝：《刻韩乐吾先生诗集序》，颜钧：《颜钧集》，黄宣民点校，第168页。

亦人欲也。”[①]天理与人欲不必刻意去分别，全由人心的“迷”与“悟”来决定。这是禅宗“自心是佛”与“顿悟成佛”说的翻版，这二条是惠能的宗旨所在。夏廷美的意思很清楚，人心一旦“悟”了，“人欲”就是“天理”；如果还处于“迷”的状态，“天理”就是“人欲”了。这与“迷即凡夫悟即佛”，并无二致。王艮的学说虽从王阳明那里来，但“阳明先生之学”，“亦因泰州、龙溪而渐失其传”，“跻阳明而为禅矣”。

“遂非名教所能羁络”，反映了泰州王门冲决礼教网罗的要求。表明泰州王学发展到后来，成为一个有叛逆精神的异端学派。名教，指以等级地位及与此相应的道德规范为主要内容的礼义教化的总称，亦称礼教。名教强调尊卑上下与等级分明，重视家族长幼之间的差别。作为名教提倡者的儒家，否认社会是整齐划一的。认为人应该有贵贱、上下、尊卑、长幼的差别，名教就是维持这种社会差异的工具。名教作为一种价值观念，是为历代王朝的统治策略所在。

作为泰州王门中是承上启下的关键人物颜山农，他讲解儒家经典，不像理学家那样，灌输格物致知、修齐治平、人心道心、天理人欲等一套道理，叫人顺从名教秩序，而是强调自我，推崇人的主体精神及其能动性。黄宗羲对颜山农是有所肯定的：“已而，梨州先生讲学甬上，先生从之，称高座。然予观先生所取舍，亦与梨洲有不同者：梨洲于（邹）〔邓〕豁渠、颜山农、林三教辈，虽不甚许，然皆有取与其言；先生则力斥之，以为无忌惮之尤。”[②]“先生”指黄宗羲的学生董允瑫，他不同意其师对颜山农等人的“有取于其言”，而以异端邪说对待之，即“无忌惮之尤”。黄宗羲虽不全盘肯定，但“有取与其言”的态度，说明了他对泰州王门是持客观公允的评价。他称赞像颜山农这样的“诸公”，“前不见有古人，后不见有来者”，有“能以赤手搏龙蛇”的胆量，有“掀翻天地”的能量。包括名教这样的传统权威，不再有规范与约束人们的任何力量了。

---

① 黄宗羲：《泰州学案一》，《明儒学案》卷三十二，沈善洪主编、吴光执行主编：《黄宗羲全集》（第7册），第842页。

② 全祖望辑选：《续甬上耆旧诗》（下册），沈善洪审定、方祖猷等点校，杭州出版社2003年版，第466页。

“羲以为非其聪明，正其学术也”，这是黄宗羲下的断语。顾宪成说何心隐“聪明”，是因为他的理财术堪称一流，能让“二百金”增殖到“数万金”。不过黄宗羲说得更为确切，认为何心隐的“学术”最能反映平的民利益。在商品交换中，人们是最易产生平等意识的。何心隐把以平等为核心的异端学说，注入到了君臣关系中，并与师友间的平等观念融为一体。他强调统治者与平民在欲望追求上，应该处于平等的地位，无疑是对名教的挑战。他不满足于理论上的阐述，他建立了运作达六年之久的聚和堂，把平等观念付诸实践。平等思想，就是黄宗羲所指的“学术”。这在等级制度为核心的古代社会里，完全是异端化了。杖杀何心隐只是当权者诛杀异端的一个例子罢了。一生与当权者抗争的何心隐，心中怀着不惜以身殉难的大无畏精神，“赤身担当，无有放下时节”，用在他身上是再合适不过了。黄宗羲这段经典性评语，成为后世了解阳明心学及泰州王门传播、演变的重要的参考价材料，这也是王艮在明清期间影响最著者也。

第二节 李贽："坐圣门第二席"与"名教罪人"

李贽是泰州王门成员中对后世影响最大的一位。从时间上说，从明代中晚叶延伸到五四新文化运动；从力度上说，受其影响的学者很多，著名的有公安三袁、汤显祖、焦竑等。对此得从点面结合起来考察，以便从深度与广度两个方面去尽可能地弄清全貌。从点上的分析，本书侧重于袁宏道与汤显祖二人。面上的考察，以明清两代诸多文人、学者、官吏对他评论为依据。

面上的情况，目前尚无整体性的研究。据张建业主编的《李贽研究资料汇编》一书，我初步统计了一下，明清两代士林中人，对李贽发表评价的有175人，其中明人占七成左右。评价者的立场是泾渭分明的，赞美者誉之有加，否定者谩骂激烈。折中者人数极少。值得注意的是，黄宗羲、顾炎武、方以智与王夫之，这四位被公认为明清之际的启蒙思想家，与《四库全书》编撰者异口同声，对李贽加以口诛笔伐。

（一）"坐圣门第二席"与"千秋独见"

赞扬者的行列中有三种类型：一是接受李贽思想中的若干因素，成为自身思想的一个组成部分，如公安三袁、汤显祖、焦竑等人。二是李贽的友人、门人，以及对他思想有所了解的人，对李贽崇敬有加，如李见罗、祝世禄、陶望龄、无念、梅国祯、汪本珂等。内中不乏高官，如刘东星、马经纶等。三是与李贽毫无关系而称赞的，如李廷机、韩敬、薛冈、沈德符、张岱等人。对李贽称颂的内容，集中在学识与人格这两方面。

焦竑（1540—1602），字弱侯，号澹园，又号龙洞山农。[①]焦竑与李贽志趣相投，为莫逆之交，是李贽学术上的诤友。李贽对焦竑是很信任的，他经常在信中向焦竑倾诉衷肠。李贽在书稿杀青后，先要寄给焦竑，请他校对、批改或作序。焦竑在万历十七年（1589）会试北京，是那一年的状元。李贽的目的很明确，就是让

---

① 南京继志斋在万历十年（1582），刻行了《重校北西厢记》。卷首有署名龙洞山农《刻重校北西厢记序》。李贽看了序文，因"知者勿谓我尚有童心可也"而触发了文思，写下了不朽名著《童心说》。

焦竑资助刊刻。黄宗羲把焦竑列入《泰州学案》中，说“先生（焦竑）师事耿天台、罗近溪，而又笃信卓吾之学，以为未必是圣人，可肩一狂字，坐圣门第二席”[①]。“第二席”就孔子学生言，在颜回之上；就孔学流传言，在孟子之上。焦竑《老子翼》中有李贽的语录十多条，吸收了李贽的学术成果。如卷六引李贽的话：“以坚强攻坚强，虽能胜之，终必缺陷。故攻坚强者莫胜于柔弱。柔弱者，不期胜而自胜也。”[②]焦竑说：“卓吾先生秉千秋之独见，悟一性之孤明。其书满架，非师心而实以通古；传之纸贵，未破俗而先以惊愚。”[③]李贽去世后，焦竑陆续为《藏书》《续藏书》《焚书》与《续焚书》作序。《焚书》与《续焚书》两序，发了一通慨叹，而《藏书》《续藏书》两序，以他所知晓的李贽作了很高的评价。他希望人们学习《续藏书》，认为这本书“退可以修身而畜德，进可以尊主而庇民，谋王断国之大端”，对个人与治国有着很高的价值，“贵善学之而已”[④]。他论李贽的学术见解，以为“先生程量古今，独出胸臆”；他论李贽的人格境界，赞扬“先生高迈肃洁，如泰华崇严”；他论李贽著作的命运，强调“先生之书当久传，久之，学者复耳熟于先生之书”。他对李贽的整体评价是：“卓吾先生隐矣。而其人物之高，著述之富，如珠玉然。山晖川媚，有不得而自掩抑者，盖声名赫赫盈海内矣。”[⑤]

公安三袁对李贽的欣佩，以及他们直接受到李贽的熏陶，是明代士林中一段佳话。李贽实为三袁精神上的导师，其对传统的批判与新颖的见解，启迪了他们的思路，开拓了他们的心思。受熏陶最深的当属袁宏道，他的思维方式、人生信条，尤其是“性灵”说打上了李贽童心观的烙印。袁宏道与李贽交往的中介人是焦竑。万历十七年（1589）焦竑状元及第，声誉鹊起，与袁宗道同在翰林供职。焦竑向袁宗道介绍了李贽的学说。后来三袁数次到李贽所在的龙湖问学，并与李贽成为学侣。袁中道以为，李贽与苏东坡各有千

---

① 黄宗羲：《泰州学案四》，《明儒学案》卷三十五，沈善洪主编、吴光执行主编：《黄宗羲全集》（第8册），第83页。

② 焦竑《老子翼》卷六引宏甫注。转引自刘修明：《儒生与国运》，花山文艺出版社2014年版，第431页。

③ 焦竑：《追荐疏》，厦门大学历史系编：《李贽研究参考资料》（第二辑），第20页。

④ 焦竑：《续藏书序》，张建业主编：《李贽文集》（第4卷），第1页。

⑤ 焦竑：《藏书序》，张建业主编：《李贽文集》（第2卷），第1页。

秋："龙湖先生今之子瞻也，才与趣不及子瞻，而识力胆力不啻过之。"[①]袁宏道自述读李贽著作后的心情说："近日得卓僧《豫约》诸书，读之痛快。"[②]袁宗道有相似的感受："不佞读他人文字觉懑懑，读翁片语只语辄精神百倍""使我婆莎起舞，泣数行下"[③]。"懑懑"有两个释义，一是烦闷，二是愤恨，这里作烦闷解。读李贽著作后会有如此效果，缘由是李贽思想中蕴藏着一种鼓舞人的精神力量。袁宗道从他处得到李贽《读书乐》后，写了首诗极力赞之。"龙湖老子手如铁，信手讦驳写不辍。纵横圆转轻古人，迁也无笔仪无舌"，这是说李贽写作异常勤奋，让历来为人们赞扬的司马迁无法提笔，苏仪不能再卖弄他三寸不烂之舌了。"自夸读书老更强，胆气精神不可当""龙湖老子果希有，此诗此字应不朽"，[④]这是说李贽的胆力是没有什么以阻挡，他的诗与文字自应千古不朽。

任何一个学者的著作要产生影响，一定得有撼动人心的力量。主宰明末清初文坛达半世纪之久的钱谦益，说自己读李贽著作后情感交集："余少喜读李秃翁书，以为乐可以歌，悲可以泣，欢可以笑，怒可以骂，非庄，非老，不儒，不禅，每为抚几击节，盱衡扼腕，思置其人于师友之间。"[⑤]钱谦益与公安三袁的同感，说明李贽的"千秋独见"是如何激发人的思绪的，让人不由自主地产生悲哀、欢乐、喜笑、怒骂等感受来。钱谦益对李贽思想的把握是精到的。李贽的思想，确实是在非儒、非佛与非道之间，但又处处可以见到儒、佛、道的因素。钱谦益据自己的处境对李贽的人品是赞扬有加的："稽良知之弊者曰：泰州之后流为狂子，为僇民。所谓狂子、僇民者，颜山农、何心隐、李卓吾之流也。彼其人皆脱身屣世，芥视权倖，其肯蝇营狗苟、欺君而卖国乎？其肯偷身事贼，迎降而劝进乎？讲良知之学者，沿而下之，则为狂子，为僇民；激而返之，则为忠臣、义士。"[⑥]此论实为有感而发。钱谦益

---

① 袁中道：《龙湖遗墨小序》，《珂雪斋近集》卷三，上海古籍出版社1989年版，第43页。
② 袁宏道：《陶石篑》，《袁宏道集校笺》卷六，上海古籍出版社2008年版。
③ 袁宗道：《李卓吾》，《白苏斋类集》卷十五，上海古籍出版社2007年版。
④ 袁宗道：《书〈读书乐〉后》，《白苏斋类集》卷一第7页。
⑤ 钱谦益：《牧斋有学集补》，厦门大学历史系编：《李贽研究参考资料》（第二辑），福建人民出版社1976年版，第145页。
⑥ 钱谦益：《重修维扬书院记》，《牧斋初学集》卷四十四，上海古籍出版社2009年版，第1129页。

先是降清，后又从事反清复明，与抗清义士多有交往，他对明代士人中“偷身事贼，迎降劝进”者是不满意的。当时寻找阳明心学弊病的人们，往往把颜山农、何心隐、李卓吾等人视为“狂子”“僇民”。钱谦益以为，包括李贽在内的泰州王门诸人是愿意为实现志向而舍却自家生命的，在易代之际的特定氛围下，他们一定会以忠臣、义士面貌出现的，不会有什么的失节行为。“僇民”指被侮辱之人，“狂子”指不遵守社会规矩之人。两者皆为人格低下的代称，钱谦益认为，他们身上有着蔑视权贵的品性。“狂子”，就是王阳明及其后学的这些“狂者”。王阳明与泰州王门诸人的“狂”有三重意义：一是指光明磊落、富于进取，二是为出位之思及由此而来的颠倒观念的行为，三是对“直行己志”的独立人格里的追求。如果说颜山农、何心隐二人，主要是第二重含义的话；那么，在李贽的言行里已经囊括了这三重含义。①钱谦益赞颂泰州王门之“狂”，正是晚明时代士人追求自由与个性解放思潮的真实反映。

汤显祖则以三“不尽”之说来颂扬李贽。因李贽名声卓著，假托李贽之名的著作时时冒出，汤显祖对此评论道：“世假李氏书伙甚，真出其手者，雅推《焚书》《藏书》《说书》。《藏书》藏不尽，《焚书》焚不尽，《说书》说不尽。”②“不尽”是说，这三本书中蕴藏着极丰富的内涵，是一座值得发掘的精神宝库。黄宗羲完成了《明儒学案》后，说了一句极其自信的话：“此犹中衢之樽，后人但持瓦瓯樿杓，随意取之，无有不满腹者矣。”③这是说，《明儒学案》如同放置在四通八达的路中央的一樽酒，后人可以用瓦盆木杓，随意从中舀出来饮用，没有“不满腹”的。汤显祖的“不尽”，与黄宗羲所说的相类。

（二）“无不受益”与“惊天动地”

下面讲第二种类型。李贽交往密切的李见罗，认为李贽不同于

① 参见朱义禄：《论王阳明及其后学的“狂者胸次”》，《贵阳师范学院学报（社会科学版）》2019年第2期。
② 汤显祖：《〈李氏全书〉总序》，厦门大学历史系编：《李贽研究参考资料》（第二辑），第109页。
③ 黄宗羲：《明儒学案自序》，沈善洪主编、吴光执行主编：《黄宗羲全集》（第7册），第4页。

常人，“卓吾兄之胸襟”，可以“与天为徒，可为智者道也”。[①]无念，与李贽相知的僧人，“李长者英敏过人，下笔无渗漏，识浪滔天。凡读其书信，无不受益”[②]。祝世禄，李贽好友，为李贽著作写过序：“能读先生之书，则必有善治，必有真儒。既能善治而有其儒，则虽谓先生是非谬于圣人，先生亦任之可也。”[③]陶望龄，一位当时颇有声望的学者。他与李贽有书信往来，李贽对他的启迪前已有所论述，那是与焦竑在一起论学的日子。但他盼望能尽快地看到李贽的最新著作，以期有新的启迪，他致书李贽好友刘东星：“李先生或有新著，并希录示一二，开我迷闷，生成之恩也”[④]。梅国祯，李贽的好友，“余秃翁先生，豪杰之士也”，“一切断以已意，不必合于儒者相沿之是非”[⑤]。跟随李贽九年之久的门人汪本珂，在母亲去世后集中精力把《续焚书》刊刻出来，他在序言中称颂其师说：“盖言语真切至到，文辞惊天动地，能令聋者聪，瞶者明，梦者觉，酲者醒，病者起，死者活，躁者静，聒者结，肠冰者热，心炎者冷。”[⑥]张鼐，一位小有名气的学者，应汪本珂之请，也写了篇序，称“卓吾之面目精神不可见，而世犹能见之者，书也”，“余不及见卓吾而喜读卓吾书”[⑦]。冯梦龙视李贽为德高望重的人，且刊刻李贽的著作：“李有门人携至吴中，吴士袁无涯、冯犹龙等，酷嗜李氏之学，奉为蓍蔡，见而爱之，相与校对再三，删削讹谬，附以所示杂志遗事，精书妙刻。”[⑧]犹龙是冯梦龙的字，“蓍蔡”，喻德高望重之人。门人把老师李贽的著作带到了吴中，冯梦龙与友人见了爱不释手。于是重新校订，精心刊刻。有的学者于冯梦龙对李贽的态度作过分析，指出在《古今谭概》与《智囊》这两部著作中，“冯梦龙就有七次提及李贽，且这

---

① 张建业编：《李贽研究资料汇编》，社会科学文献出版社2003年版，第2页。李材，字孟诚，号见罗。黄宗羲在《明儒学案》中为他专立《止修学案》。

② 张建业编：《李贽研究资料汇编》，第52页。

③ 张建业编：《李贽研究资料汇编》，第62页。

④ 陶望龄：《奉刘晋川先生四首》，《歇庵集》卷十五，张昭炜主编：《陶望龄全集》，李会富编校，第892页。陶望龄是个多才多艺的学者，诗文、经义、理学、佛学，样样精通，与袁宏道交游密切。

⑤ 张建业编：《李贽研究资料汇编》，第76页。

⑥ 汪本珂：《续刻李氏书序》，《续焚书》卷一，张建业主编：《李贽文集》（第1卷），第3页。

⑦ 张鼐：《读卓吾老子书述》，《续焚书》卷一，张建业主编：《李贽文集》（第1卷），第2页。

⑧ 许自昌：《樗斋漫录》卷六，厦门大学历史系编：《李贽研究参考资料——李贽与〈水浒传〉资料专辑》（第三辑），第169页。

七次都是以李贽的评价话语放置在每篇故事的最末，而冯梦龙则往往认同李贽的论断，显示出以李贽之是非为是非的意味。”①冯梦龙对李贽的心仪之意是很明白的。与李贽有过交往的明代大画家董其昌，对李贽敬重有加：“李卓吾与余以戊戌（1598）春初一见于都门外兰若中，略披数语，即许可莫逆，以为眼前诸子，惟君具正知见，某某皆不尔也。余至今愧其意云。”②一些学者、名僧、画家、文学家等在知识层面上处于高端的人们，他们有着较高的社会地位，青睐李贽是他们的共性。

明代著名剧作家李玉，在他在《万里圆》中借剧中人物之口，盛赞李贽：“我想李卓吾先生，一代伟人，千秋法眼。那《正藏书》斧钺古今，这《续藏书》榆扬昭代，俱堪不朽。”③清初文学家廖燕（1644—1705），是个提倡思想解放的先驱。他对科举制度的抨击不遗余力，说明太祖的取士制度，比秦始皇的焚书坑儒还要厉害。对李贽他是赞扬了一番：“然予闻明李卓吾著书被谤，梅衡湘云：如此老者，若与之有隙，只宜捧之莲花座上，朝夕率众焚香礼拜，庶可消折其福。不宜妄意挫折，反增其声坐价也。则予自今而后，益惧声价日增服也夫。”④梅国祯是保护过李贽的高官之一，他以为像李贽这样的学者，应当顶礼膜拜。如果一定在批评、贬低、攻击的话，结果只能令其身份倍增。廖燕在六、七十年后，不仅同意梅国祯的观点，而且认为随着时光的流转，李贽的“声价”必定是与日俱增的。从意识形态的相互关系来说，一个哲学家的观点要想渗透到文学家的心灵中，影响到他们的文学创作，得具备一个先决条件，那就是其观点在社会上流行较久、且为不同阶层的人们接受后方有可能。从历史的长河来看，不是所有哲学家的思想，都会产生跨领域的感染力。跻身这个行列是不多的。李贽就是属于那样的哲学家。

李贽屡受迫害还能有著述不断面世的原因，是同一些高官对他

① 宋克夫：《宋明理学与明代文学》，中国社会科学出版社 2013 年版，第 359 页。

② 董其昌：《画禅室随笔校注》卷四，上海远东出版社 2011 年版，屠有祥校注，第 203 页。

③ 李玉：《李玉戏曲集》，上海古籍出版社 2004 年版，第 1657 页。

④ 廖燕：《自书与友人书后》，《二十七松堂集》卷十二，上海远东出版社 1999 年版，第 317 页。这条材料，张建业编的《李贽研究资料汇编》未予收录。梅衡湘（1542—1605），即梅国祯，号衡湘，李贽好友，历官都察院御史、大同巡抚。

的呵护相关的。他们觉得李贽是有卓越见识的学者。刘东星是朝廷高官，他给《藏书》写序时所署的官衔是，“赐进士出身吏部左侍郎前都察院左副都御史”。在卫道士们要把李贽驱逐出武汉时，时任湖广左布政使的刘东星，把李贽迎进了官衙。李贽在刘星东处“手不释卷，终日抄写”，“不肯出以示人”。刘星东“试窍取以读之”，感到“包罗千古，鉴别众形”，“据事直书，真可谓断自本心，不随人唇吻者也”，断言“先生此书，千百世后，经筵以进续，科场以取士，如所言无疑也”。①前面的话是符合实际的，后一句话则言过其实了。被时人目为异端并对现存社会秩序大加鞭挞的李贽，他的著作可以成为科举考试的标准参考书，可以成为向皇帝传授知识的课本，那是不可能的。从中不难看出，刘东星对李贽的崇敬。李贽被捕之后，原先做过御史后因抗疏救言官而罢职的马经纶，极力营救李贽。他上书当权者，为李贽撇清罪名，信中对李贽的敬佩之情跃动于字里行间：“虽吾友，实吾师也。乐圣人之道，诠圣人之经，若世所梓行《易因》及《道古录》诸书，真上足以阐羲、文、孔、孟之心传，下足以绍周、邵、陈、王之嫡统者也。弟不远三千里就而问易，辨惑解缚，闻所未闻，四十日间，受益无量。”②马经纶视李贽为师，跋涉三千里向李贽请教《周易》。觉得没有这样的请益，真是虚度了一生。他认为，李贽是一位“乐圣人之道”的学者。马经纶赞李贽是极有创见的学者：“卓吾生今之世，宜乎为今之人，乃其心事不与今人同，行径不与今人同，议论不与今人同，著作不与今人同。”③李贽一生特立独行，骇人听闻的异端见解，异乎常人的行为举止，与传统价值观大相径庭的史论，令他无法与“今人同”。于李贽的史论，马经纶认为是独抒胸臆的：“读史能破拘挛，妙发心得，回绝老生常谈，此亦足以发明旧说之不必尽泥，不必尽同矣。”④就人品而论，李贽高尚得很，口碑不错：“卓吾先生之素行，何如也？宦游二十余年，

① 刘东星：《刘序》，《藏书》，张建业主编：《李贽文集》（第2卷），第2页。
② 马经纶：《与当道书》，厦门大学历史系编：《李贽研究参考资料》（第一辑），第60页。
③ 马经纶：《启当事书》，厦门大学历史系编：《李贽研究参考资料》（第一辑），第62页。
④ 马经纶：《启当事书》，厦门大学历史系编：《李贽研究参考资料》（第一辑），第63页。

一介不取，清标苦节，人所难堪，海内荐绅，谁不慕说。”[①]刘东星、马经纶等高官，或保护他的人身安全，或为他提供安心著述的环境，或为他上书申诉其冤。要之，他们皆为李贽的忠实粉丝。

有一些士人与李贽无甚瓜葛的，而为李贽的见识所打动。明末学者冯元仲在北京通县墓前凭吊时，写了一首诗表达了对李贽的景仰：“手辟鸿蒙辟混茫，浪翻今古是非场。通身是胆通身识，死后名多道亦彰。髡顶逃禅又杂儒，放言横议不粗疏。世皆欲杀身殂狱，天下何人容卓吾。”[②]生动地刻画出了李贽胆量过人、见识卓越，以及掀翻传统价值观与为世人难容的形象。也有士人对李贽的胆识十分倾倒：“李宏父自言：‘吐词为经，落笔惊人，我有二十分识，二十分才，二十分胆。’安得起若人而问之！”[③]一位叫李廷机的官吏，1603年奉召入京，路过通州，作文祭李贽墓：“端方介洁，超然世味之外，窃谓真君子、真道学，于程朱乎何愧”“论多创见”“先生死矣，其精神终不可磨灭”。[④]韩敬与李贽素不相识，断言李贽“见地超绝，笔芒开异，令醒者醒而寝者惊”[⑤]。薛冈说，“李卓吾淹博群书，更精内典，不可谓非当代奇士”[⑥]。赞扬者的视野集注于人品、学识与著作上。值得注意是李廷机，从“真道学，于程朱乎何愧”一语看来，他是程朱理学的信徒。李贽批判程朱理学是激烈的，李贽能从它信奉者得到点赞，是褒奖行列少见的一位。

附带说一下折中者。沈德符，著名笔记《万历野获编》的作者。他说：“温陵李卓吾，聪明盖代，议论间有过奇，然快雄辩，益人意智不少。”[⑦]沈德符对李贽有所赞扬，说他的观点能增益人们的智慧，但又觉得李贽的议论出格了，不符合传统的观点。陈证圣评论李贽说：“议者曰：以先生之资，究心儒术，将统继千秋，庙食百世，前无濂洛，后无余姚，胡逃儒归释，遭此訾垢如今日

① 马经纶：《与李麟野都谏转上萧司寇》，厦门大学历史系编：《李贽研究参考资料》（第一辑），第 64 页。
② 冯元仲：《天益山遗集》卷七。
③ 张师绎：《闻雁斋笔谈》，厦门大学历史系编：《李贽研究参考资料》（第二辑），第 133 页。
④ 张建业编：《李贽研究资料汇编》，第 80—81 页。
⑤ 张建业编：《李贽研究资料汇编》，第 268 页。
⑥ 薛冈：《天爵堂文集笔余》，厦门大学历史系编：《李贽研究参考资料》（第二辑），第 150 页。
⑦ 沈德符：《释道》，《万历野获编》卷二十七，第 691 页。

哉！余以为惟其归释，得以炳烁；不然，仅一学究老生耳，川岩徒灭，雷电俱收，何有今日？然则以此贾祸者，即以此招声。”[①]意思是说，按照李贽在儒学上的造诣，完全能够超越周敦颐、二程与王阳明。但李贽心仪佛教为时人所垢病，不过也因此让他名声炳然。沈瓒论李贽时说：“好为惊世骇俗之论，务反宋儒道学之说”，“其学以解脱直截为宗，少年高旷豪举之士，多乐羡慕之。后学如狂，不但儒教溃防，而释宗费心绳检，亦多所清弃”[②]。认为李贽的观点为一些亢进的青年人羡慕不已，同时又将儒教与佛教的东西一扫而光。折中者与李贽无甚利害关系，他们从客观的态度，冷眼观察李贽，他们的评议有值得沉思的地方。

（三）“诬民邪说”与“名教罪人”

李贽的人品，被誉为“豪杰之士”“真君子”“真儒”“当代奇士”“高迈肃洁”等。李贽的学识，被尊为“千秋之独见”“论多创见”“识浪滔天”“见地超绝”“断自本心”“妙发心得”“开心目明”“破俗惊愚”等。褒奖的原因是，读了李贽的著作后获益非浅，“梦者觉”“精神百倍”“无不受益”。他们觉得李贽的著作中有“说不尽”的内容，袁宗道以为超过了司马迁，马经纶说可以作为取士的标准参考，焦竑强调“先生之书当久传”。从明末清初期间，托李贽之名的伪书遍满神州，足见李贽对后世影响之深刻。

否定者集注于李贽的人品进行攻击。最为人们熟知的，是礼科给事中张问达奏折所列的罪名：“寄居麻城，肆行不简，与无良辈游庵院，挟妓女，白昼同浴。勾引士人妻女，入庵讲法，至有携衾枕而宿者，一境如狂。又作《观音问》一书，所谓观音者，皆士人妻女也，后生小子，喜其倡狂放肆，相率煽惑。至于明劫人财，强搂人妇，同于禽兽。”[③]在张问达的心目中，李贽是集淫棍、强盗、教唆犯为一身的社会败类，是毁坏社会风气的罪魁祸首。著名史学家谈迁说：“今士习之坏，自晋江李贽始。”[④]持同调的有王

① 张建业编：《李贽研究资料汇编》，第 75 页。
② 张建业编：《李贽研究资料汇编》，第 107 页。
③ 顾炎武：《李贽》，《日知录校注》卷十八，陈垣校注，安徽大学出版社 2007 年版，第 1033 页。
④ 谈迁：《国榷》卷一〇〇，厦门大学历史系编：《李贽研究参考资料》（第二辑），第 193 页。

宏撰："予尝谓李贽之学本无可取，而倡异端以坏人心，肆淫行以兆国乱，盖盛世之妖孽，士林之梼杌也。"[1]江右王门代表人物邹东廓之子邹颖泉说："李卓吾倡为异说，破除名行，楚人从者甚众，风习为之一变。"[2]说士林风气的败坏，根子在于李贽倡导邪说。这是偏颇之论，一代士风的形成绝不是一个人的言行能左右的，它是由政治、经济、哲学、制度、风俗等诸多因素综合作用于士人身上的结果。东林党人史孟麟说："往李卓吾讲心学于白门，全以当下自然指点后学。说个个人都是见见成成的圣人，才学便多了。闻有忠节孝义之人，却云都是做出来的，本体原无此忠节孝义。学人喜其便利，趋之若狂，不知误了多少人？"[3]史孟麟指责李贽，说李贽的讲学不知误导了多少"学人"。因为李贽宣称，人人都是圣人，那些以"忠孝节义"著称的人，内心深处是没有忠孝节义的，如果有的话，也只是做出来给别人看的。史孟麟这番话，显然是针对李贽以理学家及其信徒为"假道学"之说而发的。平心而论，李贽的主张能够让"学人"们"趋之若狂"，至少说明两点：一是李贽之论是具有说服力的，故能拥有众多的信仰者；二是说，李贽所批驳的"假道学"，在现实生活中是存在的，并为人"学人"们所厌恶。

在中国古代的士人心目中，人品与文品是统一的。在历数李贽败坏士风之际，又对他的著作作了攻击。这以顾大韶为代表。顾大韶是东林党人顾大章之子，他对李贽的著作无有好评，如"《藏书》百卷，止凭应德左编，恣加删述，颠倒是非"，又如"《世说》《初潭》义例踳杂，《中庸》《道古》旨趣无奇"，再如"《孙武参同》寡所发明。《易因》一编率多傅会"。[4]朱国祯，著名笔记小说《涌幢小品》的作者，对李贽的贬低不遗余力："全不读《四书》本经，而李氏《藏书》《焚书》，人挟一册，以为奇货。坏人心，伤风化，天下之祸，未知所终也。"[5]断言李贽倡导

① 王宏：《山志》卷四，厦门大学历史系编：《李贽研究参考资料》（第二辑），第194页。
② 黄宗羲：《江右王门学案一》，《明儒学案》卷十六，沈善洪主编、吴光执行主编：《黄宗羲全集》（第7册），第396页。
③ 黄宗羲：《东林学案三》，《明儒学案》卷六十，沈善洪主编、吴光执行主编：《黄宗羲全集》（第8册），第845页。
④ 顾大韶：《〈温陵集〉序》，厦门大学历史系编：《李贽研究参考资料》（第二辑），第123页。
⑤ 朱国桢：《涌幢小品》卷十六，厦门大学历史系编：《李贽研究参考资料》（第一辑），第69页。

的是，“横议邪说，最能惑人，为人所推，举国趋之如狂”[①]。朱国祯、顾大章、沈瓒，三人同用“狂”来形容，可知李贽的思想与著作是如何笼罩了晚明时代士人们心灵的真实状况。卫道士中有一位蒋以化，是《西台漫记》的作者，他对李贽不同凡响的史论大加鞭挞：“专以黑为白，以苍为素，性不随人妍媸，而辨尤足以济之。所著有《李氏藏书》三十卷，而书中所载者褒诛予夺，大肆猖狂，如以吕不韦为智谋名臣，以李斯为才力名臣，以秦始皇为千古一帝，以冯道历事为吏隐，以卓文君私奔为得所托，以赵苞、王陵为杀母。又其甚者，以宣尼之是非为不足法。此书一出，好异者多奇之，余素抱书痴，独怪此刻为拂经乱正，恐污架上，遂弃之不收。”[②]把李贽对传统观点的抨击悉数指出后，蒋以化说自己是个“书痴”，但李贽的书是不会放在书架上的，怕的是整架书被污染。艾南英，明末著名的时文选家，认为“以横议而非圣者，温陵李贽也。贽之书，敢为高论，阴诋孔孟”[③]，立论与蒋以化相同。清初学者张伯行在论及颜元时，带及了李贽。他说：“今北地颜习斋出，不程朱，不陆王，其学以事功为首。谓身心性命非所急，虽子思《中庸》，亦诋訾无所顾。呜呼，如此人者，不用则为陈同甫，用则必为王安石，是大乱天下之道也。艾东乡曰：‘李卓吾一字一句皆可杀人。’今习斋之学，亦可以杀人也。”[④]张伯行（1651—1725），字孝先，康熙二十四年（1685）进士，官至礼部尚书。一生笃信程朱理学，以广传程朱理学为己任。著述甚丰，仅《四库全书总目》著录就有14种，在清初传播程朱理学上作用颇大。张伯行是站在维护程朱的立场上去批评颜元的，最后引艾东乡的话，把李贽看成是“一字一句”都能要人性命的洪水猛兽。这大约是否定者阵营中最激烈的。

对李贽的诋毁，在《四库全书》编撰者心目中达到了极致，断言“罪不容诛，其书可毁”。一是说《藏书》颠覆了传统的价值观，其人当诛其书应毁：“贽书皆狂悖乖谬，非圣无法。惟此书排

---

① 朱国桢：《涌幢小品》卷十六，厦门大学历史系编：《李贽研究参考资料》（第一辑），第69页。

② 蒋以化：《西台漫记》卷二，厦门大学历史系编：《李贽研究参考资料》（第二辑），第166页。谈迁在《国榷》卷七十九有相类的议论。

③ 张建业编：《李贽研究资料汇编》，第213页。

④ 张伯行：《论学》，《正谊堂文集》卷九，第204页。

击孔子，别立褒贬，凡千古相传之善恶，无不颠倒易位，因此罪不容诛，其书可毁。”①二是将李贽定性为“名教罪人”：“贽非圣无法，敢为异论。虽以妖言逮治，惧而自刭，而焦竑盛相推重，颇荧众听，遂使乡塾陋儒，翕然尊信，至今为人心风俗之害。故其人可诛，其书可毁。而仍存其目，以明正其为名教之罪人，诬民之邪说。”②以李贽“名教之罪人”的观念，一直持续到新文化运动前夕。

（四）“洪水猛兽”与“猖狂之言”

否定者的阵营是异常坚挺的，最著名的是黄宗羲、王夫之、顾炎武与方以智，其中以王夫之最为激烈。

黄宗羲是感觉到李贽在当时有巨大影响的。我初步统计了一下，《明儒学案》中有16处提及李贽。黄宗羲说，吴郡秦生在北行途中，在舟中大骂李贽，到京师后忽生大病。病中有一人对他说：“我卓老也，子何人斯，而亦骂我？”秦生大惧。次日设祭拜之以谢，病始愈。钱牧斋对秦生说：“卓吾非可轻骂之人也。”黄宗羲发表评论说：“卓吾生平喜骂人，且其学述偏僻，骂之未始不可。”③黄宗羲与秦生一样，认为李贽在当骂之列，与钱牧斋的主张不同。黄宗羲非议李贽，是源于两人对孔子的态度迥异。李贽以相对主义非难孔子的权威地位，黄宗羲以为孔子学说具有范围百家、超越时空的绝对权威性。黄宗羲说：“余以为孔子之道，非一家之学也，非一世之学也，天地赖以常运而不息，人纪赖以接续而不坠。”④观点的差异让黄宗羲觉得，李贽的学术见解不符合儒学的标准，未为李贽立学案。

方以智对待李贽的态度比黄宗羲来得激烈。他认为李贽喜骂人目的是扬名：“每叹李卓吾自负尖快小才，纵其偏见，欲一手抹天下，作第一人，而官不称意，遂发愤噀血，助以穿魔之杖，益颠倒其说以快意，一切不顾，以为诡驫则天下得名更速，故专骂好名者，正自家好名之至耳。”⑤方以智认为，李贽发愤著书，宣扬

---

① 永瑢等：《四库全书总目·藏书》，第455页。
② 永瑢等：《四库全书总目·李温陵集》，第1599页。
③ 黄宗羲：《破邪论·骂先贤》，沈善洪主编、吴光执行主编：《黄宗羲全集》（第1册），第206页。
④ 黄宗羲：《破邪论·骂先贤》，沈善洪主编、吴光执行主编：《黄宗羲全集》（第1册），第206页。
⑤ 方以智：《东西均·名教》，厦门大学历史系编：《李贽研究参考资料》（第二辑），第191页。

一些惊世骇俗的主张，是为了在社会中博得一个好名声。[①]依王夫之记载："其（方以智）直斥何心隐、李宏甫为刑戮之民，则允为铁案。绝无关系处，以身试灯油，而恣其意欲。无知轻躁之徒，翕然从之。其书抵今犹传，乌容不亟诛绝之耶？"[②]李贽在方以智心中，当为"刑戮之民"，当属于诛杀的行列中。

顾炎武的议论与方以智颇为相似。万历三十年（1602），礼科给事中张问达上疏劾奏李贽。疏中言李贽"以孔子之是非为不足据""敢倡乱道，惑世诬民"。顾炎武在《日知录》卷十八《李贽》中，不仅全文录下此疏，还加了按言："愚按自古以来，小人之无忌惮，而敢于叛圣人者，莫甚于李贽。"

最为尖锐的是王夫之。一是指责李贽为官云南时，为"滇人切齿恨之"。王夫之说，当地为明代学者杨慎所立的祠堂，"迄今俎豆不衰"，而"李贽生祠，贽死即拆毁，弃其像于沟壑"。缘由是，"李贽为郡守，凌铄士民，故滇人切齿恨之"[③]。王夫之的依据，是一位姓张的、在云南当过县官的人记载。这与事实不符。李贽在姚安知府任上有为人称道的政绩。他离任时，当地百姓夹道送行，使路上的车马难以前行，与"凌铄士民"之说相去甚远。二是以为在一些史论类的著作中，以《藏书》的为害程度最大的："近世有《千百年眼》《史怀》《史取》诸书及屠纬真《鸿苞》、陈仲淳《古文品外录》之类，要以供人之玩，而李贽《藏书》，为害尤烈，有志者勿惑焉，斯可于博文之学。"[④]三是认为李贽对社会的祸害超过了"洪水猛兽"："若近世李贽、钟惺之流，导天下于邪淫，以酿中夏衣冠之祸。岂非逾于洪水，烈于猛兽者乎？"[⑤]为什么王夫之对被逼害致死的李贽如此仇视？原因有三点，即触犯了他的学术底线与道德底线。

就王夫之的学术倾向而言，他宗师张载而有所发挥，总结程朱

---

① 李贽说："好名何害？好名乃世间一件好事，真好名的那里讨？"［厦门大学历史系编：《李贽研究参考资料》（第二辑），第 6 页］方以智大约是针对此段而言的。

② 王夫之：《搔首问》，《船山全书》（第 12 册），岳麓书社 1990 年版，第 636 页。方以智与王夫之一样，视李贽为异端："其称则天、冯道之类，遂为坏名教、乱天下之渠魁，得罪天地，故世以异端诋之。"［厦门大学历史系编：《李贽研究参考资料》（第二辑），第 191 页］

③ 王夫之：《搔首问》，《船山全书》（第 12 册），第 625 页。

④ 王夫之：《俟解》，王伯祥点校，中华书局 2009 年版，第 80 页。

⑤ 王夫之：《叙论三》，《读通鉴论》卷末，舒士彦点校，中华书局 1976 年版，第 953 页。

而想加以修正，攻击陆王心学而不遗余力。《张子正蒙注》是他对张载思想有所继承并加以发展的一部力著。他对程朱理学有个整体性的评价，以周敦颐为理学的开山祖，到二程则发扬光大，再由朱熹集大成后成为明代的显学。其间二程的弟子游酢、谢良佐等人，有趋于浮屠的弊病，朱熹的再传弟子饶鲁与熊禾等人，则沈溺于训诂。对程朱理学的弊端王夫之力纠正以作总结。于陆王心学一系，王夫之是深恶痛绝的。他断言，明代心学的创始者是陈白沙，"遂启姚江王氏阳儒阴释、诬圣之邪说"，"其究也刑戮之民，为阉贼之党，皆争附焉，而以充其无善无恶、圆融理事之狂妄，流害以相激而相成，则中道不立"[①]。大凡陆王心学一系的人物，王夫之均视为为"诬圣之邪说"。但李贽却以陆象山为"生而知之圣人"，又以王阳明为"困而知之圣人"，同时对王阳明"致良知"说大加赞美："使人人知'致良知'三字出于《大学》《孟子》，则可以脱祸，而其教亦因以行，此则王先生之善巧方便，千古大圣人所当让美，所当让德，所当让才者也。"[②]按李贽之意，"美""德"与"才"这三方面，王阳明丝毫不逊于圣人。这样的观点，与王夫之否定陆王心学的学术底线是不相容的。

具体到历史人物评价，李贽赞扬冯道、谯周，认为他们为百姓的安定作出了贡献，是以功过论为归宿的；黄宗羲、方以智、顾炎武三人于这方面没有涉及，王夫之从忠君论出发，以传统道德为标准，对李贽口诛笔伐到了极致。

王夫之认为，李贽这样的评价为"猖狂之言"："李贽益其邪焰，奖谯周、冯道而诋毁方正之士。时局中邪佞之尤者，依为安身之计。猖狂之言，正告天下而无复惭愧。"[③]王夫之用名实之辨来证实冯道为世道所不容的恶行是贯串他终身的：

> 李从珂之入篡也，冯道遽命速具劝进文书，卢导欲俟太后命，而道曰："事当务实。"此一语也，道终身覆载不容之恶尽之矣。实者，何也？禽心兽行之所据也。甘食悦色，生人之

① 王夫之：《张子正蒙注序》，《张子正蒙注》，王孝鱼点校，第 2 页。
② 李贽：《答马历山》，《续焚书》卷一，张建业主编：《李贽文集》（第 1 卷），第 2 页。
③ 王夫之：《搔首问》，《船山全书》（第 12 册），第 648 页。

情，生人之利用，皆实也。无食而紾兄臂，无妻而搂处子，务实而不为虚名所碍耳。故义者，人心之制，而曰名义；节者，天理之闲，而曰名节；教者，圣人率性以尽人之性，而曰名教；名之为用大矣哉！①

公元993年，后唐明宗李嗣源临死时决定，传位给儿子李从厚。李从厚即位后不久，想以武力铲除拥兵自重的李嗣源义子李从珂的势力。李从柯在士兵拥护下，于994年登上皇位。更迭之间，冯道命卢导快写劝进书。卢导说要请示太后。冯道说："事务当实。"王夫之对此，从名实之辨对李贽作了指责。王夫之断言，冯道所说的"实"，是禽兽之行，如同没有食物就拗折兄长的手臂去抢食、没有老婆就强行搂抱处女一样。王夫之断言，冯道所说的"务实"，是覆盖了他的一生而为世人所不能容忍的恶行。这个"实"，就是认同李从柯之篡位。冯道认同篡位的议论在其一生中有十多次。王夫之认为，"名节"与"名教"是"圣人"所倡导的，为"尽人之性"的所在。王夫之以为，冯道的言行，是与大臣的气节相违背的。冯道打着"务实而不为虚名所碍"的招牌，是与"名教"冲突的。在背叛、暴力、无耻与荒唐的战乱时代，冯道位极人臣，但他生活俭朴、体恤民生、奖掖贤能、重视文化事业。这是冯道不被"虚名"所迷惑而去做的"务实"之事的实际情况。王夫之固执于"名教"，是用传统的忠君论的道德评价替代了事实上的功过评价。李贽"奖掖"冯道，与王夫之的道德底线是不相容的。

为何四位启蒙学者异口同声地谴责李贽呢？根子在于他们都自认为是明代遗民。宋亡于元，清替代明，作为民族矛盾与异质文化激烈冲突的产物，出现了一种特殊的社会群体——遗民。明遗民的数量是远远超过了元遗民的，他们或活理土室以示忠心，或平居乡野悲恸终日，或遁迹山林避世逍遥。在鼎革之际他们绝意仕途，以显示自己忠贞不二之。四人的态度是有差别的。对博学鸿词科，顾炎武以七十老翁正欠一死的激烈态度相拒；黄宗羲以待奉老母为由婉谢，显得略为灵活一点。黄宗羲认为，只要不到清廷做官，就是保持了气节。王夫之隐身于为山林，他一生抱着与清廷不共戴天的

① 王夫之：《五代中》，《读通鉴论》卷二十九，舒士彦点校，第1058页。

仇恨心理。1992年，我参加王船山逝世三百周年国际学术讨论会。其间参观了船山故居纪念馆，听到当地乡亲的一则传说。誓不作清廷子民的王夫之，每次外出不论下雨还是好天，手持一把油布伞，脚穿一双二、三寸厚木屐鞋，表示自己与清朝统治的天地隔绝开了。冯道历仕四朝十余君，这与四位启蒙学者的遗民立场相去太远了。

《四库全书总目》的编撰者认为李贽对社会危害的要害是败坏风俗与人心："大抵主儒、释合一之说，狂诞谬戾，虽粗识字义者，皆知其妄，而明季乃盛行其书。当时人心风俗之败坏，亦大概可睹矣。"①这有点自相矛盾，略微识得几个字的人都知道李贽学说的"狂诞谬戾"，为什么当时又"盛行其书"呢？历史上以行政权力来禁毁或删节书籍的情况是屡见不鲜的，但干预者愿望往往是难以达到的。这令人想起了明初朱元璋删节《孟子》的事来了。孟子民贵君轻思想，引起了朱元璋的不满。尽管其间有大臣钱唐的死谏这样一段插曲，但明太祖还是向《孟子》开了刀。洪武二十七年（1394），明太祖令刘三吾执行检删除的任务，把诸如"民为贵，社稷次之，君为轻""君有大过则谏，反复而不听之，则易位""闻诛一夫纣矣，未闻弑君也""君之视臣如草芥，则臣视君如寇仇"等有关民本思想的话悉数删除，一共删去了85条。这85条，科举考试的主考官不得它命题，考生以它作文则不予以录取。余下的170条，以《孟子节文》之名刻板颁行全国。②现今的国家博物馆里，尚有蓝皮包装的明代装订本《孟子节文》，静静地向躺在书柜里，作为文物供人们观看。后世流行的还是未删节过的原本，其间的道理值得令人深思。

李贽的著作，在万历三十年（1602），张问达上疏后即遭禁毁的命运。天启五年（1625），统治者再次下达了毁书的命令。行政权力强制所产生的效果是短暂的，想把李贽著作灭绝是不可能的。李贽的著作在晚期不仅是流行不衰，而且书商们为牟利假托李贽之名刊刻的伪作盛行于民间。可知任何行政干预，是难以让真正有价值的书籍与学说泯灭于无形之中的。这是一个无法抗拒的客观规律。

---

① 永瑢等：《四库全书总目・初潭集》，第1120页。

② 参见容肇祖：《明太祖的〈孟子节文〉》，《容肇祖集》，第170—183页。

第三节 罗汝芳对汤显祖的影响:“明德先生时在吾心眼中”

下面继续对泰州王门在明清间影响作剖析，而以汤显祖与袁宏道两人为中心进行考察，论述罗汝芳与李贽对他们的哲学思想、人生观、思维方式与文学创作方面的影响。

（一）“空宵为梦罗夫子”

汤显祖（1550—1616），字义仍，号海若，晚年号清远道人。以临川四梦而彪炳千秋的他，是与莎士比亚同时代，在世界戏剧史上光芒万丈的戏曲大家。[①]汤显祖给管东溟的信中说：“如明德先生者，时在吾心眼中矣。”[②]罗汝芳去世后，汤显祖在梦中见到自己的老师：“空宵为梦罗夫子，明月姑峰一线天。”[③]俗话说，日有所思夜有所梦。汤显祖在拜师二十年后，在给罗汝芳的信中表达了师恩未报的赧然之情说：“受吾师道教，至今未有所报。”[④]罗汝芳在汤显祖心中的地位，是挥之不去的。他为邹元标的文集作序中说：“盖予童子时从明德夫子游，或穆然而咨嗟，或熏然而与言，或歌诗，或鼓琴。”[⑤]

汤显祖在13岁时就师事罗汝芳，是父亲汤尚贤之故。汤尚贤字彦父，是一个饱学之士，雅好戏曲，珍藏的杂剧有上千种。嘉靖四十一年（1562），罗汝芳探亲回家，途经临川。汤尚贤抓住机会，请他到唐公庙讲学。罗汝芳的讲学，深入浅出，妙趣横生。不分男女老少，不管贫富贵贱，乐于倾听。罗汝芳讲学不局囿于哲学，他多才多艺，能吟诗弹琴。少年汤显祖得此良师，受益匪浅。17岁时，罗汝芳回故乡南城在从姑山建前峰书院，讲学不辍。汤显祖知后携带书箱，从师学习。罗汝芳赋诗两首赠汤显祖。一诗为“之子来玉泠，日饮泠中玉。回首别春风，歌赠玉泠曲”[⑥]。另

---

① 两人卒年为同年（1616），但汤显祖的出生早于莎士比亚 14 年。

② 汤显祖：《答管东溟》，《汤显祖诗文集》卷四十四，徐朔方笺校，上海古籍出版社 1982 年版，第 1229 页。

③ 汤显祖：《己亥发春送达公访白云石门，过盱吊明德夫子二首》，《汤显祖诗文集》卷十四，徐朔方笺校，第 528 页。

④ 汤显祖：《奉罗炼近溪先生》，《汤显祖诗文集》卷四十四，徐朔方笺校，第 1244 页。

⑤ 汤显祖：《太平山房集选序》，《汤显祖诗文集》卷三十，徐朔方笺校，第 1037 页。

⑥ 罗汝芳：《玉泠泉上别汤义仍》，《罗汝芳集》，方祖猷、梁一群等编校整理，第 803 页。

一首诗为“君寄洞天里，飘飘意欲仙。吟成三百首，吸尽玉泠泉”[①]。后一首诗里，罗汝芳已敏锐地感到汤显祖的“仙游”观念了。[②]

汤显祖在21岁时参加乡试，考中举人。中举后的汤显祖，因学问渊博而声名鹊起：“彼其时，于古文词而外，能精乐府歌行五七言诗，诸史百家而外，通天官地理医药卜筮河渠墨兵神经怪牒诸书矣。公虽一孝廉乎，而名蔽天壤，海内人以得见汤义仍为幸。”[③]首辅张居正为让儿子张嗣修有个好名次，想拉汤显祖与沈懋学这样名声显赫的考生作陪衬。接过了橄榄枝的沈懋学中了状元，性格耿介的汤显祖落第了。万历八年（1580），再次到京城参加会试的汤显祖，张居正又以鼎甲相许，要他陪同另一儿子张懋修赴考。知情后汤显祖放弃了这次会试。万历十一年（1583），张居正死后第二年，他才中了进士。万历十二年（1584），他到南京做太常寺博士，是一个主管祭礼乐的七品小官。几年后，调任南京詹事主簿和南京礼部祭司主事。汤显祖在南京议论风发，映现了他疾恶如仇的性格。顾宪成、高攀龙、邹元标、李三才等东林党人，都是他的好友，在对朝政的批评上，他们之间有共同的语言。在万历十九年（1591）上《论辅臣科臣疏》，对万历朝的治理作了全盘的否定，如此尖刻的言词，当权者是难以接受的。于是降职为广东徐闻县典史，一个掌管牢狱的小官。万历二十一年（1593），改任为浙江遂昌县知县。1598年弃官返回临川。此后未再出仕。是年居玉茗堂、清远楼。秋天完成《牡丹亭还魂记》，并为此作题词，署清远道人。万历二十八年（1600）、万历二十九年（1601），完成了《南柯梦记》与《邯郸记》。算上作于万历五年（1577）到万历九年（1579）完成的《紫萧记》，彪炳千秋的“玉茗堂四梦”全部面世。《邯郸记》成后，汤显祖的创作才华枯竭了。

汤显祖是直接受到泰州王门熏陶的。他交往的朋友中，有管志道、袁宏道、邹元标等心学的笃信者，他又生于阳明后学最为兴盛

---

① 罗汝芳：《汤义仍读书从姑赋赠》，《罗汝芳集》，方祖猷、梁一群等编校整理，第807页。

② 汤显祖年青时，受其祖父影响，有“仙游”观念。祖父是个热衷于求仙的隐士，其启蒙老师徐良傅颇有怀仙之致。十三岁时，汤显祖学古文词于徐良傅。32岁中进士，授武进知县，后任吏科给事中。因上疏得罪权臣夏言而罢官还乡。

③ 邹迪光：《临川汤先生传》，汤显祖：《汤显祖诗文集》附录，徐朔方笺校，第1511页。

的江右地区。汤显祖是时时刻刻都不忘罗汝芳的。江阴士人李至清问他，“何师何友，更阅天下几何人”。汤显祖答道：“吾师明德夫子而友达观，其人皆已朽矣。达观以侠故，不可以竟行于世。天下悠悠，令人转思明德耳。”听了这番话后，李至清便去盱江，“拜明德夫子像”①。罗汝芳去世后，汤显祖为他的诗集作序：“夫子归而弟子不得闻于斯音也，若上世然矣。夫子在而世若忻生，夫子亡而世若焦没。”②这是个很高的评价。

汤显祖在遂昌县任知县时，他写了《秀才说》一文，回忆了罗汝芳对他的教诲：

> 嗟夫！吾生四十余矣。十三岁时从罗明德先生游。血气未定，读非圣之书。所游四方，辄交其气义之士，蹈厉靡衍，几失其性。中途复见明德先生，叹而问曰：“子与天下士日泮涣悲歌，意何为者，究竟于性命何如，何时可了？”夜思此言，不能安枕。久之有省。知生之为性是也，非食色性也之生；豪杰之士是也，非迂视圣贤之豪。如世所豪，其豪不才；如世所才，其才不秀。③

“复见明德先生”，是指万历十四年（1586）夏，罗汝芳在南京讲学与汤显祖相晤事。这年汤显祖37岁，时任南京太常寺博士的他，闲散得很。汤显祖常与学者们论学，罗汝芳的学生杨起元记载了此事：“乙酉，大会江省同志于会城。丙戌，麻城周柳塘公来访。同舟下南昌，游两浙，至留都。日与朱子廷益、焦子竑、李子登、陈子履祥、汤子显祖等谈学城西小寺。未几，同志咸集，会凭虚阁，会兴善寺。”④在“谈学”中，72岁的罗汝芳责问汤显祖，

---

① 汤显祖：《李超无问剑集序》，《汤显祖诗文集》卷三十一，徐朔方笺校，第1049页。达观即“见以可上人之雄”中的“可上人”。达观为汤显祖的好友，其平日言行多与当局者抵触。御史康丕扬上疏劾达观，后被捕。万历三十一年（1603），在狱中绝食而亡。达观与汤显祖交情很深，且对汤显祖有较大的影响（详见罗伽禄：《汤显祖与罗汝芳》，江西高校出版社2016年版，第125—144页）

② 汤显祖：《明德罗先生诗集序》，《汤显祖诗文集》卷三十二，徐朔方笺校，第1084页。

③ 汤显祖：《秀才说》，《汤显祖诗文集》卷三十七，徐朔方笺校，第1166页。

④ 杨起元：《明云南布政使司左参政明德夫子罗近溪先生墓志铭》，罗汝芳：《罗汝芳集》，方祖猷、梁一群等编校整理，第923页。

你天天结交“气义之士”，图的是什么？对你人生有何意义？什么时候才能停止这种交游呢？“气义之士”指屠隆、臧懋循等人，尤其是屠隆，是江南出了名的风流才子。臧懋循，“风流任诞，官南国子博士，每出必以棋局、蹴球，系于车后”。[①]汤显祖经常与他们娱乐在一起，哪会去研讨什么哲理。[②]对这段经历汤显祖有追述：“不佞亦且从明德先生游。后稍流浪，戏逐诗赋歌舞游侠如沈君典辈，相与傲睨优伊。成进士，观政长安，见时俗所号贤人长者，其屈伸进退，大略可知。而嘿数以前交游，俊趣之士，亦复游衍判涣，无有根抵。”[③]有感于此，罗汝芳对汤显祖提出了三个问题：（1）“生之为性”不是“食色性也”之“性”；（2）“豪杰之士”不是那种蔑视“圣贤”的人；（3）为世人公认的“豪”与“才”，是缺乏才能与秀气的。汤显祖听后彻夜难以入睡。罗汝芳的批评，犹如禅师对弟子的当头棒喝，让汤显祖从“歌舞游侠”的沉湎中解脱出来。这让他受益非浅，开始了对“性命”之学的深思。

（二）“因百姓所欲去留”

如果说，汤显祖在13岁接受的仅仅是启蒙教育；那么这次罗汝芳对他深层次的责难，给他的人生观与文艺思想带来无法抹去的烙印。汤显祖拜师后的二十多年的生涯，是在吟诗作赋、游山玩水与参加科举考试中度过的。罗汝芳的哲理没有印入他的脑海里。南京再次遇师后，情况有了变化，他开始认真地探讨“性命”之学，对“性命何如，何时可了”的思索，令他“久之有省”。“有省”的结果之一，便是“贵生”说的揭橥。万历十八年（1591），他被贬为广东徐闻县典史。他对以前的行为懊悔不已：“吾前时昧于生理，狎侮甚多。”这是他对五年前罗汝芳责难的反思。现在他知晓，“大人之学，起于知生。知生则自贵，又知天下之生皆当贵重也。”[④]“贵生”说的核心，是尊重人的生存的权利，这与他“因百姓所欲去留”的民本思想是一致的。在离开徐闻县时，他念

① 钱谦益：《列朝诗集小传》，第465页。

② 关于这方面的情况，参见汤显祖：《送臧晋叔谪归湖上，时唐仁卿以谈道贬，同日出关，并寄屠长卿江外》，《汤显祖集》卷七，徐朔方笺校，第204页。

③ 汤显祖：《答管东溟》，《汤显祖诗文集》卷四十四，徐朔方笺校，第1229页。

④ 汤显祖：《贵生书院说》，《汤显祖诗文集》卷三十七，徐朔方笺校，第1163页。

念不忘的是“贵生”说：“天地孰为贵，乾坤只为生。海波终日鼓，谁悉贵生情。”①“贵生”说的源泉是罗汝芳的“身贵”论：“盈天地之生，而莫非吾身之生；盈天地之化，而莫非吾身之化。冒乾坤而独露，亘宇宙而长存。此身所以为极贵，而人所以为至大也。”②罗汝芳以为，“天地之生化”，无非是“吾身生化”的结果。“吾身”在宇宙中是永恒的存在，是天地间最宝贵的东西。罗汝芳的“身贵”论，根子是王艮的“身本”论。由“身本”至“贵身”再到“贵生”，其间虽说有细微的区别，但本质上都是对人的生命的重视。汤显祖树出“有情之天下”的大纛，是同“贵生”说有着内在联系的，令人叫绝的是采用了梦幻的形式。

他在给遂昌知县前任黄对兹的信中说：“新旧相承，情难自外，惟更有以督教，加爱遗民。”③汤显祖以“加爱遗民”作为自己的施政方针，而指导思想是“因百姓所欲去留”：“仆又不善为政，因百姓所欲去留，时为陈说天性大义。百姓又皆以为可，赋成而讼希”。④强调当官的要以民众的“去留”为标准。“百姓所欲”，是说民众的七情六欲的需求，是人的生存权利得以保证的前提。如果说，“贵生”说是抽象理论的话；那么，“因百姓所欲去留”就是理论走向实施的步骤。

“因百姓所欲去留”，同罗汝芳“向民所欲”的主张是一致的，为民本思想在地方治理中的体现。汤显祖在遂昌县任上，对罪犯实行绳之以法的基础上，再行动之以情的政策。他把狱中的囚犯，在除夕时释放回家过年，正月初三再返狱服刑。他的老友姜耀先闻知后，写信给他表示担心。汤显祖的回信全文如下：“兄谓纵囚观灯，恐有得间者，良然。兄肯放大光明，一破此无间乎？小诗并上。‘绕县笙歌一省图，寂无灯火照圆扃。中宵撤断天河锁，贯索从教漏几星。’邑有河桥观灯。”⑤保住乌纱帽对官吏来说是至关紧要的事，苟容曲从是他们的行为准则。汤显祖此举有违当官的常情，好友姜耀先“恐有得间”之意是说，有人知道了这件事后，

---

① 汤显祖：《徐闻留别贵生书院》，《汤显祖诗文集》卷十一，徐朔方笺校，第 435 页。
② 罗汝芳：《盱坛直诠》，《罗汝芳集》，方祖猷、梁一群等编校整理，第 387 页。
③ 汤显祖：《与黄对兹吏部》，《汤显祖诗文集》卷四十五，徐朔方笺校，第 1266 页。
④ 汤显祖：《答吴四明》，《汤显祖诗文集》卷四十五，徐朔方笺校，第 1271 页。
⑤ 汤显祖：《柬姜耀先》，《汤显祖诗文集》卷四十五，徐朔方笺校，第 1263—1264 页。

会作为把柄来揪你。汤显祖让罪犯在春节期间回家团聚，是洋溢人文关怀的。不因囚犯的身份，剥夺他们享天伦之乐的机会。可知他对民众权利的尊重。往上溯源的话，与罗汝芳对囚犯的同情有关。

"因百姓所欲去留"体现在他对当前社会现实的看法上，就是对明神宗暴行的抗议："中涓凿空山河尽，圣主求金日夜劳。赖是年来稀骏骨，黄金应与筑台高。"①诗作于遂昌县任上，名曰"感事"，起因是万历二十四年（1596），朝廷派遣太监曹金至两浙开矿。"中涓"，宦官之代称；"圣主"，明神宗。他写信给友人，表示对矿使到来的忧心忡忡："搜山使者如何，地无一以宁，将恐裂。"②明代中后期，随着商品经济的发展和都市的繁荣，白银大量地普遍地使用，刺激了封建统治者的贪婪欲望。这时历史的偶然性再一次显现出它的威力，经济的繁荣偏偏遇上生性贪财好货的明神宗。凤阳巡抚李三才奏称："陛下病源在溺志货财。"（《明史·李三才传》）户科给事中田大益奏疏中说，陛下"以金钱珠玉为命脉。"（《明史·田大益传》）面对贪财的独夫，国库是无法填满他欲壑的。客观上原因也是有一些的，那就是边境用兵与营修皇家宫殿，需要大量钱财。两者相较，前者因素多一些，历史上没有一个皇帝会如此明目张胆地搜刮民脂民膏的。从万历二十四年（1596）起，明神宗派出大批亲信太监到各地当矿监、税使，至万历四十八年（1620）诏罢为止，肆意搜刮民间财富达25年之久。这把民众弄得倾家荡产："内臣务为劫劫，以应上求，矿不必穴，而税不必商；民间邱陇阡陌，皆矿也，官吏农工，皆入税之人也。公私骚然，脂膏弹竭。"（《明史·田大益传》）只要宦官说你房子的下面有矿，就得拆屋开矿。若送钱贿赂便可罢休了事，否则不仅得拆房，甚至抢劫家财，辱及妇女。征税也不定是针对商人的，任何人都可以挂上漏税的罪名，叫你纳税。如此肆无忌惮的掠夺，结果只能是"生灵涂炭"："通都大邑皆有税监，两淮则有盐监，广东则有珠监，或专遣，或兼摄。大珰小监纵横绎骚，以供进奉。大率入公帑者不及什一，而天下萧然，生灵涂炭矣。"（《明史·陈

① 汤显祖：《感事》，《汤显祖诗文集》卷十二，徐朔方笺校，第479页。徐朔方在诗后有"笺"云："《尺牍》之二《寄吴汝则郡丞》云：'搜山使者如何？地无一以宁，将恐裂。'原注：'时有矿使至。'"

② 汤显祖：《寄吴汝则郡耳丞》，《汤显祖诗文集》卷四十五，徐朔方笺校，第1277页。

增传》）这种没有理由的公开掠夺，终于酿成为漫遍全国的万历民变。

汤显祖在得知明神宗派遣矿监、税监的伊始，他就意识到这是一个祸国殃民的暴行："五风十雨亦为褒，薄夜焚香沾御袍。当知雨亦愁抽税，笑语江南申渐高。"[①]对巧立名目的明神宗，汤显祖作了无情的嘲讽。五代十国时期的吴国，关税沉重，商人苦不堪言。中书令徐知诰在都城广陵问左右，为何郊外下雨而城中却无。一个叫申渐高的人戏谑道："下雨畏摊税，不敢入京耳。""当知雨亦愁抽税"一语，出自这个典故。袁宏道把派到荆州的税监陈奉，比喻为吞噬人性命的猛虎："荆商之困极矣。弟犹记少年过沙市时，嚣虚如沸，诸大商巨贾，鲜衣怒马，往来平康间，金钱如丘，绨绵如苇。不数年中，居民耗损，市肆寂寥"，原因是"中官之虎而翼者至矣。穷奇之腹，复何所厌？重危之病，而加之以毒，荆人岂有命哉！"[②]袁宏道此信写于万历二十七年（1599），正是税监运用行政权力，肆无忌惮地剥夺商人的钱财之际。"中官之虎"指太监陈奉，他正是激起武昌民变的元凶。统治者的腰包鼓起来了，汤显祖以"黄金应与筑台高"嘲之；百姓将难以度日，汤显祖用"地无一以宁，将恐裂"斥之。他心中怀着"加爱遗民"的情结，脑中思虑"因百姓所欲去留"，是汤显祖在明神宗刚派遣宦官时敏捷地得出上述判断的原因。

（三）"哀赤之心"与"权利黑心"

这一对立见于《论科臣辅臣疏》这篇檄文中。万历十九年（1591）闰三月，彗星出现于夜空。明季官场常把不祥兆头"扫帚星"的出现，与国家政治联系起来。对弄权的奸佞来说，提供了谋害忠良的把柄；对正直的官吏来说，是一个弹劾邪恶的良机。朝野议论风生，明神宗转而指责言官，说对种种弊端，大臣们无丝毫忠心而将过失归于君主。下令考察都察院等六科十三道的官吏，各罚俸一年。汤显祖在邸报里读到这道上谕，愤愤不平。快速写就《论辅臣科臣疏》，禀奏朝廷。

---

① 汤显祖：《闻都城渴雨，时苦摊税》，《汤显祖诗文集》卷十四，徐朔方笺校，第 517 页。
② 袁宏道：《答沈伯函》，《袁宏道集笺校》卷二十二，钱伯城笺校，第 768 页。

“科臣”指杨文举，“辅臣”指申时行。在文章中，他把罗汝芳的“赤子之心”用上了：

> 夫臣子之心，自有衷赤。权利蒙之，其心始黑。非必六科十三道尽然，特一二都给事等，有势利小人，相与颠倒煽弄其间耳。记曰：“人父生而君食之，其思一也。”故子之兄弟相引而欺其父，皆为不孝；臣之大小相引而欺其君，皆为不忠。然岂今之科道诸臣都不知此义哉！①

“臣子之心，自有衷赤”简化，就是即“衷赤之心”，是全文的立足点。这是罗汝芳“赤子之心”的另一种表述方式罢了。在罗汝芳心目中，忠孝等道德原则是由“赤子之心”产生的。“衷赤之心”的丧失，在汤显祖看来是被“权利”的“黑心”蒙蔽了，“权利黑心”是“科臣辅臣”们“不孝”“不忠”的根源所在。万历十七年（1589），太湖地区大旱，朝廷先后拨出50万两银子去赈济。申时行的门生杨文举，捞到了“经理荒政”的肥缺，并被授予处理灾区失职官员的权限。杨文举“奉诏经理荒政”，却行搜括之实，“文举所过辄受大小官员公私之金无算”。有人检点他返京时的行李，“金花彩币盏盘等物，约可八千余金，折乾等礼，约可六千余金，古玩器直可值二千余金”。随员上千人，“赏犒无节。所过鸡犬一空。迨到杭州，酣湎无度，朝夕西湖上，其乐忘归，初不记忆经理荒政是何职名也”。②为君尽忠，是科臣们应该遵循的道德准则，但在“权利黑心”支配下，杨文举在“经理荒政”之际，肆无忌惮地“刻掠饥民之膏余”。汤显祖对“衷赤之心”与“权利黑心”做了比较，把杨文举这样的贪官曝光出来，矛头直指当时的辅臣申时行与张居正：“文举之贪，已苏、徽二郡士人皆能言之，辅臣独不知耶？”“陛下经营天下二十年于兹矣。前十年之政，张居正刚而有欲，以群私人嚣然张坏之。后十年之政，时行柔而有欲，又以群私人靡然坏之”。③汤显祖对明神宗执政二十年的

① 汤显祖：《论辅臣科臣疏》，《汤显祖诗文集》卷四十三，徐朔方笺校，第1211—1212页。
② 汤显祖：《论辅臣科臣疏》，《汤显祖诗文集》卷四十三，徐朔方笺校，第1213页。
③ 汤显祖：《论辅臣科臣疏》，《汤显祖诗文集》卷四十三，徐朔方笺校，第1213—1214页。

政局作了彻底的否定，但板子打在张居正与申时行身上，认为都是明神宗纵容的结果。只是张居正张扬了些，申时行隐蔽些罢了，二人所作所为都是满足自己的私利。[①]汤显祖的上疏，深刻地揭露科臣、辅臣们只为自己谋取私利，而不考虑灾民的苦难的现实。“权利黑心”，是他对明代官场腐败的高度概括。

汤显祖以为，人性中有着真诚与光明对立的。他在万历二十年（1592）对人性作了哲理上的探索，而归宿于“赤子之知”：

> 天命之成为性，继之者善也。显诸仁，藏诸用，于用处密藏，于仁中显露。仁如果仁，诸显仁，所谓“复其见天地之心”，“生生之谓易”也。……何以明之，如天性露于父子，何以必为孝慈。愚夫愚妇亦皆有此，止特其限于率之而不知。……吾儒日用性中而不知者，何也？“自诚明谓之性”，赤子之知是也。[②]

这篇名为《明复说》，是汤显祖关于人性论的专文，是对其师五年前罗汝芳所提“性命如何”问题深入思索的结果。大致有三层意思。一是“生生之谓易”来诠释自己的人性论。原话出自《周易·系辞》，是说一阴一阳的对立与转化，为宇宙的客观规律所在。阴阳交替，后继者为善。阴阳之道，显露的是生育万物之“仁”，隐藏的是生育万物之作用，即“生生之谓易”。《周易》从宇宙论着眼的，汤显祖把它移植到人性论上，以为这是孔子所说的“仁”。“仁”的发用是“生生”，“仁”的显露是“孝慈”。二是忠实地继承了罗汝芳的思想。罗汝芳以为，“圣门宗旨，的在求仁”[③]。故以“求仁”来诠释《周易》：“《易》，所以求仁也，盖非易无以见天地之仁，故曰：‘生生之谓易’，而非复无以见天地之易，故又曰：复见其天地之心。”[④]汤显祖“显诸仁”到“生生之谓易”这段话，渊源出于罗汝芳。三是强调人性是光明磊落的，如同没有污染过的“赤子之知”一样。“自诚明谓之性”出

---

① 关于申时行的情况，可参阅黄仁宇：《万历十五年·首辅申时行》，中华书局 1982 年版。
② 汤显祖：《明复说》，《汤显祖诗文集》卷三十七，徐朔方笺校，第 1164—1165 页。
③ 罗汝芳：《近溪子集》，《罗汝芳集》，方祖猷、梁一群等编校整理，第 16 页。
④ 罗汝芳：《近溪子集》，《罗汝芳集》，方祖猷、梁一群等编校整理，第 28 页

自《中庸》，意谓真诚与光明，是人的本性所在。“赤子之知”就是“衷赤之心”。汤显祖把“衷赤之知”视为人的“天性”所在。真诚与光明是“衷赤之知”是主要特征所在，是同“权利黑心”水火不相容的。汤显祖用来抨击“权利黑心”的理依据，就是罗汝芳的“赤子之心”。

（四）“有情之天下”与“有法之天下”

以德化民是罗汝芳治理地方的指导思想，重德教慎刑罚是他一贯的主张。罗汝芳主张，沁入了汤显祖的心田里。罗汝芳是不希望在自己任职期间，民间发生诉讼的。有一次，富豪兄弟为争夺遗产而纷争。罗汝芳听了弟弟诉状后，竟痛哭流涕。说自己天生不幸而无兄长。如有兄长，一切愿听凭兄长处置。兄弟两人知后和解，一场官司烟消云散。[①]罗汝芳的无讼主张及治理实践，给汤显祖一生带来了难以磨灭的烙印。在遂昌县任上，“时为陈说天性大义，百姓又皆以为可，赋成而讼希”[②]。这是说，他时时刻刻想的是对百姓进行道德教化。百姓乐意地接受了，很少有人打官司。对“讼希”的期望，说明汤显祖不希望通过外在强力的干涉，来调整人际关系的。万历三十年（1602），新渝县（今江西新余）知县张梦泽以丁忧去职，“其邑之士民以千数，无不星走雨泣，如失慈乳”。这时他已在家闲居，遂应新余县父老之约为张梦泽写了碑文。碑文中说，张梦泽治理的宗旨是“要于便民”，以减轻民众的赋税为重。平常时刻，“常推诚劝譬反复，至于父子骨肉之际，未尝不流涕而遣之。民以其风，愧讼，至于狱空”。对张梦泽以道德教化为主来疏解民间纠纷，从而造成“愧讼狱空”的状况，汤显祖大加赞赏：“此盛德事也，而太平之业也。”[③]这正是他对“有法之天下”抱着激烈批评态度的原因。

由期望“愧讼狱空”到指责“有法之天下”，汤显祖想的是呼

---

① 孔子有“必也使无讼”的主张，见《论语・颜渊》。诉讼作为争取自身合法权益的法律活动，是用来解决人与人之间利益冲突的。但在以德为本的孔子心目中，注重人伦关系的自然和谐，不愿见到父子反目、兄弟成仇的局面，因而排斥诉讼。法律与道德，都是解决人们之间所有因利益纠纷而形成的人际冲突。两者缺一不可，道德教化不是万能的。

② 汤显祖：《答吴四明》，《汤显祖诗文集》卷四十五，徐朔方笺校，第1271页。

③ 汤显祖：《渝水明府梦泽张侯去思碑》，《汤显祖诗文集》卷三十五，徐朔方笺校，第1149—1150页。

唤出一个“有情的天下”。“有情之天下”是以“有法之天下”的对立面而树出的。汤显祖说：

> 世有有情之天下，有有法之天下。唐人受陈、隋风流，君臣游幸，率以才情自胜，则可以共浴华清，从阶升，娭广寒。令白也生今之世，滔荡零落，尚不能得一中县而治，彼诚遇有情之天下也。今天下大致灭才情而尊吏法，故季宣低眉而在此，假生白时，其才气凌厉一世，倒骑驴，就巾拭面，岂足道哉。[①]

《青莲阁记》是为友人李季宣的遭遇而写的。李季宣为县令三年，治理有方而大有名声。然受奸佞之徒攻击，不见容于官场，李季宣弃官游走于江湖上。汤显祖以此为题材，以“有法之天下”与“有情之天下”，把明王朝与唐王朝作了一个比较。明代的法网，较前代有过之而无不及。锦衣卫、东厂、西厂等特务机构，都是在明代应运而生。汤显祖断言：“第我国家全任法，不全任人。”[②]“灭才情尊吏法”的“今天下”，就是明王朝。李白生活的唐代，是“有情之天下”，个人才能得以充分的发挥。唐人承受陈、隋两朝的“风流”，君臣之际“以才情自胜”。如果生活在明代，李白难逃“滔荡零落”的命运，连一个县官也做不到。汤显祖以为，如果李季宣生于唐代，就会像李白一样，以“才气凌厉一世”显现在人们面前，现今只能“低眉”而行。这样的比较是否合乎实际姑且不论，汤显祖的用意是对明王朝“有法之天下”的鞭挞。[③]

汤显祖崇尚“有情之天下”，表明他是现实黑暗的抗议者。汤显祖把情抬高到“天下之公言”的高度。试看下面一段对话：

> 张洪阳谓汤若士曰：君有此妙才，何不讲学？若士答曰：此正是讲学。公所讲者是性，我所讲者是情。盖离情而言性，

---

① 汤显祖：《青莲阁记》，《汤显祖诗文集》卷三十四，徐朔方笺校，第1113页。

② 汤显祖：《与毛丘伯》，《汤显祖诗文集》卷四十七，徐朔方笺校，第1335页。

③ 何良俊对明代的法律有个断言：“今立法而行私，是私与法争，其乱甚于无法。”（《四友斋丛说》，第180页）

一家之私言；合情而言性，天下之公言。[①]

张洪阳为张位（1538—1605）的号，江西新建人。明神宗时官至礼部尚书、内阁大学士。后被弹劾，革职为民。天启年间，复官衔，赠太保。张位是汤显祖在南京国子监时的老师，同是江西籍，他赏识汤显祖的才能，希望汤显祖到书院里去讲学，这在当时最为时髦。"天理"就是人性，性即理，是包括程朱与陆王在内的理学不同学派的共同观点。汤显祖指出，理学家的人性论，是希望人们"离情而言性"。汤显祖反其道行之，认为情感和人性是不可分离的。"合情而言性"，才是天底下人人都承认的公理；"离情而言性"，乃是以一家的主观意见去范围天下之公理。黄宗羲读了他的剧作后作了一首七言诗："诸公说性不分明，玉茗翻为儿女情。不道象贤参不透，欲将一火盖平生。自注：玉茗堂《四梦》以外，又有他剧，为其子开远烧却。"[②]诗意灼然彰明，对汤显祖抒发的"儿女情"尤为赞许，认为大大超过了理学"诸公"们的"说性"。

汤显祖提倡的情，不是一般的情，而是产生世界上的一切事物的情本体。汤显祖以为，世间上的所有，都可用一个情字来加以概括：

世总为情，情生诗歌，而行于神。天下之声音笑貌、大小生死，不出乎是。因以憺荡人意，欢乐歌舞，悲壮哀感鬼神风雨鸟兽，摇动草木，洞裂金石。[③]

情致所极，可以事道，可以忘言；而终有所不可忘者，存乎诗歌序记辞辩之间。固圣贤之所不能遗，而英雄之所不能晦也。[④]

情是生命的所在与文艺的源泉。情贯穿于万事，化出了一个悲欢离合的社会，即"天下之声音笑貌、大小生死，不出乎是。"

---

① 程允昌：《南九宫十三调曲谱序》。

② 黄宗羲：《听唱牡丹亭》，《南雷诗历》卷四，沈善洪、吴光执行主编：《黄宗羲全集》（第 11 册），第 321 页。详见朱义禄：《论黄宗羲的戏剧观》，《船山学刊》1998 年第 2 期。

③ 汤显祖：《耳伯麻姑游诗序》，《汤显祖诗文集》卷三十一，徐朔方笺校，第 1050 页。

④ 汤显祖：《调象庵集序》，《汤显祖诗文集》卷三十，徐朔方笺校，第 1038 页。

人生下来就有情，那就是“人生而有情”；情是丰富多彩的，不能穷尽的：“人生而有情。思欢怒愁，感于幽微，流乎啸歌，形诸动摇。或一往而尽，或积日而不能自休。”[①]人有各种感情如思念、欢乐、愤怒、忧愁等等，一定是要顽强地表现自己。“情生诗歌”“存乎诗歌序记词辩之间”，美妙动人的文艺作品是源自人的情感。在汤显祖看来，文艺作品的功能或者说社会效果，会深深地打动人们的心扉，“瞽者欲玩，聋者欲听，哑者欲叹，跛者欲起，无情者可使有情，无声者可使有声。”[②]如杜丽娘那样，对婚姻自由的大胆、坚执、热情的追求，在当时是很难得到社会承认的。汤显祖便采取了荒诞的手段，来表达人世间的真实。现实中不可能发生的事情，通过人与鬼之恋、阳间与阴间的结合，在柳梦梅与杜丽娘俩人的真情感染下得以实现了。这在杜丽娘身上尤为突出，“前日为柳郎而死，今日为柳郎而生”，正所谓“生生死死随人愿”，而这一切皆因“一生余得许多情”之故。[③]他的四部戏剧作品，均以梦为重要关目。人们称之为“临川四梦”，皆因梦为“生可以死，死可以生”创造了一个生死可以转换的氛围，梦是可以跨越一切现实障碍的先决条件。他对梦幻境界的精心构筑，是为了表达超越生死的青春之情的至伟之力。

汤显祖所感受到的情与理的对立，是青年男女的正当追求与礼教之间的对立。他说：“情有者理必无，理有者情必无。真是一刀两断语。使我奉教以来，神气顿王。谛视久之，并理亦无，世界身器，且奈之何。”[④]从情与理的不容并立上，可见汤显祖对“情至”的执着。汤显祖视之为与“情”相对立的“理”，就是理学家的“天理”。在朱熹看来，“天理”是圣人制订的，它是法规，它是礼教，它又是刑政：“圣人因人、物之所当行者而品节之，以为法于天下，则谓之教，若礼乐刑政之属是也。”[⑤]奉行枯槁残忍的“天理”，就会对人的感性情欲与生命存在用种

① 汤显祖：《宜黄县戏神清源师调庙记》，《汤显祖诗文集》卷三十四，徐朔方笺校，第 1127 页。
② 汤显祖：《宜黄县戏神清源师调庙记》，《汤显祖诗文集》卷三十四，徐朔方笺校，第 1127 页。
③ 汤显祖《牡丹亭》之《冥誓》《寻梦》与《幽媾》，分见于汤显祖：《牡丹亭》，徐朔方、杨笑梅校注，人民文学出版社 1982 年版，第 158、55、140 页。
④ 汤显祖：《寄达观》，《汤显祖诗文集》卷四十五，徐朔方笺校，第 1268 页。
⑤ 朱熹：《四书章句集注》，第 17 页。

种手段去制裁。“从一而终”的贞节观在明以前未得到过严格的实行，只是在理学家提出“饿死事小，失节理大”之后，并在明初理学在真正意义上成为官方哲学后，“从一而终”才得到全社会的一致认可。与“灭情尊法”相配合“饿死事小，失节事大”的贞节观，让多少女性牺牲了宝贵青春和独立人格。理学贞节观自程颐提出而为明代统治者广为倡导后，如水银泻地般流传到广大农村中，成为人人皆知的谚语。高高耸立的贞节碑坊，噬了无数女性的美好年华，与此同时理学家又高唱起流芳百世、青史垂名的调子。从理论上，汤显祖力主“情不知所起”，它自己就是起因，就是目的；从创作实践上讲，他运用戏剧这一形式，达到“无情者可使有情”的目的，唤起人们对感性情欲的追求。对情的呼唤，使他得出“情在而理亡”这一愤激的主张：“今昔异时，行于其时者三：理尔，势尔，情尔。以此乘天理之吉凶，决万物之成毁。作者以效其为，而言者以立其辨，皆是物也。事固有理至而势违，势合而情反，情在而理亡。”[①]“势”指权力以及与此相关的刑政制度，“理”即“天理”，是维护“势”的哲学理论，“情”为个人对现实的对象与事物所持的喜爱或憎恶的态度。在汤显祖看来，“权”与“理”是同人的情感相对立，即“势合而情反，情在而理亡”。《牡丹亭》所揭示的，不单是“势”对爱情自由的毁坏，即来自杜宝这一具体人物的父权的压制；更重要的，还是来自“天理”的精神禁锢。“势”与“理”同人的本性（“人生而有情”）、人世间的本质（“世总为情”），完全是格格不入的。

汤显祖赞扬“有情之天下”，鞭挞“有法之天下”，是同罗汝芳的主张息息相关的。但他不局限于师说，是结合了自身的艺术创作实践与审美趣味而得出的独特见解。

（五）《南柯记》中的理想乡村

罗汝芳的影响，深深地烙在了汤显的文艺作品中，这以《南柯记》最为明显。在《南柯记》第二十四出《风谣》中，汤显祖借剧中人物描绘了一个他理想中的乡村：

---

① 汤显祖：《沈氏弋说序》，《汤显祖诗文集》卷五十，徐朔方笺校，第1480页。

自家紫衣官是也，承国王、国父母之命，送佛经与公主供养，并加升附马官爵门荫。才入这南柯郡境，则见青山浓翠，绿水渊环，草树光辉，鸟兽肥润。但有人家所在，园池整洁，檐宇森齐。何止苟美苟完，且是兴仁兴让。街衢平直，男女分行。

[孝白歌]（众扮父老捧香上）征徭薄，米谷多，官民易亲风景和。老的醉颜酡，后生们鼓腹歌。……

[前腔]（众扮秀才捧香上）行乡约，制雅歌，家尊五伦人四科。……

[前腔]（扮村妇女捧香上）多风化，无暴苛，俺婚姻以时歌《伐柯》。家家老小和，家家男女多。

[前腔]（扮商人捧香上）平税课，不起科。商人离家来安乐窝。关津任你过，昼夜总无他。①

好一派和谐社会的景象。这种田野牧歌式的“苟美苟完”的乡村，与当时现实生活中的实际情况是形成了鲜明对照的。在汤显祖笔下，南柯郡在淳于棼的治理下，得到了民众的爱戴。据《风谣》中言，淳于棼的德政为四个方面：一是减轻民众的负担，家家有储粮。老的吃得醉醺醺，年轻的吃饱后尽兴歌唱。二是制订乡约，家家尊重五伦，人人倾心“四科”。“四科”出自《论语·先进》，即德行、言语、政事、文学。三是说推行道德教化，没有刑罚之类的暴政。青年人结婚时唱着《诗经》中《伐柯》的歌，其内容谓男女都能遵从礼教，凭媒婚嫁而无越礼之事。四是说对商人实行优惠政策，让商品流通畅行无阻。这一切都是在梦中呈现的。在梦境中，编织了他向往中的现实，构建了他希冀的伦理，铸造了他理想的精神世界。

《风谣》中对南柯郡风光的描绘，是汤显祖借人物的塑造来吐露自己的心声，遂昌县的经历是他创作的依据所在。他在寄给友人的作中，说了初到遂昌后的感受：“县官居之数月，芒然化之，如三家疃主人，不复记城市喧美。见桑麻牛畜成行，都无复徒去

① 汤显祖：《南柯梦记》，人民文学出版社1981年版，第83—84页。

意”[①]“满堂溪谷风松，弦歌嗒尔，时忽忽有忘”[②]。这正是“青山浓翠，绿水渊环，草树光辉，鸟兽肥润”之所据。至于“行乡约，制雅歌，家尊五伦人四科”，是源自于罗汝芳施政时的道德实践活动。这里有罗汝芳的烙印。罗汝芳任太湖知县时，订立乡约，宣讲圣谕六条，劝人们以孝弟为先。任宁国府知府时又进了一步，把乡约与宣讲圣谕六条相结合并作了制度性的规定。在云南布政使任上留下的《腾越州乡约训语》中，有罗汝芳大段演讲词，内有“今日太祖高皇帝教汝等孝顺、和睦、安乐，生理守分，闾阎之间亦浑然是一团和乐。和则自能致祥，如春天一和，则禽兽自然生育，树木自然结实，苗稼自然秀颖，而万宝美利无一不告成矣”[③]等语。“行乡约，制雅歌，家尊五伦人四科”“青山浓翠”等语，活脱脱是罗汝芳演讲词的复制。“多风化，无暴苛”，这与罗汝芳重视道德教化与息讼的主张，有着难以分开的瓜葛。李贽说罗汝芳，“出知宁国府，所至不事刑仆，惟以化育人才为功课，一时彬彬，有弦歌风”[④]。其学生杨起元讲，罗汝芳在“教人以孝弟为先”后，行之“期月，争讼渐息。有缓急难卒办者，父老弟子争相趋营之”。[⑤]这就是“多风化，无暴苛”的注脚所在。

干枯精约的哲学理论，在戏曲作品中让位于鲜活的人物道白。这种效应是滞后的，排球赛术语叫“时间差”，这为意识形态各领域相互影响中的规律。“行乡约，制雅歌，家尊五伦人四科”与“多风化，无暴苛”这样的道白，不是汤显祖一时兴致所来之笔，而是他接受罗汝芳观点并作了艺术加工后的结果。《南柯记》中《风谣》一折，借剧中人物，勾勒了一个太平盛世，父老丰衣足食、婚姻家庭美满、乡约得以贯彻、人人奉行孝弟、货运畅通无

---

① 汤显祖：《寄曾大理》，《汤显祖诗文集》卷四十四，徐朔方笺校，第 1251 页。
② 汤显祖：《与帅惟审》，《汤显祖诗文集》卷四十五第，徐朔方笺校，1261 页
③ 罗汝芳：《腾越州乡约训语》，《罗汝芳集》，方祖猷、梁一群等编校整理，第 761 页。
④ 李贽：《理学名臣传》，《续藏书》卷二十二，张建业主编：《李贽文集》（第 4 卷），第 510 页。
⑤ 杨起元：《明云南布政使司左参政明德夫子罗近溪先生墓志铭》，《罗汝芳集》，方祖猷、梁一群等编校整理，第 921 页。

阻的乡村理想社会。[1]这样的政治理想，是明太祖所希冀的，也是罗汝芳所向往的。《南柯记》当为泰州王门的哲学、伦理与政治思想，对汤显祖文艺创作影响的实证。

① 至于“平税课，不起科。商人离家来安乐窝。关津任你过，昼夜总无他”这一条，是汤显祖对万历年间税监们横行不法、处处设卡，对行商随意收税的暴政的抗议，是以理想的状态来对抗万恶的现实。

第四节 李贽对汤显祖的影响：以李贽为“畸人”

影响着汤显祖的一生言行与文学创作的，除了罗汝芳外，还有李贽。汤显祖给友人的信中写道：“近从苏来者，并云石公有羔裘豹饰之节，仁而且勇……有李百泉先生者，见其《焚书》，畸人也！肯为求其书寄我骀荡否？”①信写于万历十八年（1590），收信人为“石公”，为对石昆玉的尊称。石玉昆是湖北黄梅人，时任苏州知府。《焚书》是年始刻于麻城，黄梅与麻城是同郡，找老乡觅书方便些。从信中看，汤显祖是见到了《焚书》，但手中没有此书，故殷勤求访。“畸”者，奇也；“畸人”，是对当时有异端思想、超群不凡之人的称谓。“骀荡”，心情急迫之状。这时的汤显祖，奉李贽为“畸人”，急迫地想拥有一本《焚书》，以期满足自己对李贽思想做深入的研究。

（一）“正以疑处为佳”

过了不久，汤显祖在给管东溟的信中说：“见以可上人之雄，听以李百泉之杰，寻其吐属，如获美剑。”②《答管东溟》作于万历十九年（1591）到万历二十一年（1593）间。这是汤显祖上《论辅臣科臣疏》后，被贬官到广东徐闻县当典史的时期。闲空得很的汤显祖，是有时间阅读李贽《焚书》的，并产生了“寻其吐属，如获美剑”的感受。李贽在万历三十年（1602）在狱中持刀自刎而死，汤显祖得知后作诗哀之：“自是精灵爱出家，钵头何必向京华？知教笑舞临刀杖，烂醉诸天雨杂花。”③对李贽的独立人格大加赞扬之际，正是卫道者对李贽大肆攻击之时：“刻《藏书》《焚书》《卓吾大德》等书，流行海内，惑乱人心。以吕不韦、李园为智谋；以李斯为才力；以卓文君为善择佳偶……以孔子之是非为不足据，狂诞悖戾，未易枚举，大都刺谬不经，不可不毁也。”④在民间出现诸多假冒李贽著作时，汤显祖为《李氏全书》写了序：

---

① 汤显祖：《寄石楚阳苏州》，《汤显祖诗文集》卷四十四，徐朔方笺校，第 1246 页。
② 汤显祖：《答管东溟》，《汤显祖诗文集》卷四十四，徐朔方笺校，第 1229 页。
③ 汤显祖：《叹卓老》，《汤显祖诗文集》卷十三，徐朔方笺校，第 583 页。
④《明实录》卷三百六十九。

> 著述家咄咄竞响不一，大家屈指李氏。李氏夙以书训世、经世、济世、骇世、应世、传世，世辄称为“秃和尚”，或又称“秃菩萨”。菩萨普度众生，慈心救世，似犹近之，实不省李氏书旨。世假李氏伙甚，真出其手者，雅推《藏书》《焚书》《说书》。《藏书》藏不尽，《焚书》焚不尽，《说书》说不尽，而为经史集，靡弗具备。……决不容它人强填只字，阿私我救世李老。[①]

汤显祖对假冒行为表达了自己的愤慨，声称不允许有人在李贽著作中添加片言只字，因为这为人们了解真实的李贽增添了人为的障碍。汤显祖赞美李贽的著作，内容极为丰富，“经史集”中所有的靡不具有。不仅“说不尽”，就是采取行政手段去焚烧，也是“焚不尽”的，是屈指可数的“大家”。汤显祖指责伪书的作者，是不知道李贽学说宗旨的，把一位思想深刻、立论新颖的“大家”称为“秃菩萨”。这是玷污了李贽这样一位“救世”豪杰。汤显祖在《牡丹亭》里表现出来的强烈的反封建婚姻制度、追求个性自由的思想，除了李贽在《藏书》中的《司马相如传》之外，同时代尚无另一位哲学家这么明确地提出过。《牡丹亭》完成于《藏书》出版前一年，真可谓“心有灵犀一点通”，他们在各自擅长的领域中，发出了个性解放的呼声。

汤显祖与李贽相类处，我用三个字概括：“疑”“真”“狂”。汤显祖的“正以疑处有佳”与李贽言“学人不疑，是谓大病”，逻辑思路与精神实质是一致的，不过一反一正的不同表述罢了：

> 兄书，谓弟不知何以辄为世疑。正以疑处有佳。若都为人所了，趣义何云？似弟习气矫厉，蚩蚩者故当忘言，即世喜名好事之英，弟亦敬之，未能深附也，往往得其疑。世疑何伤，当自有不疑于行者在。[②]

“正以疑处有佳”，是说怀疑为一种绝佳的思维方式。如果事

---

① 汤显祖：《〈李氏全书〉总序》，厦门大学历史系编：《李贽研究参考资料》（第二辑），第109—110页。

② 汤显祖：《答岳石帆》，《汤显祖诗文集》卷四十一，徐朔方笺校，第1252页。

情他人都说明白了，自身独特的“趣义”就不存在了。汤显祖强调，不能对怀疑采取中伤的态度，自己的思维方式与“世喜名好事之英”是不雷同的。他自称染上的“矫厉”习气，实为独立不羁之气；他所谓“未能深附”，实是不同于流俗的叛逆精神。他对正统的官方意识充满了怀疑。对理学家宣扬的“天理”世界的怀疑，令他揭橥出了“情至”的世界，铸就了他永久性享誉世界的“临川四梦”。这与他怀疑意识充塞胸中是息息相关的。

怀疑精神是汤显祖内心世界的重要方面，但他没有走向怀疑主义。怀疑主义与怀疑原则是有区别的。怀疑原则是对社会现实、传统学说与已有理论的推敲、琢磨和疑问，一般产生于旧制度衰退和瓦解时，社会中的新因素蓬勃地发展之际。汤显祖生活的明清之际，正是中国社会新旧因子开始交替之时，是中国资本主义萌芽的时期。他没有走向怀疑主义，他对“疑”与“不疑”的辩证关系有明确的论述，即“世疑何伤，当自有不疑于行者在”。汤显祖的怀疑精神，是要在为社会已经确定的东西中找出其不合理性来，故“世疑何伤”；但又不会消解掉内中真理的内容，即“当有不疑者在”。就前者而言，汤显祖寻找的是“天理”世界的荒谬；就后者而言，他是通过文艺创作来说明“情致所极，可以事道，可以忘言”的真理。[①]李贽以为缺乏怀疑精神是学者最大的病症，汤显祖接着李贽来说，断言“世疑何伤”。从人类认识发展的历史来说，有了怀疑精神就会对前人学说有所突破，它是推动思想和文化发展的内驱力。怀疑精神的作用，是对绝对、僵化、凝固的否定，是人们认识发展的新契机和进行创造性思维的重要方式。一般地说，由否定传统萌生的、为后世传诵的佳作，往往是以怀疑思考精神为前提的。汤显祖能有炳彪千古的佳作，是与他笃信怀疑原则分不开的。

（二）“真人”“真气”与“真色”

汤显祖说自己不是“圣地中人”，但与“真人”却是无限接近的：

> 世之假人，常为真人苦。真人得意，假人影响而附之，以相得意。真人失意，假人影响而伺之，以自得意。边境有人，

---

① 汤显祖：《调象庵集序》，《汤显祖诗文集》卷三十，徐朔方笺校，第1038页。

其名曰穷。人之所畏，吾得不畏哉！仆不敢自谓圣地中人，亦几乎真者也。南都偶与一二君名人而假者，持平理而论天下大事，其二人伺得仆半语，便推衍传说，几为仆大戾。[①]

汤显祖以为，世界上存在着“真人”与“假人”。“假人”见风使舵，视情况不同而变换角色，是为“假人”的本性所在。“真人得意”时，“假人”依附在后面；“真人失意”时，“假人”乘机捞好处而得意扬扬。汤显祖说他自己在南京时，与一些有名声的君子谈论及天下大事。这些人看来像君子实为“假人”。他们把汤显祖的一些观点吹捧了一番，“推衍传说”。这让汤显祖心中很不舒服，他感到这些“假人”与自己本意相去太远了。汤显祖对“假人”的鞭挞，与李贽《童心说》中对“假人”的否定是同一路数：“盖其人既假，则无所不假矣。由是而以假言与假人言，则假人喜；以假事与假人道，则假人喜；以假文与假人谈，则假人喜。”[②]

他触忤权相张居正、申时行而落第的事，表明了他是一个不折不扣的“真人”。中举后的汤显祖原可青云直上，但他为人鲠刚，杜绝了与权贵结纳的机会。万历五年（1577），张居正想让儿子张嗣修金榜题名，但又想做得光鲜些。便派弟张居谦，授意汤显祖与沈懋学，作为张嗣修的陪衬一起参加京试。如果同意张居正的条件，就许诺中状元，只让张嗣修名列榜眼。张居正的意图，是要让世人知道考试是货真价实的，又避免了暗通关节之嫌。汤显祖在当时名闻于世的，不是他的戏曲作品而是词赋和古文。在当时他被人目为八股文的行家，被列为当代举业八大家之一。[③]沈懋学中了状元，张嗣修也以榜眼如愿了，拒绝张居正拉拢的汤显祖却落榜了。（《明史·张居正传》）友人屠隆知道此事后，赞他的傲骨峥嵘：“夫君操大雅，负气亦磷磷。[④]”这是第一次拒绝权贵的拉拢。二拒在三年之后，“江陵子懋修与其乡之人王篆来结纳，复啖以巍甲

---

① 汤显祖：《答王宇泰太史》，《汤显祖诗文集》卷四十四，徐朔方笺校，第1236页。
② 李贽：《童心说》，《焚书》卷三，张建业主编：《李贽文集》（第1卷），第92页。
③ 其余七家为王鏊、唐顺之、瞿景淳、薛应旗、归有光、胡友信、杨起之。汤显祖自言：“吾尝沉浮八股道中。”（汤显祖：《艳异编序》，《汤显祖诗文集》卷五十，徐朔方笺校，第1503页）明刻本《汤海若制艺》，收有汤显祖的文章55篇。
④ 屠隆：《白榆集》卷三《赠汤义仍进士》。

而亦不应。”汤显祖再次拒绝了：“吾不敢从处女子失身也。”[①]王篆是张居正器重的人，经常同他讨论治国方略。他带着张居正的三子懋修要见汤显祖，以会试的鼎甲相许。汤显祖避而不见，也不参加会试。三拒发生在万历十一年（1583），张居正死后第二年。汤显祖终于中了进士，但为人刚正不阿的他，又回绝了执政申时行、张四维的拉拢，失去了考取庶吉士的机会。通过科举踏上仕途是士人梦寐以求的理想，汤显祖的三拒令人肃然起敬。以非法途径而让自己青云直上的手段，他是鄙视的。张居正去世后，万历帝抄了张居正的家，追夺四代诰命，以罪状告示天下。张居正的二子张嗣修、三子张懋修的榜眼与状元，都被剥夺了。对此汤显祖感叹地说：“假令予以依附起，不以依附败乎？”[②]汤显祖的三拒，表明自己做“真人”的决心且付诸行动中。

“真人”胸中有着难以消除的“真气”，故汤显祖对三拒权贵之事没有后悔之意：“某少有伉壮不阿之气，为秀才业所消，复为屡上春官所消，然终不能消此真气。”[③]“伉壮不阿之气”就是“真气”，为“真人”所有，同讨好世俗权贵的“假人”相对立的。《明史·汤显祖传》：“显祖意气慷慨，善李化龙、李三才、梅国桢，后皆通显，有建竖，而显祖蹭蹬穷老。三才督漕淮上，遣书迎之，谢不往。”李三才是东林党人中的重要人物，他任总督漕运、巡抚凤阳时，以强有力的措施迫使矿监陈增及其手下无法在其辖区横行。万历三十三年（1605），李三才遣人往迎好友汤显祖。汤显祖觉得自己的社会地位与李三才相去甚远，没有前去。万历三十八年（1608），李三才被劾罢官，而其著作《漕抚小草》一书刊行后，汤显祖赞不绝口：“五方四裂之民在焉，莫不倚公为命”，“与中贵人相横决，争数千里民命”，“公所以收百万士民之心，起百十吏士之气，而感动天子，击折乱倖，至十疏以去，而满朝争之。”[④]先前不因好友地位显赫去依附之，后来好友下野却尽遣溢美之词赞扬之。胸怀“真气”的汤显祖不愧是铮铮铁骨，显示出对依附人格的鄙视，以及他对独立

① 邹迪光：《临川汤先生传》，汤显祖：《汤显祖诗文集》附录，徐朔方笺校，第 1511 页。
② 邹迪光：《临川汤先生传》，汤显祖：《汤显祖诗文集》附录，徐朔方笺校，第 1511 页。
③ 汤显祖：《答余中宇先生》，《汤显祖诗文集》卷四十四，徐朔方笺校，第 1244 页。
④ 汤显祖：《读漕抚小草序》，《汤显祖诗文集》卷三十一，徐朔方笺校，第 1063—1064 页。

人格的践行。

有“真气”的人，做什么事都讲究“认真”二字，这是汤显祖对世上事情的判断标准。他在给戏曲演员的信中申述了这一见解：“莫因人家爱我的戏，便过求他酒食钱物。如今世事总难认真，而况戏乎？若认真，并酒食钱物也不可久。我平生只为认真，所经做官做家，都不起耳。”①一是说自己因“认真”两字为做人的准则，官运并不亨通。二是他告诫艺人，不要因观众爱自己的戏曲，就去过分去索取“人家”的报酬。古代请戏班子唱戏，要负责艺人们的饮食起居，给予一定的报酬。三是说，若是重视“认真”两字，物质上的报酬不是永久的。换言之，精神上的永恒才是最紧要的。“真气”是发自内心的，表现于道德情感上，一定笃实无假的：“孝则真孝，忠则真忠，和则真和，清则真清。”②这与李贽《童心说》中提倡“绝假纯真”的“童心”并无区别。

人生信条上崇尚“真气”，贯彻到创作理念上就是“真色”：“其填词皆尚真色，所以入人最深，遂令后世之听者泪，读者颦，无情者心动，有情者肠裂。何物情种，具此传神手。”③能够历久传承、至今屡演不衰的《牡丹亭》，委实以“一往而深”的“情”，“传神”于后世。④“如丽娘者，乃可谓之有情人耳。情不知所起，一往而深，生者可以死，死可以生。生而不可与死，死而不可复生者，皆情之至也。”⑤“情之至”，就是主体对情的真实持久的追求。杜丽娘的父亲杜宝请来儒学老学究陈最良，对杜丽娘进行儒家伦理方面的教育。但《诗经》中“关关雎鸠”的篇章，没有铸就她的“后妃之德”，却勾起了她的怀春之情。杜丽娘面对春意盎然的百花，有着无限感慨：“原来是姹紫嫣红开遍，似这般都付与断井颓垣。良辰美景奈何天，赏心乐事谁家院？”回到闺房中，引起伤春之感：“常观诗词乐府，古之女子，因春感情，

---

① 汤显祖：《与宜伶罗章二》，《汤显祖诗文集》卷四十九，徐朔方笺校，第 1426 页。

② 汤显祖：《寿王麓老先生寿七十序》，《汤显祖诗文集》卷二十八，徐朔方笺校，第 997 页。

③ 汤显祖：《焚香记总评论》，《汤显祖诗文集》卷五十，徐朔方笺校，第 1486 页。

④ 蓄须明志的梅兰芳，在抗战胜利后恢复演出。他与俞振飞合作演出的《游园惊梦》，为头三天打泡戏之一。这个折子戏是《牡丹亭》的精华，而梅兰芳在 1960 年拍摄的最后一部彩色影片，也是《游园惊梦》。半个世纪以后，2010 年当昆山县造好了专演昆曲的剧场时，祝贺演出也是《牡丹亭》。

⑤ 汤显祖：《牡丹亭记题词》，《汤显祖诗文集》卷三十三，徐朔方笺校，第 1093 页。

遇秋成恨，诚不谬矣。”由此想及张君瑞与崔莺莺，以密约偷情，得结秦晋之好。“吾生于宦族，长在名门，年已及笄，不得早成佳配，诚为虚度青春，光阴如过隙耳。可惜妾身颜色如花，岂料命如一叶乎！”[①]之后是梦中与柳梦梅共效于飞之乐，了却一桩心事。终因好梦难圆，溘然而逝。然后承之以寻梦、写真直至殇逝。现实中对“情至”的真实追求升华为理想之梦，“因情成梦，因梦成戏”[②]。思梦中之人而死，得梦中之人而生，情节是荒诞的，却符合杜丽娘那“不知所起，一往而深”的“情至”。

贯串于《牡丹亭》的“情至”，传导到受众身上就会产生“无情者心动，有情者肠裂”的效果。深受礼教压抑的妇女，为杜丽娘的命运洒下了许多同情之泪，留下了富有反抗意义的事情。广陵女子冯小青，屈从父母之命，嫁与扬州冯生为妾，忧郁终日。读《牡丹亭》后写下忧伤的七律。未出两年，幽愤而亡。娄江女子俞二娘，以“情至”的信念向礼教抗争而死。“吴士张元长、许子洽前后来言，娄江女子俞二娘秀慧能文词，未有所适。酷嗜《牡丹亭》传奇，蝇头细字，批注其侧。幽思苦韵，有痛于本词者，十七惋愤而终。”为此汤显祖作诗悼之：“画烛摇金阁，真珠泣绣窗。如何伤此曲，偏只在娄江？何自为情死？悲伤必有神。一时文字业，天下有心人。”[③]汤显祖的“情”，有对青春难再的珍惜，有对韶光流逝的惋恨，有对纯真爱情的向往，贯串其间的是对人的真实情感的憧憬。处于豆寇年华而又无法实现其对青春之情想望的少女，会从《牡丹亭》中领略忧愁、惆怅、惋惜之情来。当然能打动人们的情感世界的，不只是《牡丹亭》这一出。冯梦龙的友人祁彪佳论《紫箫记》云：“写儿女幽欢，刻入骨髓。字字有轻红嫩绿。阅之不动情者，必世间痴男子。”[④]男男女女，情有所钟，可超越生生死死。梦中完情，两情欢洽，真是有情人成眷属不羡神仙。汤显祖在“临川四梦”，尤其是《牡丹亭》所构筑的真实的情感世界，似

---

① 汤显祖：《牡丹亭·惊梦》，第43—44页。

② 汤显祖：《复甘义麓》，《汤显祖诗文集》卷四十七，徐朔方笺校，第1367页。

③ 汤显祖：《哭娄江女子二首》，《汤显祖诗文集》卷十六，徐朔方笺校，第655页。

④ 汤显祖:《汤显祖诗文集》附录，徐朔方笺校，第1554页。王思任在《批点玉茗堂牡丹亭叙》中说:“《邯郸》，仙也；《南柯》，佛也；《紫钗》，侠也；《牡丹亭》情也。若士以为情不可以论理，死不足以尽情。”（汤显祖：《汤显祖诗文集》附录，徐朔方笺校，第1544页）

一股暖暖的春流，融解着礼教所造成的严酷冷漠的文化氛围。汤显祖在呼唤一个新的有情天下的到来，他确实是时代的反叛者。这里不难觅见李贽“童心说”的印痕，即“天下之至文，未有不出于童心者也”“若失却童心，便失却真心；失却真心，便失却真人。”李贽所诉诸的是抽象的哲学理念，汤显祖化之为生动感人的艺术形象，即“填词皆崇真色”。任何文学作品，没有“认真”为指导原则来创作是很难取得成功的，更遑论名扬后世了。

（三）“不可一世”之“狂斐”

汤显祖自称，他是以“不可一世”的个性傲睨天下：“不佞懒如嵇，狂如阮，慢如长卿，迂如元稹，一世不可余，余亦不可一世。”[①]以竹林七贤之嵇康与阮籍为榜样的汤显祖，其“狂者”人格是飞扬于世的，时人以“狂奴”目之也是很正常的评价。[②]东林党人邹元标，与时在南京的汤显祖有交往：

义故一代才士，陆沉孝廉，癸未始登进士。余在掖垣，欲识其人。会谮义者曰：“是狂奴，不可近。”余心疑而过之。义从榻上起，摄敝衣冠礼我。立谈间抉肝洞肠。余心喜。[③]

“谮义者”，是持传统观念的士大夫。在他们心目中，有权贵拉拢并创造机会给予升官而屡拒之，这在官本意识盛行古代中国，不是“狂奴”是什么呢？邹元标先是抱着怀疑的态度，尔后却在交谈中与汤显祖推心置腹。一生蔑视权贵，不肯与时俯仰，常常得罪名人，是“不可一世”汤显祖的真实写照。王世贞是当时文坛盟主，操柄二十余年，“才最高，地望最显，声华意气，笼盖海内。一时士大夫及山人、词客、衲子、羽流，莫不奔走门下。片言褒

---

① 汤显祖：《艳异编序》，《汤显祖诗文集》卷五十，徐朔方笺校，第1503页。
② 关于嵇康与阮籍的为人，参见朱义禄：《玄学思潮》，尹继佐、周山主编：《中国学术思潮史》卷三，第282—339页。
③ 徐朔方：《汤显祖年谱》，上海古籍出版社1980年版，第97页。

赏，声价骤起”。[1]王世贞有才能、有权势，多数的文人阿谀奉承都来不及，而汤显祖却“不奔走门下”：“王短鬓而丰下，体貌无奇异，而囊括无遗遗士。所不能包者两人：颀伟之徐文长，小锐之汤若士也。”[2]徐渭之狂当时是举世皆知的，他不给王世贞面子是很正常的。汤显祖一点也不比徐渭逊色，他把王世贞诗逐句析解，指出内中的出典，“及增减汉史唐诗字面处”，得出“未能深论文心之一二”的结论。[3]这里的“文心”，是指写出好诗文的要领。王世贞的诗文在汤显祖看来，连契合文学创作精髓的一小部分都达不到。这也是“谮义者”目之为“狂奴”的另一个原因。李贽多次讲及“狂者”，对“狂者”他有个描述：“狂者不蹈故袭，不践往迹，见识高矣。所谓如凤凰翔于千仞之上，谁能当之？”[4]“狂者”是特立独行的，不会跟着前人的步子走，此为一。“狂者”见识高超，如凤凰飞翔在几千米的高空中一样，此为二。这与汤显祖“余亦不可一世”之“狂”，其义完全相同，只是文字表述各殊罢了。

汤显祖希望他人助其“成其狂斐”。万历十三年（1585），时任吏部文选郎的司汝霖，想提携汤显祖，让他升任吏部主事。汤显祖仿嵇康拒山涛事，列出五条不能北上的原因。一是挂念父母，在南京去探望父母方便；二是在京公务繁忙，难以照料两个儿子；三是北京开支浩大，官俸难抵支出；四是自己体弱多病，不宜北上；五是不能适应北方气候，“仆之有南，如鱼之有水”。文章最后说：“人各有章，偃仰澹淡历落隐映者，此亦鄙人之章也。惟明公哀怜，成其狂斐。”[5]“人各有章”，是说每个人都是有着独特个性的；对“澹淡”与“隐映”的向往，是自己个性的所在。“斐”，有文采的样子，从字面上说，“成其狂斐”是说，汤显祖

---

①《明史·王世贞传》“片言褒赏，声价骤起”，并非夸大其词。被郭沫若称为“医中之圣”的李时珍，其药物学钜著《本草纲目》定稿于1587年，但难以为世人所认同。李时珍在家乡蕲州、黄州及武昌等地四处奔走，但没有一个书商敢冒风险。为此万历八年（1580）他千里迢迢从湖北奔赴江苏太仓求访王世贞。王世贞为书写了序，称他为“北斗以南一人”，这为日后出版扫清些障碍。（详见朱义禄：《逝去的启蒙——明清之际启蒙学者的文化心态》，第162—163页）

② 虞淳熙：《袁宏道评点徐文长集序》，《袁宏道集笺校》附录三，钱伯城笺校，第1716页。

③ 王世贞听了议论后说：“随之。汤生标涂吾文，他日有涂汤生文者。”（汤显祖：《答王澹生》，《汤显祖诗文集》卷四十四，徐朔方笺校，第1234页）

④ 李贽：《与耿司寇告别》，《焚书》卷一，张建业主编：《李贽文集》（第1卷），第25页。

⑤ 汤显祖：《与司吏部》，《汤显祖诗文集》卷四十四，徐朔方笺校，第1226页。

希望司汝霖帮助他，让他成为一个有文采的狂者。[1]

汤显祖希冀“不可一世”之“狂斐”，而以“进取”为主心骨：

> 吾思中行而不可得，则必狂狷者矣。语之于文，狷者精约俨厉，好正务洁。持斤捉引，不失绳墨。士则雅焉。然予所喜，乃多进取者……其为文类高广而明秀，疏夷而苍渊……于天人之际，性命之微，莫不有所窥也。因以裁其狂斐之致，无诡于型，无羡于幅，峨峨然，沨沨然。[2]

孔子所说的“中行”我是达不到的，但我倾向“狂狷”。狷者的文章，精炼而大度，不失规矩，属于士人喜欢的风雅类型。但我更喜欢的是“多进取”的狂者，他们的文章，“高广而明秀”，于“天人之际”与“性命之微”，无不深究。这是“狂斐”所达到的极限。这种类型的人，很难用固定模式来框定，却又呈现出高高在上、姿态优美的样子来。汤显祖的“进狂”不同于李贽的“疏狂”。李贽自称为“疏狂”：“若为追欢悦世人，空劳皮骨损精神。年来寂寞从人谩，只有疏狂一老身。”[3]李贽的意思是，以取悦的言行去求得世人喜欢，是损耗了自己的肌体与精神。寂寞的我任凭他人毁谤谩骂，只有一个豪放的老人在。“疏狂”是指不受拘束，自得自在，与混同流俗的人保持着一段距离。如果说，李贽的“疏狂”给人以愤世嫉俗之感的话；那么，汤显祖的“狂斐”，更多的是以天下国事为怀，富有进取感。因不满杨文举的贪赃枉法，他义愤填膺写了《论辅臣科臣疏》。对矿监、税使的胡作非为，他发出了“地将裂”“山河尽”的惊世之语。在遂昌县任上，他兴建书院，以赶走“害马者”为己任。这一切皆为汤显祖“进狂”的具体表现。王阳明及其诸多后学，大多自认为“狂者”。“狂者”魄力大、意志坚，是承荷理想的不二人选。早年笃信陆王心学，尔后把陆王心学批得体无完肤的颜元，是领悟到了“狂者”真谛的：“‘狂者进取’，是夫子状他一段勇往有为意思。凡作

---

① “狂斐”出自《论语·公冶长》：“子在陈曰：‘归与！归与！吾党之小子狂简，斐然成章，不知所以裁之。’”

② 汤显祖：《揽秀楼文选序》，《汤显祖诗文集》卷三十二，徐朔方笺校，第1077页。

③ 李贽：《石潭即事四绝》，《续焚书》卷五，张建业主编：《李贽文集》（第1卷），第113页。

想遇事，都向前铺张去做，常常㧐起精神，故谓之‘进’；凡取道德、取人物、取功名，好提挈到手做一番，故谓之‘取’。”[①]这用在汤显祖身上是最合适不过的了。“狂者”气概豪迈，遇事奋勇向前，有大展宏图的气势。汤显祖的“狂斐”，以“进取”为宗旨。他把自己的人格下了一个定位：“士有志于千秋，宁为狂狷，毋为乡愿。”[②]李贽把不讲是非的好人主义归为乡愿：“盖论好人极好相处，则乡愿为第一；论载道而承千圣绝学，则舍狂狷将何止乎？”[③]两段文字一对照，李贽在汤显祖身上留下的烙印是显而易见的。

在李贽的著作中没有关于汤显祖的片言只语。汤显祖留下了四首羡慕、缅怀李贽的诗，还有读《焚书》后的感受等记载。他请石玉昆求购《焚书》的信中，以“羔裘豹饰”赞扬石玉昆。“羔裘豹饰”的典故，出自《诗经》中《羔裘》，这是赞美郑国一位正直官吏的诗。诗中有“羔裘豹饰，孔武有力”的话，是说这位官吏的羔裘袖口上饰有豹皮，为人威武而有毅力。汤显祖三拒权相的拉拢，是何等的怠慢与任性；为了托购李贽著作，则美誉了石玉昆一番。这一对比证实了，汤显祖对李贽的向往之情。在当局对李贽著作采取“不可不毁”的高压政策情况下，汤显祖为《李氏全书》作序，断言“《藏书》藏不尽，《焚书》焚不尽，《说书》说不尽”。认为李贽著作中，“传世”“济世”“经世”“应世”“训世”的价值不容抹杀。从《〈李氏全书〉总序》来看，他对《藏书》《焚书》与《说书》是通阅了的，且尊李贽为“救世李老”。他以李贽为榜样来确定自己的思维方式（“正以疑处有佳”）与人生信条（崇尚“真人”），他同李贽一样厌恶“乡愿”而期望成为“狂者”，尽管有着“进狂”与“疏狂”的差别，但精神实质是相通的。

---

① 颜元：《颜习斋先生言行录》卷下，《颜元集》，王星贤等点校，中华书局 1987 年版，第 661 页。

② 汤显祖：《合奇序》，《汤显祖诗文集》卷三十二，徐朔方笺校，第 1078 页。尽管汤显祖有时“狂狷”并称，但他更青睐于“狂”。

③ 李贽：《与耿司寇告别》，《焚书》卷一，张建业主编：《李贽文集》（第 1 卷），第 26 页。

第五节　李贽对袁宏道的影响："愁可破颜"的《焚书》

袁宏道（1568—1610）与其兄宗道、弟中道及其他志同道合者结社，力主文学革新，世称公安派。李贽是公安三袁思想上的引领人，三人受李贽影响的程度有些差别，而以老二袁宏道与李贽的契合最深，且袁宏道在明代文坛中的声望最高。①袁宏道对王阳明与罗汝芳推崇，是溢于言表的："当代可掩前古者，惟阳明一派良知学问而已。"②又称"阳明、近溪，真脉络也③"。做吴县县令时，袁宏道觉得为官太苦了，频繁地向好友、亲戚写信，诉说自己的苦楚。处于痛苦旋涡中的袁宏道，读了《焚书》后精神就马上亢奋起来："作吴令亦颇简易，但无奈奔走何耳……幸床头有《焚书》一部，愁可以破颜，病可以健胃，昏可以醒目，甚得力。"④袁宏道的文学革新意识的形成与李贽的启迪分不开的，钱谦益直截了当地指明了这一点："万历之季，海内皆诋訾王、李，以乐天、子瞻为宗，其说唱于公安袁氏。而袁氏中郎、小修，皆李卓吾之徒，其指实自卓吾发之。"⑤

（一）"得疑情如得珍宝"

袁中道有"一段精光"的记载，传神地描绘了袁宏道与李贽相遇后，心灵震撼的情况：

> 先生既见龙湖，始知一向掇拾陈言，株守俗见，死于古人语下，一段精光不得披露。至是浩浩焉如鸿毛之遇顺风，巨鱼之纵大壑。能为心师，不师于心；能转古人，不为古转。必为语言，一一从胸襟流出，如象截急流，雷开蛰户，浸浸乎其未有涯也。⑥

---

① 董其昌说："及袁伯修见李卓吾后，自谓大彻。甲午（1594）入都，与余复为禅悦之会，时袁氏兄弟、萧玄圃、王衷白、陶周望数相过从，余重举前义，伯修犹溟涬余语也。"（《画禅室随笔》卷四《禅悦》，第 202 页）

② 袁宏道：《又答梅客生》，《袁宏道集笺校》卷二十一，钱伯城笺校，第 738 页。

③ 袁宏道：《答陶周望》，《袁宏道集笺校》卷四十三，钱伯城笺校，第 1253 页。

④ 袁宏道：《李宏甫》，《袁宏道集笺校》卷五，钱伯城笺校，第 221 页。

⑤ 钱谦益：《陶仲璞遁园集序》，《牧斋初学集》卷三十一，第 919 页。

⑥ 袁中道：《吏部验封司郎中中郎先生行状》，袁宏道：《袁宏道集笺校》附录二，第 1650 页。

袁中道与李贽的交往是以焦竑为中介的。袁中道与焦竑同在翰林院供职，焦竑又是袁宏道会试时的主考官，偶然的因素凑合在一起，为袁宏道与李贽的直接交往创造了机会。万历十九年（1591），喜欢佛学的袁宏道，景仰李贽在禅学上的造诣，去麻城龙湖拜会李贽，在那里逗留三个多月。[①]李贽比袁宏道大四十多岁，不过两人很快成了忘年交。袁宏道为李贽卓荦不群的思想所笼罩。他尊李贽为当代的老子："我从观里拜青牛，忽忆龙湖老比丘。李贽便为今李耳，西陵还似古西周。"[②]袁宏道继承了李贽的思维方式：

> 学道人得一疑情，如得一珍宝，何也？未有不破者，破而不悟者。但恐疑情轻微，拈起便有，不拈便无。今日见些子道理，明日又见些子道理，则转疑转不悟也。[③]

"疑为学道者之宝"的观点，是李贽对袁中道亲口说的，袁宏道从其弟那里知道后就接受了。袁宏道觉得，思维方式上不能为古人所奴役，得让古人为自己的主张服务，这叫"能转古人，不为古转"。袁宏道解释了"疑情"为什么弥足珍贵的道理，因为有了"疑情"，就能破除陈陈相因的腐旧观念，就能悟出惊世骇俗的崭新见解来（"一段精光"）。袁宏道的怀疑精神比李贽来得彻底。他强调，有了"疑情"就得强烈，不能"轻微"；有了"疑情"就得坚决，不能时有时无。怀疑是破旧立新的前提，应用到文学创作上，他是反对拘守古法，"古何必高，今何必卑"[④]；他倡导文学作品抒写真情，"一一从胸襟中流出"；他推崇通俗文学，"当代无文字，闾巷有真诗"[⑤]。这些围绕着"性灵说"的见解，把前后

---

① 我于2018年11月去湖北麻城参加了"李贽与近四百年湖北文化"的学术会议，期间去了龙湖。陪同的当地人说，三袁的家族居住地离龙湖较近，很多书中说专程拜访的说法不确。

② 袁宏道：《余凡两度雨阻冲霄观，俱为访龙湖师，戏题壁上》，《袁宏道集笺校》卷二，第78页。李贽曾以老子自况："释迦不论智愚贤否，只要他了生死。老子则有无为之学问矣，释迦不可及矣。吾庶几者其老子乎？"参见袁中道：《柞林纪谭》，张建业主编：《李贽文集》（第7卷），第336页。

③ 袁宏道：《答陈正甫》，《袁宏道集笺校》卷二十二，钱伯城笺校，第775页。

④ 袁宏道：《丘长孺》，《袁宏道集笺校》卷六，钱伯城笺校，第285页。

⑤ 袁宏道：《答李子髯》，《袁宏道集笺校》卷二，钱伯城笺校，第81页。

七子把持的文坛的复古之风吹拂了，沁人心脾的清新思绪，激励着当代诸多士人的心灵。

“得疑情如得珍宝”，让袁宏道用了相对主义去对“理”作出自己的解析。在他看来，天下的各家之说都只有相对的性质，没有有绝对不变的道理：

> 孔、孟教人，亦是依人所常行，略加节文，便叫做理。若时移俗异，节文亦当不同。如今吴、蜀、楚、闽各以其所习为理；使易地而行，则相笑矣。诸佛经典乃应病施药，无病不药，三乘不过药语，那有定理？故我谓无理，谓无一定之理容你思议者。①

袁宏道以为，孔、孟教导人们的言论，是依人们的日常行为而加以变化的，这叫做“理”。“理”是随着时间和空间而变化的，没有永恒的“理”。袁宏道从各地民俗不同与“时移俗异”的角度推导出，不存在一种超越时空的“理”。“理”是相对的，如同佛经中所说的道理一样，是依据具体病情而开出的药方，不存在缺乏变化的“一定之理”。袁宏道否认的“一定之理”，为理学家奉所说的“天理”。二程断言：“天理云者，这一个道理更有甚穷已！不为尧存，不为桀亡。”②在中国哲学史上，是二程首次把“天理”作为宇宙的本体，强调是他们自己体会出来的。“天理”作为万物产生的根源，不因为尧这一贤君的存在而存在，也不因桀这一暴君的出现而消亡。“天理”是超越时空的永恒存在。朱熹发展了二程的思想，“儒者以理为不生不灭”③。视“天理”为先于万物存在的精神本体，是天地万物的主宰。朱熹说：“未有天地之先，毕竟也只是理。有此理，便有此天地；若无此理，便亦无天地，无人无物。”④程朱理学本质上是绝对主义的理论，否认客观事物与主观精神中的相对因素。这符合了明初统治推行文化专制主义的需求，永乐年间下诏编纂成书的三部《大全》——《四书大

① 袁宏道：《德山麈谈》，《袁宏道集笺校》卷四十四，钱伯城笺校，第 1293 页。
② 程颢、程颐：《河南程氏遗书》卷二上，第 43 页。
③ 黎靖德编：《朱子语类》卷一百二十六，王星贤点校，第 3016 页。
④ 黎靖德编：《朱子语类》卷一，王星贤点校，第 1 页。

全》《五经大全》与《性理大全》，是要强化程朱理学对人们思想的控制："非惟备览于经筵，实欲颁而天下，俾人皆由于正路而学不惑于他歧，家孔孟而户程朱，必获真儒之用。"[①]任何不同于程朱传注的解释，都被视作异端而受到严酷的制裁，这是明代文字狱的直接动因。朱友季著书驳斥程朱之事，发生在1405年："永乐三年（1405），饶州府儒士朱友季著书传，专攻周、程、张、朱，献之朝。上命行人押回原籍，杖遣之，焚其书。"[②]对程朱注疏持不同意见者，下场都很悲惨。"无锡处士陈公懋删改四书朱子集注进呈，命毁之，仍命有司治罪"；"嘉靖八年（1529）二月，太仆寺丞陈云章上所注诸书及大学疑、中庸疑、夜思录各一。上曰：诸书姑收，其学庸疑、夜思录即毁之。有踵之者因罪不赦"；"二十九年（1550），原任广东佥事林希元改编大学经传定本，及四书易经存疑，并上呈御览，乞刊布。诏焚其书。下希元于巡按御史究问，褫其官"；"万历二十四年（1596）四川佥事张世则著大学初议，专辟程朱，为行人高攀龙所驳，其书亦废不用。"[③]对程朱理学发表不同意见的学者及其著作，官方采取强硬的行政或法律的手段实行专制。朱友季、傅宽、陈云章、陈公懋、林希元、张世则等人的下场是悲惨的，从削职为民到杖遣、焚书、治罪。以至于出现了这样的极端现象："今之学者易于叛经，难于违传，宁得罪于孔孟，毋得罪于宋儒。此亦可为深痼之病，已不可救疗矣！"[④]袁宏道6岁时，松江名宿何良俊去世。这就是袁宏道所面临的社会文化氛围，人们形成了宁愿得罪孔孟与他们的著作，但绝对不能非议"宋儒"与程朱传注的心态。何良俊以为，这在当时已经是无法根除的心病。儒学发展到程朱理学那里，在明代晚期成了符合文化专制主义要求的独断论。袁宏道坦诚地表明自己胸中"无一定之理"，这让相对主义成为否定独断论犀利的武器。独断论只认同一个原则、一个标准，具有强烈的排他性，二程宣扬"不为尧存，不为桀亡"的

---

① 胡广：《进书表》，《皇明文衡》卷五。

② 沈德潜：《献书被斥》，《万历野获编》卷二十五，第633页。

③ 沈德潜：《献书被斥》，《万历野获编》卷二十五，第633—634页。

④ 何良俊：《四友斋丛说》，第21页。何良俊（1506—1573），明代松江地区著名学者，家藏四万卷书，与文征明、顾东桥等人交游。学识渊博，富于批判精神思想，是明清之际启蒙思潮的先行者之一。［参见朱义禄：《何良俊的批判精神与明清启蒙思潮》，黄宣民主编：《中国哲学》（第十七辑），岳麓书社1996年版］

“天理”论，就是典型的独断论。就外在的客观世界与人的主观精神的实际情况而言，相对性与绝对性都是存在的，两者存在有着辩证统一关系的，相对中有绝对，绝对中有相对。相对主义与绝对主义是各执一端的，正是这样的对立，袁宏道用“无一定之理”的相对主义理论来破除独断论，是最为适合不过的了。

袁宏道所说的“定法缚天下后世之人”，就是对程朱理学独断论否定：“拘儒小士，乃欲以所常见常闻，辟天地之未曾见未曾闻者，以定法缚己，又以定法缚天下后世之人。勒而为书，文而成理，天下后世沉魅于五尺之中，炎炎寒寒，略无半罅可出头处。”[①]袁宏道以为，“拘儒小士”们以自身有限的见闻，去框定别人的思维自由，使人们感受到的不是酷暑，就是严寒。李贽明言，“执定一说，即是死语”，袁宏道化成了“定法”，与李贽之意相同。袁宏道以“腐”一字来概括“宋儒”的学术：“宋儒有腐学而无腐人，今代有腐人而无腐学。宋时讲理学者多腐，而文章事功不腐；今代讲文章事功者腐，而理学独不腐。”[②]当今讲“理学独不腐”，指心学而言，这从“阳明、近溪，真脉胳”一断语可知；“宋儒有腐学”与“宋时讲理学者多腐”，指程朱理学及其信徒们。李贽指责“道学”之“假”，袁宏道点明“理学”之“腐”，心意相契合而用语则各表一支。“出头处”就是独抒已见，不受任何事先设置好的道理所束缚：“人惟执着道理，东也有碍，西也有碍，便不能出脱矣”。[③]袁宏道声称，个性申张与精神自由是他的座右铭：“不肖终要自己寻一出头，或仙或佛，决不敢从他人问路。”无论是“出头处”“寻一出头”，还是“出脱”，与李贽所说的“活法”，指向都是一致的，就是打破“定法”的绝对权威，就是要求个性解放。袁宏道“象截急流，雷开蛰户”，不再“拾陈言，守俗见”所要“披露”的“一段精光”的实质内容就在于此。

（二）“独抒性灵”与“难得唯趣”

袁宏道否定程朱所说的“定理”，不是说他不要“理”，而是

---

① 袁宏道：《广庄·逍遥游》，《袁宏道集笺校》卷二十三，钱伯城笺校，第 796 页。
② 袁宏道：《又答梅客生》，《袁宏道集笺校》卷二十一，钱伯城笺校，第 738 页。
③ 袁宏道：《德山麈谈》，《袁宏道集笺校》卷四十四，钱伯城笺校，第 1293 页。

说“理在情内”。不能“拂情以为理”，是袁宏道对情理关系的基本观点：

> 孔子所言挈矩，正是因，正是自然。后儒将矩字看作理字，便不因，便不自然。夫民之所好好之，民之所恶恶之，是以民之情为矩，安得不平？今人只从理上挈去，必至内欺己心，外拂人情，如何得平？夫非理之为害也，不知理在情内，而欲拂情以为理，故去治弥远。①

挈，度量；矩，法则。袁宏道认为，孔子的“挈矩”是顺民众之“情”的，是以民众之“所好好之”“所恶恶之”。理学家从“天理”世界去推度“民情”，不符合人的自然本性。“今人只从理上挈去”，结果欺人欺己。袁宏道断言，衡量民众想法的标准只能是“情”（“人情”），“理”不能凌驾于“情”之上，而是在“情”之内。治理天下要“以民之情为矩”，天下才能平安无事。“理在情内”，是说合乎“民情”的“理”才成为“理”；“理在情内”，是说不能抛弃“民情”。袁宏道的“民情”，包括人的真实情性，也包括人的情欲。以“人情”作为文艺创作的指导原则，就是袁宏道倡导的“性灵”说：

> 独抒性灵，不拘格套，非从自己胸臆流出，不肯下笔。有时情与境会，顷刻千言，如水东注，令人夺魄。其间有佳处，亦有疵处，佳处自不必言，即疵处亦多本色独造语。然予极喜其疵处，而所谓佳者，尚不能不以粉饰蹈袭为恨，以为未能尽脱近代文人习气故也。②

性灵一词，魏晋时代的文人就已经使用了，指人的才思处于灵动的状态之中。明代中后期，屠隆、钟惺、谭元春等人，对性灵的使用相当频繁，但赋予独特性意义的是袁宏道。袁宏道以为，破除“格套”是达到“性灵”的前提。“格套”是指束缚思想自由的清

---

① 袁宏道：《德山麈谈》，《袁宏道集笺校》卷四十四，钱伯城笺校，第 1290 页。
② 袁宏道：《叙小修诗》，《袁宏道集笺校》卷四，钱伯城笺校，第 187—188 页。

规戒律，是从内容到形式的各种习惯见解。“性灵”指发自内心的真实情感，不渗入虚假的成份。“独抒性灵”，是指人的真实情感与客观对象相接触时的想法，不加粉饰地表达出来。此时作者的文思奔腾而出，“情与境会，顷刻千言”，李贽“童心”说在袁宏道身上是再现的了；“不拘格套”，是要无拘束地把自己的真实情感与艺术个性，呈现在作品里。袁宏道对千人一面是否定的：“大抵物真则贵，真则我面不能同君面，而况古人之面貌乎？”①这自然是脱胎于李贽的：“迹则人人殊，有如面然。面则千万其人，亦千万其面矣。”②李贽以为，每个人都是有着独特之“面”，“千万人”有“千万面”。袁宏道强调，“我面”与“君面”及“古人之面”，是各不相同的。用词有所不同，但思想实质是一样的。

袁宏道以为，从自身真情发出而写就的文章，才有新意可言：“文章新奇，无定格式。只要发人所不能发，句法字法调法，一一从自己胸中流出，此真新奇也。”③不要仿效前人，去淹没自身的真情，从真情流出来的文字，才是“真新奇”。袁宏道所说的“新奇”，与李贽有着密不可分的关联：“宏实不才，无能供役作者。独谬谓古人诗文，各出己见，决不肯从人脚跟转，以故宁今宁俗，不肯拾人一字。词客见者，多戟手呵骂，唯李龙湖、黄平倩、梅客生、陶公望、顾升伯、李湘州，稍见许可。”④“真新奇”换一种表述，就是“各出己见”；“真新奇”之意，就是人的真情实感之所在。

袁宏道强调，文艺作品应力求表达出真情实感，前提之一是不要“粉饰蹈袭”。他推崇个性鲜明的“本色独造语”，以为即使有“疵处”亦属可喜。明代提倡“本色”说的最有力者是徐渭。本色是指真实而言，徐渭力主戏剧语言通俗易懂，反对过于文雅晦涩，留有明显的人工雕饰痕迹。袁宏道继承了徐渭的“本色”说，认为文艺作品不外乎真实感情的自然抒发，但更多的是与李贽“童心”说宗旨相关的。李贽以为，文学作品表达出了真意，便自然会有新意。读过李贽《焚书》的袁宏道，对李贽“唯真”观念是一清二楚的。袁宏道以真为文艺作品的精髓所在，这是读过李贽《焚书》后

---

① 袁宏道：《丘长孺》，《袁宏道集笺校》卷六，钱伯城笺校，第283页。
② 李贽：《又答石阳太守》，《焚书》卷一，张建业主编：《李贽文集》（第1卷），第5页。
③ 袁宏道：《答李元善》，《袁宏道集笺校》卷二十二，钱伯城笺校，第786页。
④ 袁宏道：《冯琢庵师又》，《袁宏道集笺校》卷二十，钱伯城笺校，第781—782页。

精神倍增的原委所在。

袁宏道提出，有真情的作品，自有一种动人心魂的力量："大概情至之语，自能感人，是谓真诗，可传也。而或者犹以太露病之，岂不知情随境变，字逐情生，但恐不达，何露之有？"①就"劳人思妇"与"学士大夫"的作品相比较而言，前者要胜于后者："要以情真而语直，故劳人思妇，有时愈于学士大夫；而呻吟之所得，往往快于平时。"②真实、坦直的情感，是包括诗在内的一切文学作品的生命所在。从"情至之语"为"感人"的"真诗"这一观点来看，"真"与"情"是相互贯通的。袁宏道断言，"出自性灵者为真诗"，"真"是"性灵说"的源泉：

> 诗何必唐，又何必初与盛？要以出自性灵者为真诗尔。夫性灵窍于心，寓于境。境所偶触，心能摄之；心所欲吐，腕能运之。心能摄境，即蝼蚁蜂虿皆足寄兴，不必《雎鸠》《驺虞》矣；腕能运心，即谐词谑语皆是观感，不必法言庄什矣。以心摄境，以腕运心，则性灵无不毕达，是之谓真诗，而何必唐，又何必初与盛之为沾沾。③

唐诗作为古代诗歌的高峰，不容置疑是后人的楷模，但像描红簿地学唐诗，是扼杀了作者真实个性的。以王世贞、李攀龙为首的后七子，打着复古的旗号，断言诗歌自唐天宝年间以后，皆无足观。如钱谦益所说："万历中年，王、李之学盛行，黄茅白苇，弥望皆是。文长、义仍，崭然有异，沉痼滋蔓，未克芟难。中郎以通明之姿，学禅于李龙湖，读书论诗，横说竖说，心眼明而胆力放。"④"黄茅白苇，弥望皆是"，这出自苏东坡给友人张文潜的信，⑤是指在盐碱地连片长着黄色茅草与白色芦苇，那种齐一而单

---

① 袁宏道：《叙小修诗》，《袁宏道集校笺校》卷四，钱伯城笺校，第 188 页。

② 袁宏道：《陶孝若枕中呓引》，《袁宏道集校笺校》卷三十五，钱伯城笺校，第 1114 页。

③ 江盈科：《敝箧集叙》，袁宏道：《袁宏道集笺校》附录三，钱伯城笺校，第 1685 页。

④ 钱谦益：《列朝诗集小传》，第 567 页。

⑤ 苏轼：《答张文潜县丞书》："王氏欲以其学同于天下！地之美者，同于生物，不同于所生。惟荒瘠斥卤之地，弥望皆黄茅白苇，此则王氏之所同也。"（苏轼：《苏轼文集》卷四十九，孔凡礼点校，第 1427 页）这里的"王氏"指王安石，是批评王安石想用行政权力来限制人们解读经书的自由，以达到千人一面的目的。

调的情景。虽说经过徐渭与汤显祖的努力，模拟之风有所收敛，但没有根本的改观。要使“王、李之学”一统文坛的情况发生实质的变化，必得有一个简单明白的核心范畴的揭橥，并围绕这一范畴作多方面的论证才行。徐渭与汤显祖靠的诗歌创作，没有改变陈陈相因的格局；袁宏道锋颖叠出、不拘流俗的“性灵说”就是这样的核心范畴。袁宏道以它作为文学革新的旗号，一扫文坛的模仿摹拟之风。恰如钱谦益所论：“中郎之论出，王、李之云雾一扫，天下之文人才士始知疏瀹心灵，搜剔慧性，以荡涤摹拟涂泽之病，其功伟矣。”①袁宏道强调，只要出自“性灵”的作品，不论雅俗程度如何，都是能够是寄兴的，“蝼蚁蜂虿皆足寄兴，不必《雎鸠》《驺虞》”；只要出自“性灵”的作品，不必师法古人，不求格调高雅，“即谐词谑语皆是观感，不必法言庄什”。“性灵说”，是颂扬自我的真实个性。崇祯五年（1632），陆云龙评“性灵说”有一段议论：“中郎叙《会心集》，大有取于有趣。小修称中郎诗文云率真。率真则性灵现，性灵现则趣生。”②照陆云龙之意，“性灵”为核心，“率真”因“性灵”而映现，而“趣生”为“性灵”映现的归宿。

袁宏道的“趣”不只是具有美学上的意义，更与他的人生观是融为一体的“趣”：

> 世人所难得者唯趣。趣如山上之色，水中之味，花中之光，女中之态，虽善说者不能下一语，唯会心者知之。今人慕趣之名，求趣之似，于是有辩说书画，涉猎古董以为清；寄意玄虚，脱迹尘纷以为远；又其下者则有如苏州之烧香煮茶者。此等皆趣之皮毛，何关神情。夫趣得之自然者深，得之学问者浅。当其为童子也，不知有趣，然无往而非趣也。面无端容，目无定睛，口喃喃在而欲语，足跳跃而不定，人生之至乐，真无逾于此时者。孟子所谓不失赤子，老子所谓能婴儿，盖指此也。趣之正等正觉最上乘也。山林之人，无拘无缚，得自在度

① 钱谦益：《列朝诗集小传》，第567页。
② 陆云龙：《叙袁中郎先生小品》，袁宏道：《袁宏道集笺校》附录三，钱伯城笺校，第1721页。

日，故虽不求趣而趣近之。[①]

这是袁宏道为友人陈正甫《会心集》所作的序，成于万历二十五年（1597）。此时袁宏道已离却官场，是他思维最为通畅的时刻。袁宏道勾勒了一个“无往而非趣”的“童子”形象，“童子”容貌很不端正、目光闪烁不定、口喃喃而欲语、足跳跃而不定。这是由着真性而不受任何“闻见知识”束缚时“童子”的言行，是“人生之至乐”之所在。“至乐”，袁宏道又称为“真乐”。这是具有“自在度日”人生观的人方能享受的。袁宏道强调，这是人生之“趣”的真谛，这叫“虽不求趣而趣近之”，也即“趣得之自然者深”。

袁宏道以为，“趣”是不能言说，只可心领神会（即王阳明、王艮专心致志追求的“悟道”）。以“女中之态”来说，袁宏道觉得很难用“下一语”来判定。女子千姿百态，有清纯的，有丰腴的，有妩媚的，不一而足。况且人的审美观各殊，“趣”只可“会心者知之”。再以“花中之光”论，与周围环境相处得很和谐的一些植物，仔细观看就会发觉叶片泛出光泽，花瓣显得精神，这也无法用言语来准确状写。这是一。第二，袁宏道以为，“得趣”以是否合乎“自然”为标准。他区别了得“趣”两种不同的境界，有“皮毛”的，有“上乘”的。鉴定书画、执意归隐与烧香拜佛，人们多刻意为之，袁宏道断为“趣之皮毛”。没有一丝人为造作的“本色”，才是“趣得之自然者”。用佛教的术语来说，是“正觉最上乘”。第三，人处于“童子”状态时，其言行是率真的，为“得趣之自然”的尺度所在。“童子”就是“不失赤子”之心时的状态，就是“婴儿”的天真无知的状态。这种状态，正是李贽所说的“童心”。李贽是从哲理上来论述的，袁宏道化为具体的形象来表达。袁宏道的“趣”，承接了李贽“童心”之保存得以摒弃“道理闻见”为前提的主张，认为“趣”与“学问”“闻见知识”之间是有尖锐矛盾的，即“趣得之自然者深，得之学问者浅”。袁宏道说：“迨夫年长，官渐高，品渐大，有身如梏，有心如棘，毛孔骨

① 袁宏道：《叙陈正甫会心记》，《袁宏道集笺校》卷十，钱伯城笺校，第463页。

节俱为闻见知识所缚，入理愈深，然其去趣愈远矣。”[①]“趣”与“理”的关系是难以共融的，“理”入得深了，离开“趣”就远了。袁宏道与李贽一样，把“学问”“闻见知识”都归入“理”的范畴里。“当其为童子也，不知有趣，然无往而非趣也”，“趣”是人的本然状态的体现，任何后天的“理”都不可掺入其内。袁宏道以“童子”释“趣”，是对诗歌所作的审美观照，是“性灵说”的一部分，是李贽“童心”说对袁宏道影响的反映。

《锦帆集》与《解脱集》，为袁宏道任职于吴县与游历东南时期所作诗文的结集。袁中道评价这些诗文时说，“俱从灵源中溢出，别开手眼”，“其别于人者有五”：“识”“才”“学”“胆”与“趣”。[②]这一时期是袁宏道文学革新思想最为亢奋的时期，不但写下了《叙小修诗》《叙陈正甫会心集》等代表作，更以“性灵说”的揭橥，以真情畅叙为诗歌的生命力所在，给当时文坛带来了一股清澈而有锐气的新风，令人刮目相看。“五者”之一“趣”，“若山光水色，可见而不可即，此其趣别也”，[③]与前面所说“不能下一语，唯会心者知之”的意义相同。因而，“难得者唯趣”也就是题中应有之义的了。“五者”之一“胆”，则涉及了袁宏道的自适人生观，而这与李贽又有着密不可分的联系。

（三）“自适是极”

袁中道对“胆”的诠释着眼于“以求自适”上：“随其意之所欲言，以求自适，而毁誉是非，一切不问，怒鬼嗔人，开天辟地，此其胆别也。”[④]“以求自适”四字，概括了他一生的人生要义。无论是中举、做官，还是退隐、游历；抑或官场冷热，甚至好友零落，“以求自适”是贯串于袁宏道一生的。[⑤]万历二十三年

---

① 袁宏道：《叙陈正甫会心记》，《袁宏道集笺校》卷十，钱伯城笺校，第463—464页。

② 袁中道：《吏部验封司郎中中郎先生行状》，袁宏道：《袁宏道集笺校》附录二，钱伯城笺校，第1652—1653页。

③ 袁中道：《吏部验封司郎中中郎先生行状》，袁宏道：《袁宏道集笺校》附录二，钱伯城笺校，第1653页。

④ 袁中道：《吏部验封司郎中中郎先生行状》，袁宏道：《袁宏道集笺校》附录二，钱伯城笺校，第1652页。

⑤ “自适”见于《庄子·骈拇》：“夫适人之适而不自适其适，虽盗跖与伯夷，是同为淫僻也。”意思是说，到别人要去的地方而不到自己要去的地方，即使伯夷也和盗跖一样，是失掉了本性而陷于邪恶了。

（1595）秋他写信问汤显祖询问做县令的感受：

作吴令，备诸苦趣，不知遂昌仙令，趣复云何？俗语云：“鹄当白，鸦般黑。”由此推之，当不免矣。人生几日耳，长林丰草，何所不适，而自苦若是。每看陶潜，非不欲官者，非不丑贫者；但欲官之心，不胜其好适之心，丑贫之心，不胜其厌劳之心，故竟“归去来兮”，宁乞食而不悔耳。弟观古往今来，唯有讨便宜人，是第一种人，故漆园首《逍遥》名篇。①

以不无自嘲的话为开场白，之后举了陶渊明的例子，怀古思今，自剖心迹。外面林木葱郁、草木茂盛，何处不能自适，我却偏偏自寻苦楚来做官呢？陶渊明想当官的心情，不及他对自适的向往，留下了“归去来兮”的千古佳句。袁宏道说考察了古今往来的情况，只有“讨便宜之人”才是“第一种人”，认为这是庄子把《逍遥游》作为《庄子》首篇的原因。“逍遥游”是庄子反复使用而在先秦其它典籍中，没有出现过的术语。“游”，不局限于交游、游玩、游说，而突出的是精神不受任何条件限制的自由之意。②这里的“便宜”不是指贪小，从上下文来思索，当指便利于自己行事之意，即“何所不适”。“便宜人”就是“以求自适”之人的别称。袁宏道是在赴京候选期间，与汤显祖相识。一个说“近来汤显祖，凌厉有佳句”，一个讲“海若极服楚才，以为不可当”。③虽说有点文人相互吹捧的意味，但二人在文学艺术上的成就是不容怀疑的。袁宏道向自己的好友倾诉内心世界的苦，在信中得到真实而生动的发挥。

袁宏道他把世间之人分为四种，最称心的为“适世一种其人”：

弟观世间学道有四种人：有玩世，有出世，有谐世，有适世。……独有适世一种其人，其人甚奇，然亦甚可恨。以为禅也，戒行不足；以为儒，口不道尧、舜、周、孔之学，身不行

① 袁宏道：《汤义仍》，《袁宏道集笺校》卷五，钱伯城笺校，第 215 页。
② 参见朱义禄：《诸子百家》，同济大学出版社 2002 年版，第 68—70 页。
③ 参见周群：《袁宏道评传》，南京大学出版社 1999 年版，第 46 页。

羞恶辞让之事，于业不擅一能，于世不堪一务，最天下不紧要人。虽于世无所忤违，而贤人君子则斥之惟恐不远矣。弟最喜此一种人，以为自适之极，心窃慕之。①

在袁宏道的视野里，“自适是极”之人，把佛教的清规戒律、儒家的先圣学说与修身养心，统统摒弃于外；“自适是极”之人，遭到传统中品行高尚的“贤人君子”的责骂而被排斥，统统不加考虑。自由自在，没有外在制约，这是他的人生信条。他最喜欢的一种人，与李贽极为相仿，可以说李贽在他身上留下深深的烙印。李贽说：“士贵为已，务自适。如不自适而适人之适，虽伯夷、叔齐同为淫僻；不知为已，惟务为人，虽尧、舜同为尘垢秕糠。”②以为像伯夷、叔齐这样的贤人，似尧、舜那样的圣人，不以“自适”为人生的极致，而奉行“适人之适”，都是不值得尊重的。“自适”的具体情况，在万历十七年（1589）李贽给焦竑信中有较详细的说明：

弟尝谓世间有三等作怪人，致使世间不得太平，皆由于两头照管。第一等，怕居官束缚，而心中又舍不得官，既苦其外，又苦其内。此其人颇高，而其心最苦，直至舍了官方得自在，弟等是也。又有一等，本为富贵，而外矫词以为不愿，实欲托此以为荣身之梯，又兼采道德仁义之事以自盖。此其人身心俱劳，无足言者。独有一等，怕作官便舍官，喜作官便作官；喜讲学便讲学，不喜讲学便不肯讲学。此一等人身心俱泰，手足轻安，既无两头照顾之患，又无掩盖表扬之丑，故可称也。③

李贽认为，世间有三等作怪之人，而以“身心俱泰一等人”最值得称赞。这种人怕做官就辞官，喜做官便上任；要讲学就开讲，不想讲学就停讲，以身心的安逸与舒泰为主心骨。次一等的人看上去很清高，他要经过痛苦的斗争后，摆脱外在束缚后“方得自

① 袁宏道：《徐汉明》，《袁宏道集笺校》卷三，第217—218页。
② 李贽：《答周二鲁》，《焚书》增补一，张建业主编：《李贽文集》（第1卷），第251页。
③ 李贽：《复焦弱侯》，《焚书》卷二，张建业主编：《李贽文集》（第1卷），第42页。

在”。最差劲的一等人，追求富贵却说不想富贵，言行不一，用仁义之类的话来掩盖自己的真实向往。里外不一、口是心非是他们信奉的原则。袁宏道讲“世间学道有四种人”，而以“自适”为等级最高。李贽向往“身心俱泰一等人”，与袁宏道“独有适世一种其人”，句式与语气上相似极了，分不出意旨上的不同。

通过上述的比较可以确定，袁宏道“自适是极”的人生观，是读了《焚书》后才萌生的。李贽两信写于万历十六年（1582）与十七年（1583），《徐汉明》一信写于万历二十三年（1595），是袁宏道当了吴县令后觉得苦不堪言的时刻。他向舅父龚惟长诉苦：“甥自领吴令来，如披千重铁甲”[①]；他向友人诉苦：“吴令甚苦我：苦瘦，苦忙，苦膝欲穿，腰欲断，项欲落”[②]；总而言之，“作吴令，无复人理，几不知有昏朝寒暑矣”[③]。这是否是政务繁忙造成的呢？答案是否定的。

袁宏道所任的吴县，是物产丰盈、人文荟萃之地。袁宏道到任后，将超额征收税赋害民的猾吏处置，“先生俱置之法，而清额外之征凡巨万，吴民大悦”。宰相申时行对他称许有加：“先生为令清次骨，才敏捷，一县大治。宰相申公闻而叹曰：‘二百年来，无此令矣。’”[④]恪守职道、政绩斐然的他，叫苦的缘由与他“以求自适”的人生信条相关。他钟情于酒坛诗社、奇花异草、湖光山色、品茶读书的生活。如此的生活在袁宏道看来，是人生的“至乐”，是“自适是极”人生观的真实写照。袁宏道在官场中算得上是一个另类。通常的士人一旦登上官位，如归有光所描绘的那样：“一为官守，日夜孜孜，惟恐囊橐之不厚，迁转之不亟，交结奉承之不至。书问繁于吏牒，馈送急于官赋，拜谒勤于职守。”[⑤]大多数官吏的心态是，惟恐财富不丰厚、升迁不及时、巴结有不周的。袁宏道对官场上的迎往送来、人际关系、唯上为尊等情况，觉得无所适从：“钱谷多如牛毛，人情茫如风影，过客积如蚊虫，官长尊

---

① 袁宏道：《龚惟长先生》，《袁宏道集笺校》卷五，钱伯城笺校，第 222 页。

② 袁宏道：《杨安福》，《袁宏道集笺校》卷五，钱伯城笺校，第 213 页。

③ 袁宏道：《沈博士》，《袁宏道集笺校》卷五，钱伯城笺校，第 219 页。

④ 袁中道：《吏部验封司郎中中郎先生行状》，袁宏道：《袁宏道集笺校》附录二，钱伯城笺校，第 1651—1652 页。

⑤ 归有光：《送纯甫先生会试序》，《震川先生文集》卷九，上海古籍出版社 1981 年版，第 188 页。

如阎老。以故七尺之躯，疲于奔命，十围之腰，绵于弱柳。”[①]天天生活在自己讨厌的环境中，这是他向亲戚、友人、知己的信中，诉说当官之种种苦楚的原委。读了李贽《焚书》后，袁宏道精神上才有振奋，“愁可以破颜”“病可以健胃”“昏可以醒目”。这与“腰欲断”“项欲落”“无复人理”相比，落差何其大也！合理的解释只有一个，正当袁宏道力图摆脱笼牢的急迫之际，《焚书》给了他强烈的启迪，让他形成了“自适是极”的人生观。

袁宏道以禽兽尚且向往山林的自由自在的生活，来论证人受束缚于“禄食”中是没有道理的。[②]他说：“夫鹦鹉不爱金笼而爱陇山首，桎其体也；雕鸠之鸟，不死于荒榛野草而死于稻粱者，违其性也。异类犹知自适，何以人而桎梏于衣冠，豢养于禄食邪？则亦可嗤之甚矣。”[③]这是袁宏道用庄子“鲁侯养鸟”（《庄子·至乐》）的寓言来说明，人对精神自由追求的缘由。有海鸟栖息于鲁，鲁国的国君把它养于庙堂，食有太牢，条件非常优越，但海鸟却三天骇惧而死。“鹦鹉”“雕鸠”向往山林荒野的自由的生活，难道人就得“桎梏于衣冠，豢养于禄食”吗？禽兽尚且知道“自适”，难道人不应该懂得“自适是极”吗？袁宏道“自适是极”人生观的形成，有吸取庄子“逍遥游”思想的因素在内。同传统的官本位思想决裂，径情直逐自由自在的生活乐趣，就是“自适是极”人生观的宗旨所在。

在思维方式上，袁宏道汲取了李贽的怀疑原则与相对主义；在文学创作上，“性灵说”与“难得唯趣”，与李贽的直抒胸臆的“童心”说有着千丝万缕的关系；在人生信条上，“适世”的主张基本上是从李贽那里翻版出来的，尽管内中有着庄子思想的影响。

---

① 袁宏道：《沈博士》，《袁宏道集笺校》卷五，钱伯城笺校，第219—220页。

②《庄子·至乐》：“昔者海鸟止于鲁郊，鲁侯御而觞之于庙，奏九韶以为乐，具太牢以为膳。鸟乃眩视忧悲，不敢食一脔，不敢饮一杯，三日而死。此以己养养鸟也，非以鸟养养鸟也。夫以鸟养养鸟者，宜栖之深林，游之坛陆，浮之江湖，食之鳅、鲦，随行列而止，委蛇而处。彼唯人言之恶闻，奚以夫譊譊为乎！”

③ 袁宏道：《冯秀才其盛》，《袁宏道集笺校》卷十一，钱伯城笺校，第480页。

第八章

泰州王门在近代的影响

在这方面能够作些较有份量论述的，以著者之见，是梁启超、吴虞与梁漱溟三人。不是说近代惟有这三位才认识到泰州王门的影响，而是说泰州王门的思想，已经渗入到这三位的学说中去了，成为他们学说的一个组成部分。尽管梁启超只是在一个短暂时间中受到影响，与梁漱溟的终身受用有较大的区别。但他们作为近代中国的弄潮儿，在各自生活的年代里，都是领军式的人物。他们的学说昭昭于世，不可能尽善尽美，但他们确实是生前腾誉于识者之心，死后则荣褒于时人之口。对他们受过泰州王门的影响作些较为系统的解析，我觉得在近代思想文化史的领域中还是缺只角的。

第一节 表彰泰州王门的梁启超

梁启超在流亡日本时，刊行《节本明儒学案》一书，时在1905年。①在5500字的眉批中，以对泰州学案的批语为最长，为730字。梁启超不仅称泰州王门众人为“诸贤”“真豪杰”，更誉“山农、心隐诸举动，其可以为今日我辈之模范者何多也”。评价之高也不逊于十余年后吴虞在《明李卓吾别传》中对李贽的推崇。况且批语中，涉及泰州王门在日本的影响。学术界对《明李卓吾别传》比较熟悉，于《节本明儒学案》很少有人提及，为此有必要深入讨论一下。

（一）《节本明儒学案》的面世

《节本明儒学案》是梁启超从《明儒学案》节录出来的本子，规模为原书的四分之一左右，字数为24万字。《明儒学案》原有十九个学案，梁启超照样未变。《明儒学案》的发凡、目次与刘宗周的《师说》，以及各学案的原序，均括在内。节本与原本一样，名列学案也是196人，但有语录被选入的只有79人。抄录语录的为834条，最多的是王阳明的115条。向阳明心学的倾斜是很明显的，这与他早年受康有为的教诲相关。

① 收罗梁启超著作篇幅最大、流行最广的《饮冰室合集》，未把梁启超的著作搜罗殆尽，《节本明儒学案》属其中之一。据李国俊在三十多年前统计，未收的尚有百余万字左右（见李国俊编：《梁启超著述系年》，复旦大学出版社 1986 年版，第 88 页）2018 年 1 月，上海古籍出版社出版了由江西财经大学教授彭树欣整理的《梁启超修身三书》，其中之一即为《节本明儒学案》。2018 年 3 月，汤志钧、汤仁泽父子主编的《梁启超全集》，由中国人民大学出版社出版，计 1286.5 万字。

在未拜师康有为前，梁启超主攻的是经史训诂辞章之学。师从康有为后，遵师嘱读《明儒学案》。梁启超在《三十自述》中回忆，十九岁时在万木草堂接受康有为的教诲时说："余与诸同学日札记其讲义，一生之学问得力，皆在此年""日课则《宋元明儒学案》《二十四史》《文献通考》等"。[①]节本与原本的区别在于，原本是一部明代学术思想史的著作，节本则演化为一本修身之书。为何出现如此的变动呢？梁启超自幼丧母，与姐相依为命，姐姐的去世让梁启超很沮丧。1904年，梁启超（33岁）给《致蒋砚云先生书》中说："仆于十日前有姊之丧，心绪恶劣，不能自胜。……读尊著《养心用心论》惠我良多，日来惟读《明儒学案》，稍得安心处，拟节钞之印行，公谓如何。"[②]他以读《明儒学案》为调理心态的良药，并决心节钞《明儒学案》加以刊行："启超自学于万木草堂，即受《明儒学案》，十年来以为常课，每随读随将精要语圈出，备再度研览，代书绅云尔。乃今取旧读数本，重加厘订，节钞以成是编。"[③]《明儒学案》是梁启超一直带在身边，长期阅读的书籍。他以为《节本明儒学案》有利于个人身心的修养："启超所以提倡此书之意，将于智育以外，为德育界馈之粮也。……今本书所钞，专在治心治身之要，其属于科学范围者，一切不钞。"[④]《节本明儒学案》是在1904年到1905年梁启超流亡日本期间编成的。

梁启超是在康有为的指导下去读《明儒学案》的，而万木草堂时期的康有为"独好陆王"："又九江之理学，以程朱为主，而间采陆王，先生则独好陆王，以为直捷明诚，活泼有用。故其所以自修及教育后进者，皆以此为鹄焉。"[⑤]"独好陆王"的康有为，重视"心"的作用，那是毋庸置疑的。他在1902年所著的《孟子微》一书中，把"心"与西方自然科学结合起来，以为这是人类的文明

① 丁文江、赵丰田编：《梁启超年谱长编》，上海人民出版社 1983 年版，第 24—25 页，。

② 丁文江、赵丰田编：《梁启超年谱长编》，第 343 页。

③ 梁启超：《节本明儒学案》，《梁启超修身三书》，彭树欣整理，上海古籍出版社 2018 年版，第 1 页。《明儒学案》由一本学术思想史著作，易为修身养心之书。梁启超变更书的性质的原委，参见彭树欣为《梁启超修身三书》所作之"导论"。

④ 梁启超：《节本明儒学案》，《梁启超修身三书》，彭树欣整理，第 3 页。

⑤ 梁启超：《康有为传》，《康南海先生自编年谱（外二种）》，楼宇烈整理，中华书局 1992 年版，第 204 页。

与进化的动力。康有为认为，孟子所说的“不忍人之心”，即孔子的“仁”，也就是近代西方物理学界视为宇宙本原的“以太”。它们是世间一切的根源所在，“人道之文明，人道之进化，至于太平大同，皆从此出”[①]。康有为所说的“不忍人之心”绝非孟子原意，而是王阳明“良知”的化身。只是既为《孟子》一书作发微，故乃沿用“不忍人之心”这一概念。梁启超于1902年至1906年写了《新民说》，这是梁启超一生中思想最激烈的时期。他断言：“盖心力散涣，勇者亦怯；心力专凝弱者亦强。是故报大仇，雪大耻，革大难，定大计，任大事，智士所不能谋，鬼神所不能通者，莫不成于至人之心力。”[②]“心力”的“散涣”与“凝弱”，是决定“弱者”与“强者”的主心骨，人世间的一切大事，皆由“心力”所主宰。“心力”是梁启超刊行《节本明儒学案》的指导思想，故在眉批中极力表彰王阳明的知行合一之教。[③]本书不专力于此，重点在考察他对泰州王门的赞许上。

（二）“行事与泰州学派相近”

梁启超先是照录了黄宗羲的《泰州学案序》，而后有很长的眉批：

> 泰州之学为世诟病，当时无贤不肖畏之如蝎。梨洲固心许之，然不能太撄时论，故稍予微辞，抑亦补偏救弊之意。其所赞评，谓“多能以赤手搏龙蛇”，谓“掀翻天地，前不见古人，后不见不来者”，谓“赤身担当，无有放下时节”，真能写出诸贤气象。盖诸贤实学道有得之真豪杰也。
>
> 阳明之教，即知即行，不行不得谓之知。泰州诸贤，以非常之自信力，而当下即行其所信。阳明活用孔孟之学，而泰州又活用阳明之学者也。必如泰州，然后阳明学乃真有关系于社会于国家也。本节所记诸贤，梨洲不以入之学案正文，盖微外之。然观山农、心隐诸举动，其可以为今日我辈之模范者何多

---

① 康有为：《孟子微》，楼宇烈整理，中华书局 1987 年版，第 9 页。

② 梁启超：《论尚武》，《新民说》，宋志明选注，辽宁教育出版社 1994 年版，第 157—158 页。

③ 关于梁启超的“心力”，可参见朱义禄：《“心力”论——阳明心学在近代中国的重振与发展》，杨国荣主编：《思想与时代》（第十八辑），华东师范大学出版社 2016 年版。

也。日本自幕府之末叶，王学始大盛，其著者曰大平中斋，曰吉田松阴，曰西乡南洲，曰江藤新平，皆为维新史上震天撼地人物。其心得及其行事与泰州学派盖甚相近矣。井上哲次郎著一书曰《日本阳明派之哲学》，其结论云："王学入日本，则成为一日本之王学，成活泼之事迹，留赫奕之痕迹，优于支那派远甚。"（原著六二七页）嘻！此殆未见吾泰州之学风焉尔。抑泰州之学，其初气魄虽大，然终不能敌一般之舆论，以致其传不能永，则所谓活泼赫奕者，其让日本专美亦宜。接其传而起其衰，则后学之责也。

梨洲少时携锥入都，谋复仇，其气象与山农、心隐一何相类，其后乃稍别之耳。井上氏又云："阳明派之人著书率少，其行状即代著书。且所以感化人者，比著书之效果更大。盖彼等以知行合一为主义，常实行其所知，故所行即所知之发现也。观其学术，当于此焉求之。"吾谓山农、心隐之行事，皆足以廉顽立懦，宜以至精之学说视之。

梨洲所以不列诸贤于学案正文者，谓其纯于禅，非复儒也。习气哓哓儒佛之辨，则此自是当时习气耳。明道谓邵康节豪杰之士，若泰州诸贤，皆所谓豪杰之士也。观心斋父子之所证，何其与康节相肖。①

这段眉批内容很丰富。首先有个"泰州学派"一词是谁最早提出的问题。黄宗羲用的是"泰州学案"，但没有提"泰州学派"。容肇祖在《何心隐及其思想》一文中说："何心隐是王守仁门下王艮的三传弟子，即所谓泰州学派的嫡传。"②时间是在1937年，比梁启超晚了二十二年。刘师培在20世纪初写了篇《王艮传》，内中说"先生之学，传播东南，学者称为泰州学派云"③。刘师培生于1884年，其所说的"学者"当为梁启超。梁启超在眉批中，"泰州之学"出现了三次，"泰州诸贤"为二次，"泰州学派"仅一见。这唯一提到的一次，让梁启超成为"泰州学派"的始作俑者。

---

① 梁启超编著：《节本明儒学案》，《梁启超修身三书》，彭树欣整理，第519—521页。

② 容肇祖：《何心隐及其思想》，《容肇祖集》，第376页。

③ 刘师培：《王艮传》，《中国近三百年学术史论》，罗志田导读，徐亮工编校，上海古籍出版社2019年版，第279页。

其次，梁启超以为，这一学派“其传不能永”的原因是，一直为具有正统观念的文人所诟病。王世贞诋毁颜山农，说他“好意见，穿凿文义，为奇邪之谈”，“几令人有黄巾、五斗之忧”。[①]王世贞（1526—1590），明代著名文学家，史学家。号弇州山人，太仓人。嘉靖二十六年（1547年）进士。官至南京刑部尚书。王世贞为文坛领袖二十年，声望甚高。那个抓了何心隐的封建卫道士王之垣，受王世贞的影响，对颜山农进行人身攻击：“王弇州先生《别集》，其所载颜山农挟诈赵文肃千金与奸良家妇女为心隐所殴事，尤污齿颊。”[②]王世贞讲颜山农有个怪习，学生拜他为师，就得先被他打三拳才行。何心隐拜师后很后悔，于是趁颜山农在奸淫农家妇女时躲在隐僻处，待事完后打了颜山农三拳，于是“削弟子籍，因纵游江湖”。[③]此即“颜山农奸良家妇女为心隐所殴”之事所本。王世贞这一记载可以说一箭双雕，既给颜山农添了个色鬼的罪名，又指斥颜山农、何心隐两人以讲学鸣世而缺乏尊师之习。王之垣给按上了何心隐“假以聚徒讲学为名，扰害地方，中间不法情罪甚多”的罪名。[④]卫道士们连篇累牍的围攻，成了笼罩于整个社会的“一般之舆论”，这是泰州王门难以持续流传的缘由。梁启超称赞颜山农、何心隐、王艮父子为“豪杰之士”，与传统卫道士们的观点大相径庭。

第二，梁启超以为，黄宗羲对何心隐与颜钧的所作所为“固心许之”，但碍于与“时论”相抵触，是有所收敛的。不过“赞评”是有的，如“赤身担当，无有放下时节”等。青年时代的黄宗羲气盛得很，上北京身藏铁锥重击宦官，为父亲黄尊素报仇。梁启超以为，“梨洲少时携锥入都，谋复仇，其气象与山农、心隐一何相类”，真有“掀翻天地”的狂者气概。黄宗羲“少时携锥入都”之壮举，历来为后人所称赞。梁启超断言，这是因为黄宗羲在侠者境界上，同被指为“妖人”的何心隐与目为“少正卯”的颜钧是“相

---

① 王世贞：《嘉隆江湖大侠》，《弇州史料后集》卷三十五，引自何心隐：《何心隐集》，容肇祖点校，第143页。

② 王之垣：《历仁录》，《何心隐集》，容肇祖点校，第146页。

③ 王世贞：《嘉隆江湖大侠》，《弇州史料后集》卷三十五，引自何心隐：《何心隐集》，容肇祖点校，第144页。

④ 王之垣：《历仁录》，《何心隐集》，容肇祖点校，第145页。

类”的。至于“其后乃稍别之”，是说随着人生阅历的丰富，黄宗羲不可能再有这样的过激举动了。

第三，梁启超青睐王阳明的“知行合一”，以为真正能活学活用“知行合一”的当属泰州王门：“泰州诸贤，以非常之自信力，而当下即行其所言。”梁启超以为，只有像泰州王门这些人，才能作出真正有益于社会、国家的事情——足以为后世垂范：“观山农、心隐诸举动，其可以为今日我辈之模范者何多也。”梁启超以为“知行合一”方面，当以颜钧与何心隐为典范。这与二人建立萃和堂与聚和堂，在把自身的理想化为现实的力行相关的。

第四，认为明治维新的成功，与王学与泰州王门传入日本关系密切。梁启超文中提及的大平中斋、吉田松阴、西乡南洲、江藤新平，均为明治维新运动的先驱者。梁启超的结论是，他们的“心得及其行事与泰州学派盖甚相近”。明治维新运动得以成功的思想资源之一，就是维新志士对“山农、心隐之行事”的仿效，故“宜以至精之说视之”。对此，日本阳明学研究的大家、现代著名思想家朱谦之以为，日本阳明学主要是受“阳明左派”的影响，具体地说就是泰州王门。①

（三）以阳明心学东渐为中心的考察

关于第四点，有必要从阳明心学流传到东瀛的历程去认识。正德八年（1513），日本禅僧了庵桂悟在宁波与会见了王阳明，王阳明作《送日东正使了庵和尚归国序》送别。之后王阳明的文集与《传习录》等，在16世纪中叶传入日本。作为一个学派，日本阳明学是从中江藤树（1608—1648）开始的。在明治维新前幕府统治的二百多年间，日本朱子学是占据主流地位的官学。阳明学一直是下级武士和市民阶层的意识形态。到宽政二年（1790）幕府发布异学禁学令后，阳明学成为异端。到幕府统治末年，阳明学成了维新派志士信奉的哲学，在信奉者中出现了一批杰出的维新运动的思想家，其中就包括梁启超提到的四人。

大平中斋，今作大盐中斋（1793—1837）。14岁时袭父职，在大阪做一个维持地方治安的小官吏。公余在家设立私塾，名“洗

① 参见朱谦之：《朱谦之文集》（第8卷），黄夏年编，福建教育出版社2002年版，第480页。

心洞”，以阳明致良知之教教育学生。1830年退职，专事讲述与著作，著有《洗心洞札记》《古本大学刮目》等。天保七年（1836）发生大灾荒，民不聊生。天保八年（1837）率大阪贫民起义，攻打米店与富商住宅，将粮食分给贫民。旋因被困而自焚身亡。在日本阳明学者中，大盐中斋是用实际行动来实现内心信仰的最彻底者，是躬行阳明知行合一说的典范。

吉田松阴（1830—1859），明治维新运动时期的思想家、教育家与改革家。著作有《讲孟余话》《幽囚录》《留魂录》等。他受李贽生死观的影响甚深：“抄李氏《藏书》，卓吾之论大抵不泄，谁不一读而不与吾拍案叫绝者哉”“仆去冬以来，死之一字，大有发明，李氏《焚书》之功为多。其说甚长，约言之：死非可好，亦非可恶，道尽心安，便是死所。世有身死而心死者，有身死而魂存者。心死，生无益也；魂存，亡无损也”。[①]面对死亡他毫无畏惧，因为他相信“魂存”比“身死”“心死”更有价值，这是他从李贽《焚书》中得到的启示。他对李贽的“童心”观颇为倾心：“顷读李卓吾之文，有趣味之事甚多，《童心说》尤妙。向日肖海（士屋）借示李氏《焚书》，卓吾居士一世之奇男子，其言往往与仆之心合，反覆甚喜。”[②]作为明治维新的精神领袖与理论奠基者，他读了王阳明与李贽著作后赞颂有加：“吾尝读王阳明《传习录》，颇觉有味。顷得李氏《焚书》亦阳明派，言言当心。向日孜以《洗心洞札记》，大盐亦阳明派。”[③]在王阳明与李贽影响下，吉田松阴力倡“尊王攘夷”之论，致力于倒幕运动。三次下狱，后被处以死刑。培养出了山县有朋、伊藤博文等倒幕运动的维新领导人。

西乡南洲即西乡隆盛（1827—1877），南洲是他的号。明治维新时期的政治活动家。生于鹿儿岛，萨摩藩武士出身。倒幕派的中心人物之一。文久二年（1862年）被捕，在狱中两年期间阅读了大量的儒家著作。维新政府成立后于明治四年（1871）任参议。因提“征韩论”未被采纳，辞去职务。明治十年（1877）被萨摩藩武士

---

① 张建业编：《李贽研究资料汇编》，第330—331页。
② 张建业编：《李贽研究资料汇编》，第330页。
③ 张建业编：《李贽研究资料汇编》，第330页。

推为首领发动叛乱，兵败后自焚。

江藤新平（1834—1874），明治维新运动功臣，法学家、民权思想家。对自由、平等、博爱精神情有独钟，主张设立民选议院，为发展资本主义扫清障碍。维新政府成立后，论功行赏，被任命为司法卿，主持司法。上任后雷厉风行，摧毁旧司法体系，把行政与司法分开，奠定了日本近代司法制度的基础。明治六年（1873），政府官员围绕着是否出兵征服朝鲜发生激烈争论。江藤新平主张的"征韩论"处于下风，于是在明治七年（1874）纠集了三千多名武士抢劫银行，发动武装叛乱，反对当局，兵败后被枭首。原先制定给他人的酷刑，自己却成了身试的范儿，人称"日本的商鞅"。

上述四人都为明治维新运动做过自己的贡献，为"维新史上震天撼地人物"。但他们或自尽或被处死，以生命的损躯为结局。梁启超以为，他们继承了王阳明，尤其是"泰州诸贤"的知行合一："以非常自信之力，而当下即行其所言""观山农、心隐诸举动，其可以为今日我辈之模范者何多也"。

（四）"可为今日我辈之模范何多"

这句话值得深思，因为它贴切地表达了梁启超当的心灵深处的思想。学者李国俊以为，《节本明儒学案》是在1905年"11月抄竟，是年新民社印"①。自1898年10月流亡到日本，一直到1906年，是梁启超一生思想最激进的时刻。到日本后即创立《清议报》，声言"明目张胆，以攻击政府"②。1899年夏秋间，"梁启超因与中山往还日密，渐赞成革命"③。同年12月，梁启超说自己的思想面貌与知识结构，较前有一个质的飞跃："又自东居以来，广搜日本书而读之，若行山阴道上，应接不暇，脑质为之改易，思想言论与前者若出两人。"④之前的梁启超，思想受制于康有为的框架；到日本以后，他突破了康有为的藩篱。他以旺盛的精力，著文介绍达尔文、卢梭、孟德斯鸠、康德……正是这样的转变，让他在1902年到1906年完成了最能体现他激进思想的《新民说》。在

---

① 李国俊：《梁启超著述系年》，复旦大学出版社 1986 年版，第 91 页。
② 丁文江、赵丰田：《梁启超年谱长编》，第 171 页。
③ 丁文江、赵丰田：《梁启超年谱长编》，第 181 页。
④ 丁文江、赵丰田：《梁启超年谱长编》，第 188 页。

"新国"必先"新民"主张下，他精心铸就了具有独立人格的自由"新民"，宣传了一整套得时代之风气的近代西方以自由为核心的人的社会意识。[①]1902年《释革》中："革命者，天演界中不可逃避之公例也。"[②]"天演"是借用严复的术语，是进化之意。梁启超以为，革命是人类社会进化过程无法回避的客观规律。为此与往日导师康有为发生冲突决裂，也在所不惜："弟子意欲以抉破罗网，造出新思想自任""即如日本当明治初元，亦以破坏为事。"[③]所谓"破坏为事"，就是实施推翻清廷的革命。在这方面，奉行王阳明的知行合一之说的何心隐与颜钧，就为意欲推翻清廷的人们提供了榜样。这是"可为今日我辈之模范何多"的真实含义。梁启超是一个善于以史昌我的学者，他往往借用历史上的事实来为自己的观点呐喊。用何心隐与颜钧的事例，来鼓舞当时人们的斗志，是梁启超的真实意图所在。"不惜以今日之我，难昔日之我"[④]，这是梁启超用来说明自己思想善变的一句名言。果不其然，1923年至1925年，他写《中国近三百年学术史》，把泰州王门说成是嗜好于"酒色财气"的"花和尚"："何况王阳明这边的末流，也放纵得不成话，如何心隐、李卓吾等辈，简直变成一个'花和尚'。他们提倡的'酒色财气不碍菩提路'，把个人道德社会道德一切藩篱都冲破了，如何能令敌派人心服。"[⑤]从人们效法的"榜样"到社会末流"花和尚"，相差何其大也！惟其如此，才是一活脱脱的、真实的梁启超。

---

① 参见朱义禄：《论梁启超的"新民说"》，《同济大学学报（社会科学版）》1998年第4期，第61页。

② 梁启超：《饮冰室文集》之九。以思想善变著称的梁启超，不久便反对讲"革命热"了，这一口号为革命派接过了去。

③ 丁文江、赵丰田：《梁启超年谱长编》，第278页。

④ 梁启超：《清代学术概论》，《梁启超论清学史二种》，朱维铮校注，第70页。

⑤ 梁启超：《中国近三百年学术史》，《梁启超论清学史两种》，第94页。

第二节 重评李贽为新文化运动张目的吴虞

在新文化运动前夕，吴虞发表了《李卓吾别传》的长文，公开为“名教罪人”李贽翻案。在吴虞之前有国粹派为李贽鸣冤，但影响不及他。吴虞以不同于传统的、陈腐的见解，为李贽作了新的评价，推翻了统治者与一些学者加在李贽身上的种种罪状。吴虞又从中西文化比较的角度来说明，“儒教”是亡国亡种的主要因素。他的“学术天下之公器”的主张，是他学术民主思想的反映，强调不同的学派要保持自身的独立见解，鞭挞了“守一先生之言”的文化专制主义。吴虞重新评价李贽只是一个引子，目的是批判为君主专制服务的“儒教”。新文化运动萌动之始，吴虞花大力气论证李贽并非是“名教罪人”，这是需要大无畏的气概。吴虞的文章吹响了新文化运动的号角，胡适为《吴虞文集》写了序文，盛赞他为“只手打孔家店的老英雄”。

（一）“名教罪人”的李贽

近代名家在诗文中对李贽作过评议的，有宋恕、严复、黄节、吴虞、刘师培、林纾等人。林纾于1913年写信给蔡元培，断言提倡“新道德”的人，忘却了父母养育之恩：“近来尤有所谓新道德者，斥父母为自感情欲，于己无恩。此语曾一见之随园文中，仆方以为拟于不伦，斥袁枚为狂谬，不图竟有用为讲学者。人头畜鸣，辩不屑辩，置之可也。”林纾接着说：“彼又云：‘武曌为圣王，卓文君为名媛。’此亦拾李卓吾贽之余唾。卓吾有禽兽行，故发是言。”[①]说提倡“新道德”的人，以李贽对历史人物的评价为准绳，视武则天为“圣王”，以卓文君为“名媛”。林纾以为，李贽狂放不羁的言行是与禽兽相类的。林纾是否定李贽一派的阵营中，对李贽极尽攻击的一员。严复的持论略为缓和些。作为近代中国对中西文化比较进行深刻剖析的第一人，他以为中国文化与西方文化的本质差别，是纲常名教与自由的不同。西方限制自由最严的是宗教，中国的纲常名教比西方宗教有过之而无不及。像李贽这样肆无

---

① 林纾：《林琴南致蔡元培函》，蔡元培：《蔡元培全集》（第 3 卷），高平叔编，中华书局 1984 年版，第 274 页。

忌惮的人，人们理所当然称之为“名教罪人”：“西国言论最难自由者，莫若宗教。故穆勒持论，多取宗教为喻。中国事与相方者，乃在纲常名教，其言论不容自由，殆过西国之宗教。观明季李贽、桑悦、葛寅亮诸人，至今称名教罪人。”[①]《群己权界论》为英国哲学家约翰·穆勒（1806—1872）所著。严复的翻译所署年代是光绪二十九年农历六月，换算成公历则为1903年7月。自《四库全书总目》把李贽定位为“名教罪人”后，遂成有清一代公认的事实。严复的议论，真实反映了李贽在时人心目中的印象，但严复有些为李贽鸣不平之意。

以宋恕、黄节、刘师培与吴虞为代表对李贽持肯定的态度。宋恕是维新派中一个重要思想家，他作诗颂扬李贽：“李氏微宗世莫传，荒凉谁复问遗编？何期海外高人赏，从此卓吾万万年。”[②]“海外高人”是指日本思想家吉田松阴，宋恕读了其《幽室文稿》后，感叹万千而写下此诗。宋恕想通过此诗表彰李贽，来为“名教罪人”翻案。20世纪初清王朝行将灭亡之时，那些想通过反封建专制来救国图存的志士仁人们，想从李贽的著作中汲取思想的源泉。他们阐发李贽的反传统的叛逆思想和启蒙思想，否定明末清初对李贽的批判，从思想史的角度给予李贽较高的评价。1905年，资产阶级革命派先驱邓实，在其主编的《国粹学报》上刊载了李贽给焦竑的一封信以及焦竑所作《李氏焚书序》，刘师培为此撰写了后记。继之，刘师培以“不公仇”的名字在其于日本创办的《天义报》上发表了《李卓吾先生学说》一文（1907年第2期）。1908年，李贽《焚书》由国学保存会出版。国粹派对李贽的重行评价，并没有得到社会的认同，因李贽“名教罪人”的帽子还没有脱掉。这一情况到了新文化运动前夕，发生了变化。新文化运动的推动者以“重新估定一切价值”为口号，掀起了有史以来对中国传统文化弊病最激烈的批判浪潮，他们重新对李贽作了不同于传统的论

① 严复：《〈群己权界论〉释凡例》，严复：《严复集》（第1册），王栻主编，中华书局1986年版，第134页。桑悦（1447—1513），明学者，常熟人。成化元年（1465）举人，后会试得副榜。先任江西泰和县训导，后任长沙通判。为人狂放，恃才傲物。以孟子传人自居，以自己文章为天下第一，其次则为祝枝山。葛寅亮（1570—1646），明学者，杭州人，万历二十九年（1601）进士。万历三十五年（1607），主持南京祠部，编著《金陵梵刹志》。

② 宋恕：《读松阴〈幽室文稿〉》，《宋恕集》，胡珠生编，中华书局1993年版，第821页。

述。其中以吴虞为李贽所作的翻案长文《明李卓吾别传》最具有代表性。

（二）国粹派的前奏曲

吴虞的《明李卓吾别传》是史实与哲理并重的长文。吴虞为李贽的翻案不是凭空而来的，为他打前站的是国粹派。《明李卓吾别传》引了国粹派健将邓实的论断：

> 近人邓秋枚曰：卓吾之学与其理想，皆极高妙，不肯依傍人。其集中之作，屡于孔子有微词。自王充《问孔》后，二千年来，直斥孔子，实惟先生。则其中之所主，必具有大识力者矣。其书明季两遭禁毁，而刊本犹留宇宙者，则以其申言佛理，能见有真是非，不随人脚跟立说。于明季帖括专制、学术束缚之极，而得李氏一为摧荡廓清，故人之嗜爱其说者多也。至今日，学术大通，万端竞进，而卓吾之学，益得以见称于时。然则焚者焚，禁者禁，而藏者自藏，读者自读。帝王之力，固不足以加于儒生之后世也。①

秋枚是邓实的字，他笔下的李贽是反文化专制主义的骁将。邓实（1877—1951），年轻时崇拜顾炎武，喜为经世通今之学。关心时局，每及当世之故，常慷慨悲歌，饮酒起舞，期期以报国自许。庚子后，痛感亡国无日。1901年，与黄宾虹在上海创立神州国光社。1902年，创办《政艺通报》。1905年发起成立国学保存会，刊行《国粹学报》，宣传排满革命。1908年，国学保存会在上海刊行了李贽的《焚书》。邓实发表的学术文章并不多，他擅长政论，是国粹理论的主要构造者之一。国粹派，学术界一般专指资产阶级革命派内部的人，以章太炎、刘师培、邓实为代表，力主保存国粹。依邓实看来，李贽是有独立见解的思想家，“不随人脚跟立说”，是王充以后敢于批判孔子的第一人。作为“具有大识力者”，李贽是反文化专制主义的猛将。无论像程朱理那样的独断论，还是束缚

---

① 吴虞：《明李卓吾别传》，《吴虞集》，赵清、郑城编，四川人民出版社 1985 年版，第 88 页。邓实以国粹派的组织者和理论家而闻名于时，柳亚子称誉他“是了不起的人物”。

人们科举制度，“得李氏一为摧荡廓清”。其次，统治者动用行政力量，禁毁李贽的著作，想把其思想泯灭。但喜爱李贽的人们不理会这一套，“藏者自藏，读者自读”。可以将有形的书籍刹那间化为灰烬，但无法截断李贽思想在读者中的流传，没有规范和限制后世人们研读的持续性效果。再次，吴虞点明，时代不同了，现今为竞争的原则替代专制主义的时代。由此形成的中西文化与学术交流之际，“卓吾之学，益得以见称于时”，已成为一个无法变更的历史大趋势的一部分。吴虞在《明李卓吾别传》中把邓实的主张，悉数如实照录，其倾心于国粹派一览无余。

“学术为天下公器”是吴虞为李贽翻案的重要基点，这与国粹派另一代表人物黄节是密切相关的。[①]国学保存会出版的《焚书》，黄节作《李氏焚书跋》。吴虞引了他的话：“卓吾之书，一焚于万历三十年，为给事中张问达所奏请；再焚于天启五年，为御史王雅量所奏请。陈明卿云：卓吾书盛行，咳唾间非卓吾不欢，几案间非卓吾不适。朝廷虽禁毁之，而士大夫则相与重锓，且流传于日本。近人黄节曰：学术者，天下之公器。王者循一己之好恶，乃欲以权力遏之，天下固不怵也。即怵矣，而易世之后，锓卓吾书者自若，如吾今日，则亦非明之列祖列宗所得而如何者。”[②]吴虞只增加了“且流传于日本”六个字，其他皆为黄节原话。[③]“学术者，天下之公器”是出自王阳明的：“夫道，天下之公道也；学，天下之公学也，非朱子可得而私也，非孔子可得而私也。”[④]黄节借王阳明这一观点来抨击文化专制主义，而吴虞是接着黄节说的。

从《吴虞日记》中查到了这篇文章的写作时间，那是在1915年9月13日：

> 午饭后，作《明·李卓吾别传》，据《焚书》，《明史》，《野获编》，《明儒学案》，《南雷文定》，《日知

---

① 黄节（1873—1935），字晦闻，广东顺德人，受业于简朝亮。1897年后至京师，并周游长江、黄河之间，发觉清廷已失民心。1902年与同学邓实合作办《政艺通报》，组织国学保存会，刊行《国粹学报》。其《国粹保存主义》一文，是国粹派理论的重要代表作。要说明的是，国粹派的头面人物是章太炎。

② 吴虞：《明李卓吾别传》，《吴虞集》，赵清、郑城编，第81页。

③ 黄节：《李氏焚书跋》，李贽：《焚书》卷六，张建业主编：《李贽文集》（第1卷），第245页。

④ 王守仁：《传习录中》，《王阳明全集》卷二，吴光等编校，第78页。

录》，《居士传》，《姚惜抱尺牍》，《四库提要》，《法意》，《国粹学报》乙己、丁末、戊申三年，严几道《辟韩》，《读史方舆纪要·共城》，凡十三种。[①]

文章寄出后，为上海进步杂志社采用。编辑范丽诲在致吴虞的信中说："爱智先生台鉴，屡承以大作见示，快读之下未常不为之击缺唾壶也。《李温陵别传》尤为淋漓痛畅，诛奸谀于既死，发潜德之幽光，此文有之。"[②]文章发表于1916年《进步》第9卷第3期。正是在赞同邓实、黄节主张的基础上，才有《明李卓吾别传》的面世。吴虞记录下了时人对这篇文章的反响："张重民来函，言《卓吾别传》真足开拓心胸，推倒豪杰。已嘱《教育杂志》转载，以广流传。"[③]

（三）吴虞的反常之论

吴虞（1872—1949），现代著名学者、诗人。原名姬传、永宽，字又陵。四川新繁（今新都区）人。1905年留学日本法政大学。1907年归国。辛亥革命后，任《西成报》总编、《公论日报》主笔、《四川政治公报》主编。1910年任成都府立中学国文教员。1921年去北京，任教于北京大学，并先后在北京师范大学、中国大学等校兼课。在《新青年》上发表《吃人与礼教》《家族制度为专制主义之根据论》《说孝》等文，以西方民主思想为原则，引用先秦道、法、墨诸家学说，猛烈抨击旧礼教和儒家学说、封建家庭制度，在"五四"时期影响很大。陈独秀称他为"蜀中名宿"，胡适誉他为"中国思想界的清道夫"。晚年任教于成都大学、四川大学。1933年因遭尊孔复古派的排斥打击，被迫辞职。著有《吴虞文录》《吴虞文续录》《吴虞文别录》及诗集《秋水集》。今人编有《吴虞集》与《吴虞日记》。

《明李卓吾别传》全文长达一万七千多字，是收录到《吴虞

① 吴虞：《吴虞日记》，中国革命博物馆整理，荣孟源审校，四川人民出版社1984年版，第214—215页。吴虞所记日期，均为农历。

② 吴虞：《吴虞日记》1915年12月初八日，中国革命博物馆整理，荣孟源审校，第230页。

③ 吴虞：《吴虞日记》1916年4月18日，中国革命博物馆整理，荣孟源审校，第253—254页。同年5月29日日记（第260页）中说，已为《教育杂志》第三期转载。

集》中最长的一篇文章。全文共16个自然段，前6个自然段，介绍李贽的生平、著作与学说大旨；后面段落则结合史实与中西文化比较，发表与传统截然不同的新观点，对历史上攻击李贽的言论作了猛烈的抨击，并引申出“儒教”为亡国亡种的因子之说。吴虞是借为李贽鸣不平的这一题目，开了新文化运期间批判孔子与“儒教”的先声，目标直指文化专制主义。

吴虞对李贽的评价就当时而言，是与传统观点对立的反常之论。下面从四个角度来论述。

一是从“学术者，天下之公器”出发，吴虞得出不同学说应当“独立并行”的结论来。李贽生当“儒教专制之时”，其学说以“破道一风同之见”为准则的，加上他“非儒”“学佛”的主张，被卫道士视为“异端之尤”。[①]视李贽为异端的观点已经流传了三百多年了，现今为吴虞所否定，认为这是文化专制主义的反映：“束天下后世之聪明才力胥出于儒之一途，而其他则无独立并行之余地”。[②]“独立并行”与“出于儒之一途”，在吴虞看来，是自由争鸣与独断专制的不同。“出于儒之一途”，吴虞在别的文章里称为“守一先生之言”：“为学之方，贵能解蔽，讵必暖暖姝姝，守一先生之言，不驰域外之观，而后谓之得道，讵吾人学识之范围，坐以国界为长城之限耶？”[③]吴虞以为，讲学问的目的是为了“解蔽”，让人们思想得以豁然开朗。而“儒教”以一家学说的尺度，作为衡量其他各家学说的标准；以圣人（“一先生”）的言行，作为判断人们认识是否合符真理的尺度，根本不去思索国门之外新学问，这是一种经学独断论。独断论是文化专制主义的理论基础，明清两代有过许多次焚毁书籍的事情，有过许多蛮不讲理的文字狱，都是基于“守一先生之言”，不让人们的言论有“独立平行之余地”。吴虞以为，这种文化专制主义的做法，是起不到实际效果的，“朝廷虽禁毁之，而士大夫则相与重锓，且流传于日本”。

---

① 吴虞：《明李卓吾别传》，《吴虞集》，赵清、郑城编，第82页。

② 吴虞：《明李卓吾别传》，《吴虞集》，赵清、郑城编，第81页。

③ 吴虞：《经疑》，《吴虞集》，赵清、郑城编，第105页。“守一先生言”出自黄宗羲：“夫穷经者，穷其理也。世人之穷经，守一先生之言，未尝会通之以理，则所穷者一先生之言耳。”［黄宗羲：《诸儒学案中六》，《明儒学案》卷五十二，沈善洪主编、吴光执行主编：《黄宗羲全集》（第8册），第545页］

二是批驳顾炎武与纪晓岚对李贽的攻击。《日知录》卷十八《李贽》中，顾炎武记录下了张问达奏疏的全文后，断定千古以来“敢于叛圣者”的“小人”，“莫甚于李贽”，又作了一个注，认同谢肇淛在《五杂组》中以李贽为“近于人妖”之说。吴虞不同意这样判断，“炎武以为公论，余则以为妄论也”。吴虞对纪晓岚《四库提要》中“诋卓吾亦甚力”的做法，表示了异议，认为“而其要归，则不过‘儒释合一’‘非圣无法’‘敢为异论’三者而已”。[①]至于纪晓岚加诸李贽的罪名，吴虞断言是人云亦云，是没有什么道理的：“综纪晓岚之论卓吾，非有严正之理论，明确之评判，而徒有陈陈相因、模棱囫囵之语，恣其诃讪。”[②]

三是认同焦竑、袁宏道、李维桢、沈德符、邓秋枚等人对李贽的评价。如“坐圣人第二席”（焦竑）、“皆吾所不能学者”（袁宏道）、“博古通今，所师友正人君子”（李维桢）、“卓吾聪明盖代，议论间有过奇，然益人意志不少”（沈德符）等明代士人对李贽所作的赞扬，吴虞引用了上述评语并表示自己赞同之意。[③]

四是从中西文化比较的角度说明，中国若没有定于一尊的“儒教”，中国会产生与欧美一样的灿烂文明。这是文章最为出彩的地方：“向使无儒教之束缚拘挛，则国内之学分歧发展，骎骎演进，未必无欧美炜晔灿烂之观。”[④]吴虞青睐的是“分歧发展”，即让有不同见解得以充分舒展于世人面前，不能像“儒教”那样以去束缚人们的思想自由为己任，整齐划一规范人们的思索：

> 夫儒者于吾国之圣人，既集古今之大成，绝对无诤，而不可非矣。又昧于宗教之流派性质，凡不同于我者，概目为之异端；不本于我者，概指之为邪说。“息邪说，辟异端”之谬见深中人心，岸然自封，深闭固拒。坐成锢蔽，方自翊为正学、为真儒，而不悟其乖僻迂妄，误国殃民，为祸之烈，百倍于洪水猛兽也。[⑤]

---

① 吴虞：《明李卓吾别传》，《吴虞集》，赵清、郑城编，第 82—84 页。
② 吴虞：《明李卓吾别传》，《吴虞集》，赵清、郑城编，第 85 页。
③ 这些引语见吴虞：《明李卓吾别传》，《吴虞集》，赵清、郑城编，第 87—88 页。
④ 吴虞：《明李卓吾别传》，《吴虞集》，赵清、郑城编，第 86 页。
⑤ 吴虞：《明李卓吾别传》，《吴虞集》，赵清、郑城编，第 85—86 页。

吴虞断定，中国古代的儒学具有宗教的性质，儒学的强烈排他性就是宗教的固有特性，于是儒学成为独断论，即“不同我者为异端，不本我者为邪说”。儒学有着文化自大的封闭性的传统，“域外之学，又鄙夷轻蔑而闭塞之，使不能传布”。吴虞干脆把这种为历代王朝奉为官方意识形态的儒学称之为“儒教”，声言“儒教之影响于亡国亡种实大矣。”[①]吴虞大胆抨击“儒教”，认为“儒教”作为箝制人们思想自由的手段，对国人心灵的祸害“百倍于洪水猛兽”，一句话，“儒教”是文化专制主义得以实行的工具。这是从中西文化比较的视野得出的结论。

吴虞对西学的向往与留学东瀛日本的经历，使他成为当时国内能作中西文化比较的少数学者之一。1898年，戊戌维新运动让暮气沉沉的神州大地，透出一丝新的曙光。在新风气的吹拂下，他从旧学转而学习西方的社会政治学：“戊戌以后，兼求新学。”留学日本时则断然与旧学决裂：“乙巳（1905）东游，习其政法，廿年来所讲学术，划然悬绝。”[②]“新学”的具体内容，在他1905年所写的《游学琐言》中得以窥见。他以为“皆宜专精”的书籍为“《欧洲列国变法史》《欧洲列国战事本末》《瀛寰全志》《西史通释》《社会进化论》《动物进化论》《师范讲义》《自助论》《家政学》《万国政治制度》《俄罗斯》《地理学演讲义》《太西教育史》《政治学》”。[③]这些著作涉及教育学、社会学、进化论、史学，但更多的是政治学方面的。1905年至1907年，他在日本法政大学学习，对西方的政治、法律作了认真的钻研。试看他在日记中自述：“自留学日本，闻宪法，民、刑法，归国后证以《大清律例》《五礼通考》及各史‘议礼’‘议狱’之文，比校推勘，粗有所悟

① 吴虞：《明李卓吾别传》，《吴虞集》，赵清、郑城编，第 86 页。

② 吴虞：《邓寿遐〈荃察余斋诗文序〉》，《吴虞集》，赵清、郑城编，第 141 页。

③ 吴虞：《游学琐言》，《吴虞集》，赵清、郑城编，第 8—9 页。吴虞在 1912 年正月初一的日记写道：“今年宜研究子史、方学、哲学，勿预外事以自扰也。”开列的书目为“《法意》《群学肆言》《社会通诠》《群己权界论》《天演论》《政治讲义》《社会学》《社会进化论》《政治学》《比较宪法》《国法学》《法学通论》《哲学兼法学》《抱朴子》《文心雕龙》《新论》《訄书》”。（吴虞：《吴虞日记》，中国革命博物馆整理，荣孟源审校，第 22 页）在这个月的日记中，有“饭后看《权界论》毕，再看第二次，取马君武译《自由原理》对校”“刘意如还《仁学》来，借去《万国宪法志》一本”“在志古堂取《美国宪法》”等记载。（吴虞：《吴虞日记》，中国革命博物馆整理，荣孟源审校，第 23—25 页）这些书目中，以严复的著作与译著居多，谭嗣同、章太炎等人的著作也是他心仪的对象。

入。辛亥遇难，遁迹穷山，日读《庄子》、孟德斯鸠《法意》，于专制立宪之优劣，儒家立教之精神，大澈大悟，始确然有以自信其学矣。”吴虞对中西的政治与法律作了一番“比较推勘”后，他彻底醒悟了：“孔子既非，宋学亦不足学。”[①]这段日记比《明李卓吾别传》早13天。

（四）对“儒教”的鞭挞

吴虞对“儒教”痛恨之极，一言“卓吾生于儒教专制之时”，再言“儒教之束缚拘挛”，复言“儒教之影响于亡国亡种实大矣”。“儒教”就是“孔教”。当时社会上的保守势力主张“定孔教于宪法”，而篡夺了辛亥革命成果的袁世凯，想尊孔以巩固自身的皇位，“首制祭天祀孔之大典”。吴虞否定“儒教”的目的，是针对帝制复辟现实与尊孔复古思潮而发的。

辛亥革命把皇帝驱逐出政治舞台，中国历史不再重演改朝换代的把戏。政治制度的鼎革，没有终结新与旧的冲突，旧体制所留下的政治观念、文化心态如同一块板结了的土壤，使共和制难以把自己的根须扎进社会的深处。资产阶级革命派缔造了民国的基础，袁世凯却得到了民国的名器。做洪宪皇帝美梦的袁世凯，不遗余力地支持着尊孔复古的活动。始于清末的民主与专制的斗争，在全新的历史背景下展开了新的激战。时代并没有停止它前进的步伐，一批激进民主主义者在怀疑、思考中觉醒、成长起来了。他们发起了对传统文化前所未有的猛烈冲击，即五四新文化运动。在当时激进的民主主义者中，吴虞的年龄是比较大的。他把自己一系列抨击孔子与“孔教”“儒教”的文章，汇集成册，以《吴虞文录》之名出版。胡适为之作序，称吴虞“是中国思想界的一个清道夫”“四川省只手打孔家店的老英雄”[②]。“打孔家店”后来衍成“打倒孔家店”一语。

陈独秀尖锐地指出，尊孔与君主专制之间有内在的联系：“主张尊孔，势必立君；主张立君，势必复辟。”[③]民国初年，社会上

---

① 吴虞：《吴虞日记》1915年8月31日，中国革命博物馆整理，荣孟源审校，第208页。

② 胡适：《〈吴虞文录〉序》，《胡适文存》卷四，亚东图书馆民国二十二年（1933）第16版，第1125、1129页。

③ 陈独秀：《复辟与尊孔》，《独秀文存》，安徽人民出版社1987年版，第115页。

的复辟势力图通过尊孔复古，来实现封建帝制的复活。吴虞与陈独秀的观点相同，他批评康有为“君臣之论不可废”的主张时，点明了“儒教”与君主专制之间有着“相得益彰”的关系：“儒教不藉君主之力，则其道不行。故于信教自由之国家，而必争定孔教于宪法；君主不假儒教之力，则其位不固。故洪宪建元之皇帝，而首制祭天祀孔之大典；儒教与君主，盖相得而益彰者也。”①如何评价孔子，早已超出了学术争论的范围，成为各种不同的政治力量进行较量的主要题材。革命派以十多年的奋斗与努力推翻了清王朝，但成为民国元首的却是反对革命的袁世凯。这不能简单地归之为孙中山的拱手相让，也很难归之为袁世凯的鼠窃狗盗。这是那个时候的历史选择。在孙中山与袁世凯之间，资产阶级立宪派与帝国主义选择了后者，这种选择是基于他们对整个中国形势的判断，以及他们的现实利益。②

处心积虑做着皇帝美梦的袁世凯，是尊孔复古逆流的策动者。他推翻南京临时政府所做的废止尊孔读经、祀孔祭天的决定，他支持形形色色尊孔组织的成立，多次发布尊孔通令。他在1903年10月的宪法草案中规定，“国民教育以孔子之道为修身大本”。1914年1月，他控制的议会通过祭天、祀孔两项议案。同年9月，袁世凯发布祭孔公告，并亲率部下到北京孔庙祀孔。如孙中山所责斥的：“卒以非法攘攫正式总统，而祭天祀孔，议及冕旒，司马之心，路人皆见。”③

袁世凯复辟帝制的社会基础之一，是遍布全国各地的尊孔社团。其中比较著名的有孔教会、孔道会、孔社、国教维持会、全国公民尊孔联合会、尚贤堂等，尤以康有为为首的孔教会的势力最盛。孔教会于1912年10月7日在上海成立。孔教会的人员组成有三部分：一是原先在清廷担任过高官的封建余孽，如沈曾植、劳乃宣等；二是军阀与帝国主义分子，如张勋、张宗昌、如李佳白（美）、盖沙令（俄）、庄士敦（英）、有贺长雄（日）、卫礼贤（德）等；三是康有为及其弟子麦孟华、陈焕章等。孔教会的总部

① 吴虞：《康有为“君臣之伦不可废”驳议》，《吴虞集》，赵清、郑城编，第146页。
② 详见陈旭麓：《近代中国社会的新陈代谢》，上海人民出版社1992年版，第337—343页。
③ 孙中山：《讨袁檄文》，《孙中山选集》（上册），人民出版社1956年版，第98页。

在上海及全国的主要省份与城市成立支会。康有为是实际操纵者，而举张勋为名誉会长。孔教会的目标，一是要在宪法中明文规定，定孔教为国教；二是拥护溥仪重新登上帝位。孔教会尊孔子为教主，以孔教为中国的国魂："夫所谓中国之国魂者何？曰：孔子之教而已。孔子之教，自人伦、物理、国政、天道、本末、精细，无一不举也。"并从中引出孔教救国论："吾今敬告诸君子，诸君子欲不亡中国乎？必自至诚至敬尊孔子为教主始也。"[①]这些主张溯其渊源，来自康有为所写的《共和政体论》《孔教会序》《以孔教为国教配天议》等文章。上述三部分人互相配合，极力鼓噪，连篇累牍发表文章，又通电吁请，派代表进京请愿……自1912年到1918年间尊孔之声不绝于禹域。他们把文化上尊孔复古当作政治上封建复辟的桥头堡，这正中袁世凯的下怀。

这一切使激进民主主义者感到，共和国制度未能在中国确立，根本原因是没有触动以孔教为核心的旧思想。他们决心进行一场精神解放运动，对孔教、儒学作全面的清算。吴虞的"打孔家店"的口号，正是在这样的历史氛围中形成。吴虞怒斥"儒教"控制人们的思想自由，指明"儒教"与"君主"间相得益彰的关系。吴虞认为，"儒教"的存在，使人们产生不了新思想，是无法造就新国民的根子所在："儒教不革命、儒学不转轮，吾国遂无新思想、新学说，何以造新国民？"[②]从这样的历史情景中去理解，吴虞对李贽所作的翻案文章，目的是为了否定文化专制主义思想基础的"儒教"。

（五）"言论思想获自由"

文章的结尾，吴虞表达了内心深处对自由的憧憬："卓吾产于专制之国，而弗生于立宪之邦，言论思想，不获自由，横死囹圄，见排俗学，不免长夜漫漫之感。"[③]李贽因为抨击"俗学"而冤死狱中，死后长期被定位为"名教罪人"，让吴虞产生了"专制之国"的"长夜漫漫之感"。现今是"立宪之邦"的时代，而吴虞

① 参见张岱年主编：《孔子大辞典》中"孔教会"条，上海辞书出版社1993年年版，第821页。
② 吴虞：《儒家主张阶级制度之害》，《吴虞集》，赵清、郑城编，第98页。
③ 吴虞：《明李卓吾别传》，《吴虞集》，赵清、郑城编，第89页。

自身亲历“专制之国”的迫害。在1910年左右，吴虞因编撰《宋元学案粹语》一书，在例言中引用了李贽的话，清政府令赵学政查禁，不准发卖。辛亥革命前夕，吴虞著文反对“儒教家族制度”而被清政府下令逮捕。从这两条材料看，为李贽正名的《李卓吾别传》，决计不是吴虞一时冲动之作，而是他心中酝酿了七八年之久的结晶。

1921年，他给日本学者青木正儿的信中说：“到了辛亥，我有文字反对儒教家族制度，批评法律，当时王人文护理四川总督，受反对派的运动，说我非圣无法，非孝无亲，淆乱国宪，移文各省逮捕我，我便抛弃讲座，逃之深山，做《辛亥杂诗九十六首》。”[①]吴虞把诗寄到日本东京，为陈独秀选载于《甲寅》杂志上。“思潮新旧方冲突，付与通材细品评”是说，中国正处于新旧思潮搏斗的时代，有能力的人当细细品评两种不同思潮的价值。“广从世界求知识，礼教何须限一方”是说，人们不应当用传统“礼教”来限定自身，应当从世界范围里去寻求新知识。在“平等尊卑教不齐，圣人岂限海东西。若从世界论公理，未必耶稣逊孔尼”等诗句后，吴虞加了个括号，里面的文字为：“刘廷琛谓欧美主耶教，重平等；中国主孔孟，重纲常。余谓东西教义之优劣，于此见之。”对孔圣人吴虞没有赞美之词，因为孔子重视尊卑有差，而人与人之间的平等，才是他向往的。“自有高名擅五洲，卅年林墅足优游。六经日月终何补，此是江河万古流（题孟德斯鸠《法意》）”是说，孟德斯鸠是五大洲的名家，担当得起“江河万古流”的美誉，而“六经”于“天地”一点作用也没有。[②]总而言之，“礼教”“孔子”“六经”都是等而下之，而“平等”“公理”“孟德斯鸠”才是有价值的。与“平等”相比，吴虞更注重于“自由”。他在悼念亡妻曾兰的诗中道：“人权重宣言，斯理世所识。自由当保障，固弗限南北。”[③]一个人悼念妻子的文字，是他心态最为真实的映照。吴虞最痛恨的是“儒教专制”，它不仅是君主专制的帮凶，而且箝制人们的思想自由，“愚弄”人们使其成为“顺民”：

---

① 吴虞：《辛亥杂诗九十六首注》，《吴虞集》，赵清、郑城编，第300页。
② 吴虞：《辛亥杂诗九十六首》，《吴虞集》，赵清、郑城编，第289—300页。
③ 吴虞：《悼亡妻香祖诗二十首》，《吴虞集》，赵清、郑城编，第367页。

“他们教孝，所以教忠，也就是教一般人的恭恭顺顺地听他们一干在上的人愚弄，不要犯上作乱，把中国弄成一个‘制造顺民的大工厂’。”[①]思想自由就是自己有价值判断的标准，也就说人人都有自身的是非，而不必依从圣人的是非。他最欣赏的是李贽相对主义是非观，他引李贽的话说：“二千年以来无议论；非无议论也，以孔夫子之议论为议论，此其所以无议论也。二千年来无是非；非无是非也，以孔夫子之是非为是非，此其所以无是非也。”[②]他在诗中写道：“孟荀善恶犹难定，不害人人有是非。”[③]是说，人性的善恶是很难下结论的，因为每个人都有他的价值判断。“不害人人有是非”，是吴虞接受李贽相对主义是非观的明证。

这位以《吃人与礼教》《家族制度为专制主义之根据论》等文章著称，以“打孔家店”为宗旨的“老英雄”，大约在1915年底前，就形成了批判孔子与儒学的理论上的准备工作，而标志性文章是《明李卓吾别传》。

---

① 吴虞：《说孝》，《吴虞集》，赵清、郑城编，第173页。
② 吴虞：《家放制度为专制主义之根据论》，《吴虞集》，赵清、郑城编，第65页。
③ 吴虞：《辛亥杂诗九十六首》，《吴虞集》，赵清、郑城编，第289页。

第三节 重启泰州王门平民化教育之风的梁漱溟

泰州王门在近代思想文化领域界的影响，最深刻的体现是在现代新儒学创始人梁漱溟身上。王艮、王襞父子对梁漱溟一生思想与行动的转捩，起着关键性作用。具体来说分为三个方面：一是使他的学说宗旨发生了由佛归儒的整体性变化，二是让他的人生哲学有了根本性的转变，三是令他有别其他第一代新儒家侧重于理论的阐发（冯友兰、贺麟、熊十力），呈现出哲学家、社会活动家、政治家、教育家集于一身的特点。

（一）思想宗旨：弃佛归儒

梁漱溟有个特点，凡对他一生思想与行动产生过重大影响的学说，总是在他著作或回忆录里反复讲及。王艮、王襞父子在他身上所留下的烙印，就属这种性质的事情。他的学说宗旨，由笃信佛学到归宗儒家的变化，王氏父子是起到了重要作用的。

早年梁漱溟对佛学的笃信，有万牛莫挽的味道。他在《究元决疑论》中评议古今中外诸子百家后，表明自己尤其推崇佛法，畅论出世主义，声言“东土学术，凡百晦塞，卓绝光明，唯在佛法。”[①]梁漱溟在二十岁以后，四五年的时间中，坚持吃素，准备出家为僧，他的母亲要他结婚，他断然拒绝了。时任北京大学校长的蔡元培出于对《究元决疑论》的青睐，决定以印度哲学一课相属。梁漱溟入北京大学任讲师时，他的学历仅是高中而已。北京大学任教期间，他留下了一部饮誉海内外的力作——《东西文化及其哲学》，奠定了他在现代新儒家中无可争辩的开创者的位置，确定了他在中国近代哲学史上不可动摇的地位。这部著作是他思想宗旨由佛归儒的嬗变中的产物。

促使他由佛归儒的直接契机，是王艮、王襞父子；令他不再坚持出世的主张，也是王艮、王襞父子：

---

① 梁漱溟：《究元决疑论》，《梁漱溟全集》（第 1 卷），山东人民出版社 1989 年版，第 20 页。梁漱溟在 1974 年时回忆说：“我既从青年时便体认人生唯是苦，觉得佛家出世最适合我意，茹素不婚，勤求佛典。”梁漱溟：《我的自学小史》，《梁漱溟全集》（第 2 卷），山东人民出版社 1990 年版，第 697 页。

我曾经有过一个时期致力于佛学，然后转到儒家。于初转入儒家，给我启发最大，使我得门而入的，是明儒王心斋先生；他最称颂自然，我便是由此而对儒家的念意思有所理会。①

机会是1920年春初，我应少年中国学会邀请作宗教问题讲演后，在家补写其讲词。此原为一轻易事，乃不料下笔总不如意，写不数行，涂改满纸，思路窘涩，头脑紊乱，自己不禁诧讶，掷笔叹息。即静心一时，随手取《明儒学案》翻阅之。其中泰州学派王心斋一派素所熟悉，此时于东崖语录中忽看到"百虑交集，血气靡宁"八个字蓦地心惊：这不是恰在对我说的话吗？这不是恰在指斥现时的我吗？顿时头皮冒汗，默然有省。遂由此决然放弃出家之念。是年暑假应邀在济南讲演《东西文化及其哲学》一题，回京写定时付印出版，冬十一月尾结婚。②

"血气靡宁"，见于《明儒学案》卷三十七《泰州学案一》中《东崖语录》里，"百虑交集"是梁漱溟对王襞"百虑交錮"的变动。王襞的原文为：

将议论讲说之间，规矩戒严之际，工焉而心日劳，勤焉而动日绌，忍欲饰名而夸好善，持念藏机而谓改过，正是颜子之所谓己而必克之者。而学者据此为学，何其汗漫也哉？必率性而后心安，心安而后气顺，否则百虑交錮，杂念叠兴，心神惊动，血气靡宁，有不并其形而俱灭者，几希矣。③

黄宗羲的辑录对王襞原文有较多的删节：

将议论讲说之间，规矩戒严之际，工焉而心日劳，勤焉动日而绌，忍欲希名而夸好善，持念藏机而谓改过，心神惊动，血气靡宁。④

---

① 梁漱溟：《朝话》，《梁漱溟全集》（第2卷），第126页。
② 梁漱溟：《我的自学小史》，《梁漱溟全集》（第2卷），第699页。
③ 王襞：《语录遗略》，王艮：《王心斋全集》，陈祝生等校点，第215页。
④ 黄宗羲：《泰州学案一》，《明儒学案》卷三十二，沈善洪主编、吴光执行主编：《黄宗羲全集》（第7册），第840页。

出现“百虑交集，血气靡宁”八个字，是梁漱溟在回忆中，没有查核《明儒学案》与王艮《语录遗略》原文而凭记忆写来之故。王氏父子有个特点，就是对直觉抱着绝对信赖的态度。刘宗周在评论王艮说：“王门唯心斋盛传其说，从不学不虑之旨，转而标之曰自然，曰乐学。”[①]“不学不虑”，是说良知本体是现成的，不存在被货色、名利等欲望所昏蔽的问题，像王阳明所倡导的省察克治之类的道德修养工夫，根本不必去做。“‘天理’者，天然自有之理，‘良知’者，不虑而知，不学而能者也。”[②]这是梁漱溟赞王艮“最称颂自然”的缘由。王艮以为，良知本体既为现成的，不必依靠感性经验，不取决于理性分析，只要人的心灵深处有“一觉”就行了。“私欲一萌时，良知还自觉。一觉便消除，人心依旧乐。”[③]王襞是王艮次子，他忠实地继承了王艮的衣钵。在王襞看来，人在自身活动中所获得的东西是虚假的，只有本然的良知才是真实无妄。人性是无不知不能的，为学求道不能出于人为的计度，如探讨学理（“议论讲说”）、道德准则（“规矩戒严”）、修养工夫（“工焉而心日劳”）等。这不仅无益于为学，反而造成了装饰虚名却被夸为好善、隐藏了缺点却说改掉过失的虚伪情况。这些杂乱的念头交互在一起，让人的情感长久不得安宁的心理状，即“直下便是，岂待旁求？一彻便了，何容拟议？[④]求学明道的关键在于大彻大悟。“蓦地心惊”“默然有省”，是梁漱溟阅读《东崖语录》后刹那间觉悟状态的如实描绘。他猛地省醒，“由此决然放弃出家之念”。由挚友伍庸伯介绍，与伍妻之妹黄靖贤女士结婚。同年暑假应邀在济南讲演《东西文化及其哲学》一题，并于1922年付印出版。

梁漱溟弃佛归儒是在阅读王襞的著作时，接受王氏父子的“一觉”“一彻”的主张后形成的。1980年，美国学者艾恺对梁漱溟作了长访，有一段问答值得重视：

艾：“你算是属于王阳明学派的？”梁：“对。不是分程

---

① 刘宗周：《明儒学案·师说》，沈善洪主编、吴光执行主编：《黄宗羲全集》（第7册），第20页。
② 王艮：《天理良知说答甘泉书院诸友》，《王心斋全集》，陈祝生等校点，第31页。
③ 王艮：《乐学歌》，《王心斋全集》，陈祝生等校点，第54页。
④ 王襞：《上敬庵许司马书》，王艮：《王心斋全集》，陈祝生等校点，第219页。

朱派、陆王派吗？我是陆王派。……可是我认为宋儒还是大程子，明儒是王阳明。我更喜欢王阳明底下的王心斋（王艮）。他是社会下层的一个人，是个盐场的工人，并且他的门下，王心斋这一派，有许多都是农工，很普通的人。上层的人讲学容易偏于书本，下层的人他读书不多，或者甚至于没人什么文化，可是他生命、生活自己体会，这个就行了。这个适合于儒家了，所以我喜欢王心斋。”①

耆耄之年的梁漱溟这一回答，是他的晚年定论。从1921年到1980年，长达六十年，他始终是对王艮青睐有加的。这一结论是在对程朱理学与陆王心学比较中得出的，更能说明他对泰州王门的眷恋。大程是程颢，他的学说中有较多的心学因素，不为朱熹所喜欢。因此朱熹在《近思录》中，不引程颢的话。相比程颢，王阳明素为梁漱溟所欣赏。至于说到青睐的，只有王艮了。缘由是王艮倡导的平民化教育之风，是他从事乡村建设的模式所在。这放在后面详论。

梁漱溟归儒的另一动因，是要回答陈独秀、胡适等人对孔教的责难，也是他写《东西文化及其哲学》一书的原因所在。陈独秀、胡适等人在新文化运动期间，从进化论角度论证了，孔子及其学说已不符合现代社会生活的需要了。梁漱溟以为，“旧派”只知道为孔子及其学说打抱不平，“自己思想的内容异常空乏，并不曾认识了旧文化的根本精神”。换言之，“旧派”只是出于心理上的反感而不服气，拿不出有说服力的理论来。对“新派”梁漱溟也是不满的，认为像陈独秀、胡适等人，他们对孔子及其学说的抨击是很激烈的，但是“没有给人以根本人生态度”。②这“根本人生态度”，就是当时传入中国时髦的学说——柏格森的生命哲学。梁漱溟把柏格森的创造进化论，与王艮父子的学说相结合，构筑了中西结合的“和乐人生观”，来为孔子及其学说张目。

援西学入儒，是同近代中国的思想文化领域的特殊情况，即古

① 梁漱溟：《答美国学者艾恺先生访谈记录摘要》，《梁漱溟全集》（第8卷）附录，山东人民出版社1993年版，第1158—1159页。

② 梁漱溟：《东西文化及其哲学》，《梁漱溟全集》（第1卷），第531页。

今中西之争这一主旋律相关的。不列颠的轰轰炮声，炸开了紫禁宫古老而厚重的大门，中国就进入了灾难深重的时代，这是一个动荡的大变革时代，政治、经济、军事、文化等各个领域的变革，像雷电奔驰地行进着。政治风云的迅速变幻，让人们无法沉湎于采菊东篱的情趣之中了；欧风美雨的沁入神州，使学者无法徜徉在“子曰诗曰”里从容论道了。这使哲学家们把主要的精力，投入到当前急迫的社会问题研究去了。古代那种单纯以对传统经典诠释为主要手段阐发自身见解的情况，已极为鲜见了。中国近代很多哲学家，都是关心时政的，反映在思想文化领域里集中于一点，即哲学家们在面向欧风美雨的同时，结合民族的文化传统，做融合中西古今的工作。它的表现形式为多样的。一是迎合传统，把西学说成是中国古已有之，这是“西学源于中国”说；一是忽视中国国情，把西学生吞活剥地全盘搬进来，这是“全盘西化”论。但更多的哲学家是力图融贯中西的。孙中山在晚年概述他一生思想行进的历程时说：“余之谋中国革命，其所持主义，有因袭吾国固有之思想者，有规抚欧洲之学说事迹考，有吾所独见而创获者。”①“因袭”—“规抚”—“创获”，孙中山汇通中西的道路，也是百余年来学者，一直在探索的行进的路，内中充满了艰辛、曲折和艰难。

梁漱溟援西学入儒的工作，也遵循孙中山这样一个途径。梁漱溟引入了柏格森的创造进化论，作为自己的理论基础，为孔子与儒家学说张目。撇开梁漱溟噜嗦的文风，其最简略的表述是：“此敏锐的直觉，就是孔子所谓仁。”②把格森的生命哲学与孔子的仁学打成一片，是《东西文化及其哲学》的宗旨，也是他以后一贯的态度。他在1939年忆及西方哲学对自身影响时说：“与西洋思想相印证，觉得最能发挥尽致，使我深感兴趣的是生命派哲学，其主要代表是柏格森。记得二十年前，余购读柏氏名著，读时甚慢，当时尝有心愿，愿有从容时间尽读柏氏书，是人生一大乐事。柏氏说理最

---

① 孙中山：《中国革命史》，《孙中山全集》（第7卷），中华书局1985年版，第60页。

② 梁漱溟：《东西文化及其哲学》，《梁漱溟全集》（第1卷），第453页。梁漱溟此书杂揉中西，书中不少地方有着叔本华哲学、唯识论的印痕。本书不作详述。

痛快、透彻、聪明。”[①]柏格森（1859—1941），法国哲学家，其创造进化论两大支柱，为生命哲学和直觉主义。他以直觉为基础构筑了新的“形而上学”，以摆脱西方近代哲学所采用的分析的、理智的方法去把握本体的框架。在柏格森看来，宇宙的真正实在是源于生命的冲动。生命的冲动是持续不断运动与变化着的，这是一个不可分割的洪流，即生命流。以生命哲学为基础，他提出了创造进化论，认为生物的进化，是以精神性生命冲动为动力的，持续不断的创造过程，物质世界只是生命冲动的逆转。柏格森强调，理智的本质是与生命冲动相反的，是不能把握宇宙的实在。唯有诉诸直觉，才能把握不断变动着的宇宙实在。柏格森的创造进化论，在一次大战前后风靡欧洲迅速传入中国，为当时流行而又时髦的西学之一。尽管对柏格森学说有不同理解，但有一点是共同的，那就是视其为西方最新学理与进步思潮来对待并引进的。早在1914年10月，钱智修在《东方杂志》发表《布洛逊（案：柏格森）哲学之批评》[②]一文，介绍柏格森的创造进化论。1922年《民铎》杂志推出“柏格森专号”，共有11篇文章。内中有梁漱溟的文章，题为《唯识家与柏格森》。[③]

对梁漱溟说来，由佛归儒是个渐进的过程，没有一个显著的变化，是由于缺乏偶然事件作转化的契机。王艮与王襞父子扮演了这一角色。因为直觉往往以浓缩的形式，反映了哲学家在探索客观世界与主观精神过程中的历史。直觉的产生，是人们对某一问题进行了长期专注的研究之后，以已有经验和知识为基础，在意识高度集中后产生的极为活跃的精神状态。直觉、顿悟、灵感，作为思想豁然贯通的手段，如电光火石，飘忽如风、难以捉摸。必然性的表现形式总是偶然的，长期积累，偶然得之。如果不是“对泰州学派王心斋一派素所熟悉”，不是阅读《明儒学案》时见王襞的话时“蓦

① 梁漱溟：《朝话》，《梁漱溟全集》（第 2 卷），第 126 页。40 年后，梁漱溟念念不忘对博格森的生命哲学的崇拜之情：“我在哲学上最喜欢的，也是算是最崇拜吧，是法国的柏格森。”［梁漱溟：《答美国学者艾恺先生访谈记录摘要》，《梁漱溟全集》（第 8 卷）附录，第 1161 页］

② 钱智修：《布洛逊哲学之批评》，《东方杂志》1914 年第 4 期。

③ 陈独秀在《新青年》发刊词《敬告青年》中，两次引证了柏格森的话，以突出其独立自主人格的主张。李大钊著《厌世心与自觉心》一文，文中吸纳柏格森创造进化论的思想，以启迪新时代青年自强向上的“自觉心”。

地心惊”“默然有省”的话，那么他转向儒家是难以设想的。其实柏格森的直觉主义与王艮父子的“一觉”“一彻”，在精神实质上是一致的，无非是顿悟的不同说法罢了。

正是在认真钻研了王艮、王襞的著作以后，梁漱溟发觉儒家与佛家在人生态度上有着根本性的差别：“正是由于我怀人生是苦的印度式思想，一朝发现先儒这般人生意趣，对照起来颇有新鲜之感，乃恍然识得中印两方文化文明之为两大派系。”[①]在人生哲学上，佛教与儒家是有强烈反差的。随着弃佛就儒，梁漱溟的人生哲学，也发生显彰的变化。在这变化中，王氏父子“人心本自乐”的思想，作用尤为明显。

（二）人生哲学：由苦转乐

在认真钻研王氏父子著作后，梁漱溟发觉儒家与佛家的人生态度有着根本性的分歧：“正是由于我怀人生是苦的印度式思想，一朝发现先儒这般人生意趣，对照起来颇人新鲜感，乃恍然识得中、印、西两大派系……三大体系。”他从王艮父子“以乐为教”的主张中，体会到自孔子以降，儒家有着一个千古相传的传统，“一种和乐的人生观”。[②]人生观也就是人生哲学，包括人们对祸福、苦乐、命运、生死、婚姻、荣辱等这些方面的看法。梁漱溟侧重于苦乐观，是与他早年对人生苦乐问题高度关注有关。他对于苦乐之观察与思索，始于十四五岁时。他说：“对于人生苦乐的留心观察，是我出世思想的开窍由来。”[③]佛教以为人生有苦有乐，只有断灭因缘，脱出轮回，证成涅槃，才能达到极乐世界。佛教认为，一直处于苦海中的人，唯有破除我法二执，抛弃现实的人生，才能从苦海中解脱出来。悲观厌世，是佛教人生哲学的基调所在。在行动上，梁漱溟有“辛亥之冬壬子之冬两度几取自杀”之举。[④]在理论上，有《究元决疑论》的面世。该文的主要观点是，苦乐出于人的

① 梁漱溟：《我早年思想演变的一大关键》，《梁漱溟全集》（第7卷），山东人民出版社1993年版，第185页。
② 梁漱溟：《自述早年思想之再转再变》，《梁漱溟全集》（第7卷），第185页。
③ 梁漱溟：《自述早年思想之再转再变》，《梁漱溟全集》（第7卷），第184页。
④ 梁漱溟：《究元决疑论》，《梁漱溟全集》（第1卷），第3页。

欲求，“苦者谓欲不遂之谓”“乐者欲得遂之谓”[①]。文章中说，无论什么人，他们的苦乐是相等的，因为苦乐不决定于客观物质条件而取决于主观感受，客观的境遇与人们苦乐的感受是不相干的。人的欲望是无止境的，往往是不满足多于满足，先前的欲望满足后会萌生更大的欲望。欲望不能满足，就是痛苦。[②]梁漱溟以为，要人没有痛苦的时刻，前提是人没有感觉与欲望，产生有生之乐不及有生之苦的主张。由此他断言，人生的归宿唯在皈依佛法：“我即从这种推论结果，而归心于佛家的大解脱主义、出世主义，无生主义。”[③]

归儒以后，梁漱溟受王氏父子影响，情况就大不相同了：

> 宋明学者虽都想求孔子的人生，亦各有所得；然惟晚明泰州王氏父子王心斋先生、东崖先生的最合我意。心斋先生以乐为教，而作事出处甚有圣人的样子。[④]
>
> 儒家之乐又何自来乎？前说“所欲得遂为乐，所欲不遂则苦”者，应知是片面之见，未尽得其真际。苦乐真际视乎生命之流畅与否。一言以尽之：生命流畅自如则乐……更不须待外来刺激，固可以无时而不乐。[⑤]
>
> 后世如宋儒，每言“寻孔颜乐处”。明儒王心斋更作有《乐学歌》云：乐是乐此学，学是学此乐；不乐不是学，不学不是乐。（见《明儒学案》中《泰州学案》一章）王氏又云：“人心本无事，有事心不乐；有事行无事，多事亦不错。”其云“有事”者，指此心有所罣碍，即失其流畅也。其云“无事”者，指此心随感而应，过而不留也。此乐是深造自得之乐，与彼有所得于外之乐迥然两回事，恰为生活上两条脉络。[⑥]

---

① 梁漱溟：《究元决疑论》，《梁漱溟全集》（第1卷），第16页。

② 在梁漱溟的早期思想里，这里有叔本华的生存意志论的烙印。因为叔本华视生存意志为人生的基点所在，由于人们欲望的无限制膨胀而陷入痛苦的漩涡中，导致他走向悲观主义甚至于佛教的涅槃。

③ 梁漱溟：《究元决疑论》，《梁漱溟全集》（第1卷），第22页。

④ 梁漱溟：《东西文化及其哲学》，《梁漱溟全集》（第1卷），第465页。

⑤ 梁漱溟：《自述早年思想之再转再变》，《梁漱溟全集》（第7卷），第182—183页。

⑥ 梁漱溟：《自述早年思想之再转再变》，《梁漱溟全集》（第7卷），第183页。

在宋明诸儒中，梁漱溟最欣赏的是王艮。原因有二个：一是王艮的所作所为与圣人相近，二是王艮有“以乐为教”的主张，要比“宋儒”寻求“孔颜乐处”的见解，更加合符他“深造自得之乐”的观点。[①]梁漱溟所寻求的“乐”，是泰州王门一系的“乐”。他深信了王艮“以乐为教”后，就用“无时而不乐”替代了佛教的人生是苦海的想法，进而希冀辨明“苦乐真际”来自何处。如果说，佛教是苦感文化、基督教为罪感文化的话；那么在梁漱溟的心目中，儒家是一种乐感文化。梁漱溟说：“全部《论语》都贯串着一种和乐的人生观——一种谨慎地乐观态度。如云：仁者乐山，智者乐水；贫而乐；饭疏食饮水，曲肱而枕之，乐在其中；发愤忘食，乐以忘忧，不知老之将至；如是等等。此其显示出来的气氛又何等不同！宜乎后儒便有‘寻孔颜乐处’之倡导了。”[②]梁漱溟以为，《论语》开章明义就跃动着悦乐的气氛，谱出了孔子人生哲学的宗旨。自孔子以后，儒学的后继者与不同学派都重视对“乐”的追求。“反身而诚，乐莫大焉”（《孟子·尽心上》），这是孟子的表白。至于以寻求陋巷箪瓢之乐、曲肱饮水之乐为内容的“孔颜乐处”，成为宋明理学的重要课题。梁漱溟以为，宋明理学家没有全面掌握“孔颜乐处”的真谛，只是“各有所得”，唯有王艮、王襞父子最合他的心意，在“以乐为教”上体现“圣人的样子”。

梁漱溟的“以乐为教”有三层含义。一是说“乐”在自己内心，不必到外界去寻求。此源于王艮《乐学歌》中的“人心本乐”。二是“乐”的获取是与外物无关。这与王襞相关：“乐者，心之本体也。有不乐焉，非心之初也”“本体未尝不乐”。这种“乐”与外在世界的物质无关，完全取决于“心之本体”，“无物故乐，有物则否矣。且乐即道，乐即心也。”[③]“本体未尝不乐”，那是承袭了王阳明与王艮的，但王襞着重强调了“乐”的获取是与外物无关的。三是认定“乐”是超功利的，王艮有明白的界

---

① 理学有寻求“孔颜乐处”的传统，自开山祖周敦颐大力提倡后，二程身体力行之。之后，大凡理学家及其信徒们，一生中大多有探索“孔颜乐处”的言行。颜元早年信理学，尤其醉心于陆王心学，时人称之为“真陆王”。这时的颜元对寻求“孔颜乐处”是不遗余力的。参见朱义禄：《颜元与“孔颜乐处”》，《中山大学学报》2009 年第 4 期。

② 梁漱溟：《我早年思想演变之一大关键》，《梁漱溟全集》（第 7 卷），第 185 页。

③ 黄宗羲：《泰州学案一·东崖语录》，《明儒学案》卷三十二，沈善洪主编、吴光执行主编：《黄宗羲全集》（第 7 册），第 844 页。《王心斋全集》所附之《明儒王东崖先生遗集》，无此条材料。

说："日用间毫厘不察，便入于功利而不自知，盖功利陷溺人心久矣，须见得自家一个真乐。"①梁漱溟的"不须待外来刺激，因可以无时而不乐""自家之乐"等，只是王艮、王襞父子主张的翻版。从理论上说，与人的物质追求与精神需要相符合所引起的主观情感就是乐，反之则为苦。苦乐，是人与自然、他人以及社会关系中体验到的，在肉体和精神上苦闷与愉悦的基本感受。苦乐是主体的人与客观世界相接触后所引起的。客观世界的对象，可以是"物"，也可以是精神性的东西。王艮、王襞父子希冀的与物质欲望无关的超级功利之"乐"，是一种形而上的虚构，但恰恰是他们人生观的核心。这是梁漱溟在《东西文化及其哲学》中反复称赞的、与能体认宇宙本体"生命"的直觉相关的"绝对之乐"的渊源所在。在梁漱溟看来，"深造自得之乐"，同"得于外之乐"，是截然不同的。

"深造自得之乐"来自内心，是与梁漱溟信奉柏格森生命哲学相关的。"生命流畅自如则乐"与"心有障碍，失其流畅"，是柏格森哲学与王艮、王襞父子思想相结合的产物。信佛时，梁漱溟视苦乐决定于人的欲求是否满足；接受了王艮、王襞父子思想后，把佛教的苦乐观为"片面之见"，未能尽得苦乐真相的奥秘。由佛归儒后，梁漱溟变更了先前的观点，认定苦乐的"真际"以是否得知"生命流畅自然"为标准。"生命流畅"，就是柏格森强调的不受阻碍的生命冲动，它向上喷发的结果是精神，故言"流畅"；"顿滞一处"，则为柏格森所说的生命冲动的向下逆转，其产生的无生命的物质世界，是人为的、机械化的东西，是停滞不前的。"生命流畅"，是梁漱溟一生最常用的哲学范畴，而梁漱溟的哲学体系是柏格森的生命哲学与泰州王门的揉合。②抬高精神、贬低物质是柏格森生命哲学的宗旨，梁漱溟据此得出自己对苦乐的主张。

这反映在梁漱溟的人生哲学上。梁漱溟以为，人把重心与乐趣放在物质欲求的满足上，只能带来无穷无尽的苦楚。"顿滞一处即苦"，就是准此而言的。"得乎生命自然流畅之道者"，"可以无

---

① 王艮：《语录》，《王心斋全集》，陈祝生等校点，第 19 页。

② 本人把梁漱溟的哲学，概括为"新王学"。参见朱义禄：《梁漱溟"新王学"述评》，《现代新儒家研究论集》（第一辑），中国社会科学院出版社 1988 年版，第 197—211 页。

时而不乐”，这不需要任何外来的刺激。真正的乐趣在于人的内心精神。这与王氏父子提倡的超功利之乐在思想上是相通的。在梁漱溟那里，“心”与“生命”为意义一致的哲学范畴：“心与生命同义”。[①]严格地说，柏格森生命哲学的主旨是探讨宇宙本体的，具有形而上的纯哲理的特征，与人生的苦乐情感并无丝毫的联系。在梁漱溟主“乐”的人生哲学里，有着柏格森生命哲学的成分，但骨子里还是王艮、王襞父子的“人心本自乐”“以乐为教”的思想。

（三）行动轨迹：从学术殿堂走向民间乡村

王氏父子的影响，使梁漱溟由书斋走向社会，由思辨的哲学家成为众所周知的社会活动家、政治家与教育家。他集讲学著述与社会运动、学者兼政治活动家于一身，全身心地投入乡村建设运动，以教育农民为己任。这是第一代新儒家冯友兰、贺麟、熊十力等人不具备的。冯友兰（1895—1990），1923年在哥伦比亚大学获博士学位后，一直在国内大学任教。主要是在燕京大学、西南联大、清华大学与北京大学等校，讲授中国哲学史。贺麟（1902—1992），青年时代先后在美国与德国研读西方哲学与德国哲学。1931年回国后到1955年，在北京大学哲学系任教。1955年后，至中国科学院哲学研究所（今为中国社会科学院哲学研究所）工作。熊十力（1884—1968），与冯友兰与贺麟不同的是，早年有过一段参加孙中山的护法运动的经历。1922年应蔡元培之邀，到北京讲授唯识论。抗日战争爆发后，在四川复性学院、勉仁书院讲学。新中国成立后，居沪专事著述。总体来说，这三位大家是纯理论型的学者。虽说也有些社会活动，但活动范围主要是在大学里。

自20世纪20年代末起，梁漱溟就不局囿于书斋，而是集注于社会活动。1930年前，他在河南从事“乡治”。1931年起，他在山东邹平、菏泽两县从事乡村建设运动，成为当时乡村建设派人物中的佼佼者。《东西文化及其哲学》的出版，使梁漱溟一下子名声大噪。是书在短短的3年半中（1922年1月到1925年6月），接连发行了六版。梁启超把它与胡适的《中国哲学史大纲》相提并论，说中国

---

① 梁漱溟：《人心与人生》，《梁漱溟全集》（第3卷），山东人民出版社1990年版，第540页。

学术界有这两部著作，“真算得国民的一种荣誉”。[①]然而在这风云际会之时，梁漱溟毅然决然地辞去了北大的教席，萌生了从事乡村建设的念头。1924年暑期他离开北京大学，弃教从政的直接动因是为了实现泰州学派的大众化的学风，他在晚年回忆时说：

> 自己既归宿于儒家思想，且愿再创宋明人讲学之风——特有取于泰州学派之大众化的学风——与现代的社会运动融为一事。其详具见原书，兹不多及。后此我之从事乡村运动即是实践其所言。[②]

原书指《东西文化及其哲学》。他在该书的结尾中说：

> 至于我心目中所谓讲学，自也有好多与从前不同处；最好不要成为少数人的高深学业，应当多致力于普及而不力求提高……由我看去，泰州王氏一路独可注意：黄梨洲所谓“其人多能赤手以搏龙蛇”，而东崖之门有许多樵夫、陶匠、田夫，似亦能化及平民者。[③]

一般地说，一个哲学家在他青年时代形成的观点，往往是根深蒂固的。即使有所变化，也只是更改它的表现形式而不会变动它的基本内核。《东西文化及其哲学》初版时在1922年，这段晚年的回忆是在1979年。相隔半个多世纪，对王艮开创的泰州王门的浓郁的平民化色彩，梁漱溟是无法割舍的，这是他一身的主心骨所在。王艮的学生及再传弟子，虽有不少官僚士大夫，但更多为后人注目是，像樵夫朱恕、窑夫韩乐吾、农夫夏廷芳夫等人，毕生从事乡间教育，以通欲易懂的语言，向平民传播知识。在泰州王门这一学派出现之前，中国历史上还没有哪一个学派如此重视平民教育的，这正是他从事乡村建设的精神上的原动力所在。

梁漱溟在20世纪二三十年代从事乡村建设运动的目的，是想把

---

① 梁启超：《评胡适之〈中国哲学史大纲〉》，《晨报》1922年3月13日。
② 梁漱溟：《自述早年思想之再转再变》，《梁漱溟全集》（第7卷），第184页。
③ 梁漱溟：《东西文化及其哲学》，《梁漱溟全集》（第1卷），第540页。

“化及平民”的泰州学派的“大众化学风”重新发扬光大。梁漱溟乡村建设运动的重要方针，“即讲学、搞学问要与做社会运动合而为一，不是单纯在课堂上讲学，书斋里做研究，而是有言又有行，与社会改造融为一体，打成一片。”[①]本文无法全面论述乡村建设运动，但这运动并非出自偶然，而是时代的必然。乡村建设派，是以社会改良为基础与核心的政治派别。20世纪20年代末，到抗日战争爆发前，乡村建设成为具有全国性的政治思潮与社会运动。乡村建设旗号下，在河北定县（晏阳初为代表）、南京晓庄（以陶行知为代表）、北平清河（以燕京大学为代表）、山东邹平（以梁漱溟为代表）等地，涌现了一批以平民教育为宗旨的众多乡村建设运动实验区。这一运动是一批受过西方教育的知识分子搞起来的，没有留洋的只有梁漱溟一人，但影响最大的却是梁漱溟。他不仅在山东有着较长时间的实践，而且有一整套颇有建树的乡村建设理论。[②]

从事乡村建设的人们有一个共识，以为当前中国社会急需解决的不是列强侵略与军阀林立的问题，也非政治、经济等级问题，而是文化问题。文化问题被梁漱溟视为解决中国社会的主心骨。他说：“中国问题并不是什么旁的问题，就是文化失调——极严重的文化失调，其表现出来的就是社会结构的崩溃，政治上的无办法。”[③]“极严重的文化失调”是社会崩溃的根源，因而以文化为抓手，作为治疗中国社会的良方，是一个不言自明的道理。梁漱溟以为，中国社会与文化的根基是在广大的乡村：“原来中国社会是以乡村为基础，并以乡村为主体的；所有文化，多半是从乡村而来，又为乡村而设——法制、礼俗、工商业莫不如是。”[④]谁去从事乡村建设呢？梁漱溟觉得，应是经过了培训的层次不同的知识分子，去乡村对农民进行比较系统的教育。当农民经历乡农学校的教育后，农民就会变得有头脑、有文化。这样中国社会许多问题的解决，就可迎刃而解了。

梁漱溟在《民众教育何以能救中国？》一文中说：

---

① 汪东林：《梁漱溟问答录》，当代中国出版社 2013 年版，第 43 页。
② 详见朱义禄：《梁漱溟乡村建设思想述评》，《史林》1997 年第 4 期。
③ 梁漱溟：《乡村建设理论》，《梁漱溟全集》（第 2 卷），第 164 页。
④ 梁漱溟：《乡村建设理论》，《梁漱溟全集》（第 2 卷），第 150 页。

> 乡村建设运动之做法即为民众教育。此点毫不含糊，清清楚楚：走民众教育的途径完成乡村建设。余心目中以为民众教育之所以能救中国，乃是从余自己说起。[①]

梁漱溟的民众教育，是对泰州王门学平民化教育学风的发扬。梁漱溟有个基本见解，以为近代中国的主要问题不是政治、经济问题，而是文化或教育的问题。他的《乡村建设理论》一书就是为此而写的。在梁漱溟看来，中国原来是一个乡村社会，由于西方文化的东渐，使得中国文化的弱点暴露无遗。“因为中西文化不同的缘故”，“就把乡村破坏了”。[②]梁漱溟断言，中国社会的崩溃主要表现在乡村破坏上，这就得有人从事乡村建设运动，而运动成功的关键在于农民，“中国的大多数人是农民，谁要解决中国问题，谁就得做农民运动；不做农民运动是糊涂的。”[③]农民缺乏文化，于是需要知识分子走到乡村做农民的工作。做好这一工作就离不开民众教育。民众教育就是乡村建设的主心骨。梁漱溟从事乡村建设运动，就是要践行王艮、王襞父子“大众化学风”的社会运动。据当时人实地考察的结果，梁漱溟的乡村建设不同于其它各派的最大特色是乡农学校。因为山东邹平的建设，“所有一切计划皆恃这种学校推行”“邹平的乡村建设的最大特点，即在此所谓乡农学校一点。各省的行政机关、教育机关和私人等，所以终年的每日不脱的前往参观者，也都是为这乡农业学校所引诱。”[④]

梁漱溟从中国古代传统“乡约”中受到启发，创立了一种寓乡里组织于学校之中的农村基本社会组织——乡农学校。名为学校，却是集政治、经济、教育、卫生、军事为一体的综合组织，是乡村建设的核心的管理机构。在这个机构中，民众有受平等教育的机会。他说：“我们的理想是‘政’‘教’‘富’‘卫’合一。我们在邹平实验着行政机关教育化的理想，用村学代替村公所，用乡学代替区公所，县自治机关的系统，就是县政府—乡学—村学。乡

---

① 梁漱溟：《民众教育何以能救中国？》，《梁漱溟全集》（第5卷），山东人民出版社1992年版，第479页。

② 梁漱溟：《乡村建设大意》，《梁漱溟全集》（第1卷），第608页。

③ 梁漱溟：《朝话》，《梁漱溟全集》（第2卷），第104页

④ 王国斌：《山东邹平县乡村建设考察报告》，《中央时事周报》1935年5月—6月。

学、村学，一方面是乡村自治机关，一方面是乡村教育机关。”①这一基层政权组织由学众、学长、学董、教员四部分的组成。梁漱溟的目的，是为了培养乡民们的主动精神与民主意识。为建造新的理想社会奠定良好的心理素质，梁漱溟在山东邹平进行了社会改良运动，如禁烟、造林、放足等，一定程度上改变了当时男子早婚、吸食毒品、赌博等陋习。梁漱溟在乡农学校的基础上，又成立了他认为最合理的合作社。合作社多种多样，有棉花营销、林业生产、蚕业产销、金融等。合作社引进各种新技术与新品种并推广，如本地棉花种子退化，便大力引进美国改良棉种脱氏棉。乡农学校要向乡民传授各种生产知识，特别是机械知识以适应新社会的大机器生产。乡农学校与泰州王门平民化教育主张有着“妙合”处，但更有“神离”处，即中西贯通的时代特色：“当中国精神与西洋长处二者调和的事实有了时，就是一个新社会的实现，也是人类的一个新生活。”②

在中西整合的过程中，梁漱溟更加重视“中国精神”对农民的灌输。梁漱溟断言，中国社会是一个没有阶级分野的伦理本位社会，为此在乡农学校开设了“精神陶炼”课。精神陶炼包括三方面：“合理人生态度的指点，中国历史文化的分析，人生实际问题的讨论。”③梁漱溟断言，三者都在传统文化的范围内。具体地说，是中国文化的特质、以孔子为代表的人生态度与古人的道德修养方法。乡农学校有高级部与普通部之别。高级部的学生多是自己来的，田亩较多的农家为普通部的学生。高级部的课程中，国学课7小时，精神陶炼课为4小时；普通部的课程中，国学课6小时，精神陶炼课为1小时。精神陶炼课的内容为国学与经学。国学是讲授古文与诗词，经学多半为讲解《论语》《孟子》等儒学经典。这就是梁漱溟青睐的“老根”。梁漱溟以为，“一个民族的复兴，都要从老根上发新芽”，“所谓老根即指老的文化，老的社会而言”，“新芽是指它从民众教育生长出来的新社会”。④为此他特地创立了一个新概念——“理性”。“理性”是梁漱溟乡村建设中的理论

① 梁漱溟：《山东乡村建设研究院及邹平实验县工作报告》，《梁漱溟全集》（第5卷），第582页。
② 梁漱溟：《乡村建设理论》，《梁漱溟全集》（第2卷），第278页。
③ 梁漱溟：《精神陶铄》，《梁漱溟全集》（第5卷），第501—502页。
④ 梁漱溟：《精神陶铄》，《梁漱溟全集》（第5卷），第504—505页。

支柱。它与一般人所说的、与知识和科学相关的“理”有区别，而是同道德意识、人情好恶相关的，即“中国儒家的理性主义”。梁漱溟以“理性”为中国文化的特征所在，为中华民族精神的所寄。

以乡农学校为基石的农民教育，已有某种西化的色彩，这与泰州王门派那种单纯以讲学为主的教育活动有着“神离”处。西方近代的农业科学技术被他引进了，以孔子及儒家为核心的道德教化，被他在乡农学校中得到了强化。“中体西用”论，从某种意义上来说在20世纪30年代里，在梁漱溟的乡村建设运动中被付诸实现了。乡村建设运动产生有它的必然性，但在梁漱溟身上又有着偶然性的因素。邹平的乡村建设运动，是一位鸿儒与军阀的戏剧性结合的产物。梁漱溟是依靠了山东军阀韩复榘的财力与行政力量，这为其它乡村建设派所无。1923年，韩复榘为冯玉祥部下的一个团级将领。在北京南苑听了梁漱溟的演讲后，韩复榘便对这位鸿儒佩服得五体投地，而梁漱溟不认识台下这位军官。1929年，梁漱溟应友人梁仲华之约参与河南村治学院的创办，得到时任河南省政府主席韩复榘大力支持。1930年10月，蒋介石的军队开进开封后，关闭了河南村治学院。1930年11月，梁仲华请梁漱溟来山东搞乡村建设，韩复榘知道后十分高兴，聘梁漱溟为政治高级顾问，对他的要求有求必应。梁漱溟是全国知名的学者，乍来初到韩复榘想借助农村局部的改革，使山东基层政权不至于变得太腐败。农村的凋零早就让有着强烈社会责任感的梁漱溟坐不住了，他急切需要有一块实现自己理论的实验区。一文一武想法各异，这时走到了一起了。这种由行政力量支撑起来的乡农学校，弊端是显而易见的，当时有人已经觉察到了。①

梁漱溟由哲学家进到教育家兼社会活动家、政治家，是他从事乡村建设运动所造成的社会影响所致。1941年1月，他与黄炎培、张君劢、左舜生、章伯钧四人一起组建中国民主政团同盟（民主同盟前身），他是民盟最初成立时的五位常委之一。民盟是由“三党

---

① 有一个叫王国斌的人，在 1935 年 1 月去邹平作了一番考察，写了篇《山东邹平县乡村建设考察报告》，在《中央时事周报》1935 年 5—6 月上连载。这个周报是由当时的《中央日报》编辑与发行的。王国斌在报告中写道：“乡村建设研究院其设立，是由山东省政府委员会议决的”，“院的地位，是直隶于省府，与各厅平行的，性质为教育机关兼行政机关”。经费是按月由财政厅拨取，1931 年为 107580 元，1932 年为 117780 元，1933 年为 120900 元，1934 年为 116700 元。

三派”发起的。“三党”是国家社会党（张君劢、张东荪）、中国青年党（左舜生、曾琦）、第三党（邓演达被刺后，以章伯钧为首）；“三派”为救国会派（邹韬奋、沈钧儒）、职业教育派（黄炎培），乡村建设派（梁漱溟、晏阳初）。同年9月，赴香港筹办《光明报》（今《光明日报》前身），使之成为民盟的喉舌。《中国民主政团同盟成立宣言》，就是梁漱溟起草的。《解放日报》为此事专门发了篇社论，称民盟成立是中国抗战时期民主运动的新的推动力。[①]1946年5月起梁漱溟担任民盟秘书长，并作为民盟代表之一，参加重庆的政治协商会议。因感到自己的政治主张“军队国家化”，在国共两党和谈中无法实现，便愤而退出潜心于讲学与著述。[②]梁漱溟由一介书生成为中国近代史声名显赫的人物，有好多的客观原因。但他去从事乡村建设运动，重振泰州王门学派平民化学风，实现他个人宿愿的主观因素是起着重要作用的。

综上所述，泰州王门在近代的影响是不争的事实。这种影响大体上有三种情况。一是流亡于东瀛的梁启超，以其对明治维新的了解，肯定了李贽的生死观、颜钧与何心隐之行事，为众多日本维志士从事推翻幕府精神动力所在。二是吴虞以对李贽这一历史人物重行评价的方式，洗刷掉了李贽头上的“名教罪人”的帽子，以有力的证据驳斥了顾炎武、纪晓岚等人攻击李贽的观点。吴虞从中西文化比较这一新角度，以重评李贽为引子，猛烈抨击了传统的儒教与康有为等人以孔子定孔教为国教的陈词滥调，为新文化运动开锣鸣道。三是现代新儒家创始人梁漱溟，立下重振泰州王门平民化学风的志向。他在乡村建设运动中，以乡农学校为核心，再现了这一传统，并赋予异域文化的色彩。这一切是与他受王艮、王襞父子的影响是无法分开的。

---

① 《中国民主运动的生力军》，《解放日报》1941 年 10 月 28 日。

② 梁漱溟说：“我最热心于军队国家化，即使军队脱开党派而统一于国家。我认为非如此就无法根绝内战。”［梁漱溟：《我参加国共和谈的经过》，《梁漱溟全集》（第 6 卷），山东人民出版社 1993 年版，第 918 页］这对党指挥枪的中国共产党来说，还是一贯宣扬为党国效劳的国民党来说，都是无法接受的。

参考文献

[1]班固. 汉书[M]. 北京：中华书局，1962.

[2]陈独秀. 独秀文存[M]. 合肥：安徽人民出版社，1987.

[3]陈鼓应. 老子注译及评介[M]. 北京：中华书局，1984.

[4]陈献章. 陈献章集[M]. 孙通海，点校. 北京：中华书局，1987.

[5]程颢，程颐. 二程集[M]. 王孝鱼，点校. 北京：中华书局，1981.

[6]戴震. 戴震全集[M]. 合肥：黄山书社，1995.

[7]丁文江，赵丰田编. 梁启超年谱长编[M]. 上海：上海人民出版社，1983.

[8]苏舆. 春秋繁露义证[M]. 钟哲，点校. 北京：中华书局，1992.

[9]冯契. 中国哲学史的逻辑发展[M]. 北京：人民出版社，1985.

[10]傅山. 霜红龛集[M]. 太原：山西人民出版社，1985.

[11]耿定向. 耿定向集[M]. 傅秋涛，点校. 上海：华东师范大学出版社，2015.

[12]顾炎武. 顾亭林诗文集：第2版[M]. 华忱之，点校. 北京：中华书局，1983年第2版.

[13]顾炎武. 日知录集释[M]. 黄汝成，集释. 栾保群，吕宗力，校点. 郑州：中州古籍出版社，1990.

[14]郭朋.《坛经》对勘[M]. 济南：齐鲁书社，1981.

[15]郭朋.《坛经》校释[M]. 北京：中华书局，1983.

[16]韩愈. 韩昌黎文集校注[M]. 马其昶，校注. 马茂元，整理. 上海：上海古籍出版社，1986.

[17]何良俊. 四友斋丛说[M]. 北京：中华书局，1959.

[18]何心隐. 何心隐集[M]. 容肇祖，整理. 北京：中华书局，1960.

[19]黄绾. 明道编[M]. 刘厚祜，张岂之，标点. 北京：中华书局，1959.

[20]黄宣民，陈寒鸣编. 中国儒学发展史[M]. 北京：中国文史出版社，2009.

[21]黄宗羲. 黄宗羲全集[M]. 沈善洪，吴光，主编. 杭州：浙江古籍出版社，2005.

[22]黄宗羲. 明儒学案[M]. 沈芝盈点校. 北京：中华书局，1985.

[23]高亨. 周易大传今注[M]. 济南：齐鲁书社，1979.

[24]龚杰. 王艮评传[M]. 南京：南京大学出版社，2001.

[25]贾乾初. 主动的臣民：明代泰州学派平民儒学之政治文化研究[M]. 北京：知识产权出版社，2018.

[26]（汉）贾谊. 贾谊集[M]. 上海：上海人民出版社，1976.

[27]焦竑. 澹园集[M]. 李剑雄，点校. 1999.

[28]焦竑. 焦氏笔乘[M]. 李剑雄，点校. 上海：上海古籍出版社，1986.

[29]黎靖德编. 朱子语类[M]. 王星贤，点校. 北京：中华书局，1988.

[30]李伏明. 江右王门学派研究[M]. 南昌：江西人民出版社，2017.

[31]李丕祥. 罗汝芳哲学思想研究[M]. 北京：北京师范大学出版社，2014.

[32]李颙. 二曲集[M]. 陈俊民，点校. 北京：中华书局，1996.

[33]李渊庭，阎华. 梁漱溟年谱[M]. 北京：商务印书馆，2018.

[34]李贽. 焚书[M]. 张建业，译注. 北京：中华书局，2018.

[35]李贽. 李贽文集[M]. 张建业，主编. 北京：社会科学文献出版社，2000.

[36]梁启超. 梁启超修身三书[M]. 彭树欣，整理. 上海：上海古籍出版社，2016.

[37]梁启超. 梁启超论清学史二种[M]. 朱维铮，校注. 上海：复旦大学出版社，1985.

[38]梁启雄. 荀子简释[M]. 北京：中华书局，1983.

[39]梁漱溟. 梁漱溟全集（1—8卷）[M]. 中国文化书院学

术委员会编. 济南：山东人民出版社，1989—1993.

[40]林子秋. 泰州学派启蒙思想研究[M]. 南京：南京大学出版社，2011.

[41]柳宗元. 柳河东集[M]. 上海：上海人民出版社，1974.

[42]卢佩民. 泰州学派文化[M]. 南京：南京大学出版社，2015.

[43]陆九渊. 陆九渊集[M]. 钟哲，点校. 北京：中华书局，1980.

[44]吕坤. 呻吟语[M]. 长春：时代文艺出版社，2001.

[45]罗大经. 鹤林玉露[M]. 王瑞林，点校. 北京：中华书局，1983.

[46]罗伽禄. 一代思想大师罗汝芳[M]. 南昌：江西高校出版社，2009.

[47]罗汝芳. 罗汝芳集[M]. 方祖猷，等，编校整理. 南京：凤凰出版社，2007.

[48]马晓英. 出位之思：明儒颜钧的民间化思想与实践[M]. 银川：宁夏人民出版社，2007.

[49]穆孔晖，尤时颐，等. 北方王门集[M]. 邹建锋，李旭，等，编校. 上海：上海古籍出版社，2017.

[50]钱明. 阳明学的形成与发展[M]. 南京：江苏古籍出版社，2002.

[51]钱明. 王阳明及其学派论考[M]. 北京：人民出版社，2009.

[52]任冠文. 李贽史学思想研究[M]. 桂林：广西师范大学出版社，1999.

[53]沈德符. 万历野获编[M]. 北京：中华书局，1959.

[54]束景南. 王阳明年谱长编[M]. 上海：上海古籍出版社，2017.

[55]司马迁. 史记[M]. 北京：中华书局，1959.

[56]宋克夫. 宋明理学与明代文学[M]. 北京：中国社会科学出版社，2013.

[57]苏轼. 苏轼文集[M]. 孔凡礼，点校. 北京：中华书局，1986.

[58]汤显祖. 汤显祖诗文集[M]. 徐朔方，笺校. 上海：上海古籍出版社，1982.

[59]王安石. 王文公文集[M]. 唐武，标校. 上海：上海人民出版社，1974.

[60]玉宝峰. 李贽儒学思想研究[M]. 北京：人民出版社，2012.

[61]王夫之. 船山全书[M]. 船山全书编辑委员会，编校. 长沙：岳麓书社，1990.

[62]王夫之. 读通鉴论[M]. 北京：中华书局，1975.

[63]王艮. 王心斋全集[M]. 陈祝生，等，校点. 南京：江苏教育出版社，2001.

[64]王畿. 王畿集[M]. 吴震，编校整理. 南京：凤凰出版社，2007.

[65]王世舜主编. 庄子释注[M]. 济南：山东教育出版社，1984.

[66]王守仁. 王阳明全集[M]. 吴光，等，编校. 上海：上海古籍出版社，1992.

[67]吴虞. 吴虞集[M]. 赵清，郑城，编. 成都：四川人民出版社，1985.

[68]吴虞. 吴虞日记[M]. 中国革命博物馆，整理. 荣孟源，审校. 成都：四川人民出版社，1984.

[69]吴震. 泰州学派研究[M]. 北京：中国人民大学出版社，2009.

[70]厦门大学历史系编. 李贽研究参考资料（第1-3辑）[M]. 福州：福建人民出版社，1975-1976.

[71]夏咸淳. 明代学术思潮与文学流变[M]. 上海：上海社会科学出版社，2019.

[72]徐洪兴. 思想的转型——理学发生过程研究[M]. 上海：上海人民出版社，1996.

[73]许建平. 李贽思想演变史[M]. 北京：人民出版社，2005.

[74]许苏民. 李贽评传[M]. 南京：南京大学出版社，2006.

[75]严复. 严复集[M]. 王栻，主编. 北京：中华书局，

1986.

[76]颜钧. 颜钧集[M]. 黄宣民，点校. 北京：中国社会科学出版社，1996.

[77]颜元. 颜元集[M]. 王星贤，等，点校. 北京：中华书局，1987.

[78]杨伯峻. 论语译注[M]. 北京：中华书局，1980.

[79]杨伯峻. 孟子译注[M]. 北京：中华书局，1960.

[80]永瑢等. 四库全书总目[M]. 北京：中华书局，1965.

[81]袁宏道. 袁宏道集笺校[M]. 钱伯城，笺校. 上海：上海古籍出版社，2008.

[82]袁中道. 珂雪斋近集[M]. 上海：上海书店，1989.

[83]袁宗道. 白苏斋类集[M]. 钱伯城，标点. 上海：上海古籍出版社，2007.

[84]张岱年主编. 孔子大辞典[M]. 上海：上海辞书出版社，1993.

[85]张翰. 松窗梦语[M]. 萧国亮，点校. 上海：上海古籍出版社，1986.

[86]张建业主编. 李贽研究资料汇编[M]. 北京：社会科学文献出版社，2013.

[87]张居正. 张太岳集[M]. 上海：上海古籍出版社，1984.

[88]张斯珉. 卫道之学——明儒耿定向思想研究[M]. 北京：中国社会科学出版社，2017.

[89]张廷玉等. 明史[M]. 北京：中华书局，1974.

[90]张载. 张载集[M]. 章锡琛，点校. 北京：中华书局，1978.

[91]赵翼. 二十二史札记[M]. 北京：中国书店，1987.

[92]周敦颐. 周敦颐集[M]. 陈克明，点校. 北京：中华书局，1990.

[93]周海门. 周汝登集[M]. 张梦新，张卫中，点校. 杭州：浙江古籍出版社，2017.

[94]周群. 袁宏道评传[M]. 南京：南京大学出版社，1999.

[95]邹守益. 邹守益集[M]. 董平，编校整理. 南京：凤凰出版社，2007.

[96]邹建锋. 阳明夫子亲传弟子考[M]. 北京：中国社会科学出版社，2017.

[97]左东岭. 李贽与晚明文学思潮[M]. 天津：天津人民出版社，1997.

[98]朱鸿林. 《明儒学案》研究及论学著[M]. 北京：生活·读书·新知三联书店，2016.

[99]朱熹. 四书章句集注[M]. 济南：齐鲁书社，1988.

[100]朱熹. 朱文公文集[M]. 商务印书馆四部丛刊本，1929.

[101]朱义禄. 从圣贤人格到全面发展[M]. 西安：陕西人民出版社，1992.

[102]朱义禄. 黄宗羲与中国文化[M]. 贵阳：贵州人民出版社，2002.

[103]朱义禄. 儒家理想人格与中国文化[M]. 沈阳：辽宁教育出版社，1991.

[104]朱义禄. 儒家理想人格与中国文化[M]. 上海：复旦大学出版社，2006.

[105]朱义禄. 逝去的启蒙——明清之际启蒙学者的文化心态[M]. 郑州：河南人民出版社，1995.

[106]朱义禄. 玄学思潮[M]. 上海：上海社会科学出版社，2006.

[107]朱义禄. 颜元　李塨评传[M]. 南京：南京大学出版社，2016.

[108]朱义禄，张劲. 中国近现代政治思潮研究[M]. 上海：上海社会科学院出版社，1998.

[109]朱义禄. 《朱子语类》选评[M]. 上海：上海古籍出版社，2017.

后记

我是“文革”后首批入学的研究生。很荣幸的是入了冯契先生之门。1978年，先师冯契先生为首批入学的六个研究生开了“中国古代哲学的逻辑发展”一门课，历时一年半。1979年底讲到李贽时，我借了侯外庐先生的《中国思想通史》第四卷下册来看，看到“江湖大侠”（王世贞）、“当机横行”（黄宗羲）、“龙门不点破额”（李贽）等，明人对泰州学派诸贤论述的话，如坠云雾中。我本科是学历史的。在复旦大学历史系期间（1960—1965），没有听过一节中国哲学史的课。当时仅直觉地感到，泰州学派中人有侠义气概、有为当局不容的异端品性罢了。但泰州学派在我脑海中深深嵌入了进去。

我的硕士毕业论文是写梁漱溟的。梁漱溟在他成名作《东西文化及其哲学》的结尾中说自己要仿效泰州学派的平民化学风。我从华东师范大学毕业后，继续对梁漱溟的哲学思想进行探讨，发觉他与现代新儒家另三位大师冯友兰、贺麟、熊十力有显著的区别。这三位是坐而论道的，梁漱溟除了有许多论著面世外，还起而行之，是一位著名的社会活动家。我认为造成这一区别的原因，是他践履泰州学派的平民化学风所致而从事于乡村建设运动。其学说宗旨由佛归儒、人生哲学由苦转乐、学术殿堂走向民间乡村，这三大转折，就是受泰州学派影响并践行之故。便写了《论泰州学派对梁漱溟的影响》一文，发表于1991年第4期《学术论坛》上。此后中国人民大学报刊资料全文转载，同仁陈寒鸣教授说这是国内这方面的第一篇文章。这是我与泰州学派打交道之始。

之后应同仁许明之邀请，写了一本《逝去的启蒙——明清之际启蒙学者的文化心态》，由河南人民出版社于1995年出版。我把历来以“三大家”黄宗羲、顾炎武与王夫之为启蒙学者的传统思路大大地拓展了，认为有十七位称得上启蒙学者，李贽也被列入其中。自我感觉，对李贽的研究算是入了门。在这本书的写作中我觉得有点过于自满了。李贽的思想不是一下子就能懂的，不过难懂反而会勾起我探索的兴趣。

1996年，中国社会科学院历史研究所黄宣民先生点校的《颜钧集》面世，他送了我一本。收到书后，感谢之情刹那间涌上了心头，因与他交往不多。1992年，上海师范大学开了一次宋明理学研讨会。

会议期间有一个活动，是从淀山河乘船到周庄。船上闲聊时，我对黄宣民先生说，我写了一篇有关松江名宿何良俊的文章。他当即表示你寄到《中国哲学》来，我帮你发表。何良俊是《四友斋丛说》的作者，家藏四万卷书。学术界是从文学史的角度去研究何良俊，我以为，他的一些富于哲理的见解被人们忽视了，写了篇《何良俊的批判精神与明清启蒙思潮》的文章，前后花了三年时间，第四年，在《中国哲学》第十七辑刊登了出来。后来知道黄宣民先生对明清的思想界情况是了熟于心的。惜乎他早逝，未能实现其生前一些宏愿。他整理点校的《颜钧集》一书，为泰州学派的研究补上了重要的一环，于泰州学派的研究有着重大的贡献。他送给我的《颜钧集》一书中，有多处涂改的痕迹，当为出版之后觉得不妥而改动的。黄宣民先生笃实的学风，是值得人们学习的。

我于2004年退休，时间上有了空余，便把精力贯注于以往的“文债”上。一本是列入南京大学中国思想家系列丛书中的《颜元评传》，一本是《中国学术思潮史》第三卷的《玄学思潮》，另一本是《〈朱子语类〉选评》。凑巧的是，三本书于2006年同时出版。这让我如释重负，心想就此打住，写学术专著太费神了。休息了二三年后，交往多年的上海辞书出版社的老朋友张良一先生，建议我从事些学术方面的通俗工作。我接受他的建议，主编了《贞观政要鉴赏辞典》《中国近代人文名篇鉴赏辞典》《中国古代人文名篇鉴赏辞典》三本书，加上我自己写了《菜根谭鉴赏辞典》，一共四本，本想可以闲暇地度过余生了。2015年底应钱明研究员的邀请，我参加他主持的“阳明后学文献整理与研究”这一国家社会科学基金的重大项目，承担一本关于泰州学派的研究性著作。

我每当接受一本学术著作的写作任务时，总会萌生比较容易完成的感觉。如果太艰难的话，是不会去接受的。但动笔之后，戳穿了我近乎天真的想法，在撰写过程中常常有无数的麻烦不时萌生出来。

麻烦之一是基本资料尚未搜集齐全。2001年新点校本《王心斋全集》的出版，对王艮的研究提供了很大的方便。但新点校本没有把袁承业编纂的《明儒王心斋先生遗集》的卷四到卷六收入，这是研究王艮思想的流传与影响极为关键的资料。我得感谢邹建锋，他给我寄来了这三卷的复印件。方祖猷教授，十多年前送了我一套《阳明后学文献丛书》，共十册，内中有《罗汝芳集》上下两册。我得向这位比我年长的学者表示衷心的感谢。又彭树欣教授把他刚出版的《节本明儒学案》及时赠我，这是通行本的《饮冰室合集》未收的，解决了我苦苦寻觅未见原著的心病。让我头疼的是李贽。《焚书》《续焚书》《藏书》《续藏书》与《初潭集》等著作，在20世纪70年代中叶都出版了，那是“文革”后期批林批孔的产物。至于《道古录》《老子解》《庄子解》《孙子参同》《四书评》等批孔色彩不强烈的，不合乎当时政治的需要，我没有出版。研究对象的著作都没有全部读过，你的研究是不可信的。2000年曾出过一套七卷本《李贽文集》，我托了好几个人从网上购买。一年半以后才购得此书，价格翻了一倍，为760元。这里得感谢我的学生、时任上海理工大学校长办公室副主任尚娅，她一直留心于此事。目今面世了十多年而没有再版、有价值的学术著作，加价乃至于翻倍，已成为常态。在精明的书商心目中，很清楚知道，需要的人是不会嫌价高的，不要的人再价廉也不会问津。

麻烦之二是对资料的消化，这比资料的搜集更为艰巨。以往有些材料是极难见到的，如罗汝芳的《近溪子集》。现今《罗汝芳集》随手可得。读《罗汝芳集》时，发觉他与梁漱溟相仿，是一位非常啰嗦的文人。一个范畴、观点、命题，颠来倒去，不重复几遍是绝不罢休的。找出最有代表性的言论，颇费了我一番周折。王艮的著作很简约，内容却相当丰富。于是不同的诠释纷沓而来，是受这些观点的影响还是另辟蹊径，我毅然采取了后者。这自然花了很多神思与精力。何心隐与颜钧的著作，风格与常人迥异。何心隐的行文虽短小精悍，然他绕口令式的表达，不反复读难以达其意；颜钧的文字则佶屈聱牙，对字义的诠释是常人想不到的思路，别出心裁到了极致。李贽虽说有点熟，深入下去后又觉得太陌生了。他非儒非道又非释，但讲儒讲道又讲释。什么都沾边，什么都难以厘清。况且李贽的研究成果最多，再要写出点什么新意，难度是很大的。思索了好久，决定从怀疑原则入手，以思维观、是非观、善恶观、平等观、友朋观、童心观为题，力求把李贽的本真面貌呈现在读者面前。黄宗羲的话经常萦绕在我的心头：“学问之道，以各人自用得着为真，凡倚门傍户，依样葫芦者，非流俗之士，则经生之业也。此编所列，有一偏之见，有相反之论，学者于其不同处，正宜着眼理会，所谓一本而万殊也。”“倚门傍户”“依样葫芦”是拾人牙慧的学说，其是非不足以论。就人而言，为“流俗之士”；就学问而言，为“经生之业”。“相反之论”是有独特见解的议论；“一偏之见”可以说是片面的深刻，它虽不够全面，但却在某一方面有深湛之思、独到之处。学贵独创，因而从“各人自用得着”出发的“不同处”，理应成为真正研究的对象。我在撰写中，力图依着黄宗羲的话去做的。在反复研读原著的过程中，自己有个心得，就是觉得泰州学派的概念太泛化了，遂以《泰州王门思想研究》一书命名。（详见前言）

麻烦之三，就是自找麻烦，即对先前稿子的不满，一直贯串写作与修改的全过程。一、二个星期前写的，再看一遍时常常会发觉行文、思路有不少疵病。我有个修改的习惯，不愿意在电脑上改。本人已是高度近视，电脑上改太费眼力。于是成初稿后打印在纸质稿上，用不同颜色的笔改，改到后来成了“大花脸”，自己也认不得了。接着把增删处弄到电子稿上去，看看满意了再新打印一遍。如此反反复复，不断在给自己增添新麻烦。因修改而生的麻烦，大约是永远不会消亡的，唯一的办法是适可而止，不定下来是不行的了。书就是在麻烦时生时灭的过程中诞生。

年纪上去了以后老是怀旧。拉拉扯扯写这些，无非是讲述自己从事明清哲学研究过程中的一些感受。衷心感谢杨国荣教授为拙作写的序。杨国荣教授与我是同门，只是我比他年长了些。特别感谢钱明研究员，他为拙著也写了个序。我与他相识四十余年，他对我的学术经历颇为了解。他把自己出版的有关王学的著作，大多赠给了我，对我理解王阳明心学及其后学有极大帮助。责任编辑张基强、黄文华，他们为这本书做了许多细致而踏实的工作，付出了辛勤的劳动，谨此表示由衷谢忱。

朱义禄

2022年7月